德国统一史

第二卷

Geschichte der deutschen Einheit（Band 2）

货币、经济和社会联盟的冒险之举：
与经济学原理相冲突却迫于形势的政治举措

Das Wagnis der Währungs-, Wirtschafts- und Sozialunion:
Politische Zwänge im Konflikt mit ökonomischen Regeln

图书在版编目（CIP）数据

德国统一史.第2卷，货币、经济和社会联盟的冒险之举：与经济学原理相冲突却迫于形势的政治举措/（德）格鲁瑟尔（Grosser, D.）著；邓文子译.—北京：社会科学文献出版社，2016.1（2021.7重印）

（东西德统一的历史经验研究丛书）

ISBN 978 - 7 - 5097 - 8442 - 6

Ⅰ.①德…　Ⅱ.①格…②邓…　Ⅲ.①德国 - 历史 - 1989～1990　Ⅳ.①K516.5

中国版本图书馆 CIP 数据核字（2015）第 273932 号

·东西德统一的历史经验研究丛书·

德国统一史（第二卷）

——货币、经济和社会联盟的冒险之举：与经济学原理相冲突却迫于形势的政治举措

著　　者／〔德〕迪特尔·格鲁瑟尔（Dieter Grosser）
译　　者／邓文子
审　　校／胡　琨

出 版 人／王利民
项目统筹／祝得彬
责任编辑／赵怀英
特邀编辑／欧阳甦

出　　版／社会科学文献出版社·当代世界出版分社（010）59367004
　　　　　地址：北京市北三环中路甲 29 号院华龙大厦　邮编：100029
　　　　　网址：www.ssap.com.cn
发　　行／市场营销中心（010）59367081　59367083
印　　装／北京盛通印刷股份有限公司

规　　格／开　本：787mm × 1092mm　1/16
　　　　　印　张：39.5　插　页：1.25　字　数：648 千字
版　　次／2016 年 1 月第 1 版　2021 年 7 月第 2 次印刷
书　　号／ISBN 978 - 7 - 5097 - 8442 - 6
著作权合同
登 记 号／图字 01 - 2013 - 2662 号
定　　价／168.00 元

国家社科基金重大项目

中国社会科学院创新工程学术出版资助项目

东西德统一的历史经验研究丛书

德国统一史

第二卷

Geschichte der deutschen Einheit（Band 2）

货币、经济和社会联盟的冒险之举：
与经济学原理相冲突却迫于形势的政治举措

Das Wagnis der Währungs-, Wirtschafts- und Sozialunion:
Politische Zwänge im Konflikt mit ökonomischen Regeln

〔德〕迪特尔·格鲁瑟尔/著
（Dieter Grosser）
邓文子/译
胡琨/审校

社会科学文献出版社
SOCIAL SCIENCES ACADEMIC PRESS (CHINA)

Geschichte der deutschen Einheit. Bd. 2 Das Wagnis der Währungs – ,

Wirtschafts – und Sozialunion by Dieter Grosser

© 1998 by Deutsche Verlags – Anstalt

a division of Verlagsgruppe Random House GmbH，München，Germany

根据兰登书屋德国分支 DVA 出版社 1998 年版译出

东西德统一的历史经验研究丛书

主　编　周　弘

编委会　周　弘　梅兆荣　程卫东　陈　新　刘立群

　　　　　杨解朴　郑春荣　祝得彬　胡　琨

顾问委员会　（以姓氏字母排序）

顾俊礼　　　　　　　　　（Gu Junli）

黄平　　　　　　　　　　（Huang Ping）

彼得·荣根　　　　　　　（Peter Jungen）

李扬　　　　　　　　　　（Li Yang）

梅兆荣　　　　　　　　　（Mei Zhaorong）

史明德　　　　　　　　　（Shi Mingde）

霍斯特·特尔切克　　　　（Horst Tetschik）

维尔讷·魏登菲尔德　　　（Werner Weidenfeld）

朱民　　　　　　　　　　（Zhu Min）

总序一

在人类发展的历史长河中，有一些重大的历史事件，因产生跨越时代的深远影响而受到广泛的关注和不断的挖掘，如罗马帝国的衰亡、民族国家的出现、工业和技术革命的滥觞、苏联的解体、新中国的复兴以及德国的统一（或"德国问题"）等都是为研究者乐此不疲的研究课题。

德国近现代的统一历程分为两个不同的历史阶段。在 19 世纪末的德国统一和 20 世纪末的德国统一之间，最主要的区别就在于前次是通过战争实现的，而后者则是用和平方式完成的。在这个和平的统一进程中没有武装冲突，对于外界来说，德国统一似乎就是瞬间发生的，但这并不意味着德国的统一进程中没有其他形式的博弈。事实上，东西德统一经历了一系列跌宕起伏的经济、社会和政治博弈，夹杂着经济危机、社会动荡、移民浪潮、街头政治、外交斡旋、制度兴替等扣人心弦而又耐人寻味的故事。

20 世纪末的德国统一进程用和平的博弈方式改变了疆界，实现了民族统一，进而改变了欧洲的力量格局，并通过改变欧洲的疆界而重构了整个世界的力量格局。这个进程中都曾经历了哪些重要事件？牵涉到哪些人物和势力？在这些力量之间发生过怎样的较量或互动？采取了哪些行动和措施？以怎样的方式改变了哪些政策、制度、法律、社会组织、思想观念、行为方式——以至于最终导致了国家疆界的改变？所有这些问题都强烈地吸引着我们的求知欲。

为了满足这一求知欲，为了透过我们所熟知的历史现象，透过宏大的统一仪式和庄严的统一宣示，去挖掘东西德国最终在制度上的衔接、磨合和融合的深层故事，我们于三年多前启动了"东西德统一的历史经验"研究，并受到国家社科基金重大项目的资助。呈现在读者面前的是本项目的第一期成果，五本相关权威著作的中译本：四卷本的《德国统一史》，由慕尼黑大学的维尔讷·魏登菲尔德（Werner Weidenfeld）教授、弗莱堡大学的沃尔夫冈·耶格尔（Wolfgang Jäger）教授和慕尼黑大学的迪特尔·格

— 1 —

鲁瑟尔（Dieter Grosser）教授联合主编，以及一卷由当时在德国总理府任职的霍斯特·特尔切克（Horst Teltschik）以当事人的身份撰写的日志。这些著作因为获得了保密档案的特别使用权，并且掌握了大量第一手资料而具有珍贵的史学价值。

《德国统一史》的第一卷为《科尔总理时期的德国政策：执政风格与决策（1982－1989）》（即"政治卷"），由卡尔－鲁道夫·科尔特著，刘宏宇译，刘立群主持审校。该卷从政治的角度梳理了德国统一的进程，详尽地介绍了当时的德国总理科尔在两个德国之间出现统一的可能时，如何通过权力的运用、决策的引导和政策的落实，领导了德国统一的进程。

第二卷为《货币、经济和社会联盟的冒险之举：与经济学原理相冲突却迫于形势的政治举措》（即"经济卷"），由迪特尔·格鲁瑟尔撰写，邓文子翻译，胡琨审校。该卷从经济的角度梳理两德的统一进程，指出虽然从经济规律来看，在东西德之间建立货币、经济和社会联盟的时机并不成熟，但是西德为了统一政治的需要，而东德则因为要"从沉船跳入冷水"，双方都采取了违背经济学原理的政策，结果使德国马克的应用成为"德国统一的基石"（特奥·魏格尔，Theo Waigel）。

第三卷为《克服分裂：1989～1990年德国内部的统一进程》（即"社会卷"），由沃尔夫冈·耶格尔主笔，杨橙翻译，杨解朴、郑春荣等审校。该卷逐一介绍了东西德的各种政治和社会力量，包括西德联邦总理府、东德政府、西德和东德的各个党派、社会组织及社会团体在德国统一问题上的态度、政策和作为，以及这些力量随着统一进程的展开而发生的变化。

第四卷为《争取德国统一的外交政策：决定性的年代（1989－1990）》（即"外交卷"），由维尔讷·魏登菲尔德主笔，欧阳甦翻译，梅兆荣等审校。该卷从外交角度梳理和分析了两德统一的进程，重点讨论了德国与邻国之间的外交沟通，分析了一些主要国家在德国统一问题上的立场和观点，生动地介绍了科尔和密特朗在欧洲经济与货币及政治一体化问题上的交易，苏联对德国经济援助的诉求，以及西德政府与其他西方国家之间就统一问题进行的外交。

《329天：德国统一的内部视角》，由霍斯特·特尔切克撰写，欧阳甦翻译，胡琨审校。该卷可以作为前四卷的简本来阅读，其中汇集了当时西德方面负责统一问题外交谈判的特尔切克在1989年11月9日至1990年10月3日期间撰写的工作日志，再现了德国统一进程的329天中西德联邦总理府的日常工作，特别是科尔总理及总理府工作人员对德国统一进程的思考和决策。

关于东西德国在 20 世纪末叶的统一进程，不同的人群从不同的视角、不同的立场、不同的利益出发，会观察到不同的现象，得出不同的结论。呈现给读者的这五卷本中既有丰富的历史故事，也有很多的结论性判断。在两德统一的问题上还有其他许多不同的结论和判断。作者们的结论和判断尽管不同，但是观察到的现象必然且自然地汇入有关两个德国统一的那段多层面、多角度、立体、庞杂而又能动的历史画面中，使我们对于 25 年前那曾经改变了欧洲乃至世界格局的历史事件有了更加全面和深刻的了解。

如前所述，本套译作的问世只是"东西德统一的历史经验"课题的第一期成果，未来还有很多研究工作要做，很多历史事实需要挖掘，很多问题需要分析和解读。德国统一涉及的领域广，层面多，层次深，而且当事人和研究者分布在俄美英法等多国，还需要集政治史、经济史、社会史、金融史、法律史、思想史、文化史等多领域研究为一体的综合性学术研究，研究工作的难度会更大，内容也会更精彩，需要关心这段历史的同仁们与我们共同努力去探究。

这部卷帙浩繁的翻译丛书为我们提供了德国统一史中很多鲜为人知的内情故事，而翻译难度也超出了我们的预期。回眼望去，三年多的辛苦努力过程中有许多中外人士提供了智慧或付出了努力，我仅在此表达诚挚的谢意。

需要感谢朱民和荣根先生，这套译作的动议来自与他们的思想交流产生的火花。要感谢阿登纳基金会的魏特茂先生，他积极地回应了我们对于资料和审校的要求。

在中国方面，中国社会科学院陈奎元前院长的支持是关键性的，而李扬前副院长则除了资金支持以外，还不断地给予精神鼓励。积极的支持同样来自我在中国社会科学院欧洲研究所的同事们，罗京辉书记、程卫东和陈新，他们的支持和参与坚定了课题组攻坚克难的信心。

这套译作的问世有赖于海内外两个团队的接力式努力：以欧阳甦为首，包括刘宏宇、邓文子、杨橙等在内的译者队伍，他们面对高难度的翻译工作而不却步，为项目的完工奠定了基础。由梅兆荣大使、刘立群教授和他的学生们、郑春荣教授以及我的同事杨解朴副研究员和胡琨副研究员构成的审校团队保证了翻译丛书的质量：他们从头至尾逐字逐句地校订了各卷。需要特别感谢梅兆荣大使，他以 80 岁的高龄，不辞寒暑，字斟句酌地审校了"外交卷"的书稿，还以顾问身份始终关心项目的进展并参与项目的重要决策。感谢刘立群教授在很短的时间内，带领他的学生团队，完成了几乎是不可能完成的"政治卷"的审校工作。感谢郑春荣教授和杨解朴副研究员信守承诺、坚持不懈、善始善终地校订了"社会卷"。感谢我的主要助手胡琨副研究员，除了审校"经济卷"和《329 天》这两部译著外，他还是整个项目不可或缺的联络人，这项工作占去了他大量的时间。还要感谢其他所有参与过翻译和审校的人员，赵柯、张浚、李以所、黄萌萌、李微、孙嘉惠、邹露、刘惠宇、王海涛、李倩瑗、唐卓娅、窦明月、丁思齐、孙浩林、陈扬、詹佩玲、赵飘，等等，有些人我至今尚未谋面，却感觉到他们的投入。

这套译作的问世还有赖于社会科学文献出版社和谢寿光社长的支持。在这里需要特别感谢我们多年的合作伙伴祝得彬编辑，他不仅积极参与了组织策划，还集合了海外翻译团队，并请欧阳甦担任特邀编辑，与他的助手杨潇等社会科学文献出版社的同事们一道，让难度很大的编辑工作在相对较短的时间内完工。

虽然经过了三年多的辛苦努力，但是在这套翻译著作问世之际，我们仍心有惴惴，深知其中错漏在所难免，还望各位方家不吝赐教，以期在后面的版次中予以更正！

周　弘

总序二
德国与欧洲分裂的弥合：一段成功史

德国统一的实现与欧洲分裂的弥合是具有深远历史影响的重大事件。数十年来，人们已习惯事实上的东西对立。一切看来都是那样不可撼动。

德国与欧洲的分裂体现在以下几个基本方面：

- 是世界政治东西冲突的组成部分；
- 是不同人类自我形象的表达：人类是作为自由的个人（西方的人类自我形象）还是作为"类本质"（Gattungswesen），以及与此相关的不同政治与经济秩序景象；
- 陷于争夺政治权力与经济利益的交锋之中。

从这段历史中，我们能够学习到什么呢？即我们在这一克服深刻分裂的历史重大事件之外，还能看到什么？

第一，不以战争武力形式应对危机。人们致力于预防冲突，避免战争发生。

第二，人们尝试借助和解政策保持人员往来，如有可能甚至加强这种往来。

第三，西方生活方式的吸引力有如一块磁铁。自由的生活条件、旅行自由、人员流动、社会市场经济、欧洲一体化——对于那些始终被隔绝于外的数百万人来说，这些充满了吸引力。

1989 年 11 月 9 日，当作为分裂巨大象征的柏林墙戏剧性地因此而倒塌时，进一步的行动在深思熟虑后得以实施，包括：

1. 采取的战略措施必须符合德意志联邦共和国与德意志民主共和国民众的意愿。

2. 四个战胜国的同意与沟通必不可少，它们仍拥有决定德国地位的权利。这涉及建构关乎整个欧洲的未来框架。

3. 德国与波兰沿奥德－尼斯河边界的有效性在任何时候都不容置疑。两德统一应发生在两个德意志国家的边界之内。

就此而言，须对许多细节作出规范：为统一实施政治结构、经济与行政事务、社会与法律状况的改革，这一切在高明的战略下得以实施：两个德意志国家商定一个货币联盟，以及一份落实政治统一的条约。人们在一体化欧洲的机制之上讨论，德意志民主共和国的辖区应如何整合进欧洲。在与战胜国美国、苏联、法国和英国谈判中确保了所有法律问题的最终解决。1990 年 10 月 3 日，柏林墙倒塌不到一年后，统一的德国作为主权国家成了欧洲和平秩序的一员。

这真可称为一个巨大的成功故事。并且，对于世界历史的其他舞台来说，无疑将从中受益良多。

维尔讷·魏登菲尔德
慕尼黑大学应用政治中心主任
欧洲科学与艺术学院萨尔茨堡总校校长

总序三

在德国统一进程 25 周年之际，中国社会科学院将该时期最重要的文献翻译成中文，并在中华人民共和国出版，在此表示祝贺。

20 世纪，人类经历了两次世界大战，数亿人因此丧命。1945 年，几乎在二战结束的同时，又出现了西方自由民主国家与东方共产主义国家对峙的所谓冷战。这一长达数十年的东西方冲突，伴随着军备竞赛、经济制裁、政治孤立、高墙和铁丝网。而所有这一切，在 25 年前出人意料地结束了。没错，结果是革命性的——一次被所有东西方负有政治责任者所接受的、和平的革命。中华人民共和国领导层也对德国的统一表示赞同。

呈现在读者面前的这一四卷本囊括了那一时期大量的重要政治文件、分析、描述和评估。读者可借此一览当时德国国内与国际层面重要决策过程的全貌，形成自己的判断，并为当下其他热点地区危机的解决找到答案。

德国统一成为可能，得益于国际政治领域之前发生的一些重要变化。1967 年，北约出台所谓《哈默尔报告》，战略出现转向，即面对华约集团，不再对抗，而是在确保安全的基础上，代之以对话与合作政策。安全与缓和政策从此被视为不可分割。尽管苏联在 1968 年 8 月镇压了"布拉格之春"，但在这一新信条的基础上，著名的欧洲安全与合作会议（欧洲安全与合作组织前身）进程并未中断，并最终于 1975 年 8 月在赫尔辛基签订《赫尔辛基最后文件》。如何通过共同的缓和政策塑造未来，是这一东西方共同签署的文件所包含的重要原则。

当然，挫折也曾出现。1983 年，美苏在日内瓦关于削减中程核导弹的谈判失败，新的冷战阴云开始笼罩。然而，在米哈伊尔·戈尔巴乔夫 1985 年 3 月担任苏共总书记后，苏联重启与美国的对话和裁军谈判，并在随后几年促成了迄今为止影响最深远的裁军和军控协定。

国内政治促使戈尔巴乔夫启动深层次的经济与政治改革，并向华约集团的盟国许诺，苏联不再干涉它们的内政。随后，波兰和匈牙利出现改革，并最终波及所有华约国家。这些变化有一个共同的原因：经济与财政问题已经失控，深层次的体制改革无法避免。

民主德国的统一社会党政治局在 1989 年秋认识到，民主德国经济与财政已破产。1989 年借道波兰、捷克和匈牙利等邻国逃往联邦德国的民主德国公民，超过 20 万。统一社会党关于旅行便利化的新决议导致了柏林墙的突然倒塌。

对于联邦政府，尤其是联邦总理赫尔穆特·科尔博士及其联合执政伙伴、外交部长汉斯－迪特里希·根舍来说，重要的是，如何从 1980 年代所有华约国家这些戏剧性变化的背景中，得出必要且正确的结论。避免民主德国出现政治上失控的混乱并演化为暴力行为，是首先须要考虑的。

另外，应对此负责的还包括美国、苏联、法国和英国四个二战战胜国，它们对于德国作为整体仍然负有法律和政治上的责任。庆幸的是，四大国时任领导人，美国总统乔治·布什、苏联总书记米哈伊尔·戈尔巴乔夫、法国总统弗朗索瓦·密特朗和英国首相玛格丽特·撒切尔，均令人信服且富有能力。他们与联邦政府一起，致力于推动德国统一尤其以和平与和谐的方式进行。

对于德国的重新统一，联邦政府毫无现成的预案，即使有，也都会是错的。1989 年与 1990 年之交，主要的工作是为不同层面的决策作准备、与所有伙伴协调并立即落实。在双边层面，主要是联邦政府与不停变换的民主德国领导人以及四个战胜国政府的密集谈判。同时还有美苏两国的双边对话。而多边层面的谈判，则发生在两个德意志国家和四大国代表之间（"2＋4"谈判）。联邦总理利用欧共体（欧盟前身）和七国峰会的机会，为苏联和华约集团国家募集经济援助。经其努力，北约在 1990 年 7 月的峰会上宣布：向华约集团国家伸出友谊之手。

柏林墙倒塌 329 天之后，1990 年 10 月 3 日，德国和平地统一了。次日，联邦总理科尔在联邦议院宣布："所有邻国对此都同意。德国历史上首次不再有敌人。"所有一切都和平地发生：德国统一了，欧洲的分裂结束了，欧洲也因此统一了。对抗的两极世界体系消亡了，新的世界秩序将要开辟。今天，我们称之为一个多极的世界体系，中华人民共和国在其中扮演着关键的角色。没错，这是一次革命，一次和平的革命，在 1989 年与 1990 年之交，没有一枪一弹。

　　1990 年 11 月，欧洲安全与合作会议 35 国的所有国家和政府首脑在巴黎会晤，签署了《巴黎宪章》。其共同目标在于，建立从温哥华到海参崴的全欧洲和平与安全秩序，所有成员国能因此享有同样的安全。这是一种什么梦想！两次世界大战以降，对于整个欧洲以及北美来说，如此一个历史机遇首次出现。它的实现也将有助于中国和整个亚洲的和平。自那以来，我们浪费了许多时间、错过了许多机会，但是我们为了我们共同的利益，不应放弃这个目标。

霍斯特·特尔切克

代　序

　　这是一段动荡的历史，这是一个非常的时刻，这是一场危机，这又是一个历史的机遇。"柏林墙"的突然倒塌，在骤然间把两德重新统一的可能性和两德是否要重新统一提到了两德政府、政治家和人民面前。人民在议论和猜测，市场在动荡，两德的货币汇率不断波动，政治家在激辩，各种政治方案层出不穷，各样的政治团体纷纷发声，各种集会或示威游行此起彼伏……在西德，激辩集中在理性的分析：政治和经济的条件具备了吗？能承受财政和金融的成本吗？对物价稳定和就业有什么影响？最为关键的是对长期竞争力有何影响？先支持东德的经济结构和经济制度改革，等双方劳动生产率接近一致时再考虑合并？松散的联邦？各种不同的方案在讨论，各种匡算在模拟。政府内部和政党之间，舆论和民众之间，在咖啡馆和议会厅，热议纷纷。在东德，政府和政治家面临巨大的压力，维持生产和经济的正常运转，维持社会和治安的稳定，已经非常困难。经济运转几乎停滞，工厂停工，居民出走。更大的挑战是政治方向：朝哪个方向走？继续留在苏联阵营？保持相对独立？和西德合并？如果合并，采取分散的还是紧密的联邦制？或完全合并？当政府在激烈争辩时，各种政治团体纷纷成立，街头巷尾各种集会或示威游行此起彼伏。国际上，欧盟、法国、英国、大西洋彼岸的美国，以及苏联的政治态度时明时暗。他们的利益如何兼顾？历史和现实、经济和政治、国内和国际，就这样以猝不及防的方式出现在世人面前。变化只在转眼之间，两德的政府和政治家面临巨大的压力，这是一个能抓住的历史机遇吗？

　　本书以翔实的资料，精彩的叙述，从宏大的背景到艰难的谈判，从框架思路到具体的个案细节，把这段历史的经济侧面栩栩展现在我们面前。

　　两德统一是个政治事件，作为其间的经济篇，本书化了很大的篇幅揭示这个政治事件背后的经济必然性。本书先回顾了1989年以前的东德与西德经济形势，揭示两德最终统一的内在经济逻辑。在东德，面对全球化背景下愈来愈激烈的国际竞争，苏联式的计划经济体制对创新与经济转型的阻碍日益凸显。1960年代，乌布利希引入"计划与领导的新经济体制"，希冀通过分权与价格改革来提高经济效益，从而缩短与联邦德国经济水平的差距。但是，一方面，改革在党内和经济调控部门遭到巨大阻力，基本上停滞不前；另一方面，在缺乏真正价格调节的市场竞争下，部分取消中央计划的体制同样问题重重，甚至比中央调控体制更加脆弱，民主德国竞争力不断下降，人民生活水平相对联邦德国的差距持续扩大。在20世纪七八十年代，昂纳克全盘否定了乌布利希经济政策，提出了"经济政策与社会政策相统一"的口号，重新集中经济调控权限，并将改善消费品供应和促进民用住宅建设作为政策重点。昂纳克时期，阻碍创新的经济体制以及对生产设备与基础建设投资的忽略，导致民主德国劳动生产率停滞不前；同时，为迎合民众改善生活条件的愿望而加大住房建设，加大食品和社会福利补贴，迫使东德不断举债，并因此背上沉重的西方债务。在西德，科尔上台后，重新回归社会市场经济体制，推行缩减政府收支、稳定价格、控制社会保障规模、放松劳动力市场管制和削减补贴等改革措施。尽管在两德统一之前，改革并未得到充分彻底的完全落实，但结构改革的成绩已经开始逐渐显现，西德货币政策稳健，物价稳定，财政坚实，经济增长和就业强劲，为两德最终合并提供了物质基础。

在探讨两德统一的过程中，当谈判陷入各种原则、理念，制度框架之争时，经济又一次承担了突破口。这次，是先统一货币。这既符合经济理论，也适合当时动乱的形势。但这远远不是简单和抽象的货币发行。本书对这一谈判过程中汇率的折算，包括对工资、储蓄、债务等不同的汇率折算，以及最后货币现钞的运送解递都做了详实的描述，是生动的政治经济学的案例。统一时对财产的处理，特别是对历史遗留问题的财产权界定的描述同样生动，而成立托管公司的谈判过程，再一次昭示经济和政治的不可分割性。

我一直对德国的历史着迷。是啊，古罗马东扩，柏林在沼泽地上的兴起，路德的宗教改革，腓特烈大帝的启蒙运动，普鲁士的军刀霍霍，战争，一战，二战，经济恢复，德国统一……德国有太多的历史和感慨。近年来，由于工作的原因和关注国际货币体系改革，我对近代德国的货币政策和德国马克的国际化进程非常入迷，只是苦于不懂德文，常为叹之。到国际货币基金组织工作后，我遇到了彼得·荣根先生。彼得·荣根先生是个传奇人物，他是商人，任过多个德国大公司的总裁。他也是学者，对德国货币政策有深厚的了解和见地，还在美国哥伦比亚大学兼职。他更是社会活动家，多次担任德国各种商会的主席，奔走于世界各地，穿梭于政府、商界和学术界之间。我向他提出合作把有关近代德国的货币政策和德国马克的国际化进程的德国文献整理翻译成中文的想法。一拍即合。为了让项目落地，我们需要一个在国内的合作伙伴，我想到了中国社会科学院欧洲研究所的所长周弘博士。周弘所长精通德文、英文，长期从事欧洲研究，对德国非常熟悉，我和她相识多年但从未具体合作过，电话越洋而过，周弘所长明人快语，接了重活。

这是一次愉快的合作。我们三人都有各自繁忙的工作，又经常出差，很多时间在空中飞行，联系开个电话会议也诸多不易。但我们尽力相互支持。我起草了提纲，列了文献要求和书单，筹集了资金。彼得承担了文献的搜寻工作，对我在大纲中提出的要求，他总是尽力满足。我的思路在项目的进展中不断演化，大纲改了又改，我对文献要求的单子长了又短了，短了又长了。彼得总是以他德国人特有的耐心和细致和我讨论，以他丰富的德国经验纠正我的误解，并认真地去寻索，一定要把最重要和最好的文献都收集到书稿中去。周弘则承担了书稿所有的具体落地工作，她组织翻译、校对，联系出版，兢兢业业，任劳任怨。2012 年初，《德国货币政策和经济增长》出版了。

还在《德国货币政策和经济增长》一书的运作过程中，我向周弘建议继续合作把两德统一的有关历史文献整理和翻译成中文。相信这会是又一本精彩的著述，对历史的回顾、对丰富人类政治经济学知识，对动荡时刻的危机管理都会有借鉴意义。而周弘也早有此想。又是一拍即合。这次周弘牵头，文献更为浩瀚，工程更为艰巨，历时两年，四大卷文献洋洋洒洒地呈现在我们面前。感谢周弘和她的团队，是他们夜以继日地一个字一个字地把德文翻译成中文，又编撰成册，奉献给我们一段精彩的历史。

弹指一挥间，25 年过去了。正如当年在两德统一中，经济和政治的争议不断，此后 25 年间，关于当时决策、测算、条件等是否最优的评议也从未停止。我在过去几年里多次造访德国，重新回顾这段历史，每每总听到不同的声音，不禁令人唏嘘。再次感谢周弘和译者的努力，我们得以鉴史，或许也能明理。

朱　民

2015 年 11 月 4 日于华盛顿

前　言

　　德意志联邦共和国与德意志民主共和国之间的货币、经济和社会联盟是"德国统一的基石"（特奥·魏格尔，Theo Waigel），尽管它与经济学原理相违背，但联邦政府还是迈出了这一步。根据那些原理，必须等到民主德国经济生产率逐步达到与西德同等的水平之后，才可实现货币统一以及接踵而来的国家统一。然而，大多数东德人不愿经受如此漫长的等待，因为他们的目标是尽快像西德人那样生活。

　　联邦政府也不愿如此久等。它预计，民主德国难凭一己之力整顿经济；越境人潮还将继续，必须以限制入境（联邦德国）的方式加以制止；德国统一会无限期推迟，或许将永失良机。因此，1990 年 2 月 6 日，执政党主席兼联邦德国总理赫尔穆特·科尔（Helmut Kohl）、联邦财政部长特奥·魏格尔、自由民主党（FDP）主席奥托·格拉夫·拉姆斯多夫（Otto Graf Lambsdorff）当机立断，对民主德国提议举行关于"伴随经济共同体的货币联盟"的谈判。

　　莫德罗（Modrow）政府就立即引进西德马克（D-Mark，DM）做好了思想准备。在 1990 年 3 月 18 日的东德人民议院的选举中，德梅齐埃（de Maizière）民主合法政府获得选民的委托，尽快落实货币、经济和国家的统一。民主德国民众知道，他们面临的是"从沉船跳入冷水"[《新德意志报》，当时的德国统一社会党（SED）、现在的民主社会主义党（PDS）的中央宣传刊物]的局面，而他们也希望，在西德的帮助下，在冷水中停留的时间不会太长。

　　本卷将尽可能确切地描述当年促成货币、经济和社会联盟，进而导致德国统一迈出决定性步骤的各种考量和谈判。关于如何应对欧洲共同体（EG）和苏联，以确保这一步骤的实现，将以德国总理府和联邦财政部的文件为基础，进行详细描绘。

　　有关 1990 年以前的民主德国和联邦德国的经济形势、莫德罗政府的改革努力以及联邦德国对民主德国自 1989 年 10 月以来所爆发的危机做出的第一反应等章节，是本研究的中心部分。以此可以说明，波恩和东柏林的当权者在货币、经济和社会联盟决策过程中的出发点，即各种决策的前提条件。同时，还将对这些决策的后果加以阐述，以便对联邦政府的政策作出评估。

因此，本卷主要聚焦于"经济"和"货币"问题，也就是国家条约、联邦德国和民主德国就规范未决财产问题的"共同声明"（Gemeinsame Erklärung der Bundesrepublik und der DDR zur Regelung offener Vermögensfragen——编者注）以及《信托管理法》（Treuhand – Gesetz）是如何处理这些问题的。至于《统一条约》（Einigungsvertrag）中的一些规定，只有当它们在实质性的要点上可以补充说明国家条约中的经济和财政规定时，才被提及。

为撰写本卷的中心内容，我获准使用联邦财政部和联邦总理府尚处于 30 年保密期内的文件。因此，我要特别感谢联邦总理科尔，经他同意，联邦总理府的文件方可外借。也要感谢联邦财政部长魏格尔，他慷慨而迅速地为我提供了进入该部文献室的机会。还要感谢德国联邦银行行长汉斯·蒂特梅耶（Hans Tietmeyer），允许我阅览条约草案会谈期间西德代表团团长的文件。

这些文件档案按其成果进行了归档。尽管它们可以与其他部委或谈判对象的文件档案相比较，但只有这些文件，还是无法完全勾勒出想要得到的实际画面。此外，并非所有的西德文献都可供阅览，有些文献只能作为背景资料使用。在查阅档案时，部分东德文件尚未系统存档，尤其是严重缺失德梅齐埃政府的相关文件。不过，权威的当事人和许多官员乐于帮我提供信息并出谋划策，这一点尤为重要。我要特别感谢马蒂亚斯·贝格尔博士（Dr. Mathias Berger）、霍斯特·科勒博士（Dr. Horst Köhler）、赫尔穆特·科尔博士、君特·克劳泽教授（Prof. Günther Krause）、奥托·格拉夫·拉姆斯多夫博士、约翰内斯·路德维希博士（Dr. Johannes Ludewig）、洛塔尔·德梅齐埃（Lothar de Maizière）、米夏埃尔·梅尔特斯（Michael Mertes）、理查德·莫齐教授（Prof. Richard Motsch）、赫尔曼－约瑟夫·罗登巴赫博士（Dr. Hermann – Josef Rodenbach）、蒂洛·萨拉辛博士（Dr. Thilo Sarrazin）、瓦尔特·西格尔特博士（Dr. Walter Siegert）、汉斯·蒂特梅耶教授、特奥·魏格尔博士、迪特尔·伏尔岑博士（Dr. Dieter Würzen）提供的宝贵意见。

我的同事乌韦·安德尔森（Uwe Andersen）、施特凡·比尔林（Stefan Bierling）、约阿西姆·格劳比茨（Joachim Glaubitz）、贝阿特·诺伊斯（Beate Neuss）、彼得·普策尔（Peter Pulzer）、格哈尔德·里特（Gehard A. Ritter）的建议亦不可或缺。

我的硕士和博士研究生帮我审阅了大量公开发表的文献，尤其是尤尔克·艾申菲尔德（Jörg Eschenfelder）、西蒙娜·斯特姆勒（Simone Stemmler）、约翰内斯·瓦尔贝克（Johannes Warbeck）、玛雅·采夫斯（Maja Zehfuβ）。

我还要感谢海克·格林博士（Dr. Heike Grimm）、亚丽桑德拉·格侓斯博士（Dr. Alexandra Gröβ）和克里斯蒂安·凯特尔勒（Christian Ketterle）在整个项目期间、在解读文献的过程中所给予的学术帮助。

阿曼斯豪森（Allmannshausen），1998 年 5 月 1 日

目　　录

附　录

第一章　重新统一前的民主德国经济

　　假如苏联没有实行改革和开放政策、没有进行结构调整，假如昂纳克（Honecker）没有被推翻，而是得到莫斯科的扶持，民主德国将会变成何样？这类问题常常只是引起热闹的猜测。在民主德国事件中，现有资料明确表明，自 1988 年以来，其经济崩溃的迹象已经显露；即便苏联经济调控体系仍能发挥功能，它也无力继续扶持民主德国；民主德国很有可能被迫向联邦德国提出贷款和转移支付的请求，这些请求远远超过了之前的一般规模；也不能排除联邦德国为了换取进一步的"人道主义的宽松政策"，才给民主德国提供了可观的资金援助。然而，这些举措或许只能推迟却无法阻止民主德国国民生活水平的急剧下降。米哈伊尔·戈尔巴乔夫（Michail Gorbatschow）的政策只是加快了民主德国的崩溃，实际上，这一崩溃是其经济全面失灵的结果，无论莫斯科哪股力量决定苏联共产党（KPdSU）的路线，结局都是一样的。

　　今天，可以很容易地回顾民主德国处于废墟中的经济发展历程。近来逐渐可以阅读到民主德国党和国家机关的文件，它们所揭示的计划体制的失灵、党领导层的诸多幻觉以及衰败中的束手无策等，远比西方观察家 1990 年以前所拥有的资料清晰得多。1990 年以后，一些在民主德国经济调控系统中身居要职的人士可以接受采访，他们提供的信息也很有启发。例如，国家计划委员会主席格哈尔德·许雷尔（Gerhard Schürer）、"商业协调部门"（Kommerzielle Koordinierung，KoKo）的领导人亚历山大·沙尔克 – 哥罗德科夫斯基（Alexander Schalck – Golodkowski），或者当年联合企业的厂长们。由于已有大批参考文献，[1] 这里只着眼于民主德国的基本发展特征和统一社会党的典型决策。

第一节　错误的方针：70 年代昂纳克的"经济政策和社会政策相统一"

　　昂纳克下台以后，民主德国党和国家的高层领导表示，灾难始于 1971

年昂纳克接管政权及其"经济政策和社会政策相统一"。1989 年 11 月 10 日，许雷尔在统一社会党中央委员会上解释了民主德国所欠西方债务的原因，他的报告典型地反映了这一观点。许雷尔说："随着 1971 年社会政治大纲的实施——（……）它具有如此巨大和积极的作用——当时扳错了方向，尽管只有毫厘之差，但列车从此脱离了现实的轨道，并且越开越快。"[2]

这符合以埃贡·克伦茨（Egon Krenz）为首的统一社会党新领导层的利益，他们想把所有的过错都推到昂纳克身上，以便为自己和社会主义制度开脱。对于事态的发展，当然不能如此妄下结论。最迟从 1976 年起，政治局全体委员就都知道，他们对民主德国的经济发展要求过高，除非出现奇迹，迟早会面临一场灾难。他们也清楚，存在着一种符合实际情况的经济、社会和财政政策，但它可能危及其统治基础。而现实情况偏偏特别令人不快：社会主义经济体系的产能持续下降，原材料价格上涨，与贸易伙伴苏联之间的困难加大，世界市场的竞争日益激烈。统一社会党的高层领导尽可能长时间地置现实于不顾，希望出现奇迹。对此，谁会感到惊讶呢？灾难并非始于昂纳克，它和现行经济制度密不可分，因为这种制度阻碍创新，进而阻碍其适应世界经济的转型。然而，领导集团中没有任何一位成员会承认这一点。许雷尔"扳错方向"的定义并非完全离谱。昂纳克的前任瓦尔特·乌布利希（Walter Ulbricht）实施了投资和工业基础要优先于个人消费的政策，还严格控制对西方的债务。到了昂纳克手里，物质材料开始耗尽，因为忽视了生产设备和基础设施方面的投资。与此同时，欠西方的债务却在增加。

1971 年昂纳克的转折：权力重新集中和消费许诺

乌布利希生于 1893 年，自 1950 年起担任统一社会党中央委员会总书记（1953 年起，担任第一书记）。因年龄原因，他最迟必须在 70 年代中期将权力移交给年轻的一代。但在权力更迭过程出现了激烈的斗争。作为可能的继承人，昂纳克为使自己早日登上权力顶峰，利用了统一社会党部分成员和苏联领导对乌布利希经济政策的日益不满。这种不满有很重要的原因。

1963 年，乌布利希宣布了"计划与领导的新经济体制"。他的目标是，在可预见的时间内使民主德国经济达到"世界水平"，从而缩小与联邦德国之间的差距。对此应当采用双重战略。一方面，应该提高生产积极性和效益。乌布利希决意通过放宽经济调控体系，利用"经济杠杆"和"货币刺激"，如利润、成本、营业额、利率、奖金和价格改革等来调控企业。另一方面，应当首先扩大对未来经济至关重要的工业门类，至于生产什么、生产多少、如何生产等问题，则继续通过中央指定计划来调控。属于"决定（经济）结构的重点部门"有：电力、电子工业，机器制造和化工工业。当时，该方案也曾令许多西德观察家振奋。除了确定上述重点部门以外，民主德国至少看似选择了一条通往"社会主义市场经济"的道路。

从 1967 年开始，"计划与领导的新经济体制"上升为"社会主义经济体制"，但从未正常运行过。一个原因是，在党和经济调控部门内部，分权和价格改革遭到重重阻力，基本停滞不前。另一个原因是，扩大"重点部门"需要大量资金，满足了它们的需要，其他部门就无法获得资金。给予非集中调控的部门以独立性，足以导致"比例失调"：太多企业转而生产带来销售利润的产品；推迟供应重点部门和出口企业的配件，经济产能不堪重负；如果没有价格绑定，剧烈的通货膨胀在所难免。这表明，一种部分取消中央计划的体制，如果无法代之以有效的市场经济自我调节，将比深深受到持续性干扰所困的中央调控体制更加脆弱。

除了体制本身导致的固有问题以外，还有对外经济中存在的障碍：民主德国依赖苏联原材料的供应。乌布利希需要更多的石油和钢材，否则他的工业现代化方案根本无法实施。1965 年，当苏联拒绝供应更多的石油和轧钢时，支持改革的人士有充分的理由担心，这样一来，他们的整个方案都将面临危险。[3] 苏联从一开始起就不怎么看好乌布利希的改革政策。最初倒不是因为以赫鲁晓夫（Chruschtschow）为首的苏联领导层拒绝对中央调控体制进行任何改革，多年以来，苏联自己也在讨论经济学家利别尔曼（Liberman）的改革设想。原因在于，苏联更担心的是，乌布利希追求"世界水平"，这迟早会危及民主德国与苏联的经济联系。1964 年 10 月赫鲁晓夫下台后，苏联国内停止了关于改革的讨论，中央调控体制只发生了少许变化。而乌布利希想把改革方案作为模式展示给其他社会主义国家的倾向日益明显，莫斯科看在眼里，更加不快。它怀疑乌布利希想减少民主德国对苏联的依赖。1970 年 7 月底，乌布利希在莫斯科对勃列日涅夫（Breschnew）说："我们愿……在（与苏联）真正的合作中，将自身发展成为真正的德意志国家。我们不是白俄罗斯，不是苏维埃国家。要真正的合作。"此时，这一怀疑似乎得到了印证。[4]

之后，莫斯科和东柏林便开始联手运作，解除乌布利希统一社会党第一书记的职务。

在提交给1970年12月统一社会党中央委员会第14次会议的一份内部报告中，昂纳克阐述了他对乌布利希经济政策的批评。[5]其中提到，再也无法保证经济"按计划有比例地发展"，乌布利希制定了太高的增长率，对电子数据处理一事的期望过高，用机器人启动了一种"浮华的计划"，总体上对重点部门的推动力度过大，造成重点部门供货短缺，结果是消费品供应不足，草率地忽视了住房建设。此外，乌布利希的政策还导致了对苏联和资本主义国家的债务；欠西方债务，正中有意在民主德国立足的联邦德国的下怀，由此，民主德国在1970年被推向了灾难的边缘；但这一切并非党的过错；乌布利希依赖那些经过挑选的学者，而没有和党的委员会进行充分的商量。15年以后，昂纳克自己也推行了涉及重点部门的"浮华"计划，而且与1970年民主德国所欠的西方债务——20亿外汇马克（Valutamark）相比，[6]应由他负责的西方债务在1976年就已经翻了多倍。但当时他对乌布利希经济政策的批判，得到了党和国家领导干部的完全赞同。这不仅仅是因为他们担心分权会产生的后果，而且也是因为昂纳克提出的改善消费品供应和促进民用住宅建设的要求尤其受到欢迎。面对1970年3月19日联邦总理维利·勃兰特（Willy Brandt）与民主德国总理维利·斯多夫（Willi Stoph）在埃尔福特（Erfurt）会晤时民主德国民众爆发出的同胞情感，统一社会党领导人感到震惊：成千上万的人冲破隔离带，对着勃兰特欢呼。他们明确表示，在西德总理身上看到了更为美好的德国。鉴于这些经验，统一社会党大多数领导人认定，昂纳克比以往更快地改善国民物质状况的目标是正确的，而且是必要的。否则如何能够成功地得到本国国民的更多拥护？

不仅莫斯科的支持，而且昂纳克自己的经济和社会政策路线也为他在错综复杂的博弈中能够成为乌布利希特的接班人奠定了基础。[7]

在1971年6月第八届党代会的协商会议上，党的新领导人昂纳克在讨论1971～1975年度的五年计划时所代表的路线，与他半年前接管权力时的文件如出一辙。党代会通过了一项决议，其中写道：

"主要任务……是在社会主义生产高速发展、提高科技进步的效率和劳动生产率增长的基础上，继续提高国民的物质和文化生活水平。"[8]

　　马克思主义和列宁主义理论武装下的党代会成员当然清楚，该决议意味着"回归苏联"，在斯大林 1952 年的文章《社会主义的经济问题》中出现过类似字眼。[9] 昂纳克在党代会上的发言中还增加了一些流行的观点。他谈到了居民消费品供应中的"缺陷和不稳定"，提出了未来几年将日益重要的环保问题，并且宣布了住房建设计划，到 1975 年为止，该计划会带来 50 万套新的或者翻新的住宅。昂纳克想方设法地遏制过高的期望。他说，只能逐步实现生活水平的提高，并且要和经济总产值的增长相匹配，人们必须理智，必须提高效益，而且必须利用经济互助委员会（RGW）中国际劳动分工的优势。生活经验教导人们，"我们的社会消费从来不可能超过社会生产"。[10] 尽管如此，对于民众来说，第八届党代会就像做出了一个许诺：经历了物质严重匮乏的建设岁月，现在该是收获的时候了。这种期望正在上升。

　　但是，在此期间重新集中的经济计划与调控体制，使这些期望几乎无法得到实现。重新集中意味着，计划委员会和各部委将重新集中地制定货币和商品经济的计划指标并分配到企业。借助 22 项以绝对值制定的计划指标、10 项以相对值制定的国家指标以及 15 项国民经济计算指标，工业商品生产、劳工数量、劳动生产率、工资基金、投资额度以及重要产品的生产数量和价值都由官方规定。在分权时期形成的"经济杠杆"中，只有生产基金支出完好无损地保留下来。而企业净利润则以绝对值为指标加以规定。只有完成国家计划指标，才可以给奖金基金进行注资。再度集中的结果是，企业再也不可能，而且也没有动力去主动改变生产方式、在产品品种方面关注消费者的意愿，甚至开发新产品。反倒是为了得到尽可能"软的"、易完成的计划，将自己工作能力掩藏起来的企图有了明显的增长。[11]

　　与重新集中相配套的是，在"计划和领导新经济体制"时期开始的价格改革被中断。从 1971 年起，再次出现了价格的普遍冻结。只有新产品或经过改进的产品才可以提价，企业必须就此提出申请，并经中央（通常由物价局）根据复杂的审核程序进行批准。新产品的价格制定程序又为创新设置了另一道障碍。

　　通过把国家参股企业以及工业和建筑行业中的小企业收为国有，完成了回归苏联模式的转型。昂纳克以工人们抱怨"资本主义部门"获取高额利润为理由，为国有化进行辩解。而实际上，恰恰是这些部门对改善消费品供应做出了主要的贡献，从而得到过乌布利希的坚定容忍，对于这一点，党领导层却不再关心。自 1972 年以来，只有零售业和手工业部门中尚有少量的私有企业。

住房建设堪称昂纳克路线中"社会政策的核心部分"。每年建成的房屋数量，1963～1970 年为 7 万套，1976 年后提高到 15 万套，到 1990 年住房问题就应得到解决。其他社会政策措施是，1972 年提高退休金和社会福利以及改善在职母亲的待遇。价格冻结也被视为社会政策措施：基本需求商品和服务价格保持低水平不变。

1976 年 5 月的第九届党代会和 1976 年的党纲确认了昂纳克统称为"经济政策与社会政策相统一"的路线。这不过是更为简洁地表述了 1971 年的方针，意思就是：一切照旧，应该将经济增长和个人生活方式置于紧密的相互关系中。扩大生产是增加工资和社会待遇的前提，工资和社会待遇的提高又有助于增强工作意愿，从而促进生产。

这种表述和原则听起来具有现实主义的色彩，而且在党代会上，党的领导人也很少做出超越 1971 年方案的具体许诺。而民众却希望党代会对新的社会政策做出承诺，因此他们的反应是失望的。

鉴于这种不满，昂纳克撤回了提高工资和社会待遇应与提高生产相协调这一条。在党代会召开一周以后，党领导便宣布上调最低工资和退休金。[12]

第一个警示信号

从 1973 年起，民主德国与"非社会主义经济区"（NSW）的贸易赤字急剧上升。1978 年 5 月，许雷尔在专门送交给君特·米塔格（Günther Mittag）[13] 和昂纳克的秘密报告中写道，1973～1977 年，来自"非社会主义经济区"的进口为 476 亿外汇马克，而对"非社会主义经济区"的出口只有 329 亿外汇马克。[14] 结果当然是民主德国在西方银行的债务增加，1978 年债务金额已达到 84 亿美元，几乎是民主德国向西方国家出口额的两倍。[15]（比较第 49 页）

民主德国对西方的贸易赤字有多重原因。对民主德国来说，对"非社会主义经济区"的出口越来越困难，这是因为受到从 1974 年开始的经济增长疲软的影响。而民主德国对"西方商品"的需求仍无止尽。政治局成员知道，国民是以能否买到咖啡和热带水果来评判经济政策的，因此需要进口更多的此类产品。资本货物进口的增长尤其迅猛。昂纳克和米塔格作出一项冒险的战略决定：通过贷款在西部购买现代化的生产设备，因为他们寄希望于从西方进口设备而实现技术赶超，进而通过更高的出口额收益以偿还贷款。[16]对于具有较长产品生命周期的出口商品来说，这种战略也许能够奏效，1977年以来大力推进的借助日本的设备将苏联原油加工成"明亮"的产品，如汽油和柴油，就是最重要的例子。但是，对于产品生命周期短的商品而言，即便是注入西方的技术，也无法帮助那些遭受复杂调控体系阻碍的企业赶上西方企业的创新速度。此外，因为生产零部件的供应不灵，很多情况下无法有效地利用通过昂贵的外汇买进的机器设备。

在与西方的贸易中，两德间的贸易也占有特殊位置。70年代，在两德内部贸易中，民主德国也存在着贸易赤字，但不像与其他西方国家贸易中的赤字那么明显。这部分是因为欧共体在1957年3月25日《德意志内部贸易议定书》（*Protokoll über den innerdeutschen Handel*）中，[17]在联邦德国的敦促下，给予了民主德国优惠待遇。有关欧共体海关边境的规定不适用于从联邦德国进口的民主德国商品，因此，民主德国商品可以免税进入联邦德国，进入其他欧共体国家则不享受此待遇，但规定了联邦德国从民主德国进口商品的额度。税收减免是另一项优惠。从民主德国购买商品的西德公司可以享受商品价值11%或5.5%的增值税减免。在两德内部贸易中，如果民主德国向联邦德国出口，民主德国得到的不是可以用来购买第三国商品的、可自由兑换的外汇，而是一种印有结算单位的信贷凭证，标为"外汇马克"。持有"外汇马克"可以在联邦德国购买货物，通常是以西德马克价格为基础进行结算。还有一种无息贷款，其额度自1975年起每年最高可达8.5亿西德马克，为联邦德国以及民主德国进行透支都提供了便利，得到了民主德国相当程度的利用。

如果民主德国没有从联邦德国日益增长的转移支付中得到实惠的话，包括两德内部贸易在内的西方贸易赤字可能会带来更加严重的后果。特别有好处的是那些用可兑换外汇进行的、不以民主德国经济回报为条件，或者不会对其产生后果的支付。昂纳克常称之为"不费劲的收入"[18]，其中最重要的一项是过境总支付，1972～1975年每年达2.349亿西德马克，1980年为4亿西德马克，后来每年为5.75亿西德马克。在由联邦德国出资、西德教会调解的赎买囚犯和家庭团聚（"教会交易B"，Kirchengeschäfte B）框架中的支付行为也意味着可观的减负，1971～1979

年，其金额达到将近 10 亿西德马克，也就是说平均每年超过 1 亿西德马克。[19]如果没有免除民主德国出口到联邦德国的产品关税和税收优惠，没有联邦德国的转移支付，民主德国在 70 年代就有可能被迫严格限制从西方进口。

同样，从 70 年代中期开始，与经互会成员国的贸易前景也不再光明。1975 年，民主德国对外贸易的三分之二是和经互会国家进行的。最重要的贸易伙伴是苏联，仅对苏贸易就占民主德国对外总贸易的 36%。民主德国向苏联提供的主要是资本货物，其次是消费品，从苏联则主要购买原材料。

1973/1974 年国际原油市场价格明显上涨，其他原材料的国际市场价格也随之上涨，对民主德国来说，采用经互会中通行的原材料价格结算是有利的。其将近 90% 的原油进口来自苏联。1975 年后，苏联要求按过去 5 年国际原油市场价格的平均价格进行结算。1976 年，苏联的原油价格虽然只有欧佩克（OPEC）的一半，但还是高于 1975 年以前，而且苏联党领导层考虑要逐年提高价格。但民主德国出口苏联的商品却不能提价，它与最重要合作伙伴的贸易条件明显恶化。雪上加霜的是，苏联越来越频繁地中断粮食和饲料供应，民主德国必须用硬通货到西方购买补充供应不足的部分。仅 1974 年和 1976 年从西方进口的粮食和饲料金额就分别高达 20 亿外汇马克，数额极大。[20]

对于民主德国因石油价格上涨以及与西方贸易赤字所产生的危险，党的领导层相当清楚。经昂纳克授权，1975 年，社会主义经济领导中央研究所（Zentralinstitut für sozialistische Wirtschaftsführung）所长考齐欧莱克（Koziolek）和社会科学院（Akademie für Gesellschaftswissenschaften）院长莱因霍尔德（Reinhold）牵头的工作组，已经就原材料涨价给民主德国带来的后果进行过研究。考齐欧莱克和莱因霍尔德警告大家，不要通过缩减投资来平衡负担。那样的话，将不能保障扩大再生产，甚至一部分简单的再生产（用西方的术语讲，就是扩大及维护资本存量）。他们建议，上调基本需求之外的产品价格，提高房租并按收入划分等级，不再自动支付年终奖，不要在工作时间举办社会活动，减少行政人员。在"五年计划"讨论会上，专家们的评估未得到采纳。昂纳克只让人转告评估报告的执笔者："你们不会有事。"[21]除了高科技部门，1976 年底就已出现降低投资倾向的苗头。在政治局成员和经济调控机关最高层领导讨论经济问题的"小圈子"中，斯多夫建议，只有当现有设备至少两班倒地充分运行，才会考虑新投资；昂纳克解释道，投资必须"集中于使我们到 1980 年之时能够找到解决办法的那些重点上"。[22]

许雷尔也没有受到什么责罚，尽管他在"小圈子"里对西方债务增加提出警告，自 1976 年底以来他经常如此。昂纳克的典型反应是，一方面担心，因为这关系到"民主德国的存在"；另一方面则严厉拒绝撤回其 1971年的消费许诺。昂纳克从以下方面看到了出路：运用科学、改进技术、改善组织和领导、合理化与机械化，从而提高企业生产能力，但他认为这一切"不能踩着工人的骨头进行"。[23]

1977 年 3 月的昂纳克、米塔格和许雷尔会谈记录表明，当党主席感觉受到了哪怕只是很小心的批评时，他是如何反应以及其他人又是如何迅速妥协的。米塔格和许雷尔共同给昂纳克写了一封信，信中表示，1978 年他们必须筹措比从出口西方所得收入更多的硬通货现金，用于偿还贷款和利息，原因是多年来都是通过短期贷款支付外贸逆差。[24]昂纳克听了很恼火，他指责米塔格和许雷尔，认为他们的报告给人以这样的印象，"好像乌布利希没有造成债务，全是昂纳克欠的债"。他问道："我们本该如何行事？涨价政策也解决不了任何问题。"昂纳克把外贸逆差的责任主要归咎于苏联："原因是（……），人家没有给我们粮食。"

米塔格和许雷尔做了自我批评，米塔格作为职位较高者只需作适度检讨，许雷尔则得下跪："我们递交的材料针对的是如何在现有条件下继续执行第九届党代会决议，却因此而造成了如此的印象，这令我深感不安和触动。为何恰好是我、是我们国家计委中的人攻击你和既定政策，而我们应该对你——埃里希深表感谢才对，因为是你让我们能够拟定实际计划。我们愿意对这些言论进行修改，我们知道，很多因素造成了外贸逆差，例如国际市场上的价格变化、消除第八届党代会以前的失衡、粮食进口用于平抑欠收，以及用于抵消那些我们已经估算过但未能获得的苏联进口货物（……）。"

在这种忏悔之后，才能继续就事论事。"在新品种出现之前"，昂纳克不愿在咖啡一事上进行"极大的价格讨论"。然而，"当新产品出现后，我们也不能一直供应原有的品种"。针对可可，他说："我（……）反对提高价格。含微量可可的新产品，无须印上可可含量。"针对投资，昂纳克认为："（……）取消新开始的项目，集中精力生产自己的配给物资（用来使生产合理化的产品——作者注），出口之前预先计划内的装备，同时取消计划内的装备进口。"

这类措施自然无法使现金赤字得到平衡。昂纳克决定，不按协议使用联邦德国的支付款项，并且要动用沙尔克－哥罗德科夫斯基的外汇储备和黄金储备："有必要把纳入计划的外汇马克提高到 15 亿，另外还得动用过境总支付、邮局与高速公路建设的收入，必要时还可动用部队运输的收入，等等。1978 年有可能必须再次出售 2.5 亿的黄金储备（……）。"[25]

从对外经济危机重重的发展状况中，党领导层至少汲取了组织上的教训，这对未来的发展具有重要意义：沙尔克－哥罗德科夫斯基属下的"商业协调"部门成立于 1966 年，它的权限越来越大，如今则继续升级，1976 年归米塔格直接领导。商业协调部门的任务是弄到计划外的外汇和货物。与此相关的任务还有，完全满足党的领导人和国家安全人员的货物和外汇需求，包括供应给生活在万德利茨（Wandlitz）的领导人家属，早在乌布利希时期这种供应就不再寄希望于呆板的计划体制。商业协调部门还按照党领导的指示，出资组织为居民进口价值较高的消费品，即"节日进口"。70 年代，计划外进口高科技产品也成为该部门的工作重点。为那些运用西方技术提高其生产能力的企业进口设备，先由沙尔克垫资：要么是从西方银行拿到贷款，要么是动用外汇储备。企业为资本货物和融资支付费用，利用计划外出口赚取的外汇，商业协调部门的利润空间至少为 15%。1976 年商业协调部门变成了一家康采恩，许多外贸企业和一些在国外落户、吸收西方游客外汇消费的企业，如外汇商店（Intershop）和特供点（Intertank）都归在它的旗下。所有计划外的对西方贸易活动，包括购买禁运商品以及出售遭到没收的艺术品和古董，都通过这家康采恩运作。此外，还包括部分来自联邦德国的转移支付款项，如"教会交易"。商业协调部门将通过上述活动得到的大部分外汇收入上交给民主德国财政部，剩余部分则用来增加沙尔克的企业资本，用以垫付进口支出。随着商业协调部门地位的提高，党的领导层默许将对西方贸易划分成两个部门：一个是计划经济部门，一个只是宽松协调、部分按市场经济模式运作、由沙尔克亲自领导的部门。通过这种方式，在僵硬的计划经济体制和市场经济的边缘，形成了有弹性的缓冲。从 1976 年开始，商业协调部门只由米塔格领导，最后则由昂纳克控制。西方贸易划分成两个部门走得究竟有多远，可以 1979 年的情况为证，当时整个肉食和牲畜对西方的出口业务都转让给商业协调部门，它再用外汇销售额去购买饲料。对西方贸易的部门划分最好地证明了党的领导层自身并不相信它的中央经济管理体制能够解决与西方的贸易问题。[26]

对西方的债务日益增加，这并非唯一难以解决的问题。此外还有补贴上升的问题。1971～1976 年，一直实行价格普遍冻结。这个时期内出现了复杂的问题，即明显上涨的进口原材料价格是否应该计入国内价格。如果不考虑增加对消耗或加工原材料企业的补贴，则应该强制企业节约使用昂贵的原材料。最高领导层严厉拒绝提高消费者价格，尤其是基本需求商品和服务的价格。从经济学角度看，中央政治局最终认同的解决办法，是危险的胡闹，但很流行：工业价格，或者说企业之间或企业与外贸部门之间的原材料和原材料用量大的产品结算价格逐步提高；消费品价格直到 1979 年保持不变，对于占消费品供应总量 80% 的基本需求商品，之后也没有涨价。由此产生了两个大家并不乐见的副作用：大量企业必须得到补贴；油价每涨一次，国家补贴就得增加。同时形成了双轨价格水平。同一产品会有两种价格，对终端消费者来说，价格是便宜了，但对必须进行深加工的企业而言，则变得更贵。于是又导致了浪费，这种浪费使补贴需求继续上升。在回顾这一政策时，许雷尔批评道："对农民来说，面包是最便宜的猪饲料，它的价格比从国家，也就是从生产者手中采购的谷物还要便宜。"[27] 如果像物价局领导哈尔布利特尔（Halbritter）和财政部长博姆（Böhm）在 1979 年秋天所要求的那样，提高消费者价格，就会削弱购买力，减少补贴，甚至进口也会趋于下降。但昂纳克加以拒绝："如果这么做，政治局就可以立即辞职了，政府也一样。"[28]

1979 年 12 月，党领导层似乎已经清楚，不久后，内外经济的困境会大得多。第二波石油价格上涨加重了西方工业国的负担，使其面临新一轮萎缩的危险。参考 1975 年的情况，民主德国必须预计到对西方出口的困难会加大。更糟糕的是，虽然相对于欧佩克的价格，苏联油价的变化滞后，但其上涨程度仍触及了民主德国敏感的神经。在 1979 年 12 月中旬的统一社会党中央委员会第十一中全会上，昂纳克表示，这不仅使"已够复杂的形势更加尖锐"，而且出现了"新情况"。[29]

1980 年，党领导层勉强通过了对现行政策进行某些纠正的决议。也许苏联的压力起到了作用。1979 年 10 月，在柏林召集的政治局会议上，勃列日涅夫指责昂纳克将民主德国引向破产。[29a]正如许雷尔所要求的那样，在从西方进口消费品、机器和装备以及原材料等方面都有了节省。1980年，从经互会国家进口的数量成功地控制在1979年的水平。昂纳克上台以来，对西方贸易赤字首次下降。

在许多民主德国市民的记忆中，1980年是停滞的一年。70年代，他们的物质生活水平与10年前相比有了较快的提高。如果按民主德国官方的统计，1970~1980年的人均国民净货币收入足足增加了一半，从每年的4652东德马克（DDR – Mark，Mark der DDR）增加到7222东德马克。[30]但无法确认实际收入究竟增长了多少，因为没有计入通货膨胀。在官方的口径中，消费品价格、房租和服务价目没有变动。不过，新产品或者标有"使用价值得到改进"的产品却涨价了。比如，1980年高保真设备的价格从1950东德马克涨到3090东德马克，吸尘器售价从285东德马克提高到450东德马克。部分家具、服装、化妆品和食品价格涨幅也很大。[31]涨价是否真的可以通过更好的质量来解释，在消费者看来是值得怀疑的，他们称之为"米塔格的增值战略"。对此，甚至是计划与调控机关内部也持怀疑态度。他们认为，很多地方的价格变化是不能通过提高相应的使用价值来解释的；在某些商品种类中，几乎再也没有供应过中低价格的商品，"这必然使市民们认为，制定新价格如同普遍涨价"。[32]然而，涨价并不足以化解购买力。1975年以后，国民货币收入的增长快于国内可供支配的消费品数量，许雷尔一再担心地指出过这一点：在市场经济中购买力过剩必然导致通货膨胀。他还补充说，在民主德国，商品得不到正常供应。70年代末，人们越来越多地抱怨，商店只按小时供应基本需求品和高档商品，统一社会党的地区领导将这一情况上报到中央委员会秘书处，并由部长会议定期处理。在部长会议内部，斯多夫批评各级主管的工业部长们，而他们又反过来批评联合企业的领导。大家达成共识，认为是供应不畅造成了上述情况。[33]至于祸根，即中央计划与调控，当然是不容批评的。

纵观这一切，对普通消费者来说，70年代至少是一个看似蒸蒸日上的时代。然而，在改善生活条件方面，很大一部分并非建立在自身的产出基础之上，而是对西方的债务和忽视投资的结果，这种消费是通过赊欠和消耗物资实现的。对此，国民毫不知情，党的领导层多年来却已心知肚明。当1980年终于停止继续增加进口的时候，消费者也发现70年代的福利提高是那么有限，即便如此，民主德国的经济也无法承受。

第二节　80 年代：困难层出不穷、
挽救尝试无济于事

1981 ～1985 年的外贸活动

1981 年，党的领导层和计划委员会有理由期待，他们可以克服令人压抑的对西方债务问题。限制西方商品进口的措施初见成效；出口增加，尤其是石油产品。一切情况都表明，1981 年与西方的贸易赤字还会继续下降，甚至可能偏向于顺差。按许雷尔的报告，虽然债务的本息偿还额度仍然高于年出口收益[34]，但债务累积的源头，即对西方的贸易赤字，似乎终于堵住了。

在 1981 年 4 月的统一社会党第十届党代会上，党领导提交了"经济战略十点计划"。还是老一套，从抽象并粉饰过的党代会决议的表述中仅仅能解读出，未来党的领导层将如何确定优先顺序。迄今为止得到优先考虑的消费品生产，不再具有地位，而代之以宏观经济和提高效益的目标，例如经济增长、提高劳动生产率、更好地使用原材料和燃料、改进产品质量、合理化以及有效地利用投资。[35]往后，消费者必须满足于略低于 70 年代的商品供应增长率。投资应集中在最有必要的部门，即在现有情况下有助于向西方出口的部门。具体来说，"更好地使用原材料和燃料"意味着，在民主德国要节省石油，要用褐煤代替取暖燃油，以继续提高对西方的石油产品出口。

自 1973/1974 年第一次石油价格暴涨以来，通过出口石油产品赚取硬通货外汇的想法就得到过推崇。与欧佩克相比，苏联原油价格的上调是滞后的。如果相对便宜的苏联石油得到深加工，利润会相当丰厚。高效深加工的前提条件是，必须从西方购买现代化技术。如果国际市场石油产品价格继续上升，会很快收回这一投资的成本。因此，70 年代中期，民主德国就开始利用西方技术扩大其石油加工。矿物燃料和部分从石油中提炼的化工产品的出口数量增加，尤其是由于价格上涨，销售额明显提高（比较第 32 页）。1981 年，民主德国完全依赖于石油产品出口：对西方工业国家出口所得外汇收入的 30% 来源于矿物燃料，12% 来自于化工产品。迫切需要而且必须与西方国家的贸易收支保持平衡，但只有在继续成功地提高对西方石油产品出口的情况下，才可以想象这一点。

在民主德国计划决策者和最高领导层眼里，石油精加工显得越来越重要，因此，也就越来越不能忽视其风险。只要国际市场石油和石油产品的价格上涨，而且经互会的价格变化滞后，那它就是一笔漂亮的买卖。但如果国际油价下跌，怎么办？况且1981年危险已初露端倪，苏联将减少对经互会伙伴的廉价油供应。因此，1981年3月许雷尔就向政治局建议"取消取暖油"，以降低国内原油消耗。为了尽可能普遍地让褐煤取代取暖油，应该增加褐煤开采量。

1981年8月，苏联宣布对民主德国的石油供应将从1900万吨降到1700万吨。对此，民主德国党的领导人表示担忧。昂纳克给勃列日涅夫写信说，哪怕只是失去一部分的石油供应，"德意志民主共和国的生存支柱都将会被埋葬"。[36]许雷尔被派往莫斯科与其同行拜巴科夫（Baibakow）商讨石油供应问题。许雷尔解释道，民主德国已经向石油部门投资了37亿卢布，其中包括10亿美元，减少供应将会带来"国民经济大范围的重大损失"。许雷尔挑衅地补充说：

"我敢肯定，一个健康稳定的社会主义民主德国，在苏维埃社会主义共和国联盟的战略方案中，也扮演着重要角色。如果我们把弦绷得太紧，就会出现我们也无法预见的事情。"

只有当民主德国以美元支付有争议的200万吨石油的情况下，拜巴科夫才同意不减少供应，苏联需要外汇以购买粮食。[37]几周后，昂纳克和统一社会党中央委员会国际问题办公室主任君特·希伯尔（Günther Sieber）与苏共中央委员会主管国际问题和民主德国问题的书记康斯坦丁·鲁萨科夫（Konstantin Russakow）举行会谈。鲁萨科夫解释减少石油供应的理由是，苏联发生了"严重的不幸"。是什么不幸，鲁萨科夫不愿透露，他指的可能是灾难性的坏收成。勃列日涅夫授权他通知统一社会党政治局：

"如果你们不愿意与我们共同承担这一不幸的后果，就会有苏联难以确保其目前世界地位的危险，这将影响到整个社会主义集团。"[38]

12年后，希伯尔在接受海尔特勒（Hertle）的采访时透露，当时鲁萨科夫还说，苏联实际上又面临着布列斯特－立陶夫斯克（Brest－Litowsk）的情况。希伯尔没有把这一看法写进备忘录，因为鲁萨科夫没有解释，《布列斯特－立陶夫斯克和平协议》（*Friedensschluβ von Brest － Litowsk*）与石油供应有何关联。1989 年后,希伯尔才想到,鲁萨科夫的话可能是对"苏联全球战略终结,因此必然会甩开民主德国"的首次暗示。[39] 不管鲁萨科夫提醒 1918 年俄国和德国的和平协议到底想表达什么意思,在这次交谈后,昂纳克不得不明白,几乎无法再指望从苏联那里得到经济援助。而 1982 年春沙尔克 - 哥罗德科夫斯基通过与苏联的多次谈判,至少取得了苏联原油供货的优先权,就已经算是很大的成果了。[40]

同一个时期,民主德国继续承受着其他打击。1981 年下半年,西方银行的评估越来越质疑民主德国的贷款信誉。民主德国只能从日本和阿拉伯的银行拿到新贷款,而且只能以当时国际上普遍极高的利息才能获得。1981 年 12 月 13 日,波兰颁布戒严令后,美国迫使北约(NATO)国家禁止对华约国家提供贷款。而民主德国仍然依赖于贷款。虽然此时与西方的贸易收支几乎保持着平衡,但缺少偿还旧债必需的现金。因此,1981 年年初统一社会党领导人或许还抱有希望,然而事与愿违,一年以后的民主德国再次失去债务偿还的能力。

在这种形势下,受到失去债务偿还能力威胁的党的领导人力图通过某种"外贸活动"解救自己。[41] 在策划并执行这种行动中,最重要的参与者之一就是沙尔克 - 哥罗德科夫斯基。为了迅速提高对西方的石油产品出口,竭尽全力地推行 1981 年年初做出的通过褐煤替代取暖油的决议,到 1983 年年底确实实现了民主德国热电厂和蒸汽厂改烧褐煤。为了对从取暖领域中节约出来的石油进行精加工,仍然使用早已老化的设备;同时,与 70 年代采用的办法一样,继续从西方购买现代化设备。昂纳克后来指出,取消取暖油和石油深加工要求 190 亿马克的投资。[42] 至于转换成褐煤的外部成本,则未加考虑,民主德国各地空气中二氧化硫的污染达到欧洲最高值。

在之后的五年里,即 1981～1985 年(含 1985 年),民主德国向西方供应了 2700 万吨石油产品,之前的五年里则供应了 1200 万吨。然而,民主德国的出口攻势并不局限于矿物燃料。化工产品、机器、加工品的出口也有小规模的提高。在当时与苏联的"贸易条件"变得越来越不利的情况下,对西方出口的上升显得更加引人注目。1981 年,民主德国购买 10 万吨苏联石油须支付 710 万卢布,1985 年则须 1680 万卢布。而同一时期,只有当因改进商品而体现出"其使用价值得到提高"的时候,民主德国供应给苏联的商品价格才可以变动。根据计划委员会的计算,与 1980 年相比，1985 年民主德国必须向苏联供应双倍数量的货运列车车皮或双倍数量的合成洗衣粉，用以交换与 1980 年相同数量的石油或天然气。[43]

除了出口攻势以外，还限制从西方工业国（联邦德国除外）进口。从 1982 年起，与西方工业国（联邦德国除外）出现了明显的贸易顺差。[44] 在两德内部贸易中，民主德国采取的是另一种战略。它提高从联邦德国的进口，以部分抵消从其他西方工业国家进口的限制。所有这些外贸行动最终迫使民主德国走上了显而易见的限制之路。与 1981 年相比，1982 年因加强对西方出口和减少从西方进口而造成的商品供应短缺达到整整 20 亿西德马克。[45]

限制战略产生的主要负担既非由消费者，也非由国家机关承担。外贸方面进行的努力更多的是导致了资源的过度开发。除重点行业以外，完全忽视了其他生产部门的投资。相反，私人与政府消费以及 "非生产性" 部门的投资，尤其是住房建设继续增长，尽管增长率低于 70 年代。工业中的投资，只有当它们对加强出口能力有必要时，才会获得批准。[46] 在此，由商业协调部门组织的贷款而资助的西方技术进口起着决定性作用。1980 年后，昂纳克依然相信，党的领导层无法接受私人与政府消费的显著降低，对政权的稳定性来说，与私人与政府消费相比，忽视投资的风险更小。

到 1980 年为止，累积的债务就像磨盘一样，将民主德国继续拖向无力偿债的深渊，尽管它已竭尽全力。要不是西方解除对民主德国的贷款禁令，即便有外贸顺差，1984 年的民主德国也无力偿还债务，而必须恳求西方银行延期清偿债务。1983 年 5 月，沙尔克－哥罗德科夫斯基与巴伐利亚州州长弗兰茨·约瑟夫·施特劳斯（Franz Josef Strauβ）就取得新贷款的可能性展开谈判。谈判结果是著名的总额为 19.50 亿西德马克的两笔贷款，是民主德国与以巴伐利亚州银行和德意志银行为首的州立和商业银行财团商定的。联邦政府为这两笔贷款提供担保，并于 1983 年和 1984 年支付。这两笔贷款的意义主要在于，它们改善了民主德国的资金周转及其在西方信贷银行中的信誉。[47] 从 1985 年起，民主德国开始获得西方银行的其他贷款。尽管联邦德国的这两笔贷款援助金额相对较少，但对民主德国来说却具有决定性的意义。作为回报，民主德国清除了两德边境的自动射击设施和地雷区，降低了退休人员和儿童的强制兑汇额度。对民主德国经济形势颇为了解的施特劳斯对沙尔克说："我再给你们十年时间。"[48]

民主德国刚刚重新建立了它在西方银行中的贷款信用，此时又出现了新的贷款需求，而且变本加厉。欧佩克从 1985 年起开始瓦解。国际原油价格下跌，石油产品价格也是如此。1985～1986 年，民主德国销往西方的矿物燃料价值减半。在 1985 年的民主德国对西方贸易收支中，尚有 22 亿西德马克的顺差，1986 年便跌到 6.2 亿西德马克；1987 年后则变成赤字（比较第 32 页）。无论如何，通过极大的努力，当然也受益于石油产品价格的上升，1982～1986 年，民主德国在对西方贸易中成功地取得了 86 亿西德马克的顺差。然而，一旦石油市场开始降价，就可以发现，从长期来看，上述种种努力是无济于事的。

科技幻想

对乌布利希来说，"运用科学和技术"很重要，它也是昂纳克在讨论经济政策时最喜欢的用语。因此，与工业相关的研究和开发得到了党领导层的扶持，企业与科研机构的合作很密切。此外，对某一类工业部门的企业进行合并，可以更好地组织新产品和新工艺的研究和开发。以这一观点为依据，70 年代中期，企业的联合得到推动。昂纳克决定越来越多地通过进口西方技术推进现代化进程，而这一决定表明了党的领导人是如何评价自身的经济创新能力的。在政治局看来，凭自身的力量显然无法实现第八届党代会（1971 年 6 月 15～19 日）的目标。

到 1985 年为止，在石油精加工方面，利用贷款进口西方技术以实现生产设备现代化的战略产生了效果。通过追加出口，三年以后就还清了贷款加利息以及要上交给商业协调部门的盈利。但其他行业依靠贷款进口西方技术的成绩远不是那么明显。1982 年，由财政部（Ministerium der Finanzen）进行的一项进口设备审查显示，区级企业、食品行业以及玻璃和陶瓷制品产业中，"与相关部委商定的出口额以及可分期偿还的进口贷款额度，没有一项得到兑现"。

用一个例子可以特别直观地说明依靠贷款进口技术的问题。马格德堡食用油和人造黄油联合企业得到一套价值 500 万外汇马克的设备，它应该带来每年出口 600 吨和每吨 3500 外汇马克的收入。购买设备所花费的外汇，包括贷款费用和商业协调部门所属英特拉克（Intrac）公司的附加利润，必须在三年内依靠出口收入回笼。但因为每年只能出口 500 吨，而且每吨的收入只有 2500 外汇马克，该计划落空。[49]在这种情况下，沙尔克商业协调部门的外汇缺口，通常会给计划带来负担，从而导致许雷尔管辖的部门出现新的漏洞。很多相互关联的程序缺乏协调的问题也不断暴露，如在（设备）安装时出现因安装工期推迟或在进口设备运行时零部件供应短缺等，也明显影响了技术进口的利用程度。

当 1985/1986 年因石油价下跌出口矿物燃料换取的外汇收入萎缩之际，党的领导层依然紧紧抱着通过实施石油战略以普遍提高其工业国际竞争力的希望，尽管经验已经提醒他们要谨慎行事。联合企业用追加出口任务而从西方购买现代化设备的可能性增大。尽管从中期来看，依靠贷款进口技术可以增加出口并替代进口，但短期内对西方的债务必然会增加。

在这种以出口为导向的现代化过程中，微电子行业具有关键作用。然而，由于巴黎统筹委员会（COCOM）的禁运规定，民主德国早就不能或只能在有限范围里从西方购买微电子元件。[50]它只好依赖于从苏联进口，但对苏联供货的可能性越来越持怀疑态度。于是在埃尔福特附近建造了自己的芯片工厂，1985 年开始小批量生产 64KB 芯片。同年，苏联大规模中断了微电子元件的供应。1986 年 1 月初，电子和微电子工业部向许雷尔建议，从日本引进两家半导体工厂，兴建一个“因苏联进口的不确定性，而能够在民主德国平行生产微电子电路”的基地。许雷尔认为不可能从财政计划上全力资助这样的项目。[51]但君特·米塔格竭力赞同该项目。1 月 17 日，在计划委员会关于准备 1986~1990 年“五年计划”的讨论会上，米塔格说：

“我知道，如果我们不做这件事（指微电子——作者注），我们就告别了世界，那么我们也就告别了机器制造、生活标准、所有问题（……）。我们必须创造出一种形势（……），以确保推动微电子技术和 CAD/CAM 技术（CAD：计算机辅助设计，CAM：计算机辅助制造）。这种推动必须而且将会到来，这是一种强制技术（……）。”

米塔格解释说，昂纳克为微电子技术而奋斗，因为后者知道它事关成败。沙尔克同意为进口设备提供部分资助。他的商业协调部门愿意加息贷款给国家财政，用以预先支付进口日本设备的 12 亿外汇马克缺口，资金偿还 1990 年完成。米塔格同意这样做。[52]与一直以来操作的技术进口贷款融资方法不同的是，沙尔克不是通过对受惠企业的出口实行摊派，而是完全通过对国家财政的追索权，国家财政保证 1990 年后从计划中偿还贷款。看得出，他对短期内生产出具有出口能力的芯片更多的是持怀疑态度。

党的领导层提交给 1986 年 4 月统一社会党第十一届代表大会的"五年计划"（1986 年春 ~ 1990 年）大纲，确定了"关键技术"，尤其是微电子技术，在提高生产率的过程中会起到决定性的作用。[53]1986 年夏天的政治局决议对大纲的目标进行了具体化。为了"更新生产基础，尤其是电器/电子和机械制造"，计划外的技术进口应该由商业协调部门先行出资，偿还则应按照沙尔克 1 月的建议办理，即从 1990 年起从计划资金中划拨。该方案的结果是债务明显增加，而这笔债务的负担起初当然没有落在计划部门。[54]

芯片生产被证实为代价最高的失败。当 1988 年在埃尔福特启动批量生产 64KB 存储卡时，生产成本为 93 东德马克，国际市场上同类芯片的售价是 1 美元。1989 年夏天可以批量生产的 256KB 的存储卡成本为 534 东德马克，到 1991 年成本应降至 127 东德马克，而 1988 年国际市场上 256KB 存储卡售价为 3.00 ~ 4.50 美元，1989 年只有 2 美元，因此 1989 年的销售价格必须定在 16.80 东德马克。为了平衡微电子组件生产成本（企业价格）和销售价格之间的差额，仅在 1989 年需要国家支持的金额就高达 18 亿东德马克。[55]而那个再也无法实现批量生产的兆位项目，仅用于研发的费用就达 110 亿东德马克。1985 年年底日本就可以批量生产 1 兆位芯片，而直到 1988 年夏东德的第一个 1 兆位实验室样板芯片才交付给昂纳克。当时，卡尔·蔡司公司总经理彼尔曼（Biermann）认为，离大规模批量生产只需要 1 ~ 2 年的时间。[56]民主德国科学院中央经济研究所（Zentralinstitut für Wirtschaftswissenschaften an der Akademie der Wissenschaften der DDR）对微电子技术在民主德国的发展进行了研究。工作组组长马歇尔（Marschall）得出了"追求效果，陶醉于科学技术的局部成就，否定经济之间相互关系"的结论；尽管耗资数十亿马克，但就连与西方的技术差距都没有缩小。[57]微电子计划的追随者却反驳说，虽然自主生产极其昂贵，但向经互会地区出口自主生产的芯片是赢利的，而且至少到 1989 年为止，自主生产满足了国内不断增长的、三分之二的芯片需求。[58]毫无疑问，这说的也对。幻觉更多的在于想通过芯片生产提高民主德国的国际市场竞争力。

令人几乎更加沮丧的莫过于个人轿车计划所得出的经验了，因为它涉及的并非最新的尖端工艺——在这方面联邦德国也存在困难——而是指中档的、在西方已成熟数十年的工艺。70 年代，开发四冲程发动机遭到了中央的制止。80 年代初，米塔格说服了昂纳克，产自 60 年代的瓦尔特堡（Wartburg）轿车的车身应该装配四冲程发动机，应该为民主德国的劳动者提供自主生产的交通工具，其功能和质量堪与西方汽车媲美。但人们认为开发四冲程发动机太困难而且太昂贵。于是政治局决定购买专利许可进行生产。与一家日本小公司的合作失败了，因此与大众汽车公司签署了专利协议：大众提供发动机生产许可，而民主德国则要研发发动机外壳和化油器，并通过出口民主德国生产的发动机挣回专利费。然而，发动机外壳和化油器并没有及时投产，1988 年秋天开始出厂的第一代瓦尔特堡轿车，配备了在沃尔夫斯堡（Wolfsburg）生产的四冲程发动机，但车身却是老式的，价格相当于平均收入的三倍。整个项目必须投资 100 亿东德马克，而不是原定的 40 亿东德马克。其成果是，除了通过专利生产的发动机之外，一款进入市场时就已过时并且不适合出口西方的汽车。[59]

"如何向人民交代？"

1988 年 2 月，在布拉格举行的经互会执行委员会会议上，苏联公布了其设想，即逐步建立向经互会货币自由兑换过渡的经互会国家"统一市场"，并且从 1991 年起，经互会国家的外贸价格与国际市场价格接轨。远期目标是经互会国家的货币可以与西方货币自由兑换。对民主德国来说，这一打算是严重的威胁。如果按国际市场价格，以可兑换货币进行结算取代经互会内部贸易中迄今通行的结算方法，那么，与东部国家贸易中的交换关系将对民主德国极为不利。苏联可以在国际市场上销售它的原材料，而民主德国供应给苏联的绝大部分商品在国际市场上并无竞争力，因此，民主德国对苏联出口时必须再做出明显的价格让步。民主德国拒绝了苏联的设想，但只得到持同样观点的罗马尼亚的支持。[60]

虽然此时离实现苏联的经互会计划要求相差甚远，但实际上苏联却拖欠合同承诺的供货。[61]还有，苏联仍然拒绝将石油供应再次提高到 1982 年以前的水平，甚至连此后降至 1700 万吨的供应量，在 1988 年似乎也不再确保。[62]更为明显的是，无论是政治还是经济方面，苏联已经制定了一条必然会将民主德国带入更大困境的路线。

1988 年初，许雷尔感到形势严峻，以至于他试图设法绕开米塔格直接接近昂纳克。他给总书记送去一份《对进一步修改 1989 年国民经济计划及其他事宜的思考》[63]的报告。许雷尔的"思考"一开始就要求，虽然要继续开发微电子技术，但应集中于降低成本，暂时不要再建新厂。他认为，更重要的是投资加工机械制造业，那里有销售机会。昂纳克和米塔格自然把此理解为对他们微电子政策的抨击。文中提到的"不要再建企业"具体意味着：放弃在埃尔福特新建一家生产256KB芯片的工厂。

许雷尔向昂纳克举例说明，如果不考虑国际市场条件而进行投资，会产生何种损失。在施韦特（Schwedt）花了16亿东德马克建成了一个产量为4万吨饲料酵母的工厂。为了合成1吨饲料酵母，需要价值960外汇马克的原料和燃料。但同样的饲料，每吨进口只需500~600外汇马克。计划委员会建议生产的摄像机，投资将达4.6亿东德马克，1990年，每台机器需要800外汇马克来进口部件，1991年则需500外汇马克，1992年仍需400外汇马克，而整机进口只需450~500外汇马克。根据这些例子，许雷尔得出了他最重视的结论：

"我们必须得出这样的结论，任何物品，不管它如何重要，都必须面对严峻的国际市场经济条件。决定性的问题并非只是生产何物，而主要是以何种成本和利润生产。"

在许雷尔看来，节省开支的可能性主要是削减柏林的住房和行政大楼建设、"武装部门"的需求以及社会支出和工资的增长幅度。他认为，在住房短缺的情况下，提高房租势在必行。与基本需求无关的补贴，如单层平房、活动板房、汽车拖车、划艇和折叠船、花卉和观赏植物、水泥和瓷砖以及瓦片等建材，都应该取消。除了节省开支，许雷尔还要求实施"与购买力挂钩的措施"。他以摄像机为例：2000万外汇马克可以进口4万台机器，但在国内卖到2亿~2.5亿东德马克。[64]

对这篇爆炸性的报告，昂纳克既不愿意和许雷尔商讨，也不愿把它交给政治局，却让人将他的批复送给政治局，这份批复是经米塔格授权、由中央委员会书记处计划与财政办公室领导艾伦施贝格尔（Ehrensberger）草拟的文本。此时，斯多夫也想看看许雷尔的文章，于是这两篇文章最终都交到了政治局。[65]许雷尔的建议最终没有被政治局采纳。谁也不敢碰花费巨大的微电子项目，同样，节省开支会遭到人民的不满，谁也不愿冒此风险。1992年，米塔格在被问到为什么他当时拒绝了许雷尔的建议时表示：

"许雷尔的建议（……）会带来生活水平明显下降的后果。人们或许会走上街头，那么，可能提前一年就爆发1989年秋天的变革。"[66]

1993 年许雷尔承认，当年他已知道，西方债务缠身的民主德国已无力回天，而且也无法从苏联那里期待"民主德国的未来"。"我们都清楚，不将自己融入世界劳动分工之中，民主德国将不复存在。"[67]因此，他和副手西格弗里德·温策尔（Siegfried Wenzel）以及沙尔克就与联邦德国结成邦联的可能性展开了讨论。但他们三人对邦联的理解，并非某种共同外交政策或"大家可以共事"意义上的邦联。

"我们只有一个想法：我们需要找到一条出路，即延期偿债，这是第一点。但没有德意志联邦共和国的支持，我们根本做不到这一点。第二点：为了能将整体经济活动调整到生产部门，我们至少需要 100 亿 ~ 120 亿西德马克的新贷款，用于制造业，尤其是机器制造业的生产性投资。通过邦联的方式多生存几年，我们从中看到了出路（……）。我们想到了扩大旅游往来，但没想过拆除柏林墙。无论如何，在这次谈话中沙尔克立刻警告说，如果我们这样做，联邦德国就会要求放松对人民的管制，但这并不是那么简单就能做到的。此事只在我们几人之间讨论，讨论就像沙盘游戏一样，绝对没有积极地想过我们三人现在作为反革命小组在统一社会党中出现（……）。"[68]

1988 年秋，昂纳克和米塔格也终于明白过来，必须从某方面省出钱来。在准备起草 1989 年国家任务的"小范围"会议上，米塔格说："我们处在形势逆转的关头。"昂纳克破天荒地提出，减少用于"武装机构"和"社会消费"的开支。[69]但昂纳克仍然严厉拒绝通过消费品涨价或降低工资来削减私人消费。他坚信，波兰的政治困境就是从涨价开始的。财政部长恩斯特·霍夫纳尔（Ernst Höfner）尤为恰当地描述了党领导层的两难困境："我们就是要超前消费！否则就得改变政策，而我们不能如此！"[70]

1989 年 5 月，许雷尔和霍夫纳尔表示，要是停留在迄今所制定的措施上，1990 年欠非社会主义经济区的净债务将上升到 474 亿外汇马克。与 1989 年相比，1990 年对生产部门的投资将回落。自 1986 年以来，工业产品生产远远低于生产指标，而消费品则相反，要高于指标。净货币收入增长远远超出计划，因为工资政策并非"与劳动生产率增长牢牢地"捆绑在一起。某种"政治和经济上有效的整体方案"是必不可少的，"有利于生产部门的、用于国内支出的国民收入再分配"就是其中之一。[71]在 5 月 16 日的"小范围"会议上，许雷尔更加清楚，债务每月增长 5 亿外汇马克，如果继续发展下去，1991 年的民主德国将不再具备支付能力。

解读现有资料，许雷尔给出的西方债务数据似乎没有涉及沙尔克的商业协调部门、财政部和外贸银行所拥有的外汇储备，这也许是因为他不知道上述外汇金额究竟有多少，或许也是因为他要吓唬政治局并让其改变路线。[72]但米塔格理应知道，在沙尔克的账户上或其他地方藏有多少（外汇）。可以确认的是，1989年春天的时候，米塔格也没有再反驳许雷尔。[73]然而，即便当时许雷尔把隐瞒的、整整达120亿外汇马克的储备考虑进去，形势也会是灾难性的。1989年，民主德国对西方工业国（包括联邦德国）的出口总额只有126亿西德马克，相反，民主德国从西方的进口总额是139亿西德马克（比较第32页表格）。[74]因此，欠西方的净债务继续上升，而且债务如此之高，使得民主德国马上又需要新的贷款，除非让人民生活水平急剧下降。

党的领导层已无力实现许雷尔所要求的路线改变，从根本上讲这一点是可以理解的。他们显然明白，不能冒使人民生活水平急剧下降的风险。在1989年5月的"小范围"会议上，德国自由工会联合会（FDGB）主席哈里·蒂施（Harry Tisch）问道："我们如何向人民交代，我们以后如何面对人民？"[75]所以，党领导层情愿什么也不做，但对外则必须以完好的正面形象出现。在1989年10月6日民主德国成立40周年庆祝大会上发言时，昂纳克说，民主德国已经形成了拥有现代结构和强大生产力的经济，它的增长越来越多地依靠高科技的推动，并拥有将某些领域的劳动生产率提高300%～700%的潜力。[76]

统一社会党领导层并不愿对人民多说实话，但人民早就知道，民主德国的生活水平已经超出了其经济承受能力。虽然1980～1989年国民的净货币收入继续上升，速度几乎与70年代相同：1988年人均9750东德马克，比1980年多三分之一。但80年代，所有非基本需求商品的价格涨幅都比以前要高，尤其是供应短缺日益严重：如果不能在两家昂贵的精品店"Delikat"和"Exquisit"购物，那就只好时常面对空空如也的货架（比较第27页、第28页）。因此，对供应不足的抱怨越来越多，难怪在不少民主德国市民的记忆中，70年代是一个物质供应更好的时代。

在此期间，民主德国已经处于其成立以来最危险的政治危机中。1989年5月，匈牙利开始拆除边境防御设施。8月，民主德国公民大规模地经匈牙利出境而进入联邦德国。10月7日，戈尔巴乔夫在柏林对民主德国领导层明确表示，苏联不太会对其提供支持，即便提供，那也只能是在民主德国追随苏联政策的情况下。10月9日，民主德国领导层对德累斯顿的群众游行作出了退让。

此后几天，斯多夫、克罗利克夫斯基（Krolikowski）、克伦茨和沙博夫斯基（Schabowski）为领导层换届进行准备，并得到了除昂纳克以外的政治局全体成员的支持。在10月17日的政治局会议上，根据斯多夫的提议，政治局决定罢免昂纳克，但同意了昂纳克提议克伦茨作为接班人的请求。10月18日，昂纳克在中央委员会上宣读了辞职声明。中央委员会通过了他的声明，仅有一张反对票，随即未经交换意见而一致推选克伦茨为新任总书记。同时，还免去了米塔格和约阿希姆·海尔曼（Joachim Herrmann）中央委员会书记的职务。因此，旧的权力结构依然发挥作用：中央委员会按照政治局的建议而行事。[77]

昂纳克时代结束了，而且正如马上就会看到的那样，无论是通过政治局，还是11月中旬以后通过莫德罗夫政府掌控的时代也将相继结束。大多数市民对统一社会党领导的国家以及不久后对任何形式的社会主义的抗议，决定着事态的进一步发展。如果人民知道民主德国陷入的经济困境的总体规模，抗议也许还会更加激烈。

许雷尔与格哈尔德·拜尔（Gerhard Beil）、沙尔克、霍夫纳尔和阿尔诺·东达（Arno Donda）在政治局的委托下，1989年10月30日共同为新任总书记克伦茨完成的一项分析表明，昂纳克倒台后，顶层中的经济专家是如何看待形势的：

"仅是堵住债务这一项，1990年就要求降低25%～30%的生活水平，这将使民主德国无法施政。就算要求人民接受生活水平的下降，也无法生产必要的、有出口能力的终端产品（……）。"

因此必须寻求西方的援助：

"可以制订一项与联邦德国和其他资本主义国家，如法国、奥地利、日本合作的建设性方案，这些国家对加强民主德国的力量，以便在政治上抗衡联邦德国感兴趣。"

"建设性方案"应是何样，这项分析的结尾写道：在审核与西方企业的"一切合作形式"并"与联邦德国政府商谈超出目前贷款额度、总额为20亿～30亿外汇马克的贷款资金"的条件下，继续推行技术进口的旧战略。[78]统一社会党高层干部不能更加明确地对政治局说，民主德国的经济再也无法依靠自身的力量得到稳定，它必须依赖西方的帮助。

第三节　有关最后阶段的经济、生态和社会局势的数据和结论

对民主德国的经济形势感兴趣的人，都会遇到一种几乎难以克服的困难。出于两种原因，民主德国统计局（Statistisches Amt der DDR）和国家计委所使用的大多数宏观经济数据的说服力有限。社会主义国家的宏观经济指标定义不同于经济合作与发展组织（OECD）国家。所以，民主德国最重要的宏观经济计算指标"生产性国民收入"，不能与西方统计中的国民生产总值相比较，而且进行换算的所有尝试都会得出冒险、并且很多时候充满争议的结果。[79]再者，民主德国的官方数据受到操控。[80]这在"生产性国民收入"和"工业总产值"增长率上体现得特别明显。昂纳克坚持，年增长率必须最少保持在4％。当1976年许雷尔表示不能达到这一目标时，昂纳克作出的反应是，要求伪造将公开发布的数据。他说："……由于1976年超额完成计划和一些其他因素，我们有一份增长率较低的成绩单。问题是我们如何描述它。按我的观点，无论如何，可以说我们较好地甚至是超额地完成了计划。大家应该确立这样的结论，以此得出正常的增长率。对内部工作来说，绝对数字是决定性的，但公开发表的数据应该接近五年计划的平均数。这就是说，在工业总产值和劳动生产率、货币收入和商品销售额等方面，增长率大约为4％。"[81]

随后的几年，在昂纳克任上从未偏离过4％的增长率。为了至少在纯计算上能达到4％，计划委员会只与各部委和物价局协商单个产品的涨价幅度，同时宣称，此种改进合情合理。通过这种方式，达到产值和"生产性国民收入"大约4％的增长率。直到1986年以后，民主德国统计局才公布"生产性国民收入"3％的年均增长率。[82]即便这些增长率的计算不出错，但它们也未扣除价格因素。

劳动生产率

和西德的经济学家一样，东德的同行们理所当然地也对以下问题感兴趣：与联邦德国相比，民主德国的劳动生产率究竟有多高。如果民主德国不缩小劳动生产率方面的差距，生活水平的赶超是不可能的。

直至1989年，计划委员会还是假设，在劳动生产率方面与联邦德国的

差距为 30%。即便这种估计是有利的，但对昂纳克来说，却意味着他在实现"主要经济任务"的过程中已经失败。他必须公开承认，在其任职期间，民主德国的劳动生产率与联邦德国的差距，已从 25% 扩大到 30%。[83]

1990 年初，民主德国统计局提交了一份统计报告，其中，1989 年统计的差距为 40%。[84]1987 年，德国经济研究所（DIW）公布了柏林墙倒塌以前西方最精确的研究。德国经济研究所的专家们设法从选取的生产部门中确定产量和员工人数；产量用西方价格来计值；不同的质量问题还可以通过价格折扣在一定程度上得到解决，但不同的品种问题则无法解决。研究结果确定民主德国工业总体水平落后于联邦德国约 50%。但各行业的表现明显不一，精细陶瓷达到联邦德国劳动生产率水平的 88%，化工工业和有色金属只有20%。1990 年初，德国经济研究所在民主德国科学家的协作下，估计民主德国出口西方商品的劳动生产率水平为联邦德国的 30%。[85]1990 年初，波恩的官员们假设整个东德经济劳动生产率平均水平大约为联邦德国的 40%（比较第 130 页、第 131 页），可能就是借助于上述评估。民主德国企业从出口中每挣得一个西德马克，平均可兑换 4 个以上的东德马克，在这一情况得到公开的时候，西德的研究机构和官员们不得不将其视作东德劳动生产率更为低下的标志。

货币收入与消费

工业从业者的月平均毛收入 1989 年为 1311 东德马克，比 1980 年提高将近三分之一；月平均退休金 1989 年为 447 东德马克，与 1988 年相比只提高了 13%。收入的税费负担相对较低；处于平均收入线的工人，须缴纳大约相当于毛收入 8% 的直接税和 6.5% 的社会保险费。[86]

无法明确确定货币收入的提高意味着什么，也没有关于价格涨幅的官方数据。由国家计划委员会工作人员 1990 年初成立的"柏林应用经济研究所"（IAW）指出，1975～1987 年工业和农业的生产价格上涨了近 100%。尽管存在着生产价格的通货膨胀，但为了保证基本需求商品和服务消费价格不变，大量的补贴必不可少。补贴从 1971 年的 90 亿东德马克提高到 1988 年的 580亿东德马克，其中将近 320 亿东德马克必须用来降低基本食品的价格。[87]

但是对新的或者所谓新的高级产品，无论是食品和嗜好品，还是工业品，消费者必须支付明显高得多的价格（比较第 12 页）。1990 年初，柏林应用经济研究所表示，考虑到新产品的价格上升，1970～1987 年消费者价格上涨了 20%，也就是说，在食品和嗜好品方面上涨了 9%，工业品方面上涨了 43%。[88]但这样的通货膨胀率肯定计算得太低。后来，在贸易和供应部的档案中发现，当时已能得出 1973～1988 年"技术消费品"及家电价格上涨超过 100% 的结论。在莱比锡，1980 年一双女式户外鞋售价为 67 东德马克，1987 年为 104 东德马克——仅在七年之内价格就上涨了一半。[89]鉴于数据的不完整，最好还是完全放弃计算物价上涨率。另外，甚至是不够可靠的消费者价格变化数据，对于消费者实际上到底能用名义上上涨的净收入购买到何物，也没有多少说服力。零售商店并非总能供应基本需求和高级需求消费品，因为尽管价格全面上涨，货币收入与商品和服务供应的剪刀差却越来越大：许多消费者有钱，却只能站在空空如也的货架前，而且偏偏在生活用品方面好像出现了越来越多的质量问题。

　　只有当西方观察家限于即时选取的消费者价格，同时指出不考虑消费品是否供应充足及其质量的情况下，上述结论才稍微站得住脚。虽然与联邦德国的价格进行比较很受欢迎，但当然是不恰当的，这也是因为统计中没有考虑供应充足和质量方面的区别。如果在民主德国 5 磅土豆的售价不到 50 芬尼，但一半已经开始腐烂而被扔掉，这又能说明什么呢？

表 1　1988 年联邦德国和民主德国的平均物价

		联邦德国（西德马克）	民主德国（东德马克）
苹果	1 公斤	2.48	2.02
柠檬	1 公斤	2.86	5.00
黑面包	1 公斤	3.18	0.52
全脂牛奶	1 升	1.20	0.68
牛肉	1 公斤	9.79	5.80
土豆	2.5 公斤	2.47	0.43
咖啡豆	250 克	4.47	17.50
彩电	1 台	1539.00	4900.00
电冰箱	1 台	559.00	1425.00
洗衣机	1 台	981.00	2300.00
褐煤球	50 公斤	20.55	3.51
电价	1 千瓦/时	0.31	0.08
有轨电车票	1 张	2.07	0.20
邮资	1 封	0.80	0.20

资料来源：《德国经济研究所快递》Schnelldienst13/1990，S. 24）。

　　从这类比较中，多数研究民主德国的西德研究人员会得出结论，针对民主德国家庭平均"购物筐"中的消费品，1988 年，1 个东德马克的购买力大致相当于 1 个西德马克。如果不及时对质量和供应方面的区别作出说明，此类比较会造成严重的误导。出于同样的原因，只能有限地使用民主德国公民实际平均购买力大约是西德公民实际平均购买力 40% 的说法。可以肯定的是，在民主德国每个居民的净收入（毛收入减去社会保险费和工资税）为 813 东德马克，在联邦德国为 1814 西德马克，假如 1 个东德马克的购买力与 1 个西德马克相等，计算的结果就是 45%。[90]但这符合实际情况吗？

关于可支配收入变化的信息以及东德马克购买力与西德马克比较的问题，我们将东德家庭耐用消费品和居室配置当作一项适当的指标，用于说明其尽管有限但逐渐上升的物质生活水平：

表 2　私人家庭的消费品配置[1]

	1960 年	1970 年	1980 年	1989 年
小轿车	3	16	37	54
电视	17	69	88	96
其中：彩电	0	0	17	57
家庭制冷柜	6	56	99	99
其中：冰柜	0	1	13	48
洗衣机	6	54	80	99
电话[2]	0	7	12	17
现有民宅供应套数（百万）		6	6.5	7
人均居住面积（平方米）		22.6	24.9	27.6
战后建造份额（%）		20	35	35

注：1. 100 户家庭中拥有相应消费品的家庭数量。

2. 100 户家庭中装有电话的家庭数量。

资料来源：曼弗雷德·魏格纳尔（Manfred Wegner：Bankrott und Aufbau, 1995, S. 54）；《1990 年民主德国统计年鉴》（Statistisches Jahrbuch der DDR）。

与 1980 年相比，1989 年家庭汽车、家用电器和居室配置有所改善。但正是因为在耐用消费品方面与西德产品相比有明显的质量差别，对于民主德国公民的生活满意度，这种配置改善的贡献是有限的。小轿车提供了最有力的例子。59% 的私人轿车是超过了 10 年的旧车，几乎没有用于更换的零配件。1988 年，特拉邦特（Tranbant）（1988 年的售价最高达 10000 东德马克）和瓦尔特堡（售价最高达 35000 东德马克），从登记到新车发货的等待时间是 12 ~ 17 年。[91]

80 年代末，大多数东德人很少将其生活水平与 5 年前或 10 年前的自己相比，而更多的是和西德相比。[92]他们要么通过到西部旅游，要么通过西部的电视或访客，亲眼目睹了西德人买得起多得多并且更好的消费品。

　　然而，对物质供应产生不满，并不只是因为普通商店里空荡荡的货架、质量问题和物质过剩的西方社会所带来的令人嫉妒的画面。还因为在消费品供应上，不仅体制内的高干，而且高收入人群或者与西部有关系的公民享有的特权。谁有钱，谁就可以在"Delikat"和"Exquisite"精品店买到平时只供出口的民主德国产品，甚至用东德马克买西方产品，价格则是西德马克的2~10倍。持有西德马克的人，可以在"外汇商店"以1:5~1:10的汇率购买西方商品。例如随身听，在民主德国零售商店卖399东德马克，持外汇的人在外汇商店只需50西德马克。[93]在西部有亲戚或朋友的人，甚至可以通过礼品服务和小商品出口有限公司得到赠送的西部汽车。80年代，该公司的销售额明显上升。从1982年开始，精品店"Exquisite"的纺织品、服装、鞋子和皮革商品销售额占全民主德国商品销售总额的40%。从1987年起，精品店"Delikat"（包括1984年开始在各商场中兴建的精品角"Delikat - Ecken"），销售了全民主德国7%以上的食品和嗜好品。[94]高价商店向受困于普通消费品短缺的普通公民展示了何为"西部水平"，但对于相当一部分手头虽有余钱的市民们来说，这些商品的价格还是太高了。与社会主义的自我定义截然相反，社会出现了分裂，一边是拥有西德马克或高收入的群体，另一边则是大多数普通市民。

生产设备、基础设施、环境污染

　　用于个人和国家的消费支出过多，不仅使欠西方的债务上升，而且从长远看，更危险的是忽视对企业、基础设施和环境保护的投资，因为它们毁掉的是资本和土地等生产要素，也就是毁掉了现在和未来的生产基础。

　　早在80年代，西德的民主德国问题专家就基本了解民主德国忽视投资，虽然没人能想象得出灾难的总体程度。他们得出的第一批研究数据，从后来的角度看也几乎是准确的，这些数据和民主德国1990年初的研究结果一样。原国家计委经济研究所的研究人员在计委数据基础上得出的结果是，1970年，16.10%的国民收入用于生产性投资，1988年只有10.6%。许多资本货物存在着特别高的价格上涨，但只能得到部分统计。因此，如果剔除价格影响，得出的投资率必然还会低得多。[95]相反，政府支出、住房建设，还有80年代的个人消费，占国民收入支出的份额却超比例地上升。忽视投资带来的后果是，企业必须用技术陈旧、经常需要维修的设备工作。1989 年，工业部所属部门的设备寿命，只有 27% 的设备低于 5 年，55.5% 的设备已有 11 年以上的寿命，21% 的设备甚至超过了 20 年。工业设备的平均寿命在民主德国是 18 年，在联邦德国为 8.1 年。[96]

当然，忽视投资对不同工业部门的波及程度也不尽相同。80 年代，石油加工、化工、冶金、微电子、机械制造和汽车生产等部门得到优先保障，然而，就是对这些部门的企业投资也少于同类型的西方企业。因此，仍然无法缩小优先产业部门与西方的差距。例如，1990 年初，莫德罗政府的机械制造部部长劳克（Lauck）解释说，爱森纳赫（Eisenach）和茨维考（Zwickau）的生产车间过于陈旧，而且"技术水平低下"，必要的创新动力只有"在与领先的外国汽车康采恩的合作之中"，具体地说，就是只有与大众汽车公司合作才可能产生创新动力。[97]

遭到彻底忽视的是用于维护和改进基础设施的投资。55% 的公路网出现较大的损坏。特别差的是城镇内部的路况，三分之二的街道受到严重直至特别严重的磨损，迫使采取程度相当大的交通限制。作为非常重要的货物和人员运输工具，1989 年底的铁路状况，也是类似的经营不善。尽管经过多年的现代化努力，但只有 30% 的铁路网扩建成双轨或多轨铁路，电动化路段的比例为 27%。运力不足、铁轨设施状况糟糕以及车辆损耗等，使得铁路货物运输成为工业和个人家庭供应短缺的根源。

排在最后的投资分配部门是邮电部门。民主德国领导层自然没有什么兴趣用现代化的通信方式促进公民间的信息交流，乃至与西部的交流。只有这样才能解释，为何 1989 年民主德国每 100 户家庭中有 17 户安装电话，达到了新兴国家的水平，但必要的电信基础设施，其技术水平却相当于二三十年代。[98]

80 年代的环境污染尤其加重。1988 年，二氧化硫的排放量年人均为 312 千克；而大多数欧洲国家则低于 100 千克。仅两家发电厂，即科特布斯附近、民主德国同类型发电站中最大的褐煤发电站"博克斯贝格"（Boxberg），以及运营才 16 年、民主德国最新和最现代化的"延斯瓦尔德"（Jänschwalde）电厂，排放出的二氧化硫就是当时联邦德国所有公共发电厂的总和。[99]科特布斯、哈勒、开姆尼茨和莱比锡一带工业密集区的居民，几乎是持续地吸入危害健康的高浓度有害物质。然而，缺乏保护公民的措施，政策上不允许拉响雾霾警报。

更为严重的是水体污染。全部河道的四分之一被污染，已到了既不能用来提取饮用水，也不能用于工业或灌溉的程度。60.9% 的河流污染严重。

在布纳（Buna）、洛伊纳（Leuna）、比特费尔德（Bittterfeld）等大型化工联合企业附近，一些河水流域甚至禁止船只通行，因为从河水中冒出的化工废水会导致健康受损。静态水域的状况也好不了多少，1989年也只有1%被视为完全的原生态。由于工业、军队和高强度的农业利用，土地也严重污染，以至于大约15%的全国总面积划入整治范围，1989年，三分之一的面积被确定为生态受到破坏。[100]

对外经济关系

民主德国的对外贸易规模比同等规模的西方工业国要低。1989年，出口总值（社会主义和非社会主义经济区，按生产价格）为1100亿东德马克，是生产性国民收入的40%多。类似的对外经济关系，如果参照人口数量接近的荷兰，民主德国生产性国民收入的出口份额必须高于80%。较低的对外经济规模表明，民主德国企业较少利用国际劳动分工。这些企业的实力分散，太多产品依靠自主生产，因此不能达到最佳的企业规模和生产数量，仅仅因此就产生了过高的成本。

如果按照国家和商品分类来观察民主德国的对外经济结构，它融入国际分工的不足则更为明显。1989年，民主德国整整三分之二的外贸还是与社会主义国家或者说与外贸国营的国家进行，与西方工业国家和发展中国家的外贸低于三分之一。

民主德国出口到经互会地区的主要是机器、车辆、电机和电子产品，此外还有工业消费品和化工产品。作为回报，它得到的则是石油、天然气、煤炭、钢铁、棉花和板材。[101]除了占主导地位的苏联，捷克斯洛伐克、波兰、匈牙利和保加利亚是其最主要的贸易伙伴。与经互会伙伴的交换具有高度的互补性：以工业产品换取原材料。对发达国家来说典型的产业内的外贸关系：机器对机器，车辆对车辆，则处于低水平，因为除了捷克斯洛伐克，苏联和大多数其他社会主义国家的产能满足不了强劲的产业内交换。结果是，通过东部贸易不可能或难以充分实现国际劳动分工和专业化，而对一个如民主德国这样的小国来说，恰恰有必要加入国际劳动分工和专业化。在与落后的东部开展层次较低的交往以及与西部进行层次较高的交往时，民主德国早就面临着选择，要么放弃低效益的经济体制，要么就满足于虽然高出苏联，但远远低于联邦德国的生活水平。与东部的密切关系稳定了民主德国的经济关系，尽管是低水平的，但同时也起到了将其绑定在低水平上的作用。

表 3 1979~1989 年民主德国与西方工业国的对外贸易（含联邦德国）

单位：千元西德马克

出口	1979 年	1980 年	1981 年	1982 年	1983 年	1984 年	1985 年	1986 年	1987 年	1988 年	1989 年
原材料（总）	2639875	3236321	4539039	5136730	5387918	5361957	5321129	3271888	2681529	1626826	2927346
其中:矿物燃料	1486266	2106695	3055281	3076983	3925937	3810912	3746625	1805480	1548027	1254328	1478256
工业产品（总）	4874234	5335809	6369055	7180813	7562570	8897145	9089094	8878625	8283520	8816844	9581373
其中:加工商品	1789994	1849301	2208682	2500275	2814765	3478726	3537858	3498198	3270642	3515530	3961039
总计	7575570	8617396	10545949	12375281	13010254	14365809	14471543	12214266	11238378	11569602	12959059

进口	1979	1980	1981	1982	1983	1984	1985	1986	1987	1988	1989
原材料（总）	2609764	2371354	3804606	3309619	3835688	4986032	3998374	2593370	2428872	2326977	2781641
其中:矿物燃料	674385	917312	1086234	834623	796735	759191	1388748	595645	776139	466034	500577
工业产品（总）	6317750	5993891	7193758	7058227	8028402	7273879	8107500	8828656	9200078	9732148	10952617
其中:加工商品	2214365	2145871	2307616	2718372	3206089	3065581	3139021	2944824	2752145	2902788	3323369
总计	9059863	9351863	11094348	10463285	11971039	11491453	12270930	11593191	11901059	12351527	13906977

资料来源：《德国联邦议院文件集》第 12/7600 期之附件，第 143 页、第 144 页（DBT, DrS12/7600, Anhang, S. 143f）。

　　同样，在与西部的贸易中，也难以实现密切的产业内交换以及相应的劳动分工和专业化，因为与西方相比，民主德国的生产率太低。在对西方出口和从西方进口中，工业品占主导，但从 1985 年以来，以西德马克现价结算的工业品出口停滞不前，甚至下降了。在从西方的进口中，主导的是民主德国不能自主生产的产品，除了机器和汽车，主要有药材原料、棉花、纱线、生咖啡和咖啡豆以及轧钢。国民经济中的西方贸易利润率持续下降。根据计划委员会的计算，挣回的一个外汇马克与国内进口所需费用的对应值，1970 年是 1.93 东德马克，1988 年则上升到 4.34 东德马克。得到党领导层优先扶持的一些联合企业，它们的出口利润率尤其低：埃尔福特微电子联合企业，为了一个外汇马克的销售额必须花费整整 7.20 东德马克，罗博特隆（Robotron）联合企业也要花 6.36 东德马克。[102]民主德国日益削弱的经济竞争力，根本不能快速恢复。

　　至于对西方的债务，1989 年的人民议院通报中表明，净债务是 206 亿美元。而民主德国国家银行的文件显然考虑了商业协调部门下属公司和联合企业的其他外汇存款。[103]根据上述文件，德国联邦银行后来得出结论：截至 1990 年 5 月 31 日，所欠西方债务为 148 亿美元。[104]表 4 显示了德国联邦议院审查委员会最终使用的数据。

　　如果没有从联邦德国财政拨款中得到明显扶持的话，民主德国所欠的西方债务自然还会更高，这些扶持完全或部分是不需要任何回报的。截至 1989 年，这些来自联邦财政预算和其他公共预算的拨款变化见表 5。

　　综览 1989 年年底民主德国的贸易与国际收支，西方债务似乎还不是它面临的最糟糕的问题。柏林墙倒塌之前，党领导层已经担心无力偿债，因为债务展期和新贷款必须和一些附加条件捆绑在一起，如果昂纳克政权不想被撼动，是不会接受这些条件的。1988 年时沙尔克就完全正确地看到了这一点。柏林墙倒塌以后，与已经发生的事情相比，在 1989 年年底的时候，（波恩）同意莫德罗政府以新债偿还旧债的一切可以想象到的条件均不值一提了。但是，以新债还旧债只给民主德国带来了短暂的喘息。它必须增加出口，必须集中于国民经济中赢利的产品。它也必须做好准备，在与东部的贸易中，要么使其产品符合国际市场的要求，要么就无力再支付苏联的原材料进口。无论如何，1989 年时，东柏林的计划制订者清楚，苏联会越来越咄咄逼人地要求供应"有国际市场能力的"产品。因此，无法绕开许雷尔 1988 年就要求的"面对世界市场"的道路。

— 33 —

表 4　按可兑换货币统计的债务发展[1]

单位：十亿美元

年份	1975	1978	1980	1981	1983	1985	1986	1987	1988	1989
金融机构（BIZ）通报的债权	2.58	6.68	9.95	10.57	8.39	9.98	11.57	14.06	16.01	16.99
非银行债权	0.5[2]	1.15[2]	1.99	2.12	1.54	1.27	1.64	2.22	2.30	2.10
毛债务	3.08	7.83	11.94	12.69	9.93	11.25	13.21	16.28	18.31	19.09
金融机构（BIZ）通报的债务	0.56	1.25	2.10	2.22	3.39	6.25	7.46	9.00	9.52	9.53
对银行部门的债务	0.009[2]	0.017[2]	0.042	0.098	0.123	0.132	0.172	0.268	0.275	0.428
净债务	2.511	6.563	9.798	10.372	6.417	4.868	5.578	7.012	8.515	9.132
两德贸易中负债净额	(2.39)	(3.68)	(3.87)	(3.65)	(4.10)	(3.50)	(4.0)	(4.3)	(3.9)	(3.8)
（十亿西德马克/外汇马克[3]）	0.97	1.83	2.13	1.61	1.60	1.19	1.84	2.40	2.22	2.02
包含两德贸易的净债务	3.481	8.393	11.928	11.982	8.017	6.058	7.418	9.412	10.735	11.152

注：1. 年底统计确认的硬通货债务。

2. 自我评估。

3. 产生于商品贸易、服务业和现金支付账户（特殊账户 S）的融资结余。

换算汇率 1 美元：1978 = 2.0084 西德马克，1980 = 1.8158 西德马克，1981 = 2.2610 西德马克，1983 = 2.552 西德马克，1985 = 2.9424 西德马克，1986 = 2.1708 西德马克，1987 = 1.7982 西德马克，1988 = 1.7584 西德马克，1989 = 1.8813 西德马克。

资料来源：《德国联邦议院文件集》第 12/7600 期之附件，第 91 页（Deutscher Bundestag, Drucksache 12/7600, Anhang, S. 91）。

表5　1971～1989年联邦德国对民主德国的支付

年份	1971～1975	1976～1980	1981～1985	1986	1987	1988	1989
1. 联邦财政的支付	1571.3	4104.4	5265.0	650.0	911.0	850.1	860.9
总计(以百万西德马克计算)[1]	936.6	2175.0	2875.0	575.0	575.0	575.0	575.0
其中:教会交易B的过境总支付[2]	399.8	679.4	1148.8	195.0	163.0	231.1	267.9
2. 来自其他公共财政的支出(以百万西德马克计算)[3]	410.7	374.3	930.3	231.0	210.9	278.3	259.8
3. 私人用于未经许可的签证和公路使用费(以百万西德马克计算)	180.3	342.0	182.0	39.0	41.0	41.0	(43)
4. 教会交易A和C(以百万西德马克计算)[4]	413.9	565.2	646.9	138.0	131.6	126.5	126.7
5. 礼品服务(以百万西德马克计算)[5]	504.3	783.4	1010.0	217.4	214.8	202.4	200.7
总额:第1～5项	3080.4	6169.3	8034.2	1490.4	1400.3	1499.3	1491.1
总额:1971～1989年				23165			

注:　1. 剔除教会交易B;联邦德国以原材料供应方式支付,价值以西德马克计算。

2. 人道支付,如因犯赎豁放和家庭团聚。其他涉及通过德国新教教会(EKD)运作的原材料供应。

3. 其中根据条约西柏林约定的民主德国的服务费用,例如涉及接受垃圾、建筑废料、废水、维护通过东柏林的地铁路段、货物运输补贴、联邦邮局和联邦铁路的支付;两德内部贸易以外汇马克结算。

4. 支持教会的费用。

5. 对在瑞士和丹麦的礼品服务和小商品出口有限公司的支付。

资料来源:《德国联邦议院文件集》第12/7600期之附件,第124～129页(DBT, DrS 12/7600, Anhang, S.124-129);自行计算。

经济组织与部门结构

70 年代以来，联合企业构成了民主德国经济的主导组织形式。1982 年它占工业总产值的比重超过 90%。[105] 联合企业由生产同类产品，或者由技术与经济互补的企业合并而成。中央领导的联合企业归部委领导，地区领导的联合企业归地区经济委员会领导。1987 年统计显示有 173 家中央领导、250 家地区领导的联合企业，拥有职工总数为 420 万人。[106]

大型联合企业通常拥有数十家往往覆盖全民主德国、有上万工作岗位的国有企业（VEBs）。例如，民主德国所有的汽车生产都集中在工业 - 车辆 - 设备联合企业（IFA）。它由茨维考、爱森纳赫和开姆尼茨附近的三家大型国企以及将近 30 家配件企业组成，雇员达 65000 人。耶拿的"卡尔·蔡司"联合企业由 21 家国企合并而成，总共拥有 6 万名职工。此外，在比特菲尔德化工联合企业（CKB）、洛伊纳联合企业"瓦尔特·乌布利希"工厂，或者"弗里茨·赛尔珀曼与黑泵（Fritz Selbmann，Schwarze Pumpe，GSP）"联合企业中，大约各有 3 万名职工。

随着联合企业的组建，应该通过与生产技术相符的最优企业规模来降低成本。为此，并非一定要改变组织结构，中央计划可以不经过中间机构而直接确定最优的企业规模。此外，更关键的是三个目标：促进产品和工艺的创新、缓解配件供应和建造工程量不足的问题。一言以蔽之，就是要减轻中央在计划和调控过程中的负担。联合企业应把特别的研发中心集中在一个企业里，而且必要的科研力量，从基础研究到配件供应乃至成熟的量产，都尽可能来自自己的企业和研究机构，从而形成"封闭的创新过程"。在自主协调研发的过程中，联合企业领导层享有活动空间，在执行项目的过程中，联合企业领导层似乎又为其下属企业保证了一定的活动空间。但这一切只有在最高层批准的项目框架中，才有可能得到执行。[107]

即便是无法解决配件供应短缺问题，但为了缓解该问题，可以为联合企业明确安排任务，在企业内生产一部分配件。在党领导层看来，中央显然已不堪重负，因此，作为替代，联合企业至少应该承担一部分协调各企业生产决策的工作。

然而，无论是联合企业内部的研发促进，还是将协调功能下放给联合企业领导层，均未取得预期的成果。这并非仅仅是因为研发科室的仪器，首先是电脑设备，按西方标准来说不够充足，影响了创新。更关键的是，联合企业领导层根本没有竞争压力，他们从成功的创新中只能得到有限的好处；资金投入较高的项目，只有当它们面临政治领导层的压力，并得到中央发放的必要资金时，才能完成。与联合企业内部生产配件相关的协调功能下放到联合企业，虽然可以减少对其他联合企业某种程度的依赖，却有一个危险的副作用：劳动分工和专业化程度降低、生产独立性加大，根本没实现组建联合企业以达到最优化企业规模和产量的目标（在组建联合企业过程中也曾起过作用）。按企业经济学效益的尺度，出现了荒诞的结果。较大的汽车制造企业生产的不仅是汽车和卡车，还有汽车拖车、自行车、室内健身器、花园器具、烤炉、油暖气和铲雪锹。

正当联邦德国从 1973 年起开始遭遇痛苦的结构转型、工业部门停滞不前、一些部门甚至萎缩、服务行业扩大的时候，民主德国不符合国际市场供求条件的经济结构却保存了下来。主要原因是与社会主义国家，尤其与苏联的紧密联系。特别危险的是工业部门内部，在联邦德国多年来已陷入危机的产业——金属制造、造船业、服装和纺织业，在民主德国的从业人数仍有很高的比例。1989 年的民主德国，无论如何必须发动一场快速和彻底的结构转型，否则根本就无法实现许雷尔理解的"国际市场能力"。与此同时，一个独立的社会主义民主德国要完成这种结构转型，不可能不面对短时期内的高失业率和社会困境。

农业

农业占有特殊位置。占支配地位的产权形式是集体所有制。相关的组织形式是农业生产合作社（Landwirtschaftliche Produktionsgenossenschaft，LPG）。1989 年，4530 家农业生产合作社耕种了 82% 的农田。相反，在经济中占主导的全民国家所有制则在农业经济中充当次要角色。与之相应的组织形式是国营农场（Volkseigenes Gut，VEG）。1989 年有 580 个国营农场和国有企业，它们耕种 7.5% 的农田。其余近 10% 的农田是私人和教堂用地，其中一半是合作社农民和工人拥有的、最高每人 0.25 公顷或每家 0.50 公顷的自留地。

农业生产合作社是 1952 年启动、1958 年后顶着很大压力甚至动用武力才向前推进的集体化的结果。相当一批自耕农逃到联邦德国。起初，将近三分之二的合作社是第一类农业生产合作社，在此只有耕种的农田属于集体。第二类农业生产合作社影响不大，在此役畜、机器和农具也属于集体财产。60 年代，党领导层敦促设立第三类农业生产合作社，在此牲口和农场建筑物也供集体使用，它们可以优先得到化肥和农机的供应。1974年，近 90% 的农业生产合作社企业属于第三类，它们耕种的农田面积达95%。[108] 形式上，合作社农民是投入使用的土地的所有者，但他们再也不能自由支配土地。为了能够直观地展示合作社的意义，还拆除了地标、田界和其他定界标志，从而形成了典型的大农田。

在农业合作社的就业人群中，合作社农民及其家属只占少数，80% 是农业工人。在农业生产合作社就业的所有职工都有权使用分给他们的一块土地。1982 年的《农业生产合作社法》（LPG – Gesetz）取消了一直生效的私人小家畜饲养限制。这不只是因为自身的需要，还因为有保障的高收购价格对个体经营的刺激很大。80 年代末，在民主德国供应的三分之一的水果、14% 的蔬菜、三分之一的鸡蛋和四分之一的鸡肉和兔肉，都来自这些土地上的私人生产。[109]

国营农场源于 1945 年后与"大土地占有"（占地规模大于 100 公顷的农场）相关的土地没收。当时，没收的三分之二土地分给了小农，三分之一用于建立"样板农场"，主要生产种子和种畜，具有国营农场的法律形式。

从 1972 年开始，农作物和畜牧生产有了严格的组织区分：农业集体合作社和国营农场要么专注于粮食、饲料、蔬菜和水果，要么是畜牧业。一个典型的农业集体合作社拥有的农用地规模为 4000～6000 公顷，超过西德家庭农业企业平均规模的一百倍。加上地方社区和未利用的土地，许多农业集体合作社的土地面积有 10 平方公里。农业集体合作社的畜牧生产企业平均拥有 1850 头牲畜。生猪饲养企业拥有上万饲养栏。

1989 年的民主德国农业从业人口为 92 万人，占总就业人口的 10%。在当时的联邦德国，农业就业人口占总就业人口的比例低于 5%。每一公顷农业用地，民主德国的年出产粮食为 3.3 吨，联邦德国则是 5.3 吨。联邦德国一个全职农业劳动力每年生产 75 吨粮食，而民主德国为 24 吨。在化肥使用方面，民主德国每公顷磷肥使用量大体与联邦德国相同，而钾肥和钙肥远远超出，农药用量则超过两倍。生产率低下的原因在于现代机械装备不够、落后的喷洒技术、漫长的行驶和运输路程，当然还有农业工人缺乏积极性。如果考虑到 1945 年以前德国东部牛奶和粮食每公顷产量高于德国西部时，这种劳动生产率上的差距就越发明显。

与工业就业人员相比，合作社农民更有物质收益。根据官方统计，合作社成员的家庭收入比产业工人要高出 17%。[110]由于只部分计入了自留地产出作物的销售所得，而且无法统计自己消费以及通过自己生产的食品交换得到的收益，所以实际上合作社农民的实际收入明显要高得多。同样，在农业生产合作社工作的农业工人可以通过"私人"土地上生产的食品，大幅提高他们的工资。在工作时间、休假权益和社会保险方面，农业工人和产业工人并无二致。

工作和社会保障的权利

现在，民主德国社会主义制度的拥护者实在无法对中央集中领导经济所实现的消费品供应情况作出令人满意的描绘。他们只能更多地强调民主德国给予国民的高度社会保障。尤其是劳动权利和由此带来的工作岗位的稳定、廉价的基本需求商品包括住房（"第二个工资袋"）的供应、通过托儿所和幼儿园对家庭和妇女的支持，以实现所谓男女平等，被视为联邦德国所没有的"社会成就"。相反，狭义的社会保险却乏善可陈，养老和医疗保险费支出虽然很低，但不可否认的是，很多情况下养老金并不够用，医疗护理也须改进。

高级意识形态的前提是以马克思主义的人类形象为基础，即人通过劳动实现自我。因此，只有将工作的权利和义务作为基本权利写入宪法，才合乎逻辑。《民主德国宪法》（*DDR - Verfassung*）第 24 条第 1 款写道：

"德意志民主共和国的每一个公民都享有工作的权利。他有权在根据社会要求与个人能力进行自由选择的基础上，获得工作岗位。"

工人享受几乎完美的解聘保护。违背工人意愿的解雇，只有当为其提供另一个可以接受的就业岗位时，才是可行的。唯一的例外是政治原因：谁要是违反"社会主义劳动纪律"及其"国家公民义务"，就可以被解雇。

如此一来，推动高的就业参与率以及将企业扩建成一个实质的、也许是最重要的"社会核心"，也就合乎逻辑了。[111]企业不仅是用于生产的组织，而且要行使远比西德多得多的社会职能，如托儿所和幼儿园位子、住房、支持自有住房建造、医疗护理、度假和入读大学的席位。这种通过企业分配社会产品起到的作用是，民主德国职工对就业场所的依赖程度比联邦德国工人要高得多。同样，就业参与率也很高。80 年代末，年龄 15~64

岁的公民总就业率在民主德国为 90%，而联邦德国不到 70%。所有 25～50 岁的民主德国妇女几乎都有工作，在西部则相反，1968～1988 年妇女就业率虽然从 45% 上升到 60%，但远未达到民主德国男性就业率的程度。[112]

尽管就业率很高，但自 50 年代以来民主德国依然缺乏劳动力。原因是，政治领导层期望并为企业预定的生产增长率经常高于实际生产能力。这并不奇怪，因为与德国西部相比，德国东部受战争的直接毁坏较小，战争赔偿更高。只有快速提高生产，才可能重建生产设备、扩建国家机构、满足消费者急迫的追赶式需求。60 年代，战后重建的设备有待现代化和扩建；70 年代，又尝试在生活水平上缩短与西德的差距。但是，政治领导层和国民所期望的生产快速增长，面对的却是计划和调控体制的低效益。首先是劳动生产率低下，这不只是因为有形资产的质量和数量不足，而且也是因为企业自身并无必要在劳动力的投入上进行节省。他们倾向于囤积劳动力，为的是对超计划的要求有备无患，并且也找不到降低工资的理由，因为中央预先规定了员工数量和工资。在这些条件下，必然出现劳动力匮乏，同样也会出现所有其他资源的短缺。持续的劳动力短缺显现出某种经济形势的迹象：作为生产要素的劳动得到的是低效利用，因此尽管高就业，但劳动力依旧满足不了必需的商品生产。

劳动力持续短缺是可以轻松兑现就业权利的根本前提条件。高就业参与率不仅在政治上是理想的，而且在经济上也是必要的。反过来说，完善的解聘保护和高就业参与率，促成了低劳动生产率以及随之而来的劳动力短缺。民主德国虽然在要求工作权利方面成功地实现了要求与现实的统一：对就业者来说，不仅总能保障一个工作岗位，在许多情况下，他甚至可以指望长期保留自己在某一企业中的工作岗位，如果一旦必须换工作，也可以在其他地方得到类似的工作条件和社会待遇。但是，民主德国无法促使大多数就业人员对其工作有足够的认同感。企业被高度评价为"生活世界"，是社会交往的地方，是工资和社会福利的来源，而工作本身则更多地被视为令人讨厌的，被视为在社会主义集体中实现个人价值的一种可能性，因此就有必要维持低水平的工作报酬。不仅工作岗位有保证，而且企业领导、工会和党都不太情愿施行针对工人的纪律措施，所以，磨蹭、粗心、浪费材料、将企业资源滥用于私人目的就成了家常便饭。[113]可以肯定的是，职工与其同事之间的关系，很少是通过竞争而更多是通过合作利用企业以牟取私利，毫无疑问，与市场经济相比，工作压力要轻。民主德国流传的一句话："你们看上去好像是在给我们付钱，我们看上去好像是在工作"，似乎比社会主义共同体的理想更适合表达他们对工作和成绩的看法。在共同体的理想中，个人不用担心就业岗位，只需要通过为共同体工作而实现自我。

在其他的"社会成就"中，不能忽视要求与现实之间的鸿沟。作为社会政策手段而设定的基本需求商品和服务的低价格，也给中、高收入人群带来好处，因此作为再分配的手段它们是低效益的。紧俏资源的浪费和补贴需求的增加所造成的经济损失与其社会政策效用不成比例。平均每平方米 1 马克的低房租，连物业费都不够，产生的后果是，无法从租房人那里收到房屋维修资金，而必须依靠国家提供。[114]但国家偏重在市郊新建预制板组合楼，忽视旧房的维修和翻新。对于优先进行"组合住房建设"的思路，要是考虑到拆散老社区的邻里关系有利于控制国民，那么，优先进行"组合房建设"就解释得通了。毕竟在很多情况下，旧房翻修更便宜。80 年代，新建住房面积逐渐下降，由于旧城区灾难性的状况，维修费用提高。但修缮和翻新费用仍然远远低于所需的费用。[115]整体看来，1970~1989 年，新建住房 180 万套，主要以预制板结构为主，只翻修和扩建了 25 万套。[116]后果是，尽管大规模新建住房，但在昂纳克政权的 19 年时间里，民主德国的住房总量只增加了 100 万套[117]，而且战争中幸存的城市整体核心也倒塌了。市民们嘲讽道："不用武器制造废墟。"[118]

健康医疗服务是免费的。然而，由于缺少药材、实验室设备、心电图和透视仪器而影响到医疗保障。病床数量没有改变，医院破旧失修。1989 年，医院的平均使用年限达 60.6 年。[119]政治领导阶层则可以在特殊的医院看病。

家庭促进政策构成了昂纳克"经济政策和社会政策相统一"的重要部分。职业妇女享受临产前 6 个星期的产前休假，产后休假为 20 个星期。在这 26 个星期里，她们有权享受社会保险提供的收入待遇，额度是最新的平均净收入。26 个星期后，母亲可以为第一个和第二个孩子要求停职带薪休假，到婴儿满了 12 个月为止，此后出生的每一个孩子，则到他们满了 18 个月为止，如果孩子和夫妻有病需要特殊护理，则享有护理休假并有资金补助。给孩子的钱也很大方：给第一个孩子 50 东德马克，第二个 100 东德马克，后面的每一个孩子 150 东德马克。这些福利使一对有两个孩子的双职工夫妻可支配的收入提高了将近 10%。这一在家庭促进框架下的社会

"成就"，是数量足够的托儿所和幼儿园，但民主德国终结后取消了该政策，很多有职业的母亲对此深感遗憾。无疑，在这些机构中，孩子们的护理质量令人失望：物质短缺、对孩子意识形态的影响。但无可争辩的是，如果关闭企业的日间托儿所，而社区又不能提供足够而廉价的替代服务，在职母亲 1990 年后会陷入极度的困境。

家庭促进政策的贡献是，从 1975 年后起，当时很低的出生率上升，以前每 1000 人中有 10.8 人出生，1982 年达到 14.4 人，与工业国家的平均水平相同。然而，孩子可以托管以及亲善妇女和家庭的措施，并未起到在民主德国令人信服地实现男女平等的作用。尽管妇女得到相对较高的教育水平——1989 年，87% 的妇女拥有职业教育资质，高校在读女生的比例 1980 年为 53%，但妇女的平均收入比男性低 25%。较高领导层中妇女只占 2% ~3%。[120]1989 年，在所有的女性工人中，超过四分之一的人是半岗工人。[121]在低工资群体里，妇女占大多数，高工资群体主要是男性。在工业和建筑业，就算是同样的工作，妇女所得工资却低于男性。[122]

虽然在某些社会福利和促进方案方面，要求与现实彼此脱节，但总体来说它们起到的作用是，只要个人能够适应政治形势或者至少不要太显眼，那么只要他有工作，就既不会失业，也不会陷入贫穷。只有当失去工作能力和年老以后依靠最低退休金生活时，贫穷才会威胁到他。此外，如果考虑到年轻人已被引导到特定的教育和职业道路上，而且就业者清楚地知道，他们结束一定的附加教育之后，可以期待何种岗位和多少工资，那么就形成了一幅既受国家关照同时也受其控制的社会画面，个人可以在其中展望并衡量自己的职业道路。只要愿意，他就可以融入风险大幅降低的"集体主义的履历模式"之中。许多人将其视为好处：安全和生活质量。在联邦德国，它也同样促使某些人进入公职机关，因为在那里能够得到最大的社会安全。而其他人就得忍受民主德国典型的关照与监督的结合。

第四节　制度失灵

沙尔克在 1993 年表示，他"终于想通，社会主义制度作为现实社会主义，并不比社会市场经济优越（……）"。[123]许雷尔也从制度失灵中看到了灾难的关键原因："我认为，民主德国和社会主义没落的主要原因，至少不应该首先从人员僵化和个人错误中去寻找，这些东西本身是制度所固有的，我们必须从制度内部寻找原因。在此，我回到社会生产资料的占有上来：它允许太多主观主义。在市场经济社会里，如果不清楚产品会产生什么费用、会带来什么，以及人们可以从中获取多少利润或者什么人会因此破产，或者在没有利润的情况下国家是否有资金扶植它，那么主观根本不会放大某种想法，但在社会主义社会里，好像一切皆有可能。似乎只有能战胜一切的党的力量（……）才是必要的（……）。"[124]

以市场经济为向导的社会科学家原则上可以认同许雷尔这一观点，更何况在西方民主中也可以观察到公务部门或农业与工业政策中存在着类似的行为倾向。社会科学家要将这一命题加以概括并解释：根据所有的经验，只有在有着激烈竞争的组织中才能实现经济性，如果这些组织不能在市场上站住脚，就会面临破产。一旦竞争压力降低，追求经济性的努力就会下降，浪费便开始上升。在民主德国，不仅私人没有生产资料，没有对错误的经济决策承担风险的私企，而且也没有市场和竞争，甚至连"严格的预算限制"都没有。所以，从企业领导层到政治局，所有层面都贯穿着忽视成本－效益－核算的趋势。

这种趋势符合马克思－列宁主义历史观与社会观所阐述的观点，即党领导的任务是将经济发展引入现实社会主义的轨道。这一意识形态准则要求政治优先，助长了可以通过命令控制经济的想法，如果经济学家敢于用经济考量对抗政治领导的意愿，那么可以对他们进行纪律教育。因此，歧视经济学的趋势是体制自身酿成的。昂纳克也许特别偏向无视成本－效益－核算，并以纯粹理想的愿望取而代之。然而，领导层的大多数错误决定，从极度缺乏稳妥考虑的技术进口到轿车计划或芯片生产，并不能完全归咎于总书记个人的决定，而且它们也是党和部委的建议，得到米塔格和斯多夫的支持，只是要得到最高部门的昂纳克批准而已。至于昂纳克粗暴违背经济学的一切理智考虑并应为此承担全部责任的做法，则有一个例子，那就是他拒绝提高基本需求商品和服务的价格。1988年，他在这个问题上不仅未听从许雷尔，也没有听从物价局领导哈尔布利特尔和财政部长霍夫纳尔的建议，甚至米塔格也曾徒劳地就提价的必要性力劝昂纳克。[125]在非常棘手的西方债务、个人和国家消费、投资率问题上，情况则不是特别清楚。急迫的偿债压力搅得最高层全体领导成员忧心忡忡，政治局全体成员都尽可能回避许雷尔大幅紧缩个人和国家消费的要求。铤而走险的忽视投资乃是拒绝紧缩个人和国家消费的必然结果。同样，这一拒绝也绝非昂纳克一人之过，他只是将这一受体制及其意识形态自身推动的主导倾向推上了顶峰。

遭到许雷尔合理批评的对成本－效用－核算的忽视，只是导致崩溃的多种原因之一。至少同样具有重要意义的是，市场经济理论一直强调，经验已明确证实，在精确协调企业生产方面，中央计划与调控的失灵。中央既没有获得针对这种协调所必要的信息，也没有能力充分快速地处理现有信息；它也无法强迫企业遵守计划要求，由于害怕职工对体制不满而几乎不敢触碰奖金制度，更多的只是修改计划。[126] 仅从中央列出的决算数字便可以说明协调方面的重大困难：国家计委拟定了 1500 份材料核算和分配计划，各部委和联合企业制定出 3500 份半成品和终端产品决算单，在与其他联合企业的合作中，又将这些产品拆分成 4 万份决算单。这种容量巨大的运算单元只能是纸上谈兵，实践中绝难执行。政治局、部长会议和计委都知道信息的匮乏和计划实现过程中的漏洞。为了将其缩减到可接受的范围，增设了大量的官僚调控机构。此类机构不仅包括工业部和拥有 2000 名工作人员的计委以及督查机构，还有区级党组织、德国工会联合会，特别是国家安全部"斯塔西"（Stasi）也向最高领导层提供有关计划完成和供应短缺的情报。但这一切都无济于事。配件供应商、制造企业、资本货物和消费品生产者之间从未达成对经济体系生产率来说必要的共识。随之而来的是对"比例失调"的不断抱怨。1977 年，斯多夫埋怨道：

"及时动工并有计划地完成规定的产量具有重要意义。一大批机器和设备四处堆放。"[127]

十年后的情况并无改观。1988 年 4 月，中央委员会党政机关在报告中写道：

"主要由于缺少电动机、铸件、控制技术、电子装备、配件以及标准部件，不断导致了金属加工业发展的受阻，生产的调整和中断也经常影响到其他企业。"[128]

70 年代和 80 年代，部长会议经常要处理的问题是，如何消除由于供货滞后而造成的生产受阻。党领导层明白，无法令人满意地解决中央层面的协调问题。70 年代，为了减轻中央不堪重负的压力，把协调功能转给联合企业所作的尝试，却是得不偿失。从本质上来说，当时作出的联合企业－自治的决定，是"对国家经济组织领导能力的毁灭性的判断"。[129]

体制失灵的又一个原因，是那些可以追溯到中央信息不足和企业或者说联合企业领导层缺乏积极性的"软"计划。计划制订者从企业和联合企业领导层那里得到的信息并不能体现企业的实际生产能力。原因出在企业和联合企业领导层、工人甚至党和工会组织上，出在根植于中央领导体制框架中必然的行为方式上：他们只对低报自己的生产能力感兴趣，为的是不要得到更高的计划指标。计划者和领导层当然知道这一点。1973 年后引进企业有义务超额完成计划指标的"反计划"，是略微强化"软"计划的尝试，但毫无作用，因为企业和联合企业领导层对中央的反应早有预料，他们要求得到的经常比实际需要的要多，也经常掩盖企业的储备。这一弊端的核心就是缺少独立的、生存所必需的高效率生产的企业竞争。因此，计委和各部委无法知道，在另一种组织、另一种生产要素组合、另一种技术的情况下，商品的生产成本是否更低，对此缺乏任何可比性；而且在制定企业价格时，中央只能从联合企业领导层提交的成本着手。从反"软"计划斗争的失败中，党领导层最终吸取了教训，从 1988 年起制定了一套样板进行尝试。曾经进入"计划与领导新经济体制"框架中、从 1970 年开始只是形式上生效的"自理资金"，原则上在 16 家联合企业中重新生效，不过联合企业并没有得到很大的活动空间。如果它们获得超过计划的利润，就允许它们将超出部分用于追加投资和研发项目。但计划者却不敢放手为作出特别成绩的企业工人提高工资或发放奖金。[130]在党领导看来，这种样板试验带来的经验多半是积极的，但埃伦斯伯格尔强调，成绩归功于中央全体人员都"对这些联合企业给予特别好的关照"。[131]1989 年，样板试验仍未结束。

生产率低下和生活水平不高的最重要原因是，中央调控体制创新能力的薄弱。在市场经济中，创新是企业在竞争中立于不败之地的最重要的战略。竞争越激烈，企业面临创新的压力就越大。一个经历激烈竞争的企业，只有当它不断寻找更好或更符合潮流的产品和成本低廉的新的生产程序时才能保住其市场份额，而这需要企业承担事先难以估算的研发费用，并在市场上落实创新成果。一旦取得成功，就能指望短时间内带来高额利润，用于研发的费用就物有所值。但利润优势阶段绝不可能长期持续，竞争对手研发出自己的创新产品和程序，优势就会消失，市场份额随之下降，因此又得寻找新工艺和新产品。从市场经济学的角度看，经济进步首先是企业在竞争的驱使下寻求创新的结果。哈耶克（Hayek）著名的说法"作为发现程序的竞争"最好地阐明了这一看法。

在中央集中领导的社会主义经济中，企业没有努力创新的动力。它们没有处于竞争的压力下；可以作为创新成果的利润，必须全部或大部分上交中央；再者，无法估算开发新产品和新工艺所需要的费用，因此难以将研发纳入年度计划。经济领导层通过行政手段强迫企业更多地努力创新——1983 年，每年的创新比例应该从 30% 升至 40%，但大多数情况下宣告失败，企业转而将稍加改动的产品当作创新成果来展示，并以较高的价格推向市场。[132]

但在民主德国，也有来自"底层"的、主要是来自技术人员和研究机构的创新倡议，不过它们并未变成常态，更多的只是特例。这并不仅仅是因为给予新事物尝试者的物质激励很低，也是因为研发装备设施的不足。即便有人主动做出一项发明，也难以保证它会得到联合企业领导或部里的重视。例如，1960 年哈勒焊接技术研究所（Institut für Schweißtechnik Halle）成功地生产出一台功能齐全的六自由度焊接机器人，作为工程师们的尖端成果，它得到认可，但未投入生产，几年后一家美国公司以类似的焊接机器人成功地进入市场。1979 年，在魏森菲尔斯鞋业联合企业（Schuhkombinat Weißenfels）里，一个年轻工程师和三个同事开发出一套三维软件解决方案，当时是世界首创，但总经理的一句话就否决了生产和销售该软件："它能为我们联合企业带来什么？"[133]现今，在市场经济中也有技术人员开发的创新成果不被公司领导采纳的例子。但关键是，在民主德国，由于体制原因，企业或联合企业领导从自身需要出发，对新产品和新工艺兴趣不大。

因此，所有重要创新项目的主动性必须来自"上面"，来自最高层政治领导。没有别的办法激励企业，没有最高领导层的明确指示，各部委和计委根本没有能力将必要的资源纳入计划并供支配。但最高领导层只能突出重点。更糟糕的是，由于整个体制中没有产生过"作为发现程序的竞争"，所以在企业中，关于技术可行性和经济目的性的知识水准是欠发达的。后果是，高层领导在其创新决策过程中必须更多地依靠更为有效的市场经济榜样，而很少依靠自己企业和研究机构的建议，因为创新项目的目标常常是要缩小与西部的差距。西部并无创新榜样，如电子束技术、缝纫编织工艺或褐煤高温炼焦技术只是例外而非常规。向西部已达到的标准看齐，就足以将民主德国进入西方市场时锁定在永远迟到者的角色上。此外，民主德国的研发程序明显比西方缓慢——研发部门的力量配备很糟糕，这也产生了后果。民主德国姗姗来迟地尾随西方，就因为这个原因也不可能在对西方出口中获得高收益。直到 1973 年，在全世界对传统的工业产品需求活跃之时，形势尚不严重。然而后来，先是日本，紧接着是新兴工业国，它们在对民主德国来说重要的资本货物市场上的竞争，如机床、造船、电器和电子产品，使创新竞争日益尖锐。产品生命周期越来越短。还没等到产品在民主德国完全达到成熟的量产期，在国际市场上就已过时。

在一个中央集中领导的社会主义制度中，无法克服诸如忽视成本 - 效益 - 核算、协调不足、"软"计划、创新阻力等功能性弱点。持续重视成本效用 - 比较的前提是，放弃政治领导以及与之相关的整个国民经济可以根据政治领导的愿望进行调控的想法。对成本 - 效益比较的持续重视，还有一个前提，即不是国家，而是至少以部分财产做担保的私有财产者拥有大部分生产资料。只有通过市场价格而不是通过命令来协调数以百万的企业和消费者的个人决定，而且企业靠赢利来领导，才能克服协调的不足。只有通过竞争压力和追逐利润，才能克服"软计划"趋势。企业一旦在创新竞争中落伍就要面临破产，只有这样，才能纠正创新疲软的局面。

如果所有这些纠正措施都能到位，社会主义就所剩无几。经济将听命于一种虽然可以通过政治制约却无法由其控制的内在动力；可以更多地通过市场成果来决定收入，收入差别会明显增大；现有的工作岗位就无法得到确保。

1989 年，民主德国经济部门领导干部中昂纳克的批评者并不想走得那么远。他们只同意在社会主义框架下的改革；他们不愿意触碰所有重要部门的生产资料国有化、通过国家框架计划协调经济决策、尽可能缩小工人收入差别等原则领域。在他们看来，可以接受的只有重启 1970 年中断的、计划与调控新经济体系的试验：下放更多的权力并扩大联合企业的权限；价格与成本相适应，以减少补贴。然而，仅此还远远无法形成通过市场价格调节的竞争经济；效率、成就激励以及创新能力和热情并没有得到足够的提高，使其难以在体制竞争中幸存。

如果没有西方模式的竞争，1989/1990 年社会主义国家也许就不会崩溃。人们对物质商品供应的要求是相对的，只要食品和住房等基本需求得到满足，他们会和过去、和左邻右舍获得的物质相比。与苏联相比，民主德国为其职工提供的生活水平很高。大多数民主德国国民对商品供应的不满，主要是与联邦德国的生活水平比较的结果。甚至连统一社会党的领导也无法回避这种比较，这促使他们设法缩小商品物质供应的差距，却因这一尝试而毁掉了生产和生活质量的基础、设备资产和环境。

在对其职工掩盖西方的真相方面，苏联比民主德国要有效得多。他们的要求更为节制。然而苏联同样处在制度竞争中：尽管它将超过四分之一的国民产品和超过半数科研潜力用于装备，在重要的装备技术方面还是无法跟上美国的步伐，苏联领导集团打算支持戈尔巴乔夫经济改革的一个主要动机，就是以这种落后为依据的。如果社会主义阵营能够回避经济体制竞争，那么，对社会主义体制经济效能的不满或许就不太会成为动荡的重要因素。

毫无疑问，与西方民主的接触、对缺少政治自由的不满也起到了推波助澜的作用。现在很难肯定地说，在社会主义体制的危机和崩溃中，究竟是经济还是政治因素起到了主导作用；充其量只能在粗略的网状研究中，将经济和政治要素分开，而在复杂的现实中，它们的影响是相互的。一部分人会认为，经济功能的不足起到了决定性作用，另一部分人则倾向于认为，缺少自由具有很高的比重。不管怎样，如果没有中央集中领导的社会主义经济体制明显的功能缺陷，就既不会有苏联的改革和结构调整，也不会有民主德国 1989 年的急遽崩溃。

第二章　虽未战胜挑战但再现辉煌：重新统一前的联邦德国经济

民主德国的崩溃正值西德经济重放光明之际。联邦德国经受的15年增长疲软似乎已得到克服。企业开始投资、收入增加、外贸顺差高于任何时候，1986/1987年，物价15年来首次出现稳定；尽管经济繁荣，但1988/1989年的物价只有微弱上涨；就业增加，1983年以来僵持于200万上下的失业人数，终于在1989年回落。经济上，联邦德国似乎处在可以承担重新统一负担的最佳状态。

然而，辉煌的背后却隐藏着尚未解决的问题。联邦德国处于艰难的结构转型的十字路口。和其他所有工业国家一样，自1974年以来，联邦德国的工业总产值和就业岗位只有缓慢增长。相反，1974~1989年，服务部门仍有并不低于70年代的增长率。结构转型未必与持续的高失业率有关，它的前提条件是，能够通过经济增长部门的就业岗位抵消停滞和衰退部门的就业岗位。这种平衡在联邦德国的进展并不比其他欧洲同等国家好多少，而且远差于美国。企业的创新能力以及工会、政党和公共行政部门的适应能力显然不足以及时应对消费者偏好的转变和国际市场日益尖锐的竞争。

因此，1990年重新统一前夕的经济形势具有双重性。一方面它的进展一片光明，另一方面则令人担忧，辉煌会很快黯然失色，下一轮萧条又会重新暴露出创新和适应的弱点。尤为明显的是，在统一后的德国，由于原民主德国过于老化和过于庞大的工业部门，在原联邦德国都尚未找到可靠答案的结构性问题还会不断放大。

第一节　耀眼的基本数据

增长

衡量国民经济的特别重要的标准，是国民生产总值的增长率。没有增长，就没有平均收入的提高；没有高于劳动生产率增长的增长，就不会有新的就业岗位，除非将工作分拆，个人对相应较低的收入感到满意。80年代联邦德国经济的简便原则是，年均增长必须超过2%，才能产生新的就业。因为劳动生产率每年提高约2%。1983~1987年，年均增长率只稍高于2%，这不足以推动就业明显增长。从1988年初开始，情况发生了变化：开始活跃和强劲地增长，1988年国民生产总值提高了3.7%，1989年提高了3.6%，同样强劲的是就业增长。

表6　1982~1990年德意志联邦共和国国内生产总值变化*

1982年	1983年	1984年	1985年	1986年	1987年	1988年	1989年	1990年
-0.9	1.8	2.8	2.0	2.3	1.5	3.7	3.6	5.7

*国内生产总值较前一年的变化，以1991年的价格计算。

资料来源：《宏观经济发展评估"五贤人"专家委员会评估年鉴》（SVR：Jahresgutachten），1993/1994年，第64页、第65页。

1988年出现的活力如此喜人，争议也如此之少。经济活力的到来比联邦政府希望和主流国民经济学学家期待的要晚得多。1982年秋组成的基督教民主联盟/基督教社会联盟/自由民主党（CDU/CSU/FDP）执政联盟，一开始就设法通过减轻企业负担以刺激经济增长。这可以追溯到国民经济学中的主流观点。大多数经济学家认为，用信贷融资的国家支出去促进需求，意义不大；"以供给为导向"的发展方向压倒了凯恩斯学派。宏观经济发展评估"五贤人"专家委员会特别透彻地描述了1981年的"供给导向政策"的原则：

"需求（……）并非是既定的或与供给无关的量。（……）相反，很大一部分供求是同步发展的，而且在重要的市场活动中，供给行为先行。供给，即生产，通过生产获得的收入，创造高购买力的需求。哪里有投资，即哪里为未来的生产做准备，先行的供给行为就会出现在哪里。"[1]

国家应该关心货币稳定、降低国家财政赤字、减轻企业税收负担、普遍降低税收和减少国家支出。同时国家还应该加强竞争、取消补贴。税赋减轻但面临全面竞争的企业会进行投资并将经济带出萧条。

在1981年国家新增债务已超出国民生产总值3%之际，这一方案深受联邦政府的欢迎。专家们一致认为，如此之高的国家赤字是不负责任的，它们迟早会加速通货膨胀，会给未来的财政预算增加难以承受的利息负担。此外，它们还会抬高利息，从而阻碍私人投资。而且从政治方面看，越来越多的选民视高额国债为威胁。因此必须减少国家赤字。随后将放弃由国家支撑的需求。联邦政府的经济和财政政策寄希望于通过减少税收和降低利息，负担得到减轻的企业会对未来产生信心而踊跃投资，也许不会立即但有望在中期内抵消预算调整所产生的紧缩效应。

等到这一愿望实现，已过了许多时日。一定的效果滞后在预料之中，缩减国家支出会产生立竿见影的紧缩效果，但企业以增加投资对减税和降息做出反应则需要较长时间。不过，甚至许多专家也感到惊讶，企业的投资只是缓慢进行，尽管它们的境况一年比一年好：税收和利息下降、工会的工资要求很克制、国际经济周期性复苏有利于德国出口、利润上升。1988 年才真正开始强劲的投资行为。国际经济复苏向最高点挺进，促进了对德国出口产品的需求。再者，工资税和所得税的下降也刺激了内需。在这种活跃的需求背景下，企业期待着自己的产能很快会满负荷，现在终于扩大和更新设备，从而又将经济复苏向前推进了一步，繁荣开始。1989 年，专业工人已经出现短缺。

有利的"供给条件"显然还不足以促使企业进行高投资，从而依靠自身的力量将自己带出滞涨的泥潭。只有当有利的"需求条件"相继到来，经济回升才会赢得动力。直到 1988 年，迅猛的出口以及工资和所得税下降的效果，才创造出有利的需求条件。

这种有利的供给需求阶段能否持续，以至于重新统一后的西德经济复苏可以辐射到东德呢？1989 年底，美国和欧洲的经济景气已经超过最高点，但西德经济繁荣似乎尚未中断。在更新和扩大设备方面，依然可以看到企业有追赶的需要。[2]1990 年初，民主德国公民的需求开始起作用，百万人潮涌入"西部"购物。1990 年 2 月，有迹象表明民主德国很快会引进西德马克，此时，乐观派完全可以认为，西德企业由于产能高负荷，也愿意在东德踊跃投资，尤其是因为那边的工资成本远远低于联邦德国。而消极派所持的观点与之相反，他们认为西部的活力很有可能是稍纵即逝的现象，尽管有东德的需求，但联邦德国最重要的商业伙伴的经济衰退将会敏感地触及西德企业，使它们无论是在西德还是东德的投资意向都将重新降回到 1988 年以前的不足的水平。

对外经济

多年以来，联邦德国对外经济呈现出一幅大致清晰的面貌。1983 ~

1989 年，对欧洲共同体和欧洲自由贸易区的出口持续上升。因为欧共体和欧洲自贸区接受西德将近四分之三的出口，所以自 1985/1986 年美元贬值以来对美国出口停滞不前、对许多发展中国家和新兴工业国的出口遭遇了第三世界债务危机的考验，以及西德出口商仍一直忽视东亚和东南亚新兴增长市场，这些情况几乎都不重要。最引人注目的似乎主要还是联邦德国未来在欧共体中的地位。自 1986 年以来，共同体处在日益推进的一体化进程中，它正在为 1993 年 1 月 1 日实现统一的内部市场做准备。破除商品、服务、资本和人员流动的障碍，将保证成本降低、改善劳动分工和更有力的竞争。大多数西德企业相信，它们可以应对欧共体中的竞争对手，并期望从统一的内部市场中获得更高的销售额与利润。除了对西欧出口的变化，有利的情况还包括 1986 年以来的美元疲软和欧佩克解体，尤其是在德国石油支出中出现了大量的节余。自 1986 年以来，西德的贸易顺差每年都大大超过 1000 亿西德马克。由于服务和资本收支的高赤字，导致经常收支顺差较低，但到 1989 年时已高于 1070 亿西德马克（等于国民总产值的4.7%）。[3]因此，联邦德国在所有工业国家中名列前茅。

同样高的是联邦德国对外国的资本输出。1989 年，西德人支出了 600亿西德马克用于购买国外证券和给国外企业提供贷款，大约 300 亿西德马克用于地产和直接投资。高额的经常收支顺差对乐观的假设起到了实质性作用，联邦德国可以在没有重大对外经济问题，而且也可以在不对西德资本市场产生负担的情况下，实现重新统一。

低通货膨胀率

不仅 1989 年而且在整个经济复苏期间的低通货膨胀率，都是西德经济强劲势头所在。

早在 1983 年消费者价格方面的通胀率就回落到 3% ~ 4%，1986 年和1987 年，西德人首次经历了 50 年代以来的物价稳定。工业大国中只有日本有较低的通胀率，美国、法国和英国的通胀率都远远超过西德。1989年，在过渡泡沫化的经济繁荣中才重新出现轻微的通胀，物价上涨3.2%，但依然处在相对温和的状态。[4]这种非常有利的发展局面，一部分是联邦银行紧缩货币政策的结果。此外，财政政策对币值稳定作出了贡献：减少预算赤字在 1983 ~ 1985 年起到了紧缩作用，1989 年联邦政府及时地努力通过限制支出来遏制通胀。此外，自 1983 年以来，工会注意到高失业率，因此对劳资协议保持克制的态度。1986/1987 年，除了这些"国产"因素，还有美元贬值和油价下跌的作用。因此，联邦银行和联邦政府不能独揽价格保持稳定的功劳，它们的任务，由于西德货币和财政政策无法干预的那些有利的框架条件，而得以减轻。然而，哪些是关键的原因并不重要，重要的是：联邦德国借相对稳定的货币迈向重新统一。

整顿后的国家财政

国家财政整顿主要是通过节约开支而较少通过提高税收实现的。从 1986 年开始，甚至分三个阶段下调了工资和所得税。不仅联邦在 1982 年后进行紧缩，而且由于针对公共贷款的高利息，大多数州和县市也追随紧缩政策。社会福利被削减，70 年代开始扩充的公共服务踩了刹车，1985 年公共部门的新债务已经急剧下降。

然而，联邦政府必须面对反对党和少数经济学家的批评：过度的紧缩政策将失业率固定在了没有必要的高水平。[5]但无论如何，如果没有急剧缩减国家赤字，没有降低企业与全体纳税人的税收，1989/1990 年的联邦共和国会处于比较虚弱的状态。1988 年以后的通胀率可能会更高。但国家的新债务很低和税负较低构成了主要的也是必要的先决条件，可以显著提高重新统一后的财政赤字，以及随之而来的税收和支出的负担能力。

表 7 1982 ~ 1990 年德意志联邦共和国国家赤字和税负比率

国家赤字[1]								
1982 年	1983 年	1984 年	1985 年	1986 年	1987 年	1988 年	1989 年	1990 年
－ 3.4	－ 2.7	－ 1.5	－ 1.1	－ 1.2	－ 1.7	－ 2.1	＋ 0.2	－ 2
税负比率[2]								
1982 年	1983 年	1984 年	1985 年	1986 年	1987 年	1988 年	1989 年	1990 年
23.7	23.8	23.8	24.0	23.3	23.2	22.9	23.4	22.7

1. 公共预算（国家机关和社会保险）财政收支（结余：＋；赤字：－）。

2. 税收收入，按国民生产总值的百分比并以当时价格计价。

资料来源：《宏观经济发展评估"五闲人"专家委员会评估年鉴》（SVR：Jahresgutachten），1983/1984 年，第 127 页；1984/1985 年，第 24 页、第 210 页；1988/1989 年，第 27 页、第 148 页；1990/1991 年，第 27 页、第 143 页。

就业

从 1985 年以来，就业就开始上升，起初上升态势一般，但从 1988 年
开始非常强劲。1990 年有 2850 万人就业，比 1982 年多 170 万人。只有在
50 年代才有过比较强劲的就业增长。但公众很少注重高数量的就业岗位增
加，而更注重高数量的失业人数。1983 ~ 1989 年，每年在册失业人数达
220 万 ~ 230 万，1989 年数量才开始回落。

表 8　1982 ~ 1990 年联邦德国就业和失业人数（以 1000 为单位）

劳动人口		就业人口（本国人，包括雇员与自营职业者）		失业人口
		总人数	其中：雇员	
1982 年	28558	26725	23639	1833
1983 年	28605	26347	23293	2258
1984 年	28659	26393	23351	2266
1985 年	28897	26593	23559	2304
1986 年	29188	26960	23910	2228
1987 年	29386	27157	24141	2229
1988 年	29608	27366	24365	2242
1989 年	29771	27733	24753	2038
1990 年	30327	28444	25481	1883

资料来源：《宏观经济发展评估"五闲人"专家委员会评估年鉴》（*SVR*：*Jahresgutachten*），
1991/1992 年，第 308 页；1992/1993 年，第 296 页。

就业岗位增加，但失业率为何会居高不下呢？一个原因是妇女就业比
例提高，另一个原因是，1988 年后侨民、外国公民以及 1989 年夏末以后
民主德国公民涌入联邦德国。劳动人口数量（就业人口加失业人口）与就
业岗位基本同步增加。要想把 1990 年的失业率至少降至 1980 年，即
1981/1982 年萧条年以前的水平，必须创造的不是 170 万，而是 280 万的
新就业岗位，而这一点，只有当经济增长率不是从 1988 年开始，而是最晚
从 1985 年起就达到 3% ~ 4%，才有可能实现。

第二节　结构转型

萎缩、停滞和增长的部门

直至 1988 年西德经济动力仍然有限的原因，要归结于结构转型引起的严重问题，这一转型不仅涉及许多企业，而且从根本上贯穿了整个社会。

如果不考虑 50 年代以来就萎缩的农业，1973 年以来明显的经济增长疲软主要涉及工业部门（包括手工制造业）。不过，其中也存在区别。如果我们把实际总增加值下降的工业部门视为真正的萎缩行业，那么它们主要是矿业、造船业、石油加工、精细陶瓷、木材加工、纺织业以及所有生产非长期消费品的部门。在这些真正的萎缩行业里，失去的就业岗位自然最多。其他工业部门则处于停滞状态，它们的实际总增加值虽然没有下降，但也没有增长或只有微弱增长，所以不至于失去就业岗位。属于停滞状态的行业主要有建筑业及其必要的上游供应行业，还有化工和钢铁制造业。1984 年以前，甚至连机械制造和电子技术，包括办公机械和数据处理器都还属于停滞的产业群体。根据产值和就业增长率而定义的增长，出现在公路交通车辆制造、塑料产品制造、从 1984 年开始的电子技术，包括办公机械和数据处理器以及机器制造等领域。[6]

整体来说，工业部门因此出现了稍微可喜的景象。与之相应的是就业情况。只要注意到 1984～1989 年仍然相对有利的发展，便可得出这样的看法：在诸如机动车辆制造、机器制造和电子技术行业中创造的就业岗位，虽然超过了萎缩和停滞部门失去的岗位，但在此期间新增加的就业岗位，充其量只有 10% 可以算在工业部门的账上。

服务行业则是另一番景象。虽然其中也有萎缩的部门，如铁路、船运，以及只比停滞部门略强一点的贸易行业，但增长部门还是占优势。1984～1989 年，在增加的就业岗位中，90% 出现在服务行业。[7]

走向服务型社会

联邦德国 1973 年启动的结构转型，通常称为第三产业化：第三产业（服务行业）蓬勃发展，第二产业（工业和手工制造业）停滞或开始萎缩，第一产业（农业和矿业）继续萎缩。与广为流传的观点相反，三大产业占国内生产总值和就业比例变化的主要动力，不是消费者偏好的转变，而是企业对服务行业日益增多的需求。同时，企业出于成本原因转向尽可能将服务项目清理出企业：企业咨询、会计、规划、研发、广告、市场营销、数据处理、催款、销售、服务和维修等越来越多地移交给独立的公司去执行；不再购买机动车辆，而是租借。这种清理过程自然会出现统计中表明的第二产业萎缩和第三产业增长的结果；实际上，出现了原先算在第二产业、如今落在第三产业的就业岗位。担心外包不能带来净就业岗位的增加，被证实为没有理由的。与生产相比，企业相关的服务需求明显超比例地增加。

再加上消费者愿望的改变。与 50 年代和 60 年代相比，在联邦德国，和其他发达工业国家一样，再也没有对传统消费品无止境的需求。在大多数家庭中，食品、服装、家用器具和汽车近乎过剩。消费者拿出越来越多的收入获得服务，如娱乐、休闲、教育、健康。但这种消费者需求转移对第二和第三产业的增加值和就业的直接作用根本不是那么大。例如，1970 ~ 1986 年，家庭对由市场决定的服务需求，如通信、出国旅游、银行、保险服务、租房，与对耐用消费品，如汽车和电器产品的需求，两类需求的增长率几乎等同（前者年均 3.3%，后者 3.5%）。非常低的私人消费增长率主要体现在食品和嗜好品、皮革和服装方面。[8]首先，耐用消费品生产商显然成功地通过不断开发有吸引力的新产品，并用越来越短的周期将其推向市场等手段，应对传统产品市场的饱和。但之所以能取得这样的成功，是因为从研发到市场引进及至销售、保养和维修的整个过程中，与企业相关的服务开始得到加强。[9]

通常把"停滞的工业部门"与扩展的服务业相对立，这并不符合实际。80 年代，服务业的增长就已主要依赖于所有三大经济产业中的企业，尤其是工业企业的需求。

但是，不能用第二和第三产业增长率的比较充分描述第三产业化带来的问题。在所有产业中，就业者行为特征的改变具有重要意义。在工业企业中，直接就业于商品生产的工人人数也在下降，与此同时，产生了纯服务性的新就业岗位，尤其是对就业者资质要求较高的工作岗位。而一般性的服务业岗位，如运输部门，则恰恰相反，被自动化所替代。[10]1990 年，具有第三产业行为特征的就业人员约占整个经济的三分之二，在工业企业中则超过了三分之一。[11]

第三产业化对劳工市场产生了很大影响。谁要是在某个工业企业中失去工作岗位，那他还有机会找到新工作，只要他的资质满足新产生的服务业工作岗位的要求。在许多情况下，低技能者没有机会，沦落到长期失业的队伍中。工业界，尤其是商品直接生产部门的裁员，导致了结构性失业。

美国的例子显示，工业中失业的人员可以在服务行业继续找到工作。如果他们不适合高技能的服务工作，那就必须做好准备，去干比以前工资低得多的工作。很多迹象表明，联邦德国的情况也是如此，在80年代的服务行业中，工资成本较低的部门有很多就业机会。零售业提供了特别直观的例子。1990年，它拥有230万从业人员，属于联邦德国最大的服务部门，但与美国经济相比，零售业的份额则小得多。1980年，每1000名就业年龄的居民中，美国有44名从业于零售业，而联邦德国只有35名，1990年，美国49名，联邦德国33名。因为人员配备较少的自选超级商场的扩张，使西德零售部门的就业呈下降趋势，而美国甚至还有所增长。决定性的原因是工资水平：零售业的工资在美国只有工业行业水平的三分之二，而在德国支付的工资几乎和工业行业相等。此外，国家调控也起了作用，《商店关门法》（*Ladenschluβgesetz*）就是突出的例子。[12]联邦德国的高工资和工资附加成本也是原因，家庭对维修、服务和清洁工作的大量需求，不会产生扩大合法就业的作用，而更多地停留在"自力更生"的原则或雇用黑工的层面上。

由于工资下调的弹性小，因此，在联邦德国只有生产率高而且可能支付相对高工资的服务部门才能得到拓展。生产率低小的服务部门则停滞不前。美国的例子肯定要遭到批评。大批就业者的工资远远低于平均收入水平是不值得效仿的。但从社会与经济角度看，没有工作比低工资就业让人更加难以接受。

因此，1973年开始的结构转型导致的联邦德国的经济和社会问题，远远大于50年代的结构转型。当时，如果一个农民从某个萎缩的农业部门转移到扩张的工业部门，他在后者中的劳动生产率更高。因此，通过高工资减轻了他的转移负担。但如果一个产业工人在1985年失业，如果他希望得到同样的工资，其技能却满足不了要求，则必须在服务行业找到新的工作岗位。在通往服务型社会的道路上，联邦德国不可避免地会遇到如何在社会结构和政治上战胜日益增多的不平等问题，这些问题要么是失业率上升的结果，要么是较大的工资差别的结果。

第三节　国际竞争尖锐化

生产"全球化"

除了第三产业化的后果带来的挑战，还面临国际竞争和国际劳动分工的变化，这些变化可以"全球化生产"而概之。越来越多的国家试图通过工业化提高其生活水平。它们的最好榜样是日本，70年代日本就完成了最为成功的赶超进程，如今在顶尖技术产品上甚至已超过了老工业国家。80年代末，最著名的"赶超型国家（和地区）"是南朝鲜、中国台湾、新加坡、中国香港。但欧共体中也有成功完成赶超进程的，主要是爱尔兰和葡萄牙。直至70年代，老工业国家还只是在劳动密集型、资本需求和技术含量小的产品，例如服装、皮革和食品等方面，面临工资较低的"赶超型国家"的竞争。而现在"赶超型国家"则像先前日本所做的一样，要生产技术含量高的高质量产品。为此所需要的资本很大部分是通过美国、日本和欧洲企业的直接投资获得，这些国家想利用工资成本的优势，在市场扩张中站稳脚跟。可以借助新的信息和通信技术轻松地转让技术知识和组织知识。

但是，"赶超型国家"不只生产与老工业国产品直接竞争的耐用消费品和资本货物，如机动车辆、娱乐电子器具和船舶。跨国公司为此转向将其终端产品按模块化设计，并将工人技能要求较低的模块要素（产品模块）的生产放到低工资地区。其高技能含量的产品模块继续在高工资国家生产。在美国已经出现这种劳动分工的极端变异：美国公司总部进行量身定制、完全吻合单个客户愿望的产品研发。生产这种产品的订单，甚至其所有的组件，都被那些可以确保最低成本、最好的生产质量和最有利的供货时间的"赶超型国家"企业拿走。商品的销售则由美国公司总部负责。这种极端"虚拟生产"的例子可以最好地说明，全球化将加速老工业国家的第三产业化，而且没有现代化的信息和通信技术，根本不可能实现全球化和第三产业化。[13]

80年代，这种新的国际劳动分工形式才在联邦德国初见端倪。大多数投资于"赶超型国家"的西德企业，很少是为了利用工资差别，而是为了在有美好增长前景的市场上立住脚。虽然生产部分转移到国外的情况有所增加，但在大多数观察家看来，由于高出口顺差，这种增加是正常的，并没有危险。但有一点是肯定的，全球化很快就将对联邦德国产生重大意义，并给经济和社会秩序带来重大后果：

—为了推迟将生产转移到低工资国家，工资上的明显区别几乎在所难免。资历低的工人必须对不变的甚至下降的实际工资感到满意。就像第三产业化，全球化也将迫使减少就业，除非可以接受日益严重的不平等工资。

—高工资并非就业的阻力，只要可以挣回来。如果在全球化的情况下仍要避免工资下调或将下调局限在最低限度，那么联邦德国就必须在产品和工艺创新方面保持或重新达到国际顶尖地位。它的企业必须不断开发全球范围内有需求或唤醒需求的新产品。生产工艺也因此必须时刻符合最新状态，否则根本不可能达到满足高工资水平的劳动生产率。

—不仅工资和工资附加成本，而且税收负担和行政管制导致的企业行为障碍，都构成了某一企业在选择生产区位时要考虑的重要因素。如果联邦德国不愿冒在国际区位竞争中落后的风险，那么它就不能只相信自身良好的基础设施和受到相对良好教育的劳动力。它必须继续降低企业的相关税收。首先它必须重新审视其与国际水平相比很高度的国家对经济的调控。从中长期来看，全球化会给西德经济提供重大商机，只要它能胜任日益增强的竞争，这一点是无可争议的。随着"赶超型国家"生活水平的提高，那里的工资也将上涨，低工资竞争将趋于下降。更好的销售机遇将为德国出口商打开大门。主要是日益增强的国际竞争就像鞭子，迫使德国企业竭尽全力提高效率。从长远来看，"赶超型国家"同样还有老工业国家，它们的效率都会更好。正如著名的约翰·梅纳德·凯恩斯（John Maynard Keynes）所说，从长期看，我们大家都得死亡。这取决于联邦德国的经济如何在未来的岁月里克服全球化的影响，而这一点是值得怀疑的。

创新差距

决定性的问题当然是联邦德国经济是否能够证明它可以胜任日益增强

的国际竞争。回顾过去，与生产全球化没有关系，而在与美国和日本的竞争中体现出来的弱点有着极大关系的创新差距，早已众所周知却很少引起担忧，这一点令人感到惊讶。但这些差距正是一种征兆，预示着西德经济的活力面临着衰退的危险或被国家政策置于瘫痪的状态。

最重要的预警信号是联邦德国在高尖技术行业中的落伍。高尖技术产品被定义为研发成本特别高的产品。联邦德国拥有雄厚的资本和高水平的科学家，这给它自身提供了最好的前提条件，使其在高尖技术的国际竞争中抢夺强势地位。然而，企业经营失灵和阻碍增长的国家调控，这两者彼此混合所起的作用是，西德企业恰恰是在被认为最有增长机遇的高尖技术行业落后：微电子技术和生物遗传技术。

在微电子技术中，企业的短视起到了主要的作用，国家的调控则是次要因素。西德企业对参与70年代美、日在微电子技术中角逐领导地位的竞赛，犹豫不决。构成这种犹豫的原因之一，是由于欧共体各成员国不同的标准和彼此隔离的政府采购市场，正好导致了欧共体信息和通信技术产品市场的碎片化。西德公司显然担心，在相对很小而且受到电信部门调控限制的西德市场中，无法收回特别高的研发费用。结果是，不仅电子半导体，而且信息、通信和电子娱乐装置市场都大规模地输给了竞争对手日本和美国。联邦德国与它们的差距不言自明，1990年，在20家最大的电子半导体生产商中，只有一家西德公司，即西门子，但它所占的市场份额只有2.1%。[14]

在生物遗传技术方面，则跟企业的短视无关。三家化工和医药公司，赫斯特（Hoechst）、勃林格（Boehringer）和默克（Merck），在基础发明方面具有良好的地位。但无论是基础研究，还是将研究落实到有市场能力的产品中，80年代均遇到政治上的阻力。生物遗传技术受到国家附加条件的封杀或阻扰。德国公司越来越多地将研究和生产基地转移到国外。因此，虽然80年代末这个市场的就业动力还比较小，却以极高的增长率膨胀，而这种情况却几乎不会出现在联邦德国。

"五贤人"专家委员会即经济发展评估专家委员会和各经济研究所不断指出高尖技术方面的落后。[15]但高尖技术领域落后的后果并非那么危险的观点还是占据上风。这些观点认为，没有一个发达的工业国家可以在所有工业部门中都取得国际顶尖地位。日本在微电子技术、美国在生物技术角逐领导地位的竞赛中获胜。联邦德国的强项并不是在个别高尖技术领域，它更多地专注于生产机器制造、电子技术、汽车工业等各大行业中科技含量要求高的产品，其中会安装从日本或韩国买来的芯片。在这些众多的部门中，它们的竞争能力是无可非议的，因为从这些部门获取的出口大于进口的盈余最多。[16]但这种观点并不能掩盖如下事实：在世界范围内，西德经济中强项的工业部门只具备平均的增长前景，而微电子技术和依赖于它的信息和通信技术，以及生物技术却有极高的增长前景。[17]一位美国作家尖刻的批评正中要害：联邦德国生产的产品是最好的，但从根本上讲，都是19世纪以来就已有名的"老"产品，在高科技新产品方面，例如工业机器人、电脑、电子半导体，它没有竞争力。[18]

还有一个预警信号也折射出一个情况：即使对于出口很重要的一些"老"产品，其劳动生产率的发展也不尽如人意。80年代初，在汽车工业、机器制造、部分化工行业中，西德的劳动生产率可以和美国媲美；在机动车辆方面，日本企业已经明显超过西德和美国的公司。1990年，面貌发生了根本变化。首先在汽车工业，随后也在其他工业部门，美国公司顶住了日本的挑战，质量和生产率得到了明显提高，这主要得益于以"精益化生产"而著称的组织改善。西德公司没能跟上这一发展。根据麦肯锡公司（McKinsey）对联邦德国、日本和美国的劳动生产率的比较研究[19]，可以得出结论：在机动车辆组装和机动车辆零部件组装方面，与美国企业相比，德国企业存在着严重的劳动生产率差距，与日本相比，差距更大。西德的机床生产商达到了与美国竞争对手同等的劳动生产率，但明显落后于日本企业。在一些化工部门，尤其与美国公司相比，存在严重的差别。原因主要是组织缺陷、缺乏团队协作、生产过程中缺少质量控制、机器运行时间太短，以及过多而且缺乏足够监督的零部件供货商。西德公司仍然体现出比大多数欧共体竞争对手更高的劳动生产率，但不能以此自满，从世界经济的角度看，在欧共体中的顶尖地位只意味着它是乙级联赛中的最强者而已。

不仅劳动生产率，而且西德经济重要的工业部门，其资本生产率，80年代末的时候也低于美国。资本生产率是投入的有形资本对产能的比例。根据麦肯锡的研究，1988/1989年，西德汽车工业中的资本生产率水平大约为美国的75%，在电力部门中（发电和电网）为80%。这一研究还显示，电信部门（公共电信网、电话和数据服务）的资本生产率低得惊人：1994年，西德电信的资本生产率仍然只达到美国的38%，而80年代末的差距并不会比现在小。对于整个西德经济，麦肯锡得出的结论是，1990~1993年，资本生产率大约为美国的三分之二。西德存在差距的最重要原因是竞争不够充分，国家调控、企业管理不足。[20]这类比较容易遭致批评：无法精确计算有形资本的投入；并非所有情况下的国家调控都是有害的；如果希望获得高水平的劳动和环境保护，就必须接受成本很高的投资。然而，几乎无可争议的是，该项研究的核心部分符合实际情况：为实现产能1%的增长，西德必须比美国更多地投资，换言之，就是美国的储蓄和投资更低，但获得的增长率却比西德要高。

预测很简单：由于西德工业在高尖技术中的创新弱势，加上其劳动和资本的投入不是特别有效，它迟早必须面对销售额的下降。

第四节　不充分的改革

在西德经济和社会秩序即将引入东德之际，必须对其进行大幅度而且痛苦的改革。

不充分的工资差别和灵活度

鉴于持续的第三产业化和全球化，更加明显地划分工资差别、工资灵活地适应不同员工群体的生产率，这两点的必要性几乎无可争议。但说比做容易。国家无法干预劳资协约自治；工会组织也不愿降低哪怕只是冻结低技能工人的实际工资，如果他们不想失去会员，就几乎别无选择，只能优先代表就业者而不是失业者的利益。社会救济福利不降低，足以使零售业就业明显提高的降薪是徒劳的。在许多情况下，社会救济和工资之间的差别太小，因而人们缺乏接受合法工作的激励。但对《联邦社会救济法》（Bundessozialhilfegesetz）的根本性改革还不在考虑之列，基民盟/基社盟/自民党执政联盟将改革局限于限制微小的局部待遇。[21]

社会保障的选择性改革

如果不能贯彻工资的差别化和灵活化，至少有必要通过减少社会公共福利税以减轻雇员和雇主的负担。1975年，社会保险费占总工资和收入的30.5%，1989年达到36%。对于劳动这一生产要素来说，由雇员和雇主共同承担的医疗、养老和失业保险费是一个负担。此外，雇主还要承担与社会相关的其他工资附加成本，如事故保险、带薪病假、带薪休假等费用，工资附加成本总共是总工资的80％。一个拿平均总工资的雇员，税后再减去社会保险费，拿到的大多是少于雇主必须支付的总劳动成本（工资和工资附加成本）的一半。因此，总工资和真正的净工资根本就没有那么高。真正把劳动成本推到阻碍就业程度的原因，更多的是工资附加成本。与此同时，对许多雇员来说，社会保险费也成了令人压抑的负担。但正是为了弱势群体，失业者和低技能、低于平均工资水平的雇员的利益，而一再忽视从根本上反思整个社会福利体系。

80年代，学术界和政界的讨论集中于养老和医疗保险。它们造成的成本最高，给雇员和雇主造成的压力最大，而且养老和医疗保险费支出面临继续上升的危险。[22]

在养老保险方面，60岁以上的人占全体国民的比例上升起到了作用。1985年，年龄超过60岁的西德公民为21.4％，1990年1月1日为22.5％。再加上国家以提前退休作为减少失业的手段，得到了企业的欢迎，许多雇员也利用这一可能性提前退休。[23]1987年，每100名缴费人员供养49名退休人员。根据预测，2000年，每100名缴费人员对应61名退休人员。因此，养老保险支出不可抗拒的上升是预料之中的事，除非养老保险费明显降低。在反对党的同意下，作为第一步措施，1989年11月1日出台了《养老金改革法》（*Rentenreformgesetz*）。它规定，自1992年1月1日起，与总工资相关的养老金的计算，将过渡到与净工资相关。这种调整早就该进行了。70年代以来，退休人员的可支配收入比上班人员的增长要快，因为上班人员的可支配收入，由于社会保险费和税收增加的后果，明显低于他们的总收入。另外，该项法律还计划在2001年提高退休年龄上限，至于提高多少，要取决于经济增长和就业。高就业意味着更多的保险费支付者，这也意味着更少的提前退休者，从而缓解资金供给问题。在世纪交替之前，高失业率就将迫使大家要么提高保险缴费，要么削减退休金。提高保险缴费，或者如果人们不愿如此，那么就要增加税收，两者都会增加支出负担，阻碍经济增长，并且会使失业向更坏的方向发展。最迟从2015年起，由于人口结构的原因，无论如何都会出现大幅度的削减。因此"五贤人"专家委员会建议国民及时对干预退休金体系做好准备，人们必须知道，退休后将从国家养老保险中领到多少养老金，并且通过储蓄自行养老。[24]

80 年代末，在法定的医疗保险中已经出现了资金供给危机。人口结构发展是其原因。老年人经常生病，但在所有年龄群中，对健康体系福利的需求也在增加，健康是被所有公民摆在最重要地位的商品。即便他们必须自己支付医生的治疗和药品费用，在福利提高的同时，他们也会从收入中拿出越来越多的部分支付这类商品。然而在西德社会保险体系中，这种医疗待遇绝大部分不必公民自己直接支付。通过医疗保险缴费，公民缴纳一笔法定的强制性支出，个人无法干预其额度，这与他是否享受或者是否高度享受这种医疗福利无关。因此，个人设法最大限度地利用医疗保险福利。不仅需求而且供给也将费用推高。医生、医院和药厂通过提供新服务和新产品提高利润，因为大多数病人无法评判什么是必要的，而且他们自己支付很少或不必支付，因此，无法遏制由供给方激发的需求。立法者和法定医疗保险公司的独立管理机构虽然可以对福利限制作出规定，但遭到医生、医院和病人的反抗。再者，公立医院对节约的积极性不高，因为可以采用与保险公司谈判的方式来敲定公立医院的主要成本并得到报销。在这些条件下，医疗健康的费用必然暴涨。

1988 年，联合政府在健康医疗方面通过了一项 1989 年 1 月 1 日生效的"结构改革"。引入了更高的自付比例和一些指定药品的固定支付金额。这些措施根本不受欢迎，不过至少可以暂时制止费用的上升，但并没有解决体系的调控机制问题，过几年仍要面对再一次的费用压缩行动。1993 年《医疗保健结构法》（*Gesundheitsstrukturgesetz*）出台，该法至少是改善医院运行经济性的第一步。

仅凭这些，社会福利体系的改革还远远不够。它们没有减轻工人和企业主的负担，只是制止了费用的上升，而且还是暂时的。它们没有解决真正的问题。问题在于，整个社会福利体系是以高经济增长、高就业和有利的人口结构发展为前提。它是在这些最佳条件下形成的，是为它们而设计的。在失业率日益增加和年龄结构变得日益不利的条件下，它根本不可能灵验，因为此时的收入下降，与此同时支出上升。现在面临的是一个怪圈：强制性提高保险缴费是增长和就业低迷的结果，但费用的提高又增加了劳动要素的成本并加剧失业。

德国统一前夜，尚未找到避开怪圈的方法。

迟到的管制松绑、放弃削减补贴

在"五贤人"专家委员会和大多数经济学家一致要求的其他改革方

面，结果令人更加失望。

取消阻碍增长和就业的竞争干预（"管制"）几乎没有获得成功。基民盟/基社盟－自民党执政联盟唯一解决的、具有较大经济意义的放松管制，就是 1985 年的《就业促进法》（*Beschäftigungsförderungsgesetz*）。这一在反对党和工会强烈反对下通过的法律放宽了严格的解聘保护。它允许一到两年的有期限的聘用、一些灵活的雇用方式，如"职位共享"以及可调整的雇用期限。这种放松管制的结果是临时工猛增。大幅度放松劳工市场的管制，在政治上无法得到多数人的赞同。更为重要的似乎是，取消商品和服务市场中阻碍增长和就业的管制，包括取消在建造工业设施方面与国际水平相比极度复杂和漫长的审批程序。然而，因 1000 多项国家规定，住房和工业建造的费用昂贵，放松建筑行业管制这一问题没有得到解决。在服务行业方面，推迟放松特别重要的管制，即推迟放松对电信业的管制，不是在有必要的 1988 年，而是在 10 年之后。《商店关门法》的修订甚至遭到中断，1996 年才得以通过。审批程序不是变短，而是越来越长。宝马公司在慕尼黑新建一栋大楼的审批程序持续了 5 年，同样的大楼在东京只需要6 个月。

同样不太成功的是贯彻削减补贴（对企业的资金帮助和税赋减免）措施。联邦、州和市政为企业提供的资金帮助和税赋减免高达 1220 亿西德马克。[25]这相当于国民生产总值的 6% 和国家税收的 25%。1988/1990 年只有流向农业的补贴下降，因为欧共体制定的限制过剩生产的措施发挥了作用。但整体来说，补贴绝对额继续上升，相对于国民生产总值，保持基本相同的数量。[26]

经济部门中最大的补贴受益者是农林业、租房、铁路和煤矿业，整个补贴中将近 60% 落在这四个部门。仅通过这一点就可以得出结论，对于补贴来说，起决定作用的很少是出于经济动机，更多的是因为社会动机。如果以每个职工来衡量特别受惠经济部门的补贴，情况还要明显。煤矿业以每个职工 54000 西德马克的补贴名列前茅，随后是铁路部门，约 48000 西德马克，农业 21000 西德马克，烟草加工 19500 西德马克。[27]

在国民经济学理论中，占主导地位的信念认为，几乎所有补贴都是弊大于利。尽管它们出于社会原因看似无可辩驳，如在住房出租方面，但通过把资金集中到需要的人身上，可以更便宜地实现其社会目标。特别令人困惑的是，没有一项可以按经济学和社会学标准解释的补贴分配方案。

1966 年以来，每届联邦政府肯定都声明，它要将补贴用于促进经济增长和结构转型；对于那些竞争力无望的企业，不应提供使之存在的补贴，也就是不应长期提供帮助。但这一原则从未得到坚持，并且成了笑柄。给矿业、农业、造船业、钢铁制造业的补贴不断延长，虽然补贴不时变动，但这与长期补贴有何不同？也存在着有一定期限的调整补贴，但对此常常有理由试问，这些企业是否确实有超出常规的转型压力？1987 年，作为增长部门的公路机动车辆制造业得到 9.72 亿西德马克的补贴。普遍的观点认为，许多作为调整帮助的补贴只会释放"搭便车"的效应，没有国家补贴，企业照样会进行同样数额的投资，很难反驳这一观点。经济学界对补贴实践的批评同样很尖锐："得到最高额度的人，最终并非最精干的开拓者，而是最老谋深算和最不择手段的二流子。"[28]

现在看来，期待联邦政府在 80 年代末明显削减补贴，是幼稚的。操作压力太小：国家财政得到整顿、开始降税，联邦、州和市政府觉得补贴可以承受，虽然从经济学角度看，补贴很大程度上会破坏投资，只对少数受益者有利。在选票最大化的考虑下，放弃削减补贴也是对的，选民会对短期的、具体的好处和坏处做出反应。至今享有的福利保障被剥夺的人，通常不会投票给对此负有责任的政党。其利益没有被直接涉及的大多数人或许同意削减补贴。从长期看，节省公共资金会给大多数人带来好处，但这一点对个人来说，分量不重。结果是，大多数选民几乎不会改变其选举行为。尤其是在联邦共和国这样的政治体系中，各大人民党都要争夺所有阶层的选民，而干预少数人的特权则是风险，也是政治家必须尽量避免的。

对德国统一的准备而言，放弃削减补贴也极其有害。一方面，东德的造船业、钢铁制造业、煤矿业和纺织业急剧萎缩甚至消失；另一方面，同样的西德经济部门却得到大量的资金扶持，这该如何解释？

英国政治学家中最了解德国的学者之一彼得·普策尔（Peter Pulzer，牛津），在 1989 年联邦德国建国 40 周年之际，以"稳定和不动"这一公式刻画了联邦德国的政治体系。他认为，50 年代以来的情况一再表明，在联邦德国，一旦给出特权，就特别难以收回，从而阻挠了改革。这种不动的原因很少是因为政治机制，虽然议会制和联邦制的结合提供了许多行使否决权的可能性，它们肯定比英国或法国要多。原因更多在于政治文化。50 年代，所有群体——工会和企业家、农民和官员、退休人员和学生——都已习惯，在任何一项变动中，都要有一些好处落到他们的头上。只要国内生产总值的高增长率带来的结果是更高的税收增长率，那么这也就算是进展顺利。如果某一群体的利益受损，那么将一直有获得补偿的可能。但当增长率走低时，这种将意见统一起来的方法就再也不灵了。[29]普策尔的这份研究触及了德国社会的软肋。因为被 50 年代和 60 年代的经济成功惯坏了的西德人，没有学会有时有必要放弃至今享受的特权。所以，不灵活和缺乏改革能力是不可避免的后果。在真正严重的危机中，或许会开始反思，但在高度繁荣的 1989 年，离严重的危机似乎相距甚远。

第五节　社会市场经济：被误解的理念

1982 年，由基民盟/基社盟－自民党执政联盟接手的新联邦政府宣布，社会市场经济将再次作为经济和社会稳定的典范。社会市场经济的概念具有象征性的力量。它唤醒人们对经济奇迹时代的回忆，当时西德人的平均实际工资在 10 年之内几乎翻了一番，失业消失于充分就业之中，没有通货膨胀。当然，60 年代中期的时候，对大多数经济学家来说，社会市场经济这一典范已经过时而且很模糊。受凯恩斯主义影响的新理念是全面调控。然而，1973 年以后，这一由大联盟政府中社民党的经济部长卡尔·席勒（Karl Schiller）1967 年通过的理念，面对增长和就业问题而失效了；随着全面调控的失败，社会自由执政联盟开始走下坡路。对联盟党和自民党来说，重打社会市场经济旗号的时候已经不远。况且不仅在联邦德国，而且在西方世界各地，国民经济学中的意见领袖们所代表的理念与"社会市场经济之父"的理念没有多大区别，此时，重打该旗号的时代就更近了。

在自由主义的弗莱堡学派中，国民经济学家瓦尔特·欧肯（Walter Eucken）阐述了社会市场经济理念的经济学基础。这些基础符合古典市场经济理论，但对其进行了补充。欧肯特别强调国家对保障货币价值稳定和竞争的义务。用"社会的"这一定语将市场经济与因为世界经济危机和国家社会主义夺权而败坏了名声的资本主义区别开来，这一天才的想法是后来成为路德维希·艾哈德（Ludwig Erhard）国务秘书的阿尔弗雷德·穆勒－阿马克（Alfred Müller－Armack）1946 年提出来的。而贯彻 1948/1949 年的政策理念，主要应感谢艾哈德。

欧肯、穆勒－阿马克和艾哈德认为，一个行之有效的市场经济，本身就该具备社会因素，因为它根据消费者的需要调控生产，通过激烈的市场竞争保持高生产率，提供高就业和确保货币价值稳定。对他们来说，经济增长、高生产率和高就业是社会福利增长必要的先决条件。但正如艾哈德的著名公式所表达的那样，他们想要的是比"福利共享"更高层次的东西。他们的目标是这样一个社会，在那里国民有能力独立地、自我负责地构建自己的生活，不受条条框框的限制，没有本可避免的依赖性，没有过度的监护。这种自由社会的理想构成了他们对社会安全的理解。欧肯和艾哈德主张由国家提供最低社会保障，原则上，只应比俾斯麦（Bismarck）社会保险所带来的福利水平稍高一点。穆勒－阿马克认为这还不够。他担心，如果较为弱势的社会群体只依靠最低社会保障生活，就可能伤及对市场经济的认可。尽管对社会保障有不同的观点，但该理念的几位"创始人"达成一致：社会政策不能损害经济增长，因为没有增长，就根本无法为不断改善社会福利提供资金。他们更加一致的意见是，国家保证的社会保障不能扩展成大幅度降低国民物质生存风险的"福利国家"（Daseinsvorsorgestaat）。担心"福利国家"导致的高税费会阻碍增长只是考虑之一。更重要的是，"福利国家"与他们的社会政策理想相矛盾。欧肯写道，"负责任的政治家的职责是，为人们提供自行保障的可能性"。[30]个人应该能够通过节俭积累资产，或是通过金融投资，或是通过附加保险，或是通过占有房地产。国家社会福利在这个层面上具有帮衬作用。因此，1956/1957年，艾哈德强烈反对阿登纳（Adenauer）引进动态养老金的打算。他不愿意国家保证个人在年老以后有接近其通过工作而得到的生活水平，他要的是国家基本保障，此外则是自我保障。阿登纳坚持动态养老金，迈出了走向"福利国家"的第一大步，这不仅是出于竞选策略的考虑，更多的是受基督教社会理论而不是受自由主义的影响，而且他认为原则上这也是正确的。

对社会市场经济方案的误解始于这种朝"福利国家"的发展。大多数选民愿意要它。联盟党如果要保住自己的选举潜力，就不能反对继续迈向"福利国家"的道路。在1965年的选战中，作为总理，为了赢得选票，艾哈德本人也向所有可能的群体散发社会礼包。在政治辩论中，联盟党对社会市场经济的理解，向来不只是"创始之父"们的理念，而是由他们强力建构的经济和社会体系的现实。也因为这种现实，他们得到了大多数选民的赞同。除了学者的小圈子，没有人对现实与理念是否一致感兴趣。因此，社会市场经济成了与"福利国家"相关的经济体系的标志。这种关联与艾哈德、欧肯或穆勒－阿马克的典范是不相符的。

重新使用社会市场经济来定义其经济和社会政策，对于基民盟/基社盟－自民党这一执政联盟来说，也隐藏着风险。按选民所理解的概念会引起幻觉。大多数人想要无条件保留的"福利国家"，只有在强有力增长的情况下，才能得到财政上的维持。但在此期间，"福利国家"的社会负担及其保障，却阻碍了经济增长。

重新统一后，同样的误解导致了新联邦各州公民的失望。社会市场经济的概念，正如大多数西德人长期以来理解的那样，该概念唤醒了社会市场经济可以保证"福利国家"的希望，而且显然不只是在民主德国曾经提供给国民的低福利水平上，而是在西德人自70年代初以来就已习惯的水平上。

这是一种幻觉。东德人不会知道这一点。相反，西德人或许应该知道，他们在寅吃卯粮，一旦繁荣期结束，他们就将面临痛苦的调整，无论是否统一，情况都将完全一样。

第三章　风雨飘摇：1989年10月～1990年2月

当1989年10月30日许雷尔表示，民主德国哪怕只是试图阻止债务的增加，它就会无法继续施政（比较第24页），此时，民主德国事实上已经无法施政，尽管是出于其他原因。自从统一社会党领导层放弃使用武力对付抗议的民众那一刻起，民主德国就像一艘在暴风雨中失去舵手的航船。民主德国现在的前进方向，再也不是由党领导所决定，而且在党领导层分裂后，也不由莫德罗政府或"圆桌会议"所决定。民众的行为变成了决定性的动力。绝大部分示威游行是即兴的，后来被恰当地称为"集会民主"[1]，它们只是高潮的一部分。至少在最后阶段，对民主德国同样重要的是开放边界后数以十万计的公民的出走。那些先是越过匈牙利，后是越过捷克斯洛伐克和波兰冒险进入联邦德国的难民，引发了统一社会党政权的危机，瓦解了统治者的士气，给大多数愿意留下来的人举行抗议增添了更多的力量。边界开放后，移民潮成了民主德国政治以及经济动荡的最重要因素。不过，数以百万计的民主德国公民既不是"集会民主"的参加者，也不愿意离开民主德国，但他们也要像西德人一样生活，要拿回由统一社会党执政的国家拒绝给予他们而在西德被看作理所当然的东西。仅凭这一愿望，他们不一定会要求德国统一，但肯定会要求为他们展示一种有望快速改变生活水平的前景。

在试图展现这种前景的过程中，克伦茨领导下的政治局彻底失败。但莫德罗政府也无法以改革的建议和理念去感动大多数人。总的来说，学术文献中对民主德国崩溃的原因存在着共识。但下面这一观点更进一步：在柏林墙倒塌后出现的条件下，民主德国根本不再可能凭借自身力量得到稳定，不管旧的还是新的政党和组织提供何种前景，结果都是一样的。

对此有三个原因。第一个原因是对德国统一的政治态度转变。柏林墙倒塌以及东、西德人相聚时爆发出的激动情绪是最直观的态度转变的征兆，令一些观察家不安。但这些激动情绪不会持续太久。如果边界开放后数百万民主德国公民涌入"西部"，不管是在当地探亲访友，还是采购观光，他们获得的这一印象都会影响深远：在联邦德国，他们感觉自己是受到历史垂青的另一个德国中的德国人。联邦德国愿意为民主德国公民承担责任，加强了这种感觉。

第二个原因对后来几周联邦德国国内政治的发展具有至少同样的作用：许多民主德国公民在柏林墙倒塌以后才发现，东、西德生活状况的差别究竟有多大。所有人都知道，西德人的日子过得好多了。然而，大多数东德人现在才真正明白东德困境的总规模，无论在消费品供应方面，还是在基础建设和环境状况方面。很快也能和西德人一样生活的愿望，比任何时期都强烈，这种愿望还与一种上当受骗数十年的感觉相混合，即在民主德国有发展机会。几乎无人相信，民主德国可以凭借自己的力量，在可预见的时间里，赶上西德的生活水平。提供的出路是：只要苏联允许，就走向德国统一。

第三个原因是，被统一社会党用来稳定其统治的、西德资本主义反社会性的敌对形象，从未阻碍大多数人认为西德的政治和经济制度有诱惑力。现在，边界开放后，更不能像从前那样以此作为稳定民主德国的手段。在数百万民主德国公民现在认识到的西德现实中，看不到剥削和社会贫困。后来，当出现了经济转型的巨大问题时，对资本主义的恐惧被政治所利用。但在柏林墙倒塌后的几个月里，在大多数人的眼中，敌对形象失去了任何的可信度。如果对西德资本主义的害怕消失，那么，把民主德国当作独立国家进行挽救的尝试必然失败，因为只有通过反资本主义、设立民主社会主义的目标，才能为民主德国的独立性进行辩解。由此产生了最严重的政治困境：谁若想从内部稳定民主德国，那他就必须给出前景，但这种前景遭到越来越多公民的拒绝，甚至加速了民主德国的动荡。11 月 20日，莱比锡的游行者对一位同伴欢呼，他说道："为什么要寻求某些新东西？为什么要尝试一种新的社会主义？我们不是用来做实验的兔子。我们现在要正常地生活和工作。联邦德国不是外人。我们是一个民族。有必要对德国统一进行人民公决。"[2]

民主德国的民意测验显示，11 月 20～27 日，48% 的被访问者表示同意两个德国统一；两个月后，1990 年 1 月 29 日～2 月 9 日，同意统一的人数达到 79%。[3]

柏林墙倒塌以后，每过一个星期，趋势就更为明显，除非遭到战胜国或联邦德国的驳回，民主德国作为国家才能得到稳定：即战胜国拒绝接受重新统一；而联邦德国则以民主德国的经济接近西德经济的生产能力时，重新统一才能被东、西德人接受为由拒绝统一。

然而，并不能从这一观点中得出结论，认为期待 1989 年底，也就是在几个月内重新统一是现实的。虽然在 12 月 9 日的德累斯顿访问之后，联邦德国总理科尔肯定大多数联邦德国公民愿意统一（比较第 109 页），但他一如既往地估计，苏联即使不会阻挡德国统一的道路，也会制造困难并推迟它的实现。德国问题因此虽被放到国际政治日程上，但依然悬而未决。[4]联邦政府和多数议员明确拥护德国统一的联邦议院，为避免加大莫斯科和其他地方的反对，除了敦促推进统一、描述值得期待以及可能的前景之外，别无他法。科尔 1989 年 11 月 28 日的《十点纲领》（*Zehn - Punkte - Programm*）完全符合这一路线。民主德国领导层仍然希望，可以借助苏联的支持挽救民主德国的主权，甚至挽救社会主义，从而至少挽救他们的部分权力，只要他们紧跟戈尔巴乔夫的改革路线。结果是，民主德国的政治和经济在未来几周里处于风雨飘摇之中。经济和政治现实促使大多数民主德国民众奔向联邦德国张开的双臂。与之相反，正如在莫斯科以及伦敦和巴黎所看到的政治现实那样，有人主张独立的民主德国继续存在。至少直到 1990 年 2 月初，尚无人可以断定，形势会如何发展。

第一节　克伦茨“转折”

克伦茨领导的政治局所奉行的战略，是一种软弱的、有诸多保留的戈尔巴乔夫战略的复制品。这些保留是可以理解的。戈尔巴乔夫改革的目标曾经是，通过政治和经济改革稳定已陷入危机的社会主义体制。改革的领导权应该归共产党。鉴于党的领导地位，只有这样，改革似乎才能在各个社会领域得到全面贯彻；也只有当改革必须面对一种有限的、仅局限于社会主义政党的选票竞争时，似乎才可能保证共产党的强大影响。然而，在 1989 年秋已经可以看到，这一战略不仅在苏联无效并导致混乱，而且在匈牙利和波兰，执政党试图领导改革的尝试甚至导致了极有可能效仿西方民主和市场经济的发展。在民主德国，西方模式近在眼前，它散发出的光芒如此清晰，令人更少期待戈尔巴乔夫战略会取得成果。但对统一社会党来说别无选择。它不能重返昂纳克体制，否则会被民众的愤怒横扫出局。如果它想挽救尚能挽救的东西，就必须与自己的过去划清界限，并赞成新的社会主义改革方案。与自己的过去划清界限相对容易，可以替换人员，可以将昂纳克领导下实行的社会主义贬为"官僚主义"和"斯大林主义"，但起草在统一社会党中具有广泛共识的改革方案，则艰难得多。许多党政机关官员看到各种明确的改革路线的风险，担心自己的地位，选择尽可能少作变动。但一些高级干部，如德累斯顿区委书记汉斯·莫德罗（Hans Modrow）则相反，他要求 10 月中旬就开始"深入转型"，所有阶级和阶层，尤其年轻人必须参与其中。[5] 克伦茨本人在开始任职总书记时的讲话，必然给人造成这样的印象，表明他原则上要继续奉行昂纳克的政策，只是要加以改进而已。他在 10 月 18 日的就职报告中说："我们的经济政策和社会政策均衡统一的战略导向仍然有效。没有理由仅仅因为对尚未取得的成功提出了新问题，就低估和怀疑已取得的成就。（……）我们的纲领是构建社会主义社会以及它的继续革新。"[6]

这并非改变路线、调整令广大人民信服的新目标的转折。反对统一社会党和要求自由选举的游行继续进行。11 月 1 日以后，当又可以不要签证就进入捷克斯洛伐克的时候[7]，从民主德国外逃的人数迅速上升，柏林墙被推翻前的几天里每天达到 11000 人。此时，统一社会党、政治局以及地区、县市级和基层的领导开始越来越担心，没有具体的改革承诺，已不再可能有稳定。在 11 月初的几天里，政治局下令制订供中央委员会第 10 次会议讨论的"行动计划"。11 月 7 日，捷克斯洛伐克政府要求民主德国政府尽快解决出境问题，否则捷克斯洛伐克将不得不关闭通往民主德国的边境。民主德国领导层陷入惊慌。它不敢再限制进入捷克斯洛伐克的旅行。因此，政治局决定，不等人民议院计划的法律出台，而是制定即时条例，放宽出境旅行。苏联大使科切马索夫（Kotschemassow）呈交给外交部部长谢瓦尔德纳泽（Schewardnadse）的询问信件显示，莫斯科将"很可能没有异议"。此时，统一社会党政治局只考虑对长期出境的审批，也就是将住处搬到西德的审批，对于访问西部的程序则没有作出任何决定。[8]

从 11 月 8 日持续到 10 日的中央委员会第 10 次会议，具有历史性意义。11 月 9 日，中央委员会不仅批准了导致推翻柏林墙的《旅行管理条例》，而且第一次提到，即使债务的整体规模依然被掩盖，民主德国也将无力偿还。同时，中央委员会上也显示出统一社会党领导层无力战胜危机，作为一个政党，它根本就不再具备起草和制订任何具体改革方案的能力。

11月8日，在辞职和重新选举政治局的情况下召开了中央委员会会议。克伦茨被确认为总书记。最重要的人事变动是，莫德罗提升为政治局委员，同时成为总理候选人。通过任命莫德罗以展示改革意愿的企图是很清楚的。克伦茨在其题为"革新之路"的报告中，与以往的官方表态相比，批判性地描述了政治和经济形势，但在改革承诺方面很少有具体的东西。他有关经济政策的核心句子是：

"我们面临开发重要储备的必要性，这些储备蕴藏在我们的社会主义计划经济中，蕴藏在社会占有的生产资料中。（……）一种新的经济体制不可能只在'完善'现有体制要素的道路上形成，而只有通过它的根本革新。不该是新的、僵化的，而必须是动态灵活、有能力不断更新的体制。（……）将来，全民所有制必须仍是社会主义的经济基础。中央国家计划也不能放弃。关键之处在于，将社会主义计划的优点和市场刺激的作用协调起来。这要求企业和联合企业在经济体制中有一种新的地位，使它们能够作为社会主义的商品生产商全面发挥作用。（……）因此，我们将生产资料的自我经营视为枢纽和关键点。（……）我们力求达到以市场为导向的社会主义计划经济。"[9]

在"行动方案"的草稿中也有类似的描述。[10]与克伦茨刚刚在10月的讲话相比，他11月8日的阐述，正如"行动方案"这一标题所表示的那样，确实是"革新之路"的第一步。

克伦茨发言之时，数以千计的党员站在统一社会党的大楼前，他们要求"倾听人民呼声"的领导出来和召开一次特别党代会。最后，克伦茨站出来和示威者展开讨论，他拒绝召开特别党代会，并且呼吁实现"经济上有效率的、政治上民主的、道德上清白的，总之是面向人民的社会主义"。[11]

促使11月9日经政治局和中央委员会作出《从民主德国进入国外旅行和长期移民的过渡条例》（*Übergangsregelungen für Reisen und ständige Ausreisen aus der DDR ins Ausland*）决议的激烈而错综复杂的过程，对此有详尽的研究和记录[12]，这里不必赘述。对于在此优先阐述经济发展而言，这些研究和记录也得出了很重要的结论，即政治局或部长会议再也没有能力作出经过深思熟虑、经过检验的决策，民主德国的政治体制已经陷入混乱。

11 月 9 日晚，中央委员会委员目瞪口呆地听完中央委员会财政计划办公室主任艾伦施贝格尔所作的关于债务原因的报告，第二天上午又听取了许雷尔的详细说明。然而，艾伦施贝格尔和许雷尔提供的只是由许雷尔主持的、10 月 30 日为政治局撰写的报告的修改版（比较第 24 页）。11 月 10 日中午，克伦茨对中央委员会委员们说，已经产生了"复杂的局势"，大型企业的工人离开了工作岗位，高级消费品被抢购，在德累斯顿和什未林（Schwerin）出现了大规模的账户变动情况，边界关卡排起了长队。[13]中央委员会会议在各种决议和报告中闭幕，这些决议和报告证实了无力施政和无计可施。"行动方案"没有商讨完，就得到了原则性的批准并转交给编辑委员会。莱比锡剧院总经理凯瑟尔（Kayser）说："我对在此所听到的事情感到震惊。我内心的一切已经崩溃。我的一生也毁灭了。我相信党（……）。"[14]

第 10 次会议并非中央委员会的最后一次会议，后面还有两次，一次在 11 月 13 日，一次在 12 月 3 日，但它们只是尽力阻止党的分崩离析。不仅人权组织和游行示威者，还有基层党员，他们对当权者行贿受贿和滥用职权的指责都在不断累积。数以千计的议员递交辞呈，上万党员退党，到 12 月中旬，党员人数从原来的 200 多万下降到 70 万。[15]党的基层反叛党的领导层。12 月 3 日政治局和中央委员会辞职、12 月 8 日和 12 月 16 日统一社会党更名为以格雷戈尔·居西（Gregor Gysi）为党主席的德国统一社会党 – 民主社会主义党（SED – PDS），以此结束了这一阶段。在 11 月 13 日被人民议院选为总理的莫德罗，在内阁进行商讨并作出决策之前，根本不再请示政治局。人民议院 12 月 1 日作出的宪法修改决议仅仅是一种形式：现在，在民主德国宪法第 1 条第 1 款："德意志民主共和国是一个工人和农民的国家。它是城市和农村劳动者的政治组织"，划掉了"在工人阶级和马克思 – 列宁主义政党领导下"的字眼。要是此时民主德国哪怕还有一点行政权力存在，那它也不再是由部长会议来执行。

第二节　莫德罗政府的改革设想

开始阶段的声明和政治框架条件

在莫德罗内阁的 28 位部长中，17 人是统一社会党成员，4 人属于德国自由民主党（LDPD），3 人是基民盟成员，德国民主农民党（DBD）和德国国家民主党（NDPD）各两人。现有的 8 个工业部合并成 3 个部。对外经济学教授兼经济学院（Hochschule für Ökonomie）院长的克里丝塔·卢福特（Christa Luft）成为负责"经济工作的副总理"，主要致力于开发一套经济改革方案，但她并无自己的部委。[16]在分配最重要的经济职能部门时，确保它们的延续性。因此，直到 1990 年 1 月，担任国家计委主任的格哈尔德·许雷尔仍是内阁成员。和以前一样，对外经济部长还是格哈尔德·拜尔。

莫德罗在其政府声明中说："民主德国人民希望有一个好的社会主义。对此，本届政府负有责任。"莫德罗公布了选举法、法治国家和经济领域的改革。他将稳定经济和提高经济效益确定为经济政策的首要任务。他对经济改革的指导原则是：

"……经济改革针对的目标必须是提高经济单位的自我责任制，以显著提高劳动效率，将中央领导和计划降低到必要的理性的程度，并且越来越多地贯彻多劳多得的原则——也许这是最复杂的任务。"

这与"行动方案"和克伦茨 11 月 8 日的讲话几乎没有区别。但在允许私有企业的问题上，莫德罗讲得更为具体：

"我们承认社会主义的企业精神。它不仅适用于社会主义经济企业和联合企业的厂长们，而且也适用于所有私有企业、手工业乃至小商贩和餐饮业。我们认为，在消费品生产领域，私人企业主收购小企业是可以的，但不局限于该领域。可以一起考虑这类企业的规模。"

此外，莫德罗还宣布，政府将改善与资本主义伙伴建立"合资企业"的先决条件。在政治和经济改革方面，莫德罗要"快速但不要操之过急地"，"根据有序的研究和（……）公开的讨论"，在"与所有政治力量的协调下逐步"进行。[17]

正如人民议院有关政府声明的发言所表明的那样，在其他政党和组织完全沉默的情况下，东德基民盟和东德自由民主党的发言人并未实质性地超越莫德罗的立场。此时的东德基民盟主席，副总理兼教会问题部长洛塔尔·德梅齐埃表示，应该结束的并非社会主义，而是它扭曲的行政和专制；应该创立"社会主义的多元性"。[18]东德自由民主党主席曼弗雷德·格尔拉赫（Manfred Gerlach）认为不能放弃社会主义，他主张民主和多元形式的社会主义革新。[19]

关于经济政策，莫德罗的政府声明和人民议院议员们的讲稿所提供的内容并不多，无外乎早在 70 年代乌布利希改革实验中就尝试过的事情，而且它们也与戈尔巴乔夫 1988 年推行的苏联经济改革没有本质区别。

在民主德国，该政府声明没有起到稳定民心的作用。游行继续。11 月 20 日，在莱比锡星期一游行队伍中第一次出现这样的标语，上面不仅写着"我们是人民"，而且现在还有"我们是一个民族"。外逃还在继续。柏林墙打开以后，移民数量虽然没有再度达到 11 月初那几天的极高峰，但 11 月 10 日～12 月 31 日，依然有 11.9 万公民离开民主德国。示威游行的参加者始终是民主德国发展的推动者。莫德罗政府无法实现其领导力，因为按民主程序它是不合法的，而且该政府给人的印象是，为了迄今为止那些掌权者的利益，它只愿进行有限的改革。

12 月初，莫德罗必须应对的力量格局变得更为复杂。自 10 月以来，反抗统一社会党领导国家的七个政治团体和政党进行定期接触："和平与人权倡议"（Initiative Frieden und Menschenrechte）、"新论坛"（Neues Forum）、"现在就实行民主"（Demokratie Jetzt）、"民主觉醒"（Demokratischer Aufbruch）、社会民主党（Sozialdemokratische Partei，SDP）、绿党（Grüne Partei）和"联合左翼"（Vereinigte Linke）。它们的成员就尽快和平过渡到民主的目标达成一致。没有达成共识的是形成未来政治和社会经济制度的具体问题，在此存在着明显的分歧，一方面有不同团体之间的分歧，另一方面也有团体内部的分歧。11 月，这些"新政党和团体"的代表们就已迫切要求与统一社会党和其他执政联盟党举行"圆桌会议"，目的是获得对它们的公开承认，赢得更多的影响力。11 月 21 日，它们成功地争取到教会的支持，组建"圆桌会议"。此时，统一社会党感到形势如此严峻，这才表现出会谈诚意：11 月 23 日，《新德意志报》刊登消息说，政治局建议召开"圆桌会议"，联合政府各党派可以与"其他政治力量"共议新选举法、实行民主自由选举和宪法改革。[20]这一建议，一方面是吸纳"新政党和团体"的尝试，另一方面也是向原来被统一社会党视为敌人并遭到监视的各种力量示弱的标志。11 月 30 日，教会发起倡议，邀请各方于 12 月 7 日参加"圆桌会议"。以这种形式产生的"圆桌会议"由数量相同的"新""老"政党和团体代表组成。主要由格雷戈尔·居西（统一社会党）和玛丽安娜·迪尔夫勒（Marianne Dörfler，绿党）撰写的、著名的 12 月 6 日声明，阐述了"圆桌会议"对自己使命的理解：

"出于对我们深陷危机的国家独立和长期发展的深深忧虑，'圆桌会议'的与会者相聚在一起。他们要求公开我国的生态、经济和财政状况。尽管'圆桌会议'不能行使议会和政府职能，但它愿以各种克服危机的建议面向公众。它要求在通过法律、经济和财政等各项政策以前，及时得到人民议院和政府的通报并参与其中。它将自己理解为我国公共监督的组成部分。它计划继续举行活动，直到实现自由、民主和无记名的选举。"

在 12 月 7 日的第一次会议中，"圆桌会议"决定将自由选举的日期定在 1990 年 5 月 6 日。这样一来，在公众中产生的印象是，在"圆桌会议"上"新政党和团体"可以成功地推进政治改革，而由统一社会党占主导的人民议院，从 11 月底以来一直在委员会中讨论选举法，跟不上步伐。在民主化和铲除旧的暴力机构的问题上，这种印象是对的，但在经济改革问题上，大多数"新政党和团体"与莫德罗政府声明所表达的立场相差得似乎并不太远。

起初，总理设法尽可能对"圆桌会议"置之不理。他自然知道危险，"新政党和团体"将借助"圆桌会议"的媒体效应而将他本人的活动空间压缩得比德国统一社会党－民主社会主义党所控制的人民议院还要小。[21] 但这种策略只能维持几周，1990 年 1 月中旬，总理就必须寻求与"新政党和团体"的合作了。

1990 年 1 月的改革方案

莫德罗政府急需令人信服的经济改革方案。它必须给予民主德国公民改善供应情况的希望，为了稳定经济，联邦德国的资金援助必不可少，为了得到这些援助，它也必须展示改革意愿。12 月 9 日，莫德罗在对民主德国经济高层领导发表的报告中宣布分两阶段的经济改革。第一阶段应该到 1992 年，致力于稳定供应、国际收支和货币；"新的渐进式的国际劳动分工乃至合资企业都应比以往更有力地"得到利用；同时，第一阶段也必须是"过渡到经济新质量"的阶段。在第二阶段，"大约从 1993 年起"，必须"继续提升这种质量"。然后企业应该"作为责任自负的商品生产商，在市场上以全盘经济核算的方式产生作用。（……）我们要走向劳动者真正占有社会财产、有兴趣发展自己企业的经济。例如，为什么他们不能购买部分财产呢？"

在报告快结束时，他才提到"扩大财产形式的多样性"和"计划将瞄准战略性的发展工作"，并将其写进了"有待继续完成的主要变化方向"的段落中。[22] 与政府声明相比，在这份报告中新出现的是时间计划：最快在三年以后才能全面展开改革。这完全是现实的。如果想更快，非但无法稳定经济，也无法完成改革的立法。他的听众，联合企业的总经理们和区经济委员会的主席们只能同意这一目标设定和时间计划。这种计划也保证了他们以及经济调控和管理机构的成员们将来还有很多的职位，或至少给他们留出时间寻找替代性的职位。但可以在报刊中读到该发言的民主德国公民会怎么想？对于稳定民主德国经济的模糊前景，他们几乎不会满意。在游行队伍中已经零零星星地听到要求西德马克的呼声。周末，东德马克的自由汇率降至 0.05 个西德马克。

制订一项具体的改革方案，是总理莫德罗的副手克里丝塔·卢福特最主要的任务。她组建了一个由沃尔夫拉姆·克劳泽（Wolfram Krause）领导的工作小组，克劳泽是柏林的统一社会党干部，他在 11 月初表态同意进行根本改革。[23] 从 12 月中旬起，为了商议法律的起草，成立了卢福特领导的"经济内阁"，所有经济职权部门的部长都要参加。12 月开始了制订详细改革方案的前期工作。1 月初举行了一周一次的听证会，参加会议的除了克劳泽的"经济改革"常务工作组，大约有 150 人，主要是部委和联合企业的领导干部以及学者，还有一些党政机关的代表。党政机关的代表中，除了旧政党的成员，还各有一名社会民主党、和平与人权倡议、"联合左翼"的成员。政府提议举行"圆桌会议"共商大计。

1 月初的听证会结果，是一个主要依据莫德罗 12 月 9 日所描绘的路线而拟订的草案。现在，有关细节变得很清楚，即莫德罗政府以及经济职权部门的领导干部们是如何设想改革的。2 月 1 日，以"继续实现 1989 年 11 月 17 日政府声明中的经济改革目标设定、基本方向、阶段和直接措施"（Zielstellung, Grundrichtungen, Etappen und unmittelbare Maβnahmen der Wirtschaftsreform in weiterer Verwirklichung der Regierungserklärung vom 17.11.1989——编者注）为标题的草案，得到了部长会议的通过。[24]

"目标设定"的头几句话给人的印象是，该方案将远远超出莫德罗 12 月份刚刚说过的内容。它们是：

"政府当前着眼的最主要的经济和社会政治任务在于，在利用现有的一切内、外部资源的情况下，

－在最短期限内稳定民主德国经济，赋予它新的增长动力，并与国际竞争能力接轨；

－保持已达到的生活水平，继续为所有人提供社会保障，坚持将社会保障建立在按劳分配的原则上，从而在人人都可预见的时间内，将国民的生活质量提高到欧洲领先国家的水平。首要目标还有，坚决阻止向德意志联邦共和国移民的倾向。

这一基本目标要求彻底而快速地从中央指令计划的命令式经济过渡到以社会和生态为导向的市场经济。"

迄今为止，政府还从未认同过"以社会和生态为导向的市场经济"，这一表述源于东德社会民主党 1989 年 8 月 26 日的建党口号。卢福特承认，1 月初她本人在经济内阁中贯彻了这种提法。[25]

"以社会和生态为导向的市场经济"的具体含义得到了介绍。关于所有制形式：

"除了全民所有制，为了市场经济生产方式发展的利益，应该形成其他所有制形式的多样化：

－生产资料的集体所有制。将来它应发展成三种形式：
国有企业、联合企业和经济联合会的公有制
国家公有制
地方公有制
－合作所有制以现有的（……）和合适的新形式。
－私有制。这里的重点是，为了有利于经济稳定和促进增长，快速发展行之有效的生产和服务能力，特别是针对国民需求的生产和服务能力。民主德国政府为私人企业、手工业和小企业的经营自由提供一切可能。（……）
－为把到 1972 年为止仍是半国有或私有的国有企业转换成国内参股公司或者私有企业创造可能。
－成立外国参股的公司。"

第二个重点是废除现有的计划和调控体制。企业应自主决定"市场和研究战略"，其资金运作是独立的，并且可以拥有"在与工会议定的劳资协议框架条件下、在与选出的工人利益代表达成一致的基础上，鼓励使用与绩效挂钩的工资与奖金基金的权利"。企业的自主性包括"企业自负盈亏"。应扩建"有竞争能力的"联合企业，"没有效益的合并"则通过拆分形成中、小企业。关于国家计划，原则上是：

"国家调控的影响集中于构建有利于国民经济增长、稳定和均衡以及经济发展的社会和生态条件。"

但"国家的战略性和预测性"行为仍有必要，如制订"结构方案"。它必须以"效益、增长、生态和社会为方向"，"严格注重高度完善"，打上"市场导向、外贸开放以及与世界经济深入接轨"的烙印，"涵盖能源方案"，努力"缩小基础设施的差距"，促进"企业创新能力"和"通过有目标地对科技尖端产品选择性定向"帮助取得"国际竞争优势"。针对能源和原材料经济、农业、运输业、电信、城市建设、工业建设、机器制造、零部件制造业、消费品生产、医疗卫生与社会工作和旅游事业，必须制订特殊方案。

莫德罗12月9日提到的日程获得了通过并得到细化：稳定阶段应从1990年上半年开始；在这一阶段，企业应该得到更多的自主权；"新组建中、小企业和私有企业"以及组建外国人参股的企业被纳入计划，应该通过把"与产品挂钩的价格补贴"转换成"符合社会性的与人员相关的平衡支付"，引进物价改革，应当发展"企业中经济民主的新形式"。"在与德意志联邦共和国开展货币政策合作的基础上"，应该迈出局部自由兑换的步伐。计划于1990/1991年引进工资和收入表，创立一套"新的社会保险体系，包括养老金制度的改革"。1992年会"全面放开按市场原则的物价构成（国家对物价的控制局限在战略性或者对社会政策至关重要的产品和服务以及生态需要上）"，并过渡到"货币全面自由兑换"。1993年后"在国家调控的框架下，以社会和生态为导向的市场经济全面生效"。[26]

通读整个方案，无论是引言还是结束语，肯定会发现，卢福特认为的"以社会和生态为导向的市场经济"与西德的经济秩序并无多少共同之处。这位副总理自12月初以来就提到改革方案的基本特征，但从未让人怀疑过，她根本没有想过套用西德模式，而想的是由民主德国自己开发的经济秩序。[27]在经济的关键部门，公有制必须占主导，因为为了保证劳动权利，人们需要广泛的基础。[28]她希望的经济秩序与西德的经济秩序之间的区别有多大，在其1990年秋撰写的在莫德罗政府时期的回忆录中，表现得特别清楚：

"对我来说，并不是一直清楚，在身处改革的东欧经济中，为了创建功能正常的市场经济，私有部门必须有多么强大。（……）难道构建市场经济和私有化不是两种不同的理念吗？在提到的国家中，迫切需要的是一种与市场相符的经济政策，也就是说，放开物价、允许竞争、合同、职业和开业自由以及货币自由兑换。在私有化浪潮开始之前，可以推行这样一种政策。然而，导致社会主义失败的并不是公有制，而是缺少竞争以及与世界市场的隔离。"[29]

框架条件和政党立场的转变

莫德罗的经济改革方案是一个基于独立的民主德国的方案。当 2 月 1 日将该方案介绍给公众时，总理已经放弃了民主德国还会在较长时间内独立存在的希望（比较第 113 页、第 114 页）。因此，该方案在公布的那一刻就已过时。尽管如此，它还是具有一定的意义。正如仍将看到的那样，它对民主德国经济实践的影响一直持续到人民议院选举，而且还影响到民主德国在关于伴随经济共同体的货币联盟的专家会谈时所运用的观点。它也赢得了人民议院大多数和"圆桌会议"大多数的同意，尽管意愿一周周地减弱。到了 2 月，再也无人将其视为长期解决方案。但也有一些东德基民盟和自由民主党的发言人认为，将它当作过渡的解决方案还是合理的。与之相反，大多数公民对此没有多大兴趣。示威游行的参加者仍然主导着广大民众的心声。1 月 21 日的示威游行，不同寻常，标志着越来越多的民众想要的是什么：大约 2 万民主德国公民手提箱子来到杜德施塔特 – 佛尔比斯（Duderstadt – Worbis）通往下萨克森州的过境处，声明 "西德马克不到我们这边来，我们就到西德马克那边去"，然后返回民主德国。[30]

1 月底，莫德罗政府进行了改组。由于 1 月初莫德罗试图把一部分国家安全职能置于宪法保护之下，政府陷入了危机。在"圆桌会议"的压力下，1 月 12 日，他不得不放弃自己的计划，但现在他的旧政党和旧组织面临散架的危险。因此总理设法通过吸收"新政党和团体"扩大其政府，并以此得到稳定。与其迄今为止的执政伙伴东德基民盟和自由民主党相比，大多数"新政党和团体"在经济改革问题和民主德国独立自主问题上，也与他的观点更加接近，这必然使他倍感亲近。在各政党将近两周混乱的纷争以后，于 1 月 28 日成立了 "民族责任政府"。[31]除了 "联合左翼"，所有参加"圆桌会议"的政党和团体都参加了这个"各党内阁"。但"新政党和团体"代表们担任的只是没有业务部门的部长职务：他们不愿完全与政府画等号。总理或许希望，在距离提前于 3 月 18 日进行的人民议院选举之前的几周内，这届政府不仅能够在自己的民众那里，而且也能在对其资金援助必不可少的联邦政府那里赢得威望。

所有政党和团体，无论新、旧，自 11 月以来都处在观念和意志形成的动荡过程中。其中大多数人 2 月时还离清晰坚定的立场相距甚远。这不仅是因为时间压力，也是因为对政治和经济的主导性定义有着不同的阐释。同一政党的发言人提起市场经济，表示的也会是完全不同的意思。因此，必须小心阐述政党理事会、议会党团发言人、党的发言人在"圆桌会议"上的各种讲话。公开发言的人，并不一定代表其政党大多数成员，而他对事情的具体看法，也并非总是确定的。

可以简单地归纳政党立场转变的总趋势。12 月～次年 2 月初，两个旧的结盟党，即基民盟和东德自由民主党，很大程度上已经解体，尽管没有完全脱离其领导人 11 月所代表的社会主义理念，但越来越多地滑向西德基民盟和西德自由民主党的理念。在最重要的新政党东德社会民主党身上，也可以观察到类似的转变：从 1 月起，它越来越明显地向西德社会民主党的观点倾斜。其他大多数"新政党和团体"的成员，除了"民主觉醒"和德国社会联盟（DSU）以外，仍然与社会主义民主理念捆绑在一起。

在某些政党内部，经济政策的想法和目标走向五花八门。这些五花八门的走向在此只能粗略地加以描述。[32]

在基民盟那里，摆脱社会主义是一个复杂的过程。12 月初，在党的常务委员会和人民议院基民盟议会党团中，民主社会主义的支持者还占多数。在 12 月中旬的基民盟特别党代会上，希望与统一社会党明显保持距离的代表们终于获胜。从政党行动纲领中划去了社会主义的目标设定。然而，代表们通过了经济政策的基本准则，而较之社会市场经济，这些基本准则更符合莫德罗政府的改革理念。要求在企业自我负责经营的同时，把中央计划局限于"国民经济的基本项目"，允许各种所有制形式，在消费品、服务和配件企业中提出"私人和合作社的倡议"，要求工作权利。它努力将自己与西德基民盟区别开来，强调不容忽视的独立性。[33]

但是，1 月商讨经济改革的过程表明，与卢福特的设想相比，基民盟代表要给私有制以更大的比重。这些差异尚可用"以社会和生态为导向的市场经济"这一有弹性的表述加以克服。

从1月中旬开始，基民盟党领导层和人民议院议会党团更加明确地表示赞同西德的市场经济模式。1月14日，党主席德梅齐埃声明，他的政党所持立场是，计划和市场经济无法结合在一起；他不相信，人们可以"用一定的市场经济比例给现有的经济方式松绑，从而走向高效"。[34]与他11月份坚持社会主义相比，这是一个明显的转变。在1月11日和12日的人民议院代表大会上，基民盟议员兼该党议会党团发言人阿道夫·尼格迈尔（Adolf Niggemeier）[35]拒绝任何停留在"与往常一样——在计划经济思维方式上——修改"的经济方案，要求"明确负有生态和社会责任的市场经济"。但他补充说，鉴于民主德国的生态情况，至少几年内必须考虑生态情况要优先于经济发展，这意味着"为了达到超越于吃、喝、住、穿的更高生活质量，必须放弃物质生活水平的快速增长"。[36]

在西德基民盟帮助下的东部基民盟、"民主觉醒"和德国社会联盟，于2月5日组成"德国联盟"（Allianz für Deutschland），其选举口号明确拥护市场经济。[37]但并不能从中得出结论，此刻东部基民盟已一致赞同西德的市场经济模式。尤其在人民议院议会党团和"圆桌会议"政党发言人身上，可以证实社会主义理想和政党结盟的传统还是很顽固的。引以为证的是，许多基民盟议员于3月7日批准了《工会法》（Gewerkschaftsgesetz），其发言人在"圆桌会议"中参与起草《社会宪章》。[38]（比较第97页）

在东德自由民主党内部，重新定位经济政策的过程很相似。党中央理事会的政策委员会已于12月12日宣告脱离社会主义，并声明统一社会党所追求的"第三条道路"并非替代性的选择。但时任党主席的曼弗雷德·格尔拉赫，作为国务委员会副主席，曾是旧政权的政治要人，12月9日还在为社会主义市场经济的目标进行辩护。1月，终于通过了反社会主义的市场经济方针。1月30日，在党的日报《明天》上，经济改革委员会中东德自由民主党的代表之一，卡尔·林德施特德（Karl Lindstedt）写道，不许将"市场经济"前的形容词"社会"理解为保留民主德国的社会保障；经济改革的目标必须是各种所有制形式的自主企业的自由竞争；国家只许在市场明显失调的情况下进行干预。[39]

最终，在2月9/10日德累斯顿的特别党代会上完成了急需的、党领导层的更新。在有大量波恩自民党政治家列席的会议上，代表们选举莱纳尔·奥尔特勒布（Rainer Ortleb）担任新的党主席，而1967年以来一直在位的原党主席格尔拉赫放弃参加竞选。现在，东德自由民主党自称为自由民主党（LDP），并与两个新成立的小自由党，德国论坛党（Deutsche Forumspartei）和自由民主党（FDP）缔结选举联盟，称自由民主者联盟——自由党人（Bund Freier Demokraten – Die Liberalen）自由（Die Liberalen）。在共同的竞选纲领中，要求自由的绩效竞争、私有制、经营自由、为国内外资本投资者开放市场。[40]然而，和基民盟一样，在自由者那里同样很难达成统一、明确的市场经济立场。

此外，属于统一社会党在民族阵线中旧联盟党的，还有德国民主农民党和德国国家民主党。无法期待德国民主农民党明确承认私有制和市场经济，其领导层和活跃分子主要是在农业生产合作社和国营农场中担任领导职位的人。[41]该党赞同集体所有制占主导地位和"经济领导为主的经济方式"，并对莫德罗的改革方案表示满意。在 3 月 18 日的人民议院选举中，德国民主农民党只获得 2.2% 的有效投票，后来它与基民盟合并。德国国家民主党 1990 年 1 月就已只有微弱的政治影响。当年它是为了整合以前的军官和纳粹分子而成立的，在 50 年代和 60 年代吸收了自谋职业的手工业者和小商贩，昂纳克上任后，作为统一社会党的御用工具，该党同意小型私有企业的国有化。它也支持政府的改革方案。3 月 18 日，它只获得 0.4% 的选票，随后与自由民主者联盟结盟。

正当基民盟和德国自由民主党或多或少地转向市场经济之时，统一社会党－民主社会主义党仍然是严格的社会主义政党，它不仅坚持生产资料全民所有制的主导地位，而且坚持高度的国家计划。1989 年 11 月初，在统一社会党中有过一次生动的改革辩论。中央经济研究所所长兼科学院成员沃尔夫冈·海恩里希斯（Wolfgang Heinrichs）、统一社会党主管柏林区的部门领导沃尔夫拉姆·克劳泽，于 11 月 3 日在《新德意志报》报中，要求"全面的经济改革"。他们表示，领导和计划体制"必须革新，必须更加坚决地推广对高额纯利润的追求。为此，有效的市场机制必不可少，该机制以价值规律的作用，尤其以衡量实际成本与收益的价格构成为基础。"[42]

社会科学院院长、中央委员会委员奥托·莱因霍尔德（Otto Reinhold）说，可以开发"以市场为导向的计划经济"。[43]"布鲁诺·劳西内尔"经济学院（Hochschule für Ökonomie "Bruno Leuchner"）的社会主义经济领导研究所（Institut für Sozialistische Wirtschaftsführung）所长赫尔穆特·里希特

（Helmut Richter），要求国家只局限于总体计划；就像乌布利希"新的计划与领导经济体制"所安排的那样，企业应该大规模自主经营，通过经济指标如利润、成本、税收、利息，促使企业按"国民经济所需要的和企业经济有效益的行为运行"。[44]德国统一社会党 - 民主社会主义党莱比锡地区区委和爱伦堡（Eilenburg）县走得更远，他们和东德社会民主党一样，要求"面向社会和生态的市场经济"。[45]在这些想法中，有一些想法影响到莫德罗政府的经济改革方案。但在这个急剧萎缩的政党中，马上中断了关于改革的讨论。居西1月8日在党的常务委员会上所作的有关人民议院选举形势的报告，可以为证。他认为：

"未来，民主社会主义的经济基础仍将是社会主义生产资料所有制占主导。（……）只有全民所有制才可能在新的条件下提供社会保障。（……）外国资本参股我们的企业（……）必须在政府负责和监督下。市场的作用将增加，但我们用不着放弃有意义的计划。"[46]

一方面是德国统一社会党 - 民主社会主义党，另一方面是总理及其副总理，两者之间逐渐发展成为同一场戏中的不同角色：党的领导层显然已经放弃了通过表达改革意愿而在即将开始的选举中赢得大多数人的一切希望，而是将自己视为共产主义的坚定信仰者，一大批愿意保留他们在国家、经济和社会中特权地位的阶层的利益代表。而莫德罗和卢福特却相反，他们愿意而且必须展示改革才能，否则从1月起就根本不可能让基民盟和东德自由民主党留在政府里，也不可能为政府找到更广泛的基础。与戈尔巴乔夫相似，也许他们相信社会主义体制可以改革。在这种分饰不同角色的游戏过程中，在党的领导层和政府的声明表述中产生了一些分歧，但在实践中，这些分歧起不了很大的作用。统一社会党 - 民主社会主义党需要莫德罗政府，它依然可以最佳地保护其党员的利益；莫德罗也需要党，党是其可以信赖的唯一支柱，而且党的成员依然占据国家几乎所有重要的位子。

在"新政党和团体"中，直到1990年1月，民主社会主义的追随者仍然远远占据着多数。只有两个例外："民主觉醒"和"德国社会联盟"。

在"民主觉醒"中，早在12月，沃尔夫冈·施努尔（Wolfgang Schnur）律师[47]和莱纳·埃佩尔曼（Rainer Eppelmann）牧师[48]就极力贯彻了市场经济和反社会主义的方向；属于社会主义 - 民主一翼的人，必须退党，许多这样的"左翼"，如弗里德里希·朔尔勒莫（Friedrich

Schorlemmer）牧师加入了东德社会民主党。

德国社会联盟于晚些时候的 1990 年 1 月 20 日才成立，因此它没有参加"圆桌会议"，也没有在莫德罗的第二届政府中任职。它始终得到基督教社会联盟的支持，奉"以自由取代社会主义"的口号为圭臬，赞同西德的社会市场经济模式。

从民主德国和平与生态运动中脱颖而出的民权组织——"新论坛"以及"和平与人权倡议"和"现在就实行民主"，在经济制度问题上有着不尽相同但类似的观点。1990 年，他们结成联盟 90（Bündnis 90）。该团体的多数领导成员，在政治框架条件急遽转变的情况下，仍然坚守他们最初的、在反对统一社会党的斗争过程中形成的理想：希望在民主德国有一个民主的、社会主义的、以生态为导向的社会，但他们仅仅愿意为之提供动力，而未必要始终亲自承担政治责任。

三个团体达成一致的是，必须建成一个建立在民主参与表决基础上的新的社会主义。女画家贝贝尔·博勒（Bärbel Bohley），参与创建了 1982 年的"妇女和平网络"（Netzwerk Frauen für den Frieden）、1985 年的"和平与人权倡议"、1989 年 9 月的"新论坛"。她在 1989 年 11 月初表示：社会主义应该是这样的，"人人都有足够吃的东西，而且人们都可以满足愿望，但尽可能不建立在别人的损失上"。她根本不愿快速拉平与西德的生活水准，认为消费并非唯一的价值。[49] 在同一采访中，"现在就实行民主"的代表，乌尔里克·波佩（Ulrike Poppe）女士要求，国营企业必须转变成自我管理的单位，劳动者必须拥有生产资料所有权。12 月，"新论坛"经济小组发言人同意在超过 300 名职工的企业里实行"混合经济所有制形式"，国家应持股 51%，职工持股 49%。在中、小企业（职工在 300 名以内）里，应该允许合作和私有制并存。

从一开始三个团体就强调，必须保留民主德国的"社会成果"，尤其在工作、住房、教育权利、妇女平等方面。"圆桌会议"制定的、3 月 5 日第 15 次会议通过的《社会宪章》（比较第 97 页），以及不是由全体"圆桌会议"，而是由其中的"民主德国新宪法工作小组"提交的草案，是这些努力的结果。

参与联盟 90 的团体有保留地同意莫德罗政府的改革方案，他们指出，虽然提到了生态目标，但还不够具体。

"新政党和团体"中最重要的东德社会民主党，在其 1989 年 8 月 26 日的成立声明中，就提到了"社会和生态的市场经济"这一概念。但具体如何理解，直到 1990 年都只是听任个别显赫的成员和当地基层小组表达的观点。10 月底，新教东柏林教区的牧师兼东德社民党创建人之一的托马斯·克鲁格（Thomas Krüger）阐明，东德社会民主党追求一种集体经济、合作社和拥有同等权利的私有经济的混合经济。[50]11 月初，党的另一创始人兼领导者，从 2 月起担任党主席以及"圆桌会议"代表的易卜拉欣·伯梅（Ibrahim Böhme）认为[51]，会有一种社会主义，其中"私有制透明地、可控地与其他所有制"并存。[52]11 月 23 日，勃兰登堡教区牧师，同样是创建人〔1994 年后担任勃兰登堡州科技部长的施特芬·赖歇（Steffen Reiche）〕认为，绝大多数愿意留在民主德国的人愿意有一个"真正的社会主义"，他们能够很好地将自己长期经历过的事情与在自由多元社会里可能发生的事情区别开来。

"我们的政治目标是建立在同样以生态为导向的社会市场经济基础上的、以生态为导向的社会民主，这就是说，我们要为个人的经济行为、为企业的经济自主性创造大得多的自由空间。我们也对在民主德国有一种混合经济感兴趣，对不同所有制形式的存在感兴趣。我们将努力通过社会和国家对市场机制进行规范，使市场具有生态和社会承受力。"[53]

为了准备计划 1 月召开的代表会议，党理事会中，章程委员会经济工作小组要求各党支部为经济方案提供建议。关于"以社会和生态为导向的市场经济"的提法，大家的观点一致，有争议的是，如何理解它。有些基层小组要求关键工业应该仍以社会所有制的形式存在，并在人民议院的控制之下；另一部分人从把人民财产出售给民主德国公民中，看到了把"人民财产真正"交到"人民手中"，同时消耗剩余购买力的可能性。关于国家计划的程度，也存在争议。在 1990 年 1 月 13 日和 14 日的代表大会上，表决通过该党更名为社会民主党的决议和章程草案。在经济方面，草案认为，社会民主党致力于实现市场经济的生态化和社会化，必须考虑"私有制、集体所有制和全民所有制等不同形式的所有制平等共存"。这一点可以和政府的改革方案达成一致。然而，1 月 14 日，代表们在极少数人投反对票的情况下通过的"代表大会……关于德国问题的声明"则超越了政府的改革方案。其中的意思是："我们社会民主党人拥护德国民族的统一。我们的政治目标是一个统一的德国。由社会民主思想领导的民主德国政府将在通往德国统一的道路上，在与联邦德国政府的协调一致中，迈出必要

的步伐。如果有可能，就应立即行动。一个社会民主的政府，将以经济与货币联合体（……）作为首要任务。"[53a]

因此，除了"民主觉醒"，社会民主党人士是"圆桌会议"所代表的"新政党和团体"中第一个明确拥护德国统一的政党，甚至是民主德国新、旧政党中第一个要求经济与货币联合体的政党。此时他们尚未想到在民主德国马上引进西德马克，而是类似于西德学术界和政治界同时也在考虑的分阶段进程。

如果观察 11 月 ~ 次年 2 月各政党对经济改革的观点转变，莫德罗政府的经济改革方案显然具有相当大的战术效果，这主要归功于克里丝塔·卢福特。通过巧妙的手段，用"以社会和生态为导向的市场经济"这一标签替换了"社会主义"，她不仅可以赢得大多数"新政党和团体"，而且还可以赢得东德自由民主党和基民盟对改革方案的原则同意，而该方案仍保留社会主义作为核心。

莫德罗两届政府领导的改革实践

莫德罗和卢福特预计需要两到三年的时间实现其经济改革方案。在较短的时间内，确实根本无法完成涉及面广泛且复杂的立法、国家计划和调控机关必要的改组以及企业组织的调整等工作。

然而，莫德罗领导的经济改革实践显示出充满矛盾的画面：一方面，这是体制内部自发改革道路上的第一步；另一方面，政府和行政机关似乎特别犹豫才冒险迈出这些步伐，而且总理本人的最大困难，是在言行和思想方法上适应改革。

起初，政府坚持中央计划与调控体制。11 月底，它只制定了一份有关"消除过度计划"（Beseitigung von Überspitzungen in der Planung）[54]的措施目录。中央把企业的计划指标减掉一半，取消月计划和十年计划。12 月 7 日，为了改善圣诞节前的供应情况，还算及时地允许每周开放集市，允许在集市上销售农产品、二手商品或自己生产的消费品。[55]在 1 月 11 日和 12 日的人民代表大会上，莫德罗宣布，部长会议经济委员会将取代现有的计划委员会。他这样描述该经济委员会的任务：

"1. 开展战略性和预测性工作，服务于构建有效率的、以社会和生态为导向的国民经济结构。（……）

2. 与企业和联合企业经济行为的高度自我责任感和自主性相关，对由部长会议及其机构负责的国民经济调控实行民主化，从而使经济活动参与者、自然和社会科学家的知识才能，以及我们国家政党和政治运动的专业技能也都融入其中。

3. 确保对经济运行能力而言，部长会议各相关负责机构的必要协调（……）。"

除此之外，还通过有约束力的年度计划继续对经济进行调控。但是，与直至1989年11月情况不同的是，部长会议是决策机构。现在担任经济委员会主任的不是从计委主任职位上退下、很快因"滥用职权罪"而被监禁的许雷尔，而是之前在莫德罗领导下任机器制造部部长、昂纳克手下任玻璃与陶瓷工业部部长的卡尔·格林海德（Karl Grünheid，德国统一社会党－民主社会主义党）。而在经济改革的第一阶段，莫德罗愿给企业和联合企业提供的"自我负责和自主"的活动空间有多小，同样也很清楚：总理宣布，企业和联合企业以后应该自己决定"按绩效使用工资基金"，而且可以拥有一定的外汇配额"特别用于快速购买零部件和小机械设备"。[56]这种内容的讲话，加上旧经济调控机构中的官僚套话，以及任命一位老工业部长担任计划领导，并不适合说服自己的人民和西方观察家信任莫德罗的改革意志。

不仅对莫德罗，而且对整个部长会议来说，放弃旧的计划和命令式的经济思维方式是多么艰难，这一点可以借政府设法改善消费品供应情况来说明。从1989年秋天开始，几乎所有经济部门的生产持续下降，首要原因主要是劳动力迁往联邦德国。除了这个原因，1990年1月又出现了一个对计划经济运行能力几乎更加危险的原因：企业和联合企业的领导日益蔑视中央计划部门的指标。根据经济委员会关于1月份经济运行的分析，"按合同生产的数量比例明显更小"。例如，在机器制造行业中，与1989年相比，产值减少了35%。经济委员会也无法用劳动力流失来解释这一生产下降的情况，更多的理由是，企业和联合企业"根据自己对经济改革步骤的预期而权衡行事"，耽误了履行合同义务。[57]经济委员会关于2月的发展报告中写道：

"原材料和零部件供应的特征是，材料核算体系开始失去它的调控职能，市场经济原理，例如合作关系中经济合同的重要性增强。自己负责寻求解决方案越来越占上风。厂长们估计，国内的合作问题会日益严重。"[58]

对由其长年维护的体制的自我解体，旧经济调控机构的官员们几乎无法做出更清楚和更根本的解释。

部委和官僚体制继续运转，就好像企业和联合企业还可以用中央指示去领导似的，这是莫德罗政府最后两个月的怪事。因此，1 月底，部长会议决定，将 1990 年上半年为居民供应而准备的消费品提高 31 亿东德马克。该决议附加了一大堆产品清单，应以部长会议规定的一定规模扩大生产，其中有软垫家具、卧室和厨房家具、电视机、冰箱、热水瓶、熨斗、男女拖鞋、运动服、高级熏鱼、啤酒和蔬菜罐头。但并没有说明应如何实现生产的提高，只是提到了负责执行该决议的部长。[59]由此，1990 年初，计划和调控呈现出超现实主义的特征。

在政府改革方案中，1990 年上半年，作为价格改革的第一步，是计划取消一般的产品补贴、相应提高消费品价格并过渡到与人相关的补贴。仅仅价格改革这个第一步骤就遭到失败。政府一开始就对如何应付提高重要消费品价格这个烫手山芋有些犹豫。"圆桌会议"要求摆脱补贴时的"洒水壶原则"，过渡到与人相关、针对实际需要者的补贴上去，在这一压力下，1 月份政府终于下决心部分取消迄今为止的补贴行为。[60]应从儿童服装着手，价格应提高三到四倍，国家补贴相应减少；作为对较高零售价格的补偿，家庭应该在儿童补助金中得到附加补贴。这种想法刚一公布，人们就开始囤货抢购，商店里的儿童服装抢售一空，导致了强烈的抗议。政府虽然坚持儿童服装涨价，但拒绝接受"圆桌会议"的要求，全面调整补贴行为。

政府明白，没有外国的直接投资，就根本没有机会在可预见的时间内对生产设备进行现代化，从而改善消费者的供应。在经济内阁中，甚至有人认为，不引进外来资本，经济改革只是"装饰"而已。[61]在商定 1990 年国民经济计划的时候，各业务部门的部长和经济委员会得出结论，"为了对作为稳定和增长刺激基础的生产设备进行现代化和更新，应当努力采取争取外国资本的措施，1990 年规模应在 150 亿东德马克"。[62]

"合资企业"因而成了希望设备资产现代化的缩影。作为外国企业入股的先决条件，人民议院删去了《民主德国宪法》第 12 条第 11 款中表述的土地、矿业、电厂以及工业企业、银行和保险必须全民所有的要求。[63]在 1990 年 1 月 25 日的文件中，部长会议批准了合资企业的成立和经营。[64]"合资企业"虽然不受计划条款的约束，也不受国家外贸垄断的管辖，但外国公司持有的原始股本份额限制在 49％；"如果更大的外资比例有利于国民经济的利益，或得到参股的是中小规模的企业"，则允许例外。[65]

无论如何，成立公司需要经济委员会的批准。在内贸方面，"合资企业"绑定在国家规定的价格上；在外贸方面，它有义务将部分外汇收入出售给国家。共同企业必须缴付文化、社会和奖金基金等民主德国企业常见的款项，同时也当然必须受民主德国税法、劳工法和社会法的约束。对许多西方企业来说，这些决定抵消了他们希望从低工资成本和在一个很有可能马上就会扩大的市场中立足而获得的好处。但不管怎么说，到了3月底，已有599家合资企业得到批准，其中96%的参股企业来自联邦德国。[66]

"合资企业"迈出了允许私有经济活动的第一步。为了促进外国投资，政府在这一步上出手很快。但在其他步骤上，如在作为成立私企先决条件的经营自由上，政府却需要更多的时间，3月初才决定下来。

具有重大政治和经济意义的是关于联合企业未来的决定。政府改革方案打算部分拆分联合企业，但不容置疑的是，它们及其后继组织仍将以全民所有制的形式存在。克里丝塔·卢福特指出，政策意图是在分解由地方领导的联合企业时，在全民所有企业之外创建中等的私有企业。[67]政府最初的出发点是，大部分国有企业不私有化，而是由一个财政管理部门管理它们的财产。[68]在1月8日的部长会议中，没有通过格哈尔德·拜尔（统一社会党－民主社会主义党）和洛塔尔·德梅齐埃（基民盟）等部长关于引进全面私有化并从住房着手的建议。[69]2月初，沃尔夫拉姆·克劳泽的经济改革工作小组开始考虑，是否应该成立一个管理国家财产的托管机构。[70]2月12日，"现在就实行民主"的代表沃尔夫冈·乌尔曼（Wolfgang Ullmann）"在"圆桌会议"上建议，组建一个"管理国家财产的托管局"。乌尔曼是神学家，也是莫德罗第二届政府中的无所任部长。他是"自发组织的自由研究共同体"的成员。该组织为他的托管建议做了前期工作，也请教过国外的顾问，如《金融时报》、"马图施卡集团（Matuschka－Gruppe）"和日本丸红（Murubeni）贸易公司的代表。乌尔曼的方案打算将民主德国的国家资产分割开来。其中四分之一应该通过向国民发行股份票据而私有化；一个促进"非商业化领域"的基金会应该得到10%；另一部分应该转交给国库，用于环境保护和基础建设；最后一部分，即第四部分应该用于还债和赔偿。"圆桌会议"原则上同意这一想法。现在，东德社民党也推出一项建议，计划通过股份票据将四分之三的国有资产财富分配给民主德国公民。[71]

现在，经济改革工作小组开始全力以赴地准备成立信托管理机构的草案。在其《信托管理报告》（Treuhandreport）中，克里丝塔·卢福特提到

促使政府抓紧寻找"涉及国家资产未来命运的规章"的理由：随着莫德罗
2 月 13 日和 14 日访问波恩以及关于货币联盟的专家会谈开始，"在民主德
国公民，当然也在政府的意识中，所有制问题突然成了最敏感之处"。

"现在生活在易北河以西的原工厂主和地主正密切注视着他们曾拥有
的、如今在人民或国家手中的企业和耕地。农民们担心土改时转交给他们
的农田。（……）与此同时，我们几乎每天收到不少信件，告诉我们，国
有企业的厂长们和其他领导阶层的代表们如何擅自并随意地与他人签署期
权协议等情况。对于民主德国解体成自选商场的危险，必须加以制止。"[72]

1990 年 3 月 1 日，部长会议作出决议，成立"国有财产信托管理局"，
作出"关于将国有联合企业、企业和设施转换成资本组合公司"的规定。[73]
所有国有财产都划归到国有财产信托管理局（Treuhandanstalt，THA，简称
托管局）名下，但城市和县市下属的企业和设施、农业生产合作社以及邮
局和铁路例外。在新宪法通过以前，托管局归政府领导。章程中规定了它
的任务、权利和义务，在决定成立托管局时尚未拟定该章程，直到 3 月 15
日才通过。此后，托管局应"为了全民的利益"接手管理公司的份额，或
者说接手管理原国有企业的股份；它应设立临时董事或总经理，对其管理
的企业的土地负责。[74]在交付给托管局托管的公司中，必须成立监事会。在
监事会中，要考虑职工的平等参与：一般来说，在 9 名监事会成员中，职
工和企业股东各派送 4 名代表，另一名代表由双方代表共同选出。为了获
取资本，包括外国资本，可以通过托管局出售公司份额或者说企业股份。
出售应得到相关公司监事会的同意，而且"在所有制关系发生变化的情况
下"，还要得到人民代表的同意。在决议草案的说明中写道，希望在于：

"保护全民所有财产（……）和实现按市场经济原则经营目前被置于
企业和联合企业中的国家财产的法律形式。"[75]

对于政府来说，不要使全民所有财产流失或者变为某个利益集团的财
产，以及禁止联合企业的领导和企业厂长"擅自出售"，这是很重要的。
职工加入监事会，可以促进"所有者的行为"，也就是说，劳动生产率得
到提高、人民代表的影响得到保障，克服"对全民所有财产单方面的行政
领导"。[76]

政府通过的草案，与乌尔曼和东德社会民主党把部分国家财产分配给
民主德国公民并要以这种方式私有化的想法，没有多少共同之处。在决议
案通过之前，"圆桌会议"和内阁中"现在就实行民主"及社会民主党的

代表，通过部长会议表明了立场，即在联合企业和企业转变成资本投资公司之前，人民议院必须就将财产无偿转让给民众作出表决。乌尔曼甚至递交了由他的"自发组织小组"拟订的反对草案。但该反对草案的内容和形式都不够成熟，例如，它计划将地产转成"私人和集体所有制"，同时又规定全民所有的地产只允许转成地方或国家财产。[77]由于这种自相矛盾，乌尔曼本人并不坚持该反对草案。他也接受克里斯塔·卢福特的观点，在财产转让给民众之前，必须对国有财产进行评估、确定公民的权益、规范所得的权限；如果政府遵照"现在就实行民主"和社会民主党的要求，那么将明显推迟联合企业和企业转换为资本组合公司的进程。不过，他首先还是要让人相信，由沃尔夫拉姆·克劳泽制定的草案并不排除晚些时候将财产权转让给国民。因此，尽管"持保留态度"，乌尔曼最后同意了克劳泽的草案。而代表社会民主党出任无所任部长的瓦尔特·龙姆贝格（Walter Romberg），不顾本党的主流意见，也同意了这一方案。[78]

当部长会议关于成立托管局并将联合企业和企业转换成公司的决议公布时，遭到了主要是社会民主党、绿党和联盟90的严厉抨击。人们普遍怀疑莫德罗和卢福特拒绝将部分国有财产转让给国民，是因为他们希望尽可能长期保留旧的结构，以保全"同志们"的地位，并通过购买股份保证获利机会。典型的提法是"掠夺国有财产"。[79]在竞选中，社会民主党利用了这种愤怒，并于3月14日宣布，如果竞选获胜，它要给每一位民主德国国民发放价值4万东德马克的投资公司股票，这也是对29年高墙囚禁的赔偿。[80]

莫德罗和卢福特用将信将疑的理由反驳了这些指责。很难令人折服的观点是，为了防止企业和联合企业厂长们非法占有及出售国有财产，托管局是必要的。在官方的法律解释中已经说明了这一点。1992年，克里斯塔·卢福特写道，柏林墙打开以后，对财产流动的控制几乎失灵；如果莫德罗"正好要给权贵们和资深官僚们特别优惠，那他肯定不会——按今天所说的那样，关上自发私有化的大门"。她认为，1990年2月和3月涉及的只是保全国有财产，而不是它的分配；侵占盗用、中饱私囊的危险应得到预防。[81]

如此组织和配置托管局，它根本无法胜任这样的任务。彼得·莫瑞斯博士（Dr. Peter Moreth），莫德罗第一届和第二届内阁的部长，担任托管局主席，自1971年以来，他在东德自由民主党中身居要职，1986年以后任人民议院议员。他的手下几乎全部来自经济部和财政部，因此，整个机构牢牢掌握在作为旧体制可靠支柱的人手中。单凭这一点自然就唤起了对现在的状况是否合理的怀疑。但很显然，如此配备政府机构，它根本无法承担保护国有财产和 8000 多家联合企业及企业转型的艰巨任务。4 月，托管局中有 91 位工作人员，供他们使用的有 10 台打字机、3 台复印机、9 辆车。[82]持批评态度的观察家很容易从中得出结论：实际上政府根本不想制止某些干部中饱私囊的趋势，或者说，根本不想让联合企业顺利转型。

另一个理由则是可信的，克里丝塔·卢福特曾在乌尔曼面前成功地使用过这个理由，后来又重复提到它：如果事先能够成功地对国有企业的价值进行评估、对可以分配给各个公民的权益规模予以确定、对所有权进行规范，那么，通过向国民分发国有财产的股票而实现私有化，才真正具有合法性。这根本不可能在几个星期，更不可能在 1990 年 2 月或 3 月完成。如果我们要实现后来在其他原社会主义国家那样的"凭证私有化"，则必须交给未来的政府和民主选举的议会。

但为什么莫德罗和卢福特后来竟然还拼命抓紧成立当下给他们带来的烦恼多于政治好处，并且显然根本无力战胜日益增加的混乱，很快又将被一个新政府彻底改变的托管局呢？他们的真正动机显然是，为了阻拦乌尔曼和东德社会民主党的倡议，必须做点什么事情。他们必须这么做，以确定公有制的主导地位和国家在控制经济方面的强大地位。他们预感到，这种确定坚持不了多久。但在剩下的过渡时期，他们要坚守自己的理念，也许还要给未来的东德政府或全德政府在试图构建西德意义上的市场经济时制造困难。如果他们不只是确定自己的理想，而是对这些理想一直深信不疑的话，那么这种阻碍立场是坚定的，而且是说得通的。这样看来，成立托管局是最后的所有尝试中最重要的尝试，为尽可能长时间地保留社会主义制度的残余而打下基础。

人民议院在 1990 年 3 月 6/7 日选举前最后一次会议中所作的一些决议结束了莫德罗政府的各项改革。这些符合政府迄今为止的改革理念，同时也符合让国有财产尽可能更多地受国家控制的战略，尤其要将西方资本的干预控制在狭小的范围内。尽管如此，这些决议至少是朝着正确方向迈出的步伐。

工商联合会（IHK）得到允许。[83]通过宪法修订，工人得到有保证的罢工权利；从法律上确定了自由和独立的工会。[84]宪法修订是《工会法》

（*Gewerkschaftsgesetz*）的基础。人民议院并没有完全采纳德国自由工会联合会影响深远的设想，例如，德国自由工会联合会要求工会在企业所有决策时享有否决权。然而，工会的势力依然非常强大。它们享有法律倡议权和"在涉及工人工作和生活条件问题上"的共同决定权。对于解决劳资冲突，也规定了一套调解程序。如果调解程序无法取得结果，则允许罢工，但政府可以"出于公共利益的原因"取缔罢工。禁止开除罢工工人。在西德，这种法律会被视为不利于投资而被绿党以外的政党拒绝。对此，东部基民盟和自由民主党的领导层也保持距离，但在人民议院中得到了大多数基民盟和自由民主党议员的同意。[85]

通过《营业法》（*Gewerbgesetz*）赋予民主德国公民，但不包括西方投资者以经营自由。[86]值得注意的是，其中没有提到私企中的员工数量限制。[87]其他的法律规定，私人可以购买国有企业的股份、设备和厂房。允许通过托管局出售，"如果此举会给国企带来经济利益，或者符合公共利益"。[88]与此同时，1972年被没收的手工业生产合作社和私人或半国家企业重新私有化的第一个步骤被通过。赋予原来的业主通过申请并以优惠的条件购回其企业的权利。条例首先在十个企业实施，因为政府预计在拆分国企时会出现问题。[89]

特别重要的是3月7日的《国有建筑出售法》。其标题令人费解。民主德国公民有可能不仅购买国有建筑，而且还可以购买国有土地的所有权，只要他们有这些土地的使用权。[90]这一法律与上万人有关。来自国家和经济调控机构的人可以以低廉的价格在最好的地段购买房地产，对于这一问题的抱怨在以后的几个月里不断累积（比较第190页、第191页、第274页、第275页）。

1945/1946年土改时划归小农户和难民，并于1952年后整合进农村生产合作社的所谓"劳动所有权"，将通过涉及土改时产生的所有权法律转变成完全所有权。[91]

1990年3月6日的《税务改革法》（*Steueränderungsgesetz*）[92]导致了财产税、所得税和公司税税率的下降。对经营者征收的所得税最高税率从90%降到60%、公司税从95%降到50%、财产税从1.5%降到纳税总财产的1%。政府给出的目标是，要加强中、小企业的"再生产力"，奖励其绩效。[93]对市场经济过渡来说，重要的还有1990年3月6日的《国家银行法》（*Gesetz über die Staatsbank*）[94]由此，人民议院为建设二级银行体系打下了基础。现有的国家银行承担了独立于政府的中央银行职能，而且有义务奉行货币稳定的目标。与此同时，应该建成一套独立的商业银行体系。但该法只是确定了新"银行布局"的组织特征，而功能性任务和货币控制手段并没有落实到国家银行。

在人民议院通过这一系列法律的同时，"圆桌会议"递交了《社会宪章》。它是由独立妇女协会的塔特娅娜·博姆（Tatjana Böhm）、"和平与人权倡议"的格尔德·波佩（Gerd Poppe）负责完成的。它涵盖的内容有：

- 劳动权。通过解聘保护、劳资协定自主权、罢工权和禁止（因罢工）开除、在提供完全工资补偿的情况下减少工时并加以具体化，
- 男女平等，
- 受教育和再教育权，
- 医疗保健权，
- 居住权和受国家控制的房租权。

在"圆桌会议"的政党和团体内部，对于《社会宪章》的内容没有争议。有争议的只是，它是否应该成为一份不需商讨的原则文件，像"联合左翼"所要求的或者自由派人士所建议的那样，只是当作一项商议基础。原则上讲，《社会宪章》根本不是针对莫德罗政府，而是针对民主德国未来民主合法政府的，希望能给它在与联邦德国进行的谈判中撑腰，有迹象表明会开展谈判。人民议院 3 月 7 日收到这一文件后，将它转交给联邦议院，作为德德社会联盟的谈判基础。格尔德·珀培解释说，"圆桌会议"有意识地提出了超出联邦德国宪法的要求；一方面，"圆桌会议"拒绝按照联邦德国《基本法》（Grundgesetz, GG）第 23 条进行统一，另一方面，应该给西德政治家留下思考改进其宪法的机会。[95]因此，社会宪章也是草拟者为挽救在其看来应该挽救的德国社会成就而提供的契机。

谁若是从这样的角度去看莫德罗的改革方案和改革实践，即民主德国自 2 月起几乎走向末路，那他就容易得出结论：脱离实际、力度不够、迄今为止的领导层可想而知会设法保全其职位，或者尽可能慢一点地失去职位。要是从另一个角度看，即一个社会主义者占多数的政府要建立独立的民主德国的经济秩序，就得谨慎作出判断。在莫德罗两届内阁中，大多数部长是旧领导层的成员。他们和数十万在部委和联合企业中担任领导职务

的人当然有兴趣尽可能更多地保留"国有财产"和国家计划与调控机构，因为他们就更有机会，继续待在领导岗位上。同时他们对购买房地产也有极大的兴趣。一部分人或许甚至还相信社会主义的理想。鉴于上层领导和中层领导人的利益格局，不可能期待超出莫德罗领导下的改革现状。直到1月，许多西德观察家，尤其是记者，也有企业家，还对莫德罗的改革印象深刻，尤其是当这些改革得到了克里丝塔·卢福特极为巧妙的阐述时。直到2月，当他们发现现实早已超越改革计划和步伐时，几乎所有西德观察家都表示对莫德罗的改革感到失望。作为重新统一的准备工作，这确实是完全不够的。这样的第三条道路到底是否能起到作用，则另当别论。

第三节　1990 年初的经济形势：最糟糕的情况还将来临

1月，西德对民主德国经济形势正在急剧恶化的印象日趋强烈。而莫德罗卸任后却表示，他的政府对经济情况的总结是，"限制了命令式经济失败所带来的损失、维持了经济运作、保障了供应"。[96] 从何角度看，这与现实相符呢？

眼前的数据无法可靠反映现实情况，这一困难再次出现；也没有任何理由可以认为，联合企业和企业在 1990 年 1 月或 2 月向中央汇报的情况比之前的年份更正确。然而，如果不愿被人指责是在尽量抹黑民主德国的形势并为波恩的政策进行辩解，那么，先从经济委员会提交给莫德罗内阁的资料着手则是最恰当不过的了。

在给部长会议关于经济运行情况的报告中，经济委员会指出，1990 年 1 月的工业商品生产同比下降了 6.3%，2 月同比则下降了 6.2%。[97] 政府将生产下降的原因归咎于持续的人员外流。2 月，工业部门的劳动力数量同比下降了 4.2%。莫德罗 1 月 29 日在人民议院所做的政府声明中，明确提到了另一个原因，就是罢工，"工作拖延和其他干扰"。[98] "干扰"大概是指，工人为了去西部购物，宁愿不上班。但已经提到过的计划调控体系解体的原因，即"经济界对国内合同伙伴不够信守合同"，也起着越来越大的作用。[98] 鉴于这一大堆原因，生产没有更剧烈地下滑，这其实是个奇迹，当然，前提条件是经济委员会的数据是真实的。

对外经济情况越来越糟糕。为了应对民众的不满，政府批准了追加进口消费品。也是由于这个原因，对西方工业国家的赤字继续上升。在 2 月 9 日所作的分析报告中，经济委员会估计在与西方的贸易中，1990 年的逆差为 40 亿外汇马克。[100] 不过，政府仍有能力将到期的欠款付给西方债权人。为此，他们动用了沙尔克储存在其账户上用来从西方购买高科技的款项。[101]

同样有理由担忧与社会主义经济区贸易的未来。1 月经互会索菲亚会议后，终于确定取消经互会贸易中原有的结算方法。从 1991 年起，民主德国将被迫按国际市场价格，用可兑换外汇支付从苏联的进口。无人知道，它该如何做到这一点。

1990 年初，国民拥有的钱比以往任何时候都多。为了努力变得至少稍得人心，1989 年年底，政府提高了工资和养老金。2 月，人民的净货币收入同比高出 12.7%。在价格自由形成的过程中，由于工业生产的下降，必然导致高通货膨胀。然而除了童装这个特例之外，物价依然没有任何变化。所有对民主德国公民具有诱惑力的商品，其需求量和供给量之间的鸿沟变得越来越大：各区呈交给部长会议的报告显示，对糖、面粉、米、面粉制品、家用电器、家具和床上用品的需求日益增长。[102] 这些高补贴的基本需求品，除了民主德国公民自身的需求外，又出现了来自西方的需求：西方游客或者在西部出售便宜东部产品以换取西德马克的民主德国公民抢购面粉、糖、牙刷和香肠。尽管政府对这些问题小题大做，但它们肯定使供应问题变得更加尖锐。

民主德国商场里到处是空空如也的货架，当民主德国公民走访西德时，会站在商品供应丰富的货架前。尽管 2 月底自由市场上的汇率在 1∶9 或 1∶8 之间，但有消费能力的人就会在西部购买耐用消费品。在民主德国本地，西德马克也越来越多地成为支付手段，在 2 月甚至已经完全公开化：波茨坦地区的"温室种植企业合作社"（Zwischenbetriebliche Einrichtung Gewächshauswirtschaften）的董事会决定，其农产品更多只卖给用西德马克付款的人，在群众的抗议下，才收回该决定。[103]

1/2 月的民意调查表明，国民是如何评价民主德国经济形势的。半数以上受访的民主德国国民表示，他们期待在联邦德国而不是在民主德国会有更好的生活水平；96% 的受访者认为，西德的商品供应好得多；50% 的受访者相信，在西部，收入分配更合理。[104] 潜在的外迁人口居高不下。在移民人数暂时下降之后，1 月和 2 月又有 13.7 万人离开民主德国，留下来的人也明显表现他们的不满。警告性罢工和示威游行不断。罢工主要是为了更高的工资。2月5~13日，在信息中心关于各区的形势报告中，列举了挑选出来的、遍布全共和国的18次罢工事件。同一时间，各区共报告了198次示威游行，有83万人参加。东德国家安全部的后续机构报告："游行主要是为了德国统一、社会市场经济、自由和不记名选举，以及反对民主社会主义党。"[105]

这些来自民主德国渠道的资料可以让人得出结论：莫德罗政府根本没有成功地限制命令式经济的失败所带来的损失。尽管经济水平继续下降，它还可以维持居民的供应，1989年冬天也没有人因为商品供应不足而挨饿受冻。但是，如果不是政府重复昂纳克的老伎俩，牺牲外汇以维持西方进口的话，供应情况或许会更糟。莫德罗怀着绝望和愤怒看着民主德国公民高涨的要求。在1月29日的政府报告中，他写道：

"越来越大规模地提出提高工资和薪水、延长假期、提高养老金、更多的社会改善，（……这些）远远超过了国家可能提供的，如果向他们做出让步，就会危及民主德国的存在。"[106]

但是，如果1月和2月还相对有利的供应形势都会导致无法满足的危险要求的话，那以后还有什么是可以期待的？如果像许雷尔1989年10月已预测的那样，如果民主德国最后的外汇储蓄耗尽，就必须急剧降低生活水平吗？1990年4月底，莫德罗本人写道：

"民主德国经济真正的严峻考验将会在1990年下半年到来。就是说，以后再也没有可以从沙尔克－哥罗德科夫斯基先生之前的商业协调部门账户上划过来的40亿美元。然后，从工业和其他经济部门得到的国家财政收入减少和出口下降就会累积在一起（……）。"[107]

确实如此，如果民主德国依然独立，与它或许已经面临的情况相比，1989/1990年冬天的生产和供应问题不值一提：除了艰难地整顿经济及其相关的转型危机，别无他路。

在这种形势下，莫德罗政府决定寻求联邦德国的大规模经济援助；如果不这样，那么在1990年这一年中，生活水平下降、人口持续外流、严重的社会和政治冲突将在所难免。在此期间，政府也将情况告诉了人民。1月29日，格林海德在人民议院表示，只有在从西方进口商品、继续增加外汇债务的情况下，才可以保证供应。[108]越来越多的国民也以类似批评的眼光看待形势，但从中得出的是另一种结论：他们要统一，而且越快越好。

第四节 从条约共同体到"为了'德国——统一的 祖国'"：11 月中旬～次年 2 月初的两德 试探性会谈与立场

体制转型作为全面经济援助的前提条件：联邦德国 的立场

从 1989 年 8 月起，联邦政府越来越忧心忡忡地关注着民主德国的发展。但无论在政府还是在反对党中，没有人预料过，统一社会党的统治将在短时间内几乎没有抵挡地全面崩溃；为了阻止逃亡人流和压制公开的反对派，它更有可能的似乎是动用武力。作为逃亡目的地，联邦政府愿为来自民主德国的难民敞开联邦德国的大门，但也没有人愿意诱导逃亡。首先他们不愿继续激化民主德国的形势。[109]这种立场仍是一致的，社会民主党原则上也同意。

政治家和记者们早就抓住了"对民主德国经济援助"的题目。他们一致要求，联邦德国必须对民主德国的生活改善有所作为，否则将无法排除威胁两德的数十万人逃亡的危险。但任何一个要求经济援助的人，也必须说出，他如何阻止援助只会令掌权者而不是令大多数公民获益这一情况的发生。起初无人建议无条件的援助。卡斯滕·福格特（Karsten Voigt），社会民主党议会党团外交政策发言人，8 月底带头提议，社会民主党愿意在这种情况下提供援助，即民主德国有意在经济、环保、交通和电信领域进行改革。[110]基民盟联邦议院议员贝恩德·维尔茨（Bernd Wilz）是中部德国人联盟（Bund der Mitteldeutschen）主席，他 9 月中旬要求联邦政府必须用一项"科尔计划"迫使民主德国改革；如果民主德国确保人权、旅行自由和民主，波恩必须通过担保和减轻税赋促进西德在民主德国的投资。[111]对于经济援助，总理本人却在等待，用他自己的话说，就是等到戈尔巴乔夫在东柏林和民主德国访问之后，改革变得非常有可能的时候。他随后在公开场合和内阁中反复解释，联邦政府将对改善民主德国的政治和经济关系发挥作用，但只有当民主德国愿意进行全面的政治和经济改革时，才可以提供经济援助。[112]

受克伦茨的委托，沙尔克－哥罗德夫斯基于 10 月 24 日和 11 月 6 日两度赴波恩与联邦总理府部长鲁道夫·塞特斯（Rudolf Seiters）和联邦内政部（BMI）部长朔伊布勒（Schäuble）举行会谈。10 月 24 日，沙尔克还只是泛泛而谈。他宣布了《旅行法》（*Reisegesetz*），这会给民主德国带来很高的费用，波恩必须参与承担费用。[113]11 月 6 日，他的谈话变得较为具体。他认为，在统一社会党领导层中，有人认为实质性改革是必要的，提到了自由选举和意义深远的两德旅行往来，这会使柏林墙最终变得多余，但这么做的前提条件是联邦德国的数十亿西德马克贷款，每年 20 亿~30 亿西德马克。联邦总理相应地表示可以加速作出这些决定。[114]就此，总理在他为 11 月 8 日的联邦议院准备的"民族形势报告"的讲话中，用几句话进行了补充：

"我对新的统一社会党领导说明了我支持转型之路的诚意，如果他们愿意改革的话。装饰性的纠正是不够的。我们不愿去稳定无法维持的状况。但我们乐意提供全面的援助，如果民主德国政治关系的根本性改革得到有约束力的确定的话。"[115]

柏林墙倒塌后，对民主德国的经济援助成了热门话题。在必须解决的问题中，最小的问题是帮助来西部走访的民主德国公民。对他们，可以使用 1970 年引进的条例：民主德国的到访者每年可一次性拿到现在的 100 西德马克的"欢迎费"，由银行和储蓄银行（Sparkasse）支付。这对于民主德国迄今为止一直允许的典型探亲来说，也许够用了；但对于自由旅行往来而言，"欢迎费"必然显得像是纯粹的施舍，因为它几乎不足以应付逗留 24 小时的开销。没有一个西德政治家愿意告诉民主德国的访客，在自由外汇市场上，1 个西德马克可兑换 10 个以上的东德马克。但是，几百万民主德国公民在西部更长时间的旅行，必须拿几十亿联邦财政的钱去补贴，这也说不过去。11 月 9 日以后，东德人在边界附近的西德银行和储蓄银行门前排成长队，这种情况表明，必须做些什么了。

更难解决的是人员从民主德国外流的问题。柏林墙倒塌后，愿意长期定居西德的人数继续上升。适用于他们的是紧急收留程序。在紧急收留所，他们得到"首次照顾"和一次性捐助的 200 西德马克。此外，他们还有权享受低息的置房贷款。[116]比紧急收留程序更重要的是，他们享受西德的社会福利。他们当中许多人还可以在繁荣的西德经济中找到工作岗位。但大量外流必须得到制止，而这只有当民主德国国民的经济状况马上好转，似乎才有可能，没有西德的援助则根本难以想象。对这一结论，公众舆论、执政党和反对党的意见是一致的，但在联邦政府应该如何援助的问题上，各党派马上表现出严重的分歧。

柏林墙倒塌之后，科尔依然坚持全面援助必须与民主德国进行政治和经济根本改革的诚意联系起来。在他 11 月 26 日就波兰访问和民主德国形势所作的政府声明中，科尔在阶段性方案中阐述了这一路线。快速援助，例如用于扩建边界通道和改善电话线路，可以无偿提供；全面援助，例如用于扩建民主德国电信网络，则以东柏林具体的政治承诺，特别是自由选举为前提条件；为西德企业在民主德国的私人投资作担保，或为重新设计民主德国的经济体制提供资金援助，必须与改革进程的进步相关联。[117]

莫德罗 11 月 17 日的政府声明，并未被联邦政府视为明确拥护自由选举和经济改革；也看不出，莫德罗建议的民主德国和联邦德国之间的、应该远远超出至今缔结的合同与协议的"条约共同体"具体是指什么。清楚的只是，莫德罗的条约共同体指的不是消除德国的分裂，而是两个独立的德意志国家之间的紧密关系。[118]

三天后的 11 月 20 日，鲁道夫·塞特斯开启了联邦德国政府与莫德罗政府代表之间的一系列会谈。塞特斯已于 11 月 15 日在由科尔主持的国务秘书和部长回合的碰头会上，得到了会谈方针。联邦政府想知道，民主德国领导人如何面对自由选举、言论和组党自由。在经济援助问题上，塞特斯应指明首先是环保、交通和电信方面的项目必须"纳入改革进程"。此外，塞特斯应施加压力，促成双方自由的双向往来。联邦总理应在 1989 年就访问民主德国，对该访问"必须做好全面准备"。[119]

在东柏林，塞特斯倡议马上接受一系列项目的谈判。其中有：继续商谈有关改善易北河和威拉河水质，合作降低空气污染的问题，启动关于改善交通往来、扩建边界通道、扩大民主德国的电话通信和电话的网络现代化以及关于改善邮件往来的谈判，也许可以通过提高邮递总支付的方式为邮件往来提供资金。另外，塞特斯还建议成立两德旅行外汇基金，并决定取消"欢迎费"。民主德国同意大部分建议，原则上也接受塞特斯的要求，放宽对西德人和西柏林人的入境条件。但它不愿加入或只愿以少量资金加入旅游外汇基金，因为它已经承担了边界开放所导致的后果而产生的高额费用。[120]莫德罗明确表示，他不满足于波恩的建议。在结束与塞特斯的会谈后，他说，民主德国对更紧密的经济合作的诚意比联邦德国更大。[121]从他的角度看，这也是对的。虽然由塞特斯提议的项目将给民主德国带来几十亿西德马克，但资金流向基础建设，主要是方便两德之间的人员和电话交流。民主德国需要的更多，而莫德罗知道，只有满足前提条件，他才能得到更多。因此，总理，还有克伦茨都保证，对他们来说改革路线是"不可逆转的"。[122]塞特斯带着这样的印象回到波恩，即民主德国最早于1990年秋，最晚在1991年春将举行自由选举。[123]

塞特斯一回到波恩，就又出现了联邦政府迄今不敢奢望的新前景。自柏林墙倒塌以来，在联邦德国国内外，重新统一是讨论的议题。四大战胜国中，只有美国表示在追求德国统一的过程中，在一定程度上支持联邦德国。在伦敦和巴黎，则是拒绝者占多数。苏联处在关键的位子上。只要它坚持民主德国的独立性，通往统一的道路就被堵死；但只要它流露出可以容忍德国统一的诚意，也许联邦德国有可能克服欧共体和盟国伙伴的阻力。科尔在总理府最重要的外交顾问霍斯特·特尔切克（Horst Teltschik）与苏联共产党中央委员会委员尼古拉·波图加洛夫（Nikolai Portugalow）进行了11月21日的会谈之后，有充足的理由"仿佛触了电"，感到异常振奋。受中央委员会国际政策部门负责人法林（Falin）的委托，波图加洛夫向特尔切克递交了向联邦总理提出的一系列问题，它们使人感悟到，在此期间，莫斯科在德国问题上，"就一切可能的，甚至似乎是不可想象的事"（波图加洛夫如此说）进行了考虑。[124]特尔切克写到，和波图加洛夫的会谈鼓励他向联邦总理建议，重新统一制订一份现实的、符合全欧安全秩序的方案。[125]结果是科尔在其小范围的顾问圈中准备的、11月28日在联邦议院宣读的《十点纲领》。[126]其中，科尔提到了莫德罗对条约共同体的定义，但将其整合进了以国家统一为目标的进程之中：在民主德国自由选举后，两个国家之间应该创立"邦联结构"，大体上有一个共同的常务咨询政府委员会、共同的专业委员会、共同的议会委员会。这一进程的最后，会在德国出现联邦国家秩序。科尔向民主德国提供分阶段的经济援助计划，该计划符合11月16日的政府声明和塞特斯在东柏林的会谈：立即进行人道方面的援助，如果正式通过并开始贯彻政治和经济体制的根本转型，全面援助就会随之而来。[127]

打开柏林墙之后，联邦总理在给民主德国提供经济援助问题上的立场依然是10月就阐述过的：只有当民主德国有意转变其政治和经济体制，并且走在通往民主和市场经济的道路上，才有全面的经济援助。然而，自11月中旬以来，科尔的这一立场在执政联盟中出现了争议。联邦外交部长根舍（Genscher）日益清晰地表示了这种观点，即给民主德国的援助不应附有条件，甚至以此在自民党理事会中成功地顶住了该党主席格拉夫·拉姆斯多夫和经济部长豪斯曼（Haussmann）的反对。科尔很恼火，但找不到机会改变根舍的立场。自民党的动机很明显：大多数理事会成员显然认为，想在执政联盟中突出政治亮点，"无前提条件的援助"这一口号是合适的，因为它符合潮流；也许根舍要通过这一整套战术，迫使科尔考虑自民党在德国政策上更强的参与，而科尔很大程度上是在没有其他部门参与的情况下，在总理府运作此事。然而，科尔并不认为，自民党在这个问题上会给他带来危险：一个提倡降税的政党真的愿意大动干戈地去加重纳税人的负担，把几十亿的资金扔进无底洞吗？[128]

陷入政党内部方向之争的社民党

11 月 12 日，英格里德·马特乌斯－迈尔（Ingrid Matthäus－Maier）和沃尔夫冈·罗特（Wolfgang Roth），两位社民党的议会党团副主席，同时也是公认的经济和财政专家，要求一项"国家支持计划"。其中，联邦政府应该通过贷款和公共担保促进民主德国的基础设施建设，提供用于环保投资的资金援助；西德企业应该进行"大规模的投资"。其前提条件不仅是"深入的政治改革，而且还有市场主导的价格形成、经济决策的非集中化、为私人的主动性打开活动空间，例如，在手工业实行按绩效计酬和货币自由兑换"。[129]

这与科尔 10 月以来所代表的观点没有本质区别。但是，"国家支持计划"刚一公布，社民党就突然转变方向，要求无前提条件的援助。

谁想为这种转向寻找理由，就可以在政党内部关于德国政策原则立场的争论中找到它们。维利·勃兰特 11 月 10 日极具影响力的"本属一体的，现在一起成长"的立场，得到很多党员的赞同。但另一部分人则拒绝德国统一的目标。该群体大多数被称为党内左派，因为他们希望，一个民主的社会主义会在改革后的民主德国取得成功，并将照耀联邦德国。但其中也有相当数量的人像萨尔州州长，党的副主席奥斯卡·拉封丹（Oskar Lafontaine）那样，认为民族国家，尤其是一个德意志的民族国家并不合时宜。民主德国只有走向市场经济才能得到全面经济援助，对此，民主社会主义的追随者当然必须加以拒绝。民主德国的民权组织和东德社民党的大多数人不愿接受联邦德国的模式，而是发展自己的民主、生态、社会主义模式，当上述印象产生的时候，他们对党领导层的影响增加。马特乌斯－迈尔和罗特在其"国家支持计划"发表之后，就和其他社民党议员在东柏林与社民党以及其他的在野团体举行了会谈，事实上，他们现在已脱离自己的计划并宣称，支持民主德国的改革不该有前提条件。[130]

在后来的几个星期里，党主席团和议会党团坚持这一路线；在德国政策方向的争论中，这一路线构成了不同立场的最小公约数。

在社民党领导中无人相信，在没有先决条件的经济援助下，民主德国的境况会如此快速地得到改善，以至于在可预见时间内从东向西的移民会减少。原则上讲，唯一合乎逻辑的是将新的路线与限制入境移民的行政手段结合起来。奥斯卡·拉封丹得出的正好是这样的结论。11 月 25 日，他要求拒绝民主德国移民享受联邦德国的社会保险体系。同时，他甚至对按《基本法》赋予民主德国公民以德国国籍提出质疑；只要民主德国公民的人权被剥夺，那他们必须被联邦德国当作本国人对待；现在，因为他们已经争得了人权，就无须再勉为其难了。[131]在 1 月底萨尔州议会选举时，拉封丹的观点对选民产生的效果得到证实，但对全党来说，拉封丹的激进非常有害，更有甚者，拉封丹并非普通党员，而是已很有可能成为社民党总理候选人的人物。社民党主席团也立即声明，坚持统一的国籍。[132]然而，拉封丹不让别人阻拦自己的计划。他给社民党主席团成员、社民党执政的各州州长和部分联邦议院议员寄去了一份受他委托而做出的法律评估。其中重提 1950 年的《紧急收留法》（Notaufnahmegesetz），用以解释民主德国公民要想在联邦德国长期居留，就需要一种特殊许可，如果人身和生命或个人自由有危险，就必须发放许可；如果这种危险已不再存在，通常来讲，就可以拒绝给予居留许可。[133]在社民党主席团、议会党团和公众中，拉封丹此时收获的是严厉的批评。福格尔（Vogel）在 12 月 10 日的主席团会议中认为："他们推翻柏林墙，你则试图把它建起来。"为了给拉封丹的转变找个台阶，党主席团要求一种应该防止"德德社会体系、劳动和住房市场受到损害"的"经济政策和社会政策"。根据战后情况制定的法律，其中还有相互承认的养老金享受权，也必须得到复审。[134]明确地说，就是降低民主德国移民的社会福利，给民主德国提供社会援助。几天后，在联邦参议院，社会民主党执政的联邦各州递交了一份决议提案，其中要求设立一项为民主德国提高社会保障水平的经济发展基金，而且不该有前提条件。[135]拉封丹因此感到满意。

日益阻碍社民党德国政策的内部分歧，也表现在他们对科尔《十点纲领》的反应上。部分社民党议会党团成员在科尔的讲话后报以掌声，卡斯滕·福格特（Karsten Voigt）与党及议会党团主席福格尔达成一致，表达了社民党的支持及合作意愿。[136]相反，在社民党议会党团中，马上引起了批评，批评福格尔和福格特的反应并未与议会党团商量。不主张合作，而主张实施与政府对峙战略的拥护者，他们的势力更强大。这一点得到了验证：12 月 1 日，社民党在表决《十点纲领》时投了弃权票。

当然，这并非清晰的德国政策立场。1989 年 12 月 18/19 日转到柏林召开的社民党党代会也没有作出澄清。维利·勃兰特以他德国统一的见解赢得了热烈的掌声。奥斯卡·拉封丹以人的统一和社会公正比国家统一更为重要的观点，同样赢得了热烈的掌声。[137]以多数票通过的德国政策声明表明，应该越来越"紧密和全面"地建立起两个国家之间的合作。它可以"单独的协议、一个条约共同体、一个邦联，而且最终也可以联邦国家统一的形式进行"。为了最后这几个字眼，理事会争论了很长时间。文字描述如此谨慎——一小部分人更想用"也许"取代"最终"一词。[138]

清晰且立场坚定的只有拉封丹的方案：两国化、按照西方条款建立城墙，以堵住入境移民，为了使该方案在道义上行得通，实行无条件的资金援助，援助规模要限制在西德选民无法察觉因而可以接受的范围内。然而，这个方案无法在社民党内部形成共识，而且也不符合大多数西德人的要求。它或许意味着放弃德国统一的目标。

条约共同体——何种目标？

民主德国对科尔《十点纲领》的反应并不令人惊奇。它要的是经济援助，但拒绝国家统一的前景。克伦茨认为："如果联邦一词意味着，以两个独立的、有尊严的德国国家的存在为出发点，那么，我们可以谈论有关的一切事宜。"[139]

12 月 5 日，塞特斯再次飞往东柏林。现在不再只是约定有关议题的谈判，而是涉及具体的结果。总理莫德罗显然对进展感兴趣。他同意联邦总理的《十点纲领》，赞赏科尔采纳他的条约共同体的建议，并表示两国不仅应该建立一个条约共同体，而且应该建立一个"条约与信任共同体"。他还表示，他在 12 月 4 日莫斯科访问时也得到了鼓励，推行共同体政策而并非重新统一政策。[140]经过艰难的谈判而在 12 月 5 日达成的最重要的协议，涉及旅行往来和外汇基金规则。它也为西德人带来了在东德旅行的自由。具体意味着：

－从 1990 年 1 月 1 日起，联邦德国包括西柏林公民可以不要签证和强制换汇而进入民主德国；取消警察局登记义务。

－民主德国将审核，是否可能为联邦德国访客提供比 1∶1 更优惠的官方汇率。

－取消给访问西德包括西柏林的民主德国公民的"欢迎费"。为此设立一项外汇基金。1990 年计划为 29 亿西德马克。波恩提供 21.5 亿西德马克，东柏林 7.5 亿西德马克。外汇基金用于为民主德国公民在西部旅行时提供每年 200 西德马克的兑汇补贴，其中 100 西德马克按 1∶1 的汇率，另外 100 西德马克按 1∶5 的汇率。这样，每个民主德国公民每年可用 600 东德马克一次性兑换 200 西德马克。

－民主德国从外汇基金中得到一笔因取消签证和强制换汇而损失的补偿金。

另一个具体结果是确定科尔访问民主德国并与莫德罗会见的日期。两位政府首脑应于 12 月 19 日在德累斯顿会晤，会谈议题应是两德合作的总体框架。

在联邦德国，总理府部长第二次工作访问的结果被各政党和媒体评论为极大的成功。对科尔全面援助民主德国所提的先决条件的不安平息下来。旅行条例得到双方的承认，此举甚至被视为塞特斯的"外交杰作"。[141]毫无疑问，他巧妙而执着地进行了谈判，但显然也是因为莫德罗政府对联邦政府做出让步的诚意。从财政上讲，外汇基金规则对民主德国政府来说几乎没有好处。与联邦德国要支付 20 亿西德马克相比，民主德国要承担 7.5 亿西德马克。对民主德国公民来说，虽然不再需要在西德的银行窗口排长队，领取 100 西德马克的"欢迎费"，但为了每人每年定量的 200 西德马克，他们必须花费 600 东德马克，也就是专业工人半个月的工资，而且即便克制地使用这笔钱，访问西部时这 200 西德马克也花不了多长时间。对西德人取消强制签证，也省去了迄今为止常见的至少六个星期的等待签证时间，取消访问者在当地人民警察局登记的义务和最不受欢迎的强制换汇。有人甚至希望，在民主德国旅行时，西德马克可以马上不再以 1∶1 的官方汇率，而是以划算得多的汇率兑换成东德马克。因此，《旅行管理条例》和《外汇基金条例》可以看作民主德国的预先付出，为的是可以更有效地对联邦德国的实质性援助施加压力。

为了推进环保、交通和电信领域的合作项目，部长和高级官员层面的两德会议现在成为常规。条约共同体似乎真的在快速推进。民主德国政府和民众对科尔德累斯顿访问的期望不断增加。在 12 月 15 日民主德国的电视采访中，总理暗示，随着民主德国从宪法中删除统一社会党的领导角色并确定自由选举的时间，联邦德国的主要条件已经得到满足。现在是要达成"广泛的战略方案"，莫德罗显然认为，现在也是要求更大规模的经济援助的时刻了。

联邦政府则有不同的看法。自由选举的时间虽然已经确定，但从莫德罗政府或 12 月初及 12 月中的"圆桌会议"听到的一切情况，使得波恩无人相信，民主德国新领导层、它占多数的人民议院以及"新政党和团体"的大多数，会放弃实现他们的运行更好的社会主义的目标。因此联邦政府依然坚信，只有当民主德国采取不仅针对政治改革，而且也针对经济改革的、具体而令人信服的措施时，才能提供更大规模的援助。

对于联邦总理及其随员来说，12 月 19 日和 20 日的德累斯顿访问是决定性的经历。[142]到达德累斯顿前夕，科尔对马上实现重新统一的机会作了悲观的估计。在莫斯科，他的《十点纲领》遭到了严厉的批评。12 月 18 日，科尔收到了戈尔巴乔夫的信件。信中，苏联党主席指出，民主德国是苏联的"战略伙伴"，并提醒应该以两个德国的存在为出发点。[143]戈尔巴乔夫的顾问也许考虑过德国问题的一切变数，但苏联的官方立场似乎没有改变：民主德国必须作为主权国家继续存在。科尔现在认为，也许他将被迫向戈尔巴乔夫递交一份关于重新统一的备忘录。[144]但德累斯顿给了他新的鼓舞。数万民主德国公民迎接西德总理，场面扣人心弦。有的标语上打着"科尔，德国人的总理"和"萨克森联邦州欢迎总理"的标题。[145]现在，科尔可以肯定，大多数民主德国公民愿意重新统一。然而，德国统一的目标在外交上是否可行，并且何时得到通过，依然是未知数。

两个政府在德累斯顿会谈的中心内容是经济合作。双方基本立场没有改变。莫德罗明确表示进行经济合作，明确地说经济援助是经济改革的先决条件，并要求联邦共和国 1990/1991 年提供 150 亿西德马克的"负担平衡"资金。科尔强调，联邦德国愿意帮助改善民主德国的经济状况，但为此莫德罗首先必须创建相应的经济框架条件。以"极其有害"为理由，[146]他拒绝了"负担平衡"的定义。相反，双方达成一致的是，塞特斯访问东柏林时就已经开始的经济合作将继续进行。决定设立一个德德经济委员会和一个"交通道路"委员会。商定准备一份投资保护协议。联邦政府答应从 1 月 1 日起，邮政费用从 2 亿提高到 3 亿西德马克，并规定总款项用于扩建邮电基础设施。此外，联邦政府还表示愿意提高西德公司向民主德国供货的赫默斯担保额度（Hermes–Bürgschaft，国家出口信贷保险——译者注），为民主德国提供用于成立中小企业的欧洲复兴计划（ERP）贷款。民主德国的具体回报主要是政治承诺：在塞特斯 12 月 5 日谈判中计划于 1 月 1 日启动的双向旅行往来，提前到 12 月 24 日；应该释放最后的政治犯。从 1 月 1 日起，西德赴东德旅行的游客可以合法地以 1 个西德马克兑换 3 个东德马克。当然，对莫德罗政府来说，在这些问题上的让步很轻松，因为无论如何都难以保留现有的规定。但清楚的是，莫德罗出于内政和财政的原因，一定要让谈判显得成功。一项比较而言次要的经济协议更加清楚地证明了这一点：民主德国方面在进行一定抵抗后，接受了联邦德国一家总承包商中标新建从汉诺威到柏林的铁路路段。[147]

会谈的结果是商定到 1990 年春天要准备好条约共同体草案。科尔知道，在德累斯顿，他尚不能在条约共同体中坚持德国统一的目标。然而，在科尔的眼里，条约共同体完全应该成为他 11 月《十点纲领》中建议的"邦联结构"的初级阶段。在德累斯顿，从波恩代表团的圈子中可以听到，科尔正在考虑，两个德国的统一可以从经济共同体开始。然后，政治共同体应该跟进。欧共体也是类似地成长起来的。[148]相反，莫德罗理解的条约共同体与其 11 月 17 日的政府声明一样，继续视其为两个独立存在的国家之间的协议。因此，在德累斯顿双方必然明白，就共同内容达成一致将会是很艰难的。原则上讲，这两位政府首脑一致同意具有某种象征价值的空洞表达，但他们尚无法充实其具体内容。

一回到波恩，科尔便责成组建一个准备条约共同体的工作小组。1 月 4 日，莫德罗建议，已商定的政府首脑会晤将在 2 月 5 日以后的那个星期里在波恩继续进行，届时应该为条约共同体拟定草案，晚些时候在第三次会晤时签署草案。莫德罗又提到，民主德国需要从联邦德国得到 150 亿西德马克。[149]1 月初，科尔对以下情况的印象更强烈，即莫德罗政府既不愿意也没有能力建设一个有运作能力的经济体系，它甚至试图竭力通过一项有利于德国统一社会党–民主社会主义党的法律。[150]1 月中旬，在莫德罗设法至少部分挽救国家安全部之后，在民主德国危机加重之时，科尔决定，一反德累斯顿的协议，不再与莫德罗，而是在民主德国选举之后，与它的民主合法继任者签订条约共同体。[151]

在此期间，莫德罗政府已为《德意志民主共和国与德意志联邦共和国合作和友好邻邦共同条约》（Gemeinsamer Vertrag über Zusammenarbeit und gute Nachbarschaft zwischen der Deutschen Demokratischen und der Bundesrepublik Deutschland——编者注）制定了草案。1 月 17 日，莫德罗让人将它转交给联邦政府。

这一草案与 1972 年的《基本条约》和《赫尔辛基最后文件》衔接起来。在此基础上，条约共同体应"通过友好邻邦的紧密和广泛的条约关系，朝着有利于人民幸福以及加强欧洲和平秩序的方向"发展（第 1 条）。

作为条约共同体的机关，计划成立一个在民主德国总理和联邦总理领导下的"同等人员组成的政治协商委员会"。它应商讨"条约共同体形成及其朝邦联方向发展的基本问题"、协调共同委员会的行动、制定对两国议会和政府的建议（第 2 条）。

在外交和安全问题上，两国应促进"欧洲国家邦联式合并的程序"。它们应承担义务，"各为自己、共同在其各自联盟的框架下、以对立双方无结构性攻击能力为目标而对裁减军备和装备控制做出具体贡献"（第 3 条和第 4 条）。

第 5 条包含关键性的经济目标设定。按照计划，"以市场经济原则为基础，创建一个经济联盟，在以社会和生态为导向的发展中，这些原则旨在国民的幸福"。应商定一个货币联盟，其目标是避免不现实的汇率导致国民经济受到损害。应当扩建基础设施，一个有效地降低环境污染以及创造健康环境关系的共同计划应该得以实现。

第 9 条要求德意志联邦共和国承担支持德意志民主共和国申请成为欧共体成员的义务。[152]

该草案虽然没有进行太具体的描述，但却富有启发。它披露了莫德罗政府 1 月中旬还在如何憧憬民主德国的未来：它应该保持独立、不放弃与盟友的关系，但成为欧共体成员。它应该与联邦德国建立一种以"邦联"概念为标记的特殊关系。可以将这一点理解为接近科尔 11 月 28 日《十点纲领》中的"邦联结构"。然而，在莫德罗草案中，"邦联"构成了德德关系发展的目标，而对科尔来说，"邦联式结构"只是通往一个联邦国家的中间阶段。这种特殊关系的主要目的很清楚：民主德国需要联邦德国的经济援助。

在经济合作问题上，货币联盟的建议超出了在德累斯顿认识到的内容。联邦政府可以从"不现实的汇率劣势"这一表述中得出结论，莫德罗政府期待通过联邦银行的干预而支撑东德马克的汇率。在此期间，类似的建议也出现在西德的媒体上，但被联邦银行指出通货膨胀的危险而予以坚决驳回。民主德国国家银行和财政部的专业鉴定，是莫德罗政府建立货币联盟建议的基础，但在波恩当然不为人知。它的出发点是，经济改革成功的前提条件是东德马克的可自由兑换，这只能在多年的进程中逐步实现；必须由国家固定对西德马克的汇率，并视民主德国经济生产率的进展而改变。[153]

对联邦政府来说，即便它仍有意与莫德罗政府缔结条约共同体，但这种条约草案并非合适的谈判基础。原因不只是对德国统一的不同立场。关于经济合作的规定，不是对其意图的解释很模糊，就是让联邦德国单方面承担义务，例如货币联盟。为了找到双方首脑都能接受的表达方式，哪怕只是关于未来经济合作的原则，都需要继续事先洽谈。科尔感到，自己不再与莫德罗政府缔结条约共同体的决定，得到了草案的确认。

为了准备原定于2月13日和14日举行的双边首脑会晤，1月25日塞特斯飞往东柏林。连日来，东德总理试图将他的政府扩大成所有政党的联盟，在与塞特斯的会谈中，他释放出听天由命的信号。根据莫德罗请人撰写的会谈报告，塞特斯引导性地解释说，波恩方面对1月初以来高达42500人的过境移民感到很不安；必须有前途，人民才能留在民主德国；对此发出相应的信号是必要的；因此联邦政府还是坚持总理访问波恩。报告继续写道：

"汉斯·莫德罗向鲁道夫·塞特斯明确指出了民主德国形势的严峻。存在着事态失控的危险。大家还可以长时间地讨论过去，但现在事关国家的安全。双方都有责任释放出信号。如果继续按推进德国统一的考虑激化态势发展，像莱比锡那样，就存在着升级的危险。波恩会晤时必须明确，两国必须理智地彼此接近，并怀着一个民族中两个国家共存的憧憬，融入欧洲进程。"[154]

波恩的会晤在这种压抑的背景下进行。莫德罗说，联邦德国已经偏离了在德累斯顿签署的意向书，即及时地从法律上确定条约共同体、短期内开始举行有关合作和友好邻邦条约的谈判并在 3 月份签订条约；民主德国依然对快速签署条约感兴趣。塞特斯反驳说，构建条约共同体的基本意愿不变，但由于情况发生了变化，只能在选举之后再签署条约；事先可以商定的内容应该先商定；访问波恩后可以开始就条约的基本内容展开谈判，但这必须以民主德国反对派的同意为前提。按联邦政府的观点，这种条约的要素可以是：

　　－为邦联结构的共同机构划定框架；

　　－书面确定在欧洲框架中的德国统一前景；

　　－通往民主德国/联邦德国经济共同体、民主德国进入欧共体的途径；

　　－为法律趋同、交通结构的协调和共同的环境保护建立机构性的框架。

从民主德国方面的报告中，看不出莫德罗驳回了这一建议，该建议与他在核心问题，即国家统一问题上的观点背道而驰。

莫德罗向塞特斯转交了联邦政府从 1 月 17 日以来就知道的条约草案，一份同样也为人所知的消费品、资本货物以及原材料的清单，它们反映了民主德国对紧急经济援助的设想、一份有意与西德企业合作的国有企业清单。尤其是作为短期援助所希望的消费品和资本货物清单加深了波恩的印象，即民主德国确实面临崩溃，因为它再也无法保证本国人民的供应。塞特斯和随行的联邦经济部（BFWi）国务秘书冯·伏尔岑（von Würzen）表示，可以在波恩讨论此事。但冯·伏尔岑指出，仅消费品就必须补贴 40 亿西德马克，这在"政治上无法行得通"。[155]

这次会晤后，莫德罗不再怀疑，他再也无法实现自己所要求的条约共同体。许多迹象表明，他现在得出结论，在他的条约共同体中补充以德国统一的前景，符合民主德国的利益。他这样做的动机，肯定不是希望推动联邦政府最终还是与他的政府签署条约，这种希望已不复存在。更显而易见的是，他要避免在民主德国民众中拥护和反对快速统一的人之间发生暴力冲突、促进对其 1 月 28 日组建的"民族责任政府"的认可并为民主德国创造一个过渡期。1 月 29 日，他飞往莫斯科，显然是想赢得戈尔巴乔夫的同意，将条约共同体扩展成统一的初级阶段。在 1991 年的采访中，他说：

"（莫德罗和戈尔巴乔夫——作者注）曾努力不仅对存在的气氛作出短期的反应，而且用一项为长期发展提供可能的方案作出反应，用至少三年期限（我们最低估计）完成两德的合并。"[156]

1月30日莫德罗在莫斯科与戈尔巴乔夫、雷日科夫（Ryschkow）和谢瓦尔德纳泽等人举行的会谈中，显示出苏联方面打算同意莫德罗的想法。在为民主德国代表团完成的会谈记录中写道：

"米哈伊尔·戈尔巴乔夫强调苏联对德国土地上和平稳定发展的战略利益。'德国问题'不仅触及民主德国和联邦德国，此外也触及四大国的权利和责任，以及所有大洲人民的命运和国际总体发展。在实际政策中应该顾及现实和实际进程。在这种相互关系中，德国人民的自决权和自由选举权从未受到怀疑。"[157]

按照民主德国的纪要，戈尔巴乔夫和莫德罗达成一致，现在应该从理念上对这些问题重新思考，同时应该发展并协商关于阶段性行为的清晰设想，直至两德统一。[158]

在与莫德罗会谈之前，戈尔巴乔夫在民主德国电视台的采访中再次声明，德国统一"原则上永远不会，并且不会被任何人怀疑"。[159]在会谈后的新闻发布会上，莫德罗使用了"德国，统一的祖国"。[160]2月2日在东柏林，公布了莫德罗关于"德国统一之路"的声明，声明中有他的"为了德国——统一的祖国"的设想。莫德罗建议分步骤地进行。第一步该是他的条约共同体。第二步应成为两个国家拥有共同机关和机构的邦联，如议会委员会和特定领域的执行机关。两个国家的主权权益应该转让给邦联的机关。第三步应该"以联邦或德意志联盟的形式构建一个统一的德意志国家"。莫德罗将"民主德国和联邦德国在通往联邦道路上的军事中立"视为这一发展的诸多前提条件之一。[161]

除了两国"在通往联邦道路上"必须保持军事中立的要求，莫德罗的这个方案是向科尔11月28日的《十点纲领》的靠拢。放弃至今严厉拒绝的统一立场，被西德媒体视为必要的路线调整而受到欢迎，但中立的前提条件则被驳回。[162]对于执政党来说，中立这一前提条件是无法接受的，社民党主席团同样加以拒绝。对民主德国的气氛，莫德罗的方案则几乎没有起到作用。对德国统一社会党－民主社会主义党而言，该方案走得太远。德国统一社会党－民主社会主义党理事会的主席团声明表示欢迎总理解决德国问题的条件、步骤和目标，但强调该进程还需要"内容方面的深入的协定"，德国统一社会党－民主社会主义党将继续为"在德国大地上的民主社会主义"而奋斗。[163]该方案最符合同时在东德社民党中占主导地位的设想。声明发表后没几天，对于莫德罗的方案，无论东德人还是西德人都兴趣索然，此后，提供西德马克成为热门议题。

第四章　提供西德马克

1990 年 2 月初，联邦政府离开了科尔在其 1989 年 11 月 28 日《十点纲领》中指明的道路。如果继续沿着这条路走下去，那未必是与莫德罗政府，而很有可能是与自由选举的民主德国未来合法政府商定条约共同体。两德合作的时代将随之而来，在此期间，民主德国可以建立具备运行能力的市场经济。国家、经济和货币的统一虽然仍是目标，但暂时还需等待。

直到 1 月，选择这条道路都有必要的理由。正如所见，首先外交局势根本不容有其他选择。仅仅出于外交上的原因，直至重新统一之时，仍需降些雨水融汇莱茵河和施普雷河。这种广为流传的观点，给大多数从事民主德国发展研究的经济学家们服下了坚持正常经济学常识和为教科书背书的定心丸。其中盛行的观点符合《十点纲领》的构思，支撑着联邦政府的政策：民主德国应以最快的速度过渡到市场经济；市场经济改革会带来西方私有资本的注入；生产设备的现代化必须借助西方资本并放弃自己的消费；联邦共和国的公共财政援助应主要用于扩建基础设施；一段时间后，如果东德的经济生产率由于市场经济和高投资而强劲上升，它就可以参与世界市场的竞争，只有到那时，从经济学的角度看，经济、货币和国家统一才有可能。

用向民主德国提供西德马克的办法，联邦政府选择了一条避免通过"邦联结构"这条弯路而走向统一的捷径。如果民主德国接受这项建议，这条道路即将在最短的时间内通往经济和货币统一；在国家行为的重要核心部分，民主德国的独立性会被取消。2 月 6 日，科尔宣布了与民主德国商谈经济与货币联盟的决定。当时公众就清楚，联邦总理作出了一项充满影响力的、在经济学家中最有争议的大胆决定。从今天的角度看，提供西德马克是联邦政府在重新统一进程中的最重要的倡议。它加速了这一进程，而且许多迹象表明，没有这种内政及外交上的加速，就会错失实现德国统一的机会。不过，直至今日仍有人指责，联邦政府以提供西德马克的方式"草率地"促成了重新统一。在仔细审视那些导致提供西德马克的想法之后，这种指责还站得住脚吗？

第一节　"留在当地的信号"

供应西德马克并非总理孤立的决定，尽管科尔必须符合《基本法》确定的总理权限，在最高机构作出这一决定。它也并非在没有细致的前期工作的情况下作出的决定。这个决定更多的是一个长达数周的进程的结果，在这一进程中，想法得到讨论、模式得以草拟、风险备受考量。对这一观点形成有贡献的有：执政党和社民党的政治家、联邦财政部（BMF）和总理府的官员、联邦银行董事会成员及国民经济学教授。

早在柏林墙打开后不几天，在联邦政府一个重要的顾问委员会中，讨论过与民主德国缔结货币联盟的想法。1989 年 11 月 18 日，由国民经济学教授克里斯蒂安·瓦特林（Christian Watrin）担任主席的联邦经济部学术顾问委员会，对题为《民主德国给联邦政府带来的经济挑战》的报告提出了临时的短期评估草案。在短期评估草案的第 11 页和第 12 页中，顾问委员会以独立自主的民主德国将继续存在为出发点并声明，民主德国必须过渡到市场经济，否则无法提高生产率。核心的一句话是："一种经济不能同时通过市场调节和中央计划调控。"顾问委员会勾画了必要的改革所需要的一揽子内容：自由价格、竞争、私有化、公司注册自由、以绩效为导向的收入分配、稳定的货币。改革实现得越迅速、越彻底，成果就越斐然。顾问委员会建议联邦政府为基础设施中的各种措施提供援助，特别是为那些对联邦德国也有利的设施。决不考虑联邦德国的无条件的资金援助。同样拒绝通过联邦银行支撑"任意制定汇率"。所以，这一评估完全符合联邦政府这几周对民主德国经济援助问题的立场，也没有偏离经济界的主流观点。但在最后一页，顾问委员会成员没有顾及目前仍然面临的、摇摆不定的政治现状，也没有顾及主流经济学学术观点，发表了大胆冒险的言论。他们阐明，即便民主德国坚定地走改革之路，成功依然未卜；民主德国处在强大的时间压力之下；由于东、西德之间巨大的收入差别，合格的劳动力将继续外流，由此造成的经济后果，也许会比强有力的改革政策的刺激作用要强得多。为了制止"自我驱动的"形势恶化，有必要在框架条件方面出现一次"质的跳跃"，但这只能在"一个共同国家的屋檐下，至少是在一个共同国家的屋檐下令人信赖的期待中"得以实现。

"民主德国过渡到坚定的市场经济制度，加上接受西德马克作为全德货币（……），与一个共同国家制度中的团结义务一起——这或许是框架条件，在这些条件下确实可以期待：从联邦德国和世界其他地方涌入民主德国经济现代化所需要的巨大私有资本，而且可以设想用于更新民主德国基础设施和拉平社会差距所需要的特殊的公共财政转移支付。"[1]

在柏林墙倒塌后的第八天，这无疑是充满远见甚至是大胆果敢的想法；它们已经体现出 1990 年 2 月主导联邦政府政策的最重要思路。

但就在 12 月的时候，总理的大多数顾问还觉得在民主德国引进西德马克的想法太大胆。12 月 13 日，内政部长朔伊布勒、总理府部长塞特斯、国防部长朔尔茨（Scholz）、总理外交顾问特尔切克在总理府碰面，交换德国统一下一步骤的想法。期待在不久的将来德国就统一的朔伊布勒建议，立即向莫德罗政府建议成立一个货币与经济共同体。单靠众多的援助计划，无法解决移民问题。自由选举在即，解除德国统一社会党－民主社会主义党的权力已十拿九稳，联邦政府不惧怕快速和大踏步地推进。在这个部长和官员圈子中，朔伊布勒尚未获得赞同[2]；仅仅因为外交原因，就没人愿意放弃《十点纲领》的谨慎路线。

1 月底，联邦德国应该做些什么才能给民主德国公民以令人信服的前景？在关于这个问题的讨论中，引进西德马克已成为焦点。迄今为止，在民主德国马上引进西德马克，不仅对大多数经济学家，而且对大多数政治家来说，都是无法想象的。突然，它变得是可以想象的并陷入了公开的争论。

货币联盟方案闪电式的升温——从被视为太大胆而遭到拒绝的个别人的想法，到引起激烈竞争但得到严肃对待的选择——这是德国内部边界打开后暴露出的经济和社会问题巨大压力的结果。就在 1 月，这些问题看上去似乎还无法用目前采取或考虑过的措施加以解决。具有重大意义的是，1 月外流人员再度增长。"现在就实行民主"德国的过境移民人数每天超过2000 人，虽然比 1989 年 11 月少，但明显比 12 月多。同样有意义的是，在政治人物身上，以下认识占了上风：尽管在可预见的时间内，民主德国会有一个比莫德罗政府更大力推进改革的政府，但在民主德国建设有运行能力的市场经济需要大量的时间。仅仅是这两个相互交织的问题就足以告诉大家，至今的方案不够用。再加上政党策略上的考量，越接近民主德国的选举，对西德政党领导来说考虑东德选民的反应就越显得必要。当然，全德选举似乎还甚为遥远。然而，在人民议院大选中争取可能的盟友，对西德的政党来说并非无关紧要。民主德国的政党体系发展，迟早会对联邦德国政党体系产生反作用。出于这些原因，1月中旬就具备了播种"至今难以想象的想法"[3]的土壤。

关于在民主德国马上引进西德马克优、缺点的公开辩论开始于1月19日。当天，库尔特·比登科普夫（Kurt Biedenkopf），是基民盟的主要思想家，常常也是奇想家，在《波恩总汇报》（*Bonner Generalanzeige*）上发表了一篇文章，其中写道：

"边界开放后，有一股强大的势力急于快速解决货币问题。我们不可能小心谨慎地解决货币问题。德国两边的人民将对小心谨慎的愿望不屑一顾——那些经营企业的人也不会。它必须超出我们的想象，尽快得到解决。"[4]

同一天，英格里德·马特乌斯－迈尔在《时代周报》上发表了《留在当地的信号》一文。这位社民党议会党团副主席写道："民主德国不断的移民人潮加重了当地改革的困难，激化了联邦德国住房和劳工市场以及社会保障体系方面的问题。为了堵住人员外流，必须快速地为民主德国人民开创未来的前景，使他们留在自己的家乡。但至今为止，为民主德国经济进行必要整顿而建议的各种改革所需要的时间，远远比民主德国人民以及东柏林和波恩政府所拥有的时间长得多。"

作为快速有效的解决方案，马特乌斯－迈尔建议成立"两德货币联盟"。首先可以考虑东德马克和西德马克的挂钩。民主德国必须为此创造必要的框架条件，例如，不可逆转的、包括独立的中央银行在内的经济体制改革，以严格稳定为导向的货币政策、按市场经济原理运行的银行体系。对西德马克和东德马克的汇率，必须从政治上规定固定的汇率。但联邦银行不许承担为有利于东德马克而进行干预的义务，否则会引起对西德马克稳定性的担忧，更多地则必须由可以通过公共财政资金或国际货币基金贷款出资的两德货币基金来支持汇率。然而，马特乌斯－迈尔并未满足于包含汇率支持的货币联盟。她解释道：

"可以想象而且应该坚定不移推进的，是一个拥有统一货币的货币合体，也就是货币联盟。"

对此，她认为无须公共财政资金，只需要通过联邦银行和民主德国国家银行就可行。民主德国货币总量 1770 亿东德马克，如果按照 5∶1 的兑换率，则需整整 350 亿西德马克。联邦银行可以提供这笔资金以对换民主德国国家银行的"保值债权"。文章以下列句子结尾：

"借助货币联盟，在人们生活关键的日常层面明显推进德国统一。在比较复杂的国际政治层面上，将因此而减少草率完成德国统一的压力。如果真要德国统一并给民主德国人民以令人信服的未来前景，就必须对解决方案做出决定，这一方案为两个德意志国家的和谐结合提供了可能。"[5]

撰写该文章是这位社会民主党女性政治家勇敢的单独行动，自 1989 年 11 月以来，她对两德经济和货币关系进行了反复的研究。她低调地处理快速成立货币联盟所带来的危险，对东德经济的过高要求避而不谈。就像在其 11 月的"国家支持计划"中所表明的那样，也许她一直期望，在引进市场经济后将有大批私有资本流向东德，为东德经济奇迹提供可能。不过，她不能指望东德人会对 5∶1 的汇率感到满意，显然她只是想用这个例子安抚西德读者。值得注意的是，虽然她将在民主德国引进西德马克作为德意志民族统一的步骤，但仍然避谈国家统一，因为她假设，在国际上，确保国家统一将很困难并需要较长的时间。1 月 19 日这一天是对国际形势的现实估计。然而，必然出现这样的问题，即对西德国民来说，在依然独立自主又难以控制的民主德国引进西德马克，是否会成为无底洞。

尽管文章标题醒目，但如果只是停留在马特乌斯－迈尔的个人单独行动上，该文也许很少会引人注意。但她似乎已经能够让党主席及议会党团主席留下深刻印象。不管怎么说，汉斯－约亨·福格尔谨慎地为她撑腰。他解释道：

"此外，按我们的观点，在经济、货币和环保方面的邦联确有可能，只要联盟依然存在，就是说在可预见的时间内存在。那么，就日常生活而言，德国统一恐怕已经远远实现了。"[6]

四天后，福格尔要求经济与货币联盟必须成为德国邦联的"优先地带"。[7]马特乌斯－迈尔感觉自己的想法得到了证实，现在根本就不再提"货币联合体"，并称 1991 年是货币联盟的可能日期。[8]1 月 25 日，她解释说，在实现民主德国政府宣布的改革之时，货币联盟的先决条件便得到满足，联邦政府最终应该放弃反对货币联盟，并在总理莫德罗访问波恩时开始具体商谈货币联盟。[9]领导小组的其他成员保持克制。她在议会党团委员会的同事沃尔夫冈·罗特，是其在两德经济关系问题上的盟友，后者在 1

月26日只谈到必须到来的"货币联合体";1月30日,与奥斯卡·拉封丹关系密切的霍斯特·艾姆克(Horst Ehmke)要求"逐步完成货币联盟"。[10]

但两天后,马特乌斯-迈尔将罗特完全争取过来,同意了她的立场。两人一起公布了一项较1月19日版本有所改进、同意在民主德国引进西德马克的方案。两位作者的出发点是1:5的汇率,他们表示,汇率也取决于民主德国经济改革的进展有多大,并要求,出于社会原因,每人应该以1:1兑换一定金额,如1000东德马克。此外,他们还区别了货币存量的兑换和流通支付的调整。必须由劳资协议双方自由谈判确定工资,在此必须考虑生产率。因为当前以东德马克计价的名义工资水平只有联邦德国西德马克工资水平的将近一半,劳动生产率也不到西部水平的一半,所以,在货币转换之后,一个产业工人的工资可以是1000西德马克,而不是1000东德马克。然后,随着可以期待的民主德国生产率的提高,可以相应提高工资。[11]鉴于这一阐述,公众和执政党必然会得到这样的印象:在社民党中,马上引进货币联盟的追随者赢得了影响力。

但这一议题实为重要,它足以引起专家们的不安。1月20日,"五贤人"专家委员会发表了题为"支持民主德国的经济改革:前提条件与可能性"的特别评估,其中没有提到引进西德马克的可能性,委员会成员显然觉得该想法太荒谬,根本不值得讨论。但现在经济学家们必须表明立场,他们以尖锐的批评做出反应。联邦银行副行长赫尔穆特·施莱辛格(Helmut Schlesinger),用一个触及问题核心的提示发起攻势:

"如果边界开放,货币和物价水平统一,但企业的绩效只有一半,就会有两个危险:企业要么设法支付与这边的企业一样多的费用,但它们不可能坚持这么做,要求补贴的愿望就会更强烈;要么它们就抵制联邦德国的工资吸引力,于是就难以留住劳动力。"[12]

联邦银行行长卡尔-奥托·珀尔(Karl-Otto Pöhl)说那是"非常奇妙的想法",现实的是,逐步让东德马克可以自由兑换,联邦银行愿为此做出贡献。[13]克隆斯贝格尔学者圈(Kronsberger Kreis),是一个知名经济学教授组成的联合会,它表示,只有当民主德国经济秩序政策问题得到解决、在可以完全自由兑换的情况下,稳定的汇率维持了好一段时间的时候,才能考虑接受西德马克做为民主德国的货币。[14]持批评态度的还有几乎所有主要日报的评论。[15]

在这个棘手的问题上,联邦政府对公众保持克制。1月26日,联邦经济部长豪斯曼在联邦议院关于年度经济报告和"五贤人"专家委员会特别评估的辩论中，为联邦政府的官方路线进行辩护。他说，经济联盟是必要的目标，然而，在民主德国经济没有从基层开始迈步之前，货币联盟对民主德国和联邦德国来说都意味着弊大于利。为此，他不仅赢得了基民盟/基社盟和自民党的掌声，还包括一部分社民党议员的喝彩，他们显然觉得，自己的议会党团副主席太铤而走险了。[16]

在此期间，几乎没有哪一天，经济学家、政治家、企业家或各公共协会的负责人不展示新的货币联盟模式。它们基本上都是分阶段模式，计划逐步使民主德国经济体制接近联邦德国的体制，并在东德企业竞争能力明显提高之后，才实现统一货币。这些模式的主要区别有两点：在西德马克和东德马克之间是引进浮动汇率还是固定汇率、时间计划。在自民党中，突然谈到奥地利解决方案：民主德国应该像奥地利那样，将其货币挂钩于西德马克。[17]基民盟/基社盟议会党团经济发言人马蒂亚斯·魏斯曼（Matthias Wissmann）的想法类似，他期待 1990 年当年东德马克就挂靠西德马克。[18]这是不很现实的想法。民主德国不拥有奥地利那样多的外汇储备，如果按上述想法行事，支持东德马克的任务只能落到联邦银行肩上，而联邦银行将会尽一切力量并以足够的理由加以拒绝，因为为了有利于东德马克而进行大力干预将使西德马克疲软。蒂尔·内克尔（Tyll Necker），德国工业联邦联合会（Bundesverband der Deutschen Industrie）主席，提出一套以浮动汇率为开端，到 1992 年底走向全面经济与货币联盟的五阶段计划。[19]1 月 23 日，他在联邦总理与会的基民盟/基社盟议会党团大会上，在热烈的掌声中，宣读了这套计划。[20]上述所有计划的时间安排都很短。计划的执笔者似乎期待，在两到三年之内，民主德国不仅可以全部结束经济改革，而且它们的企业在改革进程中会实现巨大的生产率飞跃。

除了这些模式，还出现了近乎疯狂的货币双轨制的想法。在民主德国黑市上，西德马克越来越多地成为第二货币。为什么民主德国不该将这种变化合法化，并允许以西德马克转账和开户？市场将决定货币之间的汇率，随着经济改革的进展，东德马克的汇率将上扬，最后就可以达到作为统一货币初级阶段的汇率稳定。[21]这一对某些市场经济拥护者来说有诱惑力的方案，其代表人物，德累斯顿银行首席国民经济学家恩斯特·利普（Ernst M. Lipp）称为"柔性货币改革"。从社会角度看或许根本不那么柔软，在数年内，民主德国绝大多数工资和社会福利仍以东德马克支付，西德马克的持有者占很大的便宜。货币双轨制模式从此不再被人问津。

对于活跃而有争议的公开讨论，西德普通民众的反应是既困惑又惊慌。无数的阶段性方案让人眼花缭乱。专业术语也没能起到澄清情况的作用。所涉及的"货币联合体"是指两种独立的，但通过任何一种稳定且相互挂钩的汇率得以存在的货币，还是涉及"货币联盟"？根本不清楚具体是何意。有的人使用与"货币联合体"同样意思的"货币联盟"，也就是认为东德马克与西德马克挂钩，类似于奥地利先令与西德马克挂钩。使用的"货币联盟"概念源于 1988 年以来讨论的欧洲货币联盟（Europäische Währungsunion），其目标是一个新的共同货币联盟。大多数人现在谈到的"货币联盟"，则是将西德马克的使用范围扩大到民主德国。有些"货币联盟"的拥护者想立即实现它，另一些人则认为需要短期或较长的过渡期，为了稳定汇率，在过渡期要着手货币政策的合作。这一切都够混乱的。再加上，按照正常的语感，"货币联盟"这一概念与在民主德国引进西德马克并不相符，它涉及的不是西德马克与东德马克，或者联邦银行与民主德国国家银行之间的"联盟"。西德马克或许会成为民主德国的法定支付手段，国家银行的职权或许也将由联邦银行接管，但称为"货币联盟"，则是照顾某些民主德国国民的自尊心，让外界觉得民主德国对货币联盟多少有点贡献。然而正是这一点引起了许多西德人的怀疑，他们认为给已经破产的民主德国付出的太多，西德马克将会贬值。不过，在典型的西德聚餐会友中谈论的不只是对通货膨胀的担心，还有人担心民主德国的移民将夺走西德人的就业岗位。至少在聚餐会友谈论中，这些天英格里德·马特乌斯－迈尔的支持率比奥斯卡·拉封丹要低，拉封丹拒绝在民主德国马上引进西德马克，并一如既往地声明，必须禁止民主德国移民享受联邦德国的社会保障体系。在 1 月 28 日的萨尔州州议会选举中，他取得了硕果。在民主德国的游行中，情况则相反，"西德马克不到我们这边来，我们就到西德马克那边去"的呼声越来越响亮。这是可以理解的。西德的讨论在东德得到高度关注，必然会唤醒这样的印象：立即引进西德马克已进入可行的范畴。

第二节　联邦财政部的前期工作

在公众不知情的情况下，自 1989 年 12 月中旬起，联邦财政部就准备应对一切可能发生的事情。负责两德货币问题的是货币信贷司第七处 A1 部门（Referat VII A1），负责人是当时的处长蒂洛·萨拉辛博士（Dr. Thilo Sarrazin），他是联邦财政部中拥有多年经验的国民经济学家。[22]应该感谢他及其上司货币信贷司司长格尔特·哈勒尔（Gert Haller），[23]但尤其要感谢国务秘书霍斯特·科勒尔，[24]他们非常早地在财政部对在民主德国马上引进西德马克的利弊进行了彻底的评估，在 1 月底就提交了一份具体的方案，如果部长需要，便可立即启动该方案。主要功劳归于谁的问题很难判断，而且根本不那么重要。作为处长和专题部门负责人，萨拉辛虽然有能力提出构想并撰写相应的报告，但如果他的司长哈勒尔没有严肃对待并原则上同意这些报告的话，将不会有结果。再者，早在 1989 年 12 月哈勒尔的上司科勒尔就已坚信，民主德国处于财政与经济毫无前途的形势中。科勒尔是从一次秘密会谈中得出这一结论的，该会谈是应总理莫德罗的请求，在科勒尔、当时的国务秘书蒂特梅耶、联邦银行副行长施莱辛格与民主德国副部长赫塔·科尼希（Herta König）、民主德国外贸银行行长波尔策（Polze）之间，于 1989 年 12 月 17 日在波恩举行。之后，科勒尔便在联邦财政部继续推进讨论，并且从一开始就做好了采纳非常规想法的准备。[25]

对前期工作中的初期想法有所启发的，是萨拉辛 1989 年 12 月 21 日的"关于民主德国货币继续发展状况的报告"。[26]萨拉辛坚信，边界打开之后民主德国的经济再也无法运转。这份评注大部分都在证明上述论点。可将他的论点作如下总结：

　　–联邦德国的实际工资是民主德国的两倍多。仅仅出于这个原因，在西部工作就对民主德国公民有吸引力，要么通过移居，要么通过来回往返于两边。在圣诞节前的几天里，自由交易中的马克汇率是 1 个西德马克对 7 个东德马克，极大地加强了这一吸引力。即便汇率回升到 1:5，微薄的西德马克工资收入转换成东德马克也是顶尖的收入，只要像典型的来回往返于两边的人那样，主要在民主德国开销。这一点同样适用于社会福利领取者。一个有三个孩子的家庭在联邦德国每月领取 400 西德马克，按 1:7 的汇率，至少相当于一个民主德国工人平均净收入的两倍。至今无法禁止任何一个民主德国公民，作为移民者形式上将其第一居住地登记在联邦德国，却继续居住在民主德国并在那里花费他从西部合法领取的社会福利。

－劳动力外流将因此而继续。1989年有33万移民离开了民主德国，其中有22万劳动力，相当于其就业人口的2.3%。许多迹象表明，这种趋势会加剧，1990年底，民主德国将失去5%的劳动力。值得深思的还有，流失的主要是年轻人和有资质的人才。民主德国的生产将继续下降，供应缺口还会加大，在社会服务领域现在已呈紧急状态。只要市场经济改革在民主德国开始奏效，劳动生产率肯定会上升，但这一过程需要时间。起初必须考虑到生活水平将继续恶化，还会有更多的劳动力流失。

－来回往返于两边的人的收入、移民的汇款以及西部与民主德国公民有关的社会福利金导致了民主德国货币收入的提高。汇率对东德马克越不利，这种效果就越明显。无论如何，这种情况都是令人瞩目的。如果50万民主德国公民作为来回往返于两边的人在联邦德国工作，并且每月转账1000西德马克，那么在汇率1:5的情况下，民主德国公民的净货币总收入将因此而从1600亿西德马克提高到1900亿西德马克。对民主德国产品的需求随后会提高。加上联邦德国公民利用货币差价便宜购买有补贴的主要基本消费品这一需求，在生产下降的情况下，需求提高必然会导致明显的供应短缺和对东德马克的信任继续下降。西德马克将作为第二货币继续逼近。

－因此将出现明显的、也许还会加剧的民主德国经济形势的恶化，这是边界开放的直接后果。降低补贴和相应提高基本消费品价格是不可避免的，但它们虽然可以降低对西部货币持有者购买廉价民主德国产品的诱惑，却由于货币落差价而不能消除这一诱惑。供应方面的短缺将因此而持续。还可以预料到，民主德国工人将以更高的工资要求对价格大幅度上涨做出反应。后果可能是，通货膨胀远远超出通过削减补贴而引起的一次性物价上涨。

萨拉辛所持的是联邦经济部所属学术顾问委员会10月底的观点（比较第117页）。他也看到了收入差别引起的外部原因是民主德国形势不断自我恶化的源头。

为了打破这个怪圈，萨拉辛提出了什么建议？他勾画了一条防守之路和一条进攻之路，用以解决问题。

防守性的解决之路在于各种行政限制。其中有禁止在民主德国有住房的人员在西部工作，或设法取缔东德马克自由兑换成西德马克。其结果是，推倒了一道石头建的城墙，但筑起了一道条条框框组成的城墙，这从政治上考虑就有问题。对移民和联邦公民一视同仁是必要的，而且也合情合理。这样，在社会保险中不应计入民主德国的缴费时间。只有在国家统一的基础上完成社会保险体系的一体化，才是一项有意义的任务。此外，只要民主德国必要的价格改革没有得到贯彻，就该容忍德国内部存在海关，以阻止得到补贴的商品出口。

进攻性的解决之路则要求快速过渡到市场经济体制，因为只要没有完成过渡，"日益严重的经济无序以及很有可能的货币大规模贬值"必将来临。虽然不能迅速取消一切规则和物价控制，但价格和市场改革的核心元素，如取消价格补贴，将联合企业拆分成竞争企业，企业对投资、产品和出口的自由裁决，必须立即开始并快速完成。在整个过程中，民主德国必须执行严格的货币供给控制，其中也包括当西德马克作为竞争货币得到实施后将东德马克撤出货币流通的勇气。紧缩东德马克是稳定民主德国公民对自己货币信任的最重要手段。作为补充，可以考虑将民主德国的储蓄存款长期捆绑起来，大体可以通过发行利息有吸引力的国库券，其所得收入必须存放于国家银行，或通过对国有住房存量的私有化，以及通过发行国有企业的人民股票。不过，萨拉辛看到，政治上贯彻紧缩货币政策将是艰难的。他估计，作为市场和价格改革的后果，相当一部分的民主德国企业将会亏损。国家会陷入用新的补贴去弥补赤字的巨大压力之下。这又将导致国家新的赤字，并可以摧毁稳定政策。然而，在民主德国实施彻底的市场经济改革政策可以克服这些困难，在 1989 年 12 月的时候，他还不敢放弃这样的希望：

"在物价改革、外汇自由流通合法化（首先出于交易目的）和有效的货币供给控制方面，将会相对很快地形成半稳定的东德马克汇率。在此阶段，以某种形式确定西德马克和东德马克之间一定的交换比例（类似于欧洲货币体系，EWS），可能是适当的，其目的在于长期稳定这种交换比例。在此期间，联邦银行也可以维护汇率。……这样一来，实际上东德马克已经成了西德马克货币区的一部分。未来德国政策发展的问题是，我们是否以及何时从中创建一种共同货币。"[27]

萨拉辛认为原则上只有两种可能性：民主德国要么用休克疗法建立有运行能力的市场经济，要么在移民、供应困难和对本国货币丧失信心这一不断自我强化的过程中，其经济坠入无底洞。这种怪圈情节是否太悲观？他是否高估了民主德国公民前往西部的意向？是否夸大了民主德国公民将在西部挣来的西德马克汇入民主德国因而最终摧毁已困难重重的东德供应形势的危险？萨拉辛对民主德国外流移民预测的正确性得到证实，不过是在他 1989 年 12 月无法预见的条件下。1990 年上半年，24 万人从东德移居到西德；下半年，也就是说在引进西德马克之后，只有 11 万人。从 1989 年夏末开始的大规模迁移到 1990 年底，东德确实失去了劳动力总量的 5%。下半年移民的动机也许主要是害怕失业，而不再是仍然相当高的工资差别。然而一切情况表明，没有货币联盟，1990 年 7 月 1 日以后人口流失还会更高。[28] 对民主德国公民在西部赚取西德马克的假设也并非凭空想象。来回往返于两边的人数很快超过在他的计算模型中提到的 50 万。[29] 几乎难以确定的是，在西部领取社会补贴但在东部居住的民主德国公民的人数，但数字显然不低。例如，在 1989 年 12 月 1 日联邦政府与柏林参议院之间的会谈中，西柏林方面就多次强调，尽管许多民主德国公民的活动范围仍在城市东部或民主德国，但他们在柏林（西）开设虚假住址和账户，并且在柏林出现了兴隆的虚假住址交易。[30] 因此，怪圈情节绝非脱离现实。

新年伊始，官员层面的接触日渐增多。他们的目标是推进科尔和莫德罗在德累斯顿提及的合作项目。在这段时期里，只要触及经济秩序的核心问题，就会出现无法调和的冲突。例如，西德与会者坚信，没有大量的私有资本流入，民主德国无法在可预见的时间内更新生产资料，提高其国民的生活水平。东德与会者则坚持莫德罗政府的改革方案：原则上把外国入股东德企业限制在 49%，禁止新成立独资企业或外国投资商设立分公司的规定也应保留。[31] 西德方面自然要扪心自问，这种对直接投资的限制，是否会让至今对民主德国经济援助的波恩整体方案失去基础。萨拉辛及其助手贝格尔（Berger）[32] 撰写了一份报告，其中称："尽管会谈气氛很友好，但我们的印象是，（……）对秩序政策进行深刻改革的反对者依然具有强大的影响力。"[33]

在秩序政策基本问题上的分歧令波恩的官员和领导层怀疑，民主德国政府根本不愿全力以赴地处理向市场经济过渡的任务。同时，不管哪个民主德国政府，它是否能在可预见的时间内解决如此巨大的任务，对此的怀疑也在滋生。在 1 月 12 日民主德国财政部代表团访问联邦德国财政部的时候，波恩的官员才明白，在民主德国几乎没有税务管理；萨拉辛当时作出结论，将整个法律领域套用到民主德国及其落实过程中的人力支持，是市场经济快速改革的前提。[34]

财政部长魏格尔已在1月9日要求部里的主管处室针对与民主德国货币联盟的可能性草拟意见。这一较早的时间安排值得注意，关于货币联盟的公开讨论还没有开始，魏格尔也还没有处在必须表明自己立场的压力下，但却预计到该话题很快就会充满火药味。继12月21日的分析，萨拉辛撰写了另一份报告，把货币联盟解释为市场经济改革可能的终点。在最后的评语中，他写道：

"以上所描述的过程是以此为前提的：虽然有我们的支持，但民主德国应主要依靠自己的力量完成自身货币系统的改革和货币供给的控制。

然而，这一点绝不是肯定的。拖延大胆果断的改革、几乎没有同时解决大批亏损国有企业问题的可能性，都会导致再也无法控制的企业和国家赤字、价格和工资飙升并最终导致货币全面崩盘。于是，另一类型的货币联盟可能将成为现实：将民主德国作为经济和货币政策的照顾对象来接纳它。"[35]

1月15日，萨拉辛按照魏格尔的要求，将他对民主德国经济改革的设想归纳在一项"十点方案"中。该方案用下列句子开头：

"目前给西部－东部旅行者的东德马克和西德马克的官方汇率是1∶3；在旅行外汇基金中的汇率，第一次100西德马克是1∶1，第二次100西德马克是1∶5；自由兑换中，现钞汇率是1∶8～1∶9；根据民主德国财政部的标准，与西部贸易中的汇率是1∶4.4。

这种状况与令人满意的情况相距甚远。货币是标志：西德马克象征着社会市场经济的成果和我们国家经济的繁荣。

货币联盟是迈向德国统一的步骤。从货币统一的目标中，可以推导出明确而必要的改革路线。因为货币联盟是以统一的经济区域、同类的秩序框架、起始状态中相似的目标设想、合乎实际的汇率和共同的中央银行为前提的。"

随后是十个要点，每一点都附有简短的说明：

1. 价格和市场改革

2. 财政和税收改革

3. 对外经济往来自由和取消外贸垄断

4. 取消外汇管制和实行可自由兑换

5. 引进合乎实际的汇率规则

6. 货币和银行业改革

7. 严格控制货币供给

8. 有利于资本形成的条件

9. 稳定东德马克汇率

10. 货币联盟

针对第 10 点，萨拉辛写道："在这一发展的最后，可以是拥有共同货币和共同机构的两德货币联盟。改革过程开始得越快，进行得越彻底，需要的过渡时间就越短。因而，民主德国人民就有希望，很快感受到他们生活的明显改善。"[36]

对进一步发展具有决定性的是，科勒尔毫无保留地支持这个方案并逐步赢得部长们的同意。魏格尔后来表示，自 1 月中旬以来，他就认为民主德国移民的问题"再也无法控制"。[37]科勒尔说，大约在 1 月中旬的一次单独会谈中，魏格尔告诉他，对民主德国的发展，他根本不再排除任何可能性，也许民主德国甚至会说，"眼镜蛇，请接受使命"（美国电视连续剧《无法完成的使命》的德译名——译者注）。[38]在萨拉辛和科勒尔的构想中，魏格尔现在也许看到了一个必要但冒险的解决方案。不过，起初他对所有的选择都持开放的态度。

1 月 26 日，萨拉辛的计划送到联邦总理府、外交部（AA）、联邦经济部和德国联邦银行，其中的备注说明它是在联邦财政部拟订的方案，关于如何在总体改革进程的框架中分阶段解决民主德国的货币问题。随后的一句是："不过，鉴于民主德国迅速的政治变化，不能排除必须在短时间内找到新的答案。"[39]对其他部门和联邦银行来说，情况几乎已经明确得不能再明确了，即联邦财政部已经怀疑，究竟是否还有足够的时间实施阶段性方案。

当天，科勒尔给萨拉辛下达了任务，为了给定于 1 月 30 日举行的部长、国务秘书与司长们的闭门会议做准备，就立即在民主德国引进西德马克的问题拟订一份方案。[40]结果是萨拉辛 1990 年 1 月 29 日"关于立即吸收民主德国进入西德马克货币区的设想的报告"。[41]这份报告是一份关键文件，它对日后发展的影响比任何其他部委、联邦银行或研究所的意见都要大得多。所以，在此重述详细摘录的内容：

1. 初始情况

（1）迄今为止，为了民主德国的经济改革和稳定，联邦财政部、联邦银行、"五贤人"专家委员会和几乎所有专家都以阶段性方案为基础，根据该方案，几年后可能实现统一的德国经济和货币区（货币联盟），但并不是必需的。（……）

阶段性方案合乎逻辑。它符合……久经考验的经济学思想。……其出发点是，民主德国——在联邦共和国的咨询和有限的资金援助下——可以自身力量完成调整（通过有吸引力的投资条件吸引私有资本，也可称为自身的力量）。

（2）阶段性方案也需要时间（……）。即便在其成功的情况下，进行如此整顿的经济也必然产生适应和过渡的危机，在这种危机中，大多数人的生活条件起初会变得更艰难和更糟糕。阶段性方案需要民主德国国民的信任和合作意愿。

（3）情况似乎越来越清楚，不再具备必需的时间（……）。有才能的人再也不愿靠改革的希望过日子。在阶段性框架中，改革生效还需数年时间；如果在西部有希望得到 5000 西德马克的工作岗位，有才能的人也不会对多年以后每月挣得 1500 东德马克的前景感到满意。

（4）（……）最彻底的货币联盟形式是立即让西德马克取代东德马克（……）。如果一切顺利，应该可以在两德条约共同体的框架下，为货币转换创造法律和合约的前提条件，并在联盟归属确定之前，不触碰国家统一以及所有相关的问题。

2. 模式

在截止日期——大约为 1991 年 1 月 1 日，将所有东德马克的货币存量和所有以东德马克计价的债权和契约一次性转换成西德马克。

（1）转换比例

（……）在这种转换后，而且正是要在这种转换后，货币政策必须可以信赖并且以稳定为导向。因此，流通的西德马克货币总量的增长应与西德马克货币区因转换而导致的总产能增长大约相等。

（……）（我们假设），民主德国的平均劳动生产率总共是西德水平的40%，就可以得出（……）下列估算（……）。

$$\frac{860 \text{ 万民主德国就业者}}{2970 \text{ 万联邦德国就业者}} \times 0.4 = 0.116$$

这就是说，根据这一估算，民主德国经济（……）的总产能大约是联邦德国经济总产能的 11.6%。经过转换，西德马克的货币量可以这种规模增长，不会出现影响稳定的危险。

它还有一层意思：货币转换成西德马克之后，民主德国民众以西德马克体现的可支配的总收入，不应超过联邦德国民众可支配收入的大约11.6%。

1988 年，民主德国民众的净货币收入为 1630 亿东德马克，联邦德国民众的可支配收入为 13430 亿西德马克。

这就是说，在汇率 1:1 的情况下，民主德国民众的可支配收入将是联邦德国民众可支配收入的 12.1%。这与上述推导的总产能比例几乎完全相符。

在汇率 1:1 的情况下，联邦共和国和民主德国之间平均支付的毛收入将有下列比例（民主德国工资与联邦德国工资比例）：

工业　35%

建筑业　43%

农林业　33%

贸易　33%

交通　42%

因此，毛收入成本的比例肯定低于劳动生产率的比例。这也表明，1:1 的汇率可能是合理的。

德国经济研究所在与民主德国财政物价部（Ministerium für Finanzen und Preise）所属研究所的合作下（……），现在对平均消费者货币平价进行了更新：此后，购买力比例为 1 个东德马克 = 1.07 个西德马克。在货币转换过程中，民主德国的平均生活水平还要往下降，这不太好，因此消费者货币比价也倾向于 1:1 的兑换比例。

最后必须对初始情况中的货币存量比例进行审核：1988 年底民主德国流通中现金为 156 亿东德马克，是联邦德国流通中现金的 10.9%；流通中现金和存款总数为 1672 亿西德马克，是联邦德国货币量 M3 的 13.6%。这也表明，汇率 1:1 是适当的（……）。

（2）机构框架

随着货币转换，东德国家银行将失去其央行的职能，同时，所有商业银行的职能将从国家银行中分离出来（……）。

货币政策和供应基础货币的职权将转让给联邦银行，联邦银行按总需求控制两德货币区的货币总量。联邦银行发行用于转换的现钞的同时，得到民主德国的长期有息国库券（……）。

（3）改革伴随措施

随着货币转换的实施，将取消所有由国家财政支出的价格支持和绑定，但能源和住房建设领域除外（……）。

所有放开了消费者价格的领域很快会自行调整形成统一的两德价格水平。这意味着——将能源价格和租金上涨的情况考虑在内——对民主德国的消费者来说，虽然有明显的价格结构变动，但对篮子商品的整体性来说，并没有大的价格水平波动（……）。

随着货币转换，所有计划经济体系的残余消失（……）。

国有企业从国家财政中脱离，并且从货币转换之日起，享有完全的企业经营自由。它们不用再上交之前的费用，而是承担所得税义务。对所有承担义务的纳税人引进统一的所得税税率（尽可能与联邦德国税率相同）。

国家财政从企业缴费到税收融资的转换，必须同样在货币转换之日完成（……）。

3. 结果

将民主德国经济快速纳入西德马克经济与货币区，为改革过程赢得了一种新的（……）品质：令人头疼、几乎无法解决的问题，即如何在计划经济体制中，在没有太高的社会成本的情况下，迅速实现

　　－有效的价格体系

　　－竞争

　　－运转有效的资本市场

都自行解决，因为随着货币转换那一天的到来，具备了一切条件。

继而出现其他问题，尤其是民主德国经济如何应对突如其来的竞争冲击的问题。

（1）物价稳定、竞争、商品供应

计划经济体制的任何转换都有一个未解决的问题，即如何阶段性地引进竞争、企业自由、物价改革乃至物价放开。在过渡期间常常会出现明显的通货膨胀现象和供应恶化，因为在没有完全出现市场机制的情况下，旧体制的调制机制已经失效。以匈牙利、波兰或苏联为例，在生活水平方面，人民为此付出了沉重的代价。

与这些国家不同，与东西德马克转换相挂钩的全面物价开放和清除计划经济的所有残余，不会导致民主德国通胀。所有超越联邦德国价格水平的民主德国企业将失去客户。

相反，典型的民主德国供应短缺（……）瞬间就属于过去了（……）。

（2）企业部门

（……）针对不是很受进口竞争威胁的手工业、矿业和服务业，通过货币兑换，情况明显得到改善，因为不再有任何材料和设备的供应问题（……）。

相反，民主德国（……）工业部门人为的过于庞大。（……）在此，将会而且必然会有明显的解雇。如果工业从业人员以35%～40%的规模遭到解雇，那么会达到联邦德国工业从业人员占居民人数的一般份额。这里释放了一定规模的劳动潜力（……）。

同样，在以1∶1进行货币转换时，民主德国工业的工资成本优势起初是很大的：试想，货币转换后，工业工资在起始状态下，也还只有西德水平的35%，因此相当一部分企业完全具备很好的竞争机会（……）。

（3）劳动力市场

（……）工业释放的劳动力大部分可以随着时间的过去，被之前人为压缩的服务部门吸收。

但将会有过渡期的问题（……）。在货币转换之日起就已存在失业保险。它在较长的时间必须依靠西德资金来支付，这是不可避免的。和联邦德国一样，我们从失业前净工资的68%起算，那么，临时资助140万民主德国失业者（＝工业就业者的40%）每年将耗资100亿西德马克（……）。

随着货币转换，劳工市场很快会有明显的工资差别化（……）。这种差别化是很重要的，正是如此，联邦德国和民主德国的人才在民主德国看到了机遇，但他不能没有节制地要求过快地和普遍地提高工资。这一艰难任务将落在民主德国尚未成型的劳资协议伙伴肩上。

（4）套利

随着边界的开放，各种各样持续的套利活动在所难免。对其进行行政打击是毫无意义而且也是非建设性的。但只要活跃分子和有才能的人看到民主德国的机遇明显小于联邦德国，所有套利活动都会朝着掏空民主德国的方向而进行。这很快将会通过提及的货币转换及其相关的改革得到改变：虽然在此之后联邦德国明显高出的工资收入还会在一段时间内吸引许多人过来，但如果在民主德国同时有新的机遇吸引联邦德国的人才过去并留住民主德国的人才，那么上述情况并不糟糕。为了得到西德马克，再也没必要移居并完全重新开始，人们也可以在民主德国努力奋斗（……）。

4. 结束评语

怀疑论者将指出这条建议之路的风险。这些风险是存在的，尤其是几乎没有一种可能，可以事先可靠地估计民主德国工业部门中解雇和企业破产的规模有多大。按照本作者的看法，它们的规模虽然大，但最终还是有限的，而且揭示的是一个过渡问题。

而阶段性的解决方法则相反，肯定会伴随着最优秀人才的持续流失（……）。[42]

在民主德国立即引入西德马克并同时过渡到市场经济（"截止日解决方案"）这一理念的捍卫者，完全没有让该理念得到令人印象比较清楚的阐述。现在回顾起来，当然很清楚，尤其是萨拉辛两个作为出发点的假设是不现实的。民主德国的劳动生产率为40%，这定得太高。然而1990年1月底的萨拉辛无法知道这一情况，因为除了依靠德国经济研究所的研究，没有其他资料。3月出笼了德国经济研究所研究人员的一项新研究，其中认为，为西方国家出口而进行生产的民主德国企业，其生产率水平估计只有30%。[43]很久以后大家才知道，这个数字也是一种错觉，人们还得加倍努力，民主德国各工业企业的生产率最高才能达到西部水平的20%。以下前提条件也不切实际，即货币转换后先把工资水平固定在西部水平的大约三分之一，然后随着劳动生产率的提高而提高。作为经济学家，萨拉辛自然知道，在统一的经济和货币区中，不仅价格相互接近——对此他作了提示——还有工资相互接近。他倒也强调，会有艰难的任务落在劳资双方的肩上，因为他显然怀疑，民主德国是否会实现以生产率为标准的工资调整。他必须更清楚地描述这种怀疑吗？有这个必要吗？原则上讲，这是政治当权者理所当然应知晓的事：如果太快拉平工资——从中期看这是不可避免的——以至于工资增长超过劳动生产率的步伐，那么，灾难性的失业率将在所难免。谁都明白这一点。没人知道的是，是否能做到让东德工人和工会接受适度的、按生产率进步来衡量的工资政策。作为官员的萨拉辛必须提到太快拉平工资带来的各种危险，他也如此做了。轮到政治领导层作出决定，虽然存在这些危险，是否可以冒险地立即引进西德马克？或者说，也许出于更高层面的考虑，甚至必须冒这个风险。

总理府负责经济政策的处长，当时的处级官员约翰内斯·路德维希（Johannes Ludewig），[44] 通过与国务秘书科勒尔的接触了解到，联邦财政部越来越强烈地倾向于在民主德国马上引进西德马克，而且与过渡到市场经济绑定在一起。路德维希属于直接与科尔有关系的官员小圈子。他知道联邦财政部 1 月 29 日方案的基本原则。萨拉辛写到，路德维希 1 月 30 日上午在电话中对他说，总理认为，我们可以这么做。[45] 路德维希回忆说，这几天总理问他："路德维希，我们可以这样做吗？"他回答道："联邦总理先生，我们必须这么做！"[46] 此时科尔本人尚未确定想法。但联邦财政部中"截止日解决方案"的支持者，却将这一点看作是总理为推进他们的方案所开的绿灯。

1 月 30 日，魏格尔与各司领导安排了联邦财政部领导层的闭门会议。在萨拉辛所写的两份报告的基础上，哈勒尔作了关于"阶段性模式"和"截止日模式"利弊的报告并宣读了结论，即立即在民主德国引进西德马克的"截止日模式"是有可能的，如果它与同时建立市场经济的法律基础联系起来。科勒尔支持他，同时强调，所有政治负责人都必须清楚，这条道路是与非常高的西德财政负担联系在一起的。重新统一的宪法问题构成另一议题，也引人注目。它表明，只有在可预见的时间内实现国家的统一，联邦财政部才愿意在民主德国引进西德马克。施密特－布莱布特罗伊（Schmidt-Bleibtreu）[47] 作了《基本法》允许的两种途径的报告，一种是根据《基本法》第 23 条，另一种是根据《基本法》第 146 条。他赞成根据第 23 条这条途径实现国家统一，即民主德国适用于《基本法》的范畴而加入联邦德国。他拒绝按照第 146 条的途径，担心会对联邦共和国既定的宪法秩序产生很大的风险。此外，根据第 23 条的途径加入联邦德国还有一个优点，就是东德肯定可以被纳入联邦国家财政平衡和《基本法》确定的共同体任务中。创建共同的货币与经济区可以是"根据《基本法》第 23 条迈向国家统一的第一步"。[48]

现在，联邦财政部长在内部明确表示，他认为"截止日解决方案"是必要的。在闭门会议后，他同意科勒尔的建议，建立一个跨部门的"德意志内部关系"工作组，旨在继续完善经济与货币联盟的方案。科勒尔表达了自己的愿望，认为部长应该将小组的领导权交给萨拉辛。就像魏格尔后来讲的那样，他有过反对的想法，因为萨拉辛是社民党成员，他担心会泄密。他约萨拉辛谈了一次话，并对他说："我要求的不是对基民盟主席，而是对财政部长的忠诚。"萨拉辛的反应令他产生了非常坚定的信心，以至于能下决心抛开顾虑。因此，萨拉辛被任命为最重要的工作小组领导，在未来的几个月内，该小组将进行货币与经济统一的准备工作。[49]

回顾 1 月份联邦财政部关于货币联盟问题观点的形成过程，令人惊讶。德国财政部是堪称保守、坚守既定章程的机构，在一定程度上它也必须如此，否则将比较难以在那些永不满足的个别利益集团面前保护纳税人的钱。但在此不同寻常的历史形势中，联邦财政部绝没有墨守成规。值得再次总结整个过程。1989 年 12 月，科勒尔坚信，民主德国面临着财政和经济的崩溃。12 月 21 日，萨拉辛与其国家货币问题部门突然间处在历史风暴的中心，他撰写了自己的一系列报告的首篇，其中认为边界开放必然会导致民主德国的经济崩溃，而这让后来的阶段性方案显得很不切实际，并最终将"截止日解决方案"视为必要的、尽管是冒险的解决方案。哈勒尔，主要是国务秘书科勒尔同意萨拉辛的观点。也就是说，并不只是处长萨拉辛一人敢于对教科书的原理表示质疑，他的司长和国务秘书也对常规的聪明才智提出了疑问，并且这两位都是财政部里的货币与信贷问题专家。

部长本人比其他一些顶层政治家更为明智，1 月中旬后就预见到了能比预料更快实现德国统一的可能性，但起初他仍然谨慎地保持克制。不过在内部，最迟于 1 月 30 日的司领导会议期间就不再怀疑，他的优先选项是让财政部着手落实"截止日解决方案"。尽管从级别看，萨拉辛不一定适合如此艰难和政治上烫手的任务，况且他还是反对党成员，却成为应推进货币联盟方案的跨部门工作小组的领导。实际上，对财政部典型的思维风格来说，这一切"简直不可思议"。[50] 然而，历史垂青那些参与者，他们时刻准备将常规的准则和主流的观点推到一边，以便战胜独一无二的挑战。

此外，对基社盟的某些政治家来说，他们党主席的行为也显得简直不可思议。一旦自己的立场被联邦财政部以外的人察觉，魏格尔就会从其亲密的政治友人那里听到："魏格尔，慢点干"，或者"别着急，特奥，别着急"。[51]这并不令他感到意外。每个基社盟领导层的人物，也包括魏格尔本人，都愿意给自己更多的时间，这不但是因为货币与经济快速统一的风险，也因正在呈现的德国统一将迫使基社盟进行一场艰难而富有争议的基本原则讨论：它是否应该扩展到萨克森州和图林根州？它应该局限于支持德国社会联盟吗？[52]魏格尔明白，如果他现在投身到速度已令人晕眩而且还必须加快的政治中去，基社盟将不会以激动的心情跟着他走。然而，他那除了货币与经济的快速统一，根本别无其他选择的信念，绝不会为任何人动摇。

第三节 决定

1月30日，也就是魏格尔指示继续加工"截止日解决方案"的那一天，戈尔巴乔夫在莫德罗访问莫斯科时表示，苏联原则上不会反对两个德国的统一。科尔现在感到，国家统一比他原先假设的来得更快，这是有可能的。[53]在1月31日的内阁会议上，他宣布成立各种工作小组；政府应该做好快速处理诸如财产权益和法律对等问题的准备。[54]第二天，发表了莫德罗的阶段性方案"为了德国——统一的祖国"（比较第114页）。从科尔的角度看，莫德罗从反对到同意德国统一的转变，是受民主德国国民所迫，但同时也是一个提示，即苏联甩掉了民主德国，因为它认为东德的崩溃已不可避免。在科尔对苏联会阻止德国统一的忧虑消失之时，他又有了另一个担心，即作为德国统一的代价，苏联将要求联邦德国退出北约。科尔担心，这一建议会得到东、西德的广泛支持，但对他来说却是完全无法接受的，"结果之糟糕，就像通过《凡尔赛条约》孤立德国"。[55]

2月2日，科尔收到戈尔巴乔夫的来信，苏联总统在信中谈到与莫德罗的会谈。戈尔巴乔夫认为，条约共同体是两个德国趋于和好的最实际和最实用的途径。他没有提到联盟归属问题。他邀请科尔2月9日赴莫斯科参加工作会晤。[56]读完这封信后，科尔略感乐观，有可能与戈尔巴乔夫甚至在联盟归属问题上顺利达成一致。

同一天，总理府为莫德罗来访进行准备的科尔的几个直系官员，决心向科尔建议为民主德国提供西德马克。他们当中除了约翰内斯·路德维希，还有米夏埃尔·梅尔特斯（Michael Mertes）、西格哈特·内林（Sighart Nehring）、克劳斯·戈托（Klaus Gotto）和诺贝特·普利尔（Norbert Prill）。[57]与同时在联邦财政部进行的各种讨论无关，他们最晚在1月底就开始坚信，采用条约共同体框架中的援助计划将无法阻挡移民浪潮。此外，他们要为民主"德国联盟"党中的未来伙伴提供可能性，使其以一种完美的、普遍可以理解的理念在自己的选民面前登场。他们以招贴画的形式组织建议文本，也放弃提及他们熟知的经济和政治风险。

普利尔/戈托/梅尔特斯/路德维希/内林

波恩，1990 年 2 月 2 日

联邦总理先生

1. 通过 1989 年 11 月 28 日的《十点纲领》，您和联盟各党已取得了明显的关于德国政策的职权优势。现在涉及的是保持并尽可能扩大这种优势。

2. 目前关于德国政治发展讨论的中心是民主德国的经济重建。（……）

在我们这边和民主德国公众的印象中，至少同样将期望寄托在联邦政府和民主德国当权者身上。虽然我们这一方对民主德国的事务，在经济领域有一系列的行动，但对广大民众来说，它们没有发挥可见的对外作用。

这边的反对党巧妙地利用这种印象，他们试图用不断重复的问题将联邦政府逼向守势："为了阻挡移民浪潮，你们到底做了些什么？"

3. 迄今为止，您有充足的理由回避强力推进统一进程。在此期间，出现了如果我们这边无所作为就可能出现负面作用的情况。因此，我们建议，您——像过去的《十点纲领》那样——继续走"在运动的最前列"。以下论据可以说明其必要性：

– 不该产生这样的印象，即我们被德国政策的发展"压垮了"。

– 这是给民主德国准备移民的人发出的明确信号，在可预见的时间内，他们家乡的情况会朝好的方向转变。

– 时间展望——就像成功的例子"1992 年 12 月 31 日"（内部统一市场完成截止日——作者注）所显示的那样——可以产生有效的决策压力。

4. 对我们未来的合作伙伴民主德国来说，这也具有决定性的选举意义，他们可以尽快给选民展示一个完美的、普遍能理解的快速重建民主德国经济的方案。我们的目标应该是，他们可以在已经开始的民主德国选举中，以同样简单和响亮的表达方式出场："3 月 18 号以后，我们要和赫尔穆特·科尔一起实现这个方案。"

尚待成型的中间选举联盟应以这种方案（＝选举方案），尽快在公众面前亮相。如能在莫德罗访问之前确定该方案，则是最佳的。

5. 此外，同样应与未来的合作伙伴从根本上探讨一种方案：3月18日以后应该如何继续应对邦联结构的发展——德国统一的前景。（……）

这份建议中还附有一份关键词提纲：

德国经济统一的步骤

（前提条件：决定快速实现政治统一！）

目标："德国社会市场经济"：通过社会均衡与生态责任的竞争，实现"幸福共享"（……）

（1）立即引进西德马克作为德国的共同货币：

－作为经济统一道路不可逆转的信号，

－联邦银行也对民主德国的货币稳定负责（……）

（2）对民主德国的短期援助计划：

－对医疗卫生事业立即进行援助

－即刻召开联邦总理经济会议（在柏林），以调动和协调私人直接援助（与会者：各企业和各协会）。

（3）为民主德国设定中期的基础设施计划（数百亿西德马克分5年投入）（……）。

（4）联邦德国现有的政府促进计划扩展到民主德国的企业——主要用于新成立公司和提高小型和中型企业……的绩效。

（5）公布特别的复兴方案，也就是说，复兴信贷银行提供大规模的信贷资金（数百亿金额）……

（6）民主德国从社会主义计划经济快速过渡到社会市场经济－"自由取代社会主义"：

－所有人都有在经济上自我实现的自由……

－购置财产的自由

－建设有效率的商业银行

－减少国家干预，稳健的国家财政

（7）养老金和收入的社会保障（例如，提高养老金、住房补助、儿童补助、建立一套有效的社会保险体系）（目标：德国统一的社会福利体系）。

（8）民主德国的生态环境标准逐步向联邦德国看齐。

（中期目标：环境联盟）[58]

同一天，联邦财政部长与总理就"截止日解决方案"进行了磋商。科尔本人还不愿意公开表态，但他也没有反对魏格尔发起攻势，使"截止日解决方案"引起轰动。魏格尔发表了新闻公告。公告说，为了给民主德国的人们以某种前景，直接引进西德马克作为民主德国的官方支付手段也许是必要的，如果它与"令人信服的解放市场经济的力量"联系在一起，这是负责的。[59]

在莫德罗2月13日的访问之前，科尔必须作出决定：他要么向莫德罗保证一笔有限的即时援助，要么提议尽早落实货币与经济联盟。但科尔仍不紧不慢。他的反应，与他大多时候面对艰难决策时一样：只要有一丝可能，他都习惯于等待，直到他能一定程度上认清全局，尤其是能有一定的把握预见到重要决策的政治后果。爆发式的处事方法，就像后来他常遭人诟病的那样，根本不是他的风格。就这样，他权衡并继续试探自己的亲信是如何看待"截止日解决方案"的。

提供西德马克确实属于科尔所作的最冒险的决定。一方面，以快刀斩乱麻的方式解决德国问题，必然对他很有诱惑力。另一方面，依然有重要的外交、政治和经济原因，迫使他小心行事。

－可以肯定，"截止日解决方案"，即民主德国引进西德马克并同时过渡到市场经济，是通往德国统一的决定性步骤。

－可以肯定，"截止日解决方案"将会阻止移民潮。对此，科尔和魏格尔一样深信不疑。除了原则上考虑人口外流不符合德国的长期利益，二月初又开始担心，鉴于爆满的收留所和劳工市场上已经可以察觉到的竞争，西德民众可能转向反对移民。1月28日拉封丹在萨尔州州议会选举的胜利是一次警示。

－可以肯定，及时提供西德马克将会明显改善与西部基民盟结盟的东部政党在人民议院选举中的机会。如果相反，西部社民党领导层就会率先明确提出立刻引进西德马克，那么东部社民党将会受益。因为不能排除，在社民党领导层中马特乌斯－迈尔的路线将压倒拉封丹。

－可以肯定，如果民主德国要西德马克，就必须同时转向市场经济，这有利于"截止日解决方案"。正是科尔，始终怀疑莫德罗政府推进经济转型的能力和诚意，而且他根本不相信，3月18日以后一个民主合法的民主德国政府有能力克服这一极其艰难的任务。

- 可以肯定，莫德罗的访问将迫使联邦政府作出决定。莫德罗会要求大规模的即时援助，科尔和魏格尔仍然不愿如此。在他们看来，这种援助只能起到支持莫德罗的作用，而不会加速民主德国的改革进程。但如果联邦政府不提供即时援助，它就需要另一种涉及面更广泛的方案，该方案会给民主德国的生活条件带来明显的改善，同时迫使民主德国走向市场经济。

这些理由对民主德国引进西德马克越重要，就越不容总理忽略反对意见。

- 他仍然不能肯定，苏联是否真能忍受大力推进重新统一的进程。一方面，科尔相信，最迟在总书记1989年6月访问波恩以后，他已成功地与戈尔巴乔夫建立了信任关系。此外，他还肯定苏联依赖联邦德国的经济援助。当1990年1月苏联大使克维钦斯基（Kwizinskij）请求立即援助食品和其他消费品的时候，联邦政府答应提供价值为2.2亿西德马克的货物，这些货物已经起运。戈尔巴乔夫感到可以信赖科尔，这一信任肯定由此得到巩固。[60]另一方面，不能排除，如果他通过提供西德马克加快统一速度，在莫斯科以及其他地方早已够多的反对德国统一的阻力将会加大。

- 作为总理兼基民盟主席，他一如既往地必须首先考虑西德选民的反应，因为根本无法预见何时将出现全德首次议会选举。潜在的西德基民盟选民虽然愿意德国统一，但他们同时也担心过早引进西德马克会导致通货膨胀的后果。不仅"五贤人"专家委员会的大多数专家，而且茶余饭后闲聊的西德人也都觉得至今的阶段性方案是风险小得多的统一之路。如果事情没办成，那么科尔必须预料到其选民的激烈反应。

- 经济的不确定性依然相当明显。和联邦财政部的顾问一样，科尔希望能避免因东德突如其来的膨胀式需求引起通货膨胀，但他没有把握。不确定的还有，何时将随着经济统一而实现国家统一。很有可能的是，民主德国在引进西德马克之后，根据国家法律和国际法还会独立存在一到两年。民主德国因需要西德马克而必须接受的主权限制真的已经足够吗？民主德国政府真的有能力履行义务并落实经济改革吗？如果它在私有化上拖延时间怎么办？如果民主德国出现巨大的财政赤字怎么办？它们该如何得到平衡？和每个"截止日解决方案"的拥护者一样，总理知道这些风险，作为竞选战略大师，他也许比其顾问中的某些人知道的还要多。他在犹豫，这毫不奇怪。

但他应该由于"截止日解决方案"无可争议的风险而坚持至今的阶段性方案吗？如果联邦政府按经济学教科书行事，便意味着货币统一必须推迟到民主德国不仅完成了改革，而且其经济已大部分现代化并接近具备竞争能力的时刻。这会经过多长时间？到那时移民问题该怎么解决？像拉封丹要求的那样，通过行政限制？这样一来，东德人会被遣送回自己的国家，也许会失去赢得多数东德人同意德国统一的机会。也许还会错过赢得苏联同意德国统一的机会。而只要他能坚持自己眼前的路线，就有可能与戈尔巴乔夫达成德国统一的共识。然而，莫斯科的权力格局随时可能发生变化。科尔认为，根据戈尔巴乔夫对莫德罗访问莫斯科的反应，1月30日已经打开了一道"狭窄的回廊"，如果他要完成德国统一，就必须加以利用。[61]

现在，那些在科尔看来有利于在民主德国立即引进西德马克的观点，所占的分量一天天加重。在此过程中，科尔2月3日在达沃斯世界经济论坛期间与莫德罗的会谈，起了一些作用。

莫德罗以阴暗的色彩描绘了民主德国的形势。他说，供应困难、行政失灵、传统的政党几乎不再有影响力，在基层存在"所有事都绕开我们"的随意行为。在西部的会谈记录中写道：

"（总理莫德罗注意到），在民主德国，民众很不平静。例如，当农民看到以前的大地主开车穿梭在梅克伦堡州，查看他们以前的领地时，他们便会问，土地改革是否仍然有效。在企业里，人们会问没收财产是否合法。普遍存在着法律的不确定性。人们可以说，民主德国国民大概想如现在这般生活，同时又享受联邦德国国民的收入和福利。"

莫德罗反复要求高达150亿西德马克的即时援助。他说，如果得不到这笔援助，一切皆可能发生。科尔对此要求没有表态，转而谈起货币问题。莫德罗表示，西德马克作为唯一货币是一种解决方案；由于较低的生产率，在民主德国必须支付较低的工资。科尔建议，组建一个小组商谈货币问题。[62]

通过这次会谈，科尔必然有信念得到增强的感觉，即民主德国正趋于混乱，并面临移民浪潮重新高涨的威胁，除非联邦政府为民主德国国民提供令人信服的前景。莫德罗必须从另一角度预料到，联邦政府将会提议引进西德马克。

2月5日，成立了自1月29日以来就着手准备的"德国联盟"。现在，基民盟/基社盟在民主德国有了伙伴，这个伙伴的竞选机会似乎还不是非常大——除非联邦政府冒险提供西德马克。天平继续向有利于提供西德马克的一侧倾斜。

2月6日上午，特尔切克从斯图加特获悉，巴登－符腾堡州州长洛塔尔·施佩特（Lothar Späth）将于2月7日在州议会就德国政策发表政府声明，其中将要求经济与货币联盟。施佩特是科尔在党内的对手。1989年，他参与了试图让科尔下台的行动。显然他要以经济与货币联盟的要求，从科尔需要付出的代价中受益。特尔切克现在建议科尔本人采取主动。特尔切克说，科尔对这一提议的反应，更多是被激怒；施佩特不通过表决就要求如此重要的步骤，使他恼火。特尔切克还与塞特斯讨论了在总理访问莫斯科以前宣布货币联盟的利弊。两人明白，通往德国统一道路如此之大的实质性步骤必须得到四大国的保证。然而，他们还是认为向总理建议主动提出倡议是对的，他们认为，倡议起初涉及的只是一份意向声明，始终还有时间寻求内政和外交上的保证。[63]

直到2月6日上午，科尔可能还是倾向于等他莫斯科访问以后再提供西德马克。但他真的把施佩特的逼近看得那么重要，以至于他因此要冒最低的外交风险吗？这令人很难相信。令人更加信服的是，施佩特的表现只是成了科尔现在就公开表态所需要的最后动力。等到莫斯科会谈，他还能赢得什么？在莫斯科只是必须说服戈尔巴乔夫，德国的统一不会背离苏联的利益，即便它来得比预想的要快。根本不会涉及争取戈尔巴乔夫同意在民主德国引进西德马克。在这个问题上给予苏联否决权，从战术上看是完全不妥的。那么，造成既成事实，自己在会谈之前就公开确定这件事，也许会更好。如果之后戈尔巴乔夫在莫斯科表示，"这对我来说，走得太快"，那就怪他自己倒霉。但如果科尔在公开表态这一问题上迟疑，而会谈进展又不太乐观，那么科尔会陷入困境。他将几乎不可能在不明显激怒戈尔巴乔夫的情况下，在莫斯科访问之后直接向民主德国提供西德马克。

但现在，在他看来提供西德马克是不可避免的，这就是说，如果在他与戈尔巴乔夫会晤之前公开表态，风险更小。绝不能完全排除风险。

2月6日下午，联邦总理邀请执政党各主席参加碰头会，主题是准备莫德罗访问波恩的事宜。根据1994年发表的魏格尔授权发布的各政党主席会谈记录，[64]科尔、魏格尔和拉姆斯多夫达成一致，联邦政府现在不应给莫德罗提供资金。魏格尔声明，有必要"现在就与执政联盟、经济界和学术界如计划游戏般颠来复去研究的阶段性方案告别"。科尔很快表示同意，开始持怀疑观点的拉姆斯多夫也较快地附议。在1997年的谈话中[60]，魏格尔补充了以下信息。他说，自己以对民主德国发展的详细分析，解释为何主张"截止日解决方案"；科尔也持同样的立场，但更多是"从感觉出发"，拉姆斯多夫掩盖自己对这些观点的看法；后来拉姆斯多夫也证实，会谈很大程度上是这样进行的：他指出了经济上的风险，但出于政治原因看不到别的选择。[65]

政党主席会晤结束后，紧接着安排了议会各党团的会议。科尔和魏格尔在基民盟/基社盟议会党团会议上发言。科尔向议会党团提出了他要与民主德国展开关于"伴随经济改革的货币联盟"谈判的想法。他暗示，自己不知道现任政府会不会接受这种建议，但下届政府肯定会接受。鉴于"民主德国心理状态的急遽崩溃"，他认为，无须等到3月18日提供西德马克，这一点很重要。他没有详细说明自己的决定的理由，作为通往德国统一的步骤，反正每个人都清楚货币联盟的特殊意义。耐人寻味的是，他在谈话一开始，在他真正回到货币联盟之前，便指出了苏联立场的转变。他说，在莫德罗的莫斯科会谈中，"已经完全清楚——除了其实很重要的苏联安全利益话题、条约国、北约和华约问题之外——苏联对民主德国的发展没有提出解决办法的建议，因此也可以说是'不干预'。现在莫德罗返回后在其声明中也同意国家统一的事实，这的确是一种迹象，表明这种发展已经得到承认……我说的只是民主德国的内政和经济政策的发展"。[66]

显然，苏联对提供西德马克可能的反应仍是他的主要担心之一，他不想让人指责他对自己的行动没有提供足够的外交保障。

在宣布提供西德马克的爆炸性新闻之后，他同意与"德国联盟"合作，并解释说，它关系到"与我们的盟友一起"力争每一张选票。然后，他指出了东德人的担忧：

"……有人认识到，如果经济制度改变，许多其他的东西自然也必将改变。如何改变，很少人知道……一个有效率的社会将如何真正发挥作用？它将是一个更加黑暗凶恶、尔虞我诈的社会吗？"

他指出了东德人的害怕，并使用了莫德罗在达沃斯所用的表达方式：

"……我们站在这条通往德国统一但面临巨大问题的大道上，很少真正从法律上讨论过这些问题，例如财产原则、遗产法、整个民法领域：以前的财产、现在的财产。整个村庄当然会骚动，如果以前大地主的后人现在突然回来，踏上了田埂……"

科尔当然也看到了西德面临的问题。在会议结束前一刻，他表示，货币联盟有可能不需要联邦德国的任何奉献，这一想法是错误的；我们必须用西德马克支付，这没有错，但"如果我们赞成民族统一，那么，我们现在就必须忍受在这段路程中要逆风前行。我不相信这会掀翻联邦德国的政治结构"。[67]

魏格尔接过话题，对新方案做了详细的说明。他介绍了在讨论中至今起作用的三种思考模式：

> ─ 第一种模式是"阶段性方案"：只有当民主德国的经济已达到与西德对接的水平时，才可以自由兑换的货币联盟。这种模式是联邦银行、"五贤人"专家委员会，还有联邦政府最乐于见到的。然而，他大胆质疑，是否"民主德国还可以，并且愿意要它"。
> ─ 第二种模式是在西德马克和东德马克之间固定尽可能切合实际的汇率。联邦银行必须通过干预而支持这种汇率。有一段时间社民党建议此模式。但只要民主德国不可能有可信的货币政策，它将导致"无尽的灾难"。
> ─ 第三种模式是在民主德国引进西德马克。它以接受西德经济制度为前提，在货币与汇率政策上，民主德国全面放弃主权，也就是说有必要全部归属联邦银行旗下。魏格尔强调，这种模式与暂时的甚至明显的失业风险联系在一起，但另一方面可以很快导致资本涌入民主德国。

魏格尔让人坚信，他认为只有第三种模式还切合实际。如果像"五贤人"专家委员会或联邦银行那样，一直赞同第一种模式，那么他们的出发点就是幻觉，幻想民主德国"在一段时间和以后几年内，会有一个政治权威和一个国家权威"存在，幻想它有能力对人民贯彻极为艰难的适应性改革。[68]

科尔和魏格尔的演讲得到了所有后来的发言者的赞同。经常批评科尔的库特·比登科普夫，也与大多数人的心情一样。他认为，联邦总理报告里讲的东西让他"开心极了"。他用一句话否定了经济学家的主流立场："革命不会发生在教科书中。"[69]

在议会党团会议继续进行之时，联邦总理向等待在会议大厅外的媒体代表透露了执政联盟各党主席的会谈情况。他表示，自己将建议内阁作出如下决定："联邦政府声明，准备与民主德国立即进入伴随经济改革的货币联盟谈判。"现在，联邦总理公开确定了此事。

这是惊人之举，效果完美。显然，在决定的前一刻，也只有一小圈知情人预感到，联邦财政部和总理府的考虑涉及的程度有多远。魏格尔2月2日的新闻公告被淹没在政治领导阶层就货币问题表态的洪水中。直接相关的部门，如经济部，也没有跟上步伐。2月6日，联邦经济部长豪斯曼还在公开介绍他的阶段性方案。它符合拉姆斯多夫、索尔姆斯（Solms）和豪斯曼2月初讨论的情况，计划至1993年1月1日，在欧共体内部市场生效以前，建立经济与货币联盟，作为第一步经济改革，东德马克贬值，并根据奥地利模式，通过与西德马克挂钩来稳定东德马克的汇率。[70]

信息不灵所导致的最有名的牺牲者是联邦银行行长珀尔。2月6日，他人在东柏林，并在那里与民主德国国家银行行长霍斯特·卡明斯基（Horst Kaminsky）和克里丝塔·卢福特谈论两德之间的货币关系。他此时的出发点是，联邦政府还没有放弃阶段性方案，这也最符合他本人的信念。[71]在这天之前，珀尔参加了几天前就计划好的与联邦财政部长的会谈。如果魏格尔那时稍微再多透露一点发言条上的内容，珀尔就想得到总理惊人的倡议。在萨拉辛和贝格尔起草的发言稿上写着：

"政治必须……对一切可能性，包括快速在民主德国引进西德马克，做好准备。……应该避免有可能很难再收回的公开决定，即德德货币联盟实现之前会有一个较长的过渡期。"[72]

后来，魏格尔本人反复明确表示，他指出了快速实现货币联盟的可能性。[73]但有可能联邦银行行长并不相信，在没有和他商议之前就能作出最终决定。不管怎么说，2月6日下午，在政党主席会议之后，魏格尔试图电话通知在东柏林的珀尔，但由于电话线路不够畅通而失败。[74]珀尔后来通过记者得知了向民主德国提供西德马克的决定，这位记者听到了波恩的新闻报道，想听听联邦银行行长的观点。珀尔感到自己受到怠慢，这是可以理解的。虽然他赶快设法减少损失，6 日的晚上就在采访中声明，与民主德国展开关于经济与货币联盟的谈判没有错。[75]但在后来的讲话中，他一再重复表示，在作出影响力如此重大的决策之前没有征求他的意见，他是多么地受伤。[76]

2 月 7 日是内阁会议。执政联盟的政党主席和议会党团主席以及联邦银行行长珀尔也出席了会议。现在，全体与会者都赞同总理和财政部长的观点。甚至珀尔也表示，在这件事上没有值得一提的分歧；逐步使东德马克可自由兑换肯定更为理智；但渐进式的行动已不再可能。[77]内阁现在正式决定，向民主德国提议举行伴随经济改革的货币联盟的谈判。将成立"德国统一"内阁委员会，它应该协调货币联盟、经济改革、社会体系和法律秩序的适应调整，以及对外与安全政策等各个工作小组。[78]就这样，随着经济与货币联盟的准备，开始了国家统一的准备工作。

两天后，总理和外交部长飞往莫斯科。这次范围最小的会谈——参加者除了总理和总书记以外，只有特尔切克和总书记的私人顾问切尔纳耶夫（Tschernajew）——会谈记录显示出，科尔是以何种理由努力争取戈尔巴乔夫同意自己的政策的。戈尔巴乔夫的目标同样很明确。

科尔详细描述了民主德国的发展。他说，在新年交替之际，形势艰难但相对稳定。1 月中旬，关于国家安全部的讨论产生了灾难性的影响。民主德国国家权力机构已经瓦解。八天前，莫德罗在达沃斯也对他提到了这些情况。民主德国企业只有按西德马克结算才进行交易。市长们和城镇宣布独立，将柏林的决策拒之门外。他昨天早上刚刚得知最新的例子，外界尚不知晓这一情况：东柏林市政当局已向西柏林直辖市市长请求，接管所有市政公务。科尔声明，他必须对此负起责任，让人们留在民主德国，否则经济不会得到稳定。3 月的选举以后，民主德国新议会将会同意德国统一。在这种情况下，到了该作出理智的反应的时候。为了让民主德国的经济尽快稳定下来，他提出了发展货币联盟和经济共同体的建议。这一建议会给联邦德国带来许多问题，但这些都是可以解决的。他也必须预料到联邦德国会有麻烦，不过这并不怎么影响得了他。他必须采取行动，如果统一的机会就摆在面前。然而，他要特别强调地说，他只愿意在与总书记的紧密接触中行事，因为这一过程触及苏联的基本利益。他要考虑苏联的安全利益，既有"实际利益，也有心理上的利益。他知道，他必须考虑过去……"对于科尔的上述看法，戈尔巴乔夫表示同意。

在联邦总理详细介绍了安全政策问题、最后坚定地表达了其"要联邦德国保持中立是行不通的"立场之后，总书记向总理提了几个问题。戈尔巴乔夫首先想知道，如果总理说要实现货币联盟和经济共同体，他在时间上有何设想。

"总理答道，这个问题无法回答。他说，12月底他还谈到这是一个持续多年的过程。这或许是理智的，也符合经济学家们的观点。然而，现在到了不需要再问他的境地。人们将出走以示抗议。如果他不对此作出反应，几个星期或几个月之内就有可能出现混乱。这是决定性的一点。

当戈尔巴乔夫总书记问道，联邦总理是否要在选举之后立即开始货币联盟和经济共同体时，联邦总理的回答是肯定的。他说，此时已不再是他是否愿意如此的问题……秩序已经散架，混乱日益增加，如果货币联盟和经济共同体正常运行……则需要与货币联盟相适应的立法和必要的框架条件。"

一开始戈尔巴乔夫没有继续谈论货币联盟。但显然他清楚货币联盟对国家统一的意义。总之，他问道，"联邦德国的多元体系和选举现在是否启动了一种机制并引起了所有支持德国统一的党派之间的竞争，而这种机制和竞争将使民主德国的形势更加尖锐……民主德国是这一选举活动的人质吗？"

联邦总理予以否认。他认为，平静的发展是有可能的，如果昂纳克早点开始改革的话。戈尔巴乔夫插了一句，他也和昂纳克谈过这一点。

在较长时间地讨论两德相互关系和将德国统一纳入欧洲统一以后，戈尔巴乔夫回到那个决定性的一点上：

"戈尔巴乔夫总书记接着说，他认为在苏联、联邦德国和民主德国之间，关于人们追求统一和为继续发展作出决定的权利，不存在意见分歧。主要的出发点是，他们双方都同意德国人必须自己作出选择……联邦总理强调，对统一作出决定是德国的内政。"

会谈现在转到联邦德国如何顾及邻国利益上，尤其是苏联、波兰和捷克斯洛伐克的利益。在这方面科尔和戈尔巴乔夫没有分歧，在波兰西部边界问题上也没有分歧。在经济问题上，科尔明白，对苏联来说，尤其是与民主德国的贸易和经济关系领域存在困难。因此他要明确地宣布，他愿意遵守协议。他知道，这对总书记来说是一个很重要的问题，但同时也是一个发展关系的新机会。戈尔巴乔夫答道，他也是这么看的，因为在与资本主义国家的关系中，联邦德国占首要地位。联邦总理解释说，在苏联领导层中不应该"产生不信任，因为有些事情无法运作，尽管责任不在联邦德国（……）。因此他愿意马上谈论这些问题，并且考虑哪些是可以做的"。总书记接过话题，表示他对莫德罗也说过这一点，现在又对联邦总理谈起来。他要让人知道，这些问题必须得到规范，也就是：

"与那些自身如何继续发展政治的问题无关。关于条约共同体、邦联，他必须说经济要优先。联邦总理说的有道理，没有相应的货币，经济会是何样。"[79]

总书记几乎不能说得再明确了：他将不会反对"伴随经济共同体的货币联盟"（Währungsunion mit Wirtschaftsgemeinschaft）。他显然已经看出，伴随经济共同体的货币联盟还将加速国家统一进程。然而，延长已经崩溃、对苏联毫无用处的民主德国的寿命，对他来说已不是首选。而重要的是，联邦德国注重苏联的经济利益。但苏联的安全利益对他来说自始至终是头等大事。在会谈继续进行的过程中，他们又回到中心点上，事情变得明朗。戈尔巴乔夫虽然表示理解联邦德国坚定拒绝统一的德国保持中立，但还不准备在这个问题上做出让步。他认为，"他不知道，如果不中立，应是什么状况，也许是像印度和中国那样的不结盟（……）。必须继续考虑并仔细琢磨这种想法（……）。"[80]

在紧接着的代表团会谈中，以正常的方式讨论了苏联的安全利益和经济利益。根本没有再提到货币联盟和经济共同体。[82]

科尔在莫斯科访问之前就冒险作出提供西德马克的决定，因此得到出色的肯定。戈尔巴乔夫对"伴随经济共同体的货币联盟"没有提出反对意见。还有更重要的：他让人足够清楚地认识到，他将不再反对德国统一，即便它来得很快。可是集团结盟问题仍然未解——在波恩，也没人期待对于一个最为棘手的问题，现在就会出现解决方法。但整体上看，戈尔巴乔夫以令人惊讶的程度满足了联邦政府。对此，可以很容易找到合乎逻辑的理由。如果民主德国不可阻挡地走向崩溃，那对苏联来说，它就只是一个负担。它将连向苏联履行其义务的能力都没有。因此，抓住联邦德国更为理智，尤其是因为他认为科尔不会许空头支票。

然而，如果把戈尔巴乔夫的退让只归咎于经济利益和个人因素，那这种理解未免就太肤浅。戈尔巴乔夫正在冒巨大的风险。他自己党内领导层中的"鹰派"和大多数军队将领将会指责他将民主德国出卖给资本主义的联邦德国。如果他在集团结盟问题上不是特别小心，很容易招致更糟糕的指责，指责他危害了苏联的安全。毕竟民主德国也曾是二战后形成的苏维埃帝国皇冠上的明珠。可以肯定的是帝国无法维持下去，戈尔巴乔夫最迟在 1988 年就已经认识到这一点。然而，放弃民主德国对他来说并不是件容易的事。哪一位政治领袖人物能够及时地展露其洞察到不可避免事件的眼光？戈尔巴乔夫作为国家领袖的超人之处，首先体现在他 1990 年 2 月初的德国政策上；而科尔的超人之处，则体现在他权衡机遇和风险时正确把握了戈尔巴乔夫的反应。

第四节 联邦德国内部的反应

一个政府作出一项重要的但在公众中本已存在争议的决定时，通常必须预想到反对党的批评。不过，社民党领导人无力反对。在党的理事会和议会党团内，仍然存在着对货币联盟完全不同的看法。马特乌斯－迈尔和罗特虽然以他们要求社民党立即向民主德国提供西德马克的建议，而把福格尔和大多数议会党团成员拉到自己一边，但每个理事会和议会党团的成员都知道，拉封丹，在 1 月 28 日萨尔州选举获胜之后确定下来的总理候选人，严厉拒绝过早的货币联盟。拉封丹的模式依然是通过联邦财政资金"逐步强化"东德马克的货币联合体模式。为了堵住移民的潮水，他还是要求尽可能禁止动用联邦德国的社会福利，为此与民主德国签署一份社会协议。[83]在议会党团部分成员，主要在左翼成员中，拉封丹得到完全的支持。典型代表是公共经济银行（Bank für Gemeinwirtschaft）主任诺贝特·维乔雷克（Norbert Wieczorek）的一些言论。他在 2 月 9 日说，人们不能"先让货币之马奔腾起来"，再给它挂上"货车"；必须平行推进货币经济和商品经济的调整，否则民主德国将出现高失业率，并给西德人带来沉重负担；在联邦德国，不满情绪现在已经上升到危险的地步，如果货币联盟削弱西德马克的购买力，国民的情绪可能更加恶化。[84]只要拉封丹还在西班牙休假，党的理事会就还能够一定程度地将反对意见控制在可接受的范围内。主流路线是英格里德·马特乌斯－迈尔的路线。她表示，是社民党首先要求货币联盟，联邦政府对该要求的表态拖了太长的时间，浪费了宝贵的时间；政府必须现在，也就是 1990 年就向民主德国建议货币联盟，此外还必须提供有效的即时援助。[85]政党兼议会党团主席福格尔要求取消"对移民者不再合理的所有特殊优惠"，借此对这一路线进行了补充。[86]不过，福格尔给拉封丹台阶下的努力也无济于事。度假回来后，拉封丹于 2 月 20 日在萨尔布吕肯（Saarbrücken）对党主席声明，只有党接受他的各项条件，他才准备参加总理竞选。其中包括放弃快速的货币联盟、把移民浪潮控制到行政上可以接受的范围、把德国统一纳入欧洲统一之中并置于欧洲统一之下。[87]

没过多久，2 月 22～25 日，在莱比锡召开了东德社民党第一次党代会。大会通过了竞选纲领，它将成为竞选获胜后政府的施政纲领。"德国统一计划"是重点。计划成立统一促成委员会，应在 1990 年初就组成，两德各占一半席位，从《基本法》出发，制定一部共同宪法，随后举行公决。[88]民主德国的法制改革应该分三个阶段进行：社会联盟、货币联盟和经济联盟。值得注意的是，竞选纲领对这些阶段没有提出时间安排。相反，易卜拉欣·伯梅在其原则报告中表示，最迟到 7 月 1 日应该引进西德马克。这一点既没有与其他东德社民党理事会成员，也没有与西德社民党通过气，在场的拉封丹必然"火冒三丈"。[89]在他自己的党代会讲话中，拉封丹要求在两德统一方面采取克制的处理方式。在货币联盟中要注意货币的稳定性；应该从行政上制止民主德国的移民浪潮；只有在出具工作和住房证明的情况下，才能批准入境移民；必须视德国统一为欧洲统一的前期阶段，因此有必要与欧共体商议两德货币联盟，并通过欧洲货币联盟进一步的步骤予以补充；在民族国家的范畴内考虑问题已越来越不合时宜。[90]东德人从这个讲话中只能得出结论，西部社民党确定的总理候选人既不愿立即在民主德国引进西德马克，也不愿德国马上统一。拉封丹的观点也许是对部分愿意尽可能长期保持民主德国独立的党代会代表说的，但对东部社民党在人民议院获得选举胜利机会来说，拉封丹的讲话是一个灾难。在联邦德国，它加深了人们的印象，即社民党领导在德国政策上依然存在着争议。

在货币和经济联盟问题上，联邦政府无论如何都无须担心作为反对党的社民党：得到马特乌斯－迈尔和罗特极力推行、福格尔迟迟同意的多数人的立场，与联邦政府的立场几乎没有区别。拉封丹则相反，他提出了明确的反对方案。他的欧洲统一应该优先于德国统一的论点，意味着到一定的时刻要放弃国家统一，反正那时民族国家在欧洲会消亡。他的反对方案中，对选民起到作用的核心内容仍是指出快速统一是落在西德人肩上的负担。对政府来说，这并非没有危险。科尔和魏格尔是现实主义者，而且完全知道，他们应该尽可能不要求西德人作出明显的牺牲。他们只能希望，对政治嗅觉较为迟钝的人发出的呼吁不会总有效果，而且通过这一点他们可以肯定，社民党在统一的普遍问题上，尤其是货币与经济联盟问题上的分歧将继续存在。

绿党根本威胁不到联邦政府。他们始终拒绝国家统一，把快速实现货币联盟看成是"威逼民主德国自由选举产生的第一届政府的工具"，因为只有在满足联邦政府设立的条件，如经营自由、私有制、物价改革之后，才会有"报酬"。外汇基金是过渡到东德马克实现完全自由兑换的更好办法，它在不放弃他们对未来德国道路自由决策的情况下，保证了对民主德国"公民"的快速援助。[91]

对科尔和魏格尔来说，至少在紧接着 2 月 6 日的那几天里，比两个反对党的批评更令人迷惑的，肯定是执政联盟伙伴自民党的立场。当一位记者问道，是否和自民党就 6 日的决定进行过细节协商时，自民党议会党团副主席兼财政政策发言人索尔姆斯回答说："我觉得，眼下是各说各的。缺少一种真正的协调。"[92]同一天，格拉夫·拉姆斯多夫在联邦议院的"时事辩论"中说，所有"迄今为止的计划都成了废纸"，因为"德国统一的迫切性已经变得如此强烈"。但随后他又一次称赞奥地利模式，即东德马克与西德马克挂钩，"明天就可以引进"。马蒂乌斯－迈尔喊着打断："那可是蠢办法。"[93]在战术上，拉姆斯多夫毫无疑问地处于艰难的境地。在自民党议会党团和党的理事会中，显然对执政联盟最高层 2 月 6 日的决定有怨言，这或者是由于经济方面的考虑而反对快速引进西德马克，或者是因为自民党没有足够参与其中，而感到受基民盟和基社盟的排挤，或者是因为根舍担心战胜国的负面反应。回顾过去，科尔用一句话评价了与自民党的分歧："自民党在一条稍有不同的汽船上。"[94]

不过，执政联盟内部的争吵很快平息下来；执政联盟各党主席 2 月 6 日制定的路线，在自民党中也不可避免地迅速得到认可。

但是，对于经济和社会影响大的决策通常会很快表态的各经济协会，只参与了边缘的讨论。德国工业联邦联合会主席蒂尔·内克尔放弃了他的阶段性方案而接受波恩的立场。在德国雇主协会联邦联合会主席克劳斯·

莫尔曼（Klaus Murmann）身上，也可以观察到类似的转变。[95]与社民党一样，工会无法达成共识。德国金属工业工会（IG-Metall）还是认为经济与货币联盟，只有从中期看才是可以接受的，要求对民主德国进行大规模的即时援助、东德马克与西德马克之间汇率固定的货币联合体。[96]而化工、纸张与陶瓷工业工会（IG Chemie，Papier und Keramik）主席拉佩（Rappe）的声明正相反，他认为统一的速度并不是西部决策者的过错，而是东部的经济灾难所致。[97]在德国工会联合会（DGB）中，快速实现经济与货币联盟和国家统一的支持者占多数，结果是德国工会联合会3月7日的"德国统一决议"。[98]在民主德国引进西德马克的原则问题上，政府不用担心大的协会提出批评。

给政府带来很大担忧的是具有巨大媒体影响力的国民经济学界的批评。"五贤人"专家委员会、重要的经济研究所、有名望的高校教师发现，对过早引入货币联盟的警告遭到忽视，因此便对快速货币联盟展开真正的火力封锁，他们显然希望，仍然可以使联邦政府放弃其想法。

"五贤人"专家委员会在2月9日致联邦总理的信中急切地阐述了大多数专家的保留意见。信中最重要的章节写道：
"让那些因民主德国几十年的糟糕经营而臌胀起来的货币存量，搭上转换成西德马克的便车，瞬间实现其购买力的升值，这不应是货币联盟的本意。可供支配的资金最好投资到重塑经济上，而不是以这种方式消除旧经济体制的负担……"
"这几乎不可避免：引进西德马克必然会唤醒民主德国国民的错觉，即随着货币联盟的实现，就达到联邦德国的生活水平。这是绝对不可能的。收入与生产率挂钩，后者远远落后于联邦德国。生产率及其相关的工资和退休金马上会有明显提高的期望或许有一定的理由，然而必须在实体经济部门中创造前提条件……"
"统一的货币将会使收入差距突然变得明显，将刻不容缓地要求调整，而且难以拒绝。名义工资将超过生产率的增长而上升。这就给民主德国的生产区位造成负担，而且迫切需要的西部资本流入将不复存在。
通过有利于民主德国的'财政平衡'来缩小收入（工资和养老金）差别，将增加联邦德国的压力。巨大的负担会落到公共财政肩上。不仅明显的增税不可避免，而且还会有更多转移支付方式的公共资金将被绑定在消费用途上，而用于资助改善基础设施所需的资金必然缺失……"

"民主德国的产品供应在质和量上都远远不符合人们的需求。随着西德马克的到来，得到硬通货的消费者，将增加对联邦德国或西方消费品的需求。民主德国经济的购买力会流失。民主德国企业将被迅速推到目前尚不能胜任的国际竞争面前。民主德国企业的赢利将萎缩。由于它们很难出售自己的产品，企业生产和生产率将下降。这对收入和就业不可能没有反作用，它们同样将萎缩。这些效应，只有当民主德国的企业已经赢得了竞争能力，才可得到避免……"

"一个不能与根本重建民主德国经济体制同步完成的货币联盟，只会产生成本，而无法给予人们可承受的、基础更好的经济前景。长期来看，不能因此而堵住移民浪潮。所以，首选的必须是民主德国的经济改革，而不是货币联盟。"[99]

按照经济学家的主流观点，民主德国根本不能放弃对东德马克低汇率的保护。正是因其对东德经济的研究而赢得声誉的经济研究所——德国经济研究所——所长卢茨·霍夫曼（Lutz Hoffmann），尤为激烈地阐述了这一观点。他的论证如下：

－为了从出口中赚取 1 个西德马克，1988 年民主德国必须花费4.4 个东德马克；在竞争的条件下，如果从出口品种中剔除生产费用特别高的产品，这种成本比例可能会有些改善，但肯定不会高于3.8∶1。

－实际汇率甚至必须低于这一成本比例，在 4 个或 5 个东德马克比 1 个西德马克。相对较低的汇率可加强民主德国经济的竞争能力，减轻外国企业对民主德国市场的竞争压力。随着民主德国竞争能力的提高，逐渐提高汇率。

－两德过早统一将会明显推迟赶超进程并且是最昂贵的解决方案。在一个统一的经济区，同样的工作往往必须得到同样的报酬。随着统一，民主德国的劳资协议工资将在短期内接近西德的劳资协议水平。各工会必然会要求这种趋同。希望在民主德国引进西德马克之后，那里的工资水平继续维持在西部水平的三分之一，而且只有随生产率上升而上升，这是不现实的。

– 由于过旧的生产设备，民主德国的大部分工业不再具备竞争力。这将导致一系列的企业关闭和解雇。在与联邦德国同样高的工资情况下，对重要的私有资本输入来说，必将进一步失去吸引力。

霍夫曼在结尾写道：

"……把两个彼此分开的经济区域保留到其生产率差距缩小到最低程度之时，符合民主德国经济和就业者的利益，也符合联邦德国经济和劳动市场政策的利益。无须用高额代价就可在短期内实现重新统一来蒙骗国民，在政治上是不负责任的。尽管戈尔巴乔夫最近认为重新统一可以商榷，但东、西部的德国人应该慎重考虑，现在重新统一是否真的要进入议事日程。"[100]

霍夫曼文章的优点是将问题引到重点上：按经济原理，还远远不可能重新统一。

那些想尽快统一的经济学家也显得有所怀疑。克里斯蒂安·瓦特林，联邦经济部学术顾问委员会主席，1989 年 11 月展望评估时的负责人（比较第 117 页、第 118 页），为专家代表们的疑虑找到了一种有公众影响力的表达方式：货币联盟的风险就像是"冬天里的艾格峰北坡"。[101]

用纯经济学的观点看，只能在以下条件下反驳这种批评：东德的工资只许与生产率同步增长。在这种前提条件下，快速货币联盟方案在经济学上的主要障碍，即民主德国企业竞争力的不足，会减少到可控的范围。货币联盟在经济上的好处——这种好处确实存在——将会有更大的分量。这样，货币联盟之后，在民主德国将不可能看到波兰或匈牙利那样的转型进程所造成的通货膨胀飙升的后果。虽然在取消补贴后，民主德国的基本需求商品和服务价格将会提高，但联邦德国的物价水平将是东、西德贸易间所有商品价格的上限。这种物价水平——经济学家们对此意见甚至是一致的——只要联邦银行只坚持它以稳定为目标的货币政策，就不会通过货币联盟而明显提高。

相反，如果停留在阶段性方案上，而且首先停留在两个尽管相互协调却彼此独立的经济与货币区域上，东德马克便会有危险，因为民主德国国家银行和政府有能力和诚意推行以稳定为目标的货币和财政政策的假设并不是很现实。货币联盟的经济优势在于，它为民主德国国民提供了有助于提高劳动生产率的绩效刺激。

这些优点虽然明显，但大多数专家代表置之不顾。一小部分试图用经济学解释快速建立货币联盟的专家，也指出了这些优点，但自然停留在必不可少的前提条件上：在东德，不允许工资比生产率上升得更快。[102]

2 月中旬以后，在专家代表中，认为单凭经济学不能对问题进行充分研究的观点也渐渐浮出水面。以市场经济政策的理论家和实干家而著称的联邦经济部国务秘书奥托·施莱希特（Otto Schlecht），要求学术界：

"直到最近，经济学专家们（高级和非官方的）对快速走向货币联盟和经济共同体提出了警告，而且始终建议实施在事务和时间上作出了有序安排的阶段性方案。它在合法性和事实上都是对的，在政治上，只有这种阶段式的道路才是可行的。但'人民'（民主德国）在此期间已经明确表示，不愿再花更长的时间等待真正和稳定的货币和国家统一。对此，已在政治上作出了回应和行动。经济政策顾问们现在也应认识到这一事实，并将其作为新的数据纳入他们的'数据链'中。"

施莱希特要求，经济学家现在应该集中到如今必须回答的问题上。对此，除了考虑：工资结构和水平必须如何相互适应？增长和就业能够发展得多快？哪种汇率适合于通货和货币存量？哪些其他先决条件必须得到满足，以致在没有汇率缓冲的情况下，过渡不会失败？[103]联邦政府的批评者也许会将这些言论视为粗暴的提醒，把货币联盟当作不可避免的事情加以接受，并致力于降低损失。但是，如果他们要对发展变化施加影响，除了遵从施莱希特的意愿，别无他选。2 月底，已不再有人对提供西德马克进行原则性的批评抱有兴趣，取而代之的是，如何进行货币转换的争论热闹起来。

在联邦德国，央行理事会成员还和以前一样，对快速货币联盟有怀疑。尽管对欠缺沟通很恼火，但联邦银行行长不仅在 2 月 7 日的内阁会议上，而且也在后来的日子里，避免与联邦政府对峙。对他和联邦银行来说，对峙没有任何帮助，却会损害联邦政府。

联邦银行的首要任务是规范货币流通和提供经济信贷，"目标是保障货币"［《联邦银行法》（Bundesbankgesetz）第 3 条］。同样，在法律中规定的支持政府"一般经济政策"的任务，只要它与货币安全的目标有冲突，就必须终止。为了尽可能避免目标冲突，《联邦银行法》规定了磋商和协调规则，它们虽然限制了联邦银行的独立性，但并没有消解这一独立性。因此，政府成员有权参加央行理事会会议，甚至可以要求最长两周的决议冻结。反之，联邦政府有义务在商议货币政策问题时纳入联邦银行行长讨论。然而，对于联邦政府的决议，联邦银行连延迟的否决权都没有，尽管这些决议涉及它的首要任务。联邦议院充其量可以提出抗议。于是，联邦议院就对 2 月 7 日的内阁决议提出了抗议，如果联邦银行在民主德国引进西德马克，那么之后的货币稳定性将不能得到保障。但是，在"截止日解决方案"中，联邦银行负责控制共同货币区的货币和信贷政策，同时民主德国财政政策的独立性也得到限制。在这些条件下，通胀的危险是否还会很大，必然是可疑的。因此，联邦银行行长在自己的位子上做出了唯一能做的正确决定：他在公开场合将供应西德马克看作政治决策，由联邦政府单独负责；联邦银行将在这一"民族和历史维度"的任务中忠诚地支持政府，并且为将与之相关的风险尽可能控制在最小范围而作出贡献。[104]不过，这并不妨碍珀尔和他的同事们在公开场合继续指出过早引进西德马克的风险。大多数人，如珀尔本人和巴登－符腾堡州央行行长诺贝特·克鲁滕（Norbert Kloten），忠于职守。他们强调，由于移民浪潮和民主德国的崩溃，尽管从经济学角度考虑要有所保留，但除了"截止日解决方案"，他们此时再也看不到其他的替代性方案。[105]其他人则与联邦政府明显保持距离。例如，下萨克森州央行行长赫尔穆特·黑塞（Helmut Hesse），主张推迟这一行动，三到五年内才有可能在民主德国引进西德马克。[106]

　　仅仅由于时间的原因，任何一方都不再愿意或不再可能承受得起公开的冲突。联邦政府必须道歉，因为在作出向民主德国供应西德马克的决策之前，联邦银行没有得到足够的信息通报。联邦政府一再许诺，现在，在作出决定之后，将在与联邦银行的紧密磋商中采取行动。必须准备与民主德国的谈判，必须就联邦银行的职权扩展到民主德国地区和货币转换方式制订方案。现在，如果联邦银行没有从一开始就参与其中，那肯定是行不通的。当 2 月 7 日应哈勒尔的邀请，联邦银行和联邦财政部主管货币与信贷的负责人碰面之时，便开始了官员层面的合作。他们相互探讨对方是如何考虑这些具体和棘手的问题的，如汇率、民主德国发行现金的相应机构、货币转换后民主德国企业和银行的融资问题。在这个层面上，没有人会有时间和精力用于没有结果的原则性争吵。

第五节　民主德国的反应

大多数民主德国公民想要西德马克。关于这一点，1 月底就已毫无疑问。但同时他们要以 1∶1 兑换其储蓄，这是可以理解的。兑换比例 5∶1 或 3∶1，通过按人头配额 1∶1 的缓解，一个普通储蓄者的存款面值将缩小到比一半还少。经济学家可能宣称，1 万西德马克的购买力依然高于 2 万甚至 3 万东德马克，尤其是当他们以汽车、电视、时装来衡量的话。但在高补贴的基本消费品方面，情况则完全不同，它们在民主德国明显要比在西部便宜。经济学家现在对 1 个东德马克的购买力比西德马克的评估有多高，国民很少感兴趣。他们不愿在引进西德马克的过程中损失什么，尽管只是名义损失而非实际损失。

许多民主德国国民也害怕财产以前的主人回来，这也是可以理解的。上百万人知道，他们居住的房子，也许在引进西德马克的那一刻还没有，但以后肯定很快会有房产原主人前来索要。几十万人的乡间别墅同样建造在某个时候被没收的地产上。农业生产合作社的成员也害怕，特别是如果他们耕种的土地是被没收的。这些恐惧受到社会主义势力的煽动。失业的恐惧也同样受到煽动，并且完全是有理由的。

由此看来，对引进西德马克产生的后果的害怕是够多的。然而，比所有害怕要强烈得多的是马上可以和西德人一样生活的愿望。西德马克是最有效的象征。莫德罗政府对提供西德马克显得吃惊，尽管总理至少从达沃斯起就应该想到联邦政府的这一倡议。在 2 月 8 日的西德电视采访中，莫德罗抱怨他没有及时得到波恩的通报。[107] 东德政府内部如何评估波恩的提议，他们要如何对此做出反应，这可以从 1 月 29 日后担任常务财政部长的瓦尔特·西格尔特[108]和国家银行行长卡明斯基 2 月 10 日提交的报告中看出来。

> 瓦尔特·西格尔特
> 霍斯特·卡明斯基
> 对货币联盟问题谈判立场的建议
> 柏林，1990 年 2 月 10 日
> 对谈判方案的建议

1. 应该向联邦总理说明，民主德国已经落实了 1989 年 12 月 19 日在德累斯顿许诺的所有措施。尤其涉及

　　－大幅度开放边境站，

　　－自由的免签旅行往来，

　　－修改民主德国宪法是外资参股公司和组建私企的基础，

　　－宣布在民主德国的经营自由以及 1990 年 2 月贯彻税收改革。

联邦共和国方面只兑现了在旅行外汇基金的份额，以及用于成立公司和中小私企现代化的欧洲复兴计划的贷款承诺。

2. 联邦德国未经协商的、单方面立即引进西德马克作为民主德国货币的声明，将出现继续严重激化民主德国政治形势和经济动荡的情况。

在这种形势的基础上，应该向联邦总理要求一笔至少达 150 亿西德马克的联邦共和国特殊团结互助费，供民主德国自由支配，这笔费用对于稳定经济、改善人民的供应，以及保障国际收支平衡是有必要的。

这笔资金必须在 3 月 18 日选举之前到位。（……）

1. 针对联邦政府要求立即与民主德国政府举行关于货币联盟谈判的提议

这份……联邦政府立即就货币联盟展开谈判的决议，造成了全新的政治和经济形势。尽管联邦政府必须在即将进行的会谈中陈述和解释其设想，但从联邦共和国政治领导层（如财政部长魏格尔、经济部长豪斯曼、政府发言人克莱因）的言论中，已经可以看出以下几点：

　　－快速引进西德马克……目标是，大力加快西部资本的流动，

　　－在现金和货币领域部分放弃民主德国的主权，并且把民主德国的金融业置于联邦银行的管辖之下，

　　－建立在接受联邦共和国经济秩序和特定法律体系基础上的彻底的经济改革。

在第一段评论中虽然强调，具有相应时间段的阶段计划是更好的解决方案，但是已不再具备必要的时间、耐心和民主德国的国家权威。

按我们的观点，这种方案意味着……民主德国被纳入联邦德国已

成为完全的既成事实，这与条约共同体的政治程序和经济与货币领域的联盟无关。（……）

它对于独立地建构货币、价格、税收、财政、信贷和保险方面的法律，以及因此而放弃保障人民的社会权利的可能性有着尤为决定性的影响。（……）

2. 在民主德国立即或很短时间内引进西德马克的作用与后果

联邦共和国的各种建议……显然是因此而来，

－考虑到联邦德国和民主德国的选举，让人们可以感受到联邦共和国联合政府的政治主动性，

－结合快速引进马克，不对此设定条件，达到让国民留在民主德国的信号效果。（……）

在民主德国的政治讨论中，中心点是经济与货币联盟带来的机遇和风险。

给民主德国的机遇可能是，

－达到快速调动外国资本用于企业现代化、成立新企业、有效引进专业知识以提高竞争能力和创造新的就业岗位，这可能对工作条件变化和工作积极性产生可察觉的影响，

－符合民众得到西德马克以及明显改善富有吸引力的商品供应的期待，

－创造国际收支平衡的有利条件。

……由于转换西德马克的社会风险，立即引进西德马克，仅就其自身而言，无法确定它能够阻挡民主德国国民的移民潮。

鉴于我们经济明显的生产率落差，并且它是与巨大的政治和社会作用相联系的，因此，立即引进西德马克的具体政治和社会效应，其规模目前难以计算。

首先存在以下风险：

－经济秩序的运用……因联邦德国价格的快速影响，由于生产率差距的基础，将导致我们的大部分企业没有竞争能力，其生存受到威胁。无法马上实现必要的结构转型。必须考虑大幅度的失业上升及其相关的政治和社会紧张（……）

－大部分居民……由于他们的储蓄安全和购买力，仍将没有安全感。无法排除恐慌性反应（提高取款额度、仓促转换成实物）（……）

鉴于社会保障和资金覆盖率，存在日益增加的对维持现有民主德国福利水平的担忧（……）

对工资转换会有不同的期待。由于生产率的差距，不允许快速与联邦德国的工资水平接轨。另一方面期待的却是与联邦德国的价格接轨，包括住房租金，这将产生降低实际收入的效果（……）

由此，民主德国应持这样的立场：

走向国家统一的政治步骤包括货币统一，因此，原则上应该同意引进西德马克。

这里的基本问题是，在什么条件下和以什么速度完成。上述风险表明，快速但分步进行，符合双方的政治和经济利益，而且尤其从社会的角度看，是有必要的（……）

1990 年可以开始以快速引进西德马克为方向的两阶段式货币联盟，这符合……实际。它将缓解因立即引进西德马克而导致的经济和社会问题，这对双方来讲也能更好地掌控。

3. 民主德国同意货币联盟的方案

鉴于政治和经济形势，一个由双方承担、对整个民族负责的计划是必要的，这一计划将向所有国民提供未来的机遇和社会安全（……）

从我们的角度看，必须对此制订下列综合方案：

a) 作为货币联盟的第一步，实施对民主德国民众和经济有明显效果的紧急措施是必要的，它可以阻挡民主德国国民继续移民的浪潮（……）

主要涉及以下措施：

－联邦德国至少高达 150 亿西德马克的即时团结互助费，供民主德国自由支配。

－快速从联邦德国注入资本（……）

－根据经济改革理念，各种所有制形式的企业的公平待遇得到完全体现（……）

－在取消为实现收入平衡而引进的以人头计算的补贴的同时，实行物价改革；通过利率区别化的储蓄形式为长期货币投资创造条件，引进包括对公司员工发放股份的证券储蓄，并把住房财产和私人住房转换为实物资产。

b）作为第二步，在紧急措施的基础上，在东德马克部分可自由兑换的固定汇率基础上，协议成立西德马克和东德马克之间的货币联盟。这样一种走向货币联盟的步骤可以：

－在 1990 年下半年就生效，

－提供一个适应联邦德国经济和法律体系的阶段，并限制快速引进西德马克的社会风险，

－同时为全面引进西德马克作为快速货币联盟实现的目标创造先决条件。

由此可按步骤实现货币联盟，政治发展无须急于先行（……）[109]

借此，西格尔特和卡明斯基一方面在立即援助问题上投下大赌注，另一方面向联邦政府作了如此大的让步，以至于这一方案在 2 月 6 日之前在波恩也占主导的、短期的阶段方案建议相比，只有微小的区别。整个文本似乎是出自反对立即引进西德马克的西德经济学家之手。不过，西格尔特和卡明斯基比任何一个西德经济学家更熟知他们的经济状况。西德人也许有幻觉，因为他们不了解民主德国经济的灾难性状况。东德专家则知道到底是怎么回事。他们根本无法假设，短期内民主德国的经济生产率可能有本质的提高。假定实际上从一开始起他们根本就不想通过阶段性方案化解引进西德马克的社会震荡，而只是为了给民主德国从而也给自己创造一个宽限期，这是不公平的。因为除了同样将自己交付给幻觉，他们几乎不知道有别的出路。

在公众中，副总理克里丝塔·卢福特代表的路线，与西格尔特和卡明斯基为内部起草的方针是相同的。在柏林的第一届两德中小企业代表大会上，她认为："尽管时间紧迫，但在等到现在开始的改革措施产生效果之前，我们不应急于进行民主德国经济结构的转型。"快速货币联盟的优点是改善供应、较大的旅行自由、企业合理生产的迫切性增加。危险则在于高失业率和储蓄贬值。她认为固定汇率中的阶段性方案更好，然后可以在 1991 年或 1992 年推行货币联盟。[110]

对于民主德国各政党来说，引进西德马克犹如一个磁场，迫使他们在选战中作出明确表态，同时划清界限。合并在"德国联盟"中的政党以及自民党希望立即引进西德马克。东部社民党则态度模糊。在他们的竞选纲领中称："我们努力最快与联邦德国建立经济与货币联盟。在过渡期间，

必须防范我们的经济受到冲击式的竞争。"[111]民主社会主义党拒绝快速引进西德马克，而且谈起货币统一的时间安排时，持谨慎态度。联盟 90 和"现在就实行民主"的发言人持同样立场。

在"圆桌会议"上，产生于民权运动的团体和民主社会主义党的设想，得到了很大程度的赞同。在 2 月 12 日作出的"'圆桌会议'对 2 月 13/14 日波恩谈判的立场"的决议中，要求联邦德国提供一笔高达 110 亿~150 亿西德马克的"团结费"，"而且立即支付，与所有其他的谈判无关"；政府不能现在就商定某种货币联盟或者货币联合体；任何仓促的规定都对两个德国有害。在这些协议缔结之前，必须"在一个广泛的社会框架中，彻底讨论所有的方式及其利弊"。但"圆桌会议"特别要求"所有针对尚待解决的货币与经济问题的措施，都要与民主德国民众的社会保障挂钩"。至少民主社会主义党、德国工会联合会、农民组织和部分"新政党和团体"的成员不仅将"社会保障"理解为在西部很普通的社会保障，而且还包括维持那些既不符合西部的法律，也不切合正常运作的市场经济的所有权。作为"立场"，在决议附加的民主社会主义党致联邦总理的公开信中，呼吁"保护现有国有土地上的私有财产（例如个人住房、周末休假屋和小花园），社区和国有住房租约的有效性……，在土改过程中给农民的耕地"。沃尔夫冈·乌尔曼（"现在就实行民主"）走得还要远。他要求，"所有地产和土地，以及房产、生产厂房和资料的所有权"必须"留在民主德国的个人、合作社和公共所有者手中"。[112]至于德国统一，"圆桌会议"要求，"其他所有决定都必须以阶段性的并受到条约规定的两德紧密结合的方案"为基础。

"圆桌会议的立场"在政治上赢得了一定的分量，因为莫德罗决定在他访问波恩时，将这一立场及其附件转交给联邦政府。显然，他认为，如果他不援引人民议院，而是援引"圆桌会议"的决议，那么，可以更有权威地在民主德国国民和联邦政府面前亮相。出于同样的原因，随同他前往波恩的 14 位部长中，有 8 位是不主管实际业务的无所任部长，也就是"新政党和团体"的成员。

第六节　莫德罗在波恩

2 月 13 日，以莫德罗为团长的代表团飞往波恩。最重要的会晤是两位政府首脑之间的"私下会谈"。这里首先涉及的是提供西德马克，此外也提及启动两德与四大国谈判，如何在国际上确保德国通往统一的道路。

在"私下会谈中"[113]，联邦总理重复指出正在上升的移民数量。他认为，"采取紧张步骤"的时刻已经到来。两位政府首脑必须尽快商谈统一的实现。除了联邦政府建议的两德与四大国的会谈以外，必须在下周举行关于货币联盟和经济共同体的专家会谈。

东德总理坚持西格尔特和卡明斯基事先规划而"圆桌会议"也赞同的路线。他递交了"圆桌会议"2月12日的立场，并将其视为波恩会谈的框架。与之相呼应，他反复要求150亿西德马克的团结费。关于货币联盟，他表示，3月18日之前不会有关于货币联盟的约定，因为这个问题只能由新选出的议会才能决定，不过大家现在可以开始谈判。[114]东德总理一再强调统一过程中社会保障的必要性。对此，会议记录写道："总理莫德罗讲道……，最近几天民主德国的局势有了新的发展。示威游行显示，人们开始将自己孤立起来。莱比锡的游行者问题越来越多。

大多数人保持沉默，他们对加快的速度和步伐感到害怕。他们期待社会保障……也更为坚定地提出了法律问题。它主要针对财产问题。'圆桌会议'已经达成一致。社会保障问题必须得到回应，这适用于所有党派。"

联邦总理补充说，社会问题对他来说也特别重要。这里主要关系到设立失业保险金、退休保障金、储蓄存款等问题。他没有理睬150亿西德马克团结援助的要求。莫德罗争辩说，民主德国已无力偿债，无力偿债的问题在下半年才能体现出来；民主德国必须弄到30亿西德马克，才能熬到1991年。[115]

接着，举行双边代表团大范围会议。在原则问题上，双方的观点没有什么变化。值得注意的至多是，民主德国代表团的所有成员，包括"民主觉醒"的发言人莱纳·埃佩尔曼（Rainer Eppelmann），都赞同给民主德国一些时间。[116]

对双方与会者来说，这些谈判并不怎么舒服。立场不同，无法撮合。莫德罗政府宣称为民主德国国民说话。对联邦政府而言，尽管莫德罗政府通过纳入"新政党和团体"而得以扩充，但从民主角度来讲，依然是不合法的。莫德罗政府的目的是赢得时间。联邦政府的目的则是尽可能快速实现德国统一，并支持民主德国内部致力于实现同样目标的力量。莫德罗政府不能给联邦政府提供太多的东西。现在就举行关于货币联盟的政府级谈判，并非联邦政府的愿望。如果莫德罗政府坚持，只有在3月18日选举出来的人民议院才能对货币联盟做出决定，这正中联邦政府的下怀。莫德罗就连货币联盟的专家会谈和启动与四大国的会谈都无法拒绝。否则，他或许已夺得对下一步发展的各种影响力，还敢冒招来至少与秋季同等规模游行和罢工的风险。

民主德国与会者感觉力不从心，而且被刻画成只是乞求者的角色，这符合客观情况。在访问期间和之后的采访中，民主德国代表团成员感到失望，指责许多西德谈判者的高傲亮相，抱怨团结援助请求被拒绝。也许是吧，西边这一方表现得很明显：他们认为东德政府成员的合法性和能力都甚为有限。然而，莫德罗真的应该期望，联邦政府给眼下只有几周寿命的政府提供高达数十亿西德马克的"团结援助"么？这一点赛特斯已于1月25日，科尔已于2月3日重新予以明确拒绝。而今，科尔的办公桌上放着提供西德马克的方案，那他为什么还要偏离这个立场呢？

波恩为民主德国国民做得太少的观点，不仅得到莫德罗政府，而且也得到联邦政府的社会民主党和绿党批评者的运用，但现在至少在西部再也没人能相信这一观点，因为人人都明白，随着引进西德马克，将要对东德兑现的财政援助，其规模远远大于莫德罗现在所要求的。莫德罗、卢福特和其他民主德国政府成员评论波恩会谈时表露出的失望和愤慨，在联邦政府看来，显得不是天真，就是为选举而装模作样。[117]

西德社民党虽然指责联邦政府不为民主德国国民办事，但它瞄准的不是西部而是东部的选民：在民主德国的选举中，如果指责科尔缺乏援助诚意，可能对东德社民党有利。在提供西德马克这一关键问题上，社民党政党兼议会党团主席福格尔则赞成联邦政府。[118]

西德和东德的媒体自然将焦点放在分歧上。因此，会谈的具体结果在报道中被边缘化，而实际上它具有头等意义。立即展开关于货币联盟的专家会谈和与四大国会谈的决议，是一种标志，标志着莫德罗政府已经放弃了推迟几年甚至可以完全阻止两德统一实现的一切希望。提供西德马克，尽管没有得到莫德罗政府的接受，却足以用几个星期前尚无法想象的方式加速民主德国的终结。

民主德国政府不得不承认上述情况。在部长会议波恩访问传来后得出的"结论"中写道：

"访问的决定性意义在于，现在两德政府之间最终为德意志民主共和国与德意志联邦共和国马上统一设定了一个德意志联邦国家的方向。可以保证，实现德国统一的进程，不会以民主德国合并到联邦德国的形式来完成，而是作为主权国家的统一，在此，民主德国要将其积极的价值带入进来，尤其应该竭尽全力地确保相应的社会和法律保障……"[119]

第五章　开局对弈

　　莫德罗访问波恩后，两德政府在 1990 年度就开始着手准备共同的经济与货币区。对联邦政府来说这并不奇怪。它迫切希望在人民议院选举之后尽快启动关于"伴随经济共同体的货币联盟"的谈判，因此它根本不可能局限于单纯收集民主德国的经济和财政形势信息，而必须在内部为条约谈判做好准备。莫德罗政府则相反，即便愿意有共同的经济与货币区，也希望再晚些时候。但莫德罗政府决定展开各种专家会谈，似乎已开始条约谈判。这是看到了必然趋势。莫德罗想要对快速引进西德马克提出公开警告，他知道，这是不可避免的——很少是因为波恩的推动，而是因为民主德国的氛围令人别无选择。但假如它是不可避免的，那么就及时调整，这是合时宜的。必须给民主德国国民传递这样的印象，莫德罗政府尽管出于各种考虑没有拒绝引入西德马克，而是使出所有招数，在货币转换汇率和社会保障方面有效地代表东德人的利益，而这些利益现在得到不同的政党和团体的定义。也许不会是莫德罗政府，而是未来的民主德国政府将领导真正的条约谈判，但如果莫德罗政府现在就付诸准备，也许可以给以后的谈判打下基础。因此它就成了一种双重战略：一方面，莫德罗政府把专家会谈看得相当重要，让人不会怀疑它期待 1990 年就有货币联盟，并且乐意向西方提供一大批关于民主德国经济和财政形势的信息；另一方面，很快就显而易见，它设法阻碍有效的市场经济过渡，哪怕阻挡不了，但至少可以推迟。

　　联邦政府不仅委托联邦财政部负责专家会谈，而且也负责后续的一切准备工作，只要它们涉及"伴随经济共同体的货币联盟"。这是有目的的。对此，联邦财政部有所准备，联邦财政部长兼基社盟主席是第一个冒险公开表示同意"截止日解决方案"的内阁成员，并且它首先关系到大量资金。自民党领导层也没有什么理由反对这种解决方案，虽然豪斯曼（德国自民党）领导下的联邦经济部原则上对如此重要的制度性政策任务赋予财政部抱有疑问。[1]与此同时，联邦政府作出决定，让联邦银行参与专家会谈并为将来的条约谈判作好准备。集德国政策权限于一身的联邦总理府和联邦财政部之间的联络，在货币和经济联盟的所有问题方面，在官员层面上，由约翰内斯·路德维希负责；在内阁层面，"德国统一"内阁委员会的任务是，协调各部委之间关于德国统一的整体经济、外交和内政政策的准备过程。

民主德国政府将专家会谈和进一步准备的管辖权交给财政物价部。这是现实的逼迫。各工业部委根本没有能力处理此事，因为它们分别只负责经济的某一部分工作，克里丝塔·卢福特虽然和以前一样负责经济改革的协调，但没有自己的部委。民主德国国家银行参与其中。因此，在民主德国，也是中央银行和财政部，它们在为将来谈判进行准备的过程中，就已具有关键地位。

第一节　准备"伴随经济共同体的货币联盟"的两德专家会谈

国务秘书科勒尔是专家会谈时的西德代表团团长。此外，属于代表团的有经济部国务秘书冯·伏尔岑、劳动部的雅戈达（Jagoda）和联邦银行副行长施莱辛格。还有来自各部委的官员，其中有担任财政部德意志内部关系工作小组组长的关键人物萨拉辛。

东德代表团团长是无所任部长瓦尔特·龙姆贝格（社民党）。[2]既没有相应部委，也没有特定的专业经验，在货币、经济和财政等具体问题上，龙姆贝格无法有多大贡献；因此较重要的参与者是民主德国代表团的其他成员，主要是在职的财政部长瓦尔特·西格尔特、国家银行行长卡明斯基、国家银行副行长斯道尔（Stoll）、轻工业部（Ministerium für Leichtindustrie）部长格林海德。

1990年2月20日、3月5日和3月13日举办了代表团全体成员会议。此外，以货币、经济、财政和社会保障等内容组成的工作小组也举行了多次会晤。

西部专家的任务是，在会谈中追寻两个目标：

  −应该向民主德国再次并完全清楚地表明，只有社会市场经济的法律前提条件已经建立，它才能得到西德马克。

— 应该敦促民主德国提供联邦政府需要的经济和财政数据，以便确定货币转换的细节，以及估算必要的援助额度。[3]

东部的目标，西格尔特在 2 月 13 日已作出如下描述：

"专家委员会的任务是，以莫德罗与科尔的会谈为出发点，对建立经济与货币联盟的可能性、框架条件和目标进行谈判，并尽可能在 1990 年 3 月 18 日之前得出具有操作性的结果。这里主要是，

— 听取和分析德意志联邦共和国的具体条件，

— 规划含有紧急措施的适应过程，该过程尽可能避免经济崩溃并为结构改革提供可能。

— 确保民主德国国民从人道上可以接受的社会条件。"[4]

仅从目标设定的比较就看得出，莫德罗政府想从联邦政府得到的具体东西比联邦政府想从民主德国得到的要多。联邦政府现在要听取意见，便于以后与新选举的政府谈判。[5]莫德罗政府现在要听取意见，同时设定方向。对双方来讲，专家会谈变成了一种试跑，在试跑中，同样的题目得到讨论，冲突的路线得以暴露，直到 4 月底 5 月初，这些冲突还主导着国家条约的谈判。

会谈的艰难不仅是因为事物的复杂性和利益的不同，而且还因为那几个星期内在两德谈判中几乎所有典型的心理障碍。民主德国专家看到自己被挤压成破产管理者的角色，并担忧他们的未来。在自信心受到伤害的情况下，他们对西部的说教反应敏感。他们虽然承认，西部在会谈主导风格方面努力做出让步，尤其觉得霍斯特·科勒尔是公平的谈判对象。[6]然而，民主德国代表团成员也自然能察觉到，西德人认为他们在货币和经济政策问题上专业能力差，也常常怀疑他们的意愿。反过来，他们指责西德人缺乏对民主德国情况的了解并利用这种机会。

2 月 20 日，龙姆贝格和科勒尔在东柏林的会谈开幕之时宣布双方"充满信任"和"快速"合作的诚意。龙姆贝格解释说，民主德国方面在意的是关于货币联盟和经济共同体的国际法条约的准备工作，德国统一的其他步骤不受影响。科勒尔向龙姆贝格转交了一份"建议文件"（比较下边的

内容）和一张详细的议题清单，它们是从波恩的角度看，为了弄清民主德国经济和财政状况应该处理的议题。[7]鉴于双方不同的利益和可以理解的猜疑，合作几乎不可能充满完全的信任。会谈进展得很快。双方希望在 3 月 18 日之前就取得结果。

1. 建立共同的经济和货币区的提议

联邦政府向民主德国提出建立一个共同的经济和货币区的建议。该建议的核心内容由两部分组成：

（1）至某一截止日，东德马克作为货币单位和法定支付手段将被西德马克取代。

（2）同时，必须由民主德国为引进社会市场经济创造各种必要的法律条件（在经济制度中心范围的法律趋同）。

对联邦政府来说，两个要素具有不可分割的相互关系。

2. 机遇

这种市场经济改革是克服民主德国现今经济困难，尤其是快速克服供应短缺、为私人资本的注入提供可能和创建前景光明的新的就业机会的先决条件。

这条道路要求强大的调整和努力。民主德国必要的结构转型暂时会造成当地就业岗位的损失，但同时会带来新的就业和收入。果断行动中的机会远远超过风险。

3. 程序

联邦政府建议民主德国政府立即就创建经济与货币区展开谈判。本着这一目的，成立一个主要就下列问题进行立即会谈的共同委员会：

a）全面获取民主德国必要的财政数据和事实。（……）

b）货币问题

－将《联邦银行法》条例和央行理事会决议的法律和机构性前提条件落实在民主德国。（……）

c）贯彻经济改革

－通过将决策权限转移到企业和个人，实现全面的经营自由，

－财产制度改革，

－物价与工资体系的快速市场化改革和减少补贴，

－建立有效的竞争秩序，

－引进自由的对外经济法。

d）财政

－按市场经济制度的要求，调整国家财政，

－引进合乎绩效和促进投资的税收和支出体系，（……）

e）社会保障

－引进失业保险（包括提高工人技能的必要机制），

－退休保险问题。[8]

　　东部方面放弃提交含有目标和设想的官方文件。但西部方面很快发现，民主德国代表团成员完全做好了准备。3 月 5 日，专家委员会第二次全体会议，西部方面也清楚，存在一份民主德国代表团成员可以用来指导自身立场和决议的文件：部长会议经济委员会主席格林海德部长，在会议期间向国务秘书冯·伏尔岑递交了一份标有"非官方"字样的"关于在民主德国和联邦德国之间建立经济与货币共同体以及在某一截止日引进西德马克作为统一货币的前提、条件和措施的方案"（Konzept der Voraussetzungen，Bedingungen und Maßnahmen zur Bildung einer Währungsunion und Wirtschaftsgemeinschaft zwischen der DDR und der BRD sowie der Einführung zu einem Stichtag——编者注）。[9]它的用意显然是，在民主德国代表团内部，对其成员在会谈中的出发点提出最高要求。以后再看，这个方案也很有启发性。一方面，它是现实的，其作者并未受幻觉的迷惑，即民主德国的经济很快将具备竞争力；另一方面，他们设想联邦政府会在民主德国没有同时彻底过渡到市场经济的情况下，为民主德国提供西德马克。

　　民主德国部长会议经济委员会，1990 年 2 月 26 日
　　关于在民主德国和联邦德国之间建立经济与货币共同体以及在某一截止日引进西德马克作为统一货币的前提、条件和措施的方案

1

稳定民主德国经济发展和 1990 年国民供应的各项紧急措施

　　（1）用于稳定内部市场和保障国民供应的紧急援助，因为在已产生效果的措施基础上，净货币收入的增长为 7%，商品基金的增长最

高为3% ⋯⋯⋯⋯⋯⋯⋯⋯⋯⋯⋯⋯⋯⋯ 30 亿西德马克

（2）用于减轻零部件产品断货和因持续出境浪潮对协调链带来的严重干扰 ⋯⋯⋯⋯⋯⋯⋯⋯⋯⋯⋯⋯⋯⋯ 15 亿西德马克

（3）在医疗卫生方面、药品、医疗技术领域的人道援助 ⋯⋯⋯⋯⋯⋯⋯⋯⋯⋯⋯⋯⋯⋯⋯⋯⋯⋯⋯ 5 亿西德马克

为了在 1990 年就引进西德马克作为货币做好准备，从而避免严峻的经济和政治崩溃和无法控制的发展局面，这些是先决条件。

2

关于财产关系权

承认民主德国法律确定的有关国家财产、合作社财产、私有财产、公民个人财产、特别是土地所有权的财产关系。（⋯⋯）

3

制定先行措施，以建立已接近的消费者物价水准

为了人民和为稳定民主德国及稳定联邦德国的内部市场，取消对基本需求、交通和服务业的费用补贴，以此作为以 1∶1 的汇率引进西德马克的基本条件。应保证退休者、社会弱势群体、多子女家庭、残疾人和大学生继续获得以人头计算的全部或至少 80% 的补贴。先保留房租补贴，可能通过逐步确定人均居住面积的补贴，将房租过渡到以成本计算的基础上来。（⋯⋯）

4

针对市场经济主要要素作用的重要的经济政策前提条件

为一切所有制形式创造完全平等的法律前提条件（⋯⋯）

促进私人新注册公司和生产资料私有化的经济措施（⋯⋯）

将经济自主和法律自主的公民/国家所有的经济实体改造成法人的措施，使之有望存在更长时间，这是他们与联邦德国公司或其他外国伙伴缔结参股及合作条约的前提条件。（⋯⋯）取消西方公司和银行资本入股 49% 的条款。（⋯⋯）

5

将经济调整到统一货币上的措施

涉及在市场中自我形成的工业价格。（⋯⋯）

以尚待决定的汇率（1∶2）重新评估民主德国经济财产的西德马克价值。（⋯⋯）

6

结构调整措施

（1）因为必须考虑在民主德国较低生产率和效益的基础上，在经济和市场经济价格形成方面使用西德马克会危及所有部门的赢利和生存，因此多年的结构调整措施是必要的。否则，在一些特定的工业部门和地区会出现高失业率，以及与之相关的严重的社会负面后果。

因此，应该商定时间为 4~5 年的结构调整方案，含有财政援助的有目标的支持和促进措施——区别对待联合企业和企业。（……）

（2）为了避免失控的发展和超过经济发展潜力的过分要求，以及大规模的闲置产能，对于民主德国地区的独立经济单位来说，需要在一定的基本经济方向指导下的过渡时期。（……）

a）终端生产商对维护现存的民主德国企业之间零部件供货关系的兴趣，本着保留就业岗位的利益，可以通过经济措施得以促进，（……）参与者可以根据联邦德国的物价水平采用协议价格。

在这一过渡阶段，从联邦德国引进的企业，应该集中于满足尚未得到满足的需求，快速消除短缺现象。（……）

7

关于西德马克在居民中的处理

（1）民主德国的基本立场是，现金存量、储蓄和保险（1900 亿整东德马克）至截止日时以 1∶1 东德马克对西德马克的比例兑换。（……）

（2）为了限制对购买力的过度影响，可临时冻结高额储蓄账户，但允许用于购买住宅、股票和偿还贷款。

（3）工资和所有其他收入以 1∶1 的比例折合成西德马克。逐步与联邦德国的工资水平拉齐，这取决于生产率的进步和绩效行为。（在转换为西德马克之前，实施收入提高政策，并削减补贴）

8

社会保障措施

（1）将作为一种基本目标设定，继续谋求实现劳动权。但有时候它只能有限地得到实现。（……）

（2）关于工资发展（……）。从 1991 年起，自主劳资协议双方举行在根据绩效能力提高和确保企业赢利的基础上（……），提高工资和薪水的谈判。（……）

（3）应以联邦德国的模式，以企业和员工缴费的方式，建立失业保险；暂时通过联邦德国的支持，支付目前在民主德国支付的人均净收入63%的失业金。

（4）按照联邦德国模式建立一套与医疗保险分开的养老保险；在3~5年的过渡期内，必须首先由国家补贴支付，以维持2年现有退休金水平，然后逐步与工资变化相适应。

（5）可以按联邦德国模式引进社会保险（……），必须在民主德国公民社会福利标准，尤其免费医疗护理体系不受损害的情况下，逐步完善此举。（……）

（6）国家财政用于支持托儿所、幼儿园、学校托管所和学生就餐等体系的支出，应该维持在现有的水平上。（……）

9

西德马克在对外经济关系中的处理

（1）（……）以东德马克计价的外汇马克债权和债务转换成西德马克。（……）

（2）以可转让卢布计价的债权和债务转换成西德马克。（……）原则上，供货和往常一样，可以通过民主德国的企业来完成（保持生产能力和就业岗位）。通过联邦德国企业的资本参股及协作供货的方式来协商联邦德国的参与，主要是为了提高科技水平和质量，尤其是扩大热销产品的生产。（……）

（3）国债转嫁到联邦银行账上。

10

关于银行业的转换

（……）

（3）总体上，可以将国家银行并入德国联邦银行并建立民主德国中央银行——直到国家统一——可能与各州央行一起，在德国联邦银行中央理事会共同发挥作用。（……）

11

关于国家预算和国家信贷收支的转换

（……）

（2）特别是为了补贴和社会适应性措施，应该通过财政平衡将联邦德国和民主德国的财政预算结合在一起。（……）[10]

由于东部代表从一开始就使用这份非官方文件的论证模式，联邦财政部的反应甚为激烈。在德意志内部关系工作小组关于筹备3月5日专家委员会第二次全体会议的记录中写道：

"对于下列事项应该采用一些策略，又完全明确地让对方明白：

——只有与我们的制度框架的核心元素联系在一起，才可获得我们的货币。如果在'过渡阶段'像目前民主德国公众日益表现出来的那样去思考问题，就是放弃快速引进西德马克。

——不仅应从社会和分配政策的角度去看转换率，对民主德国现有企业的生存机会、对过渡阶段出现的失业率规模来说，转换方式具有更加决定性的意义。

其中存在的极大责任也必须得到民主德国方面的认可，不能通过提出财政援助和企业补贴的要求而将责任推到联邦共和国身上。"[11]

格林海德提交方案以后，西德方面设法合理地淡化其重要性，虽然这只是一份"非官方文件"，却使联邦政府和联邦银行深感不安。[12]

在专家委员会全体成员会议和工作小组的三次会议上，讨论集中在四个问题上：

——货币转换
——经济改革
——国家预算
——社会保障

货币转换

关于转换汇率这一轰动性问题的商讨，主要在"货币"工作小组进行。此时，特别直观地表现出不同的利益，以及西部在解读民主德国提交的资料方面的困境。

民主德国专家要求居民储蓄和贷款的转换率为1:1。

西部方面，其中主要以萨拉辛和联邦银行的司长科尼西为代表的工作组，不愿确定转换率，并认为这是不可能的，必须留待与民主选举的民主德国政府的谈判加以解决。因此，该小组起初是试探民主德国的想法，同时设法就转换过程中必须注意的特定原则达成共识。

在现金、往来账户和储蓄账户的转换方面，在西部看来，首要原则是保障货币的价值稳定。对此，民主德国国家银行的代表表示同意并试图说明，为何在以 1∶1 的比例转换货币存量时西德马克的稳定不会有危险。他们宣称，按照西方的标准计算，民主德国的国民生产总值为 3600 亿东德马克。马克在消费品方面的购买力平均为 1∶1——德国经济研究所也得出这样的结果。他们递交了一份"截至 1989 年 12 月 31 日的民主德国信贷系统总资产负债表"，其中居民持有的货币存量为 1910 亿东德马克。[13] 与国民生产总值相比，货币存量并不算太高。根本不存在"总的"货币超量，而是在车辆、家具、家用电器和境外旅游方面"超低供应"。[14] 用这类数据和论点自然无法使西部方面信服。他们对国民生产总值从而也对可能的生产的估算要低得多。面对怀疑，民主德国专家对其经济绩效产生了不确定性，即民主德国居民在货币转换之后会如何表现。是否必须考虑到，他们为了购买西方商品，会将其已转换成西德马克的储蓄账户掏空？他们仍将以何种规模购买民主德国产品？不确定性如此之大，使得所有的事先考虑犹如雾里看花，盲目决策。东部方面努力关注西部方面对通胀的担忧。它建议采取较长时间绑定购买力的措施；考虑将临时冻结与高额存款账户区分开来，此外还可鼓励购买房产、储蓄作为自有资本投入到私有企业或者认购证券。因此，双方就基本原则达成一致，西德马克的稳定性不会因货币转换而有危险。然而，尽管西部方面对转换汇率无法作出具体的解释，但从他们的观点中可以清楚看到，他们认为民主德国要求 1∶1 的汇率是不现实的。可以肯定的是，萨拉辛在联邦财政部内部的前期考虑中曾将 1∶1 作为货币存量的转换率视为可行。但现在他也担心自己太乐观了。[15]

应该转换的不仅是居民的货币存量，还有企业以及国家的货币存量和债务。这里会出现相当艰难的问题。对居民来说，转换其储蓄账户远远比之更有兴趣，但对引进西德马克后的民主德国企业来说至关重要：企业存款和债务如何转换？民主德国信贷体系的总资产负债表显示企业拖欠国家的债务高达 2600 亿东德马克。再加上用于民宅建设的贷款高达 1080 亿东德马克。在 1∶1 兑换的情况下，大多数企业将因债务负担破产。更有甚者，一旦货币转换后利息上升，而在民宅建设方面按 1∶1 转换，仅仅为了偿还债务，就要求国家的巨额补贴，再加上已不可避免的用于维修的补贴。因此双方很快达成一致，这些债务很可能必须以 2∶1 进行转换。但如果总资产负债表中最重要的资产以 2∶1 转换，那最重要的负债——国民的货币存量，就不可能以 1∶1 转换。因为资产负债表中的资产方和负债方必须平衡。如果我们采取非对称性转换，资产方 2∶1，债方 1∶1，那么将需要高额平衡资金，这笔金额迟早必将由联邦承担。双方都明白这个问题，但眼前没有双方认可的解决方案。西部方面意识到，任何可以想象的解决方案都将耗费西部数十亿的费用。至少联邦银行当时就担心，整个资产方很可能没有多少价值，因为决定性的将是企业的赢利能力，而不是其设备的账面值，几乎无法评估货币转换后的赢利能力，但无论如何它将是低水平的。对大多数企业来说，债务以 2∶1 转换很可能也要求过高。那该怎么办？

因此，转换的问题还远未结束。除了存量，如储蓄存款、现金和债务，还有流量，即现行的支付，如工资、房租、利息也得转换。在原则方面，双方很轻松地再次达成一致，并就方案达成共识：货币转换后的民主德国企业的竞争力，很大程度上取决于工资的变化。但具体方面的分歧无法弥合。民主德国方面要求工资按 1∶1 转换。此外，他们要求在转换前提高工资，显然是作为取消补贴后造成的消费品物价上涨，以及引进西德社会保险体系后就业者社会保险费上升部分的补偿。西部方面在这一问题上保持克制。为补偿上升的物价和支出而提高工资，必须经过核算。他们担心，民主德国的企业在 1∶1 转换之后，将以远远过高的工资水平面对市场经济。但除了以下措辞外，没有达成共识："有必要继续对这些问题进行研究，目标是民主德国能胜任与包括联邦德国在内的西方工业国家的竞争。"[16]

民主德国对西部的债务，本身也构成了一个问题。[17]国家银行表示，民主德国欠非社会主义经济区的纯债务 1989 年年底为 162 亿美元（比较第 33 页、第 34 页）。1990 年赤字预计至少在 38 亿美元，很可能还更多。因此净债务总额上升到 200 亿美元。欠西方债务之高，对西部来说并不令人惊奇，但它清楚，货币转换后将不可能承担民主德国资产的偿债义务。形式上，民主德国的德国外贸银行（Deutsche Auβenhandelsbank）是外国债务的负债方。德国外贸银行的资产主要构成是给民主德国企业的贷款以及在国家银行的存款。至今是通过出口利润的上缴义务来保障偿还外国债务的本息。引进西德马克和市场经济后，将取消上缴义务。德国外贸银行的资产也将不是以 1∶1，而是 2∶1 转换。究竟谁应该对外国债务负责？国家银行的代表们表示，货币联盟不应以民主德国的无力偿债开始。科尼西在其报告中写道：

"因此大致可以期待，在进一步谈判中，为民主德国外国债务担保的愿望将落在联邦德国肩上。"[18]

确实如此，这不仅是可以预见的，而且也是不可避免的。

各项经济改革

"经济改革/经济政策"工作小组商讨工作的极高难度得到证实。这里虽然不涉及诸如在货币工作小组中最复杂的专业问题，但在目标设想方面的区别特别明显。工作小组的结束报告记载

"（……）一致通过，快速过渡到市场经济是以下发展的先决条件

- 全面发挥私人主动性，
- 可望在民主德国以外注册的公司的投资大量流入，
- 创建企业，尤其是中小企业和自由职业者。

总体上，在过渡到社会市场经济的过程中，民主德国的生产率会迅速提高，而且环保的目标会得到更好的保障。"[19]

至此一切顺利。然后详细提到了双方的分歧。东部方面展示了他们以引进市场经济为目的的全面立法项目。西部方面则宣称，仍有一些阻碍私人经济行为的条例，如

- 非民主德国注册企业占企业股份比例限制在49%以下，
- 规定非民主德国投资商不许购买房地产和土地，
- 《工会法》中干预企业决策的规定，
- 合资企业条例保留了审批权，
- 仍然存在的外贸严厉管控。

为了减轻企业结构调整的痛苦，东部方面把"过渡阶段"称为货币联盟和经济共同体的"核心部分"。西部方面认为过渡措施是必要且无可争议的，但表示，"可能的公共援助"必须设定紧缩的资金界限，而且必须有时间限期。民主德国所理解的"过渡措施"，实际上是把民主德国的大

部分工业从市场经济中剥离出来，西部方面通过格林海德的"方案"就已清楚这一点。

国家预算

与之相比，"预算和财政"工作小组的会谈进展得几乎是和谐的。双方认为，1990 年民主德国财政赤字的估算值——至少 400 亿东德马克——太高了。双方估计，在货币转换后的第一年里也将过高，甚至很可能继续攀升。将取消企业所得上交国家财政，无法估计按照西德模式建立的税收体系何时起作用并带来足够的收入。在支出方面，虽然应取消对国民基本需求的补贴，但对房租的补贴应该保留，还将需要大量资金用于支持出口和社会保险。双方承认，对降低赤字没有令人信服的建议。得到讨论的是：

　　– 国民参与新建住宅的融资，
　　– 在引进住房补贴的同时，取消房租补贴，
　　– 减少尚存的能源和车票价格补贴，提高社会福利方面的缴费和文化福利的成本覆盖率，
　　– 出售企业股份和实施除农业之外的土地私有化。

所有人都明白，大多数想法在政治上几乎无法得到通过，哪怕是也许可以得到通过的建议，如私有化，其收益也难以核算。因此，民主德国方面要求联邦德国对国家预算提供"过渡援助"。西部方面则不能敲定。折中的措辞是：

"在资助赤字方面，也可以考虑，联邦德国的公共财政，包括社会保险预算的财政转移，多大规模的支付是可行的。"[20]

最终达成一致的是，民主德国接受联邦德国的税收体系和预算程序，西德的官员应该在民主德国行政管理转换过程中提供帮助。

双方意见达到相对较高程度一致的主要原因在于，无人对国家财政的糟糕状况有争议，也无人知道解决方案——除非联邦德国对庞大的赤字提供资助。东部方面知道，西部不会接受这样的解决方案；西部则预感到，有一天只能接受而别无选择。

社会保障

从"社会保障"工作小组的报告中，根本看不出双方有争执。这是因

为双方只限于对基本原则的讨论。他们同意，应按西德的模式引进一套退休、医疗、事故和失业保险，不过以各自独立的财政预算。社会保险的支付主要应该通过保险费来实现，员工和企业主各承担一半。只有失业保险的部分支付费用才有必要得到国家补贴。虽然看到了与体系转换相关的复杂而具体的问题，如管辖权和财政责任的重新划定，或因引进特定医疗保险，卫生系统有必要实行的新制度，但这些问题留待以后"更深入"地讨论。唯一经过讨论的具体重要细节涉及退休金总额。双方认为退休金转换后，应接近西德的相对水平——45年工龄享受净工资的70%——原则上这是可行的。[21]

结果

3月13日，在专家委员会最后一次会议上，签署了总结全部会议和工作小组讨论的"中期报告"。

节选自1990年3月13日签署的"专家委员会关于准备德意志民主共和国与德意志联邦共和国货币联盟和经济共同体的中期报告"（ Zwischenbericht der Expertenkommission zur Vorbereitung einer Währungsunion und Wirtschaftsgemeinschaft zwischen der Deutschen Demokratischen Republik und der Bundesrepublik Deutschland——编者注）。

（……）

"双方共同认识到，两德以货币联盟和经济共同体——以社会联合体（Sozialverbund）为依托——作为走向德国统一的步骤是可以想象的。（……）

尤其在以下方面达成共识：

－在德意志民主共和国人民的创造性和主动性的基础上，快速过渡到社会市场经济；

－必要的市场经济改革和调整的基本方向；

－大量私有资本流入对彻底改善德意志民主共和国经济状况的重要性。为此，民主德国必须建立必要而广泛的框架条件；

－用市场经济的方法调整民主德国企业和缓解结构调整过渡措施后果的必要性；

－货币转换和货币政策必须遵循货币稳定准则的原则；

　　－联邦银行在未来的共同货币区拥有对货币政策的管辖权；

　　－解决民主德国国家预算中赤字过高的问题，以及对此作出必需的政治决定的必要性；

　　－以统一的税收和支出体系为目标；

　　－引进分类的、与保险缴费和收入挂钩的社会保险以及为所有人提供社会保障的必要性。（……）[22]

　　如何评价会谈的总结果？双方都实现了从对方获取信息的目标。这一点西部方面比东部方面更成功。现在联邦政府掌握了大量的资料，然而它们并不太令人乐观：民主德国的经济和财政状况显然比预想的还要糟糕；问题显得无比复杂；解决方案，即使有可能，代价也会极其高昂。东部方面想从联邦政府那里知道货币联盟的准确条件，但这一目标没有达到，联邦政府仍不愿展开有关谈判。在未来谈判的活动空间方面，民主德国方面得到了一些启示。他们可以预料，在财政赤字、社会保险资金缺口、为企业提供援助和负担外国债务方面，联邦德国除了进一步满足民主德国的要求以外，根本没有别的选择。他们也可以设想，在确定转换汇率方面会找到一种妥协方案。

　　东部方面认为取得了一定成功，因为东部拥护以下关键原则：保证货币稳定和社会市场经济。然而，对这一表示，西部并不满意。在一般的、象征性的层面上，双方很快达成一致，但在具体的规则层面，在会谈结束之际始终没有达成一致。西部的顾虑，即民主德国会试图在货币统一之后推迟过渡到市场经济，依然没有排除。在这一特别棘手的问题上，联邦政府只能寄希望于民主德国未来民主合法政府的立场转变。

　　东部必须清楚，在以后的谈判过程中，仅仅象征性的拥护是不够的。然而，它现在并没有放弃对于莫德罗政府来说不可让步的立场，而只是同意暂时将其排除在会谈之外。原则上它可以对自己感到满意，显然它也确实如此。令西部方面意外的是，民主德国代表在会谈的最后几天里迫切要求到1990年6月1日或7月1日之前就引进西德马克。[23]而在四周以前，莫德罗还认为货币联盟为时过早。选举策略无法说明这种思想转变。大多数愿意尽可能早和尽可能便宜地拥有西德马克的民主德国居民，根本不知道专家委员会中的代表团成员现在同意尽可能早的转换日期。双方严格遵守保密约定，几乎没有公布会谈进展情况，"中期报告"只是作为一般的新闻通报公之于众。[24]最可信的解释是，莫德罗政府在会谈即将结束时，不仅认为引进西德马克是不可避免的——诚如已经看到的那样，他在访问波恩后就立即认识到了这一点——而且即便不是所有内阁成员，但至少其中很多人现在也深信，可以在联邦德国面前极大程度地保护他们所理解的民主德国利益。在 3 月 13 日的专家委员会全体会议上，龙姆贝格表达了在人民议院选举之后、组建新政府之前，立即继续进行会谈的愿望。这符合上述解释。

第二节　财产索求与维持财产状况的对立：无休止争端的开始

专家委员会中关于筹备货币联盟和经济共同体时所谈到的问题，已经很困难，而更加困难的则被证明是隐藏在"未决财产问题"定义背后的问题。自 1972 年联邦德国和民主德国之间的《基本条约》以来，这一定义一直扮演着一定的角色。当时，为了防止从两国建立外交关系的事实中可能推断出联邦德国承认民主德国对私有财产的强制性措施，联邦德国坚持要有一份附加报告，其中指出两国在财产问题上存在意见分歧。财产问题因此"悬而未决"。然而，最迟在 1989 年 12 月，问题就提出来了：这些问题还要"悬而未决"到何时。只要在这一问题上仍无法律保障，莫德罗政府就不能指望西德企业以合资企业和少数入股民主德国企业的形式，投资数十亿马克。因此，在科尔 1989 年 12 月 19～20 日访问德累斯顿时，莫德罗同意联邦政府的建议，派一个"专家小组弄清未决财产问题"。可是，他也令人深信不疑，他的政府更倾向于在民主德国保留因财产没收而形成的财产占有关系。他多次表示，不能触碰 1945～1949 年的财产没收问题。[25]

就联邦政府 2 月中旬能了解的情况看，莫德罗政府对财产没收或者说对 1949 年民主德国成立后对其他财产的掠夺，只做了最微小的修正。根据改革方案，只有 1972 年被充公为"国有财产"的中小企业可申请归还。此外，人民议院 1989 年 11 月 11 日就作出决定，取消没收 1989 年 7 月 31 日后未经许可而离开民主德国的人员财产的规定。然而，弥补之前通过没收或者通过强行接管财产而强加给数百万民主德国公民和西德人的不合理行为，似乎不在计划之列。

在莫德罗访问波恩期间，联邦政府尚无规范"未决财产问题"的精确方案。这并不奇怪。这项复杂的事务杂乱无章乃至令人费解。这不仅是因为大量的不同案例和民主德国机关运用法律和条例时的随意性（比较第183～185页的内容），更多的是因为波恩负责此事的官员和政治家们知道，在许多案例中被没收的财产根本没法复原，因为在地皮上已盖起了新楼，或者被没收的不动产已"确确实实地"是在尊重民主德国法律的情况下被第三方购买。因此赔偿是必不可少的。民主德国必须从其内部负担平衡中来支付——无论如何，当时在波恩没有人可以想象，最终西德纳税人必须支付这些赔偿。联邦政府因此处于不太有利的位置上，必须对民主德国提出一些要求：只要有可能退还，就退还，其他的可能占大多数的案例则需要赔偿。

联邦政府有哪些可能性，能够促使民主德国采取一种西部可以接受的解决方案？无论如何，在提供西德马克之前，联邦政府可以指出，如果没有法律保障，就几乎不能指望西德公司的大规模投资，而且必须归还"原西部财产"。但提供西德马克，施加压力的可能性也并非更好。如果不能达成一致的解决方案，联邦政府应该以撤回提供西德马克进行威胁吗？这会让人感到有些不可信赖。可以肯定的是，大多数民主德国国民要西德马克，当然，联邦政府也需要一个伴随着经济共同体的货币联盟。不仅是联邦政府把引进西德马克与某些条件挂钩，民主德国政府，一个合法的民主政府，将比莫德罗政府更能摆出条件，它无须担心联邦政府真得会放弃货币和经济统一的构想，以免使其迄今为止的政策毁于一旦。这点适用于转换汇率或者财政援助的条件。尤其适用于诸如将归还局限于特定案例或者赔偿额度等条件上，因为在未决财产问题中，是联邦德国想从民主德国得到些什么，就像在引进西德马克时它给民主德国提供什么一样。此外，民主德国旧的领导阶层煽动许多国民对"原来的财产主人"要回楼房、住房和周末度假房的害怕，他们显然取得了一定的成功，可能是因为一些购买或使用没收的不动产的人，还有一丝不合理的感觉。找到一种既在民主德国也在联邦德国得到广泛认同的、所有问题的解决办法，犹如化圆为方，根本是无解的。

苏联占领区或民主德国的财产损害概况

1. 1945～1949 年的财产没收

（1）赔款：按苏联军政府的命令，全部或部分拆除苏占区

（SBZ）的企业。此外，

主要是基础材料工业和金属加工业的大约 200 家企业转变成"苏维埃－股份公司"和苏联的财产。它们的生产用于战争赔款。1953 年起，苏维埃－股份公司回归民主德国，成为国有企业。民主德国为此支付给苏联 20 多亿东德马克。[26]

（2）"民主的土改"：1945～1948 年，只要是超过 100 公顷的庄园，所有农业土地，包括房屋和各种库存都要充公。此外，没收所有人的地产，只要他们是"领导层的纳粹分子"或"战争罪犯和战争有罪者"。解释这些标准时出现了特别严重的随意性。被没收的农田并入土地基金。土地基金的三分之二用于创造新农民就业岗位（"农民手中的容克国"）。然而新农民不能自由支配财产。不许出售、损害和出租土地和地产。继承权也受到限制。再者，给新农民的耕种面积太小，不能长期用于生产性种植。这为未来的集体化作好了准备。

（3）没收工业、贸易和服务业企业：在苏占区军管会（SMAD）的命令下，不仅大的工业企业，而且还有一大批中型企业，以及贸易和服务业企业 1945 年就列入由德国行政管理当局行使的"暂行管理"方针之下。这在当时还不意味着没收。但从 1946 年起，大多数被无偿地遭到没收。法律基础主要是各州和省针对"战争罪犯"或"纳粹专制的信徒"的财产剥夺法，这为随意行动留下了巨大的活动空间。苏占区军部转交苏维埃股份公司的企业也在无赔偿没收行列之中。

（4）柏林的苏占区则形成一种特殊情况。只要四国行政管理仍起作用，就免于全面没收。从 1949 年 2 月开始，随着东柏林市政管理局的各项决议，没收才得以落实。

2. 1949 年后的财产没收和其他财产损害

自 1949 年 10 月 7 日民主德国成立之后，不再依据苏占区军部的指示，而是根据民主德国的法规和条例进行财产没收。其中有：

（1）自 1950 年以来的建设立法，据此，在诸如柏林、莱比锡、开姆尼茨或马格德堡等地的"建设区"，"有权"动用已建造和未建造的地皮。1960 年，这些地产被没收；赔偿法则保证了最低限度的赔偿。后来借 1950 年的《建设法》没收房屋，借口是房东无力维护其出租的房屋——由于低微的租金收入，房东通常也不可能做到这一点。

（2）扣留逃往联邦德国者的财产。根据 1952 年 7 月 17 日《财产安全条例》，未经允许擅离民主德国的人员，其财产必须毫无赔偿地被收押，并置于国家管理之下。"收押"与没收是一回事。费用尽可能定得高出其收益，财产因而萎缩。一旦有净赢利，也不给财产所有者。国家托管者经县议会或市议会同意可以将财产出售给第三方。财产所有者不许查询。再往前推，条例也可用于 1952 年前离开民主德国的人身上。1989 年 11 月 11 日部长会议下令，允许 1989 年 7 月 31 日后未经批准已离开民主德国的民主德国公民自由支配其财产。在许多案例中，对受害者来说这项条例已无多大用处，住房已被洗劫一空，家用器具也已消失。

（3）西部和移民的财产：在苏联占领区/民主德国从未有过住址或得到批准的移民者，根据 1952 年 7 月 17 日（东柏林是 1952 年 9 月 4 日）《财产安全条例》可以不被没收财产，但其财产同样置于国家管理之下。在这些案例中，国家管理局也可未经财产主的同意，将财产卖给第三方。

（4）外国人财产：至 1945 年 5 月 8 日，现存的外国人财产置于"特殊保护"之下，归国家管理，监管人必须负责按照规章经营。如果财产所有者支配其财产，需得到民主德国的同意。

（5）1972 年的财产没收：大约 12000 家私人或半国有的中小企业，根据 1972 年 2 月 9 日的部长会议决议被纳为"国有"。形式上，这不是通过没收，而是通过最低补偿的购买合同来实现的。

（6）在刑事诉讼基础上的财产剥夺：为了从个人那里侵占财产，民主德国也使用经济、税收和政治刑事手段。借此将某人的财产借判"唆使抵制罪"而夺走。

（7）因出境或强行迁移被迫出售财产：通常只有申请人出售其财产，而且根据国家管理机关规定的条件，才能获准"永久出境"到联邦德国和西方国家。此外，因房屋在毗邻联邦德国边境处而被强行迁移至民主德国其他地方的人员，遭受严重的财产损失。[27]

针对未决财产问题，可能找不到哪怕只是令人勉强满意的解决方案，这一担忧能起到的作用或许是让联邦政府先将这一议题搁置不提。当在这一议题方面实施行动的必要性已迫在眉睫时，才于 1990 年 2 月 21 日在东柏林召开第一轮会谈，此时已很有把握，夏天就将引进西德马克，这正是解决财产问题的最好时机。但对联邦政府来说，它显然还不是最重要的事情。有迹象表明，从代表团团长的级别来看，关于未决财产问题的专家会谈要比关于经济共同体的货币联盟的专家会谈低。联邦德国代表团团长不是国务秘书，而是德意志内部关系部（BMB）司长聚斯米尔希（Süβmilch）专职负责此事。[28]民主德国代表团团长不是部长，而是财政物价部的司长伯恩哈德·维克瑟尔博士（Dr. Bernhard Weichsel）。[29]

在准备会晤时，西部方面考虑了德意志内部关系部的建议，主要要求民主德国采取下列具体措施：

> ——在1989年7月31日截止日之后，普遍取消针对逃亡者遗留在民主德国财产的强制性措施，不仅针对人民议院已决定的措施；
>
> ——归还"原西部财产"，即那些从未在民主德国生活过或1953年6月10日获准离开此地的人的财产；
>
> ——对"原西部财产"重新私有化，如果它已经划归国有；
>
> ——平等对待西德和东德的房地产业主，如在发放贷款和估价方面。[30]

在2月21日的这轮会谈过程中，西部甚至放弃谈及难民财产，并对"原西部财产所有人"的索求权得以生效而感到满足。西部方面显然不愿意为莫德罗政府提供借口，在正在进行的选举中，继续煽动民主德国国民对"旧财产所有者"的害怕。[31]

民主德国代表团的行为与西部方面这种保持克制的策略明显相反。在第一轮会谈中，它就认为西部会提出广泛的要求，并估计也会在1949年前没收的财产以及因非法离境而被没收的民主德国国民财产归还和赔偿要求的问题上有所较量。[32]如果西部方面希望通过克制而使会谈气氛得到改善，那么就会失望。民主德国代表团只是把取消关于"原西部财产"的国家强制性管理提上议事日程。可能因为这已是很大的让步。根据他们自己的数据，这已涉及68000例地产和高达6.52亿东德马克的账户，当然这些数据没有提供给西部。[33]反之，民主德国代表团毫不留情地拒绝重新转让给原财产所有者。它表示，如果这样做，首先必须建立相应的法律框架。只要存在对这些地产的使用权，那么就必须以恰当的方式权衡原财产所有者和享有使用权的民主德国国民的利益。民主德国代表团团长收到部长会议指示，向西部方面指出，民主德国对联邦德国也有一些要求。他提醒民主德国已多次提出的战争赔款平衡金，作为主要由民主德国负担赔偿苏联的补偿，以及在 1961 年 8 月 13 日柏林墙建起来之前，大量劳动力流失所导致的损失的赔偿。[34]经过这次会谈序曲，西部方面必然清楚，几乎不可能出现双方一致同意的解决方案。

在这轮征求意见的会谈之后，莫德罗政府认为立即阐明其观点的时机已经来到。1990 年 3 月 1 日，部长会议做出了一项关于财产问题的声明，声明表示在维持财产总体状况这一方面，很大程度上是不能让步的，不仅包括民主德国 1945～1949 年的财产，还包括后来没收的财产（比较第 187 页、188 页的内容）。莫德罗把这份含有请求的声明寄给戈尔巴乔夫，苏联可以作为"二战战胜国"并"利用其重要的国际影响力"，为保障民主德国的财产关系挺身而出。[35]另一版本的声明连同一封信件送交联邦总理。信中莫德罗没有提到请求莫斯科支持他的立场，但意思足够清楚。他以这样的句子开头：

"在与四大战胜国和欧洲邻国达成一致的基础上，本着我们致力于促成德国统一的共同责任，允许我借附上的声明（……）知会您（……）。"[36]

民主德国政府就财产关系的声明（节选）

（……）（民主德国政府）的出发点是，本着与民主德国全体国民休戚相关的利益，它也应是联邦德国深切关注的事务，"二战"后民主德国在由国际法、盟国管制委员会针对德国颁布的法律、苏占区的规定和在民主德国法律法规基础上形成的财产关系，不容置疑。

这里首先关系到，民主德国国民通过 40 多年劳动所创造的国民财富，要在其主要的法律框架内得到保障。它指的是，必须与经济和社会安全挂钩的法律保障。

当今在民主德国地区内，国民财产的形成和发展是"二战"的结果，是以 1945 年 8 月 2 日《波茨坦协定》为基础的，其目的是德国境内的非军事化和非纳粹化以及惩罚战犯。在执行《波茨坦协定》的过程中，根据德国苏占区军部的特别命令和部分建立在公民表决基础上的各州法律，财富转归为国民财产。（……）此外，国民财产形成于法律手续齐全的地产购买和以法律为基础的使用。创造国民财产的主要源泉是民主德国国民创造性的劳动。

在农村，现今民主德国地区的财产关系主要是由 1945 年实施的土改所决定。（……）土改内容完全符合《波茨坦协定》的宗旨。（……）

保护民主德国国民对土地、建筑和住房的财产权、租赁权和使用权。根据国际通行的法治国家原则，处于一国领土之中的土地与建筑只遵循本国司法管辖权。这就是说，在过去 40 年中，在民主德国有效法律的基础上，以财产权、使用权和租赁权为依据的民主德国公民，具有保留与稳定已获权利的合法要求并对此充满信赖。

在民主德国宪法和民法基础上，针对一切住房租赁关系，存在着全面的解约保护。该保护也适用于居住和休闲的土地和建筑。（……）

这种在民法中写入的对住房租赁人和地产使用者的保护条例，属于国民的基本社会权利。与财产获取或管理类型无关，任何新的财产所有者和管理者必须保证住房租赁人和合法土地使用者的权利和义务。（……）

民主德国政府将这种法律立场视为与联邦德国关于货币联盟和经济共同体以及两德合并谈判的不可放弃的组成部分。在两德统一进程中，在法律对等方面，必须考虑历史条件下形成的法律状况。[37]

联邦总理没有对莫德罗作出正式回答。一切情况表明，在联邦政府对诸如部长会议声明所包含的各项要求作出表态之前，首先必须等待人民议院选举和政府组阁。然而，莫德罗政府的攻势对联邦政府内部意愿的形成产生了影响。它必须想到，未来新组建的民主德国政府也会带着类似的立场参加伴随经济共同体的货币联盟的谈判。同时它也必须假设，苏联将为努力保全 1949 年前没收的财产而支持民主德国。因此，联邦政府需要尽快有一项与整个问题相配套和跨部门的方案。联邦司法部（BMJ）接受委托，就部长会议的声明作出表态。该表态归纳如下：

－ 部长会议的声明含有无法接受的最高要求。但它们符合"大多数国民的恐惧和愿望——与个人政治立场完全无关"。必须考虑这些恐惧和愿望。

－ 宪法上，在规范未决财产问题方面，联邦政府具有比较广阔的活动空间。《基本法》第 14 条的财产保证只适用于联邦德国机关实施的措施。一旦民主德国根据《基本法》第 23 条宣布加入联邦德国，那么《基本法》第 14 条将在这一时刻生效。

－如果苏联坚持其 1945~1949 年规定的措施，那么，为了不危及莫斯科同意德国统一，联邦共和国将最终必须接受这一事实。与之相似，50 年代初，联邦共和国也必须接受西方盟国明文规定由它们执行的战争赔款，并对与《战争赔款损害法》（*Reparationsschädengesetz*）相关的受害者作出赔偿。当时是根据《负担平衡法》（*Lastenausgleichsgesetz*）的标准来确定赔偿额度的。联邦宪法法院后来确认立法者在规定赔偿时不援引《基本法》第 14 条，而只具有对"国家内部社会负担平衡"的义务［《联邦宪法法院判决》第 41 卷（BVerfGE），比较第 97 页、第 98 页］。

－在与民主德国涉及 1949 年后的措施的谈判中，关系到的是恢复难民和"原"财产所有者的权利。在此期间，原财产所有者与根据民主德国法律正当购得使用权甚至不动产权的人员之间的妥协是必要的。如果不能恢复原来的法律关系，就应给予赔偿。

－可以从民主德国内部负担平衡金中支付赔偿金额。应当考虑联邦德国较早的负担平衡支付。[38]

这些考虑符合主管该事物的德意志内部关系部和联邦司法部 3 月初以来所代表的路线。[39]

3 月 28 日，"德国统一"内阁委员会同意司法部的表态。为了不在仍然执政的莫德罗政府中造成这样的印象，即联邦政府未加反驳地默认了部长会议 3 月 1 日的声明，内阁委员会作出了一项"关于未决财产问题言论规定"的决定。在计划于 3 月 29 日召开的第二轮专家会谈中，这份规定是要向民主德国代表团口头传达的声明的基础。其中最重要的章节写道：

"未决财产问题主要涉及的是，针对私有财产所实施的不同类型的强制措施，例如难民财产的国家托管、原西部财产的临时性国家管理、形式上或事实上对工业企业和手工业企业、农业用地和私有不动产的没收。大多数受害者是出于政治压力、经济歧视和针对他们所实施的刁难而离开故乡的。他们，但也包括留在民主德国的许多人，期待不是简单地容忍曾经发生的不公。

在如何解决这些问题的考虑中，应该想到过去40年民主德国形成了新的社会和经济这一既定事实，它们不可能立即返回原处：一方面，已经形成的关系不允许这样做；另一方面，不能用新的不公取代旧的不公。

以合理方式考虑所有当事人利益的、社会可以承受的妥协是必要的。租房者可对其租赁合同的有效性放心：只能逐步进行租赁权领域迫切需要的改革，同时，经济上的必要性和社会的需求必须得到相应的权衡。谁要以善意的方式购买了被没收土地的使用权并建造独栋或联排别墅，无法简单且毫无保护地交出这一权力。

在两德得到广泛政治和社会认可的规定是有必要的。只有这样，才能在一个社会里保证稳定与和平，这种和平对统一德国的社会和经济发展是有必要的。

由于不同的法律发展而产生冲突的地方，必须找到符合法治和社会国家准则的解决方案，别无他路。那些最高要求，就像总理莫德罗在1990年3月2日给联邦总理科尔的信中提到的那样，事实上无法取得进展。（……）把民主德国的所有发展都用书面形式确定下来，以及把它们还原到1945年5月8日，都是不现实的。"[40]

在3月29日和30日的第二次专家小组会议上，民主德国代表团[41]没有反对地接受了聚斯米尔希根据这一措辞而阐述的声明。民主德国的代表们难以抱怨西部缺乏妥协的诚意。

实际上，第二个回合会谈只带来了微弱的进展。对那些由国家管理，但原有财产权依旧存在的财富，民主德国代表团认为现在重新建立所有者完全支配权是可能的。起初归入国家管理，后来并入国有财产的地产，如果它们的使用目的没有改变的话，至多是归还。直接从私人手中纳入国有财产的地产，由于案例之多，无法再归还。西部方面指出，在不归还的情况下，赔偿应该由民主德国的财产支出，这是合理的，因为这些问题是民主德国造成的，而且没收的财富并没有消失，只是在民主德国得到重新分配。可从尚待组建的基金中支付赔偿。西部代表团成员的印象是，基金的想法得到了饶有兴趣的接受。

联邦德国"迫切请求"停止根据1990年3月7日的法律，大规模地向民主德国公民出售没收的财产，但民主德国的反应令西部方面十分不满。民主德国代表团团长维克瑟尔对此的解释是，3月7日的法律是在他的法律保护局未参与的情况下颁布的，他无法阻止向第三方出售原所有者拥有财产权的不动产。以最优惠的条件，主要是向民主德国特权群体中的人士出售没收的楼房，这一活动显然符合政府的迫切利益。[42]

专家组 4 月 18/19 日的第三次会谈带来的新意不多。民主德国代表团尚未从民主德国新政府那里得到指导方针，因此根本无力改变现有的立场。会议的主要结果是一份长长的、针对迄今为止的谈判所做报告的"注意事项"清单。在一些普遍原则上，这份清单体现出一致性，如

　　－平等对待两国当事人，

　　－取消对财产支配权的国家限制，

　　－归还充公到国有财产中的财物，同时有可能根据民主德国的标准提供补助性赔偿，

　　－原财产所有者和新合法持有者之间的利益平衡原则。

然而，不仅在具体问题上，而且在原则性方面，分歧也是无法克服的。在具体问题上，典型的分歧是民主德国对制止出售，即停止向第三方销售没收的不动产，依然没有表现出任何诚意。按照西部的标准，民主德国政府仍旧以窝藏赃物者的身份行事，自 3 月 7 日以来，它甚至显得特别热情。西部方面只能以此推断，民主德国原则上根本不准备寻求公平的利益平衡。原则性的意见分歧在于，民主德国要将归还局限在最低限度，而且归还完全不涉及向第三方出售的财产。相反，西部方面原则上要归还，一旦由于用途变更而不再可能归还时，则予以赔偿。[43]

因此，从本质上讲，这三轮会谈没有进展，尽管会谈长达两个多月，在此期间举行了人民议院选举，民主德国拥有了合法的民主政府，在民主德国引进西德马克的时间也日益临近。与专家委员会商讨伴随经济共同体的货币联盟相反，关于未决财产问题的专家会谈没有给联邦政府提供任何有用的信息。所以，西部方面仍然不知道，有多少房地产被没收，有多少虽然没被没收，但在强制性管理之中。这也许因为西部方面没有全力推进此事，但无论如何，民主德国方面显然成功地捂住了这个议题，甚至避免了对相对简单的问题的澄清。

1949 年前的财产没收，是整个事务中最广泛和最复杂的部分，压根就没有得到报道。3 月 28 日后，联邦政府从塔斯社的一篇报道中得知，苏联政府表明了在财产问题上支持民主德国政府的立场。其中写道：

"考虑到其权利和在德国事务中的责任，苏联主张保障民主德国财产关系的合法性，反对试图在与联邦德国组建货币和经济联盟，以及在实现统一德国的情况下，对民主德国的财产关系提出质疑。前提条件是，两德在彼此接近和统一的过程中，应以此为出发点，即苏占区军管会1945～1949年实施的经济措施是合法的。民主德国根据苏联方面（……）的批准和决议所获取的土地和其他财产，其当前所有者的权利遭到否认，这是绝对无法接受的。"[44]

波恩看到的是苏联为民主德国提供莫德罗所请求的支持。联邦政府显然认为与莫德罗政府派来的代表团商谈是徒劳的，甚至还是有害的。它要等待，看未来的德梅齐埃政府如何对此进行裁决。

一切的一切，西德方面在关于未决财产问题会谈中的策略必须让民主德国代表产生这样的印象，即联邦政府似乎愿意关注诸如莫德罗政府所代表的立场，而且是以令人惊讶的程度。至于西部方面是否能在与莫德罗继任者可能进行的谈判中赢得有利的开局，则值得怀疑。

第三节　滴水不漏的规定与棘手的未决问题：
联邦政府的"初始草案"

"初始草案"的目标和构建

在两德专家各自倾听对方关于在民主德国引进西德马克和市场经济观点的同时，联邦政府和联邦银行在为人民议院选举之后必须与民主德国合法政府展开的条约谈判进行准备。

在这一准备阶段，联邦政府和联邦银行的考虑，首先受到了不确定性的影响，即在未来的时间里，如何发展两德关系。原则上可以设想三个版本：

　　－在令人难以置信的一连串事件中，可能会出现更多奇迹。民主选举的人民议院作出决定，民主德国在引进西德马克后，将根据《基本法》第23条直接加入基本法的适用地区。在这种情况下，或许将免去两德之间关于货币联盟和经济共同体全面而复杂的条约，因为联邦德国的大部分法律制度将立即在前民主德国地区生效，其余的法律制度在过渡期后生效。但严肃地讲，没有任何人相信这一奇迹，不只是因为专家委员会中的民主德国代表们坚持在引进西德马克的截止日和国家统一日之间要有较长的时间跨度，而且也是因为似乎不可能如此快速地获得战胜国对国家统一的同意。

— 对执政联盟最高层和负责官员来说，第二个版本较为现实。根据这一版本，民主德国引进西德马克到国家统一之间的时间跨度为一到两年；民主德国国内政治需要这么多时间，在国际上保障统一进程也必须计划用这么长的时间。这一版本的前提条件是一切进展顺利，也就是说，大多数民主德国公民愿意国家统一，并且战胜国不横加阻拦。

— 不可排除的是恐怖的版本：民主德国引进西德马克，但国家统一推迟或失败，这要么是因为转换所带来的冲击给民主德国中反对国家统一的人带来鼓励，要么是因为苏联提出无法满足的条件。在主张快速统一的政党取得选举的巨大成功之后，这个恐怖版本似乎不太可能，但可能性还是存在的。

如果出现第二种甚至第三种版本的发展，那就有必要与民主德国举行一系列的细节性谈判。1990 年 3 月 6 日要举行执政联盟会谈，联邦财政部货币信贷司司长哈勒尔在为魏格尔准备的会谈报告中写道：

"（……）当前民主德国的政治讨论，还有专家委员会中的讨论表明，民主德国首先立足于国家自治的继续存在。在最近一段时间里，这种观点在政治上似乎会继续得到加强。国家自治要求一项必须经过批准的、国际法的国家条约，在这一条约中，必须（滴水不漏地）将货币联盟的方式以及经济联盟不可或缺的全部要素固定下来。如果我们不能成功地做到这一点，就将面临可能很折磨人的后续谈判过程。民主德国虽然要货币联盟，但不允许（可能是书写错误，本意很可能是'不彻底'——作者注）进行必要的经济改革，这一点不能排除。"[45]

因此，此后几个星期主管部门的条约起草工作有两个基本目标：

— 它必须将"伴随经济共同体的货币联盟"纳入德国统一进程中去。

— 它必须精确地确定在联邦政府看来不可或缺的、伴随经济共同体的货币联盟的要素。

再加上第三个战术目标。在草案中就应尽可能考虑大多数民主德国公民认为的首要利益。由于担心波恩的立场可能会被透露给公众，所以这个目标不仅要在人民议院选举前，而且在人民议院选举之后也都受到重视。关注东德选民的反应自然一直起着作用。5 月 6 日就将举行地方选举。可是东德州议会选举的日程尚无法预见，更不确定的是全德联邦议院的选举日程。与选票最大化的考虑相比，更重要的要素是时间。绝大多数东德人要西德马克，而且要尽快。正如所见，甚至专家会谈时东德代表团也要求在暑假前就实施货币联盟。联邦总理希望早一点，不仅是考虑到东德国民的情绪，而且也是因为他担心，如果推迟引进西德马克，移民数量会迅猛上升。3 月初，联邦银行表示，它将至少需要六周时间准备货币联盟。截止日如果在暑假以前，大概是 7 月 1 日，那么前提是两德政府最迟于 5 月初商定条约草案，只需等待签署。民主德国新政府组成之后，才可以开始原定的条约谈判，因此留给新政府的时间只有几个星期。所以，除了准备条约草案，以免耗费时间上的相互对峙，联邦政府根本没有其他的选择。

不过，事先考虑双方的意愿是有限度的。民主德国可能将必须把货币与金融政策方面的所有职权，以及财政、经济和社会政策方面的几乎所有职权转让给联邦德国。否则，货币联盟难负其责。

从以上三个目标中便可知道，准备尤其是商定这样一项国家条约何其艰难，在促使民主德国立即承担引进市场经济义务与快速达成共识这两个目标之间的紧张关系，是显而易见的。还要加上联邦政府和民主德国政府在国家统一问题上的分歧。联邦政府要马上统一，莫德罗政府被形势所逼，而不是出于自愿才服从统一的目标。未来的民主德国政府很有可能主张快速统一，但在波恩，每个人都可预见到，民主德国政府仍将设法尽可能长时间地保留自己的职权和机构。

波恩负责准备国家条约的官员很快明白，外交政策上的考虑也将给他们的工作带来困难。这指的是，工作开始阶段出现的一项以后看来滑稽的决定。3 月 5 日，施密特－布莱布特罗伊为条约制定了第一份模式草图，除前言以外，它只包括必须得到规定的工作领域的提纲。[46]但 3 月 7 日，联邦司法部国务秘书金克尔（Kinkel）在"德国统一"内阁委员会上，应根舍的呼吁，紧急提醒说，与民主德国的国家条约问题此刻也仅仅在内部研究。[47]甚至还考虑过，是否必须销毁文件。[48]外交部显然担心，仅仅是准备引进西德马克的条约就会被理解为联邦政府强迫重新统一，这可能给刚刚商议好的"2＋4会谈"带来麻烦。因此，在以后的工作中暂时再也没有谈到国家条约，尽管专业问题继续得到讨论。3月22日，也就是在人民议院选举之后，执政联盟各政党主席才决定安排准备条约草案。

在一个周末（3月30日～4月1日），在所有相关部门官员参与的马拉松式会议中，制定了第一份详尽的关于"德意志联邦共和国与德意志民主共和国创建货币联盟、经济与社会共同体"（Schaffung einer Währungsunion und Wirtschaftsgemeinschaft zwischen der Deutschen Demokratischen Republik und der Bundesrepublik Deutschland——编者注）条约的"初始草案"。此时，对于主管该事项的联邦财政部来说，关键的是向联邦政府递交在各部委以及联邦银行之间商榷过的、尽可能全面阐述的谈判基础。

"初始草案"——附有90多页用打字机纸打印的附件——在结构和基本理念方面，很大程度上符合后来被双方都接受的最终条约草案：

其中，前言写道："（尊敬的条约缔结双方）（……）从双方的愿望出发，在注重事实的情况下，即1990年2月13日在渥太华与法国、苏联、英国和美国政府达成的会谈内容是统一的外部因素……创建货币联盟、经济与社会共同体，是朝着根据联邦德国《基本法》第23条通往国家统一的方向迈出的第一个重要步骤……"

社会市场经济被视为"德国经济和社会进一步发展的基础"。

第一章——基础——包含一般原则以及调解有关解释或运用条约时的争端的决定。如果不能成功地通过条约解决双方政府争端，就可以召集双方占同等席位的仲裁法院。一旦有必要，计划组建一个探讨执行条约问题的共同政府委员会，建立必要的共识。

第二章是关于货币联盟，包括德国联邦银行权限向民主德国延伸的一些细节规定。

第三章带来关于经济共同体的一系列原则性规定。其中有经济和财政政策与社会市场经济、物价稳定、高就业水平、对外经济平衡和持续适度增长目标相互挂钩。经济政策协商意味着，在其经济政策上，德意志民主共和国政府将在共同政府委员会中与德意志联邦共和国建立共识。随后列出了可以想象到的、有必要达成共识的所有领域：在高就业和外贸平衡的情况下，确保价格稳定政策、区域和产业结构政策、能源和科技政策、中产阶级政策、对外经济政策、农业政策、环境政策、基础设施政策。环境保护被视为条约双方的特别关注事项；对于新设备，应该引进适用于联邦德国的安全和环保标准。

第四章包含关于社会共同体的规定。其中有引进符合联邦德国适用原则的退休、医疗、事故和失业保险，引进《社会救助法》（*Sozialhilfegesetz*）。一旦失业保险缴费收入不能完全承担福利支出的费用，就计划由联邦德国支付支撑性的资金援助。尚不清楚的是，支撑性资金支付是否也应该向退休、医疗和事故保险延伸。

第五章内容包括关于国家预算和财政的各项规定。民主德国应将其预算与联邦德国的国家预算接轨，降低国家支出，将社会部门（只要其在联邦德国通过缴费或现收现付方式支付）、经济企业、交通单位和房地产业从国家预算中剥离出来，减少补贴，持续裁减公共服务部门的人员。借贷应该限制于国民生产总值的某一固定（尚未明确）百分比上，并且只有与联邦财政部长达成一致才可实施。在过渡时期，联邦德国有义务根据联邦德国预算中供支配的资金标准，向民主德国提供指定用途的财政拨款。在税收和关税方面，民主德国应援用在联邦德国适用的规定，只有取得联邦德国的同意才可遵循例外的规定。

四份附件对这些规定再次提供了保障：一份民主德国应该接受的联邦德国法律条文的很长的清单、一份12页长的民主德国在其未来立法中必须注意的指导准则清单、一份很长的民主德国必须废除的法律条文清单和一份民主德国必须新颁布的法律条文清单。最后一份清单较短，因为大部分可以照搬联邦德国的法律。[49]

"初始草案"完美地符合各部委设定的两项基本目标：将引进西德马克纳入国家统一进程中去；从西德角度看，对货币联盟和经济共同体不可或缺的最低条件，尽可能"滴水不漏"地，通常甚至是双倍和三倍地得到阐述。

从战术上看，"初始草案"并非最佳。在为财政部长与联邦总理会谈准备的一份按语中，流露出由萨拉辛描述、科勒尔认同的财政部主管官员的顾虑：

"短期内缔结包含货币联盟、经济和社会共同体所有必要规定的国家条约是可行的，如果双方在政治上携手奋进的话。但这里也会产生问题。

必要的、在国家条约草案中落实的货币、经济和社会法中心领域的法律一体化，其结果意味着——草案使得这一点很明确，即继续深化在重要法律领域的国家统一。（……）

对民主德国而言，随着进一步接受我们的法律直至其细节，这份条约草案会给其带来心理上和政治上的问题。"[50]

确实如此：草案要求民主德国政府和人民议院从引进西德马克之日起，不仅在货币政策，而且也在经济、社会和财政政策方面，就放弃独立性。别无他选。问题只是，不可回避的"继续深化重要法律领域的国家统一"是否可以不这么表述，使东部方面的自尊心不受伤害，避免留下摆布他人的印象。然而，除了修饰性的改正，如简化和缩减，科勒尔和萨拉辛也几乎看不到更改草案的可能性。

在这份草案中，对于关键点，正好也是最热门的政治话题，如转换汇率和社会保障方面的细节则是空白。"空白"可能意味着，参与的部委之间或各部委与联邦银行之间还未就具体规定达成共识或者信息仍然不足。广义上讲，4月4日的整个草案仍是开放的：仍未作出决定，总理、执政联盟最高层和联邦政府还得处理整个草案。

最棘手的未决问题：货币转换

对两德大多数国民最重要的，同时在公众中以及专业人士之间最有争议的未决问题是货币转换。

在与民主德国方面的会谈中，专家委员会的西德成员无法隐藏他们对货币存量和经常性支付以 1∶1 转换的顾虑，但按照指示要保留对具体兑换率的意见。同时，联邦财政部和联邦银行内部正在加紧商讨经济和社会上可承受的各种转换率。

在联邦财政部，一开始就怀疑普遍以 1∶1 转换在经济上是否可以承受，2月底这一怀疑加剧。对此，有多种原因：

　　－目前关于民主德国劳动生产率的估算必须调低。1月，萨拉辛还将其估计为西德水平的40%，3月初，联邦财政部和联邦经济部在德国经济研究所最新研究的基础上得出的结论是，民主德国充其量达到西德水平的三分之一。官员们也越来越清楚，劳动生产率虽然是他们必须考虑的一个重要的标准，但不是唯一的标准。生产价格和质量具有竞争力的产品的企业，将有生存机会。然而，它们是哪些企业？其生产的部分产品目前是否已经出口到西方的企业？初看上去好像如此。但现在已经知道，民主德国企业为了通过出口赚取 1 个西德马克，产生的费用是 4.40 个东德马克。是否可以从中得出结论，这些企业的劳动生产率小于西部生产率的四分之一？不能这么简单地计算，但在工资以 1∶1 转换的情况下，那些已在为西部出口运营的企业失去高额补贴后，是否将难以生存，这个怀疑再也无法排除。那些主要出口苏联的企业如何？这些企业也许将更有可能挺住，因为它们是专门针对苏联需求的，并且拥有必要的关系，同时又满足它们的产品不比同类西部产品贵的前提条件。但市场开放并转换成西德马克之后，那些产品根本没有销售机会的企业该怎么办？一般的回答是：它们必须调整自己。但开发新的、高附加值的产品耗费资金和时间。工资成本越低，企业就越有机会渡过新产品进入市场之前的艰难岁月。工资成本越低，对西部的投资商也越有吸引力，为设备的现代化和新产品的开发提供资金。原则上讲，对这些有必要开发新产品的企业来说，有西部三分之一水平的工资太高。联邦财政部估计引进西德马克后第一年民主德国的失业仍将在 140 万人，主要是工业、农业和公共部门不可避免的解雇的结果。只有当单位劳动成本不是高于而是低于西部——这是以低于生产率水平的工资水平为前提的，才有可能产生足够的就业岗位。

－1989 年年底，的确是西德水平大约三分之一的东德名义工资，这期间已经明显上升，幅度在 7% ~10%。在引进西德马克之前，工资还有继续上升的势头，因为民主德国政府要取消补贴，并通过提高工资来平衡由此产生的物价上涨。在转引西德社会保险体系过程中，为了平衡社会保险缴费将必然再次提高毛工资。在 1∶1 转换过程中，根据联邦财政部的计算，民主德国的毛工资将远远超过西德一半的水平，差不多超出其生产率水平的 100%。

－民主德国方面在专家委员会中提供的数据所体现的企业和国家债务负担的规模，在联邦财政部看来太高。如果债务以 2∶1 转换，货币存量则不能以 1∶1 转换，除非联邦德国承担相应的平衡债权。

鉴于新的事实和考虑，国务秘书科勒尔决定，不可能以 1∶1 转换工资。[51]萨拉辛同样看到了经济问题，但认为出于各种政治原因，工资以1∶1转换几乎不可避免。他先推出了一个以 1.5∶1 转换工资的模式。货币存量应该以 2∶1 转换。为了部分补偿货币资产所有者名义上的损失，萨拉辛想出了一种原始的解决办法。货币资产所有者在以 2∶1 转换后，应该另外得到可交易的股权证，它是一种"尚待进一步定义的、享有以后国家从国有企业和公共房产私有化中获得收益/股份的基础"。此外，只要民主德国的固定资产作为市场经济改革的结果而升值，股权证解决方案也为优先考虑原财产被没收的民主德国公民的要求提供了一种可能性。[52]

但萨拉辛的这一模式没有获得通过。他联邦财政部的上司迫切要求他制订一项可以与联邦银行达成一致的方案。

在联邦银行，负责准备"伴随经济共同体的货币联盟"的官员，从一开始就认为，普遍以 1∶1 的比例转换货币存量和经常性支付，在经济学上站不住脚，从而加以拒绝，这不仅是因为通胀的危险，也是因为偿债和工资成本，民主德国企业将完全不堪重负。专家委员会成员、联邦银行执行董事会中在货币联盟问题上最有影响力的成员兼副行长施莱辛格，在内部主张普遍以 2∶1 的比例转换。[53]不过，在这一问题上，央行理事会中自始至终都存在着反对意见，这些意见甚至公开化。如巴登－符腾堡州中央银行行长诺贝特·克鲁滕认为，如果部分存量定期冻结，并将优先为投资目的而解冻，那么在存量上以 1∶1 转换是可以接受的。[54]

3 月中旬，联邦财政部和联邦银行当初在转换问题上的分歧，似乎得到缓解。作为妥协，工资以 2∶1 转换，不过应对由于取消补贴造成的物价上涨和截止日后社会保险缴费提高而产生的附加费用进行补贴。存量原则上应以 2∶1 对换，在现金存量方面可考虑每人限定金额，也许是 2000 东德马克，以 1∶1 转换。联邦经济部也同意这一方针。

对此，联邦劳动和社会秩序部（BMA）持反对意见。它明确主张工资和社会福利以 1∶1 转换。理由是：

　　－最重要的社会政策问题是伴随着经济改革的货币联盟将导致的高失业率。工资以 2∶1 转换只会微弱地缓解这一问题。出于政治和社会原因，构建民主德国经济竞争力所必要的强大落差，根本没有考虑进去。
　　－现有的工资差距已经对民主德国工资产生了很大的上涨压力。

因为高于1:1的转换率而再度降低民主德国的工资，必然会加大这种压力。刚刚赢得的竞争优势将很快再次消失。

—高于1:1的转换率将使民主德国公民现行收入更为不利，将会把移民潮重新推向浪尖。

—比1:1更不划算的转换率将对联邦德国因民主德国社会保障转移支付而产生的负担产生相互矛盾的影响。一方面是较低的社会支出，另一方面是下降了的税收和缴费收入。[55]

在人民议院选举中，转换汇率当然起着主要作用。在民主德国，没有一个政党，在现金存量和工资上不迫切要求1:1的转换率。因此，西德政治家们必须有所行动。社民党大多数人主张普遍以1:1转换。而总理在民主德国选举大会上宣布，小储户可以期待其储蓄账户以1:1转换。[56]对于其他情况，他没有确定。联邦政府其他成员不是很谨慎。3月13日，联邦经济部长豪斯曼在莱比锡春季展销会上宣布，在他和民主德国政府之间存在共识，储蓄账户以1:1转换。但他补充道，储蓄账户必须在一定期限内对换，可能也必须考虑存款的额度。[57]自民党主席格拉夫·拉姆斯多夫要求所有存款以1:1转换，这一方面符合民主德国自民党潜在选民的利益，另一方面则背离了联邦德国许多自民党选民的利益，他们将因过于慷慨的转换而产生对通胀的害怕。当3月18日民主德国公民去人民议院投票时，他们知道西德马克将会到来。但他们不知道，它会何时到来，更不知道他们手中的钱将有多少并以什么样的汇率转换。肯定有来自西部的政治家在选举集会上向他们承诺过，将为以1:1的比例无限额转换存款而努力。但可以确定，联邦政府成员不在其列。[58]

3月22日晚，联邦总理召开了一次会谈，参加会谈的有魏格尔、豪斯曼、布吕姆（Blüm）、塞特斯、珀尔、施莱辛格及其他人。预定的主题是在两德专家会谈中得到处理的所有综合问题，短期内将对此作出决定。此时，货币转换过程中的各种条件特别重要。由萨拉辛的工作小组起草，并由科勒尔为准备总理的会谈而转交给财政部长的评语，再一次对不同的转换率问题作了简洁的归纳：

"货币、竞争和财政政策的考虑表明，东德马克与西德马克的转换率为1:1明显不可取（例如可考虑2:1），收入政策的考虑则相反，更偏向于1:1的转换率。（……）以1:1转换经常性支付将会严重威胁民主德国企业的竞争力，并给国家财政造成持续的负担。一旦认为，出于政治原因，养老金和工资以 1∶1 转换不可避免，那么在所有其他提高工资成本的要素方面，极度克制是必要的。因此，我对所有认为以 1∶1 转换工资的同时，还要为民主德国因物价改革的影响而提供会导致工资成本提高的附加补贴的考虑持批评态度（……）。在以 1∶1 转换时，引进我们的社会保险缴费也不可以简单地增加到工资里去。"[59]

这一观点得到科勒尔的批准，当然也得到魏格尔的完全同意。它使联邦财政部长有可能从有关转换条件的争论中摆脱出来，并等待流通支付 1∶1 转换的支持者，首当其冲的是布吕姆的联邦劳动与社会秩序部，或者 2∶1 转换的支持者，首当其冲的是联邦银行，他们两者能否就此达成共识。一方面，有经验的政治家必然会严重怀疑，退休金和工资方面 2∶1 的转换能否通过；另一方面，也要考虑避免与联邦银行的激烈争执。于是都选择了克制。

就掌握的情况看，类似的考虑也决定着联邦总理的策略。对他来说重要的是，在转换储蓄账户时确保小储户一笔保底的额度以 1∶1 转换——这样他就不会食言，而这一点在各部委之间以及与联邦银行之间不再有争议。在工资和退休金转换问题上，他显得很明智，先是观望一番，让别人充当"探雷狗"先行。但珀尔和施莱辛格显然认为，总理和联邦财政部长似乎同意他们的观点，否则下面的事件就无法解释了。

德意志内部关系工作小组现在制定出一套新的转换模式，该模式建立在 3 月 10 日考虑的基础上。原则性的出发点是，除了储蓄账户按人头以 1∶1 转换，货币存量和经常性支付应该以 2∶1 转换。根据这一模式，从下列计算中得出平均工资：

1989 年民主德国的毛工资	1250 东德马克
按 2∶1 转换后的毛工资	625 西德马克
1990 年工资增加的津贴（10%）	63 西德马克
取消补贴的补偿	310 西德马克
较高的社会缴费的津贴（10%）	100 西德马克
引进西德马克后的毛收入	1098 西德马克
净工资（减去工资税和社会缴费以后）	878 西德马克

这相当于西德平均净工资的 39%；但由于较低的物价，按联邦财政部的观点，其购买力为西部 50% 的水平。

一个达到平均收入水平的工人的养老金（"标准养老金"），根据 45 个缴费年和净工资的 70%，联邦财政部的计算结果是 615 西德马克。

在存量方面，银行对企业和房产业的债权以 2∶1 转换而减半，债务负担也相应减少。国家的债务也部分减轻。现金和存款以 1∶1 最多应该转换 2000 东德马克，超出的金额以 2∶1 转换。外籍人士在民主德国的东德马克存款应以 3∶1 转换，这符合旅行外汇的官方兑换率，也是合理的，因为非民主德国公民的马克货币存量，根据民主德国法律，主要是靠非法途径获得。

联邦财政部再次提到以股权证作为 2∶1 转换的补偿这一想法，但已准备撤回。它们可以用于国有住房的私有化；只要在整顿和私有化的收益方面仍不明确，那么股权证就不能与对国营工业财产或来自出售工业企业的私有化收益的要求挂钩。3 月 10 日还存在的国有企业显然仍有价值的幻觉，两个星期后就开始消失。[60]

联邦银行董事会也同样请人制定了一份转换建议，该建议从相同的规定出发：对存量和经常性支付原则上以 2∶1 转换，在货币存量上每人以 1∶1 转换 2000 东德马克，在工资和养老金方面提供价格上涨补贴。在 3 月 29 日的央行会议上，主要就联邦银行对转换率的立场，以及联邦银行在民主德国引进西德马克过程中认为不可或缺的法律和组织原则作出了决议。联邦财政部长参加了会议。在深入的讨论之后，央行理事会经过多数通过，决定执行董事会的转换建议。对于货币存量以 2∶1 转换，以及每人储蓄存款以 1∶1 最多转换 2000 东德马克，没有太多反对的声音，虽然有些成员认为这样不能排除通货膨胀的可能，并建议对部分以 2∶1 转换的金额实施定期冻结。较有争议的是工资转换，在提供价格上涨补贴之后为 2∶1。许多成员认为工资 1∶1 转换是不可避免的。在法律和组织问题上是完全一致的：引进西德马克的前提是《联邦银行法》在民主德国有效，而且央行理事会的货币政策决定可以得到贯彻。为了完成其任务，联邦银行必须在柏林设立一个临时管理机构，并在民主德国设立约 15 个分支机构。

3 月 31 日，央行理事会关于货币转换的决议出现在报纸上。[61]显然有人泄密，向《法兰克福评论报》详细报告了 3 月 29 日央行理事会的讨论。如果这个人希望在民主德国掀起反对 2∶1 转换率的狂风暴雨，那他百分之百地成功了。民主德国的所有政治力量，包括已确定的总理德梅齐埃，都要求存款和工资以 1：1 转换。出现了 15 万人参加的示威游行。[62] 西德的拉封丹指责联邦总理"无耻的选民骗局"，因为他在选举前给人的印象是他主张 1：1，自民党主席格拉夫·拉姆斯多夫也多次警告不要"食言"。[63]

这些言论根本不符合事实。总理或联邦政府从未作出过储蓄账户不限额度以 1：1 转换的许诺，而且从来没有指望联邦银行会作出有别于 3 月 29 日的决议。

联邦政府必须尽量降低损失。4 月 4 日是内阁会议。在新闻通告之后，魏格尔和豪斯曼在会上表示同意央行理事会的建议，他们是否认为可以贯彻这些建议，则另当别论。但鉴于民主德国所有政治力量的一致抗议，内阁中大多数人认为，联邦银行的方针不可能在未来的谈判中全部获得通过。[64] 内阁会议后，政府发言人克莱因向媒体宣读了针对公众而定调的表态。它表示，联邦政府将仔细审查央行理事会的建议，但尚未确定，可能要在与正待组建的民主德国政府的谈判中才能确定。[65] 但这种与联邦银行保持距离的态度并没有给联邦政府多大的帮助。众所周知，联邦财政部长列席了央行理事会的会议，所以给人留下的印象是，联邦政府，至少是为伴随经济共同体的货币联盟进行准备的最重要的部长，参与了联邦银行的建议，现在必须撤回这项建议。

因此，4 月初，针对转换汇率，西部方面仍然没有出现联邦政府和联邦银行达成共识的方案。事态发展至此，联邦政府与联邦银行之间的新麻烦已成定局。珀尔和施莱辛格可以想象，联邦政府将会和 2 月 6 日做过的那样，出于政治原因而在货币和经济政策这一头等重要问题上，再次越过联邦银行理事会。

联邦德国的社会标准：民主德国的过高要求？

在各部委之间存在争议的还有棘手的政治问题：让民主德国承担立刻接受西德《劳动法》和《社会法》的义务是否合时宜。"初始草案"关于社会共同体的章节是由联邦劳动和社会秩序部撰写的。"劳动法制度准则"（"初始草案"第 4 章第 1 法条）写道：

"在德意志民主共和国适用符合德意志联邦共和国法律的结盟自由、劳资合同自治、劳资纠纷法、企业法、企业共同决定机制、解聘保护（……）。"

相反，联邦财政部和联邦经济部则担心，民主德国的经济结构重组将会因如此广泛地接纳西德的劳动法和社会法标准而受到阻碍。西德关于解聘保护和补偿的条例，毫无疑问，将严重加大整顿超员严重企业的难度。同时它们迫使企业主在雇用工人时极其谨慎，对应聘者的工作能力稍有怀疑，便将其拒之门外。

有争议的还有，是否确实像联邦劳动和社会秩序部所希望的那样，立即或者分阶段地按照联邦德国一定的相应水平——缴费45年、净工资70%——发放养老金。联邦财政部预计，立即提高到70%，将使养老金保险机构的补贴第一年就提高30亿西德马克，这必然推高民主德国的财政赤字，并导致它要求联邦德国给予更多的财政援助。[66]

当然大家都明白，在民主德国贯彻较低社会保障水平的任何尝试，在谈判中都将遭遇激烈的反抗。在未来的市场经济中，坚持相当程度的社会保障，不仅是莫德罗政府的策略，也迎合了大多数东德人普遍的恐惧心理。标志性的还有，东部基民盟及其结盟党在竞选中要求的是"货币、经济和社会联盟"，而不是货币联盟和经济共同体，而且绝不让人怀疑，它们所希望的是全盘西德式的社会国家。此外，不可忽视的是，如果联邦政府尝试在东德贯彻较低的社会保障水平，也会在西德激起反对。毫无疑问，作为降低经济上不再合理的社会保障的第一步，也必须在西德说明上述情况。

因无法估算而悬而未决：预算、财政、补贴需求

在联邦财政部看来，民主德国关于国家预算和财政的规定令人无法满意。贷款局限在国民生产总值特定的但尚未确定的百分比以内，大规模贷款必须征得联邦财政部长的同意，这都构筑了一道防止民主德国过高债务的防线。然而，仅此还很不够。在专家委员会的商讨中，估计民主德国国家财政赤字至少达400亿西德马克。根据与民主德国财政部的进一步接触，德意志内部关系工作小组于4月2日得出更加令人不安的结论。货币转换后的第一年，联邦财政部官员按经常性支付1:1的转换率，计算出国家支出为1240亿西德马克，其中包括超过200亿西德马克的对社会保险的补贴，与此相对应的税收和管理收入则整整是650亿西德马克。民主德国国家的财政赤字在货币转换后的第一年大约为600亿西德马克，也就是说，大约是预期的国民生产总值的四分之一。通过贷款，民主德国只能支付一小部分的赤字。工作小组充其量只能在公务部门中削减人员，尤其在国家

人民军（Nationale Volksarmee，NVA）方面，或者在房产业补贴方面看到节约的可能性。取消对基本需求物品的补贴，已经纳入计算。民主德国没有关于节约的建议。联邦财政部认为，仅第一年，联邦德国公共财政必需的财政补贴高达至少 400 亿西德马克，并且前提条件还是民主德国 1990 年的预算草案不变。这当然是不现实的。联邦财政部预料到还有更多的支出，尤其是无法避免的对企业流动资金和转型的援助——民主德国为此要求 200 亿～300 亿西德马克。绝对必要的基础设施措施也高达 100 亿西德马克。财政赤字很可能接近 900 亿西德马克，远远超过国民生产总值的三分之一。后来再看，这一估算与实际情况比较更加贴近。

萨拉辛为魏格尔汇总了这些令人压抑的估算。在供魏格尔 4 月 5 日与科尔会面讨论"初始草案"的发言稿中，萨拉辛总结道：

> －对民主德国的援助只能以总方案的形式作出，且当民主德国财政的融资必要性很清楚，而且所有部委对给民主德国援助的要求递交后，才可能落实。现在不应再作出提供资金的更多许诺。
> －对民主德国的援助不能只由联邦承担，地区和社会保险机构必须根据其支付能力参与其中。
> －不许通过贷款作为对民主德国援助的主要融资方式，而主要必须通过再分配和节约来融资。[67]

因此，4 月初，波恩的参与者大致已经清楚了对民主德国援助的规模和融资方面存在的巨大问题。所幸的是，联邦德国的融资问题没有纳入条约草案，否则它将永远无法及时完成。然而，人人都会想到，在条约谈判过程中，民主德国会要求就全面财政援助作出约束性的承诺。但是，关于其额度和用途尚没有明确的计划。

第四节　蒂特梅耶接管：从"初始草案"到谈判基础

准备阶段的最后工作——从协定"初始草案"到 4 月 25 日与开始民主德国正式会谈——已经由汉斯·蒂特梅耶领导。联邦总理亲自委派蒂特梅耶负责国家条约起草工作的协调，以及领导西德代表团继续与民主德国关于国家条约会谈和谈判，这是科尔在德国统一进程中作出的最重要的人事决定。蒂特梅耶接管的是霍斯特·科勒尔迄今行使的职能。科勒尔在准备联邦财政部方案和专家会谈中领导西德代表团所做的工作，获得总理和联邦财政部长的满意。但科勒尔的业务范围还有准备欧洲货币联盟的会谈。魏格尔担心，两项任务加在一起会使科勒尔承受的负担达到工作量的极限。因此，他向科尔建议，针对未来工作量极大和政治上极度困难的两德谈判阶段，任命蒂特梅耶担任西德代表团团长。[68]

蒂特梅耶已有一段令人印象深刻的仕途生涯。他 1962 年进入联邦经济部，1969/1970 年决定性地参与制定了引进欧洲货币的《维尔讷计划》（Werner-Plan），1973 年升任"经济政策"司司长。1982 年政府换届后，蒂特梅耶成为财政部国务秘书。1990 年 1 月 1 日，这位逐渐享有盛名的经济、财政和货币政策专家进入联邦银行董事会。蒂特梅耶凭他担任财政部国务秘书的多年工作经验，对负责货币联盟和经济共同体准备工作的部门了如指掌。他在联邦银行虽然只有三个月，但得到董事会的信任。长期以来，蒂特梅耶也得到科尔的信任。因此，就他的专业才能、在部委和联邦银行的工作经验、威望和后台来看，蒂特梅耶作为联邦德国代表团团长都极为合适。再加上没人能像他那样有能力在德德谈判中有可能动荡的决定性阶段，可以通过协调，避免至少是缓解联邦银行和联邦政府之间的冲突。为了方便他的协调工作，联邦政府和联邦银行找到了一个实用的解决方案：蒂特梅耶作为联邦银行董事会成员暂时停职，以便作为"联邦总理的个人全权代表"准备谈判并领导西德代表团，但继续参加央行理事会会议（不行使表决权）。

反映科尔领导风格的是，将蒂特梅耶纳入服务于总理的信息系统的方式。至今一直确保总理府与联邦财政部德意志内部关系工作小组之间联系的约翰内斯·路德维希，是总理在所有经济问题上最重要的智囊，而今"以特殊方式调遣"蒂特梅耶。[69]联邦财政部负责其他工作的协调。联邦财政部，尤其是德意志内部关系工作小组为蒂特梅耶做准备工作。事实证明，这样的安排对总理、蒂特梅耶以及事务本身，都大有好处。科尔可以让他的"个人全权代表"很大程度上放手工作。反正在原则性目标方面，双方是一致的。总理可以通过路德维希得知一切具体的问题，反之，蒂特梅耶可以借路德维希在总理那里坚持自己的想法，如果他觉得有必要的话。通过这种方式，蒂特梅耶获得了相当大的活动空间，这在艰难的谈判过程中对他是极为有利的。此外，科尔通过他的亲信的间接领导，首先是通过路德维希，确保持续的信息交换，这也给总理带来明显的战术优势：在棘手的问题上，当其他人朝着他认为正确的方向前进时，他可以避免事先表态。如果他们能做成，就更好，如果做不成，总理也不会丢脸。在现今启动的与民主德国的会谈和谈判过程中，这种领导风格导致了总理虽然"没有一直在场，但始终存在"的效果。[70]当然，它之所以能够奏效，是因为科尔可以完全信赖其最亲近的助手和代表。

4月5日，蒂特梅耶和联邦总理进行了一次详细的谈话。接着他被吸纳进科尔主持的执政联盟和部长会谈。会谈讨论了"初始草案"，并对进一步的措施作出决定。最重要的结果是：

　　–3月20日，联合政府最高层在人民议院选举后立即同意7月1日作为截止日，这一情况得到确认。[71]但每一位党主席，尤其是魏格尔知道，及时与民主德国结束谈判，将是件艰难的事情。再者，联邦银行估计引进西德马克的技术准备要六周时间。因此，国家条约必须在5月中旬签署完毕。

　　–确定了与民主德国对话的代表团组成（仍然没有提及谈判）：蒂特梅耶担任团长，随后有联邦财政部的国务秘书科勒尔和克莱姆（Klemm）、联邦经济部的冯·伏尔岑，联邦劳动和社会秩序部的雅戈达和联邦银行副行长施莱辛格。除了蒂特梅耶和克莱姆，所有人都已在2/3月参加过与民主德国举行的专家会谈。应该根据每次的议题，将其他部委的国务秘书吸收进来。

　　–应精简国家条约的"初始草案"。一些规定，只有当它们对货币联盟和经济共同体正常运行必不可少时，才必须提出。执政联盟和部长会谈表示理解联邦财政部的顾虑，即立即采纳西德的社会和环境标准将会阻碍民主德国的经济建设。但作出的决定只是让各部委审核是否可以首先放弃全盘接受联邦德国的保护规定。

　　–财政风险使执政联盟和部长会谈深感不安。财政部建议，对民主德国援助的负担不能只依靠联邦，各州和市政也要分担，这一点得到赞同。联邦总理萌发了一个想法，即审核市政是否可以通过暂停地区投资以积累资本并投入民主德国的"帮带县市"。

除了关于"初始草案"的问题外，会议对与国家条约相关的几乎所有问题进行了讨论：与欧共体和"2＋4会谈"商议国家条约、它对民主德国经互会贸易的作用。撇开这些宏观的论述，剩下的首先是极为具体的、令人头疼的转换汇率问题。执政联盟最高层显然想看看，未来的民主德国政府在这一问题上是如何反应的；也许会一反民主德国之前的所有表态，产生一定的谈判空间。[72]

因此，进一步的程序很清楚，但真正棘手的问题依然悬而未决，蒂特梅耶面临的任务更加艰难。他和联邦财政部一样担心。后来他一再强调，民主德国的经济建设不应因立即引入西德整个的《劳动法》和《社会法》而受到阻碍，过渡性规定是有必要的；在转换汇率方面，央行理事会大多数人的方针是对的：在货币存量上以2∶1转换，对小储户按人头以1∶1限额转换，对经常性支付以2∶1转换。但他了解部委之间的意见分歧。4月5日的会谈之后，他也知道，在这两个问题上，总理虽然认为联邦银行和联邦财政部的观点专业上将是合理的，但还没有确定下来，而且在了解对民主德国来说什么可以谈判、什么不可以谈判之前，也无法确定下来。因此，蒂特梅耶必须在他与民主德国新政府的会谈中设法拟定经济上合理而双方认可的建议，这是一项几乎不可能完成的任务。

考虑到巨大的时间压力。蒂特梅耶估计，复活节后的一星期之内，也就是说4月17日之后，必须启动正式会谈。因此，他在德意志内部关系工作小组和代表团指定成员的圈子里敦促加快速度。大多数参与会谈的国务秘书和官员已经在关于"初始草案"的马拉松式会议上，熬过了上周末的星期五到这一周的星期一。在4月6日的星期五，蒂特梅耶请求大家星期一之前，又是在周末，把联邦总理那里的会谈结果写进草案。[73]4月10日，新版本出台，不是在星期一，但不管怎么说也是在星期二。但该草案还不能为正式会谈提供令人满意的基础。蒂特梅耶希望审核如此大规模引入西德《社会法》和《劳动法》是否有必要，这一愿望没能落实。此外，蒂特梅耶认为草案还是太长：正文中最重要的缩减是把关于货币联盟的规定放入附件。草案要让民主德国可以接受，蒂特梅耶的这一努力，得到一定程度的满足。如前言中加入了这样的阐述："——本着在民主德国确保经济和社会发展，特别是不断改善其人民生活和就业条件的意愿。"

附件中不仅有民主德国必须改变或从联邦德国引入的法律条款，还有联邦德国必须修改的法律条款。[74]但蒂特梅耶怀疑这些是否足够。因此要继续草案的修改工作。

　　4 月 11 日，蒂特梅耶飞往柏林，与得到任命的东德总理德梅齐埃举行第一次会谈。德梅齐埃刚刚结束联合执政的谈判，对自己的出任无须担心。双方达成一致，"货币、经济和社会联盟"——德梅齐埃在竞选中就使用的术语——必须尽快到来。蒂特梅耶保证，他将尽一切努力，尽快制定出"可接受的谈判基础"。他同时强调，本着双方的利益，必须保证西德马克的币值稳定。必要的不仅是经济上合理的转换汇率，而且联邦银行要独立负责货币政策。德梅齐埃提到民主德国国家银行的"切入"。蒂特梅耶对此予以拒绝，并表示只要国家还没有统一，就反对民主德国派遣代表进入央行理事会。这位东德未来的政府首脑也报告了政府声明的起草情况。蒂特梅耶建议，他在声明中毫无保留地描述民主德国经济和政治状况；德梅齐埃必须考虑到会遭遇指责；不是旧的体制，而是新的政策，要对可能出现的困难负责。[75]

　　三天后的 4 月 14 日，复活节的星期六，蒂特梅耶与路德维希一起再次出现在东柏林。两天前，德梅齐埃当选为总理，联合执政的约定也已知会西部方面。蒂特梅耶和路德维希这次访问最终的会谈对象是德梅齐埃已打算在总理府办公厅安排重要职务的两位基民盟政治家：克劳斯·赖兴巴赫（Klaus Reichenbach）和君特·克劳泽（Günther Krause）。赖兴巴赫是萨克森州基民盟主席，会被任命为内阁部长，克劳泽是新选出的人民议院基民盟议会党团主席，他会作为议会国务秘书在部长会议办公厅中主管与联邦德国关系的事务。[76]这次会谈主要的议题是转换方式。赖兴巴赫和克劳泽坚守执政联盟的约定，要求货币存量以 1∶1 转换。蒂特梅耶和路德维希认为，这样做将危害西德马克的稳定性。此外，他们还指出 1∶1 转换带来的后果将是，除非企业的债务也以 1∶1 转换，否则意味着对国家平衡支付的更高要求，这将毁掉许多企业，因而民主德国会要求大幅免去这些债务。在货币经常性支付上，主要在工资和薪水问题上，赖兴巴赫和克劳泽要求以 1∶1 转换。根据竞选大战中的所有声明以及联合执政的约定，无法期待其他解决办法。蒂特梅耶和路德维希指出这会对民主德国企业竞争力和就业产生的后果。蒂特梅耶的印象是，这些观点尤其在克劳泽身上起到了"思考"的效果。但两位西德人明白，在未来的谈判中，民主德国在对工资和薪水以 1∶1 转换的要求上几乎不会做出让步。[77]

　　在联邦德国，蒂特梅耶关于根据联邦银行的建议转换工资和薪水的想法，也只得到很少的支持。复活节一过，他就去找基民盟/基社盟党团主席德雷格尔（Dregger）和自民党主席格拉夫·拉姆斯多夫谈话，两人对赖兴巴赫和克劳泽的观点表示"完全理解"。德雷格尔这样表态不足为奇，但拉姆斯多夫这样做就有些令人意外了，因为他不久前还要求货币存量以1:1，但工资以2:1转换。与更多的人谈话之后，其中也包括反对党政治家，蒂特梅耶只能承认，除了以1:1转换之外，几乎没有人想得出其他的解决方案。[78]现在，他开始在联邦银行与政策的可执行性之间寻找一种妥协。

现在必须尽快结束国家条约草案的起草工作。在此期间，联邦政府最初考虑的与民主德国正式会谈启动的时间，也就是复活节后的一周，已被取消。德梅齐埃政府还不着急，它还要先等待人民议院对4月19日提交的政府报告的辩论结果。一方面，这对西部有利，因为对西部来说，假日之后马上就充分完成可以呈交给总理的草案，几乎是不可能的；另一方面，任何延误都意味着只有很少的时间留给原定的谈判阶段。星期四，4月19日，总理府部长塞特斯根据蒂特梅耶的建议，邀请举行一次会谈：草案的最新版本，在交与总理商讨之前，应该做最后的润色。参加这次会谈的，除了塞特斯和蒂特梅耶，还有主管的国务秘书们以及部长根舍、朔伊布勒和布吕姆。本次会谈很大程度上采纳了现成的版本。还可以进行富有启发的修改，这是外交部长根舍的建议。其中一项修改涉及前言中包含的国家统一目标。现在是这样写的：

"从双方的愿望出发，通过创建货币联盟、经济和社会共同体，根据德意志联邦共和国《基本法》第23条，作为对欧洲统一的贡献，准备实现国家统一（……）"

这是比原版本（比较第195页）更为谨慎的表达，它体现出外交部的担忧，任何可以解读成强迫快速重新统一的说辞，都将引起战胜国的负面反应。关于对外经济的规定，根舍认为，对经互会伙伴，尤其对苏联，不够重视。根舍要求，"民主德国已形成的对外经济义务"不只是像先前那样原则性地，而且也要普遍地受到信任和保护；它关系到条约中外交政策问题的重点，必须得到满足。此外，根舍还希望在条约中添加一条，涉及对苏联其他义务的规定，如苏联武装力量的驻扎。会谈根本不可能处理这个问题，因为内容太复杂，但指出了对此作出规定的必要性。恰恰是这样的细节表明，原则上讲，草案还远未完成，一大堆问题还必须思考，最好在正式会谈之前就澄清这些问题。[79]

在这次部长和国务秘书会谈中，也没有解决在接受联邦德国《劳动法》和《社会法》的问题中依然存在的分歧。自"初始草案"形成以来，这一状况并没有多大改变：

　　－关于病假情况下工资照付，"初始草案"计划按联邦德国的模式制定一项法规。但联邦经济部至今的观点都是工资成本不应只落在企业主身上。这虽然符合蒂特梅耶的要求，在把社会制度搬到民主德国时要谨慎行事。但在这一点上联邦财政部不听他的，因为担心这样的后果：如果医疗保险必须接管工资照付的任务，将会更加提高补贴的需要。联邦劳动和社会秩序部坚持采用联邦德国的模式，也就是说保留原来的规定。

　　－联邦劳动和社会秩序部仍希望设立一个只负责养老保险工作的养老保险机构；但严厉拒绝引入针对诸如国家机关干部的特殊保险体系。联邦财政部希望保险机构负责至今为止的社会保险框架中的所有工作，不愿把特殊保险体系剥离出来，但愿意审核迄今为止的既得利益者所享受的待遇额度。它的理由是，联邦劳动和社会秩序部的建议将导致特殊的"国安部养老金"出现，重要的还有资金问题：有一部分既得利益者根本没有交过保险费，特殊保险体系继续存在的后果是国家财政必须承担费用。

　　－联邦劳动和社会秩序部依然要求立即把现有养老金提高到净养老金水平的70%（退休人员缴费45年的平均工作报酬）。联邦财政部认为应逐步提高养老金水平的观点得到加强，因为甚至是民主德国的《联合执政协议》（Koalitionsvereinbarung）都只要求逐步提高。

　　－联邦劳动和社会秩序部要求养老金支出的18.8%由国家补贴，这一点必须以书面形式固定下来，这符合联邦德国的规定。联邦财政部则予以拒绝并指出，养老保险在逐步接近70%水平的过程中，鉴于有利的年龄结构，很大程度上将可自行支付。

　　－联邦劳动和社会秩序部依然要求联邦政府对养老、医疗、事故和失业保险采取启动资金援助措施。联邦财政部只同意对失业和养老保险进行启动资金援助。[80]

在塞特斯召开这次会议后，也就是去总理那里进行最后商谈前的最后一刻，才成功地解决了与联邦银行的一个最严重的分歧。在最初的草案中，民主德国政府成员没有表决权，但有申请参加央行理事会商议的权利。对此，央行理事会中明显存在顾虑。允许其他的、形式上还是主权国家的政府成员参加央行理事会会议确实是有问题的；根据《联邦银行法》，在这种意义上具有参与权的只有联邦政府，就连州政府成员都没有。然而，无可非议的是，民主德国力求在货币政策事务上得到信息，则是合理的。因此，以联邦银行建议的一段文字换掉了迄今为止关于货币政策合作的条款。现在，关键性的章节是：

"德意志联邦银行和德意志民主共和国将在货币政策事务上紧密合作。（……）德意志民主共和国财政部长，在金融与货币政策事务中应该应邀参加德意志联邦银行理事会会议。"[81]

在联邦银行现在对草案中的机构规定感到满意之时，而在转换方式问题上，几乎无法指望它的观点会得到全盘接受。草案中仍然没有提及该问题，但内部早已开始酝酿思考。蒂特梅耶谈到了一项根据他在东柏林的经验，正好还可以实施的建议：在 1 月 1 日已支付的工资和薪水基础上经常性支出按 1:1，现金和存款每人以 1:1 最多转换 5000 东德马克，所有的其他债务和债权以 2:1，而不是按 1:1 转换的存款必须临时（部分）冻结，而存款的贬值部分则通过发行"股权证"进行补偿。根据萨拉辛 3 月形成的想法，将来可以凭此具有对国有财产的索求权。联邦财政部同意这项建议。[82]由于草案中尚未确定转换汇率，关于货币存量的对应项——企业债务，也还可以不加考虑。在西德执政联盟中，对于这些债务的处理，新近出现了争议。联邦财政部和其他部委坚持以 2:1 转换企业债务，拉姆斯多夫则要求免去它们。此后，在引进货币联盟后，企业、市镇和房产公司的债务有着几乎无法解决的困难，以后自然证明拉姆斯多夫是对的，而且联邦财政部的官员们当时也知道，在许多情况下，根本没有资产对应债务。但另一方面，联邦财政部坚决反对免去企业所有债务，这是可以理解的，因为它担心，有一天必须承担债务平衡的成本。联邦财政部的方针是：货币转换之后，在单个案例的关键性审核过程中，为原则上有生存能力，但欠债过重的企业提供有针对性的援助。[83]

在会谈开始之前，只要有可能，蒂特梅耶也必须摸摸底，对民主德国许诺的财政援助到底可以有多大规模。在这个问题上，联邦财政部自 4 月 4 日以来有所进展，不过那只是因为德意志内部关系工作小组放弃计算民主德国可能需要的财政援助，而现在是从联邦德国的支付能力着手。4月2日，萨拉辛认为在截止日第一年几乎不可避免的公共转移支付为450亿~500亿西德马克，4月20日在德意志内部关系工作小组为魏格尔去科尔那里会谈做准备的发言稿中，1990年下半年和1991年的额度分别变成150亿~250亿西德马克。每个参与者都清楚，这将只是民主德国赤字的一小部分。强制性节约也不会带来多少，因为至少不可能在条约中给民主德国规定详细的节约措施。因此剩下的是贷款。但不可能允许民主德国任意额度的贷款。原先在草案中规定限制在国民生产总值的一定比例上，但百分比尚未确定。在此期间已经删去了这条规定，但贷款与联邦财政部的同意要挂钩，这一原则不变。因此人人都知道，实际上远远多于150亿~250亿西德马克的即时公共转移支付将是必要的。然而，150亿~250亿西德马克看上去是可以承受的，尤其是，如果联邦和各州共同负担的话。如果100亿西德马克落到联邦肩上，1991年的新债务将上升到500亿西德马克，当时对联邦财政部来说，这是它承担得起的责任的绝对上限。最高250亿的西德马克是蒂特梅耶可以拍板的。此时，联邦财政部中也有了各州如何参与援助民主德国的考虑。可以想象的似乎是一种有信贷资格的特殊基金，它可以先从自己拿到的贷款中资助民主德国的转移支付，该基金的融资应该由联邦和各州以一种尚待确定的比例分担。[84]

蒂特梅耶对4月20日递交的条约草案，依然不是十分满意。在有限制地接受西德《劳动法》和《社会法》这个目标方面，这一草案没有更多进展。尽管有一些改进，草案还是不符合他提出的措辞尽可能不要碰到谈判对手敏感之处的愿望。在给魏格尔的发言稿中写道：

"多次修改过的国家条约草案，根据的是蒂特梅耶博士在他至今与民主德国代表会谈基础上所得到的认识，虽然从专业上看是正确的，但就其整体风格特征而言，依然要求过高，而且过于单方面地让民主德国承担义务。"

星期天，4月22日，在联邦总理处举行了部长会议回合的最终会谈。正如蒂特梅耶所说的，科尔对在社会主义体制中并无过错并创造了劳动果实的民主德国退休者可以马上分享西德体制的优越性极其重视。[85]因此，联邦财政部和联邦劳动和社会秩序部之间的分歧，以有利于联邦劳动和社会秩序部的方式结束。在这次会谈中起着一定作用的财产问题也令人担心。虽然在国家条约草案中、在正文和基本准则中，多处强调私人占有生产资料的原则，但人人都预想得到，德梅齐埃政府也将设法为私人购买土地和生产资料，设置与有效的市场经济不相称的更狭窄的限制。蒂特梅耶受命在谈判中尽可能明确规范这一问题。相反，没收财产问题在"未决财产问题"的标题下，自2月以来，在一个两德特别委员会中得到讨论，"鉴于民主德国和苏联的高度敏感以及宪法的重要性"，需要"继续深入地商讨"。联邦司法部国务秘书金克尔奉命处理此事。[86]

现在，联邦总理决定用充满政治效果的决议来结束准备工作。第二天，4月23日，在执政联盟主席的会谈中再次讨论了决议全文。[87]随后通报媒体，联邦政府和执政联盟达成一致，

  – 在不计入因取消补贴和价格改革而导致物价上涨所作补偿的情况下，工资和薪水原则上根据现行水平，以1:1的比例转换。
  – 在民主德国生活的德国人，其货币和信贷存量原则上以2:1转换。每人最多可以1:1转换4000东德马克。
  – 民主德国的养老金体系与联邦德国的养老金体系接轨，45个缴费年中的养老金提高到平均净工资的70%。[88]

在工资和薪水转换问题上，这一规定还超出了蒂特梅耶的建议，因为也应考虑1990年1月1日至尚待确定的、可能是4月底的截止日之间的工资增加。在货币存量转换方面，执政联盟高层的决定略低于蒂特梅耶认为对极端情况而言合理的范围。

从政治上看，科尔的这一决定有很大的优势：如果工资以1:1转换是不可避免的话，那么现在就接受则更好，不要让人产生这样的印象：联邦政府是在艰难的谈判中，在民主德国的劝阻下才作出让步的。决定也符合战术目标，使整个谈判基础变成民主德国可以接受的。确信无疑的是，在国家独立自主这个最主要的问题上不允许有丝毫改变。但对这个问题，大多数东德人根本不感兴趣。紧紧咬住独立自主的残余不放的，除了一些理想主义者以外，只有那些害怕失去地位和影响的人。不过，大多数人对联邦德国的建议赞同之声越大，少数人可以阻碍谈判的可能性就越小，尽管他们在议会和政府中占据主导。

第五节 民主德国的最初立场

人民议院选举

"德国联盟"在 3 月 18 日人民议院选举中的成功，令许多观察家惊讶。在选举前四周，48% 的民主德国选民愿意选举社民党，21% 选举联盟。[89]随后在竞选中，"德国联盟"超过了社民党，力量关系发生逆转："德国联盟"获得 48% 选票，社民党为 21.9%。细心的观察家没有感到意外的是，产生于民权运动、现主要合并为联盟 90 团体的糟糕的选举结果。这些团体得到人民广泛的支持，是因为它们反对统一社会党的统治，当统一社会党的政府崩溃后，他们无法提供可与西德模式竞争的政治前景。此外，它们没有强有力的组织，而且也很少得到西德的支持。民主社会主义党取得了相对较好的结果，这也容易解释。该党以统一社会党国家中所有享有特权的群体的辩护人亮相，它可以掩盖社会主义改革者与崩溃体制不可救药的崇拜者之间的紧张，并始终拥有强大的组织和资金。

表 9 1990 年 3 月 18 日人民议院选举结果

单位：%

"德国联盟"	48.0	联盟 90	2.9
其中:基督教民主联盟	40.8	德国民主农民党	2.2
德国社会联盟	6.3	绿党/独立妇女协会	2.0
"民主党醒"	0.9	德国国家民主党	0.4
德国社会民主党	21.9	德国民主妇女联盟	0.3
民主社会主义党	16.4	行动联盟"联合左翼"、丁香党	0.2
"民主自由者联盟 – 自由党人"	5.3	其他	0.4

资料来源：联邦统计局：《1990 年统计年鉴》第 641 页（Statistisches Bundesamt：Statistisches Jahresbuch 1990，S. 641）。

选举结果显示，民主德国分裂为两个阵营。大约四分之三的选民将选票投给原则上同意国家统一的政党。这个阵营中存在的分歧充其量是在统一是否应该快点到来（正如大多数"德国联盟"的选民所希望的那样），或者应该再过一段时间（如三分之二社民党拥护者所认为的那样）的问题上。[90]在是否应该马上引进西德马克的问题上，这个阵营中没有分歧：超过90%的人希望尽快实施货币联盟。代表这一阵营的所有政党已与西德的伙伴建立了紧密的联系。与"德国联盟"、自由党派和社民党中四分之三多数相对立的，是更多持怀疑甚至害怕心理看待统一，并试图最大程度保留民主德国特殊自主性的政党。在这一阵营中，民主社会主义党以16.4%的选票率成为最强大的力量。还有遭受重创，聚集在联盟90中的民权运动组织、绿党/独立妇女协会、德国民主农民党以及一些微不足道的小党派。有趣的是，这一阵营的大多数支持者也同意马上引进西德马克。[91]

在此没有必要对民主德国第一次参加民主选举的选民行为进行详细的分析。但有必要的是对影响选举决定的经济要素进行评估。一些对选举结果感到失望的政治家，他们的举止过于轻率。在选举当晚，奥斯卡·拉封丹说："人们有这样的印象，如果他们选科尔，就会有钱进来。"[92]奥托·席利（Otto Schily），曾是很有名望的绿党人物，如今的社民党联邦议员，以更粗暴的方式批评"德国联盟"的选民：他在电视镜头前举起一根香蕉说，这就是科尔选民的动机。民主德国选民希望在可预见的时间内像西德人一样生活，这是完全可以理解的，但以这种方式辱骂他们则是不公平的。这也不符合错综复杂的现实。

毫无疑问的是，大多数民主德国国民愿意要西德马克，因为西德马克和西德一样，是幸福的象征，而且他们丧失了凭借自身力量快速改善生活水平的希望。毫无疑问，恰恰由于这些原因，联邦政府在民主德国快速引进西德马克，从而迈出国家统一第一步的提议，是竞选形势逆转的主要原因：他们离开社民党，走到"德国联盟"。

民主德国不健全的政党体系所具有的特殊性，也促使了形势的逆转。还没有像稳健的民主体制中那样的固定选民。一切都在变化之中。现在，民主社会主义党在其衰退的末期，充其量可以寄希望于出现稳定的核心选民群体。甚至政党成员通常也没有与其政党牢固地结合在一起。大多数新政治家的知名度很低，许多选民对新的政党几乎不了解。竞选结束时，尚有20%的选民从未听说过"德国联盟"或者叫不出结盟其中的政党名字。[93]再者，相当一部分选民依然不信任民主德国媒体，但相信西方媒体。出于这些特殊性，出现政党选择上的极度不稳定性，至少在所有对独立的民主德国不再感兴趣的人那里，他们是根据西德的政党和政治家来确定方向的，只要这些人通过电视已成为知名人物。当然，"德国联盟"、自由党派和社民党从其"姊妹党"那里得到的大力竞选援助也起了作用。然而，这种不稳定性不可避免地会出现，因为民主德国选民在寻找方向，而且大多数人认为更可能在西部而不是在东部找到这一方向。

在这种形势下，西德总理必然成为竞选中的决定性因素。他对提供西德马克负责。他一贯坚守的重新统一政策不变——这种观点在民主德国已经传播开来。[94]他的知名度比几乎所有民主德国的政治家都要高。他成功地让东德快速改善生活条件的希望与其个人挂钩，就像40年前，路德维希·艾哈德使西德人对战胜物资短缺的希望与其个人挂钩一样。竞选开始时，34%的人认为科尔有好的主意，选举结束时为44%，与此同时，他的反对者从56%降至40%。许多选民把"德国联盟"与科尔画上等号，并不一定愿意选东部基民盟、德国社会联盟或"民主觉醒"，而是间接通过"德国联盟"给科尔投票。科尔的批评者指责他通过无法兑现的许诺收买知名度。但是，正如他在关于存款转换的指示中所表明的那样，在大多数情况下，科尔的讲话比他的批评者所宣称的要谨慎得多。典型的是将重建"兴旺的国家"这一著名的提法。他先是在3月8日的联邦议院上谈到了"繁荣的国家"：

"我想对我们民主德国的同胞非常简单地大声说：如果我们在联邦德国有能力，去年拿出国民生产总值的整整三分之一用于社会福利——这是整整7000亿西德马克——那么，过渡阶段之后——如果民主德国重新变成一个繁荣的国家——你们那里也可以做到。"[95]

在竞选演说中，他表达得更加简单，但不断提到巨大的努力和为了东部建设作出必要的牺牲。科尔以经过共同的努力可以完成巨大任务这一信念而深得人心。他那明确而乐观的信号，尤其打动了那些对社会主义现实感到失望、而今选择"德国联盟"的大多数产业工人。[96]

通过总理，可以看到政治个性化对竞选有何作用，这也可以从自由党派糟糕的选举结果体现出来。西德自民党和基民盟一样，同样明确奉行统一目标。在对货币存量转换的承诺中，豪斯曼和拉姆斯多夫甚至超出了科尔较为谨慎的说法。西德自由党派中主要是根舍在民主德国享有知名度。令东德自由党派伤脑筋的是其领导人的知名度低，而且被分裂成三个党，其中两个人的名字尚不为人所知，它的唯一机会是把竞选集中到根舍身上。但是机会被错过，这大概是西德自民党领导层的错误所致；至少在这一点上根舍指责党主席拉姆斯多夫。[97]结果是，只有在根舍的家乡哈勒和周边地区，"民主自由者联盟－自由党人"以14%取得令人满意的得票率。

在竞选开始时的极高期待之后，东部以及西部社民党特别失望。但根据所有的竞选战略规则，失败并不奇怪。在决定性的问题上，社会民主党人在德国的两个部分都有争议。社民党联邦议员第一个公开建议快速引进货币联盟的优势，西部社民党没有有效地利用，因为人人都知道，党的副主席，也是指定的总理候选人，恰恰拒绝这一点，并认为它是错误的。拉封丹代表一股强大的势力，认为统一会损害西德人的幸福，所以不要统一，他们留下的这种印象已经无法更改。因此，社民党也缺少令人信服的西德政治领导人物，从而起到像科尔在"德国联盟"中所起到的作用。东部社民党没有具备高知名度和声望的政治家，以哪怕只是稍稍抵消这一缺陷。此外，东部社民党依然受制于这一点：一些议员仍难摆脱社会主义－民主主义的理想。因此，社会民主党人只有设法在竞选中强调过渡到市场经济过程中的社会保障，并且指责联邦政府没有给民主德国足够的援助。但如果说部分西部社民党成员似乎因为西德的支出而被快速引进货币联盟给吓住了的话，这很不可信。后果是，一些担心就业岗位、职务或房地产的选民，最后还是选择民主民主社会主义党。

然而，即便西部社民党有一位较令人信服的总理候选人、东部社民党有知名的政治家，即便两党内部或者相互达成一致——就像此时那样——或许可以得到更好的选举结果，但也不会取得所希望的选举胜利。历史的风暴永远是政府的时机，只有当政府令国民的期待落空，风暴才会给反对党留下机会。但科尔政府为东德人提供了对大多数人来说梦幻般的前景：并不是立刻就能像西部一样地生活，但在不远的将来就可以。他们为什么要选择波恩的反对党呢？

联合执政谈判和确定立场

在新选出的人民议院4月5日的首次会议上，基民盟主席德梅齐埃得到授权组建政府。德梅齐埃希望与社民党和"民主自由者联盟－自由党人"一起，组建政党联盟的大联合政府。他有充分的理由相信，如果不这样，就不能或不能及时地获得宪法修改所必需的三分之二多数。

东部社会民主党人在参与执政问题上的立场不一致。在许多人看来，保持在野党的地位是有吸引力的，在即将举行的谈判中可以攻击政府，如果它屈服于波恩的要求，那么在 5 月 6 日的地方选举中至少可以部分挽回 3 月 18 日的败局。此外，主要在基层普遍反对与德国社会联盟结盟，因为在竞选中它把社民党和民主社会主义党相提并论。另一部分人则认为，社民党作为执政党将可以更有作为。议会党团也很不一致。党团理事会参与执政的倾向大于整个议会党团。[98] 再加上社民党领导层的动荡。4 月 2 日，党主席易卜拉欣·伯梅由于受到参与国安部的指责，辞去了党内所有职务，马尔库斯·梅克尔（Markus Meckel）接任主席。[99] 到目前为止，他更算得上是愿意尽可能长时间保持民主德国独立这一政策的支持者。[100] 但他同意社民党进入政府。[101]

经过数日的反复之后，参与政府谈判的支持者取得成功。决定性的是德梅齐埃在货币转换问题上的表现。当联邦银行的建议——原则上以 2∶1 转换——公布后，德梅齐埃和社民党一样激烈抗议并要求以 1∶1 转换。对此，梅克尔表示：

"1∶1 转换对我们来说是一个中心问题。我第一次确定，德梅齐埃先生公开讲过的事情，却被波恩当成了另一回事。"[102]

因此，要求存款和工资原则上以 1∶1 转换得到书面确定。与此同时，情况也变得很清楚，东部社民党出于对西部社民党的考虑，只有在另一个条件得到满足的情况下才会参与联合执政：它必须能够显示出自己不屈服于"来自波恩的命令"。[103]

社民党内部对参与执政的反对，为沃尔夫冈·蒂尔泽（Wolfgang Thierse）提供了在与德梅齐埃谈判中下赌注的可能性——蒂尔泽本人对进入政府也持悲观态度——他可以时不时用终止会谈来要挟。仅从人事安排结果就可以看出：最初商定的 22 个部委，德梅齐埃必须保证给社民党 7 个。这倒是接近选票比例，但其中有对即将举行的国家条约谈判至关重要的部委：财政部交给瓦尔特·龙姆贝格，而雷吉娜·希尔德布兰德（Regine Hildebrandt）接管劳动和社会部。[104]

以"德国联盟"和自由党派为一方，以社民党为另一方，事务性问题也在它们之间引起了争议，但与分配部长名额相比，争议要小一些。"德国联盟"和自由党派希望按照《基本法》第 23 条谋求实现德国统一。相反，在西部和东部社民党中，关于统一是根据第 23 条还是第 146 条的争论还远远没有定论。但在这个问题上，社民党的谈判代表作了让步。德梅齐埃回顾说，社民党议会党团主席理查德·施罗德（Richard Schröder）同意他的观点，先应该通过按《基本法》第 23 条以加入的方式形成统一，然后根据《基本法》第 146 条对统一后的德国新宪法进行公决。[105] 外交与安全政策领域的具体立场，在一定程度上与根据第 23 条尽快统一的目标有矛盾。这些立场符合已定为外交部长的现任社民党主席马尔库斯·梅克尔的设想，即两德"大规模裁军"，并在美国和苏联的影响下建立新的欧洲安全体系。这在联邦德国那里无法贯彻，也许对于苏联来说可以，但对联邦德国的北约盟友来说，是无法接受的。

在即将举行的关于国家条约中关键的货币、经济和社会联盟政策问题的谈判中，"德国联盟"和社民党之间的共同之处大于分歧。最难沟通的是财产方面的分歧。社民党只愿同意民主德国公民购买房产和土地，德梅齐埃担心这种情况对投资的影响。结果是社民党的意见在很大程度上获得通过，即在某一过渡时期只应允许境外人员享有永佃权。[106]

协商的重要基础是始终在运作的经济委员会 4 月初递交的题为"关于建立货币联盟与包括社会联盟在内的经济共同体的基本原则和措施"（Grundsätze und Maβnahmen zur Schaffung einer Währungsunion und Wirtschaftsgemeinschaft einschlieβlich eines Sozialverbundes——编者注）的内部文件。它以民主德国企业劳动生产率是西德水平的 50% 为出发点。在这种前提下，容易对工资 1:1 转换进行辩解，为了在取消补贴的情况下弥补必然的物价上涨，甚至认为提高工资在经济上是可以承受的。在养老金方面，民主德国专家比较谨慎。保险缴费率不应比联邦德国高。因此，只有在极高的国家补贴下，才有可能立即将养老金水平从缴费 45 年和平均工资的 45% 提到 70%，所以他们主张逐步提高养老金水准。

私人货币存量以 1:1 转换，民主德国方面已在两德专家委员会中陈述了其理由：在购买力方面，1 个东德马克大约相当于 1 个西德马克，此外，250 亿~300 亿东德马克的购买力过剩并不算高，相当于联邦德国可支配收入的 2%；货币转换过程中释放的需求主要集中在车辆、娱乐电子设备和出国旅游方面。但专家们至少愿意适当程度地考虑联邦银行和联邦政府对通胀的担忧：应该立即公布尚未确定的个人转换额度。超出的金额应该逐步放开。对用于购买或建造房产、偿还截止日之前得到的贷款，以及投入私有企业的个人资本和购买证券，可规定提前放开。企业的债务应以 2:1

转换。

经济委员会关于民主德国企业竞争力的描述，除了过高估计的劳动生产率以外，完全符合实际情况。它认为，在引入货币联盟后，民主德国生产的大部分产品和服务销售不出去；"产品线和工艺的彻底更新"必不可少，而且只有通过私有资本的注入方能实现，但它需要很长时间；如果没有"多年的过渡期"，就必须估计在较长时间内持续高达 150 万～200 万人，即 17%～22% 的失业率；可以想象的是关税保护措施，就像萨尔州加入联邦德国以及有意加入欧共体的国家所采用的那样，但经济委员会认为，鉴于已经采取的决定，这种途径已无法实现。经济委员会更多的是搜集可能的援助措施。它们涵盖在联邦德国用于经济扶持并经民主德国专家精心研究过的所有机制。此外，为弥补损失而在一定期限内提供的财政援助也被寄予厚望。[107]

这只能理解为，鉴于这种形势估计，"德国联盟"、自由党派和社民党尽了最大努力，在过渡到市场经济之后，在社会保障上确保民主德国国民的利益。在准备有关社会保障的文件中，两德社民党之间有着紧密的合作。社民党议会党团的社保专家鲁道夫·德雷斯勒（Rudolf Dreβler）在其中充当重要的角色。后来，在社保方面代表东德社民党领导会谈的雷吉娜·希尔德布兰德说："他们和我们一起制定了《联合执政协议》。"[108]

当 4 月 12 日《联合执政协议》签订之后，从整体上看，它不仅在社会政策方面留下"程度不低的社会民主党的痕迹"，[109]同时在货币、经济和社会政策问题上，也相当明显地和莫德罗政府在两德专家会谈期间已代表的立场是一致的。这种连续性并不奇怪。部委的参与者是同一批人，部分负有政治责任的人在莫德罗夫旧政党政府中就参政。尤其是大多数民主德国国民在对日常生活重要的单个具体问题上——转换汇率、工资、养老金和社会保障——的利益状况，除了民主德国 2 月底就要求的、现在重新写进《联合执政协议》的内容，根本不允许有别的内容。

《联合执政协议》为新政府未来与联邦德国谈判的决定性立场确定了立场。在前言中明确指出，"可以预见的货币、经济和社会联盟尤其须符合联合执政党团之间约定的原则"。因此，这里有必要更详细地重复涉及国家条约的各项规定。

关于社会联盟，原则上写道：

"货币、经济和社会联盟构成内容和时间上的统一。经济和货币方面

— 221 —

的措施必须确保社会安全。在联邦德国和民主德国不同的经济能力出现平衡之前，促进性的资助和德国内部财政平衡是有必要的。"

相关的具体要求有：

　　–对解聘保护（特别要考虑妇女、单亲抚养者、残疾人、多子女家庭）和劳资合约权益进行法律规范，

　　–按人头补贴以提高工作收入和养老金作为对物价放开和取消补贴后的损失补偿，

　　–逐步把养老金提高到缴费 45 年、净养老金水平的 70%。保留最低养老金，

　　–失业金为最后净收入的 70%（不是在联邦德国的 63%～68%），

　　–固定房屋租金，为社会弱势租房者提供住房补助，

　　–通过《就业促进法》（*Arbeitsförderungsgesetz*）建构活跃的劳工市场政策，

　　–以适当的形式引入《共同决策法》（*Mitbestimmungsgesetz*）和《企业组织法》（*Betriebsverfassungsgesetz*），

　　–在家庭政策方面，通过就业岗位保障、教育津贴、教育时间算作养老工龄、保留享有托儿所和幼儿园名额的权益，实现父母在生育抚养子女问题上的社会保障，

　　–通过全面咨询支持方案以及保留对人工流产的期限规定，保护未出世的生命。

接着是关于经济和财政政策的协定。对于未来的谈判，主要是这些规定有着重要的意义：

　　–在货币联盟方面，进行"差别"转换，存款以 1∶1 转换，工资、薪水和养老金以 1∶1 转换，但其额度在转换之前为抵消因补贴取消而导致的价格上涨必须有所增加；在企业债务问题上，《联合执政协议》超出了经济委员会的建议范围，现在是要求免去或者重新评估企业的国内债务。

　　–引进"以社会和生态为导向的市场经济"；由民主德国全面立

法，如有必要，则部分采纳联邦德国的法律。

－过渡期间采纳联邦德国的经济与社会权益的特殊规定。

－落实对"可组织的具有竞争力"企业的转型援助。

－不立即放开租金和交通票价；逐步放开邮政、能源供应及类似的公共服务方面的价格。

－拆分国有企业，过渡期间由托管局接管转轨企业的财产权，给1989年10月7日之前曾是、现在仍是或可能返回民主德国的民主德国公民发放托管局的股票和股权。

－修改私有企业注册法。

－确保民主德国国家预算资金的德国内部财政平衡，由联邦德国承担社会保险和环保启动资金援助，基础设施建设通过联邦德国的资金支持。

－承认土地改革和其他由战胜国实施的财产没收。

－确保民主德国公民的其他财产权和所有权，只要财产所有权或使用权以善意取得的方式购得。

－确保用于居住目的的国有财产，鼓励租房者购买房产，防止房地产投机。

－在10年过渡期内，在特定的截止日以前在民主德国没有居住地的人士，只享有过渡期结束后含有购买优先权的永佃权。

－重新审核1989年10月7日之后在民主德国出现的房地产，以及其他国有财产所有关系与使用关系上的变动。[110]

《联合执政协议》构成了新任总理4月19日在人民议院宣读的政府工作报告的基础。德梅齐埃主要用以下语句呼吁西德人：

"统一必须尽快到来，但其框架条件必须是有必要如此完善，有必要如此理智并符合未来的发展。（……）如果我们通过一种可以协商的途径，按《基本法》第23条完成统一，就可以最佳实现两项要求，即速度和质量。（……）因此，由衷请求联邦德国公民：请你们仔细想一想，我们必须承担40年德国历史的沉重负担，众所周知，民主德国没有得到马歇尔计划的支持，而且必须付出战争赔偿。我们不希望你们做出牺牲。我们期待共同努力、团结一致。事实上，只有通过共同分担才能消除分裂。"[111]

德梅齐埃这样说，一方面没有道理，另一方面又是合理的。战争赔款和没有得到马歇尔计划援助的理由，实在无法解释民主德国战后40年的状况。然而，对东德人分享西德人幸福的必要性的提示，却触及西德人面临的问题的核心。即便德梅齐埃在谈判中不能完全贯彻《联合执政协议》的所有要求，但统一仍将给西德人带来物质上的负担。

第六章　国家条约

第一节　艰难的谈判序幕

对西部来说，在执政联盟对 4 月 23 日的转换提案作出决定后，准备阶段就结束了。在此期间，联邦政府出现了一丝不安，因为民主德国新政府仍未确定有关国家条约谈判启动的日程，如果要在 5 月中旬谈成一份可以签署的草案的话，现在时间确实很紧。因此，科尔请内政部长朔伊布勒和蒂特梅耶一起拜访民主德国新任总理，并与他制订下一步行动方案。自1989 年秋天以来，朔伊布勒与德梅齐埃曾多次举行会谈，似乎已赢得了他的信任，也许有能力清除快速启动谈判所面临的困难。

蒂特梅耶不愿给民主德国出示已完稿的国家条约草案，应该避免"来自波恩的命令"这种印象。出于这一原因，4 月 23 日晚，他向总理转交了落款为 4 月 20 日、作过一些删改、标题为"工作稿"的条约草案文本。[1] 此刻蒂特梅耶还不知道，德梅齐埃政府已经知道了"草案"，大概不是 4 月 4日的版本，而是 4 月 17 日的版本。在这种复杂的情况下，波恩也没能守住秘密。总之，龙姆贝格的财政部已就草案（除附件外）作了详细的表态。[2]基本方针是，尽可能不打折扣地努力贯彻德梅齐埃政府的《联合执政协议》。显然这份表态已摆在德梅齐埃面前；在实质性的专业问题上，他与朔伊布勒和蒂特梅耶会谈就是按这个方向走的。

这里首先涉及日程和人员。民主德国总理答应 4 月 25 日在东柏林召开会议开始会谈。他已将民主德国谈判进程的领导权交给君特·克劳泽。对波恩的来访者而言，这一选择一直令人期待。当路德维希问起民主德国代表团团长是否已经确定时，克劳泽答道："这事由我来干。"[3] 就自身而言，议会国务秘书与议会党团主席职务集于一身，与权力分配原则相违背。但正是民主德国代表团团长人选的这种结合，对总理来说必有用处。作为部长会议办公厅中的议会国务秘书，克劳泽归德梅齐埃领导，因此总理可以很容易地介入谈判；同时，克劳泽又是基民盟人民议会党团主席，因此特别适合确保人民议院中最强大的议会党团的表决。

正当朔伊布勒和蒂特梅耶期待克劳泽被任命为代表团团长之际，曾不时参加会谈的龙姆贝格却批评 7 月 1 日作为转换时间太早了，这颇令他们两人惊讶。朔伊布勒对此作出了强烈的反应：

"几天前，您提交了政府工作报告并公布 7 月 1 日为货币联盟日。而现在，几天之后，您却开始重新怀疑由您本人制定的这一日期！您知道吗，龙姆贝格先生：如果您现在又要制造不确定性，那么你可以走人了。现在，我真的感到这是蛮不讲理的。"[4]

1991 年，朔伊布勒写道，他仍然不敢肯定，龙姆贝格是否根据拉封丹的意思而阻止货币联盟，或者他就是个政治门外汉。

可能除了担心货币联盟的结果以外，龙姆贝格没有别的招术，所以才会对如今确实已无法更改的 7 月 1 日这个日期作出过敏的反应。在讨论实质问题时，可以看出，德梅齐埃同样担心货币统一和经济统一的结果，尽管他很务实，没有再对时间提出质疑。

对于 4 月 23 日联邦政府和执政联盟关于提供西德马克的决议原则，东德总理的反应"总体上是积极的"，这并不奇怪，因为它们对他的一些建议作出了很大程度的让步。一直以来占主导地位的有关转换率的争端，虽然没有因此而得到解决，但得到了缓和。

德梅齐埃批评国家条约草案仍然太片面，它还包含了一系列不是现在，而是在国家统一时才必不可少的规定。[5]对德梅齐埃来说，最大的问题是企业的生存能力。他解释说，"没有形成竞争能力的全面市场开放，会导致极度的经济困难"，并要求"对过渡时期的进一步保护和援助措施"。[6]德梅齐埃认为，他本人不认同德国内部的海关和贸易边界，更需要的是财政援助。对惨淡的形势判断，朔伊布勒和蒂特梅耶无法反驳；蒂特梅耶发现自己反对工资以 1:1 转换的顾虑得到证实。[7]他得到一份标有"观点"的民主德国政府表态的文件。其中写到，在国际市场条件下，大约 70% 的企业将破产。这将涉及 200 万～250 万人的就业岗位。在快速过渡到市场经济的情况下，主要在中小企业以及服务业，第一年大约可以创造 50 万个就业岗位，但几年之内必须考虑 150 万～200 万人失业。所以，"支持出口、减轻税负、限制进口/进口配额、促进措施、有限的优惠、有条件的限期补贴、低息贷款、信用担保"是有必要的。因此，两德贸易不能完全自由化。与苏联交换关系的优惠条件也必须保留，只许逐渐取消。[8]这种"理由"对形势的分析符合4月初专家委员会的报告，但在要求清单里，至少在进口限制方面，它甚至超出了报告的范畴。

根据这些表态和文件以及《联合执政协议》，民主德国的谈判战术底线已经清楚。从民主德国的立场来看，这样做是迫不得已的，因此西部方面不会感到吃惊：民主德国代表将捍卫民主德国自主性的残余。但他们的主要目的在于，将国民社会保障以及国家和经济财政援助的要求最大化。

第二天，4月24日，德梅齐埃飞往柏林与科尔会晤。未来的条约谈判是会谈的中心。德梅齐埃坚持其政府声明的立场，主要是推动存款不限额地以1∶1转换的实现；科尔认为这是不可能的，货币的稳定性不许受到危害。在企业债务方面，德梅齐埃要求对私有企业和合作社大幅免债，对国有企业转换率减少到至少2∶1。[9]

第二节　初始阶段的冲突与共识

4月25日，两个代表团在东柏林开始会谈——正式谈判应该晚些时候在部长层面进行。属于联邦德国代表团的，除了团长蒂特梅耶，还有国务秘书克莱姆（联邦财政部）、科勒尔（联邦财政部）、冯·伏尔岑（联邦经济部）、雅戈达和联邦银行副行长施莱辛格。民主德国代表团由团长，国务秘书君特·克劳泽（部长会议办公厅）和国务秘书瓦尔特·西格尔特（财政部）、阿尔文·齐尔（Alwin Ziel，劳动和社会部）[10]、经济部司长西格弗里德·温策尔和彼得·格拉布莱（Peter Grabley）以及国家银行副行长沃尔弗里德·斯道尔（Wolfried Stoll）组成。陆续还有彼得·考福尔德（Peter Kauffold）（农业部的议会国务秘书）和东德总理委托处理财产法律问题的委托人施特凡·苏普拉诺维茨（Stehphan Supranowitz）[11]参加。[12]此外双方还有一大批顾问。

除了代表团全体会议，针对特别有争议和复杂的问题，如转换方式，还有补充性会谈以及对口部委之间，如波恩和柏林的农业部和经济部代表之间的会晤。

蒂特梅耶说道，西部方面期待在第一轮会谈中就能对国家条约内容有一个总的表述，但东部方面对此没有准备；克劳泽后来对他讲，德梅齐埃在会议开始前几分钟才把西德的"工作文件"交给他；因此，除了个人之间相互介绍和非常一般的基本想法交换以外，没有得出更多结果。[13]虽然东德财政部对"草案"的表态4月23日就已完成，社民党人民议会党团自4月24日以来在工作组中加紧研究国家条约草案，而且它同时得到来自社民党议会党团专家的咨询，但偏偏克劳泽4月25日才拿到必要的文件。[14]

在这种情况下，起初克劳泽除了原则性地谈到双边代表团应该解决的问题之外，别无他选。他强调许多民主德国公民对货币统一和经济统一后果的担忧。他一开始就提醒，损失"第二个工资袋"将给东德人以重大打击。取消补贴后，基本需求商品的价格将急剧上升，而且克劳泽怀疑，高档商品的价格下降是否足以补偿收入相对较低的家庭。他提议，在向西德价格水平趋同的前后，根据不同家庭类型对"货物篮"和购买力进行比较。他要求某些领域（房租、能源、交通）的价格必须绑定，只允许在社会可以承受的方式下涨价。在储蓄账户方面，他要对方明白，波恩4月23日每人定额4000西德马克以1∶1转换的提议是不够的。他强调大批失业的危险，并指出在转换过程中为民主德国企业提供支持的必要性。他也没有忘记提示，在转换成西德马克之后与经互会的贸易也必须得到补贴。对西部来说，这些愿望和担忧并不新鲜，而且也并非没有理由。在这一会谈阶段，蒂特梅耶和科勒尔只是提醒，资金方面的规定必须在民主德国和联邦德国支付能力的框架以内，货币与经济联盟无法一下子纠正40年所犯的错误。[15]

4月27日举行第二轮会谈，还是在东柏林。开始时克劳泽表示，民主德国可以接受以蒂特梅耶的"工作稿"为基础，但有必要进行修改。他已让人在自己的"工作稿"中归纳了修改愿望。迄今为止，他所描述的修改愿望符合财政部4月23日的内部建议，因而也符合《联合执政协议》。有关整个社会领域，克劳泽认为，作为谈判基础，西部草案的内容是不够的，他还通报了劳动与社会部和财政部的新建议，随后必须对此展开谈判。[16]

克劳泽的稿子和第二轮会谈中的讨论表明，西部草案的哪些部分已经存在共识，或者很有可能没有多大困难就可以达到一致。同时，哪些部分相当有争议，以至于难以甚至不可能达成一致，这一点也趋于明朗。政治利益的焦点自然是当时就有争议的部分：尤其是媒体、政治圈和学术界忙于弄清是谁向对方作出了更多的让步，是联邦德国，还是民主德国？但要集中在争议上，就很容易忽视一开始就存在着共识的那些要点。以下对谈判过程的描述也不可避免地集中在最有争议的问题上。如果不是一开始就对西部草案的其他部分存在共识的话，绝对不可能到 5 月中旬结束谈判。对西部，首先对蒂特梅耶来说，东部方面愿意接受西部草案中 90% 以上的内容作为谈判基础，是一次巨大成功。他们提交措辞尽可能考虑民主德国感受的草案的努力，原则上得到民主德国代表团，至少是克劳泽的认可。

一开始就取得共识的问题有：

－前言中的目标和表述。民主德国建议"货币、经济和社会联盟"作为条约标题并贯穿全文。目标是，通过术语就已突出了社会保障。蒂特梅耶早就看到再无可能贯彻他对接受西德社会标准的怀疑，因而接受了这一点。民主德国建议在前言中提到民主德国的"和平革命"也得到同意。克劳泽要把货币、经济和社会联盟看作"朝着根据《基本法》第 23 条实现国家统一的第一个重要步骤"，这符合 4 月 4～17 日的西部草案，但不符合根舍同意的、较为谨慎的 4 月 19 日版本。双方同意，寻找一种顾及外交部想法的表达方式。

－国家条约的国际保障。达成一致的是，必须尽量考虑苏联。在苏联 4 月 28 日的备忘录中，莫斯科毫不讳言自己的经济利益，这样做其实是没有必要的。保持东部贸易对民主德国的重要性，资金上对苏联作出让步，从而使它既不会在国家条约，也不会在国家统一的发展进程中挡住道路，这一必要性在波恩和柏林都没有争议。同样清楚的是，条约必须得到欧共体的同意。

－农业调整，以适应欧共体农业市场秩序。在此，问题的核心是，按东德马克计算的民主德国的产品价格，整整是按西德马克计算的联邦德国的两倍之高，因此产品价格必须下降 50%。相反，根据双方专家估计，消费价格将只会上涨 20%，因此，民主德国要求大力调整援助。西部方面对援助的必要性没有争议，但对援助额度和过境贸易中很可能无法避免的配额规模，自然存在分歧。西部草案含有关于农业的一般内容，一开始就得到了民主德国的同意。双方达成一致，先在双方农业部专家工作小组中商议细节，并在代表团最后会议上加以确定。为这一程度较高的一致性作出贡献的，当然是对东德专家来说，欧共体的农业市场秩序远远没有导致工业调整的自由市场那样充满威胁。欧共体为东德农业提供针对农产品生产者的保护和促进体系，其使用的工具原则上对民主德国专家们来说并不陌生。

－对环保原则存在共识：西德的环境规定应该对新设备立即、对旧设备尽快生效。如果民主德国代表团有顾虑，那不是由于标准不够，而是由于标准过高，会对民主德国企业产生过高的要求。[17]在条约中提及"货币联盟，经济、环境和社会共同体"的要求，是西部社民党，而不是东部社民党提出来的。[18]后面的进程也体现了双方在环保条款上有多大的一致：预防、引发与协调原则和"环境联盟"，作为比较清楚地确定民主德国应履行义务的目标规范，收进有关环保的章节。这符合西德社民党的要求，但也得到波恩环保部的支持。由于代表团在紧张忙碌的最后阶段没能完成咨询，所以，蒂特梅耶和克劳泽后来通过电话就最后文本达成一致。[19]

与这些存在共识的领域相反的是一开始就有明显分歧但也可以预见的问题：

－民主德国想删去自由、民主和社会基本秩序与《基本法》的关联，西部方面则不同意，因为这样做的话，自由和民主的基本秩序原则就会不明确。经过较长时间的讨论，民主德国建议使用"在德意志联邦共和国《基本法》基本结构的意义上"这一措辞，但西部方面觉得这一措辞过于开放。分歧的原因明显在于：德梅齐埃政府要制定一部新的民主德国宪法，对自由、民主和社会基本秩序的原则，尤其较为强调的社会保障，要与《基本法》进行不同的定义。

－无法跨越的看来仍是财产问题上的对立。民主德国坚持，承认"不同形式的公有财产权"，但西部方面始终担心，这样做意味着确认莫德罗政府致力于实现公有制占主导的想法。房地产和土地优先通过永佃权或出租的方式供投资者使用的想法，东部方面也不愿让步；这里表现出来的与克劳泽或者与社民党的分歧，比其代表团发言人阿尔文·齐尔所表现出来的要小一些。

－西部的草案没有提到对企业结构转型的援助。不过，不仅必须给民主德国企业提供税收优惠和低息贷款，而且还必须在一定时间内提供递减式投资补助，对此，波恩的部委之间从未有过争议。[20]民主德国代表团要求在条约中写入结构转型措施。它建议起草一项新条款：应该就"和谐化阶段"达成协议。在这一个阶段，为了使值得补贴的民主德国企业的结构转型更加容易，应该实施促进与保护措施。在一定的过渡时间里，应该对特定的商品类别施行关税和数量限制。针对该建议的讨论被推迟，双方先只是对渐进解决方案达成一致：在三年的过渡时间内，在征得联邦德国的同意下，应该采取有利于结构转型的措施。

－严重的冲突出现在社会保障和医疗养老保险的原则上。克劳泽的工作稿要求新版本的相应条款，对这一点西部没有反驳。但西部必须想到，民主德国将会在这个版本中，根据《联合执政协议》的要求，继续保证民主德国迄今为止实施的福利，但这种福利并不是像西德那样由社会保险支付。

－民主德国要求，联邦银行应将国家银行纳入货币转换和执行民主德国货币政策中来；西部方面不能接受这一点。在与联邦银行达成一致的情况下，蒂特梅耶的观点是，应该只由联邦银行负责。但这不排除通过联邦银行下属机构接收国家银行的个别成员。

－民主德国不愿接受用"联邦德国财政预算中供支配资金的比例"这一固定表达方式来限制联邦德国用于平衡民主德国国家预算财政援助，西部方面无法同意这一点。双方同意，民主德国应重新拟定自己的建议。[21]存在争议的还有，民主德国国家财政在直至加入联邦德国时所累积的债务分配。西部草案的计划是，把这些债务分配到新成立的联邦州，对此，东部方面从一开始就反对。

－尚未在4月27日确定的是货币转换的确切条件。克劳泽的工作小组根本没有谈到这一点。从形式上讲，货币转换应该在附件中得到规定。但根本原因则是双方政府的兴趣在于，在民主德国5月6日的地方选举之前，尽快敲定对民主德国国民特别重要的转换条件。在这个问题上，无论科尔还是德梅齐埃，都不愿意等到代表团会谈结束。也就是说，事先已经计划，转换条件不是在代表团全体会议上，而是通过代表团领导和代表团货币专家先摸底，最迟在5月的头几天由政府作出决定。

这些有争议的问题将是后文阐述的中心内容。现在，从 4 月 30 日和 5 月 1 日在波恩总理府进行的草案二读开始，就必须找到具体的规定；如果会谈最迟应于 5 月中旬及时结束的话，搁置争议的做法就再也行不通了。如果考虑时间进度，就最容易理解此时启动谈判的动力了。

第三节　关于货币转换的共识

在 4 月 30 日和 5 月 1 日代表团全体会议上，附带取得的最重大的进展，是关于货币转换条件的共识。蒂特梅耶知道，在联邦政府和执政联盟最高层 4 月 23 日关于转换的原则声明之后，根本不再可能避免工资和养老金以 1∶1 转换。而他下决心，只要有一线希望，货币存量绝不超过联邦政府 4 月 23 日提到的以 1∶1 转换 4000 西德马克。这符合联邦银行的立场，蒂特梅耶也一直与之协商。在此期间，联邦银行首先已被蒂特梅耶说服，它 3 月的模式，即普遍以 2∶1 转换，而存款按每人上限 2000 西德马克以 1∶1 转换，在政治上是不可行的。4 月 23 日后它内部的路线是，按人头每人平均 4000 东德马克以 1∶1 转换，在没有通胀危险的情况下，这刚好可以承受。与民主德国国家银行共同进行的最新估算表明，在这种情况下，西德马克货币量 M3（现金、活期存款、四年以内定期存款、具有法定解约期的储蓄存款）将提高约 10%。这在联邦银行看来正好还能接受。在此期间，估计民主德国的产能为联邦德国产能的约 10%。因此货币量的扩大符合产能的扩大，按照普遍规律，此后不可能出现通胀。问题只是普遍规律在这种情况下没多大用处，因为东德人很有可能购买西德产品，民主德国的产能将不会得到利用。因此不能排除通胀的风险，任何一个专家，无论是法兰克福、波恩还是柏林的专家，都知道这一点。

最迟与联邦总理 4 月 24 日在波恩会晤之后，东德总理放弃了没有任何限制以 1∶1 转换存款的希望。此后，他很快与克劳泽想出一个替代的立场。德梅齐埃在 1997 年的时候表示，对他来讲，最重要的是为退休者慷慨地以 1∶1 转换，而细节上的事则交给了克劳泽。[22]克劳泽回顾到，按年龄等级增加 1∶1 转换额度的想法出自于他本人，总理对此表示同意。[23]

在 4 月 30 日～5 月 1 日的夜间小范围会谈中，完成了转换问题的解决方案。蒂特梅耶和路德维希共同为后来双边政府关于转换的声明准备了一份草案。为此，蒂特梅耶和施莱辛格与克劳泽和斯道尔进行了长达数小时的讨论。在与克劳泽的所有会谈中，蒂特梅耶就不断警告，过于慷慨的转换会危及西德马克的稳定，他得到的印象是克劳泽重视这一警告，但每人必须至少可以 1∶1 的比例转换 4000～6000 西德马克。最终达成一致的是，根据不同年龄分成 2000/4000/6000 等级。对剩下的货币存量问题，克劳泽同意 2∶1，不过规定以 2∶1 转换的数额应该给储蓄者发放国有财产股权证，作为对转换名义损失的补偿。蒂特梅耶尔和施莱辛格反对，因为国有财产必须首先用于企业结构调整和整顿民主德国国家财政，最后克劳泽同意这种观点。后来他解释说，他在谈判时对国有财产的估值为 3500 亿西德马克，不过没有对西部提到这一估算。[24] 显然，当时他就明白，给国民的股权将不会剩下很多。

在工资、养老金和其他经常性支付方面，克劳泽坚持 1∶1。但蒂特梅耶和施莱辛格也达到了其目的，即克劳泽宣布放弃《联合执政协议》中规定的、来源于国家财政用以补偿取消产品补贴和增加工资的人头津贴。不过，在养老金方面克劳泽仍很强硬。他要求，要么对低额养老金领取者发放津贴，要么引进 495 个西德马克的最低养老金。在这些问题上，克劳泽活动空间很小。正如德梅齐埃政府和人民议院中的情绪所表现出来的那样，克劳泽必须预料到，仅是放弃人头津贴就会带来很大的麻烦。[25] 不过，在夜间会谈中，没有达成关于低额养老金领取者的津贴或有关最低养老金的具体协议。

5 月 1 日晚，蒂特梅耶在联邦总理主持的执政联盟会议上宣读了这份转换总方案。会议通过了该方案。现在还未得到确定的只是经常性支付转换的截止日。蒂特梅耶再次试图将 1990 年 1 月 1 日定为截止日，目的是把从此时上涨的工资排除在转换之外。不过他失败了。政治最高层认为，无法要求民主德国公民 1 月 1 日以后放弃提高工资和养老金。因此 5 月 1 日作为截止日确定下来。[26]

当夜，蒂特梅耶就电话通知克劳泽，执政联盟会议批准了在 24 小时以前形成的方案。克劳泽解释说，只有保证低额养老金领取者和大学生在取消基本消费品补贴后得到一定的补偿，民主德国政府才会同意该方案。蒂特梅耶已料到这一要求，在电话中商定了一些相应的细节。5 月 2 日上午，民主德国政府也同意了方案。5 月 2 日下午，塞特斯和蒂特梅耶在波恩的联邦新闻发布会上公布了双边政府声明（"十二点声明"，Zwölf – Punkte – Erklärung）。

联邦政府与民主德国政府关于货币
转换的"十二点声明"，1990 年 5 月 2 日

1. 规定在国家条约生效后，于 7 月 2 日进行货币转换。

2. 工资、薪水、奖学金、房租、租金和养老金以及抚养费（如生活费）以 1∶1 比例转换。工资和薪水以 1990 年 5 月 1 日的毛额为基础。

3. 民主德国的养老金体系将适应联邦德国的养老金体系。这意味着，大多是以西德马克计算的养老金高于今天的东德马克。如果在个别情况下出现比至今以东德马克计价的养老金更低的额度，则保证至今以东德马克发放的养老金额度按相同数值的西德马克支付。

4. 通过民主德国有待制定的法律规定，尤其是因低额养老金领取者和大学生而产生的社会负担将得到平衡。民主德国将在其财政自我负责的框架下和注重总体财政状况的条件下对其进行规范。

5. 其他债权和债务原则上以 2∶1 比例转换。

6. 在德意志民主共和国有固定住址的人可以每人以 1∶1 的比例转换以下金额（现金和银行存款）：

－年满 14 岁以下的儿童为 2000 东德马克，

－15 岁到 59 岁为 4000 东德马克，

－60 岁以上为 6000 东德马克。

在保留第 9 条的前提下，超出的数量以 2∶1 转换，

在清点国有资产及其赢利能力，以及优先用于国有企业的结构调整和整顿国家财政之后，德意志民主共和国可以针对在 2∶1 转换过程中名义缩水的款额给存款人发行作为书面保证的国有财产股权证。

7. 自然人和法人的存款，其固定居住地或公司所在地不在德意志民主共和国的，将以 3∶1 转换，只要存款是 1989 年 12 月 31 日之后形成的。

8. 只有通过民主德国货币机构的账户才可以转换，需对换的现金数量也必须付入该账户。

9. 采取适当的防范措施，以杜绝越轨和滥用职权。

10. 自 1990 年 1 月 1 日起，西德马克兑换东德马克立即从 1∶3 转为 1∶2。

11. 货币转换条件已达成协议。在后面的谈判中，将对计划中的国家条约的其他细节进行磋商。

12. 民主德国对其他国家承担的义务享有信赖保护。[27]

由此，国家条约的一小部分，但重要的部分得到了规定。终于确定了不仅在东、西德之间，而且在西德也颇有争议的转换条件。

第四节　困难阶段

4月30日和5月1日在波恩，然后5月3日和4日在柏林，草案先在二读中被全部审议一遍，接着对未决的要点进行了深入的讨论。对西部来说，这些方面有些实质性的进展，与此同时会谈也进入了困难阶段，主要是因为在社会保障问题上的分歧更加尖锐。

4月30日，民主德国提交了关于民主德国经济保护和过渡阶段调整措施的说明。它写道：

"本着德意志民主共和国企业结构调整的必要性，德意志民主共和国政府可在与联邦政府取得一致的情况下，在三年过渡时期里，采取有助于企业为适应新的市场条件而进行结构性调整的措施。目标是在社会市场经济的基础上，在民主德国建立尤为强调中小企业而全面展开的现代化经济结构，从而为更高的产能、更多的增长以及未来有保障的就业岗位打下基础。"[28]

西部方面当然也认为结构调整措施有必要，但担心在一种如此笼统的提法下，会有不可预见的财政风险。所以，它要求加上"在财政政策可能的框架下"这一限制。东部方面最终表示同意，因为与联邦德国财政拨款相反，这里首先将由其自身财政出资。十天之内，一个工作小组应该拿出一份关于结构调整的详细方案。

在5月3日和4日柏林的这轮会谈中，蒂特梅耶关于联邦银行应该有权在民主德国境内设立机构的设想得到落实。斯道尔极力为国家银行介入货币转换而争执，而且最终建议，在民主德国组建各州之前，设立几个州央行，其代表应该属于联邦银行理事会。蒂特梅耶对此直截了当地予以拒绝。他坚持联邦银行的立场。克劳泽做出让步。联邦银行因而获得在民主德国设立至多15个分支机构，在东柏林建立"临时管理机构"的权利。蒂特梅耶答应，这些机构也要雇用国家银行的员工，但只由联邦银行负责挑选。[29]民主德国的让步尤为引人注目，何况这样做等于放弃了关键部门的主权。

经过长时间的讨论，双方代表团在柏林会议上，就国家条约草案附件中的大部分指导原则纪要达成一致，纪要以文字的形式确定了经济、法律和社会政策的原则。对蒂特梅耶来说，"原则"是在货币、经济和社会联盟生效之后，把民主德国绑定在市场经济政策中的不可或缺的保证，类似于艾哈德 1948 年 6 月要通过《指导原则法》（*Leitsätzegesetz*）将货币改革与过渡到市场经济联系在一起。

和草案所有其他部分一样，指导原则中有争议的也是财产问题。民主德国不愿无限制地保证购买房地产和土地的自由。[30]在这一阶段，它至多愿意接受的是降低自己最初的要求：将"不同形式的公有制"与私有制并存，称之为社会市场经济基础之一。西部方面建议，草案的相关部分

（社会市场经济作为条约双方共同的经济制度）"尤其由私有制、绩效竞争、自由形成价格以及劳动、资本、商品和服务原则上全面自由流动所决定"

补充以这句话：

"（……）在此，不排除法律允许针对公共部门或其他法律主体参与经济往来的特殊所有制形式。"

这一点得到原则性同意，但依然没有最终决定。[31]

一个令西部深感不安的变化为这些进展蒙上了阴影。即至今多次讨论过的社会联盟错综复杂的全部内容始终存在争议。蒂特梅耶的印象是，克劳泽还有德梅齐埃追求的目标是，全部而且尽快采纳西德标准。对此，西部方面不再有原则性的反对。但阿尔文·齐尔似乎还要尽可能地将民主德国更多的"社会成就"写入文件。5 月 3 日，分歧更加尖锐。由雷吉娜·希尔德布兰德的劳动与社会部 4 月 27 日议定的社会部分新版本尚未呈交；可克劳泽代表团中该部的代表阿尔文·齐尔却要求重新讨论有关社会联盟的基本原则和规则细节。这让克劳泽也感到吃惊。除了将关于社会联盟的整个章节搁置起来，等待民主德国拿出新的建议，别无选择。[32]

德梅齐埃内阁中的社民党成员不但越来越与联邦政府，而且也与克劳泽拉开距离，原因是 5 月 6 日举行的地方议会选举。社民党必须突出表现一下。5 月 2 日公布的转换条件又为其提供了有利的机会。部分国民期待的是以 1∶1 转换更高的额度，而在《联合执政协议》和德梅齐埃政府报告中提到的是"区别对待"1∶1 转换，所以人人都可以按自己的想法去解读。工资以 1∶1 转换同样低于许多人的期待，不会再有执政联盟答应的针

对物价上涨的补偿。结果是警告性罢工和抗议集会。有保留地同意"十二点声明"内容的东德社民党部长，以这次抗议为理由，不仅抨击转换条件，而且也抨击克劳泽的整个谈判策略偏离了《联合执政协议》。5 月 2 日，他们对联邦政府的条约草案作出表态，其中确定了社民党的部长和国务秘书们在条约谈判中务必要坚持的方针：严格遵守《联合执政协议》，特别是强调社会保障。[33]

雷吉娜·希尔德布兰德、瓦尔特·龙姆贝格和马尔库斯·梅克尔在公开场合对国家条约草案进行了普遍的尖锐批评，对货币转换条件进行了特别的尖锐批评。他们最重要的观点是：

　　- 《联合执政协议》原计划先给工资和养老金增加一笔资金，以补偿物价上涨，然后以 1∶1 转换。这一点遭到了忽视。退休者拿到以西德马克计算的名义工资应该不少于至今以东德马克计价的名义工资，这一规定远远没有得到满足。希尔德布兰德部长表示，转换规定意味着 100 万曾经勤奋工作的人，7 月 2 日以后要靠 300～400 西德马克过日子。必须给养老金低的人加钱或者引进最低养老金。

　　- 社会保险缴费不应一次性而应逐步向西德水平看齐。根据至今的谈判状况，从 1990 年 7 月 1 日起，工人必须从毛收入中平均拿出 17.9% 而不是现在的 7% 缴纳保险费，虽然工资以 1∶1 转换，但仍将明显降低工人的名义净收入。这是无法接受的。

　　- 不应不加修改地照搬西德的《劳动法》，例如，必须保留《民主德国工会法》（Gewerkschaftsgesetz der DDR）中禁止罢工期间开除员工的规定。[34]

德梅齐埃的联合政府现在处于危机的边缘，一周之后应交出一份可以签署的草案。当西部对民主德国高额赤字的担心似乎得到证实，并且关于联邦德国财政补贴额度的共识还遥遥无期之时，这一切对西部来说愈加令人沮丧。西部方面提供养老和失业保险的启动资助，东部方面则希望医疗保险也获得启动资助。对于联邦德国拨款给民主德国国家财政，只是在形式上表现出妥协。如果西部方面能强制性地确定财政拨款的精确额度，东部方面愿意放弃事实上会导致无限制援助的措辞。问题只是应该拨款多少。在过去的四周里，民主德国没有更精确地阐述其预期的财政赤字估算，它的出发点依然是，包括用于基础设施和经济调整的支出，1990 年下半年它将至少会有 320 亿的赤字，1991 年则为 720 亿。联邦财政部担心，如果民主德国在几轮会谈中，特别是对社会领域和农业阐述的所有设想都得到贯彻的话，1991 年还得再加上 200 亿。萨拉辛 4 月初就提到的恐怖数据，似乎得到了验证。根据当时的设想，在联邦德国看来，当然几乎无法填补这种规模的漏洞——仅是给民主德国预算的财政拨款就得耗费超过 4% 的国民生产总值，更不用提失业和养老保险的启动资助。因此，毫不奇怪，蒂特梅耶的代表团以及联邦财政部在考虑财政拨款时，最为忧虑。[35]

第五节　地方议会选举结果：冲突缓和

5 月 6 日的东德地方议会选举结果表明，尽管部分国民明显不满，但社民党想作为"统一的社会良心"而表现一下的尝试，只起到了有限的作用。大党之间的力量关系变化甚微。与人民议院选举相比，基民盟遭受损失，但仍以 34% 的选票遥遥领先，是最强大的政党。基民盟在"德国联盟"中的伙伴德国社会联盟和"民主觉醒"败选，它们显然沦落到无足轻重的境地。自由党派取得了出乎预料的成绩，他们获得 6.7% 的选票。社民党勉强保持它的得票率，达 21%，也就是说，它还是没有走出低谷。与人民议院相比，民主社会主义党稍微失去了一点选票。现在很难比较人民议院选举和地方议会选举，就连基民盟和社民党也只能在 70% 的选区推出自己的候选人[36]，小党如德国社会联盟和"民主觉醒"在大多数选区都没有代表参选。不过，特别引人注目的是，在这些小党中，有两个政党，即德国民主农民党和新成立的农民协会取得了特别的成就。它们是从迄今存在的体制中获益的纯农业利益集团，共获得 5.7% 的选票，其中部分来自于基民盟流失的选票。教训似乎很清楚：许多民主德国国民受眼前的具体利益所驱使。大多数人对意识形态的原则性争吵根本不感兴趣。

选举结果减轻了总理弥合联合政府裂缝的工作。冲突尖锐化没有给社民党带来多少好处，如果它在联合政府中坚持对立路线，那它就是冒社民党延误引进西德马克这一指责的风险，社民党无法承担这个风险，因为尽管对转换条件存在各种抱怨，但选民还是想要西德马克。再者，德梅齐埃完全愿意接受社民党的部分改善要求。原则上他也认为社会保障的最大化是有必要的，虽然他也完全看到庞大的财政赤字会给社会政策划定一个界限。基民盟和社民党因此而相互接近。总理走访了社民党人民议会党团。正如他在回忆中所说的那样，他要让执政联盟的伙伴相信，自己在谈判中所代表的不是科尔，而是联合政府；经过几个小时的讨论得出的结果是：扩大至今已取得的谈判成果是必要的，但并非所有《联合执政协议》的目标都能通过。[37]

第六节　被迫达成一致

西部方面也加紧准备最后一轮会谈。5月9日，联邦总理发起了有关下一步进展的执政联盟会谈。蒂特梅耶和金克尔参加了会谈。执政联盟最高层总体上批准了至今已取得的成果，并就联邦政府在蒂特梅耶和金克尔后面谈判过程中的立场作出一些重要决定：

　　－在财产没收问题上，5月3日，金克尔与德梅齐埃举行了会谈（比较第270页）。5月6日，执政联盟会议与拉姆斯多夫和朔伊布勒已就谈判方针达成一致，现在，金克尔在总理也列席的情况下宣读了该方针[38]：接受在占领政权领导下实施的措施，被没收的所有其他财产，只要确实有可能，原则上都应归还；通过永佃权的方式确保民主德国公民合法购得的使用权；必须审查，规避投资阻力的商业用房地产是否被视为阻碍归还的理由。现在，执政联盟最高层同意这一建议。联邦财政部的官员表达了归还优先将会妨碍投资的顾虑，但金克尔以特别强调的语气捍卫归还优先并得到了自民党领导层的支持。[39]

　　－在"财政一揽子计划"问题上，执政联盟最高层同意会谈至今所代表的方针，为了整顿企业，也可动用托管局对所得收益进行私有化。它也批准蒂特梅耶的建议，在债务分配方面对民主德国让步，也就是说，不是像至今草案中所计划的那样，在民主德国加入联邦德国以前发生的债务只分配到新的联邦各州。

　　－关于结构调整的议题，执政联盟会议建议，蒂特梅耶应设法避免对西部产品征收进口税或给西部产品制定配额。

　　－针对苏联有必要采取行动。蒂特梅耶的建议得到批准，即苏联在民主德国驻军持有的东德马克数量以2：1转换成西德马克。同时，为了避免作弊，启动红军战地银行。同样得到批准的还有，卢布的汇率也以2:1转换，即从现在的4.67东德马克转换2.34西德马克。

除此之外，执政联盟会议还提交了关于其他尚有争议的问题的文件，但没有做出更多的决议，因而蒂特梅耶在谈判的最后阶段拥有很大的活动空间。确定的只是时间表：下一轮谈判，也希望是最后一次谈判，于周末（5月11～13日）在波恩，通过部长级会谈在一周内结束谈判，5月18日签署条约。鉴于一大堆尚有争议或至少在细节上还须澄清的要点，代表团和波恩、东柏林各部委只有熬夜奋战才能完成工作。蒂特梅耶电话告知克劳泽时间表，他表示同意。最后一轮谈判可以开始了。[40]

就内容而言，5月11日的星期五至5月13日的星期天深夜，波恩的"马拉松式会议"是所有会谈中最艰难的。但双方都愿意成功收尾，尽管存在分歧，但彼此接近。

有关"结构调整"的报告现在终于摆在了双方经济部参与的工作小组面前。报告包含税惠和财政援助一揽子措施，如投资补贴、低息贷款、特种折旧，还有对需要整顿的企业针对性的援助、与经互会之间的进出口资金支持、转岗培训，教育和继续教育、基础设施建设、公共部门采购时优先考虑民主德国。在贸易政策措施方面，民主德国要求保留从民主德国进货的税收优惠，也就是至1990年年底的11%和至1991年3月31日的6%。再者，还有民主德国要求对所有西部的进口产品引进递减特别税，至1990年12月31日为11%和至1991年3月31日为6%。民主德国经济部和财政部附上了最新的企业赢利能力分析，作为本报告的附件。分析建立在对整整一半中央国有企业调研的基础上并得出结论，约三分之一的企业是赢利的，将无须补贴措施；足足一半企业将亏损，但值得整顿；另外14%濒临破产。正如不久就会表现出来的那样，这虽然还是过于乐观，但至少比莫德罗政府年初的第一次估计略微现实一点。另一份附件包含促进措施会对国家财政产生的影响的估计。成本只能部分估算，但仅仅从这一部分，工作小组就得出1991年会超过150亿马克的结论。[41]

工作小组汇集的促进措施，作为对全面多样的调整援助可能性的概览，绝大多数是没有争议的。只有民主德国给所有它认为必须整顿的企业都提供财政援助的倾向，西部加以拒绝，理由是普遍补贴反而阻碍结构调整。[42]不过，仅仅出于时间原因，就完全不可能在重点问题上达成一致。所以，至少在蒂特梅耶看来，一切都表明还是停留在民主德国4月30日所建议的一般性表达方式为好。克劳泽表示同意。他及其代表团成员明白，民主德国仅仅以一份列出可能的促进措施的清单并不能得到什么好处，再者在条约中约束性地书面确定具体措施根本不可能实现。现在已具体确定的是为期两年的递减式投资补助，从最初的12%到最后的8%。代表团达成一致，对民主德国的建议文本补充一句："对措施的具体设计，条约双方政府达成一致。"[43]因此，在条约中没有写上针对企业调整的援助，这为双边政府将来商议促进措施留下了很大的活动空间。

相反，有争议的是民主德国期待的西德产品进口税。赞成进口税的理由是，大多数民主德国产品即便在某种程度上真的符合消费者的愿望，但在生产领域工资以1:1转换之后，都会变得太贵。反对理由是，没有德国内部海关，进口税是不可能的，进口税意味着不仅要对商业货物往来进行检查，而且至少也要对私人旅行往来进行抽查。对西部来说，此事事关重大。无法实现全面共识。民主德国虽然放弃把进口税写进条约，但保留继续就此与联邦经济部进行谈判的权力，为的是在7月1日以后也许还能引入进口税。

对农业调整援助的规定进行最后阐述也是有必要的。双方农业部的相关报告现已提交。农业专家没费多大力气就能对促进措施的目录达成一致。在考虑"必要的并经一致同意的修改"的情况下，可以逐步引进联邦德国的现有体系。应当促进企业的拆分、重组或新建，采取降低产能和清理负担的措施。计划一定时期内递减的流动资金援助和社会援助，以及避免在劳动力必要的精简过程中所造成的硬着陆的措施。在民主德国农业完全融入欧共体之前，在德国内部贸易中有可能对"敏感的"农产品采用配额制。[44]

农业方案中有争议的自然是费用问题。民主德国的出发点是，1990年下半年需要60亿西德马克的资金，1991年为120亿西德马克。它认为，只有提供令人满意的调整援助，价格才可能在7月1日与西德水平接轨，才能避免多年过渡期，其中包括限制越过两德内部边界进行货物交易。联邦农业部同意这种观点。相反，联邦财政部则认为，上报的资金需求太夸张。[45]

蒂特梅耶和克劳泽的代表团讨论了这项报告，随后决定只把补助原则，包括德国内部贸易中可能对数量进行限制的条文纳入条约文本。有关的具体措施应由双方政府协商。[46]因此，就像对工业的补助和保护措施那样，在农业方面，也是在双方彼此认可的情况下，放弃在条约中以文件形式确定具体方案。如此一来，给双方政府提供了未来规则的广泛空间。

正如所料，关于社会联盟的最后谈判特别艰难。在民主德国代表团中，尽管解决了执政联盟危机，但紧张关系依旧明显。阿尔文·齐尔尝试固守东德社会民主党部长们 5 月 2 日决定的要求：有关劳工和劳资合同自治法以及医疗保险机构的特殊规定、最低养老金或养老金补贴、逐步提高社会保险缴费和提高养老金。[47]相反，克劳泽试图将民主德国的特殊要求限制在必不可少的那些方面。他坚持这一观点，要想尽快统一，现在就不应反对社会保障体系的统一。当然，他不得不考虑社会民主党人的立场。

西部的立场是明确的：接受西德的规定，至多在过渡期存在例外。如果答应诸如养老保险和失业保险方面的"启动资助"，那么，过渡期也只能保证提供联邦德国投保人所享受的福利。在医疗保险方面，西部依然拒绝"启动资助"，如果民主德国愿意提供在联邦德国不属于医疗保险的福利，那它应从其国家财政拿钱支付——当然，这迟早也会给联邦德国带来负担。

民主德国要求，逐步而不是立即引进西部德国的保险缴费率，西部没有同意，西部认为，实行这一措施将使民主德国国家财政，也许很快让联邦德国又多出几十亿的负担。最后达成协议，作为折中，对月收入最多至 800 西德马克的工资领取者实行等级补贴，比如对月工资 600 西德马克以下者补贴 30 西德马克。

在西部看来，最低养老金特别麻烦，一旦在东德引进，将必须很快在西德启用。后果是，所有欧共体国家的公民都有可能在联邦德国工作几年之后，争得享有德国最低养老金的权益。[48]

在全体会议之外的非正式接触中，双方开始酝酿妥协：民主德国似乎同意对养老金低于 470 东德马克的大约 70 万人提供补贴，以平衡基本需求商品物价的上涨，直至《社会救助法》（*Sozialhilfegesetz*）生效，都应该实施补贴。[49]相关决议交由政府首脑或部长们的最后谈判处理。

在接受西德《劳动法》以及社会保险体系的组织机构问题上，民主德国大部分同意西部的观点。它放弃了禁止罢工期间开除员工的要求。有关保留一般性的社会保险义务的争执，通过一种有弹性的表达得到解决：针对无法进一步定义的过渡期，民主德国可以保留全面的保险义务；对自谋职业和自由职业者，在出具足够的其他保险证明的情况下，应该考虑免除其社会保险义务。在整个一系列问题中，争议最少的是如何处理附加保险和特殊保障体系的问题。双方达成一致，原则上 1990 年 7 月 1 日以前就这些体系达成决议，因此，民主德国可以坚持例外。特殊保险的福利，应本着取消或减少不合理收入的目标，加以审查。因此至少必须审核发给党政和国家机关成员的养老金。为了不因接受特殊保障体系而给缴费者造成负担，国家补贴应平衡因养老保险而多出的费用。

在关于国家财政和金融规定方面，尚未形成有关民主德国的贷款、民主德国的债务分配和财政拨款额度的规定。蒂特梅耶通知克劳泽，这些问题的最终规定必须由双方财长来裁决。但在代表团会谈的最后会议上，提到了可能达成的共识的基本轮廓，它们由联邦财政部制定并在 5 月 9 日得到执政联盟最高层的原则性批准：

> － 民主德国的信贷权在条约中得到确定。
>
> － 到国家统一之时累积的民主德国债务，先用托管局资产结算；剩下的债务，由联邦和新联邦州各分摊一半。
>
> － 联邦德国的财政拨款同样在条约中予以确定。[50]

双方对这些轮廓的看法显得一致。在代表团全体会议之外，克莱姆和西格尔特对民主德国财政赤字的额度也取得了一致：如果信贷权和财政拨款得到确定，可以此为准：1990 年下半年为 310 亿，1991 年为 520 亿。总数包含基础设施措施，但不含企业的结构调整援助。[51]关于财政方案的决定和财政条款的最终表述，现在要留待双方财长商议。

必须解决的最艰难的问题，是用于投资目的的私有房地产的购买。东德社民党依然坚持《联合执政协议》，对私人投资只保证房地产的永佃权。倘若如此，联邦政府根本不可能签署这样的国家条约，因为缺少了市场经济最重要的前提。此外，虽然并不一定要在条约本身中，但无论如何必须在批准之前得到澄清的是"未决财产问题"。此时，金克尔的工作小组取得了一些进展，双边政府似乎有可能在可预见的时间内就未决财产问题发表"共同声明"，但远远没有达到可以签字的成熟程度。

蒂特梅耶和金克尔主要在会场外、在与克劳泽的长时间交谈中，成功地达成妥协。他们采用了德梅齐埃在 5 月 3 日与金克尔的会谈中想出的办法：应该给西部投资商提供作为城市边缘地带的"保留区"和修缮区域，他们可以在此购买土地用于商业目的。[52] 双方对民主德国政府单方面声明的内容达成共识，不过克劳泽在顾及《联合执政协议》的情况下，只是有保留地接受该内容——还得征得东德总理的同意。其中提道：

"在关于建立货币、经济和社会联盟的国家条约中，民主德国保障私人投资商房地产和土地以及生产资料的所有权。此外，民主德国保证购买、处置和使用房地产以及其他生产资料的自由。

在民主德国至今缺乏让购买的房地产成为财产这一可能性，这是明显的投资障碍（……）。民主德国将为联邦德国和外国的投资者以及自身企业的利益清除投资障碍，以便释放迫切需要的、推动其经济现代化的动力。

为了实现这一目标，民主德国将修改或废止阻碍该目标的法律制度条例。为此，国家条约批准后（……），民主德国将保证确实能够购买房地产的财产权。对此，首先应采取以下的最初步骤：

准备足够数量和规模的区域，为企业落户和其他能够创造就业岗位的投资提供可供购买的土地（……）

对需要特殊地段房地产的投资者，如市区内（……）同样提供足够规模的这类房地产供其购买（……）

在选择适合转换成公司的国有企业的过程中，国有房地产可被评估为它的固定资产。转换后，国有土地转成新成立公司的财产。借此，其信贷可能性得到扩大，私人投资者入股的前提条件也会得到改善（……）。"[53]

与棘手的结构调整、社会联盟、融资或购买房地产问题相比，其他还需解决的问题耗时并不多。具有一定政治含义的是，在拥护自由、民主和社会的基本秩序时，民主德国依然不愿接受它们与《基本法》之间的关联。西部最终让步，满足于承认"自由、民主、联邦、法治国家和社会的基本制度"。在此期间，蒂特梅耶和克劳泽之间不存在争议，但在西德媒体中成为政治话题的是控制职权滥用。从一开始，人们就很清楚，控制职权滥用应该写进关于货币转换的规定之中。但它该是何样？联邦银行，尤其是副行长施莱辛格，认为通过联邦银行在民主德国的分支机构和通过银行进行监督是不可能的。相反，联邦财政部恰恰认为这种监督是必要的。蒂特梅耶和克劳泽最终找到了出路，在条约中（附件 1 第 9 条）加进一条指定民主德国负责的规定：在证据充足的情况下，民主德国相应的主管检察机关应该审查账户，必要时冻结账户。具体程序则在条约缔结之后，由民主德国财政部和联邦财政部确定。[54]

星期日，5月13日，代表团结束了谈判。除了必须交给部长和政府首脑裁决的几点外，他们已对草案达成一致。

第七节 最后谈判与签署

第二天就举行了财长会晤。代表联邦德国的，除了魏格尔、蒂特梅耶和克莱姆，两位州财政部长施劳伊瑟尔（Schleußer）（北莱茵－威斯特法伦州）和汤德勒尔（Tandler）（巴伐利亚州）也参加了会晤，在此期间，魏格尔已和他们两人就财政方案的基本方针通过气。代表民主德国谈判的有龙姆贝格和克劳泽，陪同人员是斯道尔和西格尔特以及财政部官员。会谈过程并不愉快。计划次日与各州财长举行德国统一基金的会谈，为此，魏格尔需要有关民主德国财政需求的尽可能详细的数据。其间，已经有经克莱姆和西格尔特确认的民主德国预算的基准值，龙姆贝格也了解魏格尔对联邦德国财政拨款额度的想法，然而龙姆贝格回避讨论"财政一揽子计划"。他显然认为西格尔特和克莱姆前一天以财政预算为基础得出的赤字太低，对此他也有充足的理由。总而言之，龙姆贝格、西格尔特和斯道尔设法通过悲观地描述民主德国的形势，要西方对民主德国远远更高的财政赤字做好准备。斯道尔解释说，相当一部分国家银行以及信贷银行在贷款给国有企业时存在风险——西部早就清楚这一点。龙姆贝格和西格尔特抱怨日益凸显的工业销售问题，工业产品受到西部产品的挤压。国家财政收入因此而明显减少，企业再也不给国家财政上缴资金。在结构调整议题上，龙姆贝格再次争取对民主德国企业的普遍启动资助，这一点已经在代表团谈判中遭到西部拒绝，现在也被魏格尔和汤德勒尔驳回。

尽管托管问题本身现在并不在决策之列，龙姆贝格让人介绍了他的部委正在研究的新托管方案。"逐步地"，也就是慢慢地私有化将使公共机关在结构调整中扮演长期角色，而托管局发挥主动的作用。克劳泽则反对这些阐述，认为在这个问题上有内部协商的必要，按他的观点，托管的资产必须快速私有化。

西部感兴趣的是民主德国欠西方国家和发展中国家的债务的信息。民主德国财政部现在的估算是，截至1990年6月30日净债务为287亿西德马克。

魏格尔最后敦促，报告民主德国 1990 年下半年和 1991 年年度的财政预算。龙姆贝格对此的解释是无可奉告，专家层面讨论过的数据还需要与各部委商议；此外，税收情况也不清楚，一部分企业不再交税；星期四，5 月 17 日，在计划签署国家条约的前一天，他也只能提供一定的大概数据。这样一来，国家条约的签署受到威胁。斯劳伊瑟尔和汤德勒尔指出，只有在出具民主德国财政状况明确数据的情况下，才有望得到联邦参议院对"财政一揽子计划"的同意。龙姆贝格不让步，他表示自己不能对星期四的决定负责，这必须由总理来承担。如果魏格尔和汤德勒尔知道，龙姆贝格严格坚持的是一天前波恩和东柏林的社民党议会党团之间商量过的路线，他们肯定会特别恼火。[55]

现在，克劳泽和西格尔特得找到一条出路。按照克劳泽的建议，西格尔特宣读了作为专家会谈基础的参考数据，并强调虽然没有其他部委的参加，但财政部对这些数据做过彻底的调查，而且在税收估算方面也是谨慎的。之后，讨论转到财政赤字，即赤字有多高、究竟应如何支付的问题上。魏格尔宣称，将托管财产也用于为赤字融资是必要的。相反，龙姆贝格则设法阻止。

5 月 14 日反复讨论的结果是，决定西格尔特和克莱姆应在三天后碰头，拿出一份最终建议书，书面确定民主德国加入联邦德国以后，民主德国的借贷、联邦德国的拨款和债务分配等情况。然后，四位财长应该为最后谈判进行会晤。[56]

5 月 15 日，魏格尔必须与各州部长讨论德国统一的资金问题，此时还没有获得龙姆贝格或德梅齐埃确认过的民主德国财政需求的数据。在 5 月 16 日联邦总理与各州州长的会议上，令人同样不太愉快的一幕再次重演。但不管怎么说，联邦和各州就德国统一基金达成了一致。[57]

在 5 月 17 日下午的最后时刻，双方就财政方案达成共识。克莱姆和西格尔特上午草拟好了建议。西格尔特现在得出的赤字是 1990 年下半年为430 亿，而 1991 年为 650 亿。他之所以得出这样的数据，是因为他把现有的数据加上了企业结构调整援助所需的额度。[58]克莱姆坚持魏格尔 5 月 14 日的方针：给企业调整援助的资金应主要来自托管局私有化的收益。西格尔特接受这一观点。因此，两位国务秘书的建议很大程度上符合联邦政府的想法。最终，在紧接着的财长会谈中，龙姆贝格也表现出愿意妥协；东德总理对他说，用有所保留的数据和拒绝详细解释财政需求的手段，不会有什么收获。[59]财长会谈的结果是：

– 对民主德国财政赤字的额度存在共识：1990 年下半年为 330 亿西德马克，1991 年为 530 亿西德马克。其中包含有限期的投资补贴、基础设施投资和对民主德国与经互会贸易义务的补贴。

– 为了部分平衡这些赤字，联邦德国给民主德国提供的财政拨款 1990 年下半年为 220 亿西德马克，1991 年为 350 亿西德马克。再加上用于失业和养老保险的启动资助，这些资助在 1990 年下半年达 27.5 亿西德马克，1991 年为 30 亿西德马克。

– 对企业的结构调整援助由托管局而不是国家财政支付。

– 针对托管财产，为了预先支付可以期待的收益，确定信贷授权范围 1990 年为 70 亿西德马克，1991 年为 100 亿西德马克。

– 民主德国的净借贷，当年应限制在 100 亿西德马克，1991 年为 140 亿西德马克。本规定纳入国家条约第 27 条："在根本改变的条件下，联邦财政部长可以允许超出贷款界限。"

在债务分配上，双方在西部准备妥协的基础上取得一致。民主德国加入联邦德国后，国家债务应部分分摊到托管局，它用将来出售托管财产得到的收入来偿还，其承担债务程度相当于销售收入，剩余部分应分别分配到联邦和新联邦州头上，各为一半。民主德国的地方债务和未来联邦州的债务应在当地解决。[60]

以此，最终确定了"财政一揽子计划"，包括国家预算和财政章节的表达方式。如果龙姆贝格打消顾虑并着手进行财政需求的细化工作，在 5 月 14 日，也就是在魏格尔和龙姆贝格的第一次会谈中就可能取得同样的结果。联邦政府必须坚持获取民主德国财政需求的具体数据，否则它就会遭到攻击，特别是社民党的攻击。但双方政府都承担不起推迟谈判的责任。东德总理是如此认为的，龙姆贝格当然也认识到这一点。克劳泽在内部强调的对"财政一揽子计划"的判断是现实的。他对总理和财长解释说，条约中的数据根本无关紧要，如果经济形势和国家财政面临危机，那西部必须支付。[61]在这一点上，毫无疑问，他是有道理的。

但在最高层，有待决定的还有仍然未决的社会问题。对此，科尔和德梅齐埃 5 月 14 日的会晤，就代表团最后一轮会谈中已有所考虑的路线达成了一致：为减轻低收入工人养老保险缴费的负担，向其提供津贴，直至 1990 年 12 月 31 日。此外，低养老金领取者应该拿到一份津贴。[62]

克劳泽有保留接受的民主德国的单方面声明，即有关出于经济活动而购买房地产的声明，最后还必须得到东德总理的同意。科尔与德梅齐埃的会晤显示，东德总理依然倾向于在十年的过渡期内，只给那些住址不在民主德国的投资者以拥有优先承购权的永佃权，为的是杜绝房地产投机。科尔说，他成功地说服了德梅齐埃，认为这一规定将会浇灭投资热情。[63]

如此一来，通往文件签署的道路得以畅通。5 月 18 日上午，联邦政府和民主德国政府同意签署国家条约。下午，双方财长在波恩签署条约，双方政府成员在场。双方政府首脑发表了声明。

在联邦总理的声明中提道：

"关于货币、经济和社会联盟的国家条约，意味着走向统一的决定性的第一步。（……）为我们在民主德国的同胞——经过一段肯定不简单的过渡时期——打开了快速、有力改善其生活条件的机会。（……）我明白，这条道路将是艰难的，但值得努力去实现目标。完成德国的统一和自由——这是一项所有人都必须参与的伟大工程。我知道，在这些日子里，这边和那边的许多人都在问，这种史无前例的壮举对他们个人意味着什么——对他们的就业岗位、他们的社会保障、他们的家庭。我对这样的担忧表示理解。但是，我想问一下我的联邦德国同胞们：我们何曾比今天更好地为德国统一这一民族的共同任务做好过经济上的准备呢？我要对民主德国的同胞大声地说：引进社会市场经济将为你们提供一切机会，对，它保证，在德国的梅克伦堡－前波莫瑞州、萨克森－安哈尔特州、勃兰登堡州、萨克森和图林根州，很快又将出现一片欣欣向荣的景象，这里值得每一个人去生活、去工作。"

东德总理的声明与联邦总理的声明本质上差别很小。德梅齐埃也强调，货币、经济和社会联盟使得统一过程不可逆转。他称条约是妥协，但并不是为了利益而讨价还价的结果，而是美好的并且经过权衡的整体工程。他试图使民主德国国民鼓足勇气。他对他们的语气甚至有些严肃。决定性的话是：

"引进西德马克、引进动态养老金和失业保险，以及对民主德国国家财政进行援助，它们是德意志联邦共和国慷慨大度的政治姿态。谁都不应忘记，今天在自由市场上民主德国马克真的值多少钱，并且谁都不应对民主德国的深刻危机存有幻觉。（……）并非所有人都能实现与国家条约联系在一起的美梦，然而没有人的情况会比现在更差。相反，哪个国家得到过如此之好的起点，像我们这样拥有国家条约？现在轮到我们民主德国的人去从中体会最大的好处。我们必须从现实情况出发，坚信自己的力量，以新的创业精神和积极参与的态度投入到工作中去。"[64]

第八节　波恩的摆布？

现在，不应将政府首脑声明当作历史性事件过高评价。即使德梅齐埃对谈判结果不满意，但为了不让选民指责他没谈出好结果，眼下他也不能明显地表现出这一点。但没有理由认为总理不满意：他的政府虽然没有全部，但在重要问题上，能够坚守通过《联合执政协议》最大化要求而定义的最初立场。如前所述，一部分是联邦政府在 4 月 25 日的会谈之前就考虑到的民主德国的立场，还有一部分是在代表团会谈中通过妥协而彼此接近的立场。在介绍谈判过程时，就已清楚地说明这些情况；在总结存在分歧的要点时，则会变得更加清楚。

－在货币转换问题上，4 月 23 日联邦政府就已接近德梅齐埃政府的立场。储蓄账户方面的最终转换规定，很大程度上遵从了克劳泽的建议，而且这是联邦银行刚好愿意接受的最高上限，所以它没有大声抗议和急切警告通胀危险。对民主德国国民更有利的 1:1 转换率，由于其融资的不确定性也不予考虑。银行体系资产项的企业债务价值不高。国家必须保证资产负债表的平衡。储蓄账户上以 1:1 转换的额度越高，民主德国，然后是联邦的财政负担就越重。不仅是西德而且东德的专家也都明白这一点。所以，东德社民党也接受了储蓄账户的转换条件。在 5 月 2 日的二读中，工资和养老金的转换条件就远远超出联邦银行和大多数经济学家认为经济上可接受的程度。不过，在《联合执政协议》中，为了补偿取消补贴后导致的物价上涨，不仅要求 1:1 转换，而且在转换之前要提高工资、薪水和养老金，主要是社民党要求"改进"。对于这一点，东部不能全部，但至少可以部分通过。代表团已经达成了需要双边政府首脑最终确定的妥协。

——在给企业的调整援助问题上，成功地取得表达方式上的妥协。它要追溯到民主德国的文本建议，这一文本作出了非常普遍性的表述，很大程度上将未来的具体措施交给政府协商确定。如果必须把细化的规定收入条约的话，达成一致会变得相当艰难：民主德国倾向于普遍补贴所有在它看来值得整顿的企业。很自然，除了将绝大部分企业纳入"值得整顿"的范畴，没有其他选择——难道它一开始就该认定，只能拯救很小一部分工业吗？西部则认为普遍的财政补贴会阻碍对现有结构进行改革。民主德国要保留实施进口税的可能性，西部则反对德国内部的关税边界。表达方式的妥协虽然为这些问题的争论提供了可能，但也为放弃对这些问题进行定性提供了可能。大多数的民主德国代表团成员也接受这一点。当然，如果条约包含结构调整方案，其中附有按行业区分的目标和书面约束性规定的调整手段和财政援助，则更为结构调整方案的推崇者所乐见。1997年，瓦尔特·龙姆贝格还抱怨说，民主德国放弃了在条约中确定这种方案。[65] 不过，民主德国并没有递交过这种方案，而且即使他们这样做，联邦德国除了驳回，别无选择。在联邦德国看来，在这种情况下（这也是绝大多数经济学家的看法），民主德国的结构调整过程必须首先通过市场来调控，国家应通过投资援助和税收优惠手段减轻企业调整的负担，但不许给特定的经济部门甚至企业提供生存的保证。但很快就会无法坚持这一原则，这是另一个问题。

——在关于社会联盟规定方面，民主德国实现了一系列的修改。它可以在过渡阶段坚持全面的社会保障义务，而且首先纳入自谋职业者。为了引进一个细分的体系，即将养老、医疗和事故保险分开，它也得到了一个过渡时期。它可以继续提供至今在民主德国由医保承担，但在联邦德国不属于医保范畴的福利，不过，这些福利必须由国家财政支付。虽然民主德国要求社会保险缴费逐步调整到联邦德国水平的尝试遭到失败，却因此通过了对低工资人群和低额养老金领取者的津贴（"社会津贴"）。过渡期的规定当然不是阿尔文·齐尔提到的通过"民主德国的社会成就"提高西德的社会标准。在这个问题上，民主德国本身也没有统一的立场，克劳泽至少对西部的立场——鉴于未来会统一，现在两个德国有一个统一的社会标准——一开始就表示赞同。

— 关于国家财政和金融规定，以条约形式确定联邦德国对民主德国的财政补贴，这一点从无争议。只是额度应该谈判。在此民主德国试图下一个大赌注——鉴于经济现代化、基础设施扩建、消除最糟糕的环境破坏所导致的无法估算的成本，这是可以理解的。龙姆贝格也许感到失望，因为他得到的条约承诺，是他认为并不够的额度，而且不久就会被证实确实不够。但从现实角度看，一旦民主德国在转换的冲击下崩溃，联邦政府将不得不支付要远远多于条约所保证的费用，这几乎是毫无疑问的。

— 最后一刻，通过民主德国单方面声明才寻求到的产权规定，对联邦政府来说，仅仅作为受时间限制的应急措施才是可以接受的，而且带着重重疑虑。从根本上讲，民主德国政府只说明了产权适用于投资用途的土地所有权，是否很快有足够数量的土地供支配，首先取决于地方。这远远无法成为投资者对民主德国建立区位信任的牢固基础。当然，《联合执政协议》中所要求的、把西德和外国投资者限制在拥有优先承购权的永佃权上，这在科尔和德梅齐埃的最后会谈中被取消了，大概也是因为东德总理知道，如果他坚持的话，联邦政府不会签署条约。反之，联邦政府必须预料到人民议院批准条约的困难，如果它现在就坚持一种令人满意的产权问题规定。所以，联邦政府承受了这样的事实：在签署条约时，市场经济的一个前提条件，即土地自由买卖，没有得到保证。

双方都作出了让步。民主德国政府没能完全实现《联合执政协议》的最大化要求，联邦政府并没有带着最大化要求进入谈判，而是从一开始就致力于提供让民主德国原则上可以接受的建议——转换条件提供了最好的例子。在谈判过程中，联邦政府还对民主德国大幅让步——让步如此之大，甚至在对市场经济正常运行很重要的土地购买问题上，都不再坚持达成最终的解决方案。

不过，谁要是对独立的民主德国继续存在感兴趣的话，那他说这是"波恩的摆布"：国家条约将在货币、经济和财政政策方面立即剥夺民主德国的自主性，并使民主德国加入联邦德国几乎成为不可避免的事情。这是不可改变的，原则上也得到德梅齐埃政府的承认，尽管没有表现在每个细节上。双方在条约签署时的出发点是，国家统一将很可能在一至一年半后，紧随货币、经济和社会联盟而到来，财政计划已经瞄准了这一时间段。

愿意得到西德马克和实现统一的东德人，大多数对"波恩的摆布"并不抱怨。但现在对与引进西德马克相关的风险则看得更清楚。许多人现在才恍然大悟，民主德国大多数企业在竞争中根本没有机会幸存，数百万就业岗位面临威胁——除非联邦德国关注快速整顿经济。

对西德援助的依赖会增强内心的不适，这是完全可以理解的。政治家们，恰好还有德梅齐埃本人，不断重复强调，民主德国把一些有价值的东西带进了德国统一，这无济于事，国民自己知道得最清楚，民主德国在物质和精神上能给联邦德国提供的东西是多么稀少。在国家条约中美化般地称呼"货币、经济和社会联盟"，也无济于事。大多数国民已经明白，它不可能是一种平等伙伴的联盟。他们知道，自己的国家是一个需要护理的病人，随着国家条约，他们处于需要联邦德国照料的位子上。他们也知道，除此之外，别无选择，除非他们在可预见的时间内放弃像西德人一样生活。然而，对勤于思考的人来说，这种情况不可能令人感到完全舒服。有谁甘心屈尊于富裕亲戚的呵护之下呢？

第九节　批准的混乱

货币、经济和社会联盟并没有随着国家条约的签署而完成：它还必须得到联邦议院和联邦参议院以及人民议院的批准。

在与民主德国签订各项条约时，原则上应该使用《基本法》第59条针对国际条约而规定的程序：联邦政府与对方议定一份条约文本。双方政府签署。联邦议院的同意和参议院的同意或参与是必要的，并以联邦法的形式颁布，通常将这种法律称为"条约法"。只能对整体的条约文本进行表决，不能提出修改申请［《联邦议院章程》（Geschäftsordnung des Bundestages）第83条］，以此避免单方面地修改两国通常很费力才取得的妥协。不过，联邦议院和联邦参议院可以要求废除或削弱个别条约规定的法律效果的保留权。这完全取决于联邦政府是否会为了降低条约无法得到批准的风险，以单方面声明的形式动用保留权。联邦议院和联邦参议院对国际条约内容的影响也受这一程序的制约。如果联邦议院或联邦参议院不愿冒此风险，即两国政府之间必须再度协商、条约生效明显推迟或条约完全流产，除了尽可能接受联邦政府的引导，别无其他选择。联邦政府虽然可以让议会党团和/或各州的代表参加条约谈判，但在国家条约谈判时，联邦政府没有这样做，而是在统一条约时才选择这一途径。将议院和参议院的参与限制在批准阶段，并不排除政府与其本党大多数议员之间的接触，以及与反对党和联邦参议院的沟通。例如，3 月 2 日，身为联邦总理府部长的塞特斯向各州政府与议会首脑通报了与民主德国会谈的情况；3 月 21 日，德意志内部关系部部长魏姆斯（Wilms）向联邦参议院德国内部委员会作了汇报。[66]

被视为"工作文件"的联邦政府条约草案于 4 月 24 日和 4 月 27 日分别被送到联邦议院和联邦参议院。[67]就在 5 月 22 日，条约签署四天以后，联邦参议院对条约进行一读，5 月 23 日，联邦议院 23 日也进行一读，各自"在 6 月下旬"举行最后辩论。[68]这是一个很紧凑的时间表。在此期间不得有任何事务掺杂进来，否则，就会危及条约能否在 7 月 1 日生效。

人民议院通过条约，这是十拿九稳的，尽管根据宪法，修改条例需要三分之二的多数。作为执政联盟中唯一对国家条约先提出异议，后又要求改进的政党，东部社民党现在对取得的结果表示某种程度的满意。条约签署后，社会民主党议会党团主席理查德·施罗德解释说，东德社民党认为谈判结果是可接受的并合理的，因此将同意该条约；对民主德国的人民来说，条约是"朝着正确方向前进的一步"。[69]

似乎也同样有把握能够获得联邦议院的多数同意。在政府党团中，虽然在党团会议上和德国统一委员会中，存在个别议员尤其对财产购买和归还被没收的财产等尚未得到令人满意的规定而有所顾虑的言论，但联邦政府和党团领导的立场一直被看作是正确的，或者至少被看作是政治上不可避免的，因而得到承认。[70]此外，也须得到联邦参议院的同意。在联邦参议院，5 月 13 日以后社民党领导的联邦州拥有大多数席位。就在这一天，在北莱茵－威斯特法伦州和下萨克森州同时举行了州议会选举。北威州州长劳（Rau）领导的社民党尽管出现了微小失利，但仍然可以捍卫其一党执政的地位。在下萨克森州，格哈尔德·施罗德（Gerhard Schröder）领导的社民党在州议会选举中获胜。与绿党一起，他们可以解散恩斯特·阿尔布雷西特（Ernst Albrecht）领导下的基民盟/自民党联合政府。

随着施罗德的选举胜利，不仅对于联邦政府，而且对波恩的反对党来说，出现了新的格局：没有参议院中社会民主党的投票，国家条约无法通过。问题只是：社民党要如何选择？

  - 党主席兼议会党团主席汉斯－约亨·福格尔和具有影响力的议会党团成员至今原则上同意货币、经济和社会联盟，尽管他们也批评没有将联邦议院纳入条约的准备工作中去，并要求在个别问题上改进。

  - 总理候选人奥斯卡·拉封丹反复表示，原则上他反对在他看来为时过早的货币联盟。4 月 22 日，一边是拉封丹，另一边是福格尔和议会党团，就这一重要问题和下一步行动出现了公开的争论。[71] 几天后，一位精神失常的女凶手在竞选现场重伤了萨尔人（即拉方丹——译者注）。因此，在 5 月中旬以前的关键阶段，拉封丹无法强力干预其政党的观念形成。

  - 在党内的选举考量中，总理候选人的立场是如此重要，但有关国家条约的决定，更为重要的则是社民党各联邦州州长，因为他们占联邦参议院中的大多数。他们当中的大多数人倾向于接受国家条约。各州在与联邦就德国统一基金的谈判过程中，可以完全贯彻自己的财政利益（比较第 302 页）。如果联邦参议院拒绝国家条约，民主德国极有可能利用《基本法》第 23 条的加入权。那么，各州将很难继续拒绝将民主德国纳入联邦州的财政平衡。从财政上看，拒绝国家条约，他们无论如何得不到任何好处，还很可能损失惨重。

因此，社会民主党人处于全面争议之中：一边是参与了条约谈判并对目前取得的改进表示赞同的东德社民党，另一边是西德社民党，议会党团领导层和党领导层偏向于在修订和附加保留解释的前提下批准国家条约，而总理候选人及其支持者不管条约是否得到修订都要拒绝条约。福格尔设法把拉封丹争取到自己的立场上来。他坚信，没有现实的替代建议的"不"，将会被理解为"对统一的彻底否认"。[72] 相反，拉封丹则坚持己见。他认为，如今的民意调查，尤其是州议会的选举结果，验证了他本人的意愿。[73] 他以不担任总理候选人进行威胁：如果在自己的队伍中有人对他一直认为是错误的货币联盟表示欢迎，那么，他无法与科尔展开竞选。[74]

现在，无论如何要在联邦议院和联邦参议院辩论开始之前，设法在不断变换的会谈圈中尽快找到一条统一的路线。5月20日，拉封丹通知福格尔，现在再也无法阻止货币联盟，否则民主德国将陷入混乱。[75]但他还远远没有转变到福格尔的路线上来。他只是承认，在联邦参议院，社民党应该通过汉堡的投票让条约通过，相反，其他所有由社民党领导的联邦州，还有议会党团，都应该投反对票。拉封丹将继续竞选总理与这些条件捆绑在一起。[76]

虽然福格尔现在实现了让拉封丹不再要求设置障碍，但总理候选人希望的做法，很难传递给民众，而且在议会党团和州长那里肯定也通不过。反之，唯一有希望的总理候选人的退出，同样是一场灾难，必须竭尽全力加以阻止，所以也必须尽快否认相应的新闻报道。因此5月21日，"在了解情况的前提下"[77]（福格尔），党的理事会在所有社民党州长在场的情况下（除了拉封丹，但他电话表示同意[78]）一致作出决定，社民党要在"尽早而负责的时间内"为一个德意志联邦国家而努力。但关键的句子却是："社民党无法同意现有版本的条约文本。"理由是：

－至今没有规划"足够的对民主德国企业调整的措施"而且

－没有采取足够的防御措施，使民主德国面临的结构转型按经济和社会的轨道进行。

因此社民党要求在条约文本中或文本外，主要作下列修改或补充：

1. 减轻民主德国经济转型的负担，支持创造现代化和合格的就业岗位，避免长期来看有竞争能力的企业的破产以及为这些企业转型提供可能的措施。其中有"令人满意的企业债务规定"、有利于民主德国产品竞争的措施、利用比较程序和合同援助程序阻止破产。

2. 一个与经济联盟同等重要的环保联盟。

3. 必须确定，国家安全部、德国统一社会党以及它们的辅助机构和联盟党的财产充公，用于公共事业。

4. 在国家条约批准之前，必须对此达成共识：通往德国统一的途径"只有在所有国家层面和联邦德国以及民主德国的合法政治力量的全面同意下才能考虑"。

社民党将"在它的要求得到明确回答的情况下"对国家条约作出决定。[79]

一天后，当联邦参议院就国家条约展开第一次辩论时，社民党的州长们将社民党主席的这些要求作为提案带进了参议院。

与此同时，国家条约在东柏林人民议院的一读中得到广泛的同意。克劳泽和财政部长龙姆贝格替政府为国家条约辩护。社民党议会党团主席施罗德也代表他的党团表示同意，称该国家条约是"相当不同的利益之间的妥协"，提供了"把40年遗留的负担，某种程度上讲，不留重创地甩到我们身后"的机会。[80]他要求在企业结构援助方面更加具体。"但我们不会为经济上的继续胡闹而消耗精力。谁要是生产卖不出去的产品，那他的行为就是不负责任的，甚至会给我们所有人造成负担。"[81]

民主社会主义党议会党团主席迪特马尔·凯勒尔（Dietmar Keller）不出预料地宣布，他的党团将不会同意眼前的草案。国家条约"原则上讲（……）是对我们国家的一次征服"。[82]在没有民主德国人民决定的情况下，通过《基本法》第23条实行最大程度的并入，"民主德国政府成了德国联邦银行的小伙伴"。[83]此外，完成了明显超出必要程度、单方面的法律对接，对社会联盟的规定并不完善，而且并未排除大批和长期失业的危险。[84]也有来自联盟90/绿党（Bündnis 90/ Grüne）议会党团的批评：延斯·赖希（Jens Reich）说，出于"严重的宪法、政治和经济的顾虑并由于严重的社会影响"，议会党团拒绝批准递交的条约草案。条约意味着"对存在大批破产和失业，却没有足够社会网络的经济体系的冷冰冰的冲击"。[85]他批评西部公司在民主德国购买土地的可能性，以及在没有确保"通往德国统一之路"的情况下，民主德国主权的放弃。[86]

5月22日晚，在联邦议院全体会议举行一读的前一天，社民党议会党团就其对国家条约的立场展开了辩论。在经过有时很激烈的讨论之后，议会党团最终以8票反对、6票弃权同意理事会前一天的决议。

因此，5月23日的联邦议院辩论在预料之中：执政联盟发言人用充满媒体效应的方式，指责社民党威胁统一进程，因为"萨尔州的马基雅维利"想把"我们民族生存的问题置于他个人的权力利益之下"（德雷格尔）。[87]马特乌斯－迈尔代表社民党谴责联邦总理要"以单枪匹马的独断方式完成德国统一"。[88]她没有用竞选政治的语言修辞，代表社民党明确表示不愿拒绝国家条约："我们不是要阻止条约。我们不是要推迟条约。我们要的只是本着两德国民的利益改进条约。"[89]随后，说明了星期一决定的改进要求。从广义上讲，这些改进并不一定意味着改变条约文本，而是可以"在条约文本后以附录、备忘录、附件、信件往来或书面承诺的形式"[90]加以规定，很明显，社民党议会党团的战略是冲着妥协，不是冲着对峙来的。

在这次辩论中，极力拒绝国家条约的只有绿党。他们批评说，因这份条约而错过了"寻找生态与经济新关系"[91]的机会。联邦政府的方案是"扩建民主德国，而我们的方案是要新建一个德意志共和国"。[92]

联邦政府和社民党表现出达成一致的意愿。以下情形明显体现出这一点。联邦总理科尔和社民党主席福格尔都没有介入辩论，象征性地在后排座位碰头，协商如何就社民党人的改进要求进行会谈。5月29日被定为第一次会谈的时间。[93]

不过有一个问题悬而未决：拉封丹将如何表现？总理候选人将转而遵循福格尔建议的路线？或者像他曾经威胁过的那样引退，尽管已辟谣？或者他将成功地将党带到他所希望的更强大的对峙路线上？

在政府与社民党之间的会谈开始之前，他及时表态。在《明镜周刊》5月28日的访谈中，拉封丹发表了自己的观点。他说，"从今天的角度"看，他没有打算改变参与竞选总理的决定；7月1日西德马克的适用范围延伸到民主德国，他依然认为是一个严重的错误，因为这会导致大批失业；国家条约是"用热针编织的，因此带有严重的缺陷"；国家条约的真正成本是未知数，构建必要的行政管理的时间计划并不现实。[94]对两个德国来说，突然引进西德马克是最昂贵的途径。在被问到逐渐平衡经济差距的模式是否会让步于人民的压力时，拉封丹回答道："经济上是错误的东西，在政治上不可能是正确的。"对拒绝还是同意国家条约这一关键问题，他宣称，他不会同意国家条约，而且对社民党议会党团来说，也不存在"承担一项带来大批失业后果的决定的必要性"。不过，存在联邦参议院中社民党的大多数"让条约通过的可能性"；对此，社民党将处在"执政联盟就修订要求回复的灯光下"。借其政策，拉封丹处在与联邦德国和民主德国大多数民众一致的位置上。[95]

拉封丹建议的这种策略——在联邦议院中象征性地（没有后果）拒绝国家条约，但在联邦参议院同意（为了确保生效）——立即在东部社民党中引起了公开的不满：理查德·施罗德说："（……）社民党在联邦议院中拒绝，随后又在联邦参议院中同意——算计太多了。"[96]同时他要求拉封丹从联邦政治的前景切换到"整个德国的前景上来"。[97]但批评也来自联邦德国的社民党。例如，汉斯－于尔根·维斯讷夫斯基（Hans－Jürgen Wischnewski）认为，在拉封丹的愿望中"没有逻辑"可寻；社民党不能在联邦议院和联邦参议院"代表不同的观点"。[98]赫塔·多伊布勒－格梅林（Herta Däubler－Gmelin）也表示，拉封丹的建议"不是完全合乎逻辑"，而且他的路线"考虑不是十分成熟"。[99]社民党主席福格尔努力在萌芽阶段就压制其党内的这种讨论。因此，5月29日，他让人传达以下意见："公开宣布一定的表决行动"，对落实社民党决定的修订愿望并无多大帮助。[100]在这些信号中，5月29日开始了与政府执政联盟的会谈。

联邦政府和社民党领导层对这些会谈的重视，可以从与会者的级别中体现出来。联邦总理和社民党主席都列席了谈判开始和结束时的全体大会。来自政府方面的专家组成员有主管的部长以及政府在议会党团中的理事会成员，社民党方面则是议会党团的专业发言人。

在程序问题上没有分歧：国家条约文本不变，商谈单项修改建议，只要可以得到双方认同，就通过附加协议确定下来。实际上，联邦政府在很大程度上贯彻了自己的设想：

在"减轻结构转型负担"这一议题上，社民党最重要的要求涉及企业债务。债务在以2∶1转换后接近1200亿西德马克。马特乌斯－迈尔一直在为全部免除企业债务而努力，现在她重申自己观点并解释说，托管局可以通过更高的私有化收益，支付为企业免债而增加的资金需求。[101]联邦政府坚持其观点，完全免除债务的费用首先对民主德国财政，而后对联邦财政来说都太高；此外，大多数民主德国企业有能力承担债务。这一点没有达成共识。

在环保方面，双方立场相差不是太远。在国家条约会谈的结束阶段，西部就在国家条约第16条中接受了"环境联盟"的定义，以迎合社民党，主要是西部社民党。现在，社民党也要将"环境联盟"加入前言，联邦政府拒绝如此。社民党要求立即关闭民主德国的核电站，在经过联邦德国的审批程序后，才让其重新入网，也同样遭到失败。联邦环保部长特普菲尔（Töpfer）解释说，这根本无法实施。不过双方就此达成一致，应该从1990年7月1日起审查核电站，然后必须对其继续运行作出决定。此外，联邦政府也指出，人民议院已在制定一部环境框架法律，它将满足第16条中的普遍规定。

在国安部和民主德国政党的财产，以及转换过程中滥用职权的议题上也很少存在原则性的分歧。它们具有媒体和公共效应，细节复杂，在国家条约中对其没有或者没有充分地做出规定。社民党要把统一社会党及其联盟党以及大批机构的财产收回并用于公益目的，联邦政府则想等待民主德国的相应决议。人民议院于 5 月 31 日作出决定，至 6 月 30 日盘点财产，并将其转交给政府的信托管理机构。这得到了联邦政府和社民党的批准。社民党希望民主德国接受一项具有约束力的义务，使该决议得到贯彻，朔伊布勒认为这是不可能的，因为这涉及民主德国的内部事务。关于这一点没有做出任何决定。

关于控制货币转换方面的滥用职权，在这些会谈中也没有作出最终的规定。在此期间，联邦财政部建议民主德国，从一定额度起，比如从 10 万东德马克起，审核所有账户来源的合法性。民主德国指出，在实际执行控制过程中存在极大的技术难度，但总算答应至少至 7 月 1 日应对旧政权官员的账户进行审查。看不到真正令人满意的解决方案，原因是在 7 月 1 日之前审查所有 10 万东德马克以上，或者甚至像社民党所建议的那样，审查 5 万东德马克以上的账户，是不可能的。社民党最后同意，必须在双边政府的进一步会谈中处理该问题。经过长时间的谈判后，双边政府就程序达成一致：在货币转换之前，抽样检查所有 10 万东德马克以上的账户，如果从 1989 年 10 月 31 日至 1990 年 6 月 30 日的存款差额超过 5 万东德，原则上就可以怀疑它是不法所得。然后，在货币转换后审查所有账户。[102]

社民党指责联邦政府在没有与联邦议院、反对党和联邦各州进行充分协商的情况下就推行其德国政策，这一点自然遭到联邦政府的反驳。但现在，在国家条约批准之前，联邦政府必须进一步迎合社民党和各州。不过，在多大程度上迎合它们，则没有在和社民党的会谈中确定下来，而是在和同时进行的联邦参议院的谈判中确定的。

联邦参议院面前摆着联邦政府为国家条约起草的条约法草案。草案第 1 条确定国家条约必须得到联邦议院和联邦参议院同意。其他条款规定了德意志联邦共和国法律条例对应国家条约的调整。政府条约法草案的咨询（6 月 1 日一读），给联邦参议院中占多数的社民党提供了在一些要点上修改条约法的可能性。他们尤其希望有一条（就是后来条约法中的第 2 条），即联邦政府有义务在落实经济联盟时，考虑竞争保护、产权的社会义务、结社自由和劳资协定自主权、消费者保护、社会性的住房法和租赁法、积极的劳动力市场政策。联邦政府感觉到批准更加容易了，因为条约文本中早就考虑过这些原则，对联邦参议院占大多数的社民党来说，显然只是为了可以证明对此进行过改进。

此外，联邦参议院强调州长们在5月16日商议德国统一基金时（参见第303页、第304页）就表达的观点：各州分担"统一费用"的额度已通过基金得到最终确定，因此，超过固定额度的风险要由联邦承担。联邦政府不反对这一规定，它也接受联邦参议院所希望的，在两个柏林统一以后，免除柏林继续给德国统一基金注资的义务。为了满足各州要求参与德国统一的进一步谈判的要求，联邦政府提到联邦和联邦州政府在1990年2月15日就作出的决议：如果触及州的利益，联邦州应该派两名代表参加。[103]

社民党现在必须发表正式意见，它到底是否同意国家条约。它最重要的要求没能得到贯彻：就像在国家条约中确定的那样，企业拖欠国家的债务仍旧不变。不过党的理事会倒是认为，社民党取得了明显的进展。但对批准阶段来说，这一观点几乎站不住脚。谁要是把东德社民党在政府谈判期间在贯彻社会政策要求时所取得的成果算在西德社民党身上，那他就更能为西德社民党得出正面的结论。党的理事会成功地使拉封丹声明继续竞选总理，哪怕党的理事会和议会党团同意国家条约。[104]6月14日党的理事会同意国家条约的决定，只是走过场而已。党的理事会解释的理由是：

— 围绕国家条约的争执，不是关于同意或反对统一的争执，而是关于通往统一的正确道路之争。

— 社民党和拉封丹早就指出了有社会保障的经济与货币联盟的重要性，并对草率和没有保护措施地引进西德马克，同时忽略社会后果提出警告。

— 继民主德国社民党之前取得了实质性的进展之后，现在西德社民党的倡议得到本质性的改进。

— 在当前有必要就现有形式的国家条约作出决定之际，社民党被这样的考虑所左右，即这一决定对人们会产生何种后果：在被联邦总理唤醒了期望之后，如果失败就会带来失望、悲观和愤怒的结果，危机四伏的事态将会继续激化。

— 由于联邦总理科尔依赖社会民主党的帮助，鉴于条约会给人民

艾斯彭海恩（Espenhain）露天褐煤矿。80年代初，民主德国用褐煤代替煤油，后果是更大的环境污染。

施特拉松德（Stralsund），郎根大街（Langenstraβe），1990年。

科特布斯（Cottbus），布尔科大街街景（Burgstraβe），1990年

格尔利茨（Görlitz），比特纳大街街景（Büttnerstraβe），1990年。旧建筑部分坍塌。德梅齐埃的评论是："没有使用武器的遗址"。

施特拉松德，穆伦大街街景（Mühlenstraβe），1990年6月。

施特拉松德，穆伦大街街景，1994年7月。

柏林墙倒塌后，勃兰登堡门前多次举行群众集会。1989年12月22日，打开两个新的人行通道时的集会。

1989年11月12日，柏林的波茨坦广场。

民主德国旅行者在柏林夏洛腾堡（Berlin-Charlottenburg）银行支行前领取"欢迎费"，1989年11月11日。

民主德国总理在波恩，1990年2月13/14日（前排从右至左：魏格尔、科尔、莫德罗、魏姆斯、哈瑟菲尔德（Hasselfeld））。

1990年3月5日，在东柏林为争取货币转换率1:1举行的游行。

卡尔·奥托·珀尔——联邦银行行长

汉斯·蒂特梅耶，1990年联邦银行
董事会成员，1990年4月/5月关于
货币、经济和社会联盟专家会谈时
的联邦德国代表团团长

迪特尔·冯·伏尔岑，联邦经济部
国务秘书

霍斯特·科勒尔，1990年联邦财政
部国务秘书，1990年2月/3月关于
伴随经济共同体的货币联盟专家会
谈时的联邦德国代表团团长

瓦尔特·西格尔特，民主德国财政部国务秘书，莫德罗和德梅齐埃在准备货币、经济和社会联盟中最重要的顾问之一。

蒂洛·萨拉辛，联邦财政部处长。他撰写了关于货币联盟的第一份方案。

1990年2月/3月关于货币联盟会谈时的德德专家委员会。团长科勒尔
（联邦财政部，上）和龙姆贝格（莫德罗政府中的无所任部长）

社民党主席汉斯－约亨·福格尔（右）和萨尔州州长奥斯卡·拉封丹，
在1989年12月18日～20日的柏林社民党党代会上。

科尔最重要的经济政策顾问约翰内斯·路德维希及其领导科尔。

1990年5月18日，在绍姆堡宫（Palais Schaumburg）签署国家条约前夕：联邦总理发言。

特奥·魏格尔与君特·克劳泽（下右），后者1990年4月/5月任民主德国专家代表团团长。

联邦德国总理和民主德国总理，1990年5月18日。

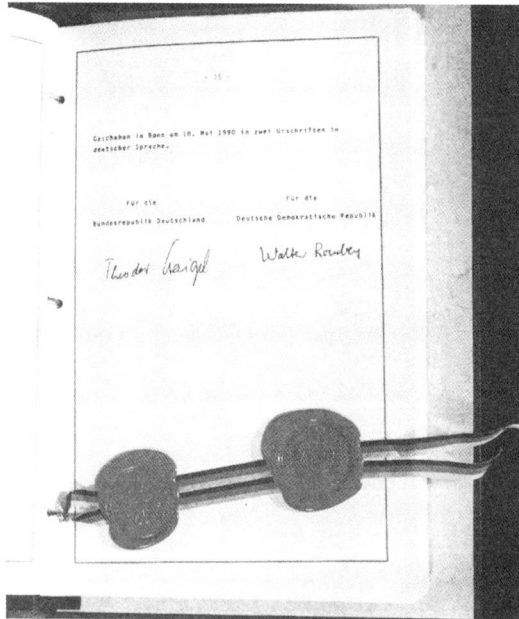

联邦财政部长魏格尔和民主德国财政部长龙姆贝格签署国家条约。

科尔在与民主德国劳动和社会部部长希尔德布兰德（中）和德国劳动和社会秩序部部长布吕姆在会谈中，1990年5月18日。

1990年7月1日，向民主德国公民支付西德马克。

科尔和根舍与戈尔巴乔夫和谢瓦尔德纳泽（右），1990年7月在苏联。

Abteilung 2   Bonn, den 19. Juli 1990
VLR I Bitterlich (2212)

1/ Gr 41, 42, 22
– jeweils gesondert –
zur Kenntnisnahme
und zur weiteren Beachtg.)

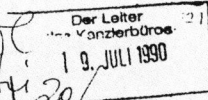

Über
Herrn Chef BK   *2)*
Herrn Bundeskanzler   *R. 20/17* *– je gesondert –*
Durchdruck: Herrn StM Dr. Stavenhagen
          Gruppe 41

                    R. Seiters (R)
                    bald

Betr.:   EG und deutsche Einigung (Übergangsregelungen)

         hier: Einsatz der Strukturfonds und finanzielle Auswirkungen

Zur Unterrichtung

*Diese Vorlage
entspricht nicht meiner
Meinung!*

I.   Sachstand

     1. EG-Kommission bereitet zur Zeit in enger Abstimmung mit der Bun-
        desregierung das "Paket" von Übergangsregelungen zur Integration
        der DDR vor, das sie Anfang September dem Rat vorlegen will.
        Paket soll bis Ende November in beschleunigtem Verfahren Rat und
        EP durchlaufen.

     2. Zu diesem "Paket" gehört der unter aktiver Beteiligung der Fach-
        ressorts entstandene Vorschlag, der DDR bis zum Auslaufen der
        jetzigen Strukturfonds (1993) eine Strukturanpassungshilfe von
        jährlich 1 Mrd ECU (= rund 2 Mrd DM; insgesamt für 1991-93 rund
        6 Mrd DM) zu gewähren. Entsprechende Verordnung wird in Zusammen-
        arbeit mit den zuständigen Bundesressorts (BMWi, BMA, BML) vorbe-
        reitet.

1990年7月19日，联邦总理在总理府报批文件上的批注（一）

EG-Kommission hält dabei an dem (von uns eingeführten) Grundsatz fest, daß der Einsatz von Strukturfondsmitteln für das DDR-Gebiet nicht auf Kosten anderer Regionen der EG gehen dürfe und deshalb für die DDR zusätzliche Mittel zur Verfügung gestellt werden müssen.

3. Konsequenz dieser DDR-spezifischen Mehrausgaben (über die Strukturfonds hinaus abzusehen bereits insbes. jährlich 1-2 Mrd DM an Agrarbeihilfen) und anderer zusätzlicher Ausgaben (Hilfe für Osteuropa, Drogen, Umwelt) ist, daß die EG-Einnahmen im kommenden Jahr nicht ausreichen werden.

Kommission schätzt in diesem Zusammenhang, daß nur rund ein Drittel der DDR-spezifischen Mehrausgaben durch entsprechende zusätzliche Eigenmittel durch uns infolge DDR-Einbeziehung) abgedeckt sind.

4. Kommission wird im Herbst Revision der finanziellen Vorausschau vorlegen und sehr wahrscheinlich um Erhöhung des Eigenmittelplafonds für 1991 (bisher 1,2 % BSP) bitten müssen. Genauere Berechnungen gibt es freilich bisher nicht.

Dies bedeutet, daß 1991 alle Mitgliedstaaten mehr Geld "insbesondere aufgrund der deutschen Einheit" an die EG abführen müssen. Daß es dafür auch andere Gründe gibt, wird in der absehbaren Debatte kaum zählen.

5. Botschafter Dr. Trumpf hat uns (Herrn Bitterlich) auf politische Brisanz aufmerksam gemacht - evtl. Thema für Sonder-ER Anfang November - und auf rasche Meinungsbildung auf politischer Ebene gedrängt, dies auch unter Berücksichtigung der "polit-psychologischen Wetterlage bei unseren Partnern.

Fachressorts (BMF (!), BMWi, BML, BMA) akzeptieren die Konsequenz der vollen Einbeziehung der DDR und der Mittelerhöhung und verfolgen die Generallinie: "vom ersten Tag des Beitritts an volle Abführung der zusätzlichen Eigenmittel an die EG und volle Ausnutzung der Rückflüsse aus dem EG-Haushalt".

1990年7月19日，联邦总理在总理府报批文件上的批注（二）

II.　Bewertung

1. Politische Debatte noch in diesem Jahr über eine Erhöhung der
   Mittelabführungen an die EG in erster Linie "wegen der deutschen
   Einheit" wäre geeignet, die unterschwellig in den meisten Mit-
   gliedstaaten vorhandenen Ängste und Befürchtungen gegenüber der
   deutschen Einheit wieder zu beleben.

2. An einer Erhöhung der EG-Eigenmittel für 1991 kommen wir aber
   sehr wahrscheinlich ohnehin nicht vorbei (Debatte wäre
   spätestens 1992 im Rahmen der dann anstehenden Reform der
   EG-Finanzverfassung und wegen der 1993 auslaufenden Struktur-
   fonds geführt worden).

   Wir müssen in diesem Zusammenhang berücksichtigen, daß die DDR
   ja - wenn die Einheit, wie anfangs gedacht, in einem zeitlichen
   Horizont von ca. 3 - 4 Jahren gekommen wäre - wahrscheinlich
   bereits 1990 in den Kreis der Empfängerländer der Osteuropa-Hil-
   fe im Rahmen der G-24 einbezogen worden wäre und die EG damit in
   jedem Fall Leistungen zu Gunsten der DDR erbracht hätte, die
   freilich einen erheblich geringeren Umfang gehabt hätten als
   o.a. Hilfen.

   Unsere Linie des Frühjahrs 1990 (Verzicht auf EG-Sondermittel,
   dafür Konzentration auf reine Übergangsmaßnahmen, z.B. Heran-
   führung der DDR an EG-Umweltstandards erst in einigen Jahren)
   galt in erster Linie für die Zeit vor einem "Beitritt der DDR"
   Sie ist durch den schnellen Beitritt und wegen des Interesses an
   einer Gleichbehandlung und frühzeitigen Einbindung der DDR wenn
   nicht quasi überholt, so doch im Ergebnis nicht durchzuhalten.

3. Wir sollten uns daher aktiv und konstruktiv auf die absehbare
   politische Debatte und ihre Konsequenzen auch bei uns (höhere
   deutsche Abführungen 1991) vorbereiten.

   Dabei könnte es für uns von Vorteil sein, wenn wir verdeut-
   lichen, daß die EG-Eigenmittel nicht allein "wegen der deutschen
   Einheit" erhöht werden müssen, sondern in gleicher Weise wegen
   der Ausdehnung der Aktivitäten der Gemeinschaft insgesamt (ins-
   besondere Osteuropa-Förderung), die wir ja voll mittragen.

1990年7月19日，联邦总理在总理府报批文件上的批注（三）

Es kann auch von Vorteil sein, wenn wir unsere bisherige Zurück-
haltung gegenüber einigen Programmen der EG aufgrund ihrer fi-
nanziellen Auswirkung (Beispiel: Förderung der europäischen Ver-
kehrsnetze) überprüfen, zumal diese Programme vor allem auch für
andere Mitgliedstaaten von Interesse sind.

Wir müssen freilich auch damit rechnen, daß die EG-Kommission
"als Ausgleich für ihre Großzügigkeit in Sachen DDR" verstärkt
auf eine rasche Reduzierung unserer nationalen Beihilfen (Zonen-
rand- und Berlin-Förderung, Regionale Förderkulisse, Kohle-Bei-
hilfen) drängen wird.

4. Thema sollte unbedingt nach der Sommerpause mit den betroffenen
Ministern besprochen werden.

(Teltschik)

1990年7月19日，联邦总理在总理府报批文件上的批注（四）

带来的后果，党理事会认为同意条约是"不可避免而且必要的"。但这并不意味着同意"联邦总理的程序、货币联盟完全不充分的准备、国家条约及其所有组成部分中的内容"。[105]

6月21日，人民议院举行关于国家条约的最后辩论。它没有带来多少新东西。在最后表决过程中，302名议员投赞同票，82人反对，1人弃权。因此，国家条约得到了三分之二的绝对多数赞同。

与人民议院同一天，联邦议院最后一次讨论国家条约，几乎也没有新的观点。联邦总理科尔将国家条约解释为通往统一道路的关键一步；现在对德国人民来说，在重要的日常生活领域，统一成为可以经历的现实；谁不接受作为通往统一行动指南的国家条约，科尔说，"那他就是不愿意要通往统一的道路"。[106]汉斯－约亨·福格尔代表社民党表示同意德国统一。他表示，拒绝国家条约的人"远远不是德国统一的反对者"；但社民党批评草率地、不受保护地向市场经济过渡并敲定速度；如果是社民党商谈的条约，它将是另一种样子，但社民党议会党团的大多数人，鉴于已经取得的改进以及如果国家条约失败将会引起民主德国"无法控制的变化"，而将投赞同票；但是25名议会党团成员拒绝条约的决定必须得到尊重。[107]

彼得·葛罗茨（Peter Glotz）代表这些议员说，联邦政府在两德统一问题上选择了错误的道路；民主德国的经济危机是"破产的共产主义计划经济"引起的，然而，国家条约会带来激化这种危机的危险。[108]安特耶·福尔默（Antje Vollmer）代表绿党拒绝国家条约，因为这两种截然不同的体制"残忍地结合在一起"，不但战胜不了而是会加深分裂；此外，通过国家条约会"以最昂贵而且仅仅只是可能的方式"实现统一。[109]

经过长时间且持续至深夜的辩论之后，联邦议院以多数（444票同意，60票反对，1票弃权）通过联邦政府提出的条约法，从而通过了国家条约。政府中议会党团所有成员、社民党议会党团的大多数、两名绿党议员和一位无党派议员投了赞同票，35名绿党议员和25名社民党议员投了反对票。那张弃权票来自绿党的议员。

6月22日，国家条约在联邦参议院排除了议会制度中的最后障碍。除了萨尔州和下萨克森州，所有联邦州都表示同意，因此国家条约以37票对8票得到批准。萨尔州副州长说，经济与货币联盟将在完全没有"保护和过渡期"的情况下，以"超越人们大脑想象"的方式实现。[110]格哈尔德·

施罗德在他作为下萨克森州州长的首次讲话中表示，支持德国统一，但国家条约展示了一条错误的道路。[111]

在同意的同时，联邦参议院以社民党执政的联邦州的选举情况来指责联邦政府在设计国家条约时的行为。各联邦州如此之晚才被纳入到谈判中，使它们无法在条约文本内容上再作任何修改。[112]基民盟领导的联邦州反对这一结论，但他们，特别是巴登－符腾堡州州长施佩特（基民盟），也要求联邦政府未来更加重视联邦州的利益。[113]

国家条约的批准，既没有被政治人物，也没有被观察中的国民视为具有决定意义的事件。媒体评论道，联邦议院批准时的辩论冷冰冰、缺乏紧张气氛，只是例行公事而已；[114]国民对此的反应更多是"静悄悄"。[115]在人民议院中，虽然在会议期间有过激烈的争论，但也没有令人激动的、原则性的分歧。这很容易解释：除了批准，别无选择，因此这是毫无悬念的决定。在"很快、稍后、也许永不重新统一"这几个选择之间，戏剧性的决策是2月的引进西德马克；经过艰难的谈判，5月18日国家条约的签署还打动着国民的心。但现在他们的印象是，这只不过是将形式上的结束置于早已作出而且不可撤销、原则上也是正确的决定之中。国民就是这样看的，德国议院的大多数议员也是这么看的；在最后一刻扭转其政党的损失，已经太晚了，社民党的总理候选人也看到了这一点。

第十节 联邦德国的政治体制：被迫接受考验

谁若是像彼得·普策尔那样，预测在联邦德国的政治体制中，明显的倾向是维持现状的话（比较第66页），那么他必然会惊讶地发现从1月联邦财政部率先考虑开始，到以批准关于货币、经济和社会联盟的国家条约而结束的整个意志形成和决策过程。联邦政府，尤其是联邦总理和联邦财长，有勇气作出一反学术专业常规，并使相当一部分选民不安的决定。那些通常有能力对令他们不适的变动不是加以阻止就是制造麻烦并掌握否决权的人，只好接受联邦政府的政治领导。5月以后，在联邦参议院处于特别强势地位的反对党社民党，除了在有克制的抗议下遵循政府指定的路线，看不到别的可能性。在长达几个月的时间里，都没有感受到一成不变，这该如何解释？

两个因素促进了政府的领导强势，但它们不是决定性的：根据《基本法》第 59 条的程序，再加上巨大的时间压力，极为复杂的条约内容必须得到处理和谈判解决。仅仅出于这些原因，议会多数、反对党、联邦参议院和各协会对条约内容细节施加影响的可能性，也在"正常"的立法程序面前而减少。

此外，单个的利益群体很难估计快速的货币与经济统一会给他们带来什么样的具体后果，这也起了一些作用。可以肯定的是，普遍担心通货膨胀。但统一给西德企业和工人似乎提供了明显的机会：更多的销售额、更高的利润、更多的就业，如果统一的成本不是太高的话，实际工资也会提高。统一将对自己的具体地位有何影响，在这种不确定程度相对较高的情况下，最重要的利益群体找不到设法干预条约内容的理由，当然不试图干涉的态度得以维持，如果他们可以肯定，现有的经济和社会体制将不会发生变化。

再者，政府很快取得了明显的成就。科尔 2 月 9/10 日访问莫斯科，人民议院和地方议会选举的结果，条约谈判出乎意料地快速结束，这一切都是胜利。在德国政策问题上，联邦政府的能力几乎无可非议。这一点又削弱了怀疑者的立场，他们指出快速货币与经济统一会产生高昂的费用：如果政府至今取得了这么多的成就，也许可以相信它也将解决联邦德国已介入此项冒险行动的后果。

与至今提到的所有要素相比，重要得多的是多数选民愿意德国统一。可以肯定的是，其中大多数人起初对科尔、魏格尔和拉姆斯多夫 2 月 6 日确定的道路是否最有利，也存有很大的疑虑。但形势一周比一周明朗，已无回头之路，几乎所有人都有这种看法，无论他们现在是否希望统一。民主德国国民要求西德马克。绝大多数东德人兴奋地接受了引入西德马克的建议。谁要是反对快速货币统一，谁就是危害德国统一，更严重的是，他在冒使民主德国陷入绝望混乱的危险。

最后，还有重要的一点，1990 年春、夏，不仅在政治和经济领导人身上，而且在对政治感兴趣的公民身上，可以经常看到政治观念的转变。西德人相信自己，相信他们的政治和经济体制有一定的能力。出于物质原因而放弃德国统一，有违许多国民的自信心。在对体制细节和政府的一切有理和无理的批评中，大多数人认为联邦德国的政治、经济和社会体制适合促进自由、和平、幸福和公平，它肯定要好于根据现存选择的全部经验所能期待的体制，无论是社会主义体制还是市场经济民主体制。对这种体制的信任支撑着自信，反之亦然。在毫不迟疑地让1600万东德人融入这一挑战面前退却，是绝对不可能的。如果西德人不再相信这个体制，那他们就必须承认，他们对自己、对自己的体制并不怎么看好。

由于这一切原因，没有人能严重危及政府的基本路线和领导权。但特殊情况不能套用到正常情况上去。在正常情况下，特殊利益群体常常对给他们带来负担的变动设置障碍或予以制止，除非它们能得到足够的补偿。对西德社会来说，统一意味着巨大的挑战，倘若联邦政府设法利用这一挑战来改革社会保险体制、取消阻碍增长的规则或削减补贴，那就会立即恢复正常。甚至蒂特梅耶非常克制的愿望，即避免让东德几乎完全照搬西德社会的标准和《劳动法》，也纯属幻想，这并不只是因为民主德国政府的反对，也是因为西德的工会、社民党和联盟党一部分人的激烈反对——东德社会政治现状的恶化或许会对西德有不可避免的反作用，这些反作用难以为大家所接受。相反，同样不太可能在国家条约中规定东德的社会保障高于西德享有的保障。在联邦德国能达成共识的，只是将具有一切优点和弱点的完整的西德体制移植到东德，既不多也不少。因此，只要触及经济与社会体制的现状，那么德国统一这一特殊情况中的惊人创新能力和意愿就与通常的一成不变是完全一致的。

第十一节　从国家条约到《统一条约》：
德梅齐埃政府逃向统一

在货币与经济统一之后，国家统一将何时到来？过渡阶段不能持续太长。龙姆贝格在5月底那几天宣称，他期待1991年下半年实现德国统一。[116]5月，大多数波恩当事人还无法反驳这一估计。不过6月，民主德国经济、财政和政治全面崩溃的迹象已经显露。引进西德马克后，民主德国作为一个国家存在一至一年半年的可能性，一周比一周显得更为渺茫。当两边的德国议院还在就批准进行辩论之际，君特·克劳泽和联邦内政部长朔伊布勒已经开始接触，探讨下一项旨在建立国家统一的条约如何成文。克劳泽敦促加速这一进程。他深信，国家条约的财政规定并不充分，只有统一之后才能期待西部企业的投资达到必要的数量。[117]人人都知道，实现国家统一对德梅齐埃总理来说困难重重，他希望最好再等一段时间。6月中句，克劳泽的印象是，联邦政府，尤其是总理和外交部长，想必出于对"2＋4会谈"的考虑，也希望给促成国家统一的关键步骤再多留一点时间。克劳泽指出，6月16日，他鼓动德国社会联盟议会党团主席瓦尔特尔（Walther）次日在人民议院会议上提交民主德国按《基本法》第23条立即加入联邦德国的提案，他想以此种方式为这一发展推波助澜。

6月17日上午，两德议会举行纪念1953年反对统一社会党和苏联占领的人民起义的活动；随后许多德国联邦议院议员，其中有联邦总理，作为客人参加了下午开始的人民议院会议。德国社会联盟议员施瓦茨（Schwarz）代表自己的议会党团递交了民主德国立即加入联邦德国的提案。尤其对联邦总理来说，仅仅这一点就令其极为震惊。鉴于即将与苏联举行的决定性会谈，他有足够的理由谨慎行事。当联盟90/绿党的康拉德·魏斯（Konrad Weiβ）宣称自己是跨党团的工作小组的成员，这个小组同样打算提交根据《基本法》第23条加入联邦德国的提案，但部分基民盟和社民党议员在党团会议后撤回签名，这时引起更普遍的惊讶。东德总理现在宣布，为了确定框架条件（根据这些条件按《基本法》第23条加入联邦德国才有可能），需要一份新的国家条约，并且让人无须怀疑，他的首选是，在声明加入之前就这份条约进行协商。随后发言的克劳泽用这样的句子表示支持这一立场，即"德国统一要尽可能地快，但德国统一也要尽可能地完善"。[118]此时，会议演变成了一场风波。谢天谢地，总算避免了就德国社会联盟的提案作出表决，该提案转交相应的委员会审议。不过，现在事态已经明朗，统一的到来，必将远远早于双方政府5月份的估计。就在国家条约6月30日生效之际，两德政府已经做好必须最迟在秋季通过《统一条约》（Einigungsvertrag，EVertr）补充国家条约的打算。

在预备会谈中，朔伊布勒和克劳泽也就12月2日举行全德联邦议院大选的建议达成共识。该日期是"旧"联邦德国至今计划的联邦议院选举之日。[119]科尔也认为全德选举定于该日是可行而且有利的。相反，6月底东德总理尚在犹豫，不愿确定。克劳泽和德梅齐埃达成一致的是，应在独立的选区进行选举；民主德国想要自己的选举法，其中包含自己5%的门槛条款；德国社会联盟很有可能会将这一点带进联邦议院，民主社会主义党当然肯定也会这样做。应在人民议院选举之前决定加入联邦德国，但在选举之后才付诸实施。

货币转换后的第一个星期，经济问题就使民主德国政府完全不知所措

（比较第 367 页、第 368 页）。东德总理也看到，除了统一，没有别的出路，而且要尽可能地快。

7 月 6 日，关于民主德国加入联邦德国的谈判开始。在《统一条约》谈判时，民主德国方面谈判的领导还是克劳泽。不过与国家条约谈判不同的是，东德总理试图更多地亲自操控谈判。联邦德国方面的谈判领导现在是主管该事务的联邦内政部长朔伊布勒。与国家条约会谈相比，代表团的规模要大得多：几乎所有部委都由国务秘书代表参加，再加上各联邦州的全权代表，以及一名代表欧共体的高级官员。

从理论上讲，根本没有必要有一项加入条约。人民议院可以在无须条约的情况下，根据《基本法》第 23 条对加入事宜作出决定。但德梅齐埃和克劳泽已在 6 月 17 日确定了政府的立场。他们务必要一份应称之为《统一条约》的加入条约。动机很清楚：从具体意义上看，他们要寻找贯彻东德利益的可能性；从象征意义上讲，他们要以两个国家合并的形式体现出民主德国的加入，双方都为新的、共同的国家带来了一些东西，以至于新的国家与现今的联邦德国有所区别。这两种动机也明显是东德总理在谈判开幕式上致辞的中心。德梅齐埃重复他 4 月政府工作报告中的话：只能通过共同承担来克服分裂。此外他建议，将统一的德国称为"德意志联邦共和国（Deutsche Bundesrepublik）"或"德意志州联邦（Bund Deutscher Länder）"。[120]

在联邦政府中有争议的是，在民主德国加入过程中，即使加入过程比预期来得要早，国家条约的财政规定也必须得到补充。在这种情况下，德梅齐埃可以期待得到好处。令人惊讶的是，这位总理期待从联邦政府那里找到改变联邦德国政治和经济体制的诚意，这一改变超出了预期。在此期间，他必然已经明白，不仅对联邦政府，而且对大多数西德人来说，实际或象征性地改变其体制都是无法接受的。

关于《选举条约》（Wahlvertrag）和《统一条约》的谈判不是本研究的课题，这里有必要提及的，只是一些针对政治条件框架的提示，谈判期间德梅齐埃政府必须在这一框架下运作。[121]这一条件框架影响到一些经济和财政规定，这些规定虽然没有包含在国家条约中或只是初露端倪，但它们必须得到确定——这一方面是因为它们是国家条约的必然产物，另一方面是因为它们是构成国家统一的前提条件。

从 7 月起，德梅齐埃的联合政府开始解体。自由主义党派在人民议院递交了于 12 月 1 日，即全德议会选举之前，完成加入的提案。它的战术目标是，避免拥有独立门槛条件的独立选区出现，以便可以从那些没有机会的小党处赢得选票。当基民盟和民主社会主义党一起否决该提案后，自由主义党派于 7 月 20 日退出联合政府。没过两个星期，东德总理奚落社民党，反正后者出于竞选策略考量与克劳泽和基民盟日益拉开距离。显然出于担心民主德国会陷入经济和政治混乱，现在他要把加入的日期提前。8 月 2 日，德梅齐埃和克劳泽在科尔的度假地圣吉尔根（St. Gilgen）拜访了科尔。东德总理解释道，他下周要在人民议院建议，10 月 14 日就加入联邦德国。同一天，已经确定的东德州议会选举会与全德联邦议院选举同时举行。

只有将某些掌权者现在所处的筋疲力尽的状况纳入考虑之中，随之而来的一连串误解和错误估计才能得到解释。联邦议院任期结束前举行全德大选，这一日程安排可能会因宪法的原因而无法实现，因为几乎无法想象，联邦总统魏茨泽克（Weizsäcker）和联邦宪法法院在这种情况下，会根据《基本法》第 68 条同意启动解散联邦议院的程序。社民党也几乎不会照办。提前进行联邦议院选举，似乎对波恩联合政府有利；相反，对波恩的反对党来说，选举最好晚些时候，因为它期盼东德的经济形势持续变坏，社民党的选举机会将相应提高。因此，东德总理要把加入联邦德国的日期和选举的日期放在一起，并提前到 10 月 14 日的建议，从一开始只有渺茫的机会。在没有和其执政伙伴商量的情况下，东德总理于 8 月 3 日在新闻发布会上宣布了自己的设想后，机会降至为零。东部社民党感到自己被忽略了，希望通过人民议院的一致表态争取西部社民党同意提前选举的微弱希望，也彻底破灭了。整个混乱产生了两个后果：德梅齐埃的政府执政联盟危机加重，更早地加入联邦德国，无论如何明显早于联邦议院选举，可能性越来越大。[122]

德梅齐埃再也无法稳定他的联合政府。8 月 15 日，总理和他的社会民主党财政部长分道扬镳。直接原因是，以龙姆贝格为一方，以克劳泽和德梅齐埃为另一方，两方在东德未来各州应该如何得到财政保障的问题上产生了不可调和的分歧。另外还指责龙姆贝格没有下拨用于基础设施扩建的资金——国家条约计划的 30 亿，据说至今只有不到 10% 得到落实。同时经济部长波尔（Pohl，基民盟）、农业部长波拉克（Pollack，无党派）和作为曾经的自由民主党干部而遭受压力的司法部长温舍（Wünsche）退出内阁——经济灾难必然需要更多的替罪羊。8 月 19 日，社民党退出联合政府。现在剩下的只有向前冲。8 月 23 日，人民议院以多数同意加入联邦德国，1990 年 10 月 3 日起生效。

第七章　紧急方案

5 月 18 日签署的国家条约，有三个问题没有解决：

- 未决财产问题
- 设立有运行能力的信托管理机构
- 货币、经济和社会联盟给联邦德国带来的费用融资

花了九牛二虎之力，到了 6 月中旬，至少成功地开始对这些问题进行规范，但充其量指的是现在必须采取的临时紧急方案，因为它们展示了国家条约批准的前提条件。

6 月 15 日关于未决财产问题的原则性统一，只是构成了走向整个法律和章程系列修改的第一步[1]，所有这些都难以令人满意，因为实际情况太复杂，当事人的利益太不一样。6 月 17 日制定的人民议院《信托管理法》也是一种紧急方案。它赋予新的信托管理机构以法律基础，该基础虽然必须很快得到纠正，但很大一部分应被视为可行。波恩和东柏林的当政者知道或预感到，他们给信托管理机构下达了"敢冒不可能之风险"的任务。[2]不过别无选择：曾经的国营企业必须私有化，甚至要快，否则市场经济无法正常运行。紧急方案最终只是融资规定：刚开始受幻觉影响，但主要受制于对联邦州和选民的考虑，8 月该方案就被证实是完全不充分的，必须在《统一条约》中和《统一条约》以后不断地调整。客观地说，曾有过其他选择。相反，至于政治上是否可能有另外一种路线，则是另一个问题。

第一节　在未决财产问题上的妥协

艰难的谈判

当蒂特梅耶和克劳泽的代表团商谈国家条约时，有关未决财产问题的

新的一系列"专家商讨"开始了。在这些商讨中，政治考量的比重要远远高于 2 月 21 日至 4 月 25 日的数轮会谈（比较第 182 页、第 183 页）。现在代表联邦德国的不再是德意志内部关系部的司长聚斯米尔希，而是司法部的国务秘书金克尔。民主德国政府没有再提升其代表团的领导级别，东德总理与他的两位私人顾问，路德维希·彭尼西（Ludwig Penig）教授和施特凡·苏普拉诺维茨教授合作，曾多次亲自直接介入与金克尔的会谈。双方政府的出发点是，未决财产问题应尽可能在国家条约生效时，得到原则性的处理。

5 月初，德梅齐埃政府关于未决财产问题的观点与莫德罗政府的几乎没有区别。因此，会谈在 4 月结束的第一轮"专家回合"讨论的基础上重新开始。在 5 月 3 日于东柏林部长会议大楼举行的金克尔和德梅齐埃的会谈中，双方的立场明朗化。东德总理解释到，民主德国民众中有一种评价流传很广，谁若是投奔联邦德国，他就当了"所谓的逃兵"，这为讨论未决财产问题蒙上了阴影。在根据 1949 年苏联占领法而没收财产的问题上，民主德国根本没有活动空间。苏联已表示坚决反对任何变动，戈尔巴乔夫和谢瓦尔德纳泽已在他面前再次证实了这一点。联合政府也予以肯定。关于 1949 年以后民主德国的财产没收措施，总理小心地暗示愿意接受"只要有可能就归还"的原则。但他强调，在许多情况下，归还根本不可能，因为在此期间财产用途已经改变，或者民主德国公民已经按照民主德国法律合法购买了遭到没收的逃亡者财产的使用权或所有权。显然，与民主德国公民已经购买了所有权和使用权的不动产相比，他更愿意优先归还 1949 年后没收的企业。

在反驳意见中，金克尔坚持"德国统一"内阁委员会 3 月 28 日决定的路线（比较第 188 页、第 189 页）。他解释说，在苏联占领法下的财产没收问题上可以想象，如果"作为所谓的补偿"而在其他问题的规范上取得令人满意的结果，联邦德国原则上接受民主德国的观点。民主德国的没收措施必须撤回。不可能归还的财产，必须以货币方式得到赔偿。从属性看还有可能归还，但在民主德国的公民已经购买了所有权和使用权的情况下，可以考虑这样一种赔偿，即虽然让原财产所有者重新介入其原有的权利，但为第三方确保最低利息的永佃权。此外，两者之间可以有优先承购权。德梅齐埃不愿确定这一点，但给人的印象是他认为以这种方式解决问题是可行的。[3]不过双方认识上的区别很清楚：在总理看来，重点是要把退还局限在最低点，而金克尔则相反，他将退还 1949 年以后没收的财产视为准则。

如前所述（比较第 239 页），波恩联合政府在 5 月 6 日和 9 日的最高层会谈中确认了金克尔的路线。

因此，找到一种双方都认同的解决方案，不会那么容易，尽管联邦政府依然愿意对民主德国做出让步。西部有让步诚意的例子是，在联邦司法部 1990 年 3 月 28 日起草的文本中已经使用"善意取得"的措辞，在西德的法律话语体系中通常的表达方式则是"合法取得"。一旦使用"善意取得"，在土地登记处就会成为决定性的准则。如果在土地登记处登记的是国家管理者，那么有兴趣购买物业的人必然会得出结论，这是禁止出售的财产，而"合法取得"则不存在这种情况。但按照联邦政府的观点，不该"有任何人因为德国统一而失去栖身之处，只要购买是以正规方式进行"。[4]随着"善意取得"这一表达方式出现，来源于民主德国法律的"善意"就成了标准。如果购买触犯民主德国当时有效的法律条款或程序准则，或者是在腐败、利用个人权职、骗局的基础上进行的（6 月 15 日的"共同声明"和后来的《财产法》第 4 条第 3 款），那么购买只能被视为非善意的。如果民主德国公民从国家管理者手中购买一幢所有权形式上仍属于"共和国逃亡者"的家庭别墅，那他现在就算是"善意取得"，不管购买者是否了解以前的历史。不过，在原所有权拥有者的财产被没收之后，他不能购买房屋所在的土地产权，分给他的最多只是使用权，土地仍是"国有财产"。在典型案例中，土地 1990 年划归地方。5 月初，联邦政府还认为，在原所有者和被没收土地的"实际使用权"购买者的利益之间，可以取得补偿，即给在原财产主被没收的地皮上典型的"盖房者"提供永佃权。

会谈开始进展很快。就在签署国家条约之前，金克尔还希望有可能将此时与彭尼西商定的关于未决财产问题的声明草案，在双方政府签署国家条约的同时，递交上去。但东德总理很快插手干预，他的印象是，民主德国代表团对金克尔的让步太大[5]，大概他也担心，如果草案中的某些要点还没有按民主德国联合政府的意思得到改进的话，国家条约在经人民议院审议的过程中会遇到困难。6 月 8 日，金克尔就一些分歧与德梅齐埃举行了会谈。总理派人向他转交了民主德国方面为"共同声明"提出的新草案以及"未决财产问题"的会谈方案。从会谈记录和文件中看出：

– 对民主德国来说，联邦德国只是"得知"民主德国和苏联对

1949 年以前没收财产的看法，这是不够的。对它来说，两德统一后也必须保障 1945 ~ 1949 年建立的财产关系。

　　- 关于 1949 年以后的财产没收，原先的草案中规定，没收的土地财产原则上归还原业主。而例外情况是那些"从实物的自然属性看"不可能归还的土地和建筑，尤其是如果土地和建筑的使用方式或原定用途已经改变，"它们要么贡献给公益用途、用于错综复杂又被赋予商业用途的住宅和居民区建设，要么被并入新的企业单位"。在这种情况下，只要尚未根据适用于民主德国公民的条例而得到赔偿，就应该给予赔偿。关于这一原则和例外情况，一开始便存在共识，现在也不会摒弃这一共识。但处理"善意取得"一事突然成了有争议的部分。

在原始草案中称：

"只要德意志民主共和国公民已经以善意的方式取得不动产的产权或使用权，就应该通过制定一项以永佃权为导向的规定，给予社会可以接受的补偿。在这种情况下，原所有者重新获得其财产，但当前拥有使用权者必须得到照应，并受这种权利的制约。"

民主德国现在不再愿意接受这一点。尽管保证永佃权，归还还是意味着部分地没收民主德国公民原先从国家那里购买的被没收的财产。上述情况只能通过修改宪法法律来完成，对此，民主德国政府在人民议院中得不到多数赞成。

　　- 原始草案中计划，在善意或非善意购买问题上，举证的责任落在购买者身上。现在看来，民主德国要取消这一责任，尽管西部方面指出原业主对购买者的行为不会有足够的了解。

　　- 应该取消对逃亡者地产的委托管理和支配限制，对此双方至今存在一致意见。现在西部方面的印象是，民主德国不再普遍实施强制性管理，只要不触及民主德国公民的使用权，就不会使用强制力。[6]

正如 5 月初的国家条约会谈那样，现在未决财产问题的谈判也到了困难阶段。不仅在联邦议院，而且在人民议院中，审议辩论在即。在未来的几天里，必须对财产问题达成一致，否则在双方议会中，同意国家条约的多数，其人数将低于双方政府希望看到的。

金克尔首先让司法部拟定新的"共同声明"草案。在这份新版本中，西部方面最重要的方案是，放弃把民主德国公民以善意方式已取得实际使用权的地产归还给原业主，并给现使用者提供永佃权的要求。现在，金克尔接受民主德国的建议，要么给原业主提供一块同等价值的土地，要么给予赔偿。清楚的是，只有在特殊情况下才有可能进行土地交换，而且现在的这一规定实际上将超出赔偿的解决方案。不过，西部放弃归还的土地不会涉及这些情况：只具有债务法特征的使用合同和转让合同，如典型的用于"周末度假"（疗养地产，并非第一居住地）和用于出租的独栋和联排别墅，应该归还。

在 1945～1949 年的财产没收问题上，西部方面不愿超出迄今为止的表达方式，"联邦德国政府得知到这一点"（民主德国和苏联的观点——作者注）。它要避免一切可以理解为承认 1945～1949 年财产没收合法化的看法。此外，联邦司法部预计，国家统一之后，至今没有得到 1949 年以前财产损失补偿的民主德国公民，如今在平等对待《基本法》的提示下，将会要求相应的赔偿。这种要求几乎是无法驳回的。再加上另一个问题：是否不需要考虑当时在苏占区被没收财产的联邦德国公民的赔偿要求。这些人虽然得到了损失补偿，但不能被看作对失去的财产的赔偿（没收赔偿）——对于没收赔偿，这一损失补偿太低——而是作为弥补法律意义上的困难补助。尤其是在 1949 年以前财产没收方面，抱有极度顾虑态度才接受了放弃归还的自民党，希望不要关死进一步赔偿的大门。因此它敦促，无论如何要把关于赔偿待遇的段落收入"共同声明"。[7]于是，金克尔坚持用以下句子体现一条"开放条款"："德意志联邦共和国政府认为，必须保留由未来的全德议会对可能性赔偿待遇作出决议性决定的权力。"[8]

6 月 13 日到 14 日的夜晚，金克尔在东柏林和克劳泽就这份新版本展开谈判。鉴于双方的不同利益和法律理解，金克尔感到谈判艰难，这并不奇怪。然而，民主德国政府和联邦政府一样，对尽快结束谈判感兴趣，此时甚至是相当重视，要在国家条约审议的前几天就把"共同声明"向媒体发布。此外，对成功做出贡献的还有，和一个月前在国家条约谈判过程中就表现出来的那样，克劳泽寻找一种有共识的解决方案，不仅放弃了民主德国专家，而且还有总理提出的最高要求。作为基民盟／"民主觉醒"的人民议会党团主席，显然，对于人民议院将接受何种条件，不接受何种条件，他知道得一清二楚。

在这些夜间谈判中，从政治上看最令人感兴趣的要点是：

- 克劳泽再次迫切要求，联邦政府不应只是得知，而是应正式承认 1949 年以前的财产没收。对此，金克尔加以拒绝并指出，联邦政府负有关照的义务，此外还必须考虑到可能会上诉到联邦宪法法院。他最后建议这种表达方式："德意志联邦共和国政府在考虑历史发展的情况下关注这些情况。"克劳泽对此感到满意。

- 对 1949 年以前财产没收赔偿的"补偿支付"的定义，有过长时间的讨论。克劳泽担心，这种表达会让从土改中获利的民主德国公民产生一个印象，即他们将被卷进赔偿支付中去。金克尔最后表示愿意使用"国家赔偿"的表达方式，以取代"补偿支付"。

- 用于 1949 年以后被没收但无法归还的房地产案例的赔偿资金，根据迄今的草案，不该由纳税人承担，而主要来自国有财产的私有化以及地产主的缴费，通过民主德国的货币、经济和社会联盟，这些地产主比只拥有赔偿权利的人享有更多的好处。民主德国政府认为现在这一表达已不合适。克劳泽解释说，对于内容，他的政府仍保持原来的观点，但考虑到正在进行的有关托管局的讨论，也考虑到相关民主德国公民的心理状况，它请求不要把这些写进声明。因此删掉了相关的句子。文中只保留这样的句子："为了满足赔偿要求（……），将成立一个与国家财政脱离，法律上独立的赔偿基金。"[9]

这样做并未解决困难。此时正在都柏林参加欧共体内政部长会议的朔伊布勒，一收到金克尔和克劳泽议定的传真文件，就对这种表达方式提出抗议："它（德意志联邦共和国政府——作者注）认为，必须保留由未来的全德议会对可能的国家赔偿作出最后决定的权力。"他坚持"补偿支付"，因为他担心，"赔偿"定义将得到如下阐释：必须保证多于旧联邦德国提供的损失补偿。因此最后一刻还要再次修改内容："（……）必须保留由未来的全德议会对各种可能的国家补偿支付作出最后决定的权力。"[10]用形容词"国家的"消除了民主德国公民被卷入赔偿支付的忧虑。在关于未决财产问题的整个会谈和谈判过程中，从 2 月开始，民主德国两届政府就艰难地设法为民主德国确保所有留在民主德国的人的利益。西部方面已经考虑到这一点。令联邦政府比较困惑的是，在 5 月和 6 月谈判期间，不管是否涉及受归还索求权限制的地产，都继续按 1990 年 3 月 7 日制定的《国有建筑出售法》（*Gesetz über den Verkauf volkseigener Gebäude*）（比较第 96 页）在出售。联邦政府看到东德政府试图在未决财产问题完全达成一致之前造成既成事实，故不断提出强烈的抗议。最后，德梅齐埃政府同意终止出售受归还索求权限制的不动产。此外，1989 年 10 月 18 日（昂纳克辞职）以后的交易应该予以审核。相关规定收进"共同声明"（13d）。[11] 不过，土地出售照旧进行，仅在东柏林，6 月就有 5000 块土地以均价每平方米 3.5 东德马克出售，通常没有审核它们是否有待归还。[12]

6 月 15 日，艰难的谈判过程结束。东德总理于 6 月 14 日上午批准了会谈结果；当天，民主德国部长会议也表示赞同。6 月 15 日，波恩执政联盟的高层会议同意文本内容。紧接着公布了德意志联邦共和国与德意志民主共和国政府关于处理未决财产问题的"共同声明"（Gemeinsame Erklärung der Regierungen der Bundesrepublik Deutschland und der Deutschen Demokratischen Republik zur Regelung offener Vermögensfragen——编者注）。

德意志联邦共和国与德意志民主共和国政府
关于处理未决财产问题的"共同声明"
1990 年 6 月 15 日

德国分裂，与之相关的国民从东向西迁徙和两个德国不同的法律制度导致财产法上的很多问题，它们涉及德意志民主共和国和德意志联邦共和国的许多国民。

在解决现存财产问题的过程中，双方政府出发点是，应该建立一种社会可以承受的不同利益群体的平衡。法律保障和法律明确性以及财产权，是德意志民主共和国和德意志联邦共和国政府在解决现有财产问题时奉为指南的原则。只有如此，才能在未来的德国长期保障法律的和平。

两个德国政府就以下重点达成一致：

1. 占领法或在占领主权基础上的财产没收（1945～1949 年）再也不可撤回。苏联和德意志民主共和国政府看不到修改当时所作决定的可能性。德意志联邦共和国政府在考虑历史发展的情况下得知这些情况。它认为，必须保留由未来的全德议会对可能的国家补偿支付作出最后决定的权力。

2. 必须取消有关地产、经营企业和其他财产的信托管理和类似的限制措施。以此，有关财产的支配权可以归还给由于逃离民主德国或其他原因其财产被收为国家管理的公民。

3. 在考虑下列 a 和 b 案例的情况下，被没收的地产原则上归还给原业主或其继承人。

a. 从实物的自然属性看，已不再可能归还土地和建筑的所有权，其使用类型或原定用途主要通过下列情况而发生改变，它们要么贡献给公益用途、用于错综复杂又被赋予商业用途的住宅和居民区建设，要么被并入新的企业单位。

b. 只要德意志民主共和国公民已经以善意的方式购得有申索权的不动产产权或使用权，就应该通过交换同等价值的地产或通过赔偿，为原业主提供社会可以承受的补偿。

相应的情况也适用于通过国家托管局出售给第三方的房地产。细节尚需处理。

c. 只要原业主或其继承人享有申索权，就可选择赔偿代替归还申索。

价值变动补偿问题，另行处理。

4. 第 3 点中的各项规定相应地适用于以前由合法所有者本人或受其委托管理的、在经济强迫基础上收归国有的家庭地产。

5. 租用人权益和德意志民主共和国公民对本声明所涉及的土地和建筑拥有的现有使用权，和以前一样得到保障，并根据德意志民主共和国当时有效的法律进行规范。

6. 取消被管理企业现有的支配限制；原业主接管其企业财产。

针对 1972 年被充公的企业和股份，适用 1990 年 3 月 7 日制定的《私有企业注册和行为以及企业入股法》（*Gesetz über die Gründung und Tätigkeit privater Unternehmen und über Unternehmensbeteiligungen*）。该法第 19 条第 2 款第 4 句规定，国家股份必须通过申请向私人公司出售，因此，有关出售的决定不在主管部门的裁决范围之内。

7. 1949～1970 年被没收为国有的大型企业和股份，在考虑企业资产变化的情况下，整个企业或公司份额（确切地说是企业股份）必须转入原所有者名下，只要其不愿要求赔偿。具体细节尚需进一步规范。

8. 如果财产（包括使用权）是在非法行为（如购买方通过滥用职权、

腐败、恐吓或欺骗手段）的基础上所得，那么即使购买行为本身合法，也不受保护并应撤销。在善意取得的情况下，适用第3.b条

9. 只要财产获得是建立在与法治国家相违背的刑事程序的基础上，德意志民主共和国就将通过司法程序为它的纠正创造法律前提条件。

10. 联邦德国公民拥有的旧存折置换债券的股份权益，包括1990年下半年的利息，应在货币转换后兑现。

11. 只要交易中还存在外汇限制，那么随着货币、经济和社会联盟的生效，也将取消限制。

12. 联邦德国国家机构在《实体清算法》（*Rechtsträger - Abwicklungsgesetz*）基础上，以信托方式管理的、民主德国地区现有的或曾经存在的公共法人财产将归还给申索人或其合法继承人。

13. 关于清算：

a. 德意志民主共和国将立即制定必要的法律规定和程序规范。

b. 它将公布，相关公民可以在何地和何期限内登记其索求权。申请期限不超过六个月。

c. 为了满足赔偿索求，将在德意志民主共和国成立法律上独立于国家财政的赔偿基金。

d. 德意志民主共和国将根据第13.b条，在期限结束前，负责禁止出售财产权尚未澄清的土地和建筑，除非当事人之间存在共识，不考虑归还或不再索求。对以前产权不明，但在1989年10月18日之后进行的土地和建筑出售交易，将予以审查。

14. 双方政府委派专家厘清其他细节。

资料来源：《统一条约》附件3。

学习过程

关于未决财产问题的争端绝未因此而结束。不明的产权关系阻碍投资，这一点马上就体现出来。在"共同声明"之后，民主德国有义务负责禁止出售产权不明的土地和建筑，除非当事人之间存在共识，不再考虑归还或不再申索。仅仅由于这一规定，出售享有归还索求权的物业实体变得几乎越来越不可能。

作为民主德国的过渡法律而成为《统一条约》一部分的《未决财产问题

规范法》（《财产法》）（*Gesetz zur Regelung offener Vermögensfragen*，*VermG*），由联邦司法部充分准备，但形式上由人民议院出台。[13]它将"共同声明"的一般原则转换成法律形式。《财产法》第 1 条第 6 款为"共同声明"作了政治上的重要补充：本法律也适用于那些在 1933 年 1 月 30 日～1945 年 5 月 8 日期间，出于种族歧视、政治、宗教或世界观的原因被驱逐并因而失去财产的公民和社团的财产索求权。也就是说，对待这一群体，与对待 1949 年以后的财产没收一样，使用同样的准则，甚至也同样适用于从纳粹专制的受害者那里掠去，后又于 1945～1949 年在占领法或占领区基础上再次被没收的财产。

导致"共同声明"出台的经济问题，因《财产法》而更趋尖锐。《财产法》第 3 条第 3 款具有特殊的意义：如果拥有对以前国营企业财产索求权的合法人进行了登记，那么未经他的同意，则不允许出售、投资或长期聘用企业领导或者说信托人。在法律上这是合理的。在经济上，却很大程度地阻碍了向信托企业的投资。在一栋经营性建筑里，哪怕只是应该安装一套新的暖气设备，也需要合法申索人的同意。实际上，由于《财产法》第 3 条第 3 款，在托管局托管的许多企业都局限于"紧急经营"。

德梅齐埃政府完全看到了不明产权关系将阻碍投资，联邦政府此时也有这样的顾虑。在《统一条约》的准备阶段，西部社民党要求撤回 6 月 15 日"共同声明"中确定的"归还优先"原则，代之以"赔偿优先"。为了降低阻碍投资的危险，双方政府最终就《民主德国特别投资法》（*Gesetz über besondere Investitionen in der DDR*）达成一致，该法同样成为《统一条约》的一部分（《统一条约》第 41 条第 2 款）。其中确立了原先的国有地产和建筑出售给投资者的可能性，哪怕登记有根据《财产法》的申索。投资者必须到州政府或市政府证明，为了保证就业岗位或满足民众大量的住房需求，他的计划是"急迫和合适的"。法律也规范了对申索人的赔偿。此人可以从出售者，通常也就是从信托人那里，要求与销售额一致的赔偿。[14]这一规定没起很大作用。它只涉及土地和建筑，不涉及企业。合法申索人的申诉会有延迟作用，最终的解决可能是一个长期的过程。规定申索人登记的期限，也被看作是有问题的。最初，德梅齐埃政府规定私人申索的期限为 1990 年 10 月 13 日。但这并不是失效期。如果期限过后没有登记，只要没有提交新的申索，合法拥有者就可以出售财产实物。原则上申索登记一直持续到 1992 年 12 月 31 日；而公共机构，如地方政府，从一开始就根本没有为申索登记规定日期（后来规定为 1994 年 6 月 30 日）。[15]

1990 年底，托管局就迫切要求获得也可以把被申索的企业出售给投资者的可能性。此外，应该放宽《财产法》第 3 条第 3 款规定的支配限制。这两个问题在 1991 年 3 月通过的《障碍消除法》（*Hemmnisbeseitigungsgesetz*）中得到解决。[16]它削弱了全体财产所有者的地位，在转让不动产和大型企业的过程中，允许投资者优先于原财产所有人，除非后者保证同等额度的投资。如果原财产所有人无法做到，那他就通过托管局从新一轮私有化过程中的销售收益中得到赔偿。假如销售收益低于市值，则保证通过补贴提供赔偿。《财产法》第 3 条第 3 款的支配限制得以放宽。托管机构现在可以进行整顿，哪怕归还权益人不同意。不过，原财产所有者依然有可能阻止把企业和土地卖给出价最高的投资者：他可以推迟递交自己的投资额度，仅这一点就能吓到有兴趣的购买者。此外，有购买兴趣的人在制订整顿和投资计划时必须不断考虑到，原财产所有者会在最后一刻递交类似的方案，使整个努力付诸东流。[17]

在 1992 年 7 月 14 日的第二部《财产权修订法》（*Vermögensrechtä - nderungsgetz*）中，改进了对投资者的"先行规定"（Vorfahrtsregelungen），并在《投资优先法》（*Investitionsvorranggesetz*）中进行了归纳。据此，归还权益人必须知道对购买项目感兴趣的投资者的打算，并征求其意见。投资者必须在两周内作出决定，自己是否可以保证同样的投资和就业岗位的承诺。如果可以，就给他六周时间，以递交投资计划，否则归还申索权就被撤消，托管局则将财产出售给投资者，归还权益人则从销售收益中得到赔偿。如果销售收益低于市值，那么将为归还权益人支付补偿。[18]不过，如果原业主使用法律手段反对投资优先的通知——这种事经常发生——投资则会明显推迟，有时还会受阻，潜在的投资商不愿等那么长时间，会寻找替代选择。再加上滥用职权和诈骗，事情变得更糟。律师们受理了许多没有希望甚至纯属虚设的归还申索案。在有经济吸引力的项目中，这会使得对购买感兴趣的投资者，为了避免理清申索权导致的时间损失，而向原财产所有者支付赔偿金。

但总体上看，为了消除由归还申索权造成的投资阻力，《投资优先法》不失为一种合适的手段。如柏林弗里德里希大街，是服务性企业尤为看好的地段，几乎所有地产都采用了《投资优先法》的规定。[19]

至今仍有很多人认为，联邦政府确定的归还原则是严重的投资阻力；

联邦政府最迟应该在 1990 年 8 月，在《统一条约》谈判之际，就倾向于"赔偿优先"而放弃"归还优先"。因此，"作为投资障碍的归还"这一问题，其经济上的重要性，不得不在最后一章对有关争议进行比较详细的描述（比较第 399 页）。

对立依然存在

不过，对"归还原则"还是"赔偿原则"更好这一问题的回答，仅以国民经济学的标准，如投资率和增长率，是找不到答案的。归还申请不仅涉及企业或者可用于商业的房地产，尽管这些都是国民经济学最重要的案例，但大多数归还申请与住房、独栋别墅和周末度假屋有关。至 1993 年 6 月 30 日登记的 260 万个申索案例中，有 20 万个针对企业和企业股份，其他则针对不动产和流动资产。[20]谁要是能从受理申请的办事员手中要回自己的财产，通常谁就有明显的优势，若是不能，就必须满足于这一希望：在遥远的将来，获得很可能较低的赔偿或补偿支付。一些涉及归还原则的使用者，要对原财产所有者让步，或者只好承受市场上常见的房租和租赁要求负担，感到自己明显受到损失。其他使用者运气好得多，因为他们不涉及归还原则。因此，双方都有赢家和输家。所有输家都感到自己受到不公平对待。德意志民主共和国公民觉得，归还原则使自己的生活水平受到威胁，有时职业生存也受到威胁。这是可以理解的。常常是冒着生命危险逃离民主德国的原民主德国公民，把归还看作是其合法权益。这同样可以理解。这种基本冲突很少是不同的法律解读的结果，例如，是在东德社会主义贬低财产权的数十年中使用权和财产权互相混淆的缘故，它更多的是不同物质利益的结果。双方的输家都是如此不满和失望，觉得自己没有得到公平对待。谁是输家或赢家，经常取决于偶然。

感到自己受到特别不公平对待的输家，是所有那些在占领权下或在占领区内由于没收而失去财产的人。不同于 1945 年前和 1949 年后的没收，他们看不到处理这种没收的客观原因。联邦政府被迫眼睁睁地看着自己接受民主德国和苏联代表的立场。在这个问题上，1990 年在面对议会多数时，联邦政府并不轻松。对自民党只能花大力气，促使其在占领权下没收的财产问题上放弃"归还原则"。在商讨《统一条约》的过程中，也有来自基民盟/基社盟部分议员的严厉批评，对于 1949 年以前被没收的财产，他们认为放弃归还并不合理，而且也提出了宪法上的顾虑。[21]但如果联邦政府要在 1949 年前被没收的财产上也坚持归还原则，它必须考虑到无法克服的困难。甚至在 1990 年底，当关于联邦德国对苏联财政援助的谈判进入危险阶段时，苏联还要求明确承认占领权下所采取的措施。当联邦政府表示愿意在两德外长共同信件中提及 1990 年 6 月 15 日的德意志民主共和国与德意志联邦共和国关于未决财产问题的"共同声明"之后，莫斯科才放弃把承认占领权措施写进"2 + 4 会谈"条约中的打算。[22]

可是，1994 年 7 月 5 日戈尔巴乔夫对英国历史学家斯通（Stone）说："在我身为苏维埃总统的层面上，没有提到过这个问题，也根本不可能谈到替代选择：禁止归还或者大条约……"[23]

晚些时候，谢瓦尔德纳泽也作出类似的表示。另外，1994 年 9 月 5 日，戈尔巴乔夫对《明镜周刊》大致用下列句子补充了自己的评论："在联邦德国和民主德国政府关于未决财产问题的'共同声明'中，我们的立场得到考虑。意思是：在占领权或者说占领区基础上（1945 ~ 1949 年）的财产没收再也不可撤回。"[24]

戈尔巴乔夫的言论含混不清并与苏联方面 1990 年做出的所有解释自相矛盾。但这些言论却导致原财产所有者对联邦政府容忍没收而提出新的强烈抗议。尤其批评联邦政府不愿归还当时被没收、至今依然在托管局后续机构中的农业用地；至少给原财产所有者在回购时提供较大程度的优惠条件。

对联邦政府所谓错误解读苏联要求的批评，忽视了重要的一点。德梅齐埃政府和人民议院的大多数人，在 1949 年以前没收的财产问题上，坚持排除归还的可能性。如果联邦政府不接受这一点，就无法奢望国家条约和《统一条约》会得到人民议院三分之二的多数同意。

现在，联邦宪法法院在考虑戈尔巴乔夫讲话的基础上，于 1991 年 4 月 23 日和 1996 年 4 月 18 日再次明确确认联邦政府的立场，并且驳回当事人就 1949 年以前没收的财产对赔偿决议提起的上诉。因此，接受占领权下的财产没收得到了法律保证。政治上的争端则在继续。

作为《财产法》在法律体系中的配套法，《赔偿与补偿支付法》（*Entschädigungs- und Ausgleichsleistungsgesetz*，EALG）与《财产法》一样，被纳入《统一条约》。该法由于两项调解程序被推迟，1994 年 12 月 1 日才正式生效。在没有拿回财产的人眼里，这是不够的。联邦财政部最初的设想是，不从国家财政支付赔偿，而是成立一个自负盈亏的基金，该基金的经费来自归还受益者的资助，这一设想只有部分得到实现，从联邦财政中出资补贴是不可避免的。联邦看到自己只能保证相对较低的赔偿（对 1949 年后的财产损失）和补偿支付（对 1945～1949 年的财产损失）。通过发放至 2004 年无息、分五批到期的债券，满足赔偿与补偿支付的索求。但贴现后它们可以立即出售。赔偿的金额取决于财产损失的额度。对中等水平的索求，满足率大约为赔偿资产价值的 25%，对较高的索求则要低得。[25]

统一数年后，在未决财产问题上粗暴的利益冲突还在分裂着德国的两个部分。原业主继续指责联邦政府歧视那些曾逃离苏联占领区或民主德国的人的财产权。在东德则相反，广为流传的观点仍然是，谁要是留在民主德国，那他就选择了一条比逃亡者更为艰难的道路，后者能在"黄金般的西部"很快过上好日子，而且归还优先原则又额外给无数东德人带来不利。鉴于这种深刻的利益对立，也许可以产生法律保障，但不能产生法律和平。

第二节　新的托管局

形成与建设

签署国家条约之后，必须要解决的第二个问题，是托管局的重新定位和重组。在德梅齐埃政府的《联合执政协议》中，为托管局指派了任务，就是继续领导拆分联合企业，把国有企业过渡到适当的法律形式中去，并超越莫德罗为托管机构设定的目标，把国有企业转成"私有财产，在特殊情况下转成地方财产"。在德梅齐埃联合政府中存在争议的是，私有化是否应该与发放无偿股权证相结合的问题。如前所述（比较第 239 页、第 247 页），把相当一部分"国有财产"分配给民主德国公民的想法，已经超越了关于货币、经济和社会联盟的国家条约：如果私有化收入优先用于企业结构调整和平衡国家财政，则用于无偿分配的金额就所剩无几。5 月 10 日，当君特·克劳泽在人民议院首次报告民主德国代表团与联邦德国的国家条约会谈时，这种对不可避免的事态的认识也贯彻到民主德国政府执政联盟。无论如何，对国家条约中规定私有化所得用途的尖锐批评，只来自反对党，主要来自联盟 90。[26]

就在签署国家条约的当天，东德总理表示，他的政府现在要考虑重组托管局。[27] 5 月 23 日，在联邦议院关于《国家条约法》的一读中，联邦财政部长宣布，民主德国将通过托管局建立一套有能力取得"快速私有化成就"的"功能强大的参与式管理"。[28] 就此，双方政府一致认为，由莫德罗政府成立的托管局，按方案、装备和人员素质来看，远不具备完成国有企业转型和私有化这些重大任务的能力。

看看"原信托机构"在人员和物质资源上可怜的配置——6 月柏林总部只有 133 名员工，对他们的工作能力提出的普遍而严厉的批评似乎没有什么道理。不过董事会主席彼得·莫瑞斯（自民党），既不被东德总理看好，也不被西德观察家看好。德梅齐埃视其为"顽固坚持社会主义经济形式想法"的人，1990 年 6 月中旬免去了他的职务，并把托管局领导临时托付给董事会副主席沃尔夫拉姆·克劳泽。[29] 知识丰富、处事公正并热爱本职工作的沃尔夫拉姆·克劳泽，1990 年 1 月和 2 月在克里丝塔·卢福特的领导下决定性地参与了莫德罗政府的经济改革（比较第 78 页、第 79 页），从 3 月以来在"原信托机构"最高领导层中发挥了决定性的作用。如前所述，"原信托机构"监管着近 8000 家国有企业。此外，它还应让企业转变成股份公司或股份有限公司，而不是进行私有化。它从莫德罗那里得到的明确任务是，保管好国有财产。属于其工作范围的只是对 1972 年被没收、现在根据 1990 年 3 月 7 日的法律，可以申请归还的小企业进行私有化（比较第 96 页）。哪怕配置更好的设备和人员，"原信托机构"充其量也只能在几年内而不是在几个月内，完成哪怕极其有限的任务。在现有的条件下，顶多也只能对企业进行抽样监管。把国有企业转变成股份公司或股份有限公司，本身就是一项巨大的任务。许多国有企业，只要有可能，就希望尽快跳出联合企业，自负盈亏的企业可以更快地适应即将形成的市场。有不少企业也相信，如果他们以股份公司或股份有限公司，而不是以国有企业的形式与西部供货商或客户谈生意，那就会有一些优势。[30] 在转型中真正有运作能力的只有柏林总部，15 个外派机构尚在建设之中，没有具备必要的法律和管理知识的员工，即便是总部，情况也很混乱。例如，有转型意向的企业厂长为了能完成和复制必要的文件，甚至必须自己带上打字机和复印机。另外一个短缺是律师公证：在东柏林起初只有三个公证处，也就是说必须另外选择西柏林的公证处。[31] 鉴于这些困难，到 6 月底"原信托机构"对 3567 个国有企业进行了转型，这几乎是一个奇迹。不过清楚的是，这种情况下的转型只不过是走形式而已。既没国有企业的年终资产负债表，同样也没有新成立公司的注册资产负债表；要审核登记转型的公司究竟是否有生存能力，是不可能的。归还 1972 年被没收的小型企业也在进行。负责此事的部门主任莱纳·豪尔努夫（Reiner Hornuf）1972 年曾负责从行政技术层面落实财产没收。现在，7000 份归还申请摆在他面前。直到 6 月 30 日，得到处理的有 183 个归还申请。[32]

5 月，东德总理针对托管问题组建了自己的工作小组，[33]并马上将信托管理法的准备工作完全纳入自己的职权范围。这等重要事情，他既不愿交给财政部，也不愿留给经济部，双方曾为管辖权而争执，为他提供了良好的干预契机。此外，德梅齐埃非常重视自己的智囊，不仅可以不依赖他的部委，也尽可能不依赖联邦政府。他在后来的采访中表示，虽然他让人给自己讲述波恩的想法，但会用这样评论："这是您的方案，请您允许我们（考虑）自己的"，拒绝任何影响。[34]尽管如此，当然还是会有影响。在准备法律草案时，双方政府的紧密磋商是必要的，而且也是德梅齐埃所希望的。最终，它涉及的是这一机构的目标设置和组织，这一机构对于民主德国以及未来统一德国的经济来说，将具有决定意义，至今根本没有先例。

在德梅齐埃政府中，从 5 月初就流传着由托管局董事会与民主德国财政部联合起草的、有关托管局组织的文本。5 月 14 日，龙姆贝格在与魏格尔的会谈中提到了这些文件（比较第 302 页）。5 月 16 日，君特·克劳泽给蒂特梅耶寄去了 5 月 15 日版的未来信托管理机构状况的草案，并请他表态。这一版本中的关键句子是：

"国有财产的信托管理机构（托管局）致力于按社会市场经济的原则，高效利用国有财产"（第 1 条第 1 句）。

"托管局必须将现有的国有财产，在商业法法律准则之内，转换成私人经济的产权形式，并在有充足理由的情况下，转换成地方政府的财产"（第 2 条第 1 句）。

"随着国有资产逐步的私有化，包括土地可以进行交易，以资本重组的形式和通过出售托管局财产以及股份，促进本地和地区外私人资本的入股。

托管机构必须有效地促进结构政策的调整、促进股份公司符合市场需要的经济发展，组织企业进入资本市场。

通过有意义的拆分和阻止竞争限制，形成有市场能力的、行业典型的企业。与此同时，努力追求拥有众多中小企业的、全面延伸的现代化经济结构"（第 3 条）。

毫无疑问，联邦政府对"逐步的私有化"将不会满意。克劳泽在他的附信中也与该文本保持距离。他认为，缺少涉及"资本形成问题"的任务。他显然看到，以逐步私有化的方式——通过资本重组、出卖托管资产、出售股份以促进私人投资——无法获得整顿经济的必要资本。在蒂特梅耶或联邦政府还没有来得及对第一版发表意见的情况下，当天就对文本进行了修改：在落款日期为 5 月 16 日的下一版中，取消了私有化前面的形容词"逐步的"。[35]

5 月 17 日，来自波恩联邦总理府和联邦经济部的两位领导官员为托管局完成了方案。该方案从快速私有化和民主德国经济结构调整出发，[36]建议划分成三个托管部门：商业财产、住房业、农业。针对商业财产，方案计划以股份公司的法律形式处理，因为《股份法》（Aktiengesetz）清楚地规范了权限和责任。此外，托管部门可以以这种方式明确地与国家分开。[37]这份"波恩方案"是非官方的，没有与领导层协商过，但 5 月 18 日在西德银行家与民主德国专家、总理府的官员们在美茵河畔的法兰克福（Frankfurt/ Main）的会晤中得到过讨论。5 月 20 日，彼得·豪莫尔豪夫（Peter Hommelhoff）［Institut für deutsches, europäisches und internationales Wirtschaftsrecht der Universität Bielefeld（比勒菲尔德大学德国、欧洲和国际经济法研究所）］和瓦尔特·科雷普斯（Walter Krebs）［Institut für öffentliches Recht und Politik der Universität Münster（明斯特大学公法与公共政策研究所）］教授、律师兼银行家霍斯特·安耐克（Horst Anecke）和基民盟经济委员会联邦执行人吕迪格尔·冯·福斯（Rüdiger von Voss）递交了"比勒菲尔德方案"。在该方案中，他们要求赋予托管局以公法地位，因为它是以分配"自由机会和竞争机会"的手段来完成国家任务。在公法机构的架构下，应以股份公司的形式成立私法组织，负责商业、农业和住房等领域。托管局应把划归它们托管的财产进行拆分、重组、整顿并尽快私有化。通过这种集中和分散要素的组合，方案起草者希望可以避免权力集中和政治利益占主导。[38]5 月 21 日，冯·福斯以基民盟经济委员会（Wirtschaftsrat der CDU）的名义，邀请有关人士到波恩商讨未来的托管局。参加者有总理府和联邦财政部的官员，以及民主德国托管局董事会成员沃尔夫拉姆·克劳泽。这次会谈的结果是，在未来托管局的组织问题上，更偏向于同意"比勒菲尔德方案"（Bielefelder Konzept）。德梅齐埃的工作小组采纳了本方案对组织工作的基本想法：公法机构是顶层架构，底下则是作为控股商业经济的股份公司。[39]

和以往一样，时间紧迫。国家条约规定，托管局在事先动用未来私有化收入之前，可以根据国家条约第 27 条进行贷款。仅仅因为这一点，就有必要尽可能在国家条约批准之前，无论如何要在 7 月 1 日之前，出台一项规定托管局以私有化为任务的法律。托管局与总理办公厅合作，在 5 月 25 日星期五，就已拟定有关托管局的一项法律条款草案。当天，在东柏林的经济部以双边政府专家会议的形式，也就是在民主德国草案的基础上，开始正式商议有关托管的新制度。整个周末，波恩各部委都在研究如何对草案表态，双方政府紧密合作的标志是，在此期间有一名民主德国财政部的代表参加。

波恩提出一些修改建议。其中只有唯一的一项具有政治意义：民主德国的草案虽然包含国有财产私有化作为托管局的任务，但这一任务没有像联邦政府希望的那样，其程度得到突出，也许是因为总理考虑到人民议院，也许是因为他觉得，私有化虽有必要，但未必像波恩设想的那样，需要那么快而且那么彻底地进行。将民主德国草案中的句子与波恩部委的建议放在一起，区别变得特别明显。在民主德国草案的前言中写道：

"本着使国家的企业行为尽可能快速而全面地退出的意图（……）。"

波恩建议：

"（……）通过私有化，使国家的企业行为尽可能快速而全面地退出（……）。"

民主德国草案第 2 法条第 1 条写道：

（托管局）（……）"按社会市场经济原则，为高效利用国有资产服务。"

波恩建议：

"（……）按社会市场经济原则，为私有化和利用国有资产服务。"

民主德国第 2 法条第 2 条，在"托管局的任务"标题下写道：

"（……）托管局的任务是，转入给它及旗下股份公司名下的财产，包括土地，尽可能全部转换成私有财产（……）。"

波恩建议：

"（……）尽快且尽可能全部转换成私有财产。"

也就是说，波恩部委设法在草案中更加明确地体现快速和最大程度的私有化。富有启发的是，在这个问题上没有发生争执，在 5 月 30 日的草案新版本中，东德总理办公厅很大程度上遵照了波恩的建议。40

草案的其他部分虽然涉及复杂的问题，但这些问题几乎没有掩盖波恩和东柏林之间有冲突的内容。如果要在 7 月 1 日之前及时对企业进行转型的话，除了放弃个别审查和笼统地通过法律来处理转型，德梅齐埃政府看不到别的可能性。起初波恩怀疑这种途径是否可行。在联邦司法部、联邦经济部、联邦财政部和两名民主德国代表的共同合作下，对托管法草案的相应部分进行了描述。

困难只体现在组织结构上。民主德国无法说清以下问题：在公权法机构的架构下应该设立多少个托管控股公司，哪些经济部门应该纳入这些"控股公司"。这确实很难回答。一个容纳整个民主德国工业的托管股份公司，将会"无法领导和控制"。仅是制定每年康采恩的资产负债表，就会遇到极大的困难。不仅民主德国代表有这样的看法，联邦财政部也持同样的观点。但如果应该成立多个工业控股公司，那就必须作出决定，工业部门应该如何分配到这些控股公司中去。一个控股公司应该包括某个行业的全部企业吗？应该像罗兰·贝格尔（Roland Berger）企业咨询公司建议的那样，根据消费品、资本货物、重工业、建筑、旅游、贸易分别成立自己的控股公司吗？波恩和东柏林对这两种模式都有异议。他们回想到民主德国典型的拥有官僚计划的各个工业部委。在波恩和东柏林，都没有因此而成功地开发出一套令人信服的、至少在各自部委中没有争议的、适合托管股份公司的方案。41 在这种情况下，仅仅由于时间的原因，德梅齐埃的工作小组除了在法律草案中确定三个层面——国家托管局作为顶层架构、托管股份公司控股、企业纳入其下——托管股份公司的组成和划定只能通过以后制定的规则来确定，别无其他选择。事情也如此发生了，法律草案以这种不完善的形式得到部长会议的通过，并转呈给人民议院。原则上，此举已预示着放弃后来成立托管股份公司。

人民议院中出现动荡。提出的批评，很少是因为托管草案的内容，更多是因为至今缺少人民议院的参与。现在，人民议院经济委员会所作的一些修改得到通过。最重要的修改是收入政府草案的下列句子：

"在清点国有财产及其赢利能力，以及在优先用于经济结构调整和整顿国家财政之后，根据计划的可能性，在晚些时候，针对储蓄者在民主德国马克以1:2转换西德马克的过程中损失的金额，提供国有财产的股权证券。”

这符合国家条约中的表述，它应该抵消少数人，主要是联盟90对"没收人民"的激烈批评。[42]

在计划于6月17日进行的三读之前，德梅齐埃政府中似乎出现了混乱。龙姆贝格突然说，托管草案有缺陷，因为它没有考虑民主德国未来各州的需要。这件事是可以理解的。草案不包含任何以州定位的信托机构的区域划分内容。不过，龙姆贝格在过去的几周里有足够的机会，在部长会议上表达这种反对意见。总理通过与社民党议会党团主席施罗德的谈话，成功地避免了执政联盟的危机。[43]6月17日，在两德议会共同纪念1953年6月17日人民起义反对统一社会党专制的特别会议之后，以及在德国社会联盟在人民议院申请民主德国立即根据《基本法》第23条加入联邦德国导致的动荡之后（比较第264页、第265页），还是成功地作出两项重要决定：人民议院先是作出修改宪法的决定，该修改在审议国家条约之前是有必要的。其中有保障私人产权，包括"土地以及生产资料的所有权及类似产权的流转"。以此排除了西部对东德投资的重要障碍。德梅齐埃提出，蒂特梅耶和克劳泽5月13日商定的民主德国关于购买商用土地的声明，已不再重要（比较第244页、第248页）。晚间，人民议院以大多数通过了《信托管理法》（*Treuhandgesetz*）。

《国有资产私有化和重组法》
(*Gesetz zur Privatisierung des volkseigenen Vermögens*)
（评论性总结）

任务：

"国有资产必须私有化。国有资产也可以在通过法律规定的情况下，作为财产转让给市镇、城市、县、州以及国家。用于地方任务和服务的国有资产，应该通过法律转让给市镇和城市。"（《信托管理法》第1条第1款）

私有化作为托管局的首要任务由此得到突出。

"信托股份公司在纳入企业咨询和销售公司、银行和其他适当企业的情况下，必须保证在其范围内，以企业化和非集权化处理方式，解决下列任务：

－通过出售企业股份或财产份额进行私有化

－保障企业效益和竞争能力

－关闭和回收无整顿价值的企业或企业部门的资产。"（《信托管理法》第 8 条第 1 款）

除了私有化，整顿有必要整顿和关闭没有必要整顿的企业或企业部门，被规定为托管局的任务。仅从任务的先后顺序就可以看出，立法者将私有化视为首要任务。因此整顿也以私有化为目标。一旦可以私有化，整顿业务就结束。关闭任务则不针对有必要整顿的企业。

"托管局尤其必须通过对值得整顿的企业，在朝着有竞争力的企业发展和私有化过程中施加影响的方式，促进符合市场需要的经济结构调整。它发挥的作用是，通过有目的地拆分企业结构来建设有市场能力的企业，形成高效的经济结构。"（《信托管理法》第 2 条第 6 款）

托管局的另一项任务是促进经济结构调整。这是指建立高效竞争市场，而不是指建立特定的地区或部门经济结构。

"本着，（……）

－建立尽可能多的企业的竞争力，从而保证现有和创建新的就业岗位……的目的。"（《信托管理法》前言，第二个破折号）

保证现有和创建新的就业岗位的任务，具有特殊的政治意义。但立法者很清楚，在不减少就业人数的情况下，大多数企业既不可能私有化，也不可能得到整顿。因而，保证现有的和创建新的就业岗位的任务被视为立法者的"意图"，这一意图要通过让尽可能更多的企业变得有竞争能力的方式去实现。从法律上讲，《信托管理法》前言中表达的内容（后来也如托管局的地位）意味着，委托托管局在私有化和整顿过程中，寻找尽可能保证现有或创建新的就业岗位的解决方案，但并未禁止托管局出于整顿企业的目的而裁减工作岗位。[44]

法律形式与领导

"托管局是公法机构。"（第 2 条第 1 款）

"托管局受总理监管。"（第 2 条第 2 款）

"托管局通过董事会领导……"（第 1 条第 1 款）

"董事会由托管局主席和至少 4 名董事组成。主席和董事会成员由理事会任命和罢免。"（第 3 条第 2 款）

"理事会必须监督和支持董事会的运作。"（第 4 条第 1 款第 1 句）

"理事会由理事长和 16 名成员组成。理事长和其他 7 名成员由部长会议任命，其中，在人民议院挑选的 2 名议员中，1 名由反对党推荐。剩下 7 名成员由人民议院根据总理的建议而任命。（……）"（第 4 条第 2 款）

收入及其使用

"托管局的收入首先用于企业结构调整……其次用于交付国家财政和覆盖托管局现行支出。收入的使用必须取得部长会议的同意。"（第 5 条第 1 款）

"在清点国有财产及其赢利能力，以及在优先用于经济结构调整和整顿国家财政之后，根据可能性，计划晚些时候对储蓄者在民主德国马克以 1:2 转换为西德马克的过程中损失的金额，提供一份国有财产的股权证券。"（第 5 条第 2 款）

托管股份公司：

"托管局以非集权的组织结构形式，通过托管股份公司来完成其任务，托管股份公司根据托管局任务中的相关数量和目的，根据企业经营的原则，确保国有财产的私有化和出售。"（第 7 条第 1 款）

监督：

托管局的政治监督应该通过理事会成员的选举程序、通过把托管局置于总理的监管之下（第 2 条第 2 款）得到保证，更根本的保证是部长会议必须对国有资产的私有化和重组负责，并负有向人民议院解释的义务。（第 1 条第 2 款）

联邦政府可以对《信托管理法》感到相当满意。在主要部分，如明确私有化及私有化收入优先用于企业结构调整方面，完全符合其愿望。与此同时，波恩仍有些顾虑。计划的三级组织——托管局、股份公司、企业——是否能够正常运作，尤其令人怀疑，更加令人怀疑的是，在《信托管理法》出台时仍看不到中间层级将如何设计。但如果波恩的部委仍然觉得托管局的组织有问题，那么他们自己也难辞其咎。他们本身也无法就令人信服的组织方案达成一致。

鉴于《信托管理法》很大程度上与联邦政府的愿望一致，所以波恩强力干预的论点自然更加得到印证。克里丝塔·卢福特写道，她从近距离经历了"德梅齐埃政府如何毫无准备地把民主德国的一切家当，包括抵押权，抵押出去的"。"广大人民陶醉在西德马克中，一部分内阁成员急不可耐的顺从、另外一部分内阁成员的无能，以及'统一总理'的逼迫"促成了此举。[45]现实情况更加复杂。如前所述，法律草案中最重要的部分，是在民主德国草案的基础上，征询了波恩和东柏林部委代表的意见，并部分进行了重新修改。其间没有出现政治意义上的冲突。现在从中归结到"急不可耐"或"无能"，从事实看是站不住脚的。当然，联邦政府一直在对彻底和迅速私有化施加压力。然而，在人民议院中，大多数人早在6月就坚信，如果要快速拥有竞争能力，绝大部分国有企业的私有化是不可避免的。难道不可以说迅速私有化是形势使然吗？当然，联邦政府坚持把私有化收入优先用于企业整顿和调整，还用于对国家财政的补助，这样一来，用于无偿分配给民主德国公民的国有财产，不会剩下很多。然而，对此还有哪些选择呢？否则，该如何支付结构调整的巨大费用？通过西德纳税人？1990年6月，恰恰是那些有兴趣让民主德国哪怕只有一到两年的时间仍然作为形式上独立自主的国家而存在的人，不相信这一点。大多数议员在5月就已抛弃了以下幻觉：私有化的收入不仅足以支付调整援助并可以把相当可观的一部分收入分给民众。[46]这就是说，并非"急不可耐的听从"和无能，更多的是看到民主德国现状，而促使人民议院的大多数通过没有偏离联邦政府设想的《信托管理法》。

1990年7月1日新的《信托管理法》生效。当天，尚存的4000多家国有企业也转换成公司。新的托管局是庞大资产存量的临时产权所有者。1990年7月1日，它拥有7894家原国有企业，包括400万员工和占民主德国总面积一半之多的土地。

这个有着几乎不可能完成的任务的机构，其领导只能是一个担任过民营或国有大企业的领导，并尽可能拥有整顿经验的人物，而且托管局未来的主席需要双方政府的信任。董事会主席人选，起初是原联邦经济部长和库普股份公司（Coop AG）的整顿者汉斯·弗里德里希斯（Hans Friderichs）（自民党）、原下萨克森州州长恩斯特·阿尔布雷西特（基民盟）、民主德国的德国外贸银行行长维尔讷·波尔策（Werner Polze）。不过，他们当中汉斯·弗里德里希斯有整顿经验。约翰内斯·路德维希说，6月17日《信托管理法》通过之后，他与国务秘书科勒尔（联邦财政部）和冯·伏尔岑（联邦经济部）一起考虑，谁可以被任命为主席。他们很快想到德特勒夫·卡斯滕·罗维德尔（Detlev Carsten Rohwedder）。罗维德尔，1932年生，1969~1979年任联邦经济部国务秘书，后来成为多特蒙德的赫施（Hoesch）钢铁公司董事长。在那里，他赢得了危机四伏的康采恩整顿者的声誉。6月23日，路德维希在波恩的总理节活动中安排了罗维德尔和德梅齐埃的会晤。[47] 德梅齐埃也通过他的西德顾问赫尔兹瓦特（Holzwarth）知道了罗维德尔。在东德总理看来，罗维德尔是一位理想的人选，不仅因为他的专业素质，而且还因为他作为社民党成员可以被民主德国社民党接受。不过，罗维德尔在赫施的任期还有几周，随后将进入克虏伯公司董事会。因此，他表示只愿意接受托管局理事会名誉主席一职。6 月 29 日，德梅齐埃在人民议院宣布，他有意任命罗维德尔为理事会主席。部长会议委任的罗维德尔和其他七名理事会成员，都是西部的经理人。总理向人民议院建议的其他七名候选人，全是民主德国的专业人员。人民议院同意这一建议，此外从议会中选出两名成员，君特·努克（Günter Nooke）（联盟 90/绿党）和约亨·斯泰恩耐克（Jochen Steinecke）（自由主义者）。到 7 月 15 日成功地使临时董事会凑足了人数。莱纳·马利亚·戈尔克（Rainer Maria Gohlke）任董事会主席，他当时是德国联邦铁路董事会主席，是亲社民党的无党派人士，曾经成功地整顿了赤字高昂的铁路运输。沃尔夫拉姆·克劳泽，莫瑞斯下台后的现任托管局主席，留任董事会，他的专业知识没有受到两边政府的任何一方质疑。临时董事会的其他成员是贡特·哈尔姆（Gunter Halm），他 1984~1989 年任玻璃与陶瓷工业部副部长、德国国家民主党主席团成员，莫德罗在位时任轻工业部部长，在德梅齐埃政府中任经济部国务秘书，同时是自由民主者联盟的成员；还有戴姆勒-奔驰公司的经理卡尔·施尔讷尔（Karl Schirner）。因此，两名西部经理人和两名东部经理人分担董事会的工作。到了 9 月，比尔吉特·布劳伊尔（Birgit Breuel）（基民盟）才加入，直至 1990 年 4 月她担任下萨克森州财政部长；以及其他人。

临时董事会虽然上任，但托管局还远远不具备全面的工作能力。仅仅组织建设和挑选急需的中层人员就需要时间。在上任的头几个星期，由于为戈尔克准备的机构组织的不畅，他碰了壁。至少他对确已发生而给新托管局的启动抹黑的国际酒店事件负有责任：自年初以来合并在一个股份公司的 34 家民主德国国际酒店，与西德的斯泰根贝格尔有限公司（Steigenberger–GmbH）合作成立了一个控股公司，该控股公司用对托管局来说相当不利的条件，将这些国际酒店租赁给斯泰根贝格尔。在戈尔克上任前，此事就已启动并背着他进行，但给公众带来的印象却是毁灭性的：戈尔克领导下的托管局无力有效地控制西德和东德利益集团共同实施的把戏。戈尔克向罗维德尔提出辞职，显然他预计罗维德尔会拒绝，但罗维德尔此时却坚信，戈尔克不能胜任这项工作，同意了他的辞职。[48] 现在，罗维德尔接任信托机构董事会主席。理事会主席由当时担任考夫豪夫控股有限公司（Kaufhof – Holding – AG）董事长的延斯·奥德瓦尔德（Jens Odewald）接任。

作为托管局主席，罗维德尔先是集中精力让托管局正常运作起来。第一个结果是摒弃法律中规定的托管股份公司。从 7 月 18 日开始，有一份托管局章程，它计划成立四个跨领域控股的托管股份公司：重工业、资本货物、消费品业和服务业各一个。在商讨《信托管理法》期间，该方案的各种弊端就明显暴露出来，现在的情况证明，这些弊端是无法解决的。根本不清楚计划归入股份公司的企业分类情况。没有规定通过私有化得到的收入分配，这肯定会导致股份公司之间的不断冲突，除非总部掌握最重要的财权。不过这样做，就谈不上通过组建独立的股份公司实行权力下放。但这样一来，大家坚持给股份公司尽可能更多自主权限的设想，似乎又面临另一种危险：在托管股份公司中，根据 1972 年的《共同决策法》，必须引进几乎平等的共同决策。如此大规模的工会共同决策可能阻碍私有化，这一顾虑，在联邦财政部 6 月的讨论中，以及在德梅齐埃政府中已有过表述，如今托管局董事会和理事会也有同感。这是改变不了的事实：托管股份公司的弊远远大于利。罗维德尔 8 月 24 日就作出决定，放弃托管股份公司。在人民议院面前，他以股份公司划分和协调困难以及股份公司人事安排上的时间问题为由，说明了摒弃的原因。他表示自己要通过加强 15 个分支机构的方式，实现必要的权力分散，使其在地区性和区域性经济促进项目和产业布局规划中共同发挥作用。[49]

国家统一后，托管局的组织建设工作才完成，一直持续到 1990 年 10 月，在分支机构的领导职位重新安排完以前。11 月，董事会才全部到任。从总部到分支机构的大多数重要职位都被西德人占据。1990 年 10 月 3 日《统一条约》开始生效，此后由联邦财政部长负责对托管局进行专业和法律监督，专业监督要在他与联邦经济部长及负责此事的联邦部长取得一致意见的情况下进行。在托管局的理事会中就座的是新联邦州的州长们以及雇主、工会和银行的代表。

不可能的任务

1990 年秋，在私有化和整顿企业的过程中，托管局遇到的巨大困难一周比一周明显。9 月 13 日，罗维德尔向人民议院递交了托管局工作报告。一方面，他还是谨慎地保持乐观。他提到，"相当数量的私有化计划已经完成"，不过多数都是小型企业，因为方式更简单，同时他指出了"外国，包括西德企业家对接管、合作和参股很感兴趣"。但另一方面，他警告说：

"不过，我们必须想到，明年的任何一个时候树叶会枯萎，托管局会从卖方市场转入买方市场。这就是说，我们必须尽力向国内外提供（优质的）企业，当然就要对它们进行整顿并让人产生购买意愿，从而使合作及各类操作成为可能。"[50]

10 月，拟定了"托管局指导原则"。它们表明，罗维德尔要如何战胜未来的买方市场状况。罗维德尔不能也不愿抛弃私有化优先的方针。但鉴于他在私有化过程中即将面临的困难，他同时强调托管局应通过结构重组以促进企业竞争能力的任务：

"（……）

2. 在完成其法定任务的情况下，托管局集中于

－通过私有化，尽快并全面地制止国家的企业行为，

－让尽可能多的企业具有竞争能力，在结构重组中通过经济上合理的措施支持值得整顿的企业，从而加以私有化，

－关闭无法重组成具有竞争能力的企业以及

－为经济目的而提供土地。

3. 在企业私有化和整顿过程中，应特别扶持中、小企业的组建。

（……）

5. 托管局的私有化政策遵循以下的普遍指导原则：

－本着全体公民的利益，托管局有义务以公平而且适度的价格出售企业或其中的某些部分。

－为了取得恰当的交易结果，托管局在所有适当的情况下，……努力使可能的意向者之间产生竞争。

－在托管局评估报价和作出出售决定之前，除了购买价格，尤其要审核合同条件中的下列要素：

－普遍的时间要素，持续经营以确保并创造就业岗位、市场需求和企业保值；

－如何实现在现有结构中收购合资公司 100% 的股份；

－企业经营理念、管理潜能、投资和为了保留并保障尽可能多的就业岗位，以及尽可能作为独立企业单位存在的购买者的资金实力。（……）

6. 只要有可能的地方，就可以在那里通过财产所有者的主动企业性行为进行整顿和重组。一旦这样做达不到要求，就可以为企业的机构调整和整顿提供援助，但只有在切实可行的企业方案的基础上。企业方案必须由公司领导层制定并负责其执行（……）

7. 可视为同等重要的私有化方案是：

－为确保私有化和继续经营，管理层或员工收购全部或部分股份或

－通过公司股票的上市实行财产的分配。

8. 对此，托管局支持公司领导层，并对社会可以承受和保证地区均衡的关闭施加影响，而且力求得到州政府的支持。"[51]

这些指导原则成为托管局以后的行为总准则。但在 1990/1991 年冬就暴露出，实际贯彻这些准则时何其艰难。投资者对最好地段的地产或对可以很快带来利润的企业有浓厚的兴趣，但对于全盘接收大型工业企业，从一开始起就几乎没有一个投资者做好了准备。例外的情况证实了这一规律，而且这些例外情况都很独特。属于这些例外的有，西德的发电厂收购它颇感兴趣的电力部门，虽然电厂必须全面更新，但覆盖成本的销售是有保证的，巨额投资肯定值得。在食品和嗜好品工业中有这种情况，西德的市场主导者全盘收购联合企业的后继公司，如糖、奶制品、啤酒和香烟部门。原因一方面是，从长远看，东德的品牌（啤酒）具有良好的销售机遇；另一方面，收购者可以通过接管企业寻求得到欧共体的生产配额（糖和牛奶）。[52]

1991 年 4 月 1 日，罗维德尔遭到"红军旅"的恐怖袭击而身亡。比尔吉特·布劳伊尔成为托管局主席。到了这一阶段，托管局的人员和设备配置已经可以某种程度地正常工作。当罗维德尔曾预见的事情现已发生，这一点更为必要：从起初几个月的卖方市场变成了买方市场。出售一个企业的情况常常是，只有当托管局定低价，在许多情况下还要至少部分承担旧债和负责处理旧生态问题，另外不能对保证投资和就业岗位提出太高要

求，才可能成交。如果照此去办，托管局就会遭到将由其保管的财产抛给西方企业的指责，但如果托管局设法将价格或投资和就业保证定高，也会遭到批评，因为这将延误私有化，从而延误投资。因此托管局不得不铤而走险，但这未必总是成功。

开始时，托管局的方针是尽可能不要亲自从事大规模的整顿性投资，仅仅是因为没有人能保证未来的财产所有者是否真的会遵循同样的整顿方案。但私有化向前推进得越艰难，托管局就越陷入被动的局面：要么就自己作出较大的投资，以便至少能使企业继续运营；要么就答应潜在的投资者，不仅承担旧债和生态负担，而且答应从投资者计划的整顿投资费用中提供相当部分的公共资金。要是提交了可行的整顿方案的企业一开始无法找到私人投资者，那么托管局就得为其整顿提供支持，以寄希望于以后会有私有化的机会。即便存在着对收购企业感兴趣、持有托管局批准的整顿方案的私人投资者，虽然并非总是，但越来越频繁地由国家支付很大一部分的整顿资金。

在这些案例中，最令人惊讶和最昂贵的是那些在"更新工业核心"口号下得到特别强大支持的企业。1991 年就曾经设法通过提供巨额公共资金，以保留对整个地区经济结构显得重要的企业。如曾经的国有企业"核心"耶拿的卡尔·蔡司公司就得到过 36 亿西德马克承诺的支持，希望以此可以在企业内部及周边保住 1 万个就业岗位。从 1992 年晚秋起，"更新工业核心"处于托管局私有化政策的中心位置。

联邦政府自己必须对这种产业政策的转折负责。鉴于新联邦州工业化程度面临下降的危险，联邦政府决定，回应主要由社民党和工会提出的"保留工业核心"的要求。1992 年 12 月 1 日，联邦总理参观洛伊纳工厂（Leuna – Werke）时表示，他的政府将"超越现有的实践"，保护"工业核心"。[53]托管局的资金得到提高。有关更新并以此保留"工业核心"的协议，构成了 1993 年 3 月政府、社民党和工会之间就"团结一揽子计划"长达数月的会谈成果，它有利于新联邦州；另一个成果是，联邦和联邦州谈判达成的关于融资新规章的妥协（"联邦紧缩方案"）。作为对产业结构政策转折的回报，在工资要求或病假期间工资照付方面，联邦政府想从工会那里得到让步，在这些会谈中没有如愿，工会不让人触动劳资自治协议。[54]现在，在选择该保留的、"对产业结构有决定性意义"同时值得整顿的企业时，出现了联邦政府、托管局、德国东部联邦州政府、工会和工商联合会之间的合作。

参加者达成了共识的决定性标准是，企业在某一地区是不可缺少的雇主，而且一大批配件商依附于它。照此选出的企业清单，从波罗的海沿岸的造船厂，到勃兰登堡州的艾森许滕施塔特钢铁联合企业（EKO Stahl，Eisenhüttenkombinat Ost）、马格德堡的恩斯特·塔尔曼重型机械和设备联合企业（Schwermaschinenbau – Kombinats Ernst Thälmann，SKET），直到萨克森州的机器制造公司。[55] 较大的整顿案例，由托管局和联邦财政部共同商议。尽管规模较小，但德国东部各州也拿出了自己的资金参与融资。虽然代价很高，但以这种方式，确实将那些困难案例的私有化向前推进：造船厂的私有化耗资 60 亿～70 亿西德马克，托管局履行了保住原有 5 万个就业岗位中 1 万个岗位的承诺。就是说，为了保住一个就业岗位必须支出 60 万～70 万西德马克的公共资金。在把布纳有限公司（Buna GmbH）、萨克森州的烯烃工厂和洛伊纳聚烯烃有限公司（Leuna – Polyolefin GmbH）的一部分出售给陶氏化学公司（Dow Chemical）时，它得到了 100 亿西德马克的国家援助；按欧盟竞争总署的估计，陶氏化工公司用于整顿的自有资本只有 15 亿西德马克。1996年，就业岗位总数还是 5600 个；根据合同，到 2003 年将保证 1800 个就业岗位。为得到中期保证的一个就业岗位，国家就必须耗资 500 多万西德马克。[56]

到 1994 年 12 月 31 日，托管局结束了它的中期任务。它数量庞大的企业仅仅剩下一小部分。在"小型私有化"框架下，1990/1992 年就出手了 25000 家贸易公司、餐饮企业和酒店。困难大得多的是"大型私有化"，就是销售、归还或清算 12000 多家主要是从当年联合企业拆分中产生的企业。1994 年底，在这 12000 家公司中，整整有一半通过出售或者移交给新所有者而得到私有化。原所有者通过归还索求要回了 1/8；2% 移交给地方；超过 1/4 的原公司财产正在清算中；不到 1% 的财产清算已经结束。1994 年底，只有 65 家公司尚在托管局私有化报价单上，其他 65 家则接近私有化或再度私有化。1995 年，成功地将剩下的一大部分企业进行了私有化。[57] 私有化企业中，860 家落到外国投资者手中，大约 3000 项私有化是"管理层买断"（Management – Buy – Out），即由企业领导收购了企业或企业部分。

尚存的任务移交给后续公司。少数还没有私有化的企业由投资管理有限公司（Beteiligungs – Management – Gesellschaft mbH）受理。联邦统一特殊事务局（Bundesanstalt für vereinigungsbedingte Sonderaufgaben）监管由托管局和投资者签署的合同执行，尤其是投资和就业岗位承诺。它也负责清算的落实事宜。继续运行的有托管 – 不动产有限公司（Treuhand – Liegenschafts – mbH），它负责管理几千处地产，如国家人民军、国家安全局和政党以及大批民主德国组织的地产托管 – 不动产有限公司（Treuhand – Liegenschafts – GmbH）。1994 年底，它负责管理总计达 12000 平方公里、绝大多数长期租种的农林地。

在惊人的短暂时间内，圆满完成了 1990 年 6 月 17 日法律赋予托管局的任务。然而，在这些成就的背后，有两个令人无法高兴的结果：1990 年年中，托管局的企业中有 400 多万名就业者。在私有化和再私有化过程中，以合同形式保证了 150 万个就业岗位承诺。1995 年，在私有化后的企业中，实际工作人员人数大约多出 1/6，但依然失去了 200 多万个就业岗位。除了令人沮丧的就业数字，还要加上昂贵的费用。至 1994 年底，托管局支出了 3200 多亿西德马克，但得到的私有化收入只有 670 亿西德马克。这就是说，它带着 2500 多亿西德马克的债务结束了工作。联邦将这笔债务纳入遗产债务偿还基金（Erblastentilgungsfonds）。

托管局遭到铺天盖地的批评。这不足为奇。将所有的攻击引到自己身上而作为替罪羊再好不过，虽然没有联邦政府的同意它根本不可能作出重要决定。在东德，对许多人来说，托管局对绝大部分工业就业岗位的丢失负有责任。对新邦联州的某些公民来讲，它甚至是向西德资本进行“东德大甩卖”的象征，“里脊”被西德资本收走，竞争对手被整垮，它用“管理层买断”的手段，只给东德人留下了那些未来前景没有保障而西德投资者不愿意要的企业。无可非议的是，在许多情况下作出了错误决定的原因是时间压力，它导致投资者的计划和支付能力没有得到足够的审查。另外，现在所掌握的大量文献表明，严重错误甚至腐败只是例外，主要原因是不可避免的萎缩过程，[58] 全面介绍托管局不是本书的任务；只有在明确私有化后的哪些企业长期存活后，才可能最终评价它的私有化政策。不过有必要在最后一章中对用来向托管局执行、联邦政府规划和支付的私有化政策发起关键性攻击的国民经济学观点进行研究，该观点认为：为了东德的工业，信赖市场并放弃结构政策，没有必要地毁掉了许多就业岗位（比较第 402 页）。

第三节　统一的融资

幻觉

难道在缔结国家条约时，联邦政府真的相信，1990 年和 1991 年必须给民主德国支付的、国家条约中明文规定的援助事实上只是 1990 年约 250 亿西德马克、1991 年 380 亿西德马克吗？再加上重建信贷银行（Kreditanstalt für Wiederaufbau）与欧洲复兴计划特殊资产的信贷总量，整个 1991 年不再超出整整 400 亿西德马克吗？联邦财政部官员和联邦财政部长清楚，财政负担很可能将会更高。每个参与者都知道，赤字估算和与之相关的民主德国总财政计划是政治妥协的结果：西部方面只愿补贴有限的数目，东部方面则要更多。可以期待，民主德国在紧缩补贴、裁减国家机构人员、快速建设有效的税务管理上会有巨大的政治困难。民主德国的失业率也绝对有可能预计得太低。东德财政部的预算是以这样的假设为基础的，即 1990 年底，民主德国将有 80 万人处于失业、临时工和创造就业计划中。联邦财政部则相反，如前面看到的那样，1990 年 1 月，就把引进西德马克后第一年的民主德国失业人数估计在 140 万。[59]因此，财政预算的风险是显然的，而且内部一直在讨论。但由于没人知道民主德国的赤字到底有多高，联邦财政部除了"谨慎行事"以外，根本没有别的办法。[60]这种不确定性促使魏格尔在公开发言时非常小心。他严格拒绝对因货币、经济和社会联盟而导致的联邦德国必须承担的费用作出估算。联邦政府中谁也不愿增税。增加消费税不受欢迎，增加所得税，不仅在西德，而且在东德也会阻碍投资。然而，魏格尔对完全排除增税持谨慎态度。在紧急情况下他要给自己"留一扇小门"。[61]

尽管魏格尔及其官员们明白，国家条约中议定的财政一揽子计划将很可能不够用——对必须由联邦德国公共财政承担的费用，直到 6 月他们的低估还相当明显。对此有多种原因。按照至今对国家新增债务的一般标准，1991 年 380 亿西德马克用于纯财政援助根本不是那么低，1991 年的民主德国国民生产总值估计为整整 2500 亿西德马克。因此，民主德国将以转移支付，即无偿支付的方式，从联邦德国得到其国民生产总值的 10% ~ 15%。如果再算上计划给国家财政（140 亿西德马克）和托管局（100 亿西德马克）的信贷额度，产生的货币流入量高达国民生产总值的 20% ~ 25%。根据常识，那得释放多么强劲的增长动力！问题自然是，常识不能用到 1990 年的民主德国。如果绝大部分工业生产被一棒子打出市场，那么高达国民生产总值 1/4 的货币注入，也只能缓解崩溃引起的社会后果，但不可能实现快速建成具有竞争力的工业。然而，5 月的时候，财政部对此还没有认识得如此明白。

仅仅东德企业和基础设施的整顿将要求多少私人和公共投资？对此问题的提示，并非出自在这一棘手问题上偏向于谨慎的联邦财政部，而是经济学界。

其中，来自基尔世界经济研究所（Kieler Institut für Weltwirtschaft）所长霍斯特·希伯尔特（Horst Siebert）的报告，对把民主德国的基础设施拉到西德 1990 年的水平所必需的投资额度，作出了偏于悲观的估计。希伯尔特是这样计算的：联邦德国私营部门（不包括住房企业）的资本存量值为 44100 亿西德马克。民主德国居民占德国人口的 1/4。我们假设，民主德国所有的资本物品都是老旧的，那么，在每个国民的实物资本达到联邦德国的水平之前，必须在厂房和设备上投资 11000 亿西德马克。用同样的方法计算，基础建设价值为 5000 亿西德马克，住房价值为 11000 亿西德马克。但并不是一切都完全报废，根本没有必要全面更新所有的设备、住宅、交通和电话网络。用于企业的投资首先必须通过私人提供资本，这也是有可能的。最终，联邦德国 1989 年输出的资本高达 1200 亿西德马克，相应的数目现在也会流入民主德国，首先是因为对国际资本来说，民主德国也是有利可图的。民宅建造业也必须主要通过私人来融资。国家仅仅必须承担用于扩建和整修基础设施的绝大部分费用。希伯尔特得出从后来的角度看低得惊人的公共财政需要估值：在未来的八至十年时间里，也许是 3000 亿 ~ 4000 亿西德马克。[62]

柏林德国经济研究所对基础设施整顿资本需求的看法与之类似：联邦德国必须每年为民主德国提供用于基础设施扩建的大约 500 亿西德马克的财政援助。柏林德国经济研究所也把整顿企业首先看作是必须通过私人资本来完成的任务。回顾过去，他们为西德企业在民主德国直接投资所设定的相对较低的金额令人吃惊：每年 200 亿西德马克。它的出发点是，500 亿国家援助和 200 亿西德私人直接投资必然足以给民主德国提供强有力的增长动力。[63]该研究所没有公开企业整顿总费用的估计，但在内部，其员工得出了与希伯尔特类似的数字。研究所显然希望，极大一部分整顿费用或许可以从未来十年在东德产生的赢利中得到支付。更为乐观的是在埃森（Essen）的莱茵兰 - 威斯特法伦经济研究所（Rheinisch - Westfälische Institut für Wirtschaftsforschung）。它估计，私人和国家在生产设备、基础设施和环境投资方面，民主德国的后续总需求只有 5000 亿 ~ 7500 亿西德马克。[64]

鉴于颇负盛名的经济研究所的这些估计，联邦财政部官员完全有可能陷入每年 500 亿西德马克的公共转移支付已经足够的幻觉之中。它虽然超出国家条约为 1991 年规定的总数，尤其意味着相应的转移支付必须长达数年，然而，鉴于这些估算，联邦财政部还没有理由害怕。回顾过去，最让人惊讶的肯定是，不仅研究所，而且联邦政府也公然坚信，私有资本将大量流向东德。西德企业究竟为何应该在东德进行规模巨大的投资呢？在 1990 年的繁荣期，它们的产能虽然已经得到充分利用，但这将维持多久？在可能萧条的情况下，只有当东德的工资水平明显低于西部，才有兴趣在那里添设新的生产设备。在 5 月的时候，几乎没有人能考虑到这一点。联邦政府习惯的最大幻觉，是过高地估计西部企业在东德投资的意愿。在这一幻觉之外又有另一种幻觉：过高估计托管局的销售额。如果投资者争相收购民主德国企业，那么确实有可能从托管局的销售收入中支付结构调整补助和支付国家财政补贴，但如果没有争相收购，那将首先会对民主德国，然后是对联邦德国的国家财政造成更大的负担。联邦政府之所以长时间坚持这种决定性的幻觉，也许是因为，如果选择给国民带来更重的负担，那么就会消耗选票。但无可争议的是，它对私人投资意愿的错误估计，得到了国民经济学界主流的支持。

除了西部企业投资意向的幻觉，还有一种波恩部委 5 月维护的，只能用有目的地表现乐观主义来解释的虚构。这种虚构是：我们先肯定，民主德国将有能力把赤字大约控制在双方在国家条约会谈中商定的范围内。[65] 5 月，魏格尔及其官员们也许还能寄希望于联邦政府可以向民主德国解释，没有更多的钱，从而迫使民主德国自己负责解决其财政问题。但这种希望必定会一周周地消失，一个正在解体的国家不可能保持稳定的财政政策。7 月，当经济和政治的混乱蔓延开来、民主德国加入联邦德国以及能够在当年实现全德选举似乎已成定局之际，要让民主德国履行义务，就显得很可笑了。相反，东德选民很快就会要求联邦德国履行义务。

德国统一基金

仅在条约中商定但后来看来完全不充分的财政一揽子计划的融资，就带来了巨大的政治麻烦。各联邦州激烈反抗由统一费用造成的任何可以察觉的负担。选民普遍担心的是，统一会导致通胀，从而增税。虽然不是唯一的担心，但正是由于这种担心，社民党在 5 月 13 日北莱茵－威斯特法伦州和萨克森州的议会选举中，取得了巨大的成功。

联邦不愿单独承担统一的费用。在 4 月 20 日的联邦和各州财长会议上，开始了与各州关于费用分配的争执。

联邦财长徘徊在三分之一解决方案上。民主德国的财政赤字，其中三分之一应由民主德国通过信贷来偿还；三分之一由联邦出资，来源应该是节减，如在柏林和边界区域的促进方面节减，以及货币联盟带来的高增长率导致的超计划的税收增加；三分之一应由西德各州和县市承担，方式是它们同意重新分配增值税。这种想法的背景是，多年来联邦的税收收入占总税收的比例一直在下降，从 1970 年的 54% 减少到 1988 年的 45%。1990年 2 月，联邦和各州达成协议，从 1991 年起改变增值税的分配比例。不过，根据协议，1990 年应保持现有的分配：联邦 65%，州 35%。提税则被联邦财政部以这样的理由加以拒绝：它将损害经济增长，从经济增长中正好可以出资资助部分统一费用。当然还有一点，以不寻常的规模提高增值税和工资收入所得税不得人心，会归咎于作为税法立法者的联邦，而从税收中受益的不只是联邦，还有州和县市。因此，联邦政府必须设法避免提高增值税和工资收入所得税，而某些州一级的政客更乐于提税。从一开始，联邦财政部就觉得没有机会试图让未来的东德联邦州立即参与州财政平衡，即"较富裕的"州向"较贫困"的州"横向"平衡支付：西德各州永远不会同意这条规定，它们必然担心，在这条规定下，自己在相当长的时间内会成为对东德的净支付者。[66]此外，1990 年 5 月涉及的起初只是货币、经济和社会联盟导致的联邦、州和县市须承担的费用，而不是相反，把联邦德国的联邦财政规章制度向东德延伸，如果国家统一在即，联邦和各州必然会为此而争执。

在 4 月 20 日的会议上，魏格尔先建议 1990 年就改变增值税的分配。联邦州拒绝。在 11 个州中，为 1990 年制定与民主德国相关的紧缩追加预算有困难，这一点也是可以理解的。接着，魏格尔设法劝说各州，从

1991 年起把与特定目的绑定的增值税税点临时转让给联邦。州不愿拒绝这一点，但只答应税点很少，按联邦的观点来看，这些税点根本不够。巴伐利亚州（基社盟执政）和石荷州（社民党执政）表示同意设立一个由联邦和各州共同承担的、通过贷款融资的基金，北莱茵－威斯特法伦州（社民党执政）也表态，可能同意基金解决方案。[67] 在联邦财政部中也考虑过基金的想法，但作为第二选择，只有当增值税重新分配遭到州的反对而失败时，作为退路才予以接受。4 月 20 日恰恰出现了这种情况，并在联邦和州后来的会谈中成为定局。各州，不管社民党、基民盟还是基社盟执政，都站出来表示没有办法紧缩，它们开始在媒体反对魏格尔建议的集体行动，起到的作用是煽动西德人对统一成本的担忧。一种典型的观点认为，重建德国统一的目标将导致幼儿园和社会福利的各种缩减。[68] 各州在这种争端中处于极为出色的战术地位上：如果联邦不愿单独承担费用，就有赖于它们的同意。对于国家条约，联邦政府无论如何也需要州的同意。没有时间进行长时间的谈判。因此，联邦向州的意愿全面让步。

多次谈判的结果是 5 月 16 日由联邦和州政府首脑通过的"德国统一基金"（Fonds Deutsche Einheit）。这种与正常财政脱离的特殊基金应该运行四年半，而且提供下列额度：

1990 年	220 亿西德马克	1993 年	200 亿西德马克
1991 年	350 亿西德马克	1994 年	100 亿西德马克
1992 年	280 亿西德马克	总数	1150 亿西德马克

联邦有义务通过紧缩给基金注入总共 200 亿西德马克。联邦财政部主要想通过取消和降低与分裂相关的费用实现上述任务：柏林促进费用、边界区域促进费用、过境费用总支付。基金四年半内接受贷款总计 950 亿西德马克。这笔年本息偿还率为 10% 的贷款本息偿还将由联邦和州（包括县市）各承担一半。20 年以上才能结束偿还——这是一种尝试，在总费用上升的同时，把联邦和州现行成本控制在低点。州的年本息偿还份额应该从 1991 年起才到期，而且从州的增值税中支付。向各联邦州的摊派以及县市的参与应该根据联邦各州制定的建议进行。由此一来，"德国统一基金"计划的款额，足以支付国家条约协商的 1990 年和 1991 年对民主德国财政的补贴，而且在此后的三年里保证其他明显要低得多的补贴。用于养老保

险和失业保险的启动援助支付，由联邦单独承担。整体来看，联邦比州承受的负担显然要大得多。[69]

单位：十亿西德马克

	1990 年	1991 年	1992 年	1993 年	1994 年
联邦	4.75	8	6.6	8.8	9.5
养老与失业保险启动	2.75	3	—	—	—
基金补贴（总数 200 亿西德马克）	2	4	4	5	5
年金还款	—	1	2.6	3.8	4.5
州和县市	—	1	2.6	3.8	4.5

因此，联邦必须在 1990 年 7 月 1 日 ~ 1994 年 12 月 31 日额外承担 376.5 亿西德马克的负担。落到税收高于联邦的州和县市肩上的只有 119 亿西德马克。

5 月 16 日联邦和州政府首脑会议的其他三个结果，可以体现联邦州在多大程度上实现了成功拒绝统一费用引起的负担：

　－2 月商定的从 1991 年起重新分配增值税被推迟到 1993 年。

　－直至并包括 1994 年在内的州财政平衡和联邦给州的补充拨款得到确定。新规定从 1995 年起才开始实施。也就是说，东德的州可以从 1995 年 1 月 1 日起才参加州财政平衡——前提条件是民主德国那时已加入联邦德国。

　－为了保证自己的胜利成果，州认为，它们对统一费用的支付已与对德国统一基金的支付相抵消，未来的额外费用应由联邦单独承担。

西德公共舆论对"德国统一基金"的反应，更多地可以用不确定，而不是用肯定与反对的观点来描绘。主流舆论担心，基金的贷款融资将使已经上升的利息继续冲高，也许还会有通胀效应。合乎逻辑的反对意见主张增税，但也得不到广泛支持，很简单，它不得人心。甚至影响力很大、对政府绝非友好的《时代周报》也认为，通过贷款融资的基金无法满足不可预见的而且无论如何都会高昂的统一费用，在这种情况下，魏格尔的打算可以如愿：经济形势现在就比预想的要好，货币联盟会导致新的增长动力，"这样看来，德国统一确实可以自行支付一部分费用"，[70]剩下的费用或许可以从取消与分裂相关的费用而带来的节减中获得。

反对党也没有给公民和媒体提供明确的方向。它自身没有达成一致。增税的支持者主要在社民党。不过，英格里德·马特乌斯－迈尔反对增税，同时也反对"依靠贷款整顿民主德国"。她要在国防预算上节省。[71]影响力很大的北莱茵－威斯特法伦社民党同样避免提出增税的要求。6月初，它还局限于这个方式：除了节省国防预算，还要求放弃为1991年计划的降低企业税；"紧急情况下"可以考虑收取税收补充费来支付。[72]媒体和政界的所有讨论显示，记者和政治家们是如何估计联邦德国公民对统一负担的态度的：德国统一，可以，但尽可能是零代价。

联邦银行不用考虑选民的情绪。它对德国统一基金的反应更具启发性。联邦银行没有参加联邦和州之间的谈判，事后才得到通报。它不赞同贷款融资，因为它担心利息会上扬，并有可能产生与此相关的通胀。在增税问题上，央行理事会没有达成一致，因此联邦银行没有公开对此做出表态。主流倾向是，联邦和州应该紧缩，尤其要裁减补贴。虽然从事件本身上看，这是对的并且无可非议，但有些天真：西德利益群体对裁减补贴的抗议，将至少与各州反对统一费用带来的负担一样激烈。

有关德国统一基金的决议成了继续进行统一融资所遵循的样板：信贷融资优先会遭到攻击，但从政治上看是最容易的筹资途径；为了表面上把公共财政的负担压得更低，尽可能利用特别基金作为国债的单独承担者；即便后来当新联邦州参加到联邦参议院以后，西部各州被迫作出某些承诺，负担主要还是留给了联邦。资金使用也按照同样的趋势，1990年5月就能看到这一趋势：通过贷款支持的支出主要用于支撑消费，从经济和法律角度来说，这样的贷款只可用于支付投资。因此，1990年5月就制定了错误的统一融资方针。然而，从政治角度而言，此时几乎看不到别的途径。

《统一条约》谈判期间的财政预算和财政法规修改

实际上，7月国家条约的财政一揽子计划就已过时。货币、经济和社会联盟生效后没几天，情况就已清楚，民主德国国家财政和社会保险的赤字比5月预计的要高。行政管理不灵，税收和社会保险缴费收不上来，销售额和生产比担心的下降得还要快，失业率直线上升。民主德国财政部长龙姆贝格要求为1990年补充至少100亿～120亿西德马克的预算，可能的话，两到三倍也是必要的。[73]

《统一条约》谈判最艰难的部分是资金问题，准备工作正在波恩和东柏林的高压下进行。双方政府对此有不同的设想。但联邦政府最大的对手不是民主德国，而是那些仍然不愿为统一做出牺牲的"旧"联邦州。东部方面，基民盟和社民党没有达成一致。只要社民党在政府中，就会影响谈判。但它退出后形势也没有多少改观：为了使《统一条约》得到人民议院三分之二多数的通过，德梅齐埃需要尽可能多的社民党议员的同意。

联邦政府和"旧"联邦州的分歧迫使把有关"新州"财政配置的谈判终结；联邦和州必须在朔伊布勒可以向民主德国许愿债务之前，最起码先在原则上达成一致。尽管如此，8月初在第二轮代表团谈判中，财政问题得到详尽的讨论，形成了一个专家会谈和非官方接触的长期话题，使得朔伊布勒不断得到有关德梅齐埃政府的目标和问题的通报，克劳泽得到有关西部的目标和问题的通报。

理论上讲，已经存在可能性，可以从一开始就把联邦德国财政法规完全引进即将在东德产生的"新"联邦州。如果民主德国根据《基本法》第23条加入联邦德国，《基本法》有效范围向东德延伸，从逻辑上讲，就必然要让"新"州也加入《基本法》规定的联邦财政联盟（Finanzverbund）。它包括"税收高"和"税收低"的州之间的财政平衡、联邦和州之间通过联邦对州特定用途拨款的财政平衡，它们要么是处于改善地区经济结构或建设大学（"混合融资领域"）的共同任务框架下，要么通过不指定用途的联邦补充拨款实现。从财政总量上看，公共税收，主要是工资和所得税、公司赢利税、增值税，构成联邦财政联盟最重要的部分。在将其分配到联邦、州和县市的过程中，注重有利于"较弱州"的重要平衡作用。把"新"联邦州完全整合到这种联邦财政总联盟中，就像1990年夏天规定的那样，对它们来说，明显要比德国统一基金有利得多。[74]完全且立刻将东德的州吸收到联邦德国的财政联盟中，政治上自然是行不通的，西德各州将遭受太大的损失。

所以，一方面原则上计划吸收"新"州进入联邦德国的财政联盟，另一方面，必须制定过渡阶段的特别规定，事实上这一点是不可避免的。联邦政府对"旧"联邦州、同时对民主德国的相应立场是：让《基本法》有关财政事务的所有规定在全德国生效。过渡解决方案是必要的。联邦总理和各州州长1990年5月16日的协议就属于这些过渡规则。[75]

但在对5月16日协议的解读中，联邦和"旧"州之间立即爆发了激烈的争论。各州重申自己的观点，即随着德国统一基金，它们已对统一的融资作出了贡献。联邦政府不愿接受这种解释。它认为，民主德国加入后，各州有义务继续负担费用。联邦政府虽然接受根据 5 月 16 日的协议，"新"州从 1995 年起才参与州财政平衡，但关于复杂的财政联盟的其他部分，联邦和州之间没有作出任何决定。在混合融资领域中，联邦法，如关于共同任务和财政援助的规定，可逐步向"新"州延伸。"新"州也必须按照适用于"旧"州的同样准则参与增值税分配。在混合融资领域，"旧"州愿意作出一些让步；至少有迹象表明，在高校建设和农业结构共同任务方面，联邦和州可能就接收"新"州达成一致。然而，这种让步诚意没走多远；在改进地区经济结构的共同任务和投资援助方面，"旧"州的表现极为谨慎——如果在此它们必须与贫穷的"新"州分担，留给他们的不会很多。由于联邦政府打算让东德各州与"旧"州以同等的条件实现增值税，它们掀起了一场抗议风暴。《基本法》第 107 条第 1 款第 4 句写到，州占增值税的份额——当前是 35% ——按居民人数分配到各州。而"新"州的人均增值税收入将在数年内明显低于"旧"州。"旧"州感到自己要掏钱。旧联邦州表示，这一规定有利于"新"州，它们自己每年必须交出增值税收入中的 50 亿西德马克，故严厉拒绝。作为折中，它们建议，将州增值税份额的分配分开，不让"新"联邦州得到与其居民人数比例相符的五分之一，而是只有 12%。联邦则有充足的理由认为，这一折中建议违反了宪法。

围绕州增值税份额分配的争执持续了好几个星期。基民盟、基社盟和社民党执政的各州组成了坚固的统一阵营。回顾过去，如果这些争执压根儿没有聚焦于"旧"联邦州和西德社会为了统一而接受紧缩的决心上，争执就不是那么有趣。每年 50 亿西德马克是各州和县市支出总量的 1% 多一点。实际上，州和县市必须紧缩的开支连这一个百分点都不到，而恰恰是因为统一，可以期待旧联邦地区会得到高得多的税收收入，最终州和县市将很可能拥有更多的资金。萨拉辛的德意志内部关系工作小组并不是那么没有道理，它在给魏格尔准备条约谈判的最后分析中表示，"旧"联邦州将通过统一获利。[76]然而就是在这 50 亿西德马克上，州对《统一条约》的同意可能流产。联邦逐步越来越多地向州让步。最终规定是：东德联邦州得到人均平均增值税份额的 55%。这个比例以每年 5 个百分点的速度增加，到 1995 年升至 70%（《统一条约》第 7 条第 3 款）。至此，联邦劝说州至少通过重新分配落到它们手中35%增值税，以分担超出德国统一基金成立时商议负担的费用，这一尝试失败。[77]

朔伊布勒和联邦财政部在财政配置问题上的主要代表国务秘书克莱姆，他们领导的与民主德国的谈判同样艰难，但至少不是那么令人不快。朔伊布勒和魏格尔为一方，克劳泽和德梅齐埃为另一方，有兴趣拟订双方都可以接受的妥协方案。

从谈判开始起，德梅齐埃政府就很难就一致的立场和前后连贯的战略达成统一。在8月初的第二轮谈判中，当首次正式谈起财政问题时，克劳泽要求，根据《基本法》第107条，在民主德国加入联邦德国后，联邦德国的财政法规也应毫无保留地立刻适用于新联邦州，包括州财政平衡、关于增值税分配的规章和关于混合融资的各项规定。[78]克劳泽当然知道，由于"旧"联邦州的立场，他的要求将无法实施，他显然是要先表明一下自己的立场。东德财政部长龙姆贝格和东德社民党则相反，认为克劳泽的策略没多大用处，即使它成功，随后到手的财政援助，再加上德国统一基金的资金，根本不足以弥补国家财政中现在就可看到的赤字。因此，龙姆贝格要求，当年民主德国地区的全部税收收入只供东德的州和县市支配。反过来，联邦无论如何不会接受这一点。它剥夺了联邦对资金使用施加影响的一切可能性。在"新"联邦州地区应该完成的联邦融资任务，必须继续由联邦来承担，尽管它没有从"新"联邦州得到过一个马克的收入。整个情况完全背离了原则上要将"新"联邦州融入联邦德国的联邦财政法规的准则。因此，联邦表示只打算将其从民主德国得到的税收收入份额用于"新"联邦州中的任务。

一种类似的局面——德梅齐埃政府内部不同的观点，其中没有一个能得到联邦政府的同意——也出现于如何在联邦政府中代表东德利益的问题上。德梅齐埃和克劳泽希望有一个在联邦政府中负责东德经济整顿的"建设部"。龙姆贝格和东部社民党偏向于一个在东德各州州长领导下的、应与新联邦州共同合作但不受内阁约束的财政与重建委员会。[79]联邦政府拒绝成立"建设部"。科尔只是解释，他将在组建第一届全德政府时恰当地考虑东德的利益。[80]

因此，在8月初的第二轮会谈后，双方政府如何以及是否真能达成一致，这一情况还不明朗。克劳泽和德梅齐埃仍然要求东部各州最大限度地吸收到联邦国家财政平衡中去；如果东德各州在州财政平衡和增值税分配方面现在还不能达到像西德各州那样的平等条件，那么适当的补偿是必要的。龙姆贝格依然不相信，通过这种方式可为"新"州财政基础提供足够的保障。他递交了预算，根据这些预算，如果只得到克劳泽要求的资金，"新"州的债务到1994年将升至900亿西德马克。相反，如果"新"州留住至少在东德征收的总税款，那么债务只有400亿西德马克。此外，如果它们保留工资和所得税，到1994年增加210亿西德马克新债就够了。[81]德梅齐埃认为龙姆贝格的观点是行不通的，此外还担心东德的税收收入将会比龙姆贝格假设的要低。他对龙姆贝格说：一无所有的100%还是一无所有。[82]但龙姆贝格不放弃自己的观点。关于融资模式的分歧导致德梅齐埃罢免龙姆贝格，从而为社民党提供了退出联合政府的最终理由。

在8月20日开始的第三轮谈判中，在《统一条约》也将耽误在财政问题上的苗头已经表露出来的时候，朔伊布勒成功地与德梅齐埃和克劳泽拟订了一揽子妥协计划：

– 为了"新"州，联邦放弃德国统一基金中供其支配用于完成中央公共任务的资金，将其份额局限在15%。"新"州得到相应的85%，而不是像至今所计划的50%，用于满足它们的一般财政需要。作为对增值税分配方面令人不满意的规定的补偿，德梅齐埃和克劳泽接受这一点。[83]按当时的状况，1991年联邦承担的费用为123亿西德马克；随后它们将随着基金支出的递减而下降。

– 虽然到1994年（含1994年）把"新"州排除在全德州财政平衡之外这一规定不变，但"新"州应得到"用于加速经济增长和结构转型"的联邦援助。在《统一条约》中明确提到的有：有利于"新"州的"优先"区域经济促进方案、以与经济相关的基础建设为特别重点的改善地区经济总体环境的措施、快速发展中小企业的措施、加强经济现代化和经济结构新秩序的措施（《统一条约》第28条）。联邦经济部在条约批准前就说明，在商业投资方面，在改善地区经济结构共同任务的框架下，将会有最高23%的补助率；另外规定高达10%的不与地区相关的投资援助。[84]这些措施给联邦带来的费用，联邦财政部估计仅1991年就至少是45亿西德马克。[85]

– 联邦接管民主德国国家财政的所有债务，包括国外债务，而且是以把债务转记在联邦特别财产账户的方式。利息由联邦和托管局各承担一半。与国家条约中拟定的规定（比较第 247 页）相比，这意味着减轻"新"州的负担——不过只到 1991 年。然后，联邦、"新"州和托管局应该像国家条约规定的那样，重新接管债务（《统一条约》第 23 条）。在一个特别基金，即"平衡基金"中，基金负责支付部分按 1:1 转换的存款和按 2:1 转换的国家银行对企业债权之间的缺口。

　　－托管局成为联邦直接管辖的公法机构。托管局对原国有企业的股权成为联邦的间接股权，因此联邦也承接了托管局的金融风险。《统一条约》明确规定，归属托管局的财产只允许用于在"新"联邦州地区实施的措施（《统一条约》第 25 条）。

　　－德梅齐埃政府担心承诺的援助将被证实不够用，应该通过修改条款来应对这一担心。《统一条约》第 7 条第 6 款写道："在现状基本改变的情况下，由联邦和州审核为（新）州（……）适当平衡财政能力提供其他援助的可能性。"[86]

　　与国家条约的财政一揽子计划相比，《统一条约》给东德带来明显的改善。虽然不仅在以后看来，而且根据当时的认识程度，该条约中量化的财政援助依然太低，但条约没有排除上调的可能性，在第 7 条（修订条款）和第 28 条（经济促进）中直截了当地指出了要求继续支付的可能性。

　　但比所有关于财政的合约规定更为重要的是国家统一的政治后果：只要东德选民可以在联邦议院选举中共同发挥作用，只要东德州政府的代表坐在联邦参议院，东德的利益将可以直接体现在联邦德国的政治体系中。在缔结《统一条约》的过程中，波恩以及东柏林承担责任的每个参与者都知道：不管国家条约和《统一条约》中有什么，情况完全一样，统一是昂贵的——西德人必须支付。人民议院显然持同样看法。尽管在自己的议会党团中，对"新"州的财政配置有疑虑的龙姆贝格并非孤身一人，但大多数社民党议员也同意《统一条约》：人民议院于 9 月 20 日以 299 票赞同，80 票反对和 1 票弃权，批准了该条约。[87]

　　在缔结《统一条约》时，联邦政府早就明白，统一的费用要比 5 月估计的高得多。联邦财政部现在估计，至少 1991 年无法期待从托管局有净入账。[88]也不能再坚持这样的设想，即东德人必须自行负责解决他们的财政问题，只需借助西部有限的援助就够了。

联邦财政部关于 1991 年将对东德进行必要援助的预测，8 月初就以简直是戏剧性的方式发生了急剧的变化。当魏格尔 1990 年 6 月底递交 1991 年的预算草案时，就国家条约中规定的数目，他只给民主德国计划了 80 亿西德马克的紧急储备。现在，民主德国经济和财政的灾难性发展以及确定国家统一即将到来，迫使它对未来财政需求作出极端的重新评估。8 月 2 日，德意志内部关系工作小组表示，与目前的预算草案相比，必须考虑联邦在东德约 790 亿西德马克的追加支出。这差不多是 6 月底紧急储备的 10 倍！工作小组认为，在这笔庞大的数目中，其中整整一半有必要只用于工作和社会，包括社会保险补贴的需求。根据这一算法，联邦至今计划的 3240 亿西德马克的总预算，将因此提高四分之一。这笔 790 亿西德马克的追加支出肯定要和联邦在东德各州地区增加的收入相对应。然而，尽管对增加收入有相当乐观的估计，工作小组还是得出缺口为 355 亿西德马克的结论。因此，目前这项为 1991 年制定的预算草案作废，联邦财长 8 月中旬将其撤回。[89]四周以后，8 月 2 日的预测又被宣告过时，现在必须再算上联邦在《统一条约》中商定的支付费用。再计算，就会得出尚未覆盖的追加需求至少是 500 亿~550 亿西德马克。

不快依然存在

因此，从 8 月起，最迟从 9 月初起，联邦政府有了一个应被视作接近正确的关于统一费用的构想。在此期间，公众也在讨论类似的甚至还要高的估算。在融资问题上，联邦政府此时收获的主要是报刊发表的反对意见：太长时间低估费用，仍主要想通过贷款来支付统一，此外通过"逃离预算"，即通过成立德国统一基金，在《统一条约》中继续以特别基金掩盖实际的国家债务。[90]

虽然现在清楚，转移支付将比国家条约规定的要高出两到三倍，但在统一融资问题上的对峙并没有改变。自民党仍然坚决拒绝增税。基民盟和基社盟在反对增税问题上没有那么一致和明确，比登科普夫和施佩特认为它是不可避免的，如果仔细听，就会发现，联邦财长依然把增税看作最差的解决方案，但不愿排除它。[91]

社民党在增税问题上也不统一。它的总理候选人拉封丹 9 月初发表了把统一费用的融资与"工业化社会生态改造"相结合的想法。他主要想通过大幅提高能源税来实现这一点。此外，他要削减国防预算。但在他的党内，增税依然有争议。施罗德州长和恩格霍姆（Engholm）州长不同意提高能源税，而建议提高增值税。对马特乌斯－迈尔来说，情况则相反，增税是最后一招，充其量应当紧缩预算，如果紧缩国防预算仍然不够时才可以用它。名誉党主席维利·勃兰特同样表示反对增税，认为社民党不能把自己变成"无谓的不幸者"。[92]拉封丹现在有些收敛。在他的"政府纲要一百点"中，处理统一融资的第 80 点得到修改，其中再也没有提到增税。现在是这样写的：

"为了支付德国统一的费用，所有融资储备都必须得到充分利用。因此，尽管未来几年的经济周期性繁荣导致国家财政增收，我们也必须极其节俭地使用公共资金，我们看不到对企业和高收入者普遍降税的空间。首先需要在国防方面大幅削减费用。分裂导致的联邦德国支出可以转到新联邦州账上。"[93]

此外，拉封丹表示同意对高收入者征收有期限的补偿税。这一路线暂时解决了社民党中的分歧。但客观上它几乎是不现实的：削减国防预算、放弃降税、征收"高收入者"补偿税，很可能不足以弥补可预见的预算赤字。然而，党领导层设法避免这样的印象，即社民党是一个要给大多数选民增加负担的增税政党。

联邦总理必须在 1990 年秋努力打破仅仅到下次选举的短期政治选票最大化的考量吗？他应该呼吁西德选民为统一作出牺牲，通过分担来战胜分裂吗？1990 年秋就提出了这些问题，有观点认为总理错过了利用那时激昂的情绪，以取得同意裁减补贴和增税，这一说法当时就流传开来。但在西德，激昂的情绪只是在城墙倒塌后的那一刻，当每一辆特拉比（Trabi）汽车都在西德街道上受到欢迎之时才有过。1990 年夏末，大多数西德人早就回到正常的情绪状态。他们虽然原则上同意统一，但已远离了统一时的激动心情，在受到亏待、陷入困境的亲戚面前，他们更多地表现出责任意愿。

过高要求这种责任意愿是可取的吗？他们将有多大的承受力？如果总理发表"金钱、汗水和眼泪"的演讲，肯定能在媒体赢得有利的回响。他同样也可以为自己赢得经济学主流观点的赞同。大多数经济学者痛骂贷款融资，要求削减投资，在极其紧急的情况下提高增值税。[94]以这种方式，总理甚至可以和自民党达成一致。科尔自己也怀疑，西德人为统一做出牺牲的意愿是否很强烈，[95]1990 年夏天这种怀疑肯定没有减弱。

如此一来，仍旧按通常熟练的政治程序，选举前避免增加负担。如果残酷确有必要，那或许在此之后再来。不快的感觉依然存在：西德社会真的那么痴迷于财产保护，以至于不能指望他们追求真理吗？

1991 年 2 月增税随之而来，不过现在是以德国支付海湾战争为理由。此外进行了有利于新联邦州的调整。原油税和天然气税提高的决议于 1991 年 7 月 1 日生效，同一时间，与所得税和公司赢利税一起征收 7.5% 的"团结税"。其他增税，主要是增值税从 14% 提高到 15%，应该晚些时候才生效。2 月 28 日，"旧"联邦州屈服于"新"联邦州、联邦和公共舆论，接受修改《统一条约》中商定的州增值税份额分配（《统一条约》第 7 条第 3 款）：立即向"新"州提供每个居民平均增值税份额的 100%。这意味着，从"旧"州到"新"州的转移支付为 50 亿西德马克，不过这并不会迫使"旧"州紧缩，因为与统一有关的增值税收入增加超过了 50 亿西德马克。[96]同一天，联邦放弃德国统一基金剩下的 15% 资金，使包括为 1992 年积累的基金资金全部让给"新"州用于其自身的任务。3 月初，联邦政府拟定每年追加 120 亿西德马克财政总量的"东部复兴公共方案"（Gemeinschaftswerk Aufschwung Ost）。

随着这些调整和方案，对东德的财政转移支付毛额 1991 年达 1390 亿西德马克，减去民主德国税收收入的净额达 1060 亿西德马克。[97]（也比较第 397 页）此处还根本没有考虑托管局的支出（200 亿西德马克）和联邦接收民主德国债务所产生的费用。不过，反过来，统一带来的繁荣导致的联邦德国的税收收入，也未考虑在内。因此，发生的净转移支付几乎相当于国家条约规定的财政援助的三倍。从 1991 年春天起，东德各州几乎再也不能抱怨没有得到足够的公共援助。

1990 年 5 月在统一公共融资过程中出现的计算错误，1991 年只得到减弱，但没有得到纠正：联邦还是主要负担者，它支付这一负担，只有一小部分通过紧缩和增税，大部分通过信贷来解决。用公共援助支付相当程度的社会福利，虽然是有必要的，但必须通过西部紧缩和增税来支付。然而，以正好必要的规模削减补贴和增税，没有哪个联邦政府会去冒这个风险。在 1992 年开始的萧条中，严格的紧缩方针甚至是顺周期的，会让失业率继续上升。补了这个财政漏洞又补那个，从这个紧急方案到那个，无休无止。[98]

表 10　公共债务情况，以 10 亿西德马克为单位

政府机构	1989 年	1994 年	1996 年
联邦	491	712	840
州(西部)①	310	415	478
州(东部)	—	56	82
地方市镇(西部)②	121	156	166
地方市镇(东部)	—	32	39
特殊资产	7	291	531
其中：			
欧洲复兴计划	7	28	34
德国统一基金	—	89	84
信贷清算基金	—	102	—
遗产债务基金③	—	—	332
联邦铁路资产	—	71	78
褐煤投入平衡基金④	—	—	3
赔偿基金	—	—	0

注：①1994 年和 1996 年，包括全柏林。
②包括特定目的协会。
③包括落到民主德国市镇社会设施的旧债务。
④1995 年，平衡基金债务首次出现在债务情况统计中。
资料来源：《德国联邦银行月刊》（Deutsche Bundesbank：Monatsberichte 3/1997，S. 19）。

第八章　国际顾虑

　　联邦德国与民主德国之间的谈判必须得到国际保障。没有欧共体的同意，货币、经济和社会联盟在法律上和政治上根本不可能。从法律上看，苏联的同意对国家统一是必要的，但按联邦政府的看法，对货币、经济和社会联盟则是没有必要的。然而，肯定可以期待，只有当苏联的经济利益得到慷慨的考虑时，它才会在政治上接受国家条约。在这一问题上与欧共体协商一致是复杂的。但与当初由于联邦德国欧共体伙伴中普遍反对德国统一的倾向而引起的担心相比，原则上讲，困难要小一些。得到苏联的保障，在专业问题上初看上去不太复杂，但在政治上至少与欧共体问题同样棘手。然而，联邦政府在这两方面都有运气。它最重要的欧共体伙伴法国，刚好可以及时地接受德国统一，德洛尔（Delors）领导下的欧共体委员会，从 1990 年 1 月起就在所有重要问题上支持联邦政府的德国政策。在苏联，戈尔巴乔夫掌权，他也没有偏离自己 2 月 10 日对联邦总理承诺的路线，尽管这条路线在国内政治中对他反而有害。戈尔巴乔夫为此期待经济上的回报，这是显而易见的事情。

第一节　与欧洲共同体会谈

最重要的框架条件

　　1990 年 1 月，欧共体对德国统一的主导立场开始发生变化。1989 年底，持保留态度的占多数。据科尔说，在 12 月 8 日和 9 日斯特拉斯堡欧洲理事会（Europäischer Rat）会议上，曾有过对联邦总理"近似法庭审判"[1]的质询，他的《十点纲领》，尽管措辞是那么小心，显然还是被大多数欧共体政府首脑视为危险，没有和他们事先协商就朝着重新统一的方向迈进。欧洲理事会在其最后声明中表示，原则上同意德国统一，这对科尔和根舍来说是莫大的成功。不过，这份最后声明也表现出欧共体伙伴的不安，它提到了从德国角度看是理所当然因而也是多余的条件：

"我们谋求加强欧洲的和平状态。在这样的状态中，德国人民将在自由的自决中重新赢得统一。这一进程必须以和平民主的方式，与对话和东西方合作相联系，在维护协定、条约以及《赫尔辛基最后文件》中所确定原则的前提下进行。它也必须融入欧洲一体化的前景中。"[2]

这个声明之所以出台，很可能是因为科尔同意立即召开 1988 年后就已着手准备，1989 年 6 月已原则上决定的欧洲货币联盟细则大会。如果真要这么做，似乎只有当联邦德国与欧共体更紧密地结合在一起，法国才愿意接受德国统一。对法国来说，挂钩当时具体意味着：建立欧洲货币联盟（Europäische Währungsunion）。

1989 年 12 月 20 日和 21 日密特朗（Mitterrand）访问民主德国，加重了联邦政府的忧虑，担心法国可能反对德国统一的发展。这次访问肯定不是想削弱民主德国，却起到了引起密特朗怀疑民主德国究竟是否还能稳定的作用。从爱丽舍宫中可以听到，密特朗在民主德国到处碰到的都是不知所措，无人知道政治和经济应该如何继续下去。[3] 两周以后的 1 月 4 日，科尔在兰锲（Latché）的庄园拜访了法国国家总统。联邦总理再次保证，德法盟友关系依然是欧洲统一的发动机，德国统一必须纳入这一进程。密特朗表示，如果他是德国人，他同意立即统一；但巨大的障碍是两个德国不同的联盟所属关系；人们需要时间思考，必须考虑苏联，不应通过太快的进程而削弱戈尔巴乔夫的地位。特尔切克将这次会晤看作巩固德法合作的"关键性的谈话"。[4] 看上去，由于对德关系，法国再次早于英国准备接受现实。四十年前，法国就相对较早地接受了西德不可避免的重新崛起，并以捆绑战略——欧洲煤钢共同体（Europäische Gemeinschaft für Kohle und Stahl）——作出回应。现在体现的是同样的战略：接受德国统一，要是它真的不可避免的话，但只有当欧洲同时一体化，尤其是德法合作向前推进，才可接受它的统一。从密特朗对科尔 2 月 10 日访问莫斯科的反应可以看出，1 月 4 日以后，他还持多少保留态度。正如他原来的特别顾问阿塔利（Attali）所述，密特朗说：

"戈尔巴乔夫到底在想什么。他向我保证过他将坚持，但他全面放弃！科尔给了他什么？多少亿西德马克？"[5]

无论如何，自从科尔与法国总统 1 月 4 日的会谈之后，联邦德国和欧共体委员会之间，在确保德国政策的下一步骤方面，日益加大紧密的合作。迄今为止，委员会主席德洛尔关于德国问题的言行都特别谨慎。但在1月8日的采访中，他认为有可能实现的德国统一将起到加强欧共体的作用。[6]1月17日，德洛尔在欧洲议会作了纲领性的发言，其中也就德国问题作出表态。此时他面临的任务并不轻松：他必须对《欧共体与民主德国的贸易与合作协议》（*Handels- und Kooperationsabkommen der EG mit der DDR*）发表看法，这是莫德罗政府1989年11月17日提议而由欧洲委员会准备的。同时，他必须对德国统一表明立场——而且正是在莫德罗政府和苏联依然坚持民主德国独立自主、一大批欧共体成员国并未放弃对德国统一的保留态度的时刻。此外，他还必须考虑到波兰和匈牙利已经成为可能的入盟候选国。德洛尔很巧妙地解决了这个问题。他认为，国家统一首先是德国的事务，但也是欧共体的事务；民主德国是寻找与欧共体紧密合作国家中的"特例"；对于民主德国，在现有的《贸易与合作协议》之外，有三种选择：

- 联合协议（Assoziierungsabkommen）；
- 作为独立国家加入。在这种情况下，欧共体必须允许针对波兰和匈牙利加入欧共体申请而制定的、在完善共同内部市场之前不接受新成员的约定之外，作出例外规定；
- 作为统一德国的结果，将民主德国纳入欧共体。

他当然知道，不能接受民主德国作为欧共体中的独立国家加入欧共体。联邦德国必定会拒绝这种可能性，因为这样一来，就强调了民主德国国家的独立性。一大批其他成员国也会反对，谁会希望也许会持共同立场的两个德国存在于欧共体？荷兰外交部长范登布罗克（van den Broeck）绝非德国快速统一的支持者，在1月20日外长会晤期间还表示反对民主德国加入欧共体。几天后，比利时、法国和英国的外长们也表示反对。除了反对德国在欧共体中的超级分量，还有经济方面的考量。和波兰、匈牙利一样，民主德国也不满足加入的前提条件，对欧共体来说费用就会很高。[7]民主德国作为独立国家加入欧共体的希望破灭。因此，未来只有"联合"和"经过统一加入"这两个选择。联合的道路在欧共体成员国中也许能获得多数赞同，但肯定不会受联邦德国的欢迎，它的最终结果也是承认民主德国作为独立国家。如果德洛尔想让大多数欧共体成员看到，在可预见的时间内德国统一几乎不可避免，再好不过的就是开始如此行事。

从现在开始，德洛尔和德国籍的副主席班格曼（Bangemann）在委员会中争取原则上同意支持德国统一。他们有所收获，因为传统上作为欧洲一体化发动机的委员会希望通过德国统一加深欧洲一体化。他们认为，并非只有法国会迫使一个更强大的德国更牢固地捆绑在欧洲，还应加上欧委会这个机构的自身利益：如果委员会在如今确实棘手的德国统一问题上，在各国和欧共体机构的复杂权力关系中，能充当意见领袖，将可以加强自身的地位。自1月初以来，委员会中已设有评估德德和解对共同体作用的工作小组：班格曼领导的第一个工作小组研究对欧洲内部市场的可能后果，荷兰委员安德里森（Andressen）领导第二个工作小组研究对欧共体外交关系的后果，丹麦人克里斯托弗森（Christophersen）领导的第三个工作小组评估对欧洲货币联盟的后果。2月初，当民主德国形势日益激化之时，作出设立由班格曼领导的另外一个"民主德国工作小组"的决定。2月8日，也就是紧接着科尔宣布联邦政府将建议民主德国就"伴随经济共同体的货币联盟"进行谈判之后，该小组第一次碰头。与一大批欧共体成员国政府相反，欧共体委员会显然对民主德国的形势作出了现实的判断，愿为一切做好准备，首先是对德国的发展施加影响。[8]

欧洲议会紧随其后，2月15日成立"德国重新统一进程对欧洲统一影响的临时评估委员会"。但还不能从中得出议会大多数视重新统一为不可避免的结论。然而，它和委员会是同样的动机：做好准备，一旦有可能，便对发展施加影响。在理事会层面，稍晚会出现类似的转折。对重新统一有保留态度的国家仍然很多。相当清楚的是，莫德罗访问波恩之后，各成员国政府逐渐偏向更加现实主义的态度。甚至在英国这样的观点也占了上风，虽然它比意大利或荷兰更生硬地表示反对统一。除了以密特朗为榜样，设法从这种形势中获取最大好处，别无其他选择。无论如何，在2月20日都柏林欧共体外长会议上，当根舍介绍联邦政府的德国和欧洲政策基本路线后，没有出现公开的反对。联邦德国的合作伙伴也将在欧共体中，而且恰恰也是要通过欧共体实现它们的具体利益，对此，联邦政府必须做好更多的准备。

民主德国挤进欧共体

欧共体委员会与民主德国关于《贸易与合作协议》的谈判于1月29

日开始。莫德罗政府要在人民议院选举前就有结果，目的是可以将协议当作经济成果和承认民主德国国家独立性的标志进行展示。2 月中旬已有相当程度上得到双方基本认可的草案，它主要是以欧共体与苏联之间的合作协议为范本。不触碰德国内部的贸易，既符合西德也符合东德的利益。西德代表团和联邦政府作为欧共体一方参与商讨，它们当然更愿意看到协议不再由莫德罗政府，而是由下任民主合法的政府签署。协议有效期很长：十年，这也使波恩不悦。这可能会被当作错误的信号，被理解为通过欧共体支持民主德国的独立。[9]但联邦政府放弃向欧共体委员会通告这种顾虑，应该避免任何管制民主德国的印象。3 月 13 日签署协议。3 月 16 日，就在人民议院选举前夕，莫德罗政府还得意忘形：它建议欧共体开启关于民主德国完全加入欧共体的会谈。[10]即便人民议院选举没有发出民主德国面临终结的明确信号，鉴于所有欧共体成员的利益现状，这一举措也不会有任何机会。当 5 月 8 日正式签署《贸易与合作协议》之际，该协议就已过时。在此期间正在进行通过两德货币、经济和社会联盟将民主德国纳入欧共体的谈判。

艰难的成交基础

在向民主德国提供西德马克几天以后，联邦政府和欧共体委员会开始协商"伴随经济共同体的货币联盟"。先是联邦政府的全权代表与委员会进行了一连串的试探性会谈，目标是展示联邦政府奉行的原则并赢得信任。此时波恩的使者明白，委员会主席同意联邦德国的原则性目标，即在同时深化欧洲一体化的进程中实现德国统一。这种首先得到科尔不断重复的德国统一与欧洲统一相结合将是成交基础，波恩－布鲁塞尔可在此基础上进行表决。但是，如果有必要对这一成交基础进行定义，它会引起相当大的麻烦，这一点同样也很清楚。

路德维希和他的同事哈特曼（Hartmann）2 月 16 日在巴黎与德洛尔的会谈特别有启发，因为必须解决的问题从纠结变得明朗。德洛尔刚在欧洲议会上抱怨说，委员会虽然定期得到通报，但没有参与咨询。[11]现在他表示，对德国发展的担忧正在增加，法国的右翼和左翼甚至出现部分"不理性的敌意"，在荷兰和意大利也是如此。他对联邦总理建议爱尔兰籍理事会轮值主席豪伊（Haughey）将 4 月 28 日定为都柏林欧共体特别峰会的日期表示欢迎；届时，联邦政府不仅要表示继续欧洲一体化的决心，而且要拿出具体行动来；他的想法是让成员国在都柏林加强实现政治联盟的意志，如果联邦总理这么做，那他就将为向民主德国人民传递"团结意愿"和为民主德国提供共同体资金而出力。达成一致的是，路德维希将向德洛尔的内阁主管拉米（Lamy）秘密汇报联邦政府的下一步打算。德洛尔对联邦政府是否按《基本法》第 23 条寻求民主德国加入的问题特别感兴趣。[12]

　　一方面，联邦政府对欧共体委员会主席的解释极为满意，特别是因为几天后就清楚看到，他显然成功地把委员会的大多数领到了自己的路线上。当 2 月 22 日国务秘书科勒尔（联邦财政部）和施莱希特（联邦经济部）与蒂特梅耶一起访问委员会时，克里斯托弗森解释说，委员会愿在德国统一过程中提供一切帮助。[13]另一方面，问题也很清楚。如果德洛尔对欧共体继续一体化的具体行动提出要求，那当然是好事。然而，成员国在政治联盟或货币联盟问题上的观点绝非一致。在具体行动上，联邦政府到底该提出何种建议，从而消除欧共体伙伴对一个过于强大的德国的害怕？尽快实现欧洲货币联盟？英国会奋力反抗，而法国关于货币联盟的想法至今很少合德国人的心意。共同的外交和安全政策？关于这一点，连一个成形的初稿都没有，只是在委员会和议会之间讨论过，而成员国各持己见。因此，如果想要安抚自己的欧共体伙伴，除了表示一般的决心，联邦政府根本不可能有更多的表示。甚至初看上去令人欣喜的委员会主席向民主德国提供欧共体资金的建议也潜藏着风险。联邦德国的欧共体伙伴已经担心，作为货币联盟和经济共同体的后果，它们将面临损失，哪怕只是利息上升。[14]应该通过欧共体给民主德国提供团结赞助费而更加强化这种错觉吗？[15]此外，清楚的是，委员会提供团结赞助费的目的，不仅是纯粹的福利行为，它当然也想赢得对民主德国的影响，如果它给民主德国提供欧共体资金，就更容易成功。最后还有需要磋商的问题：一方面，联邦政府急切地需要欧共体的同意，另一方面很不情愿在每走一步之前都得请求欧共体发表看法甚至请求它的同意。如果向民主德国提供西德马克之前征求了布鲁塞尔的意见，大概会出现何种情况？如果在即将举行的两德谈判过程中，每个步骤只要与欧共体有摩擦，就有义务事先对欧共体解释，那会如何？联邦政府确实面临艰难的平衡：它必须打消欧共体伙伴对德国单独行动的忧虑并把它们拉进来，同时必须尽可能在与民主德国的谈判中自由作主。对此，委员会的帮助是必要的，但委员会过于活跃的角色也没有用处。这就是德洛尔提供的商谈基础，而且是唯一可能的成交基础。不过，协商过程似乎将不会那么容易。

联邦政府的原则立场

2月中旬以后，联邦政府关心的是拟定自己的原则立场。参与拟定的主要是外交部、联邦经济部、联邦财政部和联邦农业部。总理府中主要是路德维希和处理欧洲事务的处长约阿西姆·比特里希（Joachim Bitterlich），[16]他们通过总理府部长塞特斯，让对欧洲问题特别感兴趣的联邦总理不断得到信息并在需要时及时介入。委员会方面，德洛尔、掌管民主德国工作小组的班格曼、安德里森和克里斯托弗森是主要参与者。

联邦政府重视的是，为民主德国加入欧共体，选择无须改动"一级共同体立法"便可通过的程序。原因很清楚。"一级共同体立法"，首先是国际法水准上的成立条约和协议，由实际上具有宪法级别的法律准则组成，只有经过每个成员国审议同意，才能修改，它是一种漫长并始终与相反要求联系在一起的程序。就像联邦政府对其欧共体伙伴利益情况的判断那样，一些成员国将利用机会贯彻财政要求，这些要求最终会给欧共体最大的支付国，即联邦德国增加负担。因此，要尽可能避免修改一级共同体立法，不要让其成为德国统一的后果。不过，"二级立法"的修改，也就是说条例、决定或准则，在大多数情况下是必要的。"二级立法"的修改要以委员会建议、部长会议受理和欧洲议会参与为前提，如果议会反对，部长会议可以全票否决。这也足够复杂，但还没有像修改一级立法那么难。

从这些预先考虑中得出的结论首先是，联邦政府也由于共同体立法的原因而必须按《基本法》第23条追求重新统一。所以，联邦德国作为所有欧共体条约的伙伴地位不变，只是联邦德国拥有的联邦州的数字将发生变化。由此看来，关于重新统一的德国加入欧共体的重新谈判和修改一级立法成为多余，这种观点可以得到贯彻。但在1990年2月根本不敢肯定欧共体是否同意这种观点。如果按《基本法》第146条，即通过新的全德宪法实现统一，法律状况方面的事宜则更加困难。即便是像假设的那样，统一的德国将声明自己等同于联邦德国，一个整体的德意志国家与联邦共和国的国际法地位之间的同一性还是会受到质疑。在这种情况下，至少无法确定，是否能成功地避免根据含有一切风险的《欧洲经济共同体条约》（EWG - Vertrag）第237条的程序加入。波恩的部委中有人忧心忡忡地指出，1957 年在关于《罗马条约》的辩论中，当时的法国外长皮诺（Pineau）代表的观点是，统一的德国是有别于联邦德国的另一个国家，不能马上在欧共体中取得联邦德国的席位。1990 年 3 月，在欧洲议会"临时委员会"中，有少数议员也持这样的观点：在德国统一问题上，是根据《基本法》第 23 条还是第 146 条，必须有一份有必要经过审议的条约。[17]因此需要特别谨慎。[18]

另外，一定要避免这样的印象，即联邦政府试图借德国统一改变欧共体的机构。这样做，不仅牵涉到有必要修改欧共体一级立法，更重要的是担心，联邦德国在欧共体机构中任何一种分量加重，都将不可避免地强化对德国统一的反抗。因此，联邦政府认为，在欧共体委员和欧洲议会议员的数量上、在欧洲理事会选票的比重上，和原先一样保持不变。部委解释的理由是，在委员数量和理事会选票比重上，虽然国民人数得到某种程度的考虑，但不涉及席位的分配比例，反正未必能从德国的扩大中推导出要求改变的索求权。倒是外交部将放弃提高德国议员在欧洲议会中的比例看成是有问题的。它认为民主德国的加入将会使这一问题更加明显，即欧洲议会的选举法不符合平等原则；但建议不将该问题与统一放在一起，而是以后与加强议会权力结合起来，再进行商谈。[19]

总理府、外交部和联邦财政部在对欧共体财政影响的问题上，同样很谨慎。由于过渡期之后才有可能对民主德国全面使用欧共体法律，因此部委的出发点是，这一时期民主德国几乎拿不到欧共体的财政援助，反之也不会给欧共体支付全额会费。过渡时期的援助只能来自联邦德国。在任何情况下都必须避免这样的印象，即德国统一进程会给联邦德国的欧共体伙伴带来沉重的财政负担。[20]但正是这种印象特别顽固。财政影响问题有成为长期热门话题的危险，而且在 3 月和 4 月，它仍给会谈蒙上阴影。地中海国家就是不愿相信德国对重新统一不会给它们带来负担的承诺，欧共体答应从结构基金中拿出双倍的资金给它们，提供资金直至 1993 年，这是为征得它们同意欧洲内部市场而付出的代价。现在，这些国家害怕这一承诺会面临危险，因为结构资金将流向民主德国。再者，委员会一如既往地遵循为民主德国提供团结援助的想法。它考虑 3 月以后为民主德国提供一种"加入前一揽子计划"。如果委员会要保护"贫穷"的成员国，内部必将爆发资金再分配的争论。委员会的动机很明显：它也要用提供援助加强自己对未来两德谈判和民主德国的影响。因此，3 月 22 日安德里森在欧洲议会临时委员会上宣布，委员会将派特别使团到民主德国，使团应该确定民主德国的义务并准备范本，在都柏林交给欧洲理事会。当委员会发言人，英国工党议员多纳利（Donelly）要求欧洲议会对此进行"全体磋商"时，安德里森反对，他认为这里涉及的不只是磋商，而是欧共体参与到德国统一的"真正的合作"中去。关于财政问题，安德里森说，德国的统一不能由欧共体支付，尤其不能由希腊、西班牙、葡萄牙和爱尔兰支付。联邦德国必须自己承担落到欧共体肩上的一部分费用，在某种情况下要为结构基金追加资金。[21]因此，联邦政府严格遵照以下路线：不允许对其他成员国产生任何来自德国统一的负担。联邦德国代表在与欧共体会谈中的发言规则是：不许有关于数字的讨论，不放弃有利于民主德国的结构基金范畴内的欧共体资金，不提任何要求，而且也不要对委员会的团结援助发表意见。[22]

除了这些基本的政治立场，必须制定一份涉及专业领域的纲要，其中，过渡规定或欧共体法律条款的修改是有必要的。在货币、经济和社会联盟生效之时，就让民主德国立即接受欧共体的所有法律是不可能的，委员会和部长会议必须有所准备，允许过渡规定。典型的是在民主德国运用对外经济与海关权（Außenwirtschafts- und Zollrecht）时出现的问题。联邦政府从该原则出发：随着民主德国加入联邦德国的经济区，必然成为欧共体海关区域的组成部分。也就是说，欧共体对外关税、高度自由的欧共体进口权、欧共体出口权以及欧共体农业权中的对外保护规定，将对民主德国有效。不过民主德国与经互会国家的贸易条约不可受到损害。相反，与苏联和其他原社会主义国家的贸易关系，如果有可能，甚至还应该扩大。也就是说，可以寻找过渡解决方案。联邦财政部一些官员解释的理由是，在货币、经济和社会联盟之后，起初民主德国在过渡阶段与欧共体的关系还是第三国关系；首先必须确保，只有原产地在民主德国的商品才能免税运往联邦地区，并从那里运往欧共体关税区，但这将意味着保留德国内部海关边界。相反，对萨拉辛来说，废除德国内部海关边界是很重要的。他建议，进口商品在进入民主德国时就采取共同体法律的关税处理办法；对那些在他看来没有很大机会出口到欧共体国家的民主德国生产的商品，他极力主张"务实的解决方案"。[23]萨拉辛的观点最终得到了通过，然而大家都明白，这里会出现与欧共体进行艰难表决的问题。一方面，民主德国必须对经互会国家履行贸易义务；另一方面，欧共体绝对不能接受民主德国成为进口走私通道，通过它让第三国的产品以优惠的条件涌入欧共体市场。

农业中的过渡规定也是必要的。例如，在过渡期间欧共体必须允许额外的、必须由民主德国或联邦德国向农产品生产者提供的援助，也许还有进口限制，因为民主德国的产品价格远远高于欧共体。此外，正是在农业方面，为了适应欧共体法律而进行大量的调整是必要的，提高至今给联邦德国的牛奶或粮食的配额便是一个例子，提高程度肯定会有争论。

根据《欧洲经济共同体条约》第 92 条形成的补贴条例造成了另一个棘手的问题。在此，根据联邦政府的观点，过渡规定或修改欧共体法律根本没有必要，但前提是欧共体委员会愿意接受联邦德国政府对有效法律的解释。但正是这一点有澄清的必要。《欧洲经济共同体条约》第 92 条第 2c 款，至今是批准用于弥补德国分裂造成的经济劣势而提供补助的法律基础，即边界地带补贴和柏林补贴。联邦政府希望，欧共体能够同意将这种根据第 92 条第 2c 款提供的补贴延伸到整个民主德国。但此后是否允许继续对旧联邦德国边境地区提供补贴，却极其值得怀疑。此外，联邦政府也要为民主德国以及联邦德国根据第 92 条第 2c 款继续保留获得地区和行业补助的可能性。这一条款允许成员国为其在低生活水平地区的公司提供发展援助，并为促进特定经济领域的结构调整提供行业援助。前提条件是得到欧共体委员会的同意，只有当援助不以违背共同利益的方式而改变贸易条件时，才能得到同意。

仅这些少量的例子就表明，有相当大的协商需要。没有委员会和部长会议的让步，就根本不会有解决方案。程序的主动权掌握在委员会手里：它必须建议对共同体法律作相应修改，然后部长会议必须作出决定。联邦政府首先要原则性地、稍后要更详细地向委员会通报自己的立场，并设法对委员会所提建议的措辞施加影响。整个过程持续的时间肯定会比与民主德国签署国家条约长得多，但绝对有必要在结束两德谈判以前，在原则问题上与欧共体取得一致。[24]

3 月 21 日提交的、由联邦经济部汇编的一般性纲要表明，波恩的部委认为在哪些专业领域中，对欧共体法律的适应性调整或过渡规定是有必要的。部委奉行将法律适应性调整和过渡规定限制在最低限度的原则。[25]现在，联邦政府和委员会开始了频繁接触的时期。起初，最重要的事件是联邦总理 3 月 23 日访问委员会。科尔向德洛尔递交联邦经济部的文件，并与主席进行了长时间的两人私下会谈，然后对委员会表明态度。

在这次表态中，科尔果断有力并情绪激昂地反对认为由于重新统一，德国将"脱离欧洲"的观点。他表示，自己一直在为德法沟通和欧洲统一而努力，对此他义不容辞，"不管政治团体怎么想和怎么写，都是如此"。他不会匆忙地推进德国统一进程，但必须考虑到民主德国的国家主权将会消失。民主德国的形势比起初设想的要糟糕得多。必须尽快实现经济、货币和社会共同体，但他重视在德国和欧洲两个层面同时发展。任何发展都应伴随着与欧共体的谈判和会谈。关于德国北约成员问题，他强调，即便付出统一的代价，他也不会同意中立。报告最后，他提到德洛尔让路德维希向他转达的建议。4 月 28 日在都柏林，他会建议"尽快落实"已计划的关于欧洲经济与货币联盟的政府间会议。德国统一会加速欧洲一体化的进程。此外，他还将重申，将扩建和加强政治联盟向前推进，这是消除现有害怕心理的最佳途径。他请求，德国盟友和合作伙伴以更多的信任对待德国人的举措。德国不是压路机，不是第四帝国，不会鲁莽行事。

该阐述清晰而有效。在讨论中，没有一个委员对总理的观点有分歧。唯一表示担心的是大家熟悉的对欧共体小成员国的财政影响。采用巧妙的策略，由班格曼来讲述这种担心，为了描绘一条出路，他和葡萄牙同僚瑞帕迪米那（Ripadi Meana）进行了磋商：共同体对民主德国的援助只集中在特别有问题的环保领域。科尔保证，他从未想过德国统一应该给其他欧共体国家增加负担。他愿意在都柏林发表相应的声明。[26]正如马上体现出来的那样，联邦经济部所拟文件的原则方针也得到委员会的同意。现在，联邦政府有理由相信，与委员会的合作远比原先想象的要好。

国家条约谈判与都柏林特别峰会同时进行

由此，3 月底实现了联邦政府和委员会的原则性共识。与欧共体各成员国政府的共识尚未成型，但最迟必须于 4 月 28 日在都柏林达成这一共识。

在准备都柏林特别峰会时，德法合作得到了检验。4 月 18 日，科尔和密特朗向欧洲理事会建议，在原定关于欧洲货币联盟的政府间会议的同时，召开另一个政府间会议，它的任务是实现政治联盟。这一倡议或许由于可预见的英国的阻力，机会很小，但对联邦德国来说，作为象征性的政策则有很大的用途：它强调了德国统一与欧洲统一之间的关联。[27]

4 月 19 日，作为都柏林会谈的基础，委员会就会谈文件"共同体与德国统一"作出决议。委员会表示同意根据《基本法》第 23 条实现德国统一，从欧共体的角度看，这种程序比通过《基本法》第 146 条明显简单得多。但它认为，第 146 条也是可行的。关键的句子是：

"正如已多次强调的那样，德意志民主共和国地区纳入一个统一的德国，从而纳入共同体，是一个特殊的案例。因此，关于第三国加入，《欧洲经济共同体条约》第 237 条并不适用。"

关于统一德国在欧共体中的地位可能需要漫长的谈判，联邦政府的这一担心由此结束。

委员会文件包含一段民主德国加入统一的德国，从而加入共同体的情景。它分三个阶段：

> —一个以两德货币联盟和经济与社会保护性措施开始的衔接阶段；
> —一个以两德统一开始的过渡阶段；
> —一个所有共同体法律全面适用的决定阶段。

民主德国融入共同体部分将在衔接阶段，即在两德正式统一之前，就通过接受欧共体法律条款完成。在过渡阶段，共同体法律将全面自动适用。只有当欧洲理事会根据委员会的建议明确允许临时例外时，才可能回避这一原则。

委员会指出衔接阶段的问题：

> —由于民主德国融入共同体的大部分工作将在这一阶段完成，所以必须负起责任，让德国统一进程在这一阶段就与共同体法律相吻合。相应的规定必须在必要的情况下写进对这一阶段适用的联邦德国和民主德国之间的条约中。
> —两德货币联盟将对共同体产生宏观经济上的影响。因此在衔接阶段，向委员会汇报货币和财政政策是有必要的。东德经济向社会市场经济转型将要求大量的公共援助。委员会必须有能力，在共同体竞争条例的框架下，对这些援助进行评估。这取决于事先的情况通报。必须避免歧视和扭曲竞争。卡特尔、国家垄断和公共采购必须服从委员会的裁决。

－在衔接阶段，共同体必须防止因民主德国出口带来的贸易扭曲。因此，《德意志内部贸易议定书》应依然生效。

－在衔接阶段，共同体决策机构就必须参与德国统一的整个进程。必须从提供信息和协商进入到"真正的表决"。这要求"委员会在德国内部的舞台上活跃登场"。这自然可以理解为，共同体决策机构的这种参与意味着"委员会和德意志民主共和国政府机构之间也必然会接触"。

在应以国家统一开始，委员会没有对其持续时间作出规定的过渡阶段，基本原则必须有效，只允许最低程度的例外规定和过渡规定。委员会指出了一系列问题，主要在农业和渔业政策、结构政策和环保方面。

委员会的结论是：

"德意志民主共和国进入民主国家群体和即将面临的德意志联邦共和国与德意志民主共和国的统一，是欧洲战后最重要的历史事件之一，应该毫无保留并且毫无限制地受到欢迎。共同体分享德国人民在统一的德国和欧洲共同体内找到新归宿的喜悦。

德国统一必须在一个共同的欧洲这一屋檐下完成。因此，从衔接阶段开始，就必须全面展开两德与共同体之间的协商并积极向前推进。鉴于它们迄今为止的频繁接触，委员会坚信，这是可能的（……）。"[28]

在大多数要点上，委员会的文件令联邦政府非常满意。最重要的是明确同意德国统一和放弃根据《欧洲经济共同体条约》第237条进行加入共同体的谈判。阶段性方案也符合联邦政府的设想。在过渡阶段，那些有必要颁布过渡规定的政治范围，同样满足了波恩部委的设想，不过有几点使波恩有些伤脑筋：

－委员会已经把衔接阶段，即货币联盟生效和国家统一之间的时间，视为民主德国融入欧共体的重要部分，并几乎不加掩饰地推导出它将拥有参与两德关于货币、经济和社会联盟谈判的权力。这一提示还意味着什么呢？在必要的情况下，必须签署另一份确保国家条约与欧共体相容的两德条约吗？但将已足够困难的谈判过程复杂化并加以推迟，正是联邦政府现在最不愿意要的。实际上，委员会不应抱怨联邦政府提供的信息不全。4月29日，在被任命为西德代表团团长后没几天，蒂特梅耶就在路德维希的陪同下首先向委员会主席，然后还向主管的委员会委员们汇报了联邦政府的谈判方案。此时没有出现意见分歧。蒂特梅耶明确承诺，如果在起草合同和条约谈判过程中出现与共同体法律相冲突的问题时，就通报委员会。[29]4 月 23 日，魏格尔将在欧共体经济与金融事务委员会（ECOFIN）会议上向欧共体财长通报国家条约的最新工作情况。联邦总理 3 月 23 日就答应委员会"紧密和充满信任的协商和咨询"，按部委的观点，应该坚持这一点。更多的参与，例如，委员会正式亲自参加国家条约的谈判，不仅部委而且政府成员现在都认为是不合适的。[30]

　　－部委反对委员会希望的、在衔接阶段就实行补助监督和竞争监督，因为这样做，将大大推迟提供补助。

　　－委员会要求的继续使用《德意志内部贸易议定书》也似乎有问题。备忘录说明德国内部贸易的特殊地位。它的用意是，为民主德国生产的商品提供一个可以控制的通道进入联邦德国市场，但把民主德国从第三国进口的商品排除在出口至联邦的优惠之外。此外，联邦德国承担避免由于德国内部贸易给其他欧共体成员国国民经济造成损害的义务。欧共体显然想在过渡时间保留对欧共体市场的保护条例。联邦政府至今坚持这个观点，也就是说，不在民主德国生产的商品必须排除在出口联邦德国市场的优惠通道之外。对此，国家条约规定的原产地不在民主德国的产品进口时的"关税法程序"已经足够。那么《德意志内部贸易议定书》还应坚持什么？委员会想到了民主德国农产品的配额？还是它大概原则上和以前一样愿意为民主德国的商品进入西德市场提供便利的渠道？无论如何，委员会似乎要坚持德国内部的海关边界。[31]

因此，联邦政府对都柏林特别峰会的路线很清楚：对委员会的文件表示欢迎，同意它的主要内容，强调在准备货币、经济和社会联盟时就与委员会紧密合作，在后面的阶段更加紧密，关于细节，如过渡期的规定和调整，及时与委员会达成一致。[32]

4 月 28 日，都柏林的欧洲理事会特别会议联邦政府成果丰硕。几天来就已经相当肯定，政府首脑们将遵循委员会的路线：欧共体外长已于 4 月 21 日在都柏林会议上同意委员会的文件"共同体与德国统一"。反正特别峰会只应对澄清原则问题作出决定，所以委员会与联邦政府之间在细节上的分歧可以比较容易地用妥协的方式得到弥补。都柏林协商之际，德洛尔呈上了委员会文件，并建议除此之外再次为民主德国提供紧急援助。科尔强调，德国人对德国统一和欧洲一体化的同时进行感到高兴；他特别重视在联邦政府与民主德国政府的谈判过程中，及时向共同体通报情况，并欢迎委员会提出建议。[33]科尔表示谢绝德洛尔提供的紧急援助，他还是要避免因德国统一的费用而给欧共体合作伙伴增加负担。

欧洲理事会通过了最后文件。其中，对联邦政府具有决定性的句子是：

"（……）共同体最热烈地欢迎德国统一。（……）我们肯定，德国的统一——作为德国人民自由表达愿望的结果——对欧洲的发展来说是具有普遍的积极因素、对欧共体的发展具有特殊的积极因素。（……）我们为在欧洲屋檐下进行德国统一感到高兴。共同体将为之努力，让德意志民主共和国领土毫无阻力并和谐地加入共同体。欧洲理事会坚信，这一加入将对共同体更加快速的经济增长作出贡献，并声明，经济平衡和货币稳定必须同时得到保证。只要统一的法律程序完成，这一加入将在必要的过渡协议规定下生效。加入无须通过修改条约而完成。（……）直到统一，联邦政府将向共同体通报所有的重要措施，它们是两德政府之间对政治和立法领域的趋同而进行的讨论和商议。除此之外，必须全面吸收委员会参与这些讨论……"[34]

可以肯定的是，欧共体在德国统一问题上的参与权因此再度提高了分量，并且现在也贯彻到欧洲理事会的决议之中。然而，用这种表达方式，联邦政府完全可以接受，而且当欧共体各国政府明确承认德国统一时，联邦政府更加乐意接受。正如事先可以预见的那样，政府首脑在加深欧洲一体化问题上意见不一。他们坚持阶段性地建立经济与货币联盟，并推动相关的政府间会议，使得政治联盟1992年底以前就可能得到批准。这并不新鲜。密特朗和科尔4月18日提出的与准备经济与货币联盟的政府间会议同步召开有关政治联盟的政府间会议的建议，虽然得到采纳，但只以很谨慎的形式。是否召开这种更进一步的政府间会议，依然没有决定。

5月10日，在联邦议院上的工作报告中，联邦总理就都柏林特别峰会中更进一步的政府间会议进行了清楚的表述。他的目标，而且这也是密特朗总统的目标，是1990年底启动"欧洲进一步一体化的核心元素"的商议：经济与货币联盟和政治联盟。在政治联盟方面，主要涉及的是加强欧洲议会的监督权,加强共同体在一切政治领域的统一和凝聚力,在通往共同外交和安全政策道路上的明显进步。如果只是为了取得欧共体合作伙伴对德国统一的同意,现在再也没有必要再度表示支持深化欧洲一体化。对科尔来说,根本不是为了这件事。早在德国统一进程开始之前,他就坚信,加深欧洲一体化是有必要的,具体来说就是经济与货币联盟,同样还有政治联盟。科尔从来没有只是出于战术考量而只在口头上认可欧洲,如比利时籍的欧共体委员卡勒·范米尔特(Karel van Miert)指责的那样。[35]还有一个流行的观点认为,科尔同意欧洲经济与货币联盟,是密特朗同意德国统一而索取的代价,这种说法几乎站不住脚。科尔 1988 年就已同意欧洲货币联盟,1990 年只是对密特朗确认他将坚持早就认为正确的路线。不过,联邦政府至今没有欧洲货币联盟的打算,而是希望有政治一体化方面的进一步步骤,正如“加冕理论”(Krönungstheorie)所要求的那样。现在要坚持这一立场,将会有困难:联邦政府在两德货币联盟期间,将统一的货币作为政治统一的发动机。

委员会现在掌握着亲自干预两德条约谈判的可能性。第一个针对国家条约草案的临时表态,以非正式备忘录的形式于 5 月 4 日送到联邦政府。其中,委员会对草案中计划的民主德国政策朝共同体的目标和法律设置前进表示欢迎。对条约草案的一般原则调整和机构规范,它没有反对。不过它表示,对草案文本的某些地方必须通过欧共体法律的提示加以补充。蒂特梅耶在条约谈判期间也保持与委员会的紧密接触。1990 年 6 月 14 日,委员会向欧洲理事会递交了一份总结性判断,并证实国家条约与共同体法律是一致的。[36]

在这份非正式备忘录中,一条重要的反对意见并不涉及条约文本本身,而是对它可能的阐释:欧共体委员重申自己的观点,《德意志内部贸易议定书》暂时必须继续生效。[37]这一点在后来几周导致了波恩和布鲁塞尔之间的严重纠纷。对于联邦政府如何才能满足欧共体的保护利益,波恩的部委考虑过一切可能的方法。实际上似乎只有两种解决方案是可行的:要么从货币、经济和社会联盟生效时起,就把民主德国拉入欧共体关税区;要么保留德国内部关税边界,即使在衔接阶段也如此,直到德国统一。中间解决方案,如商品往来只集中在少数的边界通道上,是不可行的。[38]委员会 6 月就意识到,几乎不可能在德国内部边界进行足够的控制。它在 1990 年 6 月 12 日向理事会建议,从 7 月 1 日生效起,与民主德国建立事实上的关税联盟。这样一来，民主德国对第三国的边界实际上构成了欧共体的对外边界。对民主德国从原社会主义国家的进口，欧共体确保特惠条件。为了避免这些商品继续出口到联邦德国和其他欧共体国家，在国家条约中规定的"海关法律程序"必须足够用。理事会表示同意，大概是它意识到，德国国家统一的到来很可能比 5 月还在猜测的时间要早很多。[39]

4 月底，欧共体委员会作出了组建特别工作小组"德国统一专案组"的决定。它的任务是从 5 月初开始，对几百种欧共体条例进行审核，看它们是否由于民主德国的加入而必须修改，并准备委员会给理事会的相应建议。

从 5 月底起，民主德国被纳入与委员会协商的程序中。对此，曾有过一段插曲。德梅齐埃政府在《联合执政协议》中要求以"平等权力"参加与欧共体的谈判。然而，民主德国没有谈到作为独立国家加入欧共体的事宜。民主德国的道路更多的是通过联邦德国通往欧共体。先涉及的是将货币、经济和社会联盟纳入欧共体，然后才是全面融入，这一点，只有当民主德国加入联邦德国，而且作为独立国家已不复存在，才可实现。因此，民主德国在欧共体那里难免处于联邦共和国成员的角色。联邦德国绝不接受在与欧共体谈判时民主德国有独立的代表团，这一立场也得到只将自己与民主德国之间的"接触"视为有必要的欧共体委员会的承认。5 月 16日，总理德梅齐埃在斯特拉斯堡与欧共体委员会主席会晤。德洛尔邀请德梅齐埃访问欧共体委员会。此时，联邦政府赞成民主德国专家在波恩部委的框架中，参加布鲁塞尔的会谈。[40]此外，他们对德梅齐埃政府协调其部委关于欧共体问题的活动感兴趣。波恩官员迫切需要在东柏林有一个有权就众多跨部门的局部问题进行正式表态的洽谈机构。现在，东德总理组建了一个由国务秘书佩德拉·埃勒尔（Petra Erler）领导的"跨部委的欧共体工作小组"，她负责中央协调。在 5 月 21 日写给德洛尔的信中，德梅齐埃写道：

"我们要在独立的利益代表机构得到保证的情况下，参加欧共体委员会与联邦德国之间关于必要的调整和过渡措施的谈判。其中还有参与现已存在的欧共体关于准备欧共体内部市场、经济与货币联盟和政治联盟的工作委员会。"

德梅齐埃的具体建议如下：

　　－派遣欧共体委员会顾问，以保证民主德国政府工作与欧共体的相容性，

　　－为民主德国的专家和部委工作人员提供在委员会实习的机会，

　　－欧共体咨询机构，其网络延伸到民主德国领土，

　　－民主德国官方人事代表机构扩展至欧共体。[41]

　　这并非以"平等权力"参加谈判，但也是在对可能性进行现实衡量的情况下，民主德国仅有的一种可能性。从现在开始，佩德拉·埃勒尔扩大与委员会现有的接触。在此没有与联邦政府产生分歧。[42]

　　在签署时，国家条约原则上已成功地得到了欧共体的保障。绝大部分烦琐的细节工作（条例适应性调整、过渡性规定）仍摆在布鲁塞尔、波恩和柏林的参与部门面前。

加快程序中的细节工作

　　在细节工作方面，欧共体委员会和波恩部委承受着巨大的时间压力。委员会5月还计划，到9月将整个措施方案装订成册，然后按《欧洲经济共同体条约》第149条第2款，启动"正常"的立法程序，同时允许欧洲议会在三个月内提出申诉。在委员会、理事会和欧洲议会之间表决过程最佳运作的情况下，可以预计1991年1月结束整个程序。但很有可能甚至要持续到1991年春，因为欧洲议会一再强调它的积极参与权，无法排除浪费时间的争执。委员会和联邦政府达成的共识是，必要的调整规定和过渡规定必须在国家统一前生效，否则在新加入区，欧共体法律将无限制有效，这会给民主德国的工业和农业带来灾难性的后果。只要布鲁塞尔和波恩没有人期待1990年年中或年底之前会有德国统一，那么委员会的计划虽然看上去雄心勃勃，但还是现实的。

　　6月，一周比一周提前，也许在1990年底就实现国家统一。委员会因此修改了自己的时间表。它要求，德国对过渡规定和调整规定的所有建议，必须截至7月中旬交给布鲁塞尔。9月初，它要将修改建议作为一揽子方案交给欧洲理事会和欧洲议会。一揽子措施应以加快的程序，得到这两个机关的咨询，最迟在11月底由部长会议通过。[43]这是欧共体委员会不同寻常的让步，迫使它的23个总署紧张工作。8月初，在"史无前例的努力"[44]下，主要工作就已完毕。8月13日，委员会向联邦政府转交了它关于

将民主德国纳入欧共体的一揽子建议方案。[45]8 月 21 日，这项详尽的、长达 350 页、题为"共同体与德国统一"的一揽子建议方案被递交给欧洲议会。[46]但此刻有迹象表明，民主德国秋天就会加入，而不是年底。但到秋天还无法结束 6 月决定的加快程序。委员会和部长会议找到一条出路，用给委员会特别授权的方式开展工作：委员会接受委托，"准许联邦德国暂时保留适用于原民主德国地区但不符合共同体法律的规定，可以通过委员会建议的过渡措施覆盖这些规定"。[47]用这种"艺术性的操作"，[48]成功地将加入时间与欧洲议会和理事会通过调整和过渡规定的时间差衔接在一起。欧共体对德国统一立场的转变，在这些程序问题上体现得尤为明显：3 月，联邦政府还很担心，是否可以成功避免所有成员国漫长而危险的批准程序。现在，不到半年时间后，不仅委员会，而且欧洲议会和部长会议都愿意走到法律可以接受的底线，以顺应不断加快的统一进程。

在专业问题解决方案上，委员会表现出与在加速程序中同样的让步。委员会和联邦政府就关于过渡规定应该注意的基本原则达成一致。委员会是这样阐述这些原则的：

> ——接受共同体的现状必须是出发点和最终目标；
> ——只有在经济、社会和法律形式的基础上有客观必要时，才允许有过渡规定；
> ——必要的例外规定或偏离必须有限期，而且尽量不要干扰共同市场的正常运行。[49]

尽管有这些原则，但众多的过渡规定还是有必要的。春天，波恩的参与者还估计，在细节工作上将有明显的争执。但现在，在委员会与波恩参与的部委之间的日常接触中，几乎在所有方面都以快得惊人的速度达成了一致。

借几个例子可以最好地说明委员会是如何努力考虑德国利益的。例如，准许联邦德国为民主德国的农业提供大规模的国家额外补助。此外，到 1992 年底，允许保留按欧共体兽医标准不许可的生产，不过，只允许它在"新加入地区销售"。关于牛奶和糖的配额，存在预料之中的分歧。联邦农业部获得了许可，可以将相对有利的、只针对"旧"联邦德国的配额规定扩大到新加入区。据此，允许超过自身需要 10% ~ 20% 的生产。对某些 1973 年后加入欧共体的成员国来说，接受这种优先待遇并不容易。例如，英国 1973 年得到超过自身需要的配额是 0.5％。然而，首先是委员会，后来还有欧洲议会和部长会议在很大程度上接受了德国的愿望。只是在牛奶配额上没有达成一致，不过也找到了一条出路，即每年确定临时配额。[50]

在外贸方面，欧共体必须同意与经互会国家之间必要的过渡规定。委员会起初建议，在使用欧共体关税和数量限制之前，计划给经互会内部贸易一年的过渡期。与两德同样，欧洲议会也认为这一时间不够，在它的督促下，特别规定最终延长到 1992 年年底。

不过，联邦德国的欧共体伙伴依然有很大的顾虑，担心被来自经互会的商品所淹没。委员会要求处罚条例，它们应该保证，列入特别规定的经互会商品留在加入区。10 月 3 日之前根本无法规定细节，尽管如此，成员国还是撤回了自己的顾虑。

在整个过渡规定体系中，最重要和政治上最有意思的章节之一，涉及地区和行业结构政策框架中的补助规定。由联邦德国给东德企业提供的补助，在货币、经济和社会联盟生效以后，欧共体法律就开始适用。委员会必须注意，使用补助要确保整个共同体中的同等竞争条件，避免"为东德企业提供任何人为的和不合理的优势"。[51]委员会在这种控制上有很大的衡量空间。它要让人知道，鉴于民主德国悲惨的经济状况，"全面和立即使用"针对国家补助的所有规定根本不合适。[52]然而，委员会严格拒绝针对补助规定的一般过渡期，它要把全部控制权掌握在自己手中。联邦政府必须接受这一点，显然并不是很舒服。联邦总理特别请求委员会主席慷慨对待加入地区的补助控制。德洛尔提示，计划给投资者 12％ 的奖励，以后降至 8％。[53]这并不新鲜，也符合国家条约的约定，但当然是不够的。然而，联邦政府除了相信委员会在具体情况中确实能大度行事，别无其他办法。

在结构政策，也就是在欧共体对东德经济结构调整的援助方面，联邦总理和委员会主席之间引发了争论，它表明，科尔现在还是对德国的欧共体伙伴对德国统一的立场有很大怀疑。它涉及春天以来一直讨论的问题，也就是作为德国统一的后果，成员国可以承受多大的负担。委员会继续其春季路线：民主德国，确切地说是新联邦州，应该得到欧共体援助。现在，7 月，委员会向部长会议提出为东德设立特别结构基金的建议。反正到 1993 年，就必须对当前的结构基金重新作出决定，那么就应该每年向民主德国（确切地说是新联邦州）支付 10 亿欧洲货币单位（ECU）用于结构调整。对委员会来说，现在不再像当初（像春季）那样，希望通过发放欧共体资金以加强它对民主德国政府或德德谈判的影响，这一点早就没有必要，因为它参与了关于《统一条约》的谈判。现在更多涉及的是基本立场产生的结果，即尽快将东德纳入欧共体政策的整体范围内。相反，联邦总理仍要避免一切可能重新激活"大多数成员国对德国统一潜意识存在的害怕和担心"的情况。[54] 每年给新联邦州的 10 亿欧洲货币单位该如何融资？通过减少给"弱小"欧共体成员的资金肯定不行——联邦总理在都柏林峰会上已将这一点断然排除在外，委员会也不愿这么做。提高欧共体全体成员上交欧共体的自缴基金额度？1991 年，最高额度是其国民生产总值的 1.2%。总理也不愿如此，虽然各成员国因此只需承受很少的负担。联邦德国应该单独提高给欧共体的支付金额吗？这会惹起国内政治上的麻烦。反正，批评德国给欧共体支付太多金额的声音，从未间断过。

当德梅齐埃政府表示每年 10 亿欧洲货币单位太少时，整个问题并没有变得更简单。偏偏此时，波恩的部委，包括总理府，让人看到它们愿意接受委员会建议的每年 10 亿欧洲货币单位的倾向，这样一来，在民主德国加入后，联邦共和国最终要给欧共体支付更高的会费，并因此可以要求更多的回报。[55] 总理将此事看得如此重要，以至于他少有地亲自直接介入。他对由特尔切克签字的比特里希关于结构援助的财政影响草案作了很生气的批示。他告诉主管的联邦部长们自己的"迫切愿望"，即马上停止争取欧共体结构援助的努力。[56] 他给德洛尔写信说，他曾一直反对以德国重新统一为由使成员国产生更高的支出，而且并没有打算改变自己的立场。[57] 在回信中，德洛尔解释说，将民主德国纳入共同体不可能没有预算后果，共同体的所有机构已经就财政计划的方向性框架达成一致；但提高成员国缴费上限则没有必要，因为来年的支出增加会通过统一导致的收入增加而得以弥补。[58] 波恩的部委此时也同意欧共体委员会主席的看法，提高成员国缴费上限是没有必要的，因为欧共体 1991 年的财政预算还根本没有全部耗尽。此外，欧共体每年用于新联邦州高达 25 亿欧洲货币单位的费用，其中一半可以通过德国增加的转让资金得到弥补。[59] 在这种前提下，总理愿意接受委员会关于特别结构基金的建议。在 8 月 20 日与德洛尔的电话会谈中，他再次强调，不允许重新统一"在任何情况下与提高缴费额度联系在一起"。德洛尔回答时保证，他会在第二天的新闻发布会上明确表示，完成德国统一将不会增加共同体的财政负担，也不会削减当前促进区域发展的资金。[60]以此，问题得到解决。根据委员会的建议，1991 年 2 月，联邦经济部在委员会的协助下起草了一份为期三年（1991~1993）共 30 亿欧洲货币单位的促进方案。

科尔坚持不应让欧共体伙伴为东德提供哪怕贡献极小的费用，难道是因为他过于谨慎吗？绝对不是。德国的欧共体伙伴依然不喜欢德国重新统一，它们只是将此视为不可避免的事情而加以忍受。委员会想一次又一次地指出，统一带来的经济繁荣不仅有利于西德，而且有利于整个欧共体，但提高缴费额度或降低至今得到补助地区的资金，会重新加强这些地区的保留态度。至少委员会 8 月汇编的一揽子措施要想得到部长会议和欧洲议会的通过，会难得多。其中包含的过渡规定为东德经济转型提供了必要的时间，符合德国与经互会国家继续发展贸易关系的利益，为联邦共和国提供了决定本国促进措施的自由空间。最为重要的是这几点，而不是从布鲁塞尔的国库中得到必定只是杯水车薪的财政援助。对科尔来说，比这些经济要素还要重要的是政治要素：作为统一进程的后果，联邦共和国与其欧共体合作伙伴之间出现的紧张关系，必须尽快加以解决，也必须避免新的分歧。科尔要德国统一，但也要欧洲统一，因为他坚信，欧洲统一对统一后的德国实际上比对旧的联邦德国还有必要。前面提到 8 月 20 日与德洛尔的电话会谈，科尔以这样的保证结束该会谈，"只要艰难的内部事务得到解决"，他将"竭尽全力"奉献于"欧洲政策"。[61]

第二节　苏联讨价还价

试探与盘点

在考虑苏联经济利益的必要性方面，联邦政府和民主德国政府的意见一致。人民议院选举后没过几天，联邦总理就去函苏联总统，其中强调了联邦政府的诚意，尽可能广泛地承担起民主德国对苏联的义务。[62]

苏联政府如何设想未来与民主德国或者说与统一德国的经济关系，在时任经济委员会主席卡尔·格林海德率领的民主德国代表团 3 月 26 日和 27 日访问莫斯科时，变得更加清晰。格林海德最重要的谈判对象是两位苏联副总理，斯塔扬（Sitarjan）和希拉耶夫（Silajew）。仅从这种高级别的身份就看得出，苏联方面把与民主德国的经济关系问题摆在多么重要的地位。

在这次会谈中，苏联方面强调，他们特别重视继续开展迄今为止的贸易往来。苏联代表说得相当清楚，它需要民主德国以及以后的统一德国继续作为苏联原材料、半成品和成品的买家。反过来，苏联企业依赖于民主德国的工业产品。斯塔扬甚至要求保证继续现有规模的相互供货。格林海德也表示同意保留并扩大"对双方有利的牢固关系"。[63]民主德国指出，他们必须坚持将自己的产品出口到经互会，尤其出口到苏联。民主德国整整90万个就业岗位直接或间接地与出口苏联有关。[43]

另一个问题是，在与苏联的贸易中价格关系将如何变化。在1990年1月第45界经互会索菲亚会议上作出决定，从1991年起，经互区委员会的结算价格要根据世界市场价格转换。苏联对此施加了压力，显然是期待此后可以为其原材料出口获得更高的价格，用于购买民主德国的工业产品。而现在在莫斯科似乎产生了怀疑，这样的想法是否可行。至少斯塔扬和希拉耶夫在这个问题上没有确定的答案。格林海德代表团的印象是，在苏联政府中，依然有这样的倾向：从1991年开始把经互会价格向世界市场价格水平调整，同时把贸易切换到以可兑换货币进行的结算体系。但也有可能，1991年转账卢布（Transferrubel）仍旧作为结算单位，只是必须商谈适当的价格调整。除此以外，当然无法估算"世界价格水平"对于民主德国的机器具体意味着什么，这些机器很大一部分只能在苏联销售。但在1990年春，这个问题对民主德国专家来说不是最首要的。对他们来说，更重要的是苏联对民主德国继续向其供货有着明显的兴趣。在与西德联邦经济部同行的谈话中，民主德国专家对与苏联贸易中未来价格的发展，至少没有流露出过度的不安。令他们更担心的完全是另外一个问题。他们担心，在转换成西德马克和市场经济后，民主德国的企业将再也没有兴趣购买苏联低质量的半成品和成品，其中包括农业机械、印刷纸张、电子产品，而是在西部寻找供货商。[65]但无论如何，半成品和成品至少占民主德国从苏联总进口的30%。

4月9日，斯塔扬在波恩与联邦经济部长豪斯曼会晤，表达的意见与两周前在莫斯科与格林海德所提及的很相似：苏联将坚持民主德国必须履行出口和进口义务。[66]这一类试探性会谈所起到的作用是，联邦政府在这一点上放下心来：苏联要继续从民主德国购物。1990年的合同情况反正是清楚的。与平常一样，民主德国的外贸是在为 1990 年商定的年度备忘录基础上，以及企业之间在此基础之上签订的合同中进行的。1990 年 7 月 1 日以后，必须继续履行现存的合同义务，无论费用如何发展，都是如此。对于1991 年的合同，则必须设法实现可覆盖成本的价格。谁也说不准，这是否能得到哪怕是大致的成功。然而，民主德国的出口整体上将继续进行的希望似乎是合理的。1990 年春季，不仅联邦德国的专家，而且民主德国的专家都没有担心会出现像 1991 年发生的民主德国与东部国家那样的贸易崩溃。鉴于此时苏联政府表达的意见，他们也没有丝毫理由担心这一点。相反，波恩和东柏林依然抱有希望，当时的社会主义国家改革，首先是苏联的改革，将会释放增长动力和对资本货物以及消费品不断上升的需求，这也能而且恰好能对与苏联官僚有良好关系的民主德国有利。

不过，1990 年 3 月和 4 月就暴露出四个问题：维持与经互会贸易的成本、民主德国与苏联外贸结余的结算、苏联部队的驻扎费用、苏联人员拥有的马克存量转换方式。

最迟在 3 月，波恩和东柏林的专家就明白了，仅是保留民主德国与经互会的贸易就将耗费很大的补贴。至今，民主德国的外贸企业挣来的每一个转换卢布，可换得 4.67 东德马克。现在，民主德国企业在经互会贸易中的未来竞争力主要取决于内部货币汇率的转换。东德马克以 1∶1 转换为西德马克将对出口企业产生有利的影响，但会对进口企业产生负面的影响。在以 3∶1 转换时则正好相反：出口企业得到转换卢布，只能换得少量的西德马克，相反，进口则便宜。这一内部结算汇率纯粹是德国的内部事务，对此不需要与苏联谈判。联邦经济部、联邦财政部和联邦银行倾向于以 2∶1 转换。在这种情况下，企业的每一个卢布得到 2.335 西德马克。不过，对民主德国出口型企业的赢利模式计算表明，大多数企业将亏损。在进口方面则相反，转换率为 2∶1 时，苏联的原油和天然气有竞争力。为维持民主德国的东部贸易，从 1991 年起如何制定对经互会的出口价格？之后哪些补贴是必要的？这些问题仍然完全悬而未决。[67]

与苏联的支付往来完全是另一种情况。经互会的贸易合同通常是这样安排的：年终平衡收入与支出。但 1990 年，在企业合同结束时，作为残留债务的后果，民主德国在与苏联的贸易中出现了巨大的失衡。4 月 1 日，民主德国就有 13 亿转账卢布的盈余，财政部估计，到年底将产生 20 亿～25 亿转账卢布的顺差。引进西德马克后，这笔顺差将如何计值？按旧的结算汇率，1 转账卢布等于 4.67 东德马克，那么以 2∶1 转换成西德马克会如何？民主德国会对苏联产生 50 亿西德马克的债权。苏联将很可能不会接受，并迫使以较低的卢布定价。在与对苏联贸易中同样有顺差的匈牙利的谈判中，苏联开始只给出 0.52 美元对 1 卢布的报价，经过艰难谈判之后，接受了 0.92 美元。以同样的汇率，1 转账卢布至少值 1.55 西德马克，就是说民主德国的顺差也许值 35 亿西德马克。鉴于与苏联进行调节最后所花费的总数，这个估价问题显得是琐碎的小事。然而，这个例子表明了经互会贸易结余的转换问题是多么复杂，所面临的谈判将会多么艰难。

苏联部队驻军费用，原则上讲应由苏联自己承担，具体来说是通过这种途径，即把民主德国用于补给苏联西部集团军的东德马克，以 5.5∶1 记在民主德国的卢布账户上，民主德国则用它购买苏联的原油和天然气。它虽然不能抵消整个驻军费用，但还是可以抵消绝大部分的驻军费用，当然是以对民主德国特别不利的汇率。根据这一规定，按原定计划，1990 年民主德国必须准备 28 亿东德马克。其中绝大部分苏联要求用转账卢布支付，剩下的 6.75 亿东德马克，根据至今的计划，将作为民主德国的财政负担，大致用于维修住房、生活用品补贴和本息偿还。但现在出现了新情况。货币转换后，苏联需要用西德马克支付民主德国供给西部集团军的商品和服务。因此，从 7 月 1 日起就必须考虑到，苏联将不仅要求半年款项以西德马克支付，而且会要求因补贴削减引起的基本需求商品物价上涨的补偿。民主德国估计要求的额度是 17 亿西德马克。民主德国将和目前一样得到转账卢布或货物供应，还是苏联坚持赊账？

另一个问题是苏联军队及其家属手中相当数量的东德马克的转换。民主德国财政部拿出两种可能性进行讨论。所有在 1990 年 7 月 1 日的现有东德马克存量可以交回民主德国，并以买入价兑换为卢布，可以考虑的替代选择是，苏联军方家属的现金和储蓄以 3∶1 转换。联邦财政部和联邦经济部更大方一些，它们同意像对待所有境外人员一样对待苏军家属。根据截止日规定，可以通过一个账户进行兑换，1989 年 12 月 31 日之前汇入的金额以 2∶1 转换，之后是 3∶1。[68]

对这一切问题都必须仔细考虑，其中大多数问题都要和苏联谈判。可以肯定的只有一点：苏联将坚持自己的利益，希望得到慷慨的应允，并且也许会提出一系列的附加要求。在科尔 1990 年 2 月 10 日莫斯科访问时，苏联总书记清楚地表明，他将为德国统一索取报酬。当时他说，德国统一进程本质上涉及德国人的合理利益以及苏联的合理利益。[69]因此，要等待苏联在面对货币、经济和社会联盟时，如何具体考虑自己的利益。

苏联提醒自己的愿望

不一定是戈尔巴乔夫本人，但很可能是他的政府代表，在德梅齐埃当选总理之后，马上试图用毫不掩饰地威胁吓唬两德政府。苏联驻东柏林大使科切马索夫传召东德总理——这是令人不可思议的举措，必须是德梅齐埃坚守外交礼仪并召见大使。科切马索夫显然想显示谁在民主德国还"有发言权"。[70]科切马索夫交给总理一份文件，其中写道：

"这对谁都不是秘密：将联邦德国《基本法》第23条运用到民主德国的想法……是怀着这样的目标而产生的，即解除民主德国对苏联和民主德国等其他盟友的义务……"[71]

虽然苏联的文件主要是针对民主德国纳入北约，但也同样粗暴地要求民主德国对苏联履行经济义务。

4月19日，联邦政府收到苏联针对国家条约草案的外交照会。苏联在外交照会中批评该草案具有"最后通牒的特征"，尤其是根据《基本法》第23条进行统一，对条约双方伙伴"缺乏平等的对待"。对苏联来说，含有这种条件的条约是不可接受的。但苏联相信联邦政府的承诺，不会由于德国的统一给苏联经济造成损失。外交照会以这样的句子结尾："我们期待联邦德国用具体行动来证明这一承诺。"[72]联邦总理府以谨慎乐观的态度评价这份外交照会。特尔切克写到，外交照会虽然尖刻并提出要求，但从文件记录上看，通过苏联使馆（低于公使一级）的代办转交，这个规格不同寻常，还是"非文件"的形式，给人的印象是，苏联首先要提醒注意它的经济利益。[73]

收到外交照会后第四天，联邦总理召见苏联大使克维钦斯基谈话。科尔认为苏联的外交照会完全不可理解，在正式得到条约草案之前，苏联却引用媒体发表的东西。但科尔后来用自己深远的倡议对苏联的愿望作出表态。他建议签署构成统一德国与苏联政治经济合作基础的德苏全面条约。他提议，先处理民主德国对苏联的义务，并把其纳入超越统一的未来前景中去。克维钦斯基作出极为正面的反应。显然科尔正好击中苏联的愿望和担心。[74]

4月28日，也就是在两德关于草案的会谈开始后的第三天，苏联政府对国家条约草案的正式表态送交德国驻莫斯科大使馆。苏联提出保留意见并要求：

> – 引进一般性条款，该条约不触及联邦德国和民主德国以前承担的国际义务；
>
> – 不能事先对统一德国的国际地位作出决定。苏联特别在意根据《基本法》第 23 条使德国走向国家统一的道路。它显然一如既往地将其解读为民主德国不仅加入联邦德国，而且加入北约，以民主德国的义务为导向，其政策以欧共体的法律和目标为导向；
>
> – 重视四大国的决议，其中有苏联占领区对"财产与土地问题"的决议；
>
> – 考虑到苏联的经济利益，国家条约中更加明确地表述其对外经济规定；
>
> – 在货币转换过程中考虑苏维埃国家的财政利益；
>
> – 澄清所有与苏联部队驻扎相关的问题。国家条约不许导致苏联与民主德国现存条约中议定的条件恶化。

苏联威胁说，如果这些问题得不到令人满意的解决，它将坚持在"2 + 4 会谈"框架中讨论这些问题。这可能推迟解决德国统一的其他外部问题。[75]

这是与 4 月 19 日苏联外交照会同样粗暴的风格。联邦政府现在需要镇定。不过几个月以来，它已经习惯了来自莫斯科的矛盾信号：一会儿令人吃惊地在德国统一原则问题上大度地让步；一会儿又粗暴地提出要求，以保证经济或安全政策的利益。在 4 月 28 日的备忘录中，特别令人恼火的是苏联再度抗议根据《基本法》第 23 条走向统一的路径。在这个问题上，联邦政府无论如何不愿作出让步，同样不可能的是在联盟国归属或接受欧共体法律问题上让步。另外，很快可以发现，苏联的备忘录在莫斯科显然也不是完全没有争议的。外交部副部长阿布明斯基（Obminskij）5 月 7 日和 8 日在波恩会谈时表明，备忘录是由苏联外交部欧洲三司撰写的。[76]波恩知道，在那里和在瓦伦丁·法林（Valentin Falin）领导的苏共中央委员会国际部中，坐着德国政策的鹰派人物。[77]不过，容不得联邦政府对这种针对戈尔巴乔夫的内部反对派完全置之不理，戈尔巴乔夫的地位不容受到威胁，因此在经济问题上让步是必需的。

但在 4 月的最后几天又有新的问题出现。苏联政府显然有这样的打算，在与民主德国的双边谈判中，贯彻自己的经济利益。莫斯科起先根本不愿和波恩商谈，或者说希望在结束与东柏林的谈判后才与波恩商谈。在与民主德国双边会谈之后，也许可以与联邦德国和民主德国举行三方会谈。动机很清楚：在东德那里，苏联的利益很可能比较容易得到贯彻，东柏林的方案从而可以用来对付波恩。[78] 4 月 29 日，苏联和民主德国开始一系列双边谈判回合。由总理率领的民主德国代表团飞往莫斯科参加开幕式。斯塔扬和希拉耶夫代表苏联。此时首先涉及的是贸易的继续和进一步发展。但在进一步谈判中，讨论了苏联整体利益体系，特别是驻军费用和转换条件。苏联政府和民主德国政府组建了七个工作小组，它们应该解决细节问题。[79] 联邦政府只能希望，在这些谈判中，民主德国代表团与苏联达成妥协不要以联邦德国的负担为代价。

波恩的对策：贷款与修正国家条约

联邦政府不仅要面对苏联对国家条约的批评，而且同样要面对苏联试图通过民主德国贯彻自己的利益。为此，联邦总理亲自上阵。5 月 4 日，谢瓦尔德纳泽外长来到波恩时，科尔重新提起联邦德国和苏联之间关于经济和财政问题的双边会谈，他表示这些会谈可以与苏联和民主德国的会谈同时进行。此外，科尔重申了自己的愿望，以条约形式长期规范统一德国和苏联之间的关系。他表示，追求包含经济问题的"整体工程"。谢瓦尔德纳泽回答道，苏联领导层将建设德国统一视为积极而合法的进程。当然，它也得受到批评，因为它放弃了民主德国；这种指责并非没有道理，因此苏联政府抱有极大的兴趣推进与统一德国的关系，包括经济关系，并将其放到一个新的基础上，但苏联不能就这么简单地中断与民主德国几十年成长起来的关系。[80] 会谈结束时，谢瓦尔德纳泽谈到了一个"很微妙"的话题。西方银行对作为借款人的苏联已不再信任，导致贷款越来越艰难。受戈尔巴乔夫主席和总理雷日科夫的委托，谢瓦尔德纳泽请求联邦政府提供高达 200 亿～250 亿西德马克的两年担保期，以渡过临时的融资困难。科尔答应亲自接管此事。[81]

联邦政府反应迅速。5 月 14 日，霍斯特·特尔切克、德意志银行的希尔马·科佩尔（Hilmar Kopper）和德累斯顿银行的沃尔夫冈·约勒尔

（Wolfgang Röller）前往莫斯科进行信贷谈判。雷日科夫恳切地描绘了苏联艰难的财政和经济形势，尤其是计划中的货币联盟给苏联造成的困难；返回计划经济的要求越来越频繁；改革者现在必须坚持到事态正常化；为此他需要外界的援助以维持生活水平，否则存在着改革失败的危险。他对联邦政府的具体请求为短期且无附加条件的 15 亿～20 亿卢布贷款和 10～15 年期限的 100 亿～150 亿卢布长期贷款作担保，其中提供 5 年优惠条件。特尔切克强调，这种支持必须理解成一揽子方案的一部分，可以为解决德国问题作出贡献。他说，谢瓦尔德纳泽笑着同意了。[82]接着，特尔切克也对戈尔巴乔夫讲了类似的话。第二天，回到波恩后，特尔切克向总理汇报了这次莫斯科会谈。科尔表示愿意通过联邦政府为高达 50 亿西德马克的贷款做担保的方式帮助戈尔巴乔夫。[83]

对西方银行 50 亿西德马克贷款的期待，对苏联关于国家条约立场的影响明显大于在国家条约内容上进行改进，修改更具有象征性而很少实质性的意义。迄今为止，国家条约草案第 12 条（后来第 13 条）的表达方式是："德意志民主共和国业已形成的对外经济义务，尤其是与经互会国家的对外经济义务，享受信任保护。它们将在重视货币联盟、经济共同体和所有参与者利益事实的情况下，继续得到发展"，这显然不能满足苏联。民主德国代表团建议补充一句话："现有的合同义务得到履行。"蒂特梅耶只愿以委婉的形式采纳这句话，不该从一开始起就将调整排除在外。民主德国方面同意这一点。内容得到更新和补充。最终版本明确显示，在没有排除修改现有合同的情况下，代表团是如何设法消除苏联顾虑的："（业已形成的对外经济关系……）享受信任保护。它们将在考虑货币联盟、经济共同体和所有参与者的利益事实的情况下，继续得到发展，以及在兼顾市场经济原则的条件下，继续扩大。只要有必要，德意志民主共和国现有的合同义务将在与合同伙伴达成共识的情况下，根据事实进行调整。"[84]

此外，蒂特梅耶和克劳泽达成一致，把普遍的"不相关条款"纳入合同。在最后表决中引进第 35 条："本条约与由德意志联邦共和国或德意志民主共和国和第三国缔结的国际法条约无关。"

过渡解决方案的周旋

5 月 4 日，科尔对谢瓦尔德纳泽表示的援助承诺以及由蒂特梅耶与克劳泽加入条约内容中的改进，促使苏联接受与联邦德国就经济和财政问题举行双边会谈。他们明确表示，这不是在"谈判"，而是在"非正式意见交流"的概念中进行会谈。苏联方面坚持可与民主德国仍然作为独立国家进行谈判的假设。然而，每个与会者自然都明白，这是表面的策略。它涉及钱，而这只能从波恩那里拿到。只有当苏联不设法阻拦德国统一，波恩才会给钱。反之，苏联可以通过威胁加大"2＋4会谈"的难度，刺激波恩给钱。民主德国只充当配角。它自身没有什么可以提供的，而且可以被苏联利用，让波恩陷入窘境。鉴于这种处境，毫不奇怪，当货币转换的日期日益临近的时候，莫斯科和东柏林之间的双边会谈就越来越不重要，而莫斯科和波恩的非正式意见交流从一开始就很重要，在结束阶段实际上成了唯一重要的谈判层面。

5月7日和8日，联邦政府和苏联的双边会谈在波恩开始，5月21～22日在莫斯科和6月19日在波恩继续进行，并于6月25日在莫斯科结束。苏联代表团团长是外交部副部长阿布明斯基，联邦德国代表团团长是外交部国务秘书劳滕施拉格尔（Lautenschlager）。[85] 在此期间，很快就体现出苏联毫无保留地同意国家条约，但主要是在尚未作出规定的驻军费用和苏联军属的货币转换方式方面，苏联索要的比联邦共和国愿意给的要多。只有未来的贸易关系似乎已经谈妥。苏联现已下定决心，从1991年1月1日开始，在经互会贸易中，从而也在与民主德国的贸易中引进国际市场价格，它要让1991年的贸易仍旧在合同约定的商品目录基础上进行，顺差或者赤字以可兑换货币结算，但1992年转入自由贸易。民主德国在与苏联的谈判中已同意如此。波恩没有反对意见。不过，必须严格拒绝苏联的要求，即1990年以后联邦德国还应对民主德国的供货继续提供补贴，欧共体肯定不会同意长期优惠条件。苏联似乎接受了这一点。

关于驻军费用和苏联军属货币转换条件问题上的分歧，在劳滕施拉格尔与阿布明斯基6月19日波恩的第三轮会谈中，还是没有得到解决，尽管现在确实到了节骨眼上：十二天后西德马克就将在民主德国生效。在驻军费用方面，阿布明斯基现在要求1990年下半年为14亿西德马克，这符合民主德国至今的计划预算：全年28亿东德马克，其中一半以西德马克的形式支付。这14亿西德马克，苏联方面只有2.5亿转账卢布记入民主德国名下，也就是说，比原来按转账卢布对东德马克1∶5.5的转换汇率所得到的还要少。实际意思就是：苏联要求对驻军费用进行高额补贴。苏联方面无论如何不能接受，驻军费用的兑换汇率按1转账卢布等于2.24西德马克，在西德方面看来，苏联在这个问题上绝对不愿妥协。在苏联公民拥有的东德马克存量转换上，阿布明斯基表现出有些让步的姿态。他不再要求无限制的1:1，而是每人5000东德马克的额度以1:1转换，超出的部分以2:1转换。劳滕施拉格尔驳回这两个要求，但没有给出具体的反对建议。不过西部方面内部已经达成一致，在驻军费用上很可能必须向苏联方面做出让步。[86]在转换条件上，联邦政府绝对不愿接受1:1的人头比例。在它看来，充其量有可能普遍以2:1转换，这就是说，放弃原来的设想，即1990年1月1日以后获得的货币量以3:1转换。

从政治上看，现在不可能再继续将此事往后推。在民主德国的苏联部队必须在7月2日就可拥有西德马克。苏联方面并非不愿看到谈判推迟，时间越紧，波恩就越有压力，从而妥协。现在，在最后一刻，苏联还能在谈判中成功地将民主德国拉进来以达到自己的目的。在6月19日和20日苏联和民主德国最后一轮双边谈判中，斯塔扬和波尔领导的双方代表团就此达成一致：苏联军属的货币资金以适用于民主德国公民的同样条件转换。[87]如此一来，民主德国葬送了联邦政府的谈判路线，在极端的情况下联邦政府同意以2:1转换。

在6月25日波恩与莫斯科的最后一轮非正式会谈中，劳滕施拉格尔和哈勒尔必须设法纠正这一点。他们获得了成功。此外，鉴于整体形势，他们也取得了在西德方面看来令人满意的结果：

　　－关于苏联军属拥有货币存量的转换，波恩代表团解释，苏联公民与民主德国公民同等对待，即每人的配额按1:1转换，这与国家条约相抵触，从内政上看是无法接受的。它建议普遍定为2:1。苏联方面在最后一刻作出让步，同意通过苏联部队的野战银行以2:1转换。

　　－在1990年下半年的驻军费用方面，通过谈判，劳滕施拉格尔和哈勒尔将苏联原来要求而民主德国已答应的14亿西德马克压低到12.5亿西德马克。他们以西德马克比东德马克较高的购买力为理由。为此，他们必须接受在相应的转账卢布记账上汇率仍是1:5.5。他们强调，这种汇率关系只针对1990年。

由此，苏联政府在最后一刻妥协。对它来说，关键的显然是要缓解军队领导层的不满。为此它需要足够的资金补给苏军西部集团军和在部队家属个人货币存量方面慷慨的转换规定。现实地看，它也达到了这些要求。12.5 亿西德马克对应大约 2.55 亿转账卢布记账，真是漂亮的买卖。在贸易往来中，根据货物种类和苏联的定价，转账卢布的价值不是 5.50 西德马克，而肯定是其一半，在很多情况之下，甚至还要少。通过 2.55 亿转账卢布，民主德国可以从苏联购买价值也许是 6 亿西德马克的石油。它因此只能拿到先前支付的 12.5 亿西德马克的一半。军属也可以对东德马克以 2∶1 转换西德马克感到满意，他们主要将西德马克用于高档消费品，之前用东德马克几乎不能购买这些商品。但让步的关键原因应是另一个：劳滕施拉格尔和哈勒尔指出，这些规定与联邦德国和苏联之间的经济和财政整体关系相关。[88]由联邦总理承诺并由联邦德国担保的 50 亿西德马克贷款，6 月 18 日在莫斯科签署，7 月可供支配，与苏联方面自 6 月中旬以来就催促的联邦共和国的其他财政援助一样，都属于这种整体关系。

在这几周形成的波恩、莫斯科和东柏林三角政治权力关系，通过结束这些会谈和谈判变得特别明朗。在以劳滕施拉格尔和哈勒尔为一方，阿布明斯基和斯塔扬为另一方的会谈中，作出了决定。但其法律效果却是在民主德国和苏联 6 月 29 日的政府协议中得到确认的。为了准备这一政府协议，君特·克劳泽必须作为东德总理的全权代表于 6 月 26 日飞往莫斯科，在那里，他先从哈勒尔手里得到关于前一天的结果汇报，接着与斯塔扬会谈。三天后，为了签署协议，他必须再次来到莫斯科。民主德国的面子得到保全：苏联与民主德国进行了关于当前经济与财政关系问题的谈判，并正式与民主德国缔约。但所有重要的条件，苏联都是在非正式会谈中与联邦德国通过谈判解决的。[89]

阿尔希斯的政治突破

6 月中旬，科尔和戈尔巴乔夫约定，7 月 15～20 日在苏联会晤，商谈关于苏联与统一德国之间的未来关系。[90]7 月 10 日，正当休斯敦召开世界经济峰会而联邦政府敦促七国峰会国家支持苏联改革进程之时，戈尔巴乔夫在苏共第 28 次党代会上击败他的政治对手。从内政上看，总书记认为现在有可能继续改革进程。他至今的德国政策也得到党代会的认可。但同时也很明显，已被戈尔巴乔夫攫取领导权的苏联共产党正处于崩溃之中，再也不能作为苏联中央制度的维护力量而行使其功能。从此，在这个巨大的国度，分崩离析的趋势占据了上风。在第 28 届党代会之际，15 个加盟共和国中有 7 个宣布"独立"。苏联的解体似乎再也无法阻挡，俄罗斯本身面临着动乱。戈尔巴乔夫唯一的机会是快速的经济成功。这只有在西方的财政援助下才可以想象，而这种援助的主要来源则是联邦德国。为了 1990 年下半年驻军费用和西部集团军军官货币存量的转换进行周旋，只是苏联索取德国统一报酬的强硬措施的开始。当联邦总理 7 月 14 日飞往莫斯科时，最困难的阶段仍在眼前。

在这次最高层会晤中，联邦政府要讨论三个主要问题：

> – 安全政策问题，主要是在德苏联部队的未来、统一德国的联盟归属和未来全德军队的力量；
> – 统一德国与苏联之间的未来关系；
> – 联邦德国与苏联之间的经济与财政合作。[91]

安全政策问题足够艰难，但可以相对较快地得到解决。在 7 月 15 日与科尔在莫斯科的两人私下会谈中，戈尔巴乔夫已同意统一的德国为北约成员，但规定北约的管辖权不许覆盖现今的民主德国地区，只要那里驻扎着苏联部队。[92]苏联军队在东德停留三到四年，必须通过一份条约得到规范。这是安全政策上的突破。第二天，7 月 16 日，在斯塔夫罗波尔（Stawropol）附近的山村阿尔希斯（Archys）讨论了细节。德国方面除了科尔，参加会谈的还有根舍、魏格尔和特尔切克、政府发言人克莱因、联邦财政部的哈勒尔、外交部的卡斯特鲁普（Kastrup）、德国驻莫斯科大使布雷西（Blech）、一名记录员和一名翻译。苏联代表团除了戈尔巴乔夫，还有外长谢瓦尔德纳泽、副总理斯塔扬、副外长克维钦斯基、大使特雷乔夫（Terechow），以及一位政府发言人和一名翻译。[93]在中心的安全政策问题上达成一致以后，戈尔巴乔夫才要求弄清联邦德国的财政援助。

驻军费用和苏军撤离费用是财政问题的讨论中心。在备忘录中的关键章节如下：

"<u>戈尔巴乔夫总统</u>（原文就有下划线——作者注）将它看成是苏联的问题，即我们现在就必须思考，1991 年 1 月 1 日以后，苏联在民主德国的部队如何补给。这个问题今天必须得到解决，从而使一切明朗化。第二个问题是与军队运输回国相关的巨大费用。第三个问题涉及撤回的部队在本国的安置和供应。人们必须考虑，我们要怎么办。今天就必须明确德国参与在民主德国苏联驻军的给养。"

会谈过程一再表明，戈尔巴乔夫要把苏联军队在民主德国的继续驻扎时间长短当作杠杆加以利用，为的是促使德国人作出财政许诺。前一天在莫斯科时，他暗示全部撤军必须有三到四年的时间，现在他说五到七年。科尔和根舍试图将其固定在三到四年。他们表示愿意提供援助。根舍强调，这里并非涉及费用的高低，而是涉及对西方盟国在德国驻军的影响，因为联邦德国不用给他们支付驻军费用。人们不应唤起贪婪，而把关于财政援助的条约称为驻军费用条约。戈尔巴乔夫解释说，如果我们达成一致，即苏联部队的驻扎需要额外的开支，那么签署条约就不会有困难。科尔最后抛出"过渡条约"的概念加入讨论，根舍补充了"与过渡条约相关的、在民主德国地区引进西德马克的财政影响"。联邦政府的理解是，借此，"这笔费用将得到弥补，无须明确地讲出来"。魏格尔指出，也要将一般的对外经济问题纳入进来。戈尔巴乔夫同意，所有与货币转换相关的事宜都要得到规范。科尔和魏格尔一再指出，联邦共和国在休斯敦七国峰会和欧共体为援助苏联作出了努力，并且还将继续这样做。苏联方面最后看来还是满意的，尽管没有给出具体的许诺，并将其留待以后的官员和部长层面的谈判：戈尔巴乔夫和谢瓦尔德纳泽宣布，撤军应在三到四年内完成。[94]

联邦共和国和苏维埃共和国达成协议，将谈判结果写进三份条约：

> 　 - 应该全面处理所有经济、科学、技术和文化双边合作领域的"总条约"（Generalvertrag）或"大条约"（Großvertrag），
> 　 - 关于苏联部队在民主德国地区驻扎和撤军的"撤军条约"，
> 　 - 其中应该处理民主德国引进西德马克对苏联财政影响的"过渡条约"。

阿尔希斯会晤后不久，苏联表达出除此之外还签署一份普遍经济条约的愿望。

到秋天所有条约都应该准备就绪，等待签署，统一完成后，将由全德政府签署并得到全德议会的批准。民主德国参与条约谈判一事，在阿尔希斯没有再提起。戈尔巴乔夫虽然希望顾及"民主德国的观点"，但他似乎对总理的提示感到满意，将直接在联邦政府和民主德国之间建立

共识。

阿尔希斯的结果是联邦政府的凯旋：苏联承认统一德国的全部主权和北约成员国地位。它宣布愿在三到四年内将其部队撤出德国。它似乎不再坚持民主德国参与德苏未来关系的谈判。初看上去，苏联方面好像就此作出了大量让步。不过，它当然备有刹车杆。如果联邦政府不尽快拿出具有约束力并令人满意的资金回报，戈尔巴乔夫依然可以推迟"2 + 4 会谈"，从而推迟德国统一。无论如何，戈尔巴乔夫的完全信任是毋庸置疑的。这种完全信任首先可以通过科尔和戈尔巴乔夫的私人关系来解释。如果戈尔巴乔夫不坚信他可以信赖科尔，他就不会如此之快并如此大幅度地对科尔作出让步。

《过渡条约》："东方对弈式"的谈判

在阿尔希斯已约定，通过书信往来尽快就计划中的条约目标和内容提交意向书。据称，苏联政府需要这份意向书，以确保最高苏维埃及时批准条约。[95]更有可能的是，戈尔巴乔夫要尽快绑定联邦政府，从而使自己在内政上得到保障。7 月 18 日，阿尔希斯会谈后的两天，苏联总理雷日科夫的相应信件就抵达波恩。信件以这样的句子开头："苏联领导深表满意地确定，德意志联邦共和国与德意志民主共和国之间经济、货币和社会联盟的建立，不会导致破坏现有的经济联系，并给苏联造成损害。"

接着是相对具体的建议，大多数是根据波恩代表团在莫斯科和阿尔希斯普遍谈到的观点。不过，雷日科夫已经接近了可以从科尔、根舍或魏格尔言论中解读出来的有利于苏联利益的信息的底线，在个别问题上甚至已经超出底线。

雷日科夫表示，在联邦德国参与"为返乡苏联部队家属在苏联建造住房的融资和物资保证，以及为他们从事民用职业而设立转岗培训中心"问题上存在共识。科尔只是泛泛谈到了住房建设上的援助和转岗技术援助。

对苏联在民主德国部队的补给，雷日科夫要求从 1991 年 1 月 1 日起获得"不比 1990 年下半年约定更差的条件"。这一点联邦政府也不会感到意外。虽然根舍在阿尔希斯再度强调，为 1990 年设定的规定不能自动延长，但德国方面在这个问题上仍含混不清，并一再表示它有意作出双方都认可的规定。

联邦政府对雷日科夫信函产生一定错觉的原因是在第三点上：雷日科夫建议组建一个"由苏联、联邦德国和民主德国全权代表组成的三方特别工作小组"，也就是说，把民主德国拉到谈判桌边。在同一天写给总理德梅齐埃的信中，雷日科夫甚至宣称，科尔已同意该办法。[96]

联邦政府不急于对雷日科夫的信函做出反应。联邦总理去奥地利度假，而德梅齐埃政府陷入日益严重的动荡之中。8 月初，情况已经明朗，国家统一将比在阿尔希斯预期的要来得早得多。8 月 7 日，科尔只是决定确定联邦政府和苏联政府之间的双边谈判。度假后，与德梅齐埃就波恩部委和民主德国负责机构的合作达成共识，这种合作尤其对准备苏军撤离似乎是必要的。对此，联邦德国外交部表示，对民主德国和苏联之间适用的驻军条约的运用，波恩部委的了解不够。[97]

现在苏联也看到，民主德国只有几周的生存时间。它迫切要求加快"2 + 4 协议"的谈判，按苏联的愿望，应在 9 月 12 日的莫斯科会晤期间就做出决断。在此之前，即使不签署双边条约，也至少应在文字内容上达成协议。双方认为第一批临时草案特别有争议，因为财政上有决定性意义的《过渡条约》8 月中旬就制定好了。为此，它们达成一致，将全部内容分成三个部分：过渡条约、撤军条约和经济条约。

有关过渡条约的谈判等同于"直到结束时刻的讨价还价"。[98]联邦财政部专门负责此事。因此，德国谈判领导是联邦财政部长。他的苏联对手是副总理斯塔扬。

在 8 月 23 日和 24 日的莫斯科第一轮谈判中，双方阐述立场，但没有谈到具体的数字。在 8 月 30 日和 31 日的莫斯科第二轮谈判以及此后的波恩谈判中，涉及最终的财政承诺。从一开始起，在这两个最重要的费用问题谈判上——在驻军费用和撤军费用，以及为返乡军人建造住房的问题上，就有难度。在 9 月 3 ~ 5 日的波恩第三轮会谈中，双方也几乎没有彼此靠拢，分歧似乎无法消除：

    - 在驻军费用上，魏格尔从一开始就同意苏联的要求，从 1991 年起不会比 1990 年下半年更差。德国方面估计 1991 年苏联部队需要整整 20 亿西德马克。联邦德国则得到苏联商品供应——价值 14 亿西德马克的 600 万吨石油。联邦政府愿意承担剩下的整整 6 亿西德马克。魏格尔不愿提供更多，对他来说这主要涉及原则，任何向国外派遣部队的国家都得自己提供其部队的给养。关于 1991 年的驻军费用，苏联方面认为必须是 25 亿西德马克。其中 60% 由德国、40% 由苏联通过供油来承担。作为妥协方案，苏联建议各承担 12.5 亿西德马克的费用。对于 1992～1994 年，苏联代表接受德国可以逐步降低补贴的原则，因为部队力量将因为撤军不断下降。波恩会谈结束，苏联方面要求四年 40 亿西德马克，但德国方面只愿付 20 亿西德马克。

－苏联估计撤出德国边界的费用为 30 亿西德马克。他们要求全部报销这笔费用。参与承担这种费用，德国方面原则上拒绝设定任何额度，它只提供"技术上"的援助，如联邦铁路运力和提供集装箱船只。

－在住房建设方案上，苏联要求建造 36000 套住房，每套 57 平方米，并提供四座预制厂，额外支付整个基础设施，包括幼儿园、学校和医院。替代方案则是 24500 套住房，6 座预制厂以及基础建设措施。按德方的估算，第一个方案将耗费联邦德国 100 多亿西德马克，第二个方案则根据基础设施的情况而定，耗资在 60 亿～90 亿西德马克。相反，联邦政府愿意议定一笔固定的金额，它必须低于从这两个方案中计算出来的费用，而不愿固定于特定的住房数量上。如果只根据有待建设项目的数目来计算，就有可能追加德国费用的额度。经过几天的周折，德国方面的要求得到通过，议定固定额度，而不是具体的实物。然而，额度存在争议：苏联要求 110 亿西德马克。

－在转账卢布的存款记账方面，苏联要求免除民主德国从苏联那里获得的结余。它解释的理由是，这笔结余是由于给民主德国的优惠待遇而产生的，它是以苏联低于国际水平的价格供应石油所得。免除意味着联邦接手数十亿额度的债务。联邦政府最后只是表示愿意把这笔结余作为至 1995 年的无息贷款提供给苏联。苏联方面似乎愿意接受这一建议。

波恩会谈结束，苏联的要求总计实际上超过了 200 亿西德马克：

－110 亿西德马克用于住房建设，包括基础设施和生产设备，

－40 亿西德马克用于驻军费用，

－30 亿西德马克用于撤军，

－5 亿西德马克用于转岗培训（唯一没有争议的款项）。

－加上转账卢布结余的利息，以及不可预见的苏联对其在东

德的财产提出的资金要求，这些完全是脱离现实的理想价值，又是一个 200 亿西德马克，雷日科夫当时在阿尔希斯就暗示过这个数目。

这些要求最后与德国提供的 1991 ~ 1995 年总共 60 亿西德马克的资金形成对照。[99]

三天的波恩会谈结束之时，至少条约内容已大致完成，只是联邦德国要支付的额度还有待确定，最终要取决于它。在与斯塔扬最后进行的两人私下会谈中，魏格尔还设法寻找一种妥协方案，但苏联谈判领导依然态度强硬。不过，联邦财政部长争取到了一点：苏联同意，只有固定的财政框架得到商定，联邦政府才能签署条约。

关键议题：财政许诺

现在，科尔和戈尔巴乔夫必须就最终的财政处理展开谈判。联邦总理此时处于艰难的局面中。一方面，魏格尔解释，联邦的财政状况不允许向苏联提供远远超过他所提供的 60 亿西德马克的范围。另一方面，现在已经清楚，戈尔巴乔夫会在谈判的最后阶段使出他拥有的全部招数：8 月底，谢瓦尔德纳泽对根舍讲过，苏联军方领导所持的观点是，撤军将需要五至七年。[100]此外，8 月 28 日，克维钦斯基到总理府来找特尔切克并告诉他，苏联的形势日益激化，撤军条约引起了很大的麻烦，如果没有资金用于运输费用，不能给返国者提供住房，就不能排除苏联军队会暴动。[101]很容易将这种言论理解成苏联为贯彻资金要求而实施的施压手段。但也可以想象，苏联内政的动荡已经升级，改革派与保守派之间的平衡面临逆转的威胁。总之，科尔严肃对待这一警示信号。由于财政许诺而导致统一往后推迟的时间越长，它给联邦德国带来的代价——无论政治还是经济上——就可能越大。

9 月 7 日，联邦总理就这一棘手的问题与苏联总统举行第一次电话会谈。科尔解释说，他希望 10 月 3 日以后马上签署在阿尔希斯议定的"大条约"。戈尔巴乔夫认为，"事情总体在向前挪动"，但有人对他说，在关于过渡条约的谈判中，"进展并非一切顺利"。科尔建议现在就一定的总额度及其分配达成一致，他认为总数可以是 80 亿西德马克；如果需要他提出意见的话，他提议此时把重点放到住房建设上。戈尔巴乔夫明确表示，这个数目会走进死胡同。仅住房建设估计就得要 110 亿西德马克。如果再加上运输和驻扎费用，就会得出另外一个总数；联邦总理的建议"毁掉了迄今为止所作的共同努力"。科尔回答，双方都有良好的意愿，必须找到办法；但苏联得出的数额明显高出原先商定的，之前只是谈到住房建设，现在却涉及基础设施。他建议，重新再考虑一下这些事，星期一，即 9 月 10 日再通一次电话。戈尔巴乔夫同意，但随后又有力地补了一句："他还想到 9 月 12 日，届时将在莫斯科召开部长层面的'2 + 4 会谈'。他该给谢瓦尔德纳泽下何指示？形势令他很不安。他觉得自己好像掉进了陷阱。"科尔"予以坚决的反驳——不能如此而且不愿如此进行对话"。谈话接着又变得较为和谐。戈尔巴乔夫认为，解开这个结至关重要，科尔强调他也有此意愿。[102]

科尔要科勒尔周末后给出新的额度，他要触及财政政策可以接受的底线。科勒尔表示，100 亿西德马克加上无息贷款是最大限度。这个额度目前不在财政预算内，必须通过已足够紧张的信贷市场进行融资。[103]

9 月 10 日，科尔再次和戈尔巴乔夫通话。苏联的总体要求依然在 160 亿～180 亿西德马克。科尔建议 110 亿～120 亿。戈尔巴乔夫表示，他不愿和联邦总理讨价还价。他希望联邦德国可以支付 150 亿～160 亿，这最终涉及的是德国统一。科尔反驳，德国的付出只是第一步，年底还会有其他步骤，戈尔巴乔夫不同意科尔的这一反驳。他说，自己与政府、部队和财政专家大量斗争的结果是 150 亿。因为他现在看到，如果这一目标无法达到，实际上一切讨论还得从头开始。这使科尔别无选择：在莫斯科"2 + 4 会谈"的前两天推迟统一是无法接受的。他现在提供的是，在他已提到的 120 亿基础上再加 30 亿西德马克的无息贷款，工作人员明天就可以去莫斯科，就此展开谈判。戈尔巴乔夫如释重负地表示接受。[104]

这个结因此终于解开。到 9 月 12 日也成功地将总额度分配到各个重点项目上，以确保资金使用有的放矢：78 亿用于返国士兵的住房建设，30 亿计划用于到 1994 年底全部撤军以前的苏军驻扎费。这大约是驻扎费用的一半。对另一半费用的融资，苏联得到一笔 1995 年应偿还的、高达 30 亿的无息贷款。[105] 撤军费用由联邦德国承担 10 亿，其中 2 亿计划用于转岗培训措施。[106] 由此，德国对苏军驻扎和撤军的财政负担得到了法律确认，一个对缔结"2 + 4 条约"最为重要，但至今仍然欠缺的前提条件得到兑现。

在阿尔希斯以及之后商定的条约剩余部分，即关于德苏睦邻、伙伴和合作条约（"总条约"）。关于在经济、工业、科学和技术领域发展广泛合作的条约（"经济条约"），以及"过渡和撤军条约"同时准备完毕。在此很少有争议，因为不涉及联邦德国的具体财政承诺。"经济条约"本身绝对给苏联提供了要求资金的机会。然而，斯塔扬在与豪斯曼的谈判中，把精力集中在关于货币、经济和社会联盟的国家条约中已包含的原则的精确化和具体化上：强调为苏联与民主德国之间已缔结的协议提供的信任保护、维持传统供货关系的义务、联邦德国在欧共体为有利于苏联产品供应到原民主德国地区而努力的承诺。较为困难的一点是苏联军队使用过的房地产。苏联要对这些房地产索取财产权。德国方面解释说，这里涉及的不是财产权，而只是使用权。1992 年，苏联方面，现在是叶利钦（Jelzin），才最终放弃撤军时还要从出售房地产中赚取外汇收入的尝试。[107]

联邦德国为统一向苏联付出的总代价，远远高出联邦政府为苏联部队驻扎和撤军所支付的 120 亿西德马克。1991 年春，联邦财政部把 1989 年以来"为苏联改革进程提供的德国支援措施"的所有内容进行合算。包括赫尔梅斯担保（Hermes – Bürgschaften），联邦财政部得出的总数是 573 亿西德马克。

德国为苏联改革进程提供的支援措施
波恩，1991 年 4 月 12 日

1989 年以来的支出以及现有的和计划的义务：

I 补贴，无偿供货

1. 针对苏联部队从加入区撤军的《过渡措施》协定，135 亿西德马克分别为：

● 78 亿西德马克……用于返乡军属的住房建设方案

● 30 亿西德马克，德国支付给过渡基金的费用，用于苏军驻扎和撤军……

● 10 亿西德马克，用于苏联撤军的运输费……

● 2 亿西德马克……用于转岗培训措施……

● 给苏联提供 5 年 30 亿西德马克无息贷款而导致 15 亿西德马克的利息费用……

2. 1990 年苏军驻扎补给费   7 亿西德马克

3. 来自柏林和联邦国防军储备的紧急援助   7 亿西德马克

4. 来自国民捐款   4 亿西德马克

5. 用于咨询、培训和继续培训的财政资金　　　　0.3 亿西德马克

6. 德国给欧共体援助的份额　　　　　4 亿西德马克

总数 I：157 亿西德马克

II　信贷担保和赫尔梅斯担保

1. 为无条件的财政信贷担保

a）收支平衡信贷（1990 年 7 月）……　　　　　50 亿西德马克

b）《过渡措施》协定……　　　　30 亿西德马克

2. 赫尔梅斯担保（出口信贷担保）

a）新平账　　　　59 亿西德马克

b）1990 年再融资……　　　　16 亿西德马克

c）联邦部长默勒曼（Möllemann）政治上承诺用于填补新联邦州特殊条件的出口……　　　　90 亿西德马克

3. 德国参与欧共体为食品出口到苏联的信贷担保份额（欧洲理事会 1990 年 12 月 14/15 日决议……）　　　　2 亿西德马克

总数 II：247 亿西德马克

III　转账卢布结余　　　　150 亿西德马克

1990 年利息费用　　　　约 4 亿西德马克

1991 年（估计）……　　　　15 亿西德马克

总数 III：169 亿西德马克

总数：573 亿西德马克[108]

　　与西德自 1991 年以来向新联邦州每年净转移支付 1000 多亿西德马克相比，表中显示的数目不算太高。基本上，联邦德国还算是占了便宜。引进西德马克以后，如此之快地加速了民主德国的解体过程，使得国家统一必须即刻到来——任何推迟，从纯经济的角度看，还会更昂贵。莫斯科的政治家们也知道这一点。他们就《过渡条约》（又称《过渡措施》协定）进行了如此艰难的谈判——他们可以再多要一些，联邦政府还得负责解决更大的财政援助。然而，苏联放弃走向极端。戈尔巴乔夫显然认为，与现在为了多要几十亿西德马克而再向波恩施压，以此损害与未来统一德国的关系相比，将注意力放到面向未来的良好合作上，更为明智。

第九章　创造性的破坏

1990 年 7 月 1 日，关于货币、经济和社会联盟的国家条约生效。西方世界敢于尝试的最大实验从此开始：[1] 两个经济体制截然不同、经济绩效明显不一样的国家合并成一个统一的货币与经济区。市场经济向来是一个"创造性的毁灭"过程——20 世界最伟大的经济学家之一约瑟夫·熊彼特（Joseph A. Schumpeter）如此说。[2] 新产品和新生产工艺替代旧的产品和工艺，企业如果不能胜任创新竞争，就将走向灭亡，某些经济行业萎缩并消失，其他行业则会崛起。正常情况下，这种过程是演进式的。到一定的时刻，只有一部分产品和生产工艺过时，一小部分企业有适应调整的困难。长期的破坏会波及整个经济，但短期则只触及部分领域；开发新生事物的力量足以把破坏带来的最糟糕结果，即失业，控制在可以接受的范围内。但货币、经济和社会联盟并非正常情况。转折来得令人如此震惊，像革命一般。几乎一夜之间，绝大部分东德经济就显得相当陈旧，无力竞争，注定灭亡。破坏统治了一切——关键问题是，它还将持续多长时间，直到创造性的力量出现。

在组织和技术上，货币转换都是联邦银行可引以为自豪的辉煌成果，但民主德国国家银行员工也有份参与。在货币联盟启动那一天，联邦银行从联邦德国向民主德国派遣了大约 250 名工作人员。此外，它先以定期聘用合同的方式雇用了 900 名国家银行员工。2500 万个账户必须转换。星期天，即 7 月 1 日，就已开始在银行机构、警察局、国家机关和学校为国民兑换现金。在国民储蓄账户和转账账户上有大约 1800 亿东德马克的资金。其中约三分之一以 1:1，三分之二以 2:1 兑换，从中得出平均兑换比例为 1.5 个东德马克对 1 个西德马克。因此，货币兑换后，民主德国公民拥有 1200 多亿西德马克。此外，对联邦银行重要的货币量 M3（现金、活期存款、短期存款、低于 4 年的定期存款）增加了其他非银行机构（企业和国家机构）的活期和定期存款（4 年以下）。总共整整 1200 亿东德马克，以

2∶1 兑换成 600 亿西德马克。[3]通过转换，西德马克 M3 总体增长了 1800 亿西德马克，也就是说增长了将近 15%。比联邦银行预计的要多一些。不过，联邦银行希望，货币区的扩大，长期只会带来货币量 M3 10% 的增长，因为相当一部分储蓄账户上的货币不久将转为更高利息的长期存款形式，它们不会算到 M3 里。[4]联邦银行一开始就认为这种 10% 的提高刚好可以接受。当然，7 月，在西德尚未排除对存量转换起初将释放通胀能量的担心。

在货币转换中必须当场解决的问题到底有多复杂，只有在场的专家才知道。他们当中有一位是德国联邦银行的主任阿尔维德·美因茨（Arvid Mainz），当时负责德累斯顿和开姆尼茨地区的转换。在本章的下一节中，他讲述了自己的经验。

对东德国民来说，货币、经济和社会联盟意味着自 1989 年秋天以来所经历的、感受最深的日常生活的重大转折。先是民主德国的政治体制在一系列动荡中崩溃，柏林墙倒塌是其中最激烈的一次震荡，然后是各种余震。经济转折则更多朝着相反的方向进行。先是一系列前震，然后随着 1990 年 7 月 1 日货币、经济和社会联盟的生效，紧跟着的是最强大的冲击，它全面摧毁了旧体制。大多数民主德国国民盼望西德马克，不只是因为想要有买到一些东西的钱，还因为他们在西德马克中看到了最重要的希望信号。然而，他们也知道，对他们来说，货币与经济统一是与巨大的风险联系在一起的：他们为自己作出了从沉船跳入冷水的决定。[5]面对新经济体制的艰难转变，东德国民看到自己面临的特殊挑战。在本章后面几节中，将阐述新联邦州在国家统一后前几年的经济发展情况。

第一节　货币转换：经验报告

（阿尔维德·美因茨）

承担货币政策责任和货币转换要求联邦银行在民主德国有自己的分支机构

为了货币联盟一开始就全面正常运作，联邦银行必须在两个月内在民主德国创建自己的组织基础。把中央银行体系的部分工作交给民主德国国家银行去履行的考虑，迅速遭到抵制。主要是出于建立必要的信任这一利益，联邦银行从某日起每天都要在民主德国随时出现，并提供全面的服务。时间计划如此紧张，以至于无法等到澄清所有的法律问题，包括统一的法律问题。但这也提供了机会，在没有政策规定的情况下，只根据业务方向去组织民主德国央行的结构。此时讨论了各类模式，例如在民主德国设立两个总的管理机构，一个在柏林，负责北部地区，一个在德累斯顿，负责南部地区。在考虑所有选项的基础上，最后就过渡解决方案作出决定，即在柏林设立一个"临时管理机构"，它拥有 15 个分支机构，分别分布于各地区首府。在国家条约第 10 条第 7 款和国家条约附件 I 第 12 条中，解释了这种模式。1990 年 4 月 26 日，央行理事会负责管理和组织的特别工作小组，就联邦银行未来在民主德国工作的组织准备作出了实质性规定，1990 年 5 月 3 日在央行理事会会议上得到批准。随后，向巴伐利亚州央行下达任务，以"监护"[6]的形式在德累斯顿和开姆尼茨设立分部并进行监管。为此目的，本作者于 1990 年 5 月 3 日被任命为德累斯顿分部临时第一主任。此后展开行动。5 月 7 日和 8 日，巴伐利亚州央行代表团首次访问国家银行在德累斯顿和开姆尼茨的地区分行。鉴于（据我们所知）国家银行领导成员的前程未卜，无论在德累斯顿还是在开姆尼茨会谈时，我们所受到的友好接待令人惊讶。更让我们吃惊的是国家银行代表的发言："然后我们将在萨克森州央行……"做这做那。看来他们没有接到其东柏林总部关于国家银行员工将不会由联邦银行自动录用的通知，甚至完全没有意识到，他们作为国家银行的领导人，几乎无法指望被联邦银行聘用。信息不一致在我们会谈伙伴身上产生了很大的误导，几周以来他们还在按照自己总部以前的指示，致力于定义其未来的央行任务，并以此为工作、组织和人员计划做准备。而这对减轻我们的工作，恰恰没什么帮助。

建立技术与组织框架

如条约中商定的那样，民主德国将国家银行的工作场所提供给联邦银行使用。按照这一规定，德累斯顿国家银行计划为联邦银行提供位于库尔茨博士环线（Dr. – Külz – Ring）的地区央行大楼。1905 年，该大楼曾是德意志银行的分行，破旧不堪，几乎无法使用。国家银行已着手进行的对曾经一度富丽堂皇的收银大厅的"翻修"，乐观地估计，最早也要到秋天才能完成。部分办公室刚刚翻修。但主要问题还是金库及其通道、电梯、技术设施，等等，到今年 6 月初，不能保证联邦银行分支机构通常的大型货币交易进行。在寻找替代方案时发现，国家银行的专区支行位于列宁格勒街，离阿尔贝提努（Albertinum）博物馆很近的原帝国银行大楼内。正如所料，这栋三十年代的大楼里的金库设备更符合央行的要求。不过楼房的中部在战争中被摧毁，没有重建。剩下的部分，即北部和"南塔"包括金库，被德国信贷银行股份公司（Deutsche Kreditbank AG）（后来的德累斯顿银行－信贷银行股份公司（Dresdner Bank－Kreditbank AG）占用。

规定 7 月 1 日必须启动业务，在这么短的时间里该怎么办？德累斯顿的建筑条件差得可以想象。在"集装箱银行"也遭到拒绝后，为了或长或短的过渡时间，剩下的办法只有采纳分开的业务流程，存取款、金库和货币处理业务放在帝国银行的"残余部分"，其他的所有业务，包括领导管理放到库尔茨博士环路。从安全的角度以及工作监督和业务落实来讲，在目前不够发达的通信条件下，这到底意味着什么？或许只有知情者才能评判。能做的只有这么多：审核银行提交的兑付现金支票（格式合乎规定、签字、账户覆盖情况）只能通过传真进行，还必须以一直正常运行的电话网络为前提。但实际上线路系统经常中断，导致支票必须由联邦银行工作人员从这栋楼送到那栋楼。鉴于车辆交通一周多过一周，此时得出的结论是，能作为大城市里的现代递送方式而抢先行动，自行车似乎才是最有效的输送工具。

此外，"分开解决方案"使得有必要就共同利用金库（共同的金库锁）和用于货币装卸以及安置为货币装卸而聘用的员工的房间，与德国信贷银行展开艰难的谈判。收银区迫切需要改建、敏感部门"技术装备"要进行配置，留给这两项工作的时间已经不多（主要不足包括：老旧的金库门和锁、砖砌的金库墙体、很不完备的报警设备、没有用于现金运输的装卸厅、存取款和货币处理处的外窗既没有防弹也没有防暴阻隔）。此外，部分情况很惨的房间和令人难以忍受的厕所装置都有待维修和更新。在许多情况下，较大规模地起用当地东德手工业者的尝试，以令我们吃惊的方式失败而告终，不是因为我们指定的工期和规定的工作时间（晚上或周末也要干），就是因为工程质量不合格。因此，很多时候我们没有别的办法，只好动用巴伐利亚的手工业者，主要来自邻近边界地区，尽管订单已经排满，甚至周末也要加班工作，但他们还是乐意帮助解决问题。

现有的办公室工作设备的配备也很不足。因此，从办公材料开始，到表格、办公设备、办公桌、椅子和柜子乃至全套数据处理系统，一切都得在最短的时间内采购并送货到位。根据巴伐利亚州央行的订单，7 月 1 日前，有 15 辆货车开进德累斯顿和开姆尼茨分支机构，不包括"西部工作人员"周末用小面包车和旅行车进行的大量材料运输工作。

我们在大楼里遇到的通信设施状况简直是灾难性的。相当糟糕的电话装置甚至连稳定的内部通话都无法保障。在业务高峰时间，西部与民主德国之间的通话，由于超过民主德国官方网络的高负荷，实际上根本实现不了。通过联邦银行在东柏林的临时管理机构安装连接联邦德国的公共网络，并直通各分部固定专线的内部转换机，才得到解救。从此，才有可能进行分部和西部公共电话网用户之间的某种程度正常的电话和传真往来。回顾过去，由于通信联络的不足，分部更多的只能靠自己解决——必要时迫不得已的自主决定，这种状况提供了更多的自主行动空间。

新分支机构的工作人员

大家很早就清楚，不能指望一开始就在民主德国找到完全可以胜任工作的银行工作人员。民主德国国家银行和其他货币机构的职能，与市场经济体制中的银行工作偏差太大。因此，在民主德国组建联邦银行分部，不能没有由西方工作人员组成的足够庞大的核心团队。

另外还有一点。在建立二级银行体系的过程中，国家银行于 1990 年 4 月 1 日拆分成地区央行（相当于联邦德国的州央行）和德国信贷银行股份公司。以前国家银行的主要银行业务工作都转交给德国信贷银行股份公司。央行的任务，含有非现金支付交易的中央结算功能，则留在地区央行。这种劳动分工也体现在人事结构上。地区央行的大部分员工属于负责原则性事务，尤其是监督计划执行的领导部门以及无处不在的行政管理和组织部门。拥有大学学历的员工所占比重相对要高，而负责联邦银行未来分支机构的非现金和现金支付交易业务的员工人数显然不够。因此可以确定，只有有限的一部分能胜任质量较高工作的国家银行员工，可以胜任联邦银行的工作。

来自西部的员工不仅必须接管领导工作，而且在专业部门中还需足够的人员从事培训和指导，并在紧急情况下也能当作员工使用。德累斯顿和开姆尼茨各需要 100 名员工，以这一估计为出发点，每个分支机构的"核心团队"应该拥有整整 15 名联邦银行成员。和其他州央行部门一样，巴伐利亚州央行的员工 1990 年 4 月底得到请求，定期为不同的职能部门效力——根据不同的任务，时间在三到六个月之间。这些员工的反响，特别是高级员工的反响出乎意料的好。相反，争取高级退休人员为民主德国效力的努力则落空。

为了及时开展业务工作，核心团队必须尽快额外得到民主德国当地力量的补充。从 6 月中旬起，紧接着"员工大会"，德累斯顿分支机构主任收到不少国家银行地区央行员工的求职信，在看完资料和个别谈话之后，把它们转到慕尼黑人事办公室。翻阅个人档案，很少能得到启发，因为根据莫德罗政府 1990 年 3 月的规定，"与个人档案无关的"履历，可以根据工作人员的愿望而删除。通常的鉴定包含"社会活动"的详细说明，所以，一大批工作人员偏向于把有可能对其未来工作不利的说明清除掉。连同求职申请，候选人必须递交一份书面声明，说明他们过去是否与国安部合作过，担任过何种级别的党内较高职务。在与声明相关的个别谈话中，有时出现了令人震动的情景。一些申请人明确表示，欢迎新雇主联邦银行调查待聘人员的政治和社会背景。他们敞开胸怀，描述自己或家属并非始终轻松的命运。除了国家银行员工，还有德国信贷银行股份公司以及储蓄银行和工业企业的员工（如罗博特隆公司的数据处理专业人员）提出申请。

看上去合适的求职者都尽快得到了聘书。他们的劳资合同先定为 15 个月，如果称职，就有望被无限期聘用。按照专门为民主德国当地劳动力制定的"临时工资表"而将员工的级别分类，开始的时候有一定的难度。其中按特定工作归类的薪水，只能给那些可以在前期培训的基础上，相对较快甚至无须较长时间就能胜任指定任务的员工（主要是非现金交易和货币装卸部门的员工）。其他情况下，先实行较低级别划分，这样做可能出现国家银行支付的毛工资在个别情况下达不到临时工资表要求的情况。但整体看，民主德国职工接受给他们的新薪水。

在货币装卸服务中雇佣东部职工，体现了一种特殊性。有必要利用帝国银行的金库和供货币装卸用的房间，在这种情况下，联邦银行实际上接收了德国信贷银行货币处理工作的所有员工（将近 40 人），并通过"员工借调"的途径，再向德国信贷银行提供其中几人负责该行余下的货币处理工作（诸如夜间金库处理工作）。在货币处理业务方面，与西德不同，几乎只有女性职工，这一点只在空白处做了备注。对于国家银行和民主德国整个信贷行业来说，这也是有些薄弱的表现，在这个行业——因为也算服务行业——只有很少的男性职工。

遗憾的是，女性职员比例特别高，这并不能缓解员工状况。除了已经够高的休假要求，还允许她们有家务日。再者，她们喜欢提前上班而且特别准时的下班，主要是必须到幼儿园接孩子。在工作时间去购物，也同样符合民主德国的优良传统——如果商品紧张，只有在特定的时间才能买到——这是可以理解的。然而，随着（在引进西德马克之前就已经）急速增加的货物涌入，这种情况应该改变。

为了让民主德国当地职工对未来央行的工作有所准备，联邦银行开发出一套特殊的培训和再培训方案。按此方案，除了在负责监护的州央行实习，还应在联邦银行培训基地接受理论指导培训。巨大的时间压力，以及挑选至今仍在国家银行工作的培训参与人员的问题，最后导致新员工的首批培训包括理论指导等任务，全部落到负责监护的州央行肩上。从 1990 年 5 月中旬开始，来自德累斯顿和开姆尼茨国家银行的第一批员工到达巴伐利亚州央行，他们按照培训重点在拜罗伊特（Bayreuth）分支机构（"练习分支机构"）和其他的巴伐利亚分支机构实习，为其未来工作做好准备。在挑选培训人员时，地区央行的国家银行主管并不一定总有好运。地区央行派送一部分在国家银行身居高位的员工参加培训，因此他们对未来分配到的工作领域必然不会满意，这是可以理解的。在这一阶段的派送中，政治背景也常常起作用，使得一些员工由于有"前科"后来未被录用。在一个案例中，聘用了一位在西部受过培训、专业特别熟练的女员工，因而不断招来其他员工的批评和轻微的骚动，因为她有较高的党内职务，我们从她那里得知这一点。

其他培训应该在分部所在地进行。不过，困难很大，因为刚开始还不多（后来提高到 25 人）的西部员工不断超时加班，几乎不能为细心培训新同事腾出时间。再加上稍长一段时间后，不仅地区央行（诸如销毁东德马克），而且德国信贷银行也要来"借调"员工，使得这里的培训也必须停止。

关于货币转换

西德马克的供应和存放

为了准备在民主德国引进西德马克，自 1948 年货币改革以来最大的现钞运输是必要的。为民主德国第一次配置运送，总共必须有整整 250 亿西德马克，其中大约十分之一进入德累斯顿地区。其间，第一次配备硬币困难加大，因为必要的联邦硬币数量并未立即全额到位，尽管1990年春给铸造机构下达的铸造订单已明显提高。[7]这样一来，民主德国币值1、5、10、20和50芬尼的硬币（老百姓嘴上的"铝片圈"）起初还必须继续作为法律支付手段留用。在民主德国，联邦银行分部的纸币供应由各自的监护州央行负责。总共需要运送22000多袋，每袋20扎，每扎1000张纸币，总重量约460吨。[8]由于联邦银行自己的运输能力不够，必须另外委托私人公司，它们不仅负责硬币，而且也负责纸币的运输。运输本身毫无摩擦，而且中间没有出现差错。投入的巨大安全费用也是值得的。从民主德国的边界开始，除了银行自己的护送车以外，运钞车还由多辆人民警察的车辆护送，外加一架警用直升机监视。在卸货过程中，银行周围由人民警察反恐小组成员保护，这自然引起居民非常大的兴趣。

为了给德累斯顿分支机构配备西德马克，1990年6月5日~7月1日，运钞车从巴伐利亚来了11趟。第一批货币运输偏偏在刚下达对现金存取区域和金库进行改建和改善安全措施时抵达。货币存放在"建筑工地"上——几乎无法用别的词形容金库了——相应要求大量的安全措施。此时，人民警察表现出极佳的协商态度，并相当配合，它"通宵达旦"地布置安保人员。最后一次运钞和首次向银行发放货币的时间正好重叠。而令人比较不舒服的是，工匠们此时尚未结束自己的工作。随着总数将近25亿西德马克的运抵，金库的容量实际上已经饱和，而当天金库还被信贷银行占用，另一个金库堆满了用不同器具和五颜六色（用衣料做的）的口袋装的"铝片圈"，即东德马克硬币。在这种情况下，每天接收货币，也就是说由掌管钥匙的人清点金库存量，难度非常大，需要很多时间，这是可以理解的。

为银行和公共收银处开设账户——业务启动的前提条件

就像在西德一样，在民主德国享受联邦银行的金融服务，也是以在联邦银行分支机构开设转账账户为前提的。这也适用于第一次向东德金融机构支付西德马克，适用于参与非现金支付交易和再融资业务，以及适用于维持最低储备金。对德累斯顿业务区来说，这意味着要为金融机构开设70个、为公共行政管理部门开设40个账户。银行董事们在规定时间里按每隔20分钟的频率被请进银行。这种一直"拖到"深夜的时间安排，完全无视各银行代表的特殊信息需求。开设账户时的谈话变成了真正的、其中只能填补最简单的知识空缺的培训活动。许多银行经理自身都不了解市场经济中最基础的银行业务关系。工具和概念，如证券、承兑汇票、账户透支限额和最低储备金、抵押贷款和贴现贷款，以及权证交易（Wertpapierpensionsgeschäfte），他们都不熟悉，确切地说必须给他们详细解释。个别银行代表脸上露出了惊奇的表情，他们得到的第一批现金不是"免费的"，而必须事先存入其账户——大致是通过一种与利息成本挂钩的再融资信贷方式。他们抱怨，对现金连利息都不收。

其他分支机构也有同样的情况，许多谈话对象很惊讶地认为，银行在再贴现信贷框架中用于呈交给联邦银行的本票（Sola - Wechsel），少写了一个字母"r"，他们想把 Sola 推导为 Solar（太阳的），但怎么也无法解释联邦银行与"太阳的"两者之间的关系。这一切只能一再表明，在东德银行业中，还有很多培训和启蒙工作要做，至今尚未在那里开展西部意义上的银行业务。在这种背景下，上述情况是可以理解的。因此，联邦银行分部为金融机构举办了大量的信息交流活动，主题有：信贷与证券业务、银行监管、非现金支付交易，等等，很受欢迎。

没有联邦银行的再融资就没有西德马克

联邦银行尽可能提供所有的服务项目，这一努力在金融业务方面惹来特别大的麻烦。因为民主德国的金融机构不具有央行可以接受的资产（Aktiva），如可用于在联邦银行作再融资抵押的贸易汇票或可市场流通的证券。因此，从 1990 年 7 月 1 日起，联邦银行为它们提供所谓的再融资配额，区别于传统的再贴现信贷，这些配额可以临时当作银行本票使用。[9]除了这种按贴现率结算的再融资信贷，金融机构也可以和西部一样，享有抵押贷款权，同样可以通过银行本票担保。对这种被看作过渡规定的再融资条件，立法机构在《联邦银行法》中找到了一条对应的法律依据。对所有东德机构高达 250 亿西德马克的再融资配额，随着 1990 年 7 月 1 日联邦银行分支机构业务的启动，立即几乎全额（95%）用完。这首先也可以从以下背景中去看：整个民主德国经济和国民的现金"初次配置"都必须通过在民主德国的金融机构提供，由它们在联邦银行再融资。[10]随着这一运作，联邦银行就从"零点"开始直接把民主德国的金融机构与其"支付能力缰绳"及其再融资条件捆绑在一起了。

现实中再贴现业务运作极为艰难，但除此之外没有其他指望。一大部分承兑汇票开错了利息，应纠正利息的核算。为了不让自己被捆绑的时间太长，因此金融机构经常只开具短期承兑期票，然后却又必须确定，当时尚要收取的期票税与期票期限无关，是论张计算的。但正如后面几周表现出来的那样，学习过程进展很快。

各机构也很快动用了第二个"再融资窗口"，即抵押信贷，不过不同分支机构的使用规模差别很大。在此，民主德国银行同样先要积累经验，了解应该何时并以何种规模动用央行银行最贵的贷款。此间的中心任务是优化管理账户，鉴于最初很不直观的支付交易流，这并非那么简单。在后来的几个月中，造成了不同程度明显过高的准备金，而在个别情况中却出现了准备金欠缺。[11]

向银行支付西德马克和某一天

1990 年 6 月 25 日，德累斯顿和开姆尼茨的联邦银行家必须适应这一天很长的工作日，特别是要早起。这是西德马克从联邦银行金库向金融机构支付的第一天。从法律和经济上看，以此开始了货币形成。联邦银行的钱币第一次在第三方手里显示出货币的特征。6 月 25 ~ 27 日，两个分支机构各向银行支出不同面值——偏好小面值——总共 10 亿西德马克。为了战胜与"敏感商品"货币联系在一起的"特殊力量"，必须把上班时间确定在很早的 6 点，下班时间则不确定。尽管对时间流程和各项支付过程有着缜密的计划，但仍不断出现延误。大多是由于银行必要的账面资金覆盖上有缺陷，例如，本票开具有错误或由于邮递时间长还没送到。此外，多次出现机构与预定的金额和面值有偏差的情况，导致了很大的时间消耗。不仅在德累斯顿，而且在开姆尼茨，支付几乎都是"匆匆忙忙"地进行，仍看不到保险的钱箱。

将货币从央行运往信贷机构，在民主德国不同于西德，原则上是由国家银行负责。由于在第一次支付西德马克时运力不够，为了支持国家银行，巴伐利亚州央行为德累斯顿和开姆尼茨分支机构弄到了 11 辆各配备两人的巴伐利亚运钞公司的装甲运输车。为此还和参与机构展开了大规模的谈判。金融机构要自己负责安排足够的警力保护，承担信贷银行从联邦银行分支机构接收货币时的风险。运输中没有遇到大问题。只是在德累斯顿出现了舆论感兴趣的事件。在《世界报》的"联邦银行丢失钱袋"的标题中，可以读到这则报道：

"德国联邦银行的车队在把'硬币'运进民主德国的过程中，在德累斯顿市内掉下一个钱袋。民主德国通讯社德通社（AND）昨天报道，一辆装甲车车门崩开，一个口袋掉在地上。人民警察押送部队和银行职工立即停车。三名身背冲锋枪的警察很快捡起掉下来的口袋，抬回到装甲驾车上。德累斯顿刑警试图对此不幸作出解释，可能是沉重的口袋'来回晃荡'打滑，门闩就从里面松开了。"

这里所指的自然不是"联邦银行的车队"，而是由国家银行负责的运钞公司的车辆运输。

随着西德马克的初次配置支付给金融机构后，联邦银行在东部经受了第一次战斗考验。现在全靠银行和邮局，向全国范围1万多个支付点供应新货币了。因此，某一天——也就是在民主德国引进西德马克的这一天——可以到来。

只有通过货币机构的账户才有可能将东德马克换成西德马克，不进行直接的现金兑换。出于这种原因，民主德国的所有公民（包括儿童）都得在银行机构开设账户，只要他们还没有这个账户。他们必须最迟到7月6日，但尽可能在7月1日前，将自己的东德马克现金存入账户。民主德国公民最迟到7月6日、户籍或住址不在民主德国的人士到7月13日前，必须用存款连同一份特别兑换申请进行登记。[12] 转换随着7月1日的生效而开始执行。一般转换率为1个西德马克对2个东德马克。优惠的1:1的转换率适用自然人的存款（14岁以下的儿童最多2000东德马克，至60岁的成年人为4000东德马克，60岁以上的人为6000东德马克）。

为了让公民从货币联盟开始起就可以立即拥有日常需要的必要现金，制定了一条特别规定。按此规定，自然法人可以让其开户银行在1:1比例兑换的现有存款框架内，开具西德马克支付发票。最高额度为每人2000西德马克。出具这张支付发票，公民可以在星期天（7月1日）和星期一（7月2日），在金融机构和其他支付机关（政府机关、警察局、学校，等等）领取西德马克现金。[13]

从某一天起，人潮开始涌向支付机构。联邦银行分支机构做好了准备，它们将解释出现的问题，而且一旦有必要，就满足信贷机构的其他货币要求。慕尼黑管理总部也对无法预见的情况做好了准备，可以通宵达旦地和值班人员通话。针对万一在德累斯顿和开姆尼茨地区货币供应不够的情况，有一辆运钞车及其团队整装待发。实际上，对联邦银行分支机构来说，自从7月1日前夜首次支付西德马克以来，西德的主要压力已经过去。银行在某一日的额外现金要求控制在可以接受的范围。显然，民主德国公民已拥有较大数量的西德马克钞票，从而不必在 7 月的头两天里将支付发票全部金额作为现金从银行提出。他们好像也没有起初想象的那样愿意多花钱。

对联邦银行分支机构来说，某一天意味着在民主德国启动了形式上的业务。随着 7 月 1 日转换生效，所有的账户都得到开设，再融资贷款得到保证，提取的现金也已入账。也许，几乎没有哪一个分支机构出现过营业额如此之高的"日资产负债表"，而且还完全没有涉及贴现业务中产生的利息收益。

随着 7 月 1 日转换的生效，民主德国银行机构的账户也转换成西德马克。从 7 月 7 日和 8 日的数据处理来看，为 2470 万账户进行了转换。约 300 万账户没有提出申请。在没有错误和错过期限的情况下，自然人可以到一定的期限申请转换，在硬性规定的框架中，法人和其他机构也可以如此办理。[14]1990 年 7 月 2～8 日，根据与信贷业最高协会（Spitzenverbände des Kreditgewerbes）议定的程序，暂停在民主德国以西德马克开展非现金交易。这个时间是必要的，可使所有尚在履行中的合同（至 7 月 6 日）仍以东德马克入账，并在转换后，从 7 月 9 日起，用民主德国支付和核算交易自动化系统，实现西德马克的转换。[15]这种转换的进展，很大程度上毫无问题。

成功的货币转换——只是第一步

随着用西德马克对民主德国的国民和经济进行首次配置，并随着账户转换，货币转换工作实际上已经结束。从技术和组织的角度看，它可以算是成功的。主要是参与这项工作的全体人员，他们的巨大投入和崇高动机为此作出了贡献。

然而，随着基准日 7 月 1 日的到来，发行银行和信贷业的一系列业务范围，开始了一个新的时代。制度的适应性调整和向新程序的过渡，有时造成了极大的困难，它们主要集中在 1990 年下半年。这主要是针对非现金交易支付，在此，从民主德国的中央支付体系过渡到西德的非现金支付体系，是与巨大的困难联系在一起的，需要的时间也明显长得多。[16]到 8 月 1 日引进准备金、启动与其客户的信贷和证券业务，以及置于《信贷法》（Kreditwesengesetz）的银行监管规定之下，也向民主德国金融业提出了很高的要求。与之相关，联邦银行的分支机构，在较长的一段时间里也尚未恢复正常。

第二节 进入新经济制度的艰难开始

丰富的西部商品供应，但令人恼怒的价格

随着货币、经济和社会联盟的启动，以西德经济和社会制度为基础的法律规定在民主德国生效，除非国家条约允许过渡期间有特殊。这对国民和企业生产供应产生了直接和立刻的影响：

- 放开大多数商品和服务的价格。仍旧绑定的主要是房租、交通票价、能源和市政服务。
- 取消大多数基本需求商品的补贴。
- 民主德国引进西德税收体系。取消企业目前上交国家财政的、与产品相关的费用，对消费者来说，由于高档工业产品、奢侈品和进口商品，该费用变得更贵。
- 民主德国的企业被置于与占极大优势的西德企业的竞争面前。

这些措施的后果是，至今得到补贴的基本需求商品以西德马克计价，从7月2日起，明显比两周前的东德马克价格要高。尤其在基本食品方面出现了社会和政治问题。一个面包从前是52东德芬尼，现在是3个多西德马克，6月底5公斤土豆是1个东德马克，7月初为5个西德马克。许多人被上涨的幅度吓呆了。[17] 相反，高档消费品，如奢侈品、家庭商品、服装则明显便宜了很多。主要是那些相当一部分依然属于国家贸易组织（HO）或消费合作社的零售商，展示了丰富的商品供应。然而对于低收入市民来说，商品供应和较便宜的咖啡或物美价廉的电器产品带来的高兴，抵消不了因基本食品价格上涨带来的失望。

尤其是在货币转换后头几天出现的价格极端差别，惹起了大多数消费者新的怒火。这一差别体现在进口的西部商品，同样也体"现在就实行民主"德国生产的商品上。民主德国公民从走访西部和西部电视广告中熟悉了西部商品，许多人对西部的售价也大致有所了解。现在，数以千计的货车满载着西部商品向民主德国源源而来，这是国民所渴望的，并且早在7月1日之前就被东德国家贸易组织订购。但是，民主德国零售商出售的西

部商品几乎都比西德贵。在民主德国内部也有明显的价格差别。7 月的第二周，1 公斤猪肉在罗斯托克要卖 16.50 西德马克，魏玛则卖 8.90 西德马克。很容易解释价格差别：在许多地方，国家贸易组织中的商店和消费合作社，其中的零售商都处于垄断地位，它们利用了这一点。后果是，只要有可能，消费者便在西部购物：在货币转换后的第一个周末，西柏林和边界附近的西德县市迎来了前所未有的蜂拥而至的购买者。

民主德国政府陷入压力之中。它在 7 月 1 日就已向消费者和商业界做出一项重要承诺：放弃 7 月 1 日起对西部特定商品征收 11% 的特别进口税的打算。联邦政府当初拒绝进口税（比较第 239 页、第 241 页），但在国家条约缔结以后，在德梅齐埃政府的逼迫下作出让步，接受进口税作为临时措施。但后来人民议院要求放弃进口税。[18]关键是它看到，这一税种会使民主德国公民更多地到西部购物。这对民主德国的生产商帮助不大，反而会使民主德国的零售商遭受损失。

7 月 1 日后，政府对零售商"哄抬物价"作出反应，它作出决议，尽快解散垄断组织，解散国家贸易组织和消费合作社，尽可能广泛实行企业私有化的决议。自 1990 年 8 月 1 日起，全部取消现有的对欧共体地区食品进口的限制。[19]

7 月底，围绕零售价格的最糟糕的风波结束：东德的零售价格水平接近西德的平均水平。[20]东德人当初对货币转换后的高价格如此激烈的抨击，也出于另外的原因：流行的看法是，基本食品价格上升与国民虽然不是每天，但必须经常购买的那些商品的价格下降是对立的，而且货币转换总体上对每一位收入状况如下的人有利：他拥有的西德马克收入和以前的东德马克收入一样。根据民主德国国家银行的列表，一个中等收入的四口工人之家，其生活费用 1990 年 8 月与 1989 年年均相比，下降了 5.1%。[21]

东德人优先购买西部生产的商品。西部商品质量更好。在汽车、娱乐电子产品、家用电器和大多数奢侈品方面的确如此，但在基本食品方面，除了西部产品的包装更吸引人以外，常常毫无区别。不过，不存在波及整个消费品系列，迟早把价格全面推向高处的购物热。消费者将需求集中在新车和二手车、彩电、录像机、时装、去西部和外国旅游。在购买西部商品的支出中名列前茅并远远超过其他产品类别的是汽车。按 1989 年的月平均水平，四口工人之家平均从其 2318 东德马克的净收入中拿出 99 东德马克购买私人小汽车。1990 年 7 月，该家庭的净收入为 2328 西德马克，其中购买汽车加上行驶费用支出为 706 西德马克。[22]仅 1990 年 7 月和 8 月，民主德国地区就领取了 33 万辆汽车牌照，相当于现有总量的近十分之一。[23]许多东德人为了购买西部汽车花光了存款，其他大多数支出则控制在当前收入允许的范围内——只达到同等西德家庭收入的近一半。东德人这种购买行为的主要贡献是，西德经济继续繁荣，但没有受到过度影响。此外，相当大一部分汽车和电器产品不是西德，而是法国和日本生产的。西德市场被洗劫一空的仅仅是二手车。

在仅仅持续了几周的乱哄哄的调整期后，作为消费者的东德人完全可以对货币和经济统一感到满意，而在西德人中蔓延的对通胀的忧虑也平息下来。

生产暴跌

7 月 1 日以后，大多数东德工业企业的形势立即变得严峻起来。1990 年上半年，工业生产就下降了近 10%，现在则呈直线下滑。根据国家银行的数据，1990 年 8 月的工业产品生产只勉强达到 1989 年 8 月的一半。[24]但转换的冲击不仅使工业瘫痪，农业也必须为明显艰难的销售而奋斗。

7 月 1 日以后立刻下滑的最重要的原因是，民主德国的产品，确切地说许多基本消费品，在民主德国市场上受到西部产品的挤压。把这种挤压过程首先归咎于西德生产商和贸易连锁企业的进攻型市场拓展政策，这过于简单。当然有这一因素，但以下情况并不仅受这一因素影响：从 7 月起，民主德国大部分零售商手中的民主德国商品，仍只是较小的商品种类。更多的是，民主德国的大多数消费品不再被东德的消费者接受，因为从价格和质量上看，它们确实或者看上去没有竞争力。拒绝购买没有补贴的民主德国产品并非新鲜事，早就在货币转换前就已体现出来。年初，当汇率还在 1:5 或 1:4 时，产自西部的 1000 西德马克的彩电，就比常常需要修理的民主德国生产的售价 5000 多东德马克的彩电要便宜，而且质量要好。现在，在货币转换后，东德生产的娱乐电子器件和家用电器就算是甩卖也难卖出去。另外，取消补贴后，东德的基本消费食品也不再明显比西部产品便宜，故而也无人问津。最好的证明是民主德国零售业急剧下降的营业额，8 月只有 1989 年 8 月营业额的 55%，[25]尽管从整体上看，消费者用于消费品，尤其是耐用品的支出明显提高，因为在国家贸易组织和消费合作社的商店中出售的西部商品不是很丰富，而且大多也比在西部的价格略贵，所以许多东德人开车去西部购物。1990 年最后一个季度，在西、东德之间零售贸易供应方面的差距已经缩小之际，东德人在西德或西柏林购买私人需要的几乎三分之一的商品和服务。[26]

在资本货物和建筑上也可以观察到同样的发展。只要东德企业还会投资，那它们就主要在西德购买设备，甚至在高层建筑和土木工程方面，订单越来越多地交给西部公司。东德产品在民主德国内部市场要想得到机会，那它就得在接近同等质量的同时，还要比西部产品更便宜。在车辆和电子、电器产品方面，这是毫无希望的，有必要拿出新产品，而它们的开发耗时耗钱，也根本不可能用现有的设备并以合理的成本生产。相反，在生活品和嗜好品或农业方面，对生产商来说更有可能及时调整到可与西德企业竞争的水平上来。在大多数这类产品中，与对应的西部产品的质量差别不是太大，或根本不存在差别。在 7 月 1 日之前就可以通过合理化措施而降低成本。很明显，在 7 月 1 日前许多企业对转换没有做过任何准备。

相对于国内销售额的损失，民主德国产品进入西德市场的成果则无足轻重。向西方出口的主要问题并不是产品太贵。典型的民主德国出口，如纺织品、沙发、家具、石油产品，按目前的价格仍然可以出售。然而生产成本太高。一个民主德国出口企业，在 1989 年平均可将赚取的每个外汇换成 4.40 东德马克，而今虽然可以拥有西德马克或外汇收入，它却必须以西德马克支付成本。事实上，他处在生产商的地位，其货币突然升值四倍多。出口企业肯定有降低成本的可能性，因为到目前为止是不惜一切代价出口，这自然导致中央接受极高的成本核算。然而，为了变得具备竞争能力，为出口西方而生产商品的企业必须在短时间内将其成本平均降低 75%。只有撤销 1990 年春天以来的所有工资上涨，才能达到 75%。这个例子特别清楚地说明，大多数依赖产品出口西方的企业是多么没有希望。总的来说，紧接着 7 月 1 日以后，东德对西方（包括西德）的出口只下降了三分之一，这是令人惊讶的。

在民主德国的东部贸易中，紧接着货币转换之后出现了另一幅画面。1990 年上半年，民主德国对苏联和其他社会主义国家的出口停滞不前，但多少保住了 1989 年的水平。下半年对苏联的出口甚至有所上升。原因是到 1990 年年底，对出口经互会国家提供高补贴的转账卢布条例依然有效。在转账卢布从 4.67 东德马克转换成 2.34 西德马克之后，由于自身货币升值而造成的东德出口企业收益下降，则由民主德国政府或联邦德国补偿。此外还有一些特殊因素，一些大的合同生效，另外东欧进口商还愿意进口东德产品，只要他们尚无必要用硬通货支付。因此，起初大多数机器制造企业和车厢建造企业还是满负荷运转，甚至在东德再也没人愿意购买的"特拉比"，在东欧还可以卖出去，9 月甚至必须加班生产特拉比。[27]但可以预见，从 1991 年 1 月 1 日起，东德的出口将陷入困境，因为从这一时刻起，整个经互会贸易应该用可兑换货币来结算，那么，苏联以及其他经互会国家应该如何支付东德的供货？通过自己向东德出口吗？几乎无法期待能够如此。除了原油和天然气，苏联的产品在东德根本就卖不出去。民主德国从经互会地区的进口，主要是从苏联进口，1990 年上半年就有所下降，7~10 月则急剧下降。[28]货币转换后，东柏林和波恩的每个当事人很快就必须明白，1991 年，来自苏联的订单将回落。

但有问题的不只是工业状况，农业方面的情况也是如此。对农业生产合作社和国营农场特别有利的产品高价格明显下降。在转换前，1 升牛奶可让生产商得到 1.70 东德马克。为了把预料到的价格暴跌控制在一定范围内，6 月底通过政府规定而确定了最低产品价格为每升 67 芬尼。它无法覆盖一些合作社的成本。而奶制品厂宣称，如果每升必须支付 67 芬尼，它们就会面临破产，因为其成本比西部奶制品厂的要高，但在贸易中顶多能卖出西部奶制品厂要求的价格。[29]在牲畜屠宰、肉类、水果和蔬菜部门，也存在着类似的成本问题。

没有人期待工业和农业方面的转换将会容易。然而所有专家，西德专家和东德专家一样，至少期盼建筑业和私人服务业成为东部繁荣的发动机。在建筑行业，无论如何都有巨大的需求潜力：扩建基础设施、经济投资、住房建设。在社会主义体制中完全被忽略的私人服务领域，按西方的标准，具有巨大的增长潜力。然而，在建筑业和私人服务领域令人期盼的强有力的启动并没有出现。从 1991 年开始强劲扩张的高层建筑和土木工程，在 1990 年还很疲软。在住房建设上，公共资金的紧缩起了作用。在私人服务方面，则出现了各种非常不同的发展。贸易人员超编，必须裁减员工，即便消费者没有蜂拥进入西德商店购物。虽然夏季就新成立了数以千计的零售商店，而且当秋季零售行业的联合企业和企业开始私有化之后，又有上千家企业重组成立。但新成立企业引起的就业效应远远不足以抵消现有零售商店和大批发商必要的解雇。在很需要迎头赶上的餐饮业和酒店业方面，还没有迹象表明，会有大量餐馆和酒店开业以及花大力气去翻修现有酒店，两到三年以后才会出现这种繁荣。和其他服务行业一样，停滞也在于东德人很节省，根本不愿去餐馆花很多钱。相反，东德人把钱花在外出旅行上，货币转换后他们就立即开车出去度暑假，不仅到梅克伦堡/前波莫瑞州的波罗的海海岸，而且成千上万的人到西德、西班牙和意大利，使民主德国的旅游点几乎没有从旅游行业的繁荣中得到什么好处。在整个服务领域内，只有两个部门一开始就得到如此强劲的发展，以至于给相关员工提供了规模值得一提的就业岗位：信贷机构与保险、车辆交易与维修。

即将破产的企业、日益增加的失业率与上涨的工资

货币转换后的头几天马上就暴露出，在划归托管局的工业企业中，每一个企业都面临无力支付的威胁。刚开始似乎是临时的流动资金危机。至今使用的银行自动转账程序停用，通过该程序，在企业之间的交易中，中央结算机构直接给供货商打款，并把相应的款项落到买方账上。生产商现在担心，买方，也就是其他生产商或贸易商将会推迟付款，因此在他们供货之前，经常坚持预付款。但他们的客户却宣称，他们没有能力预付款，经过 2:1 转换，他们的企业账户削减一半，金额不够预付款。没有即时到账的贷款，经济将面临瘫痪的威胁。相反，银行拒绝提供贷款，因为企业甚至无法出具用西德马克开户的资产负债表，未来的收益完全不确定，而且由于产权关系没有澄清，所以不能拿地产作抵押。因此，除了提供对银行信贷的国家担保，没有别的办法。托管局向银行提供完全担保。为此，经联邦财政部长同意，它起初得到了一笔数量 100 亿西德马克的担保金。但仅 7 月，企业申请贷款就达 240 亿西德马克。在计划经济体制中，经理们学会了超过其实际需要地不断索要。一个个去审核是不可能的。托管局董事会和联邦财政部之间现已组建的托管局监督委员会选择的出路是，先给大约 40% 的贷款要求提供担保。为了能够发放 7 月的工资，有时托管局夜以继日地工作，用电报方式批准了百万数量级的担保。7 月的担保额度 100 亿西德马克已经用完。

从 8 月起，企业之间的支付交易虽然一定程度上运作起来，但现在流动资金危机转变成为长期的销售和收益危机。大多数企业仍然需要贷款，因为销售和生产掉进了无底洞，而成本只有微小的降低。为满足临

时流动性困难而申请的资金贷款，越来越多地被用于支付工资。8月和9月，托管局再次为100多亿西德马克贷款提供担保，也就是说，自货币转换以来，在头三个月中总共提供了超过250亿西德马克的担保。托管局的几乎每个企业都必须用这种担保来支撑。[30]现在的情况表明，民主德国政府对民主德国企业生存能力最为悲观的估计，甚至也太过乐观：1990年9月，再也无人相信，30%的民主德国企业能凭借自己的力量适应西德马克和市场经济，而其余70%中的大多数可以得到整顿。显然，这些估计是以这样的假设为基础的，即大多数企业的销售额将不会严重下降。现在情况很清楚，按市场经济标准，大部分民主德国工业已够破产资格。

生产的暴跌强化了对高失业率的担忧。登记的失业数字只有很小一部分反映真实的失业率。企业转向大规模采用短期工。为此，放宽短期工的规定提供了方便：在东德领取短期工作津贴，一半由雇主，另一半由联邦劳动局支付，哪怕针对的不仅仅是暂时的工作岗位裁减，也会得到允许。对涉及的员工来说，这一点具有不可估量的优点，就业关系继续保持，尽管净收入下降约三分之一。要不是提前退休和向西部移民而使劳动人口数字（就业人员加失业者）下降的话，失业率会高得多。

1990年10月，50多万人登记失业，170万人从事短时工。如果把短时工的缺工时间算到失业者的头上，那么失业者的数字必然会提高80万。官方的6%～7%的失业率与至少15%的实际失业率形成对照，并且还呈上升趋势。半年前联邦财政部估计转换的后果是140万人失业。现在几乎已经达到该数字，而且肯定还将继续快速上升。

在这种形势下，应是提倡放弃继续提高工资的时候。但情况正好相反。在东德企业中，自年初以来，西德的工会就在积极活动，首当其冲的是德国金属工业工会。它的目标是，在社会主义的统一工会德国工会联合会解散后，尽可能争取大量东德工人入会。这些工会认为，如果他们通过提高工资和社会保障的手段，就可以最快达到目的。他们在企业领导那里遇到的阻力很小，大多数企业仍由目前的厂长领导。他们很少有兴趣冒险与工人和工会发生冲突，而且也相信可以将损失转嫁到托管局头上，并解释自己无力按照托管局的指示拒绝提高工资。还没有正常运行的、可与工会抗衡的雇主协会。所以，就出现了这样的情况，8月德国金属工业工会可在每周工时缩短到40小时并实行一年期解聘保护的同时，通过劳资合同谈判让工资提高 30%。这绝不是最高的，而只是偏向于平均水平的工资增长。在繁荣的希望尚未破灭的建筑业，工资提高了 60%。以东德的平均经济水平，1990 年第三季度合同规定的小时工资超过上年水平的 30%。[31] 出现了一幅恐怖的场面：工资大幅度提高，尽管大多数企业的劳动生产率绝对没有提高，反而是在下降，因为大多数企业的产能利用率掉进了无底洞。因此，企业更高的亏损和百万失业大军在所难免。东德工人想尽可能马上和西德同行拿一样的工资，这种愿望是可以理解的，他们也担心会马上变成失业者，在愿望与忧虑之间来回折腾的东德工人，显然也在工会的影响下作出了决定，宁可用就业岗位去冒风险，也不愿放弃提高工资。

窘境后的信心

尽管东德企业存在着有待战胜的令人害怕的问题，但在货币转换后的头几个月里，既没有在东德，也没有在西德出现浓厚的悲观主义。主流观点更多的是认为，必须并终将战胜困难。

11 月，年初激烈反对过早实行货币联盟的"五贤人"专家委员会宣称，联邦政府决定的途径所需的国民经济成本，是否比"时间延伸"的途径需要的成本更高或更低，对此，他们"无法客观地作出决定"。从中期来看，委员会表示乐观：

"90 年代，德国国民经济整体上可保持相对陡峭的增长曲线机会，从市场给定的条件来看，是有利的。全面利用这种机会的前提条件是，符合稳定和有利于增长的经济政策，并加上德国东部重建中的扶持性促进措施。另外，如果劳资双方处理得体，那么可以期待新联邦州会形成导致投资行为强劲上升的利润预期。在追赶阶段，增加生产设备可望带来的高生产率，将为明显高于旧联邦德国的增长速度提供可能。整个 90 年代取得的经济增长，可能会是联邦德国近年来在旧区域取得增长的近两倍之高。"[32]

罗兰·贝格尔与合作伙伴咨询公司 9 月在东德开展了大量咨询工作，并呈现了在此基础上进行的分析。其中，在对现状的恐怖描绘与乐观的中期前景展望之间，差距特别明显。贝格强调，自货币转换以来，几乎所有企业都有亏损，人员巨大超编，而且不能提供有市场竞争能力的产品。他预计 1991 年有 250 万失业人员（包括短时工）。他认为在重组投资中，为保留一个就业岗位，有必要提供 15 万 ~ 20 万西德马克，并分摊到后面的三到四年。东德新配备的生产设备和基础设施较新，会导致生产率高于西德。假如随后大部分传统的公共服务再进行私有化，那么民主德国有潜力在 2000 年真正成为"欧洲内部市场中的日本"。[33]

乐观的预测当然有道理，但只有当强大的私有资本流涌向东德时才行。1990 年夏末和初秋，有购买企业和房地产用于商业目的意向的企业，蜂拥而入托管局的办公室。[34]在民意调查中，西德企业依然表达它们在东德投资的兴趣。主要动机是，在东德市场上站住脚，可以利用巨大的市场需求潜力，而大企业也经常希望从东德的区位着手，打开中东欧转型国家的市场。[35]但冷静观察时则几乎无法期待会出现以下情况，一旦卖掉了"里脊"，对托管局项目的活跃需求还会持续。9 月，罗维德尔在人民议院中提醒要小心（比较第 293 ~ 295 页）。

以目的乐观主义去应对东部建设中面临的困难，这一努力对联邦政府来说一定占有很重的分量。对外，它充满自信，而在内部，各部委的立场显示，与某些研究所和企业咨询公司相比，联邦政府对形势的评估更切合实际并且更清醒。联邦经济部定期向其他部委提供关于民主德国经济形势的报告。

国务秘书施莱希特 8 月初递交的一份研究很典型。其中的意思是，还面临着工业、农业和公共管理的真正结构调整。工业不仅必须彻底现代化和合理化，而且新产品是必要的。现有的就业岗位是否得到保证，能创造多少新的岗位，关键取决于工资发展情况。目前明显提高工资的劳资决议"令人非常担忧"，工资上涨超越了生产率的上升，这样做是对"民主德国可能的繁荣环境釜底抽薪，而在这种环境中，生产、就业岗位和福利会迅猛增长"。此外，施莱希特还罗列了企业资产、收益状况、企业债务以及房地产产权等方面的不明晰，地方政府缺乏合作热情和动机，在提供商业地皮和处理商业登记方面的相应延误等投资阻力。[36]

在总理府，约翰内斯·路德维希从 4 月起担任第 4 司（经济、财政、后来还有东德建设协调）司长，他设立了协调圆桌会谈，讨论东德的经济和财政问题，协商援助措施；协调圆桌会谈每周二在总理府部长的主持下，在不同寻常的时间，即早晨 7 点钟进行。如果有必要，可以很快作出决定。[37]

然而，联邦政府无法消除前面提到的，施莱希特强调的阻碍东部繁荣的障碍，至少联邦政府几乎看不到这种可能性。联邦政府不能干涉劳资决议，它顶多可以警告。也不可能在短时间内澄清尚未弄清的财产问题。联邦政府希望，《民主德国特别投资法》（*Gesetz über besondere Investitionen in der DDR*）将解决商业地皮供应中最糟糕的瓶颈。不过，施佩特和比登科普夫当时就在基民盟里要求类似于 1991 年春季《投资优先法》的进一步规定。[38]

联邦政府唯一能够很快做的事，是改善东德联邦州和地方的财政配置，就像《统一条约》中议定的那样，把东德吸收进联邦德国整体经济促进体系中（比较第 308 页、第 309 页）。1990 年 10 月以后要提供的全部补贴（减免税收、财政援助）如此之高，使得每一个投资者都有可能至少把 50% 的投资成本，如果稍机灵一点还要多，转嫁到国家头上。起初，德梅齐埃政府引进的特别规定继续有效。属于这些规定的有，购置和生产成本有 12%（1991 年 7 月 1 日起 8%，1994 年 7 月 1 日起 5%）的投资补助，在德国内部贸易中购买东德产品时的增值税优惠（至 1991 年 3 月 31 日），在"需要特别促进的投资中"，头三年的特殊折旧分别为 50%、30% 和 20%（先限制到 1990 年底），对 1991 年前成立的手工业、贸易和经营企业，最高到 1 万西德马克的免税、公积金免税。当新联邦州随着德国统一而被纳入"改善地区经济结构的共同任务"中时，它给东德大型企业带来的投资补贴最高可达 35%，中、小型企业最高到 50%。还有应该能使东德企业有能力在经互会贸易中履行供应和购买义务的补贴。再加上为了促进公司成立以及投资现有企业所提供的一堆几乎难以一目了然的信贷援助。最后托管局用于结构重组和必要时减免企业债务的支出也要算到促进援助中去。[39]

当然，尽管额度很高，这些援助并非万能的解决方案。折旧优惠主要在有赢利的企业那里起作用，起初对大多数东德企业的用处不大，更多的是鼓励西德企业在东德投资。这是令人期待的，但仅此还不够。投资补助和补贴具有与赢利无关但有的放矢的优点。除了自民党，这种税收减免和财政援助产生的东德税收优惠区，在联邦财政部和大多数专家那里遭到质疑，并且也无法落实。此时问题似乎无法解决：在所得税和财产税方面，在东德和在西德纳税人身上都出现了无法克服的入账问题；工资所得税、所得税和营业税方面的低税率未必能对投资行为产生作用，而更多的是提高可支配收入，从而刺激消费。

无论如何，在正常条件下没有人会抱怨给东德企业的援助不够充分，但偏偏不存在正常条件。这一点联邦政府也知道。它不知道的是，除了慷慨大度的财政援助和税收减免，它该如何回应绝无仅有的挑战。1990年秋，它依然满怀希望地认为，市场最终将会作出调整，尤其是如果国家给企业减轻了负担。

东德公民：重新开始的勇气

由于进入新经济体制的起步显然要比东、西德许多人所期待的难得多，当时一些西德人就得出结论，在40年的社会主义中，东德人失去了独立性和主动性。如果仔细观察，对于货币、经济和社会联盟给他们的日常生活带来的难以置信的迅猛而深刻的变革，东德人如何做出反应，就必然得出不同的结论。

东德人的个人主动性和敢冒风险的例子举不胜举。甚至在小城镇的近郊，货币转换后的头几个星期就到处建起了大众、欧宝、雷诺、本田、宝马和梅赛德斯修理厂和展厅。在高速公路旁和市中心，小吃店如雨后春笋般涌现。数以千计的农民把水果、蔬菜和花卉装进用第一笔"西德钱"买来的旅行车中，在与西部城市的交界处出售自己的产品。缺少主动性吗？根本没有这回事。由于柏林墙倒塌前后的逃亡和移民，民主德国失去了成千上万特别活跃和敢于冒险的公民，这当然会影响到公民的平均工作水平和工作意愿。重新开始的困难肯定也会因此加大，即相当大一部分有工作能力并且有上进心的人已经认同或至少适应了社会主义制度，在别的情况下，无论他们从事什么职业，根本无法成就一番事业。其中大多数看到自己受到经济和社会崩溃的威胁，设法拖延变革，尽可能长时间保全自己的地位。然而这一群体绝对没有脱离于有效的市场经济建设之外。例如，一部分政府、经济管理和政党机构的成员利用这种可能性，在正在形成的市场经济中营造自己新的生存空间，他们也具备明显的启动优势——在东德人当中，谁具备关系、知识，还有自有资本？无论如何，绝对没有证据可以证明这样的假设，即民主德国的普通市民过于被动，习惯于别人讲什么，自己就做什么，出于这一原因，他们就不可能适应市场经济。只要外部宏观条件许可，以汽车交易和汽车修理为例，只要需求存在，而且西部康采恩承担一部分初期融资，那就不缺乏具有主动性和愿意自主创业的人。

但在大多数情况下，外部宏观条件并不确定。想在手工业、贸易或服务业自己创业，大多数人的自有资本不够，通常也很少有市场经验。归属托管局的企业领导层成员，几周内就想到新的组织、新的工艺、新产品和新销售市场，但他除了响亮的口号，对西方的企业管理一无所知，不清楚用什么样的产品（哪怕只有一线希望）才可以维持与西部企业的竞争。当然也可以批评联合企业和企业的领导人员没有对 7 月 1 日到来的转换做好充分准备。然而，拒绝和错过对不可避免的变化进行适应调整，这种情况在西部企业、经济部门和政府中也会存在。就像生产暴跌，从 7 月开始每个东德企业都必须承受，而任何一家西德企业也都会因此而濒临破产，每个西部企业也都需要几年和几百万西德马克资金，用以开发具有竞争能力的新产品。与西德经理相比不够充分的工作能力和工作意愿，甚至无法对崩溃进行作出丁点解释，因此，在特定的经济形势下，崩溃是不可避免的。

把缺乏主动性、工作能力和工作意愿强加到普通工人的头上，实在难以自圆其说。当然，社会主义体制下的职工习惯了工作期间很少受到监督，按西部的标准来看，工作速度不够快，纪律也不够严格。当然，7 月 1 日以后来到民主德国的每一个西德人都可以讲述旅馆中糟糕的服务、商店中不友好的员工、在墙体一直坍塌的企业大楼里站满工人等吓人的故事。但不能从中得出结论，认为东德人不愿或不能转变。更多的可能是，他们当中大多数人恰恰在启动阶段根本没有机会展示自己转变的意愿。典型的东德企业依然是人员超编，普通工人不能全力发挥，甚至是短时工，因为企业拿到的订单太少。根本无法开始艰难地适应正常市场经济体制中的工作条件，因为还不具备这些条件。在当时的形势下，师傅和经理同样很少学会如何领导员工，鼓励提高效益和工作意愿。在 1990 年的夏季和秋季，根本无从预见，一旦工作条件、企业环境、领导风格接近西德的普遍水平，东德工人将如何表现自己。

货币、经济和社会联盟生效后两个月，东德人才醒悟过来，他们到底参与了什么。8 月底，一半市民发现，货币转换后他们的生活更艰难了。1990 年初以来就可以观察到，大多数人担心因引入市场经济而失业。虽然 8 月底只有 5% 的就业者失业，但 54% 的人害怕在转换过程中失去工作。已经失业的人，大多数对在可预见的时间内找到新的岗位不抱希望。[40] 此外，有子女的家庭还有另一个问题，幼儿园至今主要由企业承办，现在不敢肯定，它们是否将会关闭或由市政部门继续办下去。

尽管存在种种担忧，大多数民主德国国民并不后悔春天时同意快速引进西德马克。9 月公布的阿伦斯巴赫民意调查研究所（Institut für Demoskopie Allensbach）的民意测试表明，大多数人始终认为 8 月底走上的道路是正确的：67％的人对货币联盟那么快就得到实现表示欢迎，只有 26％感到跟不上转换速度。大多数失业者和害怕失去工作的人仍然同意快速的货币联盟。68％的被访者同意企业快速私有化，寄希望于私有化成为经济复苏的发动机。启动市场经济过程中的困难并没有使大多数人怪罪社会市场经济，而将其怪罪为计划经济产生的后果。三年后，当人们依然还在等待影响深远的"东部繁荣"之时，对社会市场经济的支持下降。然而，在 1990 年秋，按西德模式重新开始的勇气还没有消失——虽然东德人对他们眼前经济形势的估计很清醒并且很到位：每两个雇员中就有一人不相信自己的企业将能幸存。东德人显然愿意付出"巨大的努力"（雷娜特·科谢尔，Renate Köcher），以令人惊叹的转换能力，得到他们早就梦寐以求的东西：像西德人那样生活。

第三节　新联邦州的经济发展
1991～1997 年

回顾过去，当然每个人都变得更聪明。1991 年以后就显现出，东德的经济追赶会比较艰难，而且将会比乐观主义者 1990 年 9 月假设的时间持续更长。90 年代中期，当第一个狂飙式的建设阶段结束时，必须再一次调低期望值。它证实，在货币转换后动荡的那些星期里出现的问题，绝不能局限在两到三年的过渡阶段，而是依然顽固并难以解决。

对这些问题进行细节描绘，不是本卷的目标。同样本卷也不打算详细阐述影响新联邦州经济和社会发展的政治决策过程。对彻底的分析来说，还不具备必要而充分的资料来源。但对于重新统一后的七年中新联邦州的经济发展，还是有必要给出一个概貌。只有了解这一发展，最后才可能对联邦政府 1990 年的政策做出评价。

增　长

自边界开放后一直下降的民主德国或者说新联邦州的国内生产总

值，在货币转换后直线下滑。不过，要谨慎使用有关 1989～1991 年东德经济下滑规模的数据，在 1989 年民主德国经济增加值的计算上，不确定性非常明显。至少所有估计一致认为，1991 年国内生产总值最多达到 1989 年水平的 70%，也许只有三分之二。[41]无可争议的还有，衰退波及所有经济部门，尽管程度不同。农业和矿业的增加值下滑得特别大。对就业，尤其对东德经济未来特别重要的加工制造业（工业，不包括建筑、矿业、能源和水利），几乎下滑得同样厉害，1991 年只达到 1989 年增加值的近 40%。加工制造业灾难性下降的原因，除了国内市场、西德市场和西方外国市场上的销售损失外，还有与经互会国家贸易中的损失。从 1991 年的 1 月 1 日起，即从优惠条件下以转账卢布结算转换成可兑换货币这一天起，东德经济也失去了至今对经互会国家的绝大部分出口。1990 年下半年，这类出口每月还保持在 27 亿西德马克，1991 年则下跌到每月不到 10 亿西德马克，到 1991 年底则滑落到 1990 年水平的四分之一。由于同一时期西德与经互会国家的外贸没有实质性变化，东部市场的损失只能部分用这些国家的外汇紧张来解释。更多的则是证明了东德产品在转换成世界市场价格和可兑换货币后，在当时的经互会国家中也没有竞争力。[42]

1990/1991 年，由于加工制造业中的增加值特别严重的下降而被称为"去工业化"阶段，[43]这一衰退后的 1991 年夏天，正好是引进西德马克后的一年，开始"经济复苏阶段"。从这一刻起，国内产值不再萎缩。现在一切都取决于实现高增长率。此时再也没有人相信狂飙式的赶超进程。基尔世界经济研究所所长霍斯特·希伯尔特，1992 年递交的评估报告给人的印象是：1991 年东德人均增加值只有西德水平的大约 30%；如果西德的年平均增长率是 2%，东德为 7%，等到东德人均增加值达到西德水平的 80%，将持续 21 年，也就是说要到 2012 年。[44]达到西部水平的 80%，在其他大多数研究中也被看作是合乎现实的赶超目标——这种人均经济绩效差别，可与结构薄弱的下萨克森与巴登－符腾堡州之间的差别相比较，从政治上和社会上是可以接受的。一种成功的赶超进程必须以东德每年 7%～8% 的增长率为前提，与 50 年代的西德相类似。与当年的西德相似，1990 年东德对各类商品有强大的弥补性需求。然而，经济学家称为"供应条件"的东西则完全是另一回事：当时在西德，尽管有战争创伤，但拥有规模大得惊人和现代化的生产设备，有经验丰富的企业家、完好的商业关系、弱势的工会、低工资；现在相反，在东部，是破旧的生产设备、没有市场经济经验的经理、支离破碎的商业关系、高工资。但更主要的是当时的西德企业没有面对超强的竞争，而是因日益过度贬值的货币而得利，在国内和国际市场上，从产品质量和价格上看，具有竞争力。也就是说，只有十足的乐观主义，才能认为东德1991年后可以达到类似的增长率。[45]

1991年启动的赶超进程，开始时很有希望。1992～1995年，东德国民经济增长率每年平均大约为8%，高出1992年开始萧条的西德增长率6%～10%。

表11　国内生产总值发展情况（以1991年的价格）（与前一年的变化比：%）

年份	1991	1992	1993	1994	1995	1996	1997
东德	−19.0	7.8	8.9	9.9	5.3	2.0	2
西德	3.0	1.8	−1.9	2.2	1.6	1.5	2.5

资料来源：欧鹏莱德（Oppenländer）：《重新统一六年后》（*Wiedervereinigung nach sechs Jahren*），第4页。

东德经济增长的火车头是建筑业。对公路、环保设施的弥补性需求，投资于贸易、销售和生产的经济建设、整修住房，把东德的大部分地方变成了建筑工地。这种建设繁荣也带动了给建筑业供货的加工制造业。1995年，对建筑的需求开始走向正常化。建筑方面的回落不能通过其他经济部门的增长来补偿。1996年和1997年，东德经济总增长率下降到2%和更低，因此接近西德的低经济增长率。赶超进程停滞不前。1991～1996年，国内生产总值共增长了近40%（按1991年价格），1997年，人均增加值达到了55%的西德水平的55%。

表12　东德人均国民生产总值发展情况（按每年的价格；西德=100）

年份	1991	1992	1993	1994	1995	1996	1997
人均国民生产总值	31.3	38.5	46.2	50.6	52.8	54.4	55.1

资料来源：萨克森州经济和劳动部（编）：《1997年萨克森的经济与劳动》［Staatsministerium für Wirtschaft und Arbeit Sachsen（Hrsg.）：Wirtschaft und Arbeit in Sachsen 1997, S. 340］。

在 1991～1997 年经济总增长率的背后，隐藏着不同经济领域中和各个经济领域内部以及不同部门中的不同发展。随着"去工业化阶段"而开始的结构转型在继续，虽然并非以同等速度和并非所有领域都是同样的趋势。但主要是成功地阻止了"去工业化进程"，并引导了建设具有竞争力的工业。

下表提供了按经济领域划分的发展概况：

表 13　各经济领域的毛增加值（按 1991 年价格）

| | 总计 | 农林业 | 制造业 | | | 贸易与交通[1] | 服务业[2] | 国家和家庭预算[3] |
			总值	其中：加工制造业	建筑业			
10 亿西德马克								
1991 年	208.41	6.95	75.17	34.98	24.28	29.37	45.62	51.30
1992 年	224.35	6.70	81.64	36.79	31.66	30.70	5434	50.97
1993 年	242.83	7.46	90.56	41.10	35.72	34.41	57.87	52.53
1994 年	265.60	7.30	104.06	47.45	44.48	36.92	62.87	54.43
1995 年	279.60	7.50	110.00	50.61	48.21	38.47	67.60	59.97
1996 年	286.07	8.00	111.50	53.5	47	39	71.5	57.00
与上一年变化比：%								
1992 年	7.6	−3.6	8.6	5.2	30.4	4.5	19.1	−0.6
1993 年	8.2	11.3	10.9	11.7	12.8	12.1	6.5	3.1
1994 年	9.25	−2.25	14.9	15.5	24.5	7.3	8.6	3.6
1995 年	5.25	3	5.7	6.7	8.4	4.2	7.5	2.8
1996 年	2.75	3.25	1.5	6.25	−2.5	1.75	6	1.75
份额：%[4]								
1991 年	100	3.3	36.1	16.8	11.7	14.1	21.9	24.6
1992 年	100	3.0	36.4	16.4	14.1	13.7	24.2	22.7
1993 年	100	3.1	37.3	16.9	14.7	14.2	23.8	21.6
1994 年	100	2.7	39.2	17.9	16.7	13.9	23.7	20.5
1995 年	100	2.7	39.3	18.1	17.2	13.8	24.2	20
1996 年	100	2.7	38.9	18.6	16.4	13.7	25.0	19.8

续表

	总计	农林业	制造业			贸易与交通[1]	服务业[2]	国家和家庭预算[3]
			总值	其中：加工制造业	建筑业			
补充:前联邦地区（比例:%[4]）								
1996 年	100	1.3	34.1	26.5	4.7	15.0	36.4	13.2

1. 包括信息传递。

2. 金融机构、保险公司、房屋租赁（包括业主自用）、其他服务业。

3. 包括非商业目的的私人组织。

4. 占未经调整的毛增加值份额。

资料来源:《宏观经济发展评估"五闲人"专家委员会评估年鉴》（*SVR：Jahresgutachten*），1996/1997 年，第 72 页。

　　根据这些数据，对"东部建设"具有决定意义的加工制造业，发展相当喜人：它显示的年平均增长率几乎达 9%。1996 年，它的实际毛增加值比 1991 年高出一半多。但它占 1996 年总增加值的 18.6%，仍然明显低于西德（26.5%）。根据加工制造业在 1991 年下降到 1989 年水平 40% 的估计，得出的结果是，1996 年才达到 1989 年增加值的大约三分之二。这种比较虽然不够严谨，但它表明，在新联邦州建立强大工业的任务，1996 年只完成了一部分。

　　在加工制造业内部，各个部门的增长存在着明显的差异。总体上，开始的预测得到了验证：那些在西德能取得超过平均增长率的部门，在东德也可以迈进，而那些在西德萎缩和停滞的部门（比较第 55 页），在东德也没有机会。[46]但正是这些部门，如纺织和服装、机器制造、造船和化工，在民主德国占有特别高的国内生产总值比重。

　　在其他工业领域，除了加工制造业，只有建筑业有扩展（比较表 13）。它在西德属于停滞产业，但在东德受益于 1991～1995 年的特殊条件。到 1995 年上半年，产值翻了一番。1995 年建筑业占民主德国总增加值超过六分之一，与此同时，在西德它所占比例低于 5%。1996 年下降不可避免，但这并不意味着，建筑业未来将再也没有增长机会。建筑需求部分取决于加工制造业和服务业企业的增长，但愿这将会继续。在住房建设方面，尤其是翻修旧建筑，仍然有很大的弥补性需求，不过没有公共资金的继续扶持和继续提高房租，这种需求几乎不能得到满足。但第一个建设期的建筑

— 383 —

繁荣肯定是过去了。

70年代以来，在高度发达的市场经济体系中绝对是增长领域的服务业部门（不含国家公共服务），在民主德国尚不发达，对它而言，这反而提供了相当好的发展机会。然而，直到1997年，这一领域的增长还是低于期望值。在贸易和交通方面，自1990年衰退以来也只有微弱的增长。1991～1996年，其他服务行业增加值总体提高了近60%。属于这类行业的除了银行、保险公司和房屋租赁外，还有"其他服务公司"，从企业咨询和会计事务到数据处理乃至医生和律师、餐饮业和旅馆。由于这种相对强劲的增长是以非常低的水平为起点的，这种增长远不足以给整体经济和就业带来强大的动力。这种总体上令人比较失望的发展有多种原因：企业导向的服务，如数据处理或企业咨询，遇到的是加工制造业的适度发展；此外，正是在这一行业中，尤其经常缺少合格人才。消费者导向的服务，如餐饮业，由于东德人相对较低的购买力而受到影响。必然的结论是：如果不依赖加工制造业的增长，就无法期待服务业自行强劲发展。

令人失望的还有农业发展情况。它几乎无法从1990/1991年的回落中缓过劲来；1991～1996年，其增加值只有15%。龙头老大仍是那些现在以合作社或有限责任公司组织的大型企业。它们应能比西德的家庭企业更有效益地经营，这一期望到1995年并未明确实现。平均来说，这些大企业依然处于亏损地带。[47]在宏观经济层面，此时农业在民主德国的重要性很小，不过，对以农业为主的地区，如梅克伦堡－前波莫瑞州，或勃兰登堡州和萨克森－安哈尔特州的部分地区来说，前景黯淡。

尽管不是所有人，但很多人都认为，在建筑业疲软之后，加工制造业将充当增长的火车头。有些迹象有利于谨慎的乐观主义，东德供货商的出口极度疲软的时代逐渐接近尾声，在国际市场上终于展示了第一批成果。1995年，新联邦州进入欧盟国家的出口增长了25%，进入美国的出口甚至增长了50%。[48]加工制造业的竞争能力显然有所提高。尤其那些由西德或外国企业掌控的企业，1995年似乎解决了最糟糕的问题。[49]与纯粹的东德企业相比，这些"西方子公司"具有明显的优势，在加工制造业的雇员中，至少有一半被这些公司雇用。母公司通常不仅在资金上和技术上支持它们，而且通过自己的营销和销售组织也为它们进入西方市场提供方便。

1995 年，居加工制造业公司抱怨清单之首的还是过高的工资和较低的融资资金。然而，正是这两个主要问题，原则上似乎是可以解决的，前提是工业劳动生产率继续快速提高。当现代化生产设备明显处于落后水平的国民经济赶超的时候，甚至将比拥有大量现代化设备的国民经济更容易提高生产率。当然必要的是对新设备继续投资。此外，有必要保持克制的工资政策，理想的情况是放弃实际工资增长。如果这两个条件真的得到了满足，就用不着去探讨，为向在未来的几年内东德工业的主要问题不该失去其重要性。加工制造业的强劲增长也能给服务业带来增长动力。

投资

想在人均增加值上缩小与西德的差距，就得在生产设备上，除此之外还要在住房建设和基础设施上投资，而且人均超过西德，直到人均生产设备逐渐达到西德水平。

1992 年，霍斯特·希伯尔特还主要停留在他 1990 年提供的关于东德资本需求的数据上，只是对它们作了详细的解释。他认为，企业部门和基础设施领域中的生产设备，其中 30% 是可以利用的，70% 必须重新添置。他估计，企业部门中的西德生产设备 1990 年为 4.8 万亿西德马克。由于东德的居民人数是西德的四分之一，因此人均有形资产达到西德1990 年的水平，需要建立 1.2 万亿西德马克的生产设备。1.2 万亿西德马克的 70% 是 8400 亿西德马克。如果每年至少投资 800 亿西德马克，而且是净投资，减去折旧，实际上，以不变的价格，经过十年时间，企业部门的人均生产设备才会与西德 1990 年水平一样高，但还是达不到 2000年的西德水平，因为在这十年时间内西德企业将继续投资。但是绝大部分赶超进程是可以实现的。希伯尔特对基础设施领域算了同样的账。在无须清除生态旧账的情况下，他认为 4000 亿西德马克，也就是说每年400 亿西德马克，是必要的。

因此，希伯尔特得出的结论是必须年复一年地投资 1200 亿西德马克，不含建筑领域，不含生态旧账的清除。[50]当然没有人可以假设，十年后就将完成赶超进程。如果考虑 20 年的时间，那每年的投资就会低一些。但这一类型的模型计算完全表明了问题的大小。

下表显示，1994 年后东德企业每年的毛投资为 1000 亿西德马克（按

1991 年价格）。没有算上对住房包括自用住房的投资，但包括部分基础设施的投资，如电信。如果把国家投资计算在内，并假设它们全都用于基础设施，那就得出 1994 年后的毛投资在 1200 亿～1250 亿西德马克。实际上它们的金额要少，因为一部分用于清除生态污染。因此，没有实现企业部门和基础设施领域中 1200 亿西德马克的净投资。

表 14　德国东部投资的部门发展－新设备（按 1991 年价格计算）

年份 部门	1991	1992	1993	1994	1995	1996
	投资：10 亿西德马克					
农林业	1.23	1.17	0.95	0.98	1.05	1.13
制造业	29.81	37.19	43.88	45.74	47.05	46.47
其中：						
● 能源/水利, 矿业	9.06	13.02	16.48	17.13	18.14	18.73
● 加工制造业	17.13	20.03	22.59	23.74	24.51	24.01
● 建筑业	3.45	4.15	4.82	4.87	4.40	3.73
贸易	4.40	5.05	5.30	5.53	5.31	5.20
交通与信息传递业	16.92	21.43	22.70	24.37	24.48	24.56
服务业	22.84	31.27	41.56	57.24	66.37	70.98
其中：						
● 房屋租赁	15.53	20.91	26.22	37.04	45.11	49.48
● 其他服务部门[1]	7.31	10.36	15.34	20.20	21.27	21.50
企业总计	75.20	96.11	114.39	133.85	144.27	148.33
国家/无收入组织	15.38	22.15	22.38	25.13	25.81	26.82
所有经济部门企业（不含房屋出租）	90.58	118.26	136.77	158.98	170.07	175.15
	59.67	75.20	88.17	96.81	99.16	98.85

1. 包括银行和保险公司。

资料来源：格斯腾贝格尔、诺伊曼（Gerstenberger/Neumann），见：欧鹏莱德：《重新统一六年后》第 77 页（Oppenländer: Wiedervereinigung nach sechs Jahren, S. 77）。

　　不过，按德国东部国内生产总值衡量，总的经济投资比例相当不错：1995 年超过了 60%，而德国西部连 20% 都未达到。1993 年以来，东德人均年设备总投资超过了西德的数值，1995 年在东德人均投资了 12700 西德马克，比西德多了近 50%。在东德，企业部门中（不包括房屋出租）人均资本存量达到西德的 61%，在所有经济领域（企业和国家）达到西德水平的将近一半。[51]

　　仅靠自身的力量，即便是艰难地放弃消费，东德也不能达到国内生产总值60%的投资比例。在以出口为导向的工业化突飞猛进的阶段，日本一度达到30%的投资比例，与国际水平相比，被视为极高。从1992年起，西德和外国企业占所有东德企业投资的份额超过50%。[52]再加上联邦的投资，如在远程公路建设方面，和通过联邦或西德各州资助的东德联邦州和地方公共投资部分。当然，东德企业和国家机关对更新生产设备的贡献，按东德增加值计算，从一开始就很高，并随着日益提高的绩效将可能继续上升。然而，根据1997年的经验，挑战的程度也比以前更加明显。

投资的运用符合赶超进程的早期阶段。大家一开始就该知道，不能长此以往。大约三分之二用于建筑，三分之一用于装备。刚开始，对用于商业用途的建筑需求很高，1995年后降温。现在更为重要的是提高装备投资，但这种情况是否会发生，1997年尚看不到苗头。同样，投资分配到不同经济领域，这似乎并非没有问题。能源/水利/矿业和交通/通信领域的投资相对很多，这是环保措施和基础设施扩建的结果。典型例子有，德国电信用于更新和扩大电信网络的445亿西德马克。[53]在这些部门里，可以预料到迟早会有回落和接近西德的结构。对于东德经济进一步发展具有决定意义的部门，即加工制造业和其他服务行业（包括银行和保险公司），获得投资的份额比在西德要低。[54]

因此，似乎肯定很有必要，尤其要对加工制造业和企业以及以消费者为导向的服务业的装备进行投资，不仅要维持现有的数量，甚至还要提高。这只有当国家在"新"联邦州继续以特殊规模促进投资时，才真的可以想象。

不过，无可争议的是，在促进投资方面，必须放到其他重点上。到1996年，在东德的私有经济的投资，通过投资资金援助（在改善地区经济结构的共同任务框架中）、投资补助和特殊折旧，总共得到940亿西德马克的补助，再加上大规模的贷款计划。[55]一旦办公楼和住房方面的弥补性需求得到满足，尤其是这种特殊折旧就会被看作是有问题的。仅在特殊折旧50%的基础上，给那些交最高等级税的投资者带来的税收节省就会超过生产成本的四分之一。因此，很多西德资本流入的项目，本身常常建立在不现实的租金收益期待的折旧模型之上。结果首先是在写字楼领域的错误投资。从1997年开始，特殊折旧下降；[56]其他促进措施，尤其是对加工制造业中装备投资和新建筑的投资补助以及在"地区经济结构共同任务"框架中的投资援助照常进行。[57]如果一开始就更大力度地将促进措施集中于工业，情况也许会更好，大致可以是对工业企业已经提供的投资促进之外，额外引进增加值优先措施，例如，为了平衡增值税负担对东德工业企业的增加值进行补贴。但这项主要在 1992/1993 年讨论过的建议也存在争议，首先是因为滥用的可能性将会很大，此外似乎还存在着与欧共体法律协调的问题。[58]

国民经济学主流代表的观点，对投资促进在中期没有明显下降感到惋惜。危险无可争议，东德企业，首先还有西德母公司对不断的投资补贴已经习惯，不愿为摆脱对国家补贴的依赖而作出努力。另外，到 1997 年所进行的部分投资，是托管局在私有化过程中贯彻承诺的结果。这些承诺大部分已得到兑现。除非也许不在总数上增加公共促进措施，而可能在其效果上有所改进，否则不能排除仅仅出于这一原因，未来的投资就会更少。

劳动生产率、工资、单位劳动成本

1991 ~ 1993 年，劳动生产率出现巨大的跳跃性上升。1991 年它还不到西德的三分之一，1993 年已是西德水平的一半以上。这种高增幅开始主要是裁减就业岗位的结果，生产增加，同时就业人数减少。但投资也越来越多地开始起作用。从 1993 年起，上升减缓。各经济研究所预测 1998 年劳动生产率是西德水平的近 60%。

在对国民经济发展尤为重要的加工制造业，1991 年以来出现了特别快的生产率提高：从很低的水平出发，四年后生产率已经达到西德人均增加值的 50%。服务业企业相反，1991 年从较高的水平开始，主要是因为它们大多是新建的企业，几乎没有多余的员工。然而，它们的劳动生产率只是很有限地上升，1993 年后与西德水平相比甚至陷入停滞。[59] 显然，资本配置以及技术和组织知识，尤其在小企业并非一直够用。

西方水平 50% ~ 60% 的劳动生产率，是否意味着，如果工资也只有西方水平的 50% ~ 60%，企业就具有竞争力？不一定。在这种情况下，虽然单位劳动成本大致和西德的一样高，但单位劳动成本并非竞争能力唯一的决定要素。其他必须跟上，例如，有吸引力的产品供应或强大的销售。在具备所有决定性的竞争能力要素之前，与调整问题作斗争的企业，从单位劳动成本的角度看，提供的工资要低于合理的水平。

其他限制是必要并且重要的，因为它在公开讨论中也经常被以生产率为导向的工资政策的崇拜者所忽视。一个 1995 年将其生产率提高到西德水平的50%、支付西德水平50%高的工资并满足所有竞争能力条件的东德企业，虽然将取得类似西德公司一样的赢利，但从宏观经济的角度看，为哪怕只是重新雇用一部分从1990年起失去工作岗位的失业者，这种工资水平都太高。生产率上升的相当一部分，恰恰不是较高资本投入和相应改进生产工艺的结果，而更多的是精简工作岗位的结果，而工作岗位的消失则是因为工资提高导致雇用无利可图。在高失业率基础上的、以生产率为导向的工资政策，只能阻止工资成本引起失业率的继续上升。只有当工资慢于生产率增长，失业率才可以在其他同等条件下下降。[60]

在东德，不仅1990年，而且1991～1993年，这些经济规律都遭到粗暴的蔑视。在劳资合同中，通常会达成与西德劳资合同合作伙伴区相挂钩并且基本工资向西德水平分阶段靠齐的协议。在萨克森－安哈尔特的金属与电子产业领域，1991年4月1日签订的阶段性靠齐合同是一个典型的例子。此时，月基本工资是下萨克森有效月工资的62.7%。到1994年4月1日，应分三阶段靠齐到100%。1993年，雇主通知取消这一合同。在新的谈判中，100%的靠齐被推迟至1996年7月1日。现在，基本工资和有效工资不再被相提并论；在东德，超出劳资合同的津贴明显要比在西德支付得少。因此，有效工资接近西部水平的速度比基本工资要慢。1994年，整个经济中就业雇员的平均月工资和薪水的东西部比例为71.9%。加工制造业中，东德则达到了西部水平的近三分之二，建筑业为80%，公共服务业为70%。[61]如果考虑到东德1994年的消费价格也比西德要低，被雇用工人税收负担由于收入差距也略低一些，那么普通工人可供支配的实际收入超过了西德水平的80%。1994年后工资上升趋缓。工会更多地关注高失业率。此外，工会的影响力消失，覆盖各个产业的、贯彻劳资合同的劳资体系也开始瓦解，因为越来越多的雇主退出雇主联合会，优先选择在公司和企业层面举行劳资谈判。

1991年，东德经济（所有部门）的单位劳动成本大约超出西部水平的50%。1995年，它们依然超出西德水平的30%。[62]因此，还远未实现工资成本竞争力。[63]后果当然是，哪里有可能，哪里的昂贵劳动力就会被节约掉，也不雇新员工，尽管生产上升。

平均值掩盖了企业之间和经济部门之间的明显差异。在加工制造业有一些完全用现代化生产资料装备、与同类西部企业相比也表现出更高生产率以及较低单位劳动成本的大型企业。在这些企业中，每个就业岗位常常投资数百万西德马克。在矿产、能源经济和水资源经济方面，尽管增加值下降，但单位劳动位成本已经降到了西德水平，因为在这些部门同时实现了投资增加和人员裁减。而服务行业的企业则相反，在这些企业中，尤其是较小企业在有形资产配置方面并不充分，1995 年必须支付西部水平150% 的单位劳动成本。[64]

就业、失业、私人家庭情况

1989 ~ 1991 年，东德的就业人口下降了三分之一，从 970 万降到 640 万，到 1996 年保持在这一水平上。[65] 部分下降归咎于迁移导致的人口流失。1989 ~ 1995 年，170 万东德人移居到西德，超过总人口的 10%。同一时间，则有 60 万西德人定居东德。因此，通过迁移净流失 110 万，其中将近 60 万为就业人口。此外，劳动力市场通过将近 50 万家在东德，但工作在西德的两边往返者减轻了压力。[66] 如果就业率（就业人口占总人口的份额）不变的话，那么，1995 年在东德的就业者就应是大约 860 万，而不是 640 万。

从 1990 年秋天起，登记的失业者人数直线上升，到 1991 年底达到110 万，此后几年没什么变化。与就业人数总体下降相比，这个数字初看上去不是很高。但还得加上：

　　－ 短时工；缺少的工时在统计中会被折算成等量的全职工作，
　　－ 参加就业岗位创造措施，或参加继续教育和转岗培训措施的人员，
　　－ 提前退休者。

下表显示的是以这种方式调查得出的"公开"或"隐藏"的失业者总数。

表 15　东德劳动力市场一览表（1000 为单位）

年份	1990	1991	1992	1993	1994	1995	1996
劳动人口和潜在劳动人口							
劳动人口	9060	8324	7556	7354	7445	7453	7550
● 就业人口	8820	7321	6386	6205	6303	6406	6380
● 登记失业人口	240	913	1170	1149	1142	1047	1170
● 劳动力储备[1]	0	727	1272	1336	1085	933	710
潜在劳动人口	9060	8961	8828	8690	8530	8386	8260

续表

年份	1990	1991	1992	1993	1994	1995	1996
按被雇佣和自主经营分类的就业人							
就业人口	8820	7321	6386	6205	6303	6406	6380
● 雇用	—	6950	5969	5746	5801	5868	5810
● 自主经营	—	371	417	459	502	538	570
失业人员							
登记失业人员	240	913	1170	1149	1142	1047	1170
就业市场措施中的就业者[2]	543	1881	1984	1672	1335	1105	917
● 创造就业岗位措施[3]	5	257	543	365	379	419	415
● 短时工	341	900	197	97	52	51	70
● 继续教育与转岗培训[4]	7	170	432	356	252	254	253
● 提前退休[5]	190	554	812	854	652	381	179
劳动力储备	0	0	20	113	155	266	293
半失业人口	783	2794	3174	2934	2632	2418	2380
失业率（％）	2.7	11.1	15.5	15.6	15.3	14.0	15.5

1. 包括在劳动力市场政策中的非就业者。

2. 与就业等同。

3. 就业岗位创作措施，根据《劳动促进法》（AFG）第249h条的扶持措施。

4. 包括职业再教育和语言课程。

5. 包括领取提前退休金和年纪较大的失业者（《劳动促进法》第105c条）。

资料来源：数据取自库尔特·路德维希 - 福格勒（Kurt Ludewig - Vogler）：《东部劳动力市场》（*Arbeitsmarkt in Ost*），见：欧鹏莱德：《重新统一六年后》第235页（Oppenländer：Wiedervereinigung nach sechs Jahren, S. 235）。

　　到1996年，公开的，也就是说登记在册的失业率甚至还不到总失业率的一半。以公开和隐藏的失业人口占潜在劳动人口比例表现出来的"半就业率"，1992年为36％，1996年仍然超过28.8％。相反，在西德半就业率为10％。[67]因此，这并不奇怪，高失业率，无论是公开还是隐藏的，在新联邦州成为社会、经济和政治的主要问题。

　　受到失业率特别冲击的是妇女。1989年，在东德几乎所有处于就业年龄的男性和女性都有工作，1993年则只剩下70％的男性和55％的女性。[68]妇女在东德失业者中的比例1993年为三分之二，在西德则为47％。[69]西德普遍指出，民主德国极高的妇女就业率是专制政权愿意看到的，并且由于低收入在经济上也是必要的，但这种情况难以维持下去，因而民主德国不可避免地将针对西德关系进行某些适应性的调整。这种认知在东德引起的更多是嘲讽：并非只有坚持社会主义理想，才会有通常与失业联系在一起的丧失社会关系和独立性的压抑感受。但现在可以买到一切东西，却失去了收入，这比短缺经济时代让人几乎更加难以忍受。就业危机对年龄较大的男女工人的影响更加极端。50 岁以上的人，80% 失去了工作。此外，东德劳动力市场的形势所表现出来的是快速增长的长期失业者比例：1993 年，45% 的失业者承认，一年或更长时间没有工作或者只有短期的工作可干。[70]失去工作的人，重新找到新工作的机会比西德失业者要低得多，这绝不是因为东德失业者不为新工作努力，相反，他们并没有像西德失业者那样很快放弃。[71]

与按增加值来说明部门不同的增长相比，各经济部门就业人数的变化更能明显地体现急剧的结构转型。1989～1996 年，在农林业就业的人数从97.6 万降到 21 万。在制造业领域（加工制造业、建筑业、采矿业和水资源与能源管理）从 439 万降到 214 万。在贸易和交通领域从 150 万下降到110 万。公共服务业员工从 220 万紧缩到 140 万，尽管如此，还是大大超编。就业岗位增加只发生在服务业企业。在这一领域就业人数从 61.9 万上升到 136 万，但远远不足以弥补其他领域超过 400 万就业岗位的损失。[72]

从这些数字中还很难辨识实际失业情况或担心失业对新联邦州公民造成的极大负担。许多人失去了工作，但过了一段时间又在同样的经济部门重新就业。有人尽管在中途没有失业的情况下，更换了工作岗位，或者有人设法作为自主经营者为自己创造生存基础，但仍然经常陷入担心失业的痛苦中。1992 年，42% 敢冒险成立公司的东德人承认，面临失业或失业是此举的动机。[73]但是，不能只考虑高失业率涉及的人数。在西德 90 年代初失业的人，处于福利社会，在这里被雇用的工人可支配的实际收入停留在很高的水平上，大多数国民，包括许多失业者，至少拥有适量的财产。在东德失业的人，就会被排除在东德社会无处不在的赶超进程之外；与就业者或退休人员相比，东德失业者几乎无法追回他们在 1990 年以前在物质商品、旅游和自我实现方面被剥夺的东西。鉴于不久前在这个社会大力宣传平等的理想，赶超机会的日益不平等却没能让德国民主社会主义党的竞选成果扩大，从根本上讲，这令人很吃惊。

尤其在重新统一后的头四年里，就业者和退休人员的生活水平以经济史和社会史中史无前例的速度上升。当然，用 1989 年和 1995 年的实际收入进行比较并非完全合理。大多数研究假设，民主德国的消费者平均可用1个东德马克购买大概在西德必须花费1个西德马克购买的同样数量的消费品；然而，此时不仅在东西德之间，还有1990年7月1日前后的东德，其商品购物篮中的不同组成都遭到忽略，而且这个假设的出发点也是从以下虚构出发，即在民主德国，为内部消费所选定的消费品曾经确实不间断地，而且还以足够的质量得到供应。不过，也许是因为这一假设接近新联邦州许多公民的主观估计，社会主义短缺经济容易被遗忘，西方"丰盛社会"的商品供应，很快被当作理所当然而得到接受——剩下的记忆是，当时人们的收入完全够花。因此，尽管前提条件有问题，还是应该冒险做一次比较。

一个普通的一口工人之家，1989年，去掉税费拥有月净收入1004东德马克。1990年下半年，他的净收入提高到1171西德马克。在1991年和1992年发生了幅度最大的增加：1992年，平均月净收入在1920西德马克。此后年增长率变低。1994年，一口工人之家每月拥有2298西德马克。关于物质生活的改善，名义净工资说明不了什么问题。在东德由于受管制的价格逐步提高（房租、车票、能源）而导致的物价上涨，必须加以考虑。一口工人之家的净收入1994年比1989年实际提高近70%，与1990年下半年相比，提高了38%。对三口工人之家（两位成年人加一个孩子）而言，产生的可支配实际收入增长较之1989年增加了55%，较之1990年下半年增加32%。

普通一口退休者之家（不包括提前退休人员）表现出还要高得多的可支配收入增长，不过从水平很低的535东德马克起步：名义上他1994年拥有1595西德马克，实际收入较之1989年提高一倍多，与1990年下半年比，实际提高了近50%。[74]

失业者的家庭境况则差了很多。失业者由于高额失业金或者失业补助，通常在物质上比1989年的就业者更宽裕。这一常见的观点，只能针对那些短期失业并在失业前就已拥有较之1989年更高的净收入者。以一个工人1989年平均收入为1000东德马克、1994年为2300西德马克为例，他的失业金该是其最后净工资收入的68%或63%，根据他是否养育孩子而定，即最高1564西德马克。但由于生活费物价指数1994年与1989年相比上升了至少三分之一，他的实际收入大约高出1989年水平的六分之一。如果失业超过一年，失业补助（计算标准为最后工资的58%

或 56%）取代失业金，则这种低额实际收入的增长速度降至为零。不过大多数失业者不是生活在单身家庭，而是拥有多位成员的家庭，而所有成员都失业的家庭则是例外情况。在东德依然普遍的一对夫妻加孩子的家庭中，1993 年夫妻都就业的比例比西德要高。妇女就业率虽然下降，但还是高于西德水平。[75]因此，大多数失业者的生活水平并没有与他的个人收入同幅度下降。

对大多数新联邦州公民来说，柏林墙倒塌后的头五年，是经济和社会动荡变化的时代。此间，大多数家庭上升的实际收入只是一个着眼点，尽管它也很重要。此外，还有更换工作、要求改变、某些事业的中断、短期或长期的失业、社会地位的提升和下降。东德社会看到自身处于社会结构彻底颠覆的风暴中。不过，当风暴减弱之后，可以看到，在所有社会领域无一幸免的变化中，社会体系的核心结构却令人惊讶地纹丝不动。1989 ~ 1994 年，估计 60% 的东德人调换了他们的工作单位或改变了他们的就业状况。如果不考虑提前退休的人员，可以看出，那些曾处于民主德国"上层"的人士——权力机构的工作人员、"脑力"劳动者、高技能员工和自主经营者——有三分之二的人重新落在"上层"。曾经的"下层"，如没有受过培训和开始接受培训的、从事简单劳动的工人或职员，85% 复归"下层"。曾经的中层人员，如专业技工、合作社农民、有一定技能的职员，超过 50% 的人仍停留在中等水平上。[76]无法指望出现别的情况。但值得注意的是，在民主德国占据领导地位的人士，大多数仍在"上层"。许多在国家和党政机构的领导人转向自主经营或成为企业的领导职员；国有企业的厂长待在托管局企业的领导岗位上，私有化后，他们经常被新的财产所有者雇用，因为他们的专业知识是不可或缺的，或者他们通过"管理层买断"的手段自己收购企业。因此，很少看到排挤"社会主义服务阶级"的现象，即排挤那些居于最高政治领导之下，但在国家、经济和社会中占据领导地位的人物。[77]

宏观经济产能缺口和转移支付

1991 年，在新联邦州为商品和服务支出了 3580 亿西德马克，而此时的国民生产总值只达到 2060 亿西德马克。内需超过自身产能的近 75%。这个数值在后来几年出现变化，是因为西德马克收入的增幅与产能（以国内生产衡量）增加的速度相比略小，从而有所减少，1995 年为 60%。[78]需求与生产之间的差别与进出口之间的差别完全对应，因为用于消费或投资而不是自己生产的部分，必须来自外面。需求和生产或进口和出口之间的缺口主要通过公共转移支付，一小部分由西德和外国私有资本的输入支撑。关于公共财政转移支付的额度，存在不同的数据，因为对哪些事项该属于其中存在争议。按联邦财政部数据，1991～1996 年，不考虑联邦税收和行政管理多余收入的返还，支付的毛额为 1 万亿西德马克，同期净支付近 7500 亿西德马克。1995 年，当财政转移支付达到最高点时，净转移支付占东德国内生产总值的份额为 36.8%。这意味着从公共资金拿出的补贴是人均每月 750 西德马克。再加上托管局提供给企业的援助，产生的净转移支付还要高很多。[79]

表 16　1991～1997 年对新联邦州的公共支出（不含托管局）

（10 亿西德马克为单位）

年份	1991	1992	1993	1994	1995	1996	1997
支出毛额	75	88	114	114	135	133	126
联邦	31	24	15	5	—	—	—
德国统一基金	4	5	5	6	7	7	7
欧共体	—	5	9	12	17	18	16
退休保险	24	25	15	17	16	16	18
联邦劳动局	5	5	10	14	10	10	11
西德州和市镇							
总计	139	152	168	168	185	184	178
其中：社会福利	56	69	78	73	79	74	69
补贴	8	10	11	17	18	16	16
投资	22	23	26	26	34	39	36
普通财政拨款	53	50	53	52	54	55	57
返还							
税收多余收入（联邦）	31	35	37	41	43	48	46
行政管理多余收入（联邦）	2	2	2	2	2	2	2
总计	33	37	39	43	45	50	48
净支付总计	106	115	129	125	140	134	130

　　资料来源：萨克森州经济与劳动部（编）：《1997 年萨克森的经济与劳动》[Staatsministerium für Wirtschaft und Arbeit Sachsen（Hrsg.）：Wirtschaft und Arbeit in Sachsen 1997，S. 341]，作者核算。

90年代中期，转移支付毛额的一半以上用于社会支出。剩下的大部分用于经济促进和扩建基础设施。[80]转移支付的绝大部分建立在货币、经济和社会联盟国家条约或《统一条约》的义务基础上。只有针对将继续促进或扩建基础设施的措施时，才有明显缩减的法律空间。在此，为了不使迟缓的东部复苏最终陷入停滞状态，肯定有可能需要更有效的投入，但不是大量减少资金。

需求和生产之间的巨大缺口不能靠缩减转移支付，而只有通过提高生产来弥补。[81]一切都取决于东德企业竞争力的改善。

对西德人来说，转移支付并非小事。自1991年以来，对东德每年的净转移支付超过西德国内生产总值的4%，[82]还没有将托管局的净支付计算在内。这种规模的转移支付只有一部分通过贷款来融资，国民的税费负担是不可避免的。1990年，西德的税费为国内生产总值的大约41%，到1994年上升到44%（全联邦地区）。日益增加的税收和社会支出的费用负担所起的作用是，1990～1995年，在西德人均可支配的名义收入只增长了21%，人均可支配净收入只增长了3%。[83]

西德普遍抱怨，"东部建设"耗资太大，负担落在西德普通公民身上，但对此必须打个问号。获得转移支付的新联邦州的进口盈余主要是对西德有利，当然还对外国生产商有利。可以这样说，如果西德经济没有从东德持续的进口盈余中获利的话，西德的失业率将会更高。而失业是社会福利体系和税费负担增加危机的主要原因。[84]失业的主要原因是形成于西德而覆盖到东德的经济和社会秩序，这一秩序早在重新统一之前，就显现出它对经济环境转型的适应能力不足。

第十章 是非功过

第一节 什么是错误的、什么是不可避免的?

东部建设中的困难引起了学术上和政治上潮水般汹涌的争执。批评者指责联邦政府犯了三个主要错误,因为这些错误,联邦政府使得在东德建设高效经济过程中本来就够大的问题变得更加糟糕:

- 坚持归还优先于赔偿;
- 相信市场将会作出调整,相应地放弃了对东德的结构政策;
- 错过了遏制毁灭就业岗位的工资增长。

这些指责与联邦政府政策认同的观点相对立。一旦作出货币与经济快速统一的决定,本质上就没有回旋余地了。凭借重新统一七年后所提供的经验,是否已可对这些争执作出判定?

归还还是赔偿?

1991年初,在东德各财产局的申请归还材料堆积如山,不明的财产关系确实延误或完全阻碍了某些投资,此时学术界和政治界一再要求,必须放弃归还优先于赔偿的原则,而是赔偿必须优先于归还。典型的是联邦经济部学术咨询委员会的表态。它认为,对托管局旗下的公司快速进行私有化是有必要的,因为没有私有化,就根本无法实现卓有成效的整顿方案,但在许多情况下快速私有化却是不可能的,因为处理归还的问题需要很多时间。这就是说,赔偿应该优先于归还:被没收了财产的人应该从财产损失中得到赔偿,归还应只局限于与公共利益无关的情况。[1]

毫无疑问,赔偿解决方案具有很大的优势:托管局在处理被没收财产索求权之前,可以立即拥有全部企业和地产。它可以不必询问真正或可能的原财产所有者,而向私人投资者出售("重新私有化")。原财产所有者的索求不是针对新财产所有者，而是针对国家。如果因为找不到愿意投资的买家而导致快速重新私有化失败，托管局可以准备整顿，而不必被迫在企业每次改变之前，都要征得原财产所有者的同意。

但是，尽管归还优先带来了种种困难，它还是有支持者。他们首先进行原则性的解释：生产资料的私有制是市场经济的一个必要条件；如果立法者在不是绝对紧迫的情况下把财产被非法剥夺的公民的索求权拒之门外，那他就伤害了至今得到一致公认的最高经济秩序准则。

他们又以实践为导向的观点对上述原则进行补充：通过归还，原财产所有者参与经济重建。正是他们在整顿自己的企业过程中，才会表现出特别的投入热情。指责许多原财产所有者在得到归还的资产后还是将其卖掉，这一指责，在归还优先原则的支持者看来，令人难以信服。通常，新财产所有者将会投资，也许达不到卖力的原业主所投入的规模，但也不会更少，显得他好像只是为了托管局纯赔偿方案才购买了项目似的。

此外，归还优先的支持者强调，不是归还优先本身，而主要是实践中缓慢清理财产关系会阻碍投资。这种观点最重要的代表之一，汉斯·维尔格罗特（Hans Willgerodt）认为，重新私有化绝对不会比新的私有化更漫长和更艰难。即便纯赔偿原则生效，新的私有化不可避免地将与复杂的挑选程序和谈判结合在一起。只要某个原财产所有者是确定的，这种过程怎么会比归还来得快呢?[2]

联邦政府继续坚持归还优先。不过，正如所见，它设法通过《障碍排除法》（1991 年）和《投资优先法》（1992 年），至少部分清除由归还索求权而造成的投资障碍（比较第 341 页、第 342 页）。此外，像联邦经济部学术咨询委员会要求的那样完全变化主次，1991 年春由于法律原因很可能已经太迟了：通过 1990 年 6 月 15 日的"共同声明"和相应的《未决财产问题规范法》，已经形成了适用于《基本法》第 14 条对财产归还索求权的保证。[3]

如果联邦政府坚持归还优先，那就必须尽一切努力加速澄清财产关系。这期间错过了一些机会。在此，只负责联邦未决财产问题局（Bundesamt für offene Vermögensfragen）的联邦政府无可指责。它至少作出了努力，通过联邦司法部出资以临时合同的方式派遣律师进入联邦未决财产问题局（至 1996 年的"律师方案"），以缓解人手紧张的问题。但东德联邦州、地区和县市的各级主管未决财产问题局则做得不够。1991 年，这些局机关最初非常不充分的配置得到改善，但这些局机关从来没有超过 4000 名员工，而它们必须处理 260 万份申请。到 1997 年 6 月 30 日，所有归还申请中的四分之三，即企业相关以及其他的申请，都得到处理，这简直是一个奇迹。[4]此外，不仅有私人的归还索求。还有国家——联邦、州、县市、托管局——为了原先的国有财产展开争夺，在这些案例中，弄清财产关系持续的时间也太长。在这样的环境下，必然会怀疑新联邦州存在着对快速处理根本不感兴趣的利益群体。

如果联邦政府一开始就选择纯赔偿解决方案，在统一后的头五年，投资、增长和就业就会明显增加很多吗？从经验来判断，几乎不可能。一方面，恰好在头两年，大量的投资意向因不明的财产关系而流产，对此没人有异议。另一方面，1991 年 4 月受托管局委托所做的民意调查表明，作为私有化的阻力，不明的财产关系"在许多情况下排在其他因素之后，例如排在过度就业之后"。被问到的企业指出，财产问题被"再三合理地神化"。[5]对于把归还问题过分解读为投资障碍，高额投资也作出了反驳。1991 年企业投资新设备（不含国家、但包括房屋租赁）已高达 750 亿西德马克，即国内生产总值的 37％。1992 年，当《投资优先法》根本还不能发挥作用的时候，企业（包括住房领域）投资 960 亿西德马克（按 1991 年价格计算），这就是说，比上一年实际多了 28％。[6]当然，再多一些就更好。如果不明财产关系真是决定性的投资阻力，那么是很难达到这些结果的。

从 1993 年起，该问题继续失去其重要性。这不仅是因为托管局和东德的机关越来越多地利用《投资优先法》提供的可能性，而且此时也在"绿色草坪"上大量提供新开发的、交通便利的商业用地。要想建企业，恰好又对特别的市区地段没有要求的话，就可以在一大堆可能性中挑选，县市完全跟着投资人跑。不过，尤其是那些在市区内寻求发展可能的中、小企业，仍然经常受合适的不动产遇到归还申请的牵累而失败。可以大致以波茨坦的发展为证。那里有五分之四的场地受归还索求之累，因此，直到 1993 年底，建筑和整顿项目都被明显推迟，从 1994 年起才逐渐开始建筑的兴旺繁荣（商业用地和住房建设）。[7]

1995 年，在增长和就业中归还问题不再起作用。它从企业抱怨清单中消失。[8]1995 年 1 月，奥德河畔法兰克福工商联合会菲斯滕瓦尔德（Fürstenwalde）分会主任如此阐述实干者的主流观点：

"今天，归还问题再也不是过于严重的投资阻力。刚开始它肯定是。问题已经转移。渐渐地，例如在受理建造申请过程中的拖延，严重地影响到企业的发展。围绕归还事件的旋涡已经结束。"[9]

对市场过分信任 ——产业政策太少？

面对托管局所从事的私有化，是否有其他选择可以保证更多的就业岗位呢？对原德梅齐埃政府的财政部长瓦尔特·龙姆贝格来说，答案很简单。1997 年，他在德国联邦议院调查委员会上表示，对他来说，"德国统一进程中政治失灵的重点（……）是 1990 年（和后来）缺少对民主德国经济，特别是对工业（……）适当的经济政策结构调整方案"。龙姆贝格指出，早在1990 年2 月民主德国就已要求制订一项"明确的一般产业政策方案"作为货币联盟的条件，方案必须包含，哪些工业部门必须得到促进或者哪些无须要得到促进的标准；民主德国在最后的谈判中，放弃确定结构调整措施，同意西德的观点，相信经济"自我调整的力量"，这是一个"灾难性的错误"。[10]持这种观点的并非他一人，他只是特别犀利地表达了社民党、工会，还有一个范围很小但绝不容轻视的由少数经济学家组成的"选择性经济政策工作小组"一直代表的观点。1991 年，"选择性经济政策工作小组"的意见领袖，扬·普利伏（Jan Priewe）和鲁道夫·西科尔（Rudolf Hickel）批评说，托管局"除个别情况外，根本没有考虑国有的、半国有的和混合经济的财产结构，尽管它们——至少作为临时解决方案——在许多情况下，可以为纳入国民经济整顿标准、贯彻长期计划方案、最后加强竞争作出贡献"。[11]

一旦私有化与保留这些工业部门相对立，那么，有目标地保留特定工业部门的措施以及放弃私有化，是更少地失去就业岗位的替代性选择吗？

在这个问题上，国民经济学的主流观点很明确。鉴于实际或可能面临威胁的东德去工业化，它还是坚持1990 年就代表的、当时与联邦政府相一致的观点：国家应该局限于促进经济增长，应尤其关心有利的投资条件和扩建基础设施。在这种增长过程中会形成何种经济结构，必须交给市场的力量来决定。如果国家设法违背市场力量而支撑特定工业，那它只会造就新的长期补贴领取者，有损经济整体性。[12]新联邦州的结构政策，就像它们原先在旧联邦州一样，遭到大多数经济学家拒绝。按这种观点，托管局当初的私有化和整顿战略合乎逻辑：托管局应该将其企业尽快私有化，为了让企业有竞争力，无论如何不能允许托管局自己试图对它们进行整顿，必须留给收购企业的或通过归还申请拿回企业的企业主去做。他对未来销售机会的估计，比国家机关要好得多，而且也不依赖于政治压力。如果他对整顿所必要的投资作出决定，就是对在可预见的时间内实现竞争力的最及时的保证。如果找不到想收购该企业的私人投资者，那么，这也是最明显的信号，也就是企业不能实现其竞争力，必须予以关闭。[13]

就自身而言，这种市场经济的立场是合理的，而且试图用它防止将东德建设的决定性角色交给国家结构政策，也是完全合适的，它不仅仅是联邦政府和托管局所推行的政策的现实写照。当然，托管局最初主要是一个私有化的中介机构。但实际上托管局从一开始推行的就是最大程度的结构影响政策，而且是结构维持政策。要是它每年不用上百亿金额支撑托管的企业，那么几乎所有这些企业在 1990 年就都会破产。支持是必要的，这不仅可以从社会的角度，而且可以从经济的角度来说明：从国民经济学的角度看，大多数破产比在尚存企业的基础上重新开始要昂贵。经联邦政府要求并由托管局执行的"振兴工业核心"政策，意味着全面转向产业政策，其目标是把在纯市场经济标准下可能没有生存机会的生产部门继续经营下去（比较第 296 页、第 297 页）。

鉴于实际的私有化实践，龙姆贝格和其他人的论点是站不住脚的，即托管局和联邦政府单方面地将赌注押在市场力量上，放弃保障工业就业岗位的产业政策：用高额资金推行产业政策。当然，可以从各种角度批评这种产业政策。谁要是同意国家更多地干预经济，他也许会提出这样的反对意见：放弃对那些难以私有化的。"对结构有决定性意义"的企业进行私有化，并暂时让它们至少在国家控股公司的名下继续经营，这样或许费用会更低。短期看，这一观点有道理，但长期而言，肯定没有道理。根据所有经验，国家企业所具有的创新能力和劳动生产率比私有企业要低，国家企业可以引领"工业核心"形成竞争力、需要的补贴比私有化企业低的想法，接近荒谬。相反，国家企业一直依赖补贴，因此，从长期看，宏观经济成本甚至高于私有化的成本。谁原则上认为国家结构政策是对的，那他还可以继续抱怨说，选择"对于结构有决定性意义"的企业的标准最值得怀疑，原则上是纯粹政治性的标准；根本没有尝试一种系统的、关注欧洲已经存在的产能过剩和潜在增长部门的工业政策。在这一点上，他或许完全有道理。不过随后又会遇到必须鉴定增长部门的问题。在生物技术之外，也许还有微电子技术及其应用领域，以及特殊的机器制造领域，除此之外，凭良心说，他也提不出更多的部门了。如果他要坚持，那就必须承认，以他的方案能保证的工业就业岗位，比联邦政府和托管局以肯定有问题的尝试，即设法通过高补贴的私有化而保留工业核心所创造的工业就业岗位，还要少。

市场解决方案的支持者自然对"振兴工业核心"的政策大为不满，其中许多人担心，尽管急剧的紧缩过程和对新生产设备的巨大补贴，但在太多的情况中，将无法实现竞争能力，因为大多数"工业核心"属于世界上已经存在产能过剩的工业，如造船和钢铁，或至少面临停滞和全球竞争威胁的工业，如化工和部分机器制造。以这种观点，如果确有以下情况，即一旦取消对于结构有决定性意义的企业，与波罗的海造船厂或艾森许滕施塔特钢铁联合企业相关的整个领域的经济发展将停滞，那么，用于"振兴工业核心"的费用才充其量说得过去。不过，建立在这种假设基础上的增长理论，在专业界存在争议。[14]因此，国民经济学主流观点对"振兴工业核心"政策的评估徘徊在拒绝与明显怀疑之间。在这种观点中，顶多只有当一个"核心"企业具备了国际竞争能力，才有存在的希望。如果做不到这一点，在供货商和客户那里也不可能产生自己能够承受的就业岗位。[15]

错过了避免因高工资而导致企业负担过重的机会？

对于东德私有投资最严重的阻力和持续的高失业率的最重要原因，是工资接近西德水平的速度太快。因此，是否有可能避免由于单位劳动成本高而造成的企业负担过重的问题，引起了特别的兴趣。

一旦工资快速接近西德水平不可避免，那只有唯——个可以阻止将过高的工资全部转嫁到企业单位劳动成本中去的办法：工资补贴。1991年，伯克利大学的学者就建议如此。[16]他们的"伯克利模型"主张，除了国家和农业，所有部门实施工资补贴。应该在每次劳资合同工资上涨时减少补贴，在工资达到西德工资水平时，则全部取消。起初东德企业支付西德水平25%的工资。但实际工资应该通过补贴提高到西部水平的80%。初看上去，该模型似乎有考虑的价值，但如计算一下成本，则是另一种局面。在对1992年的分析中，德国经济研究所算出的结果是：将近500万个就业岗位必须每月平均补贴2800西德马克，每年造成的直接费用是1650亿西德马克。按乐观的假设，工资补贴将会带来物价下降和销售提高的结果，德国经济研究所估计1992年可因而创造100万个就业岗位。这样一来，社会保险机构将减轻负担，税收也会增长。公共总财政将产生 1340 亿西德马克的净费用，[17]远远超过当时流入新联邦州的公共转移支付费用。这样就没有剩余的资金用于投资援助和扩建基础设施。甚至如果对这个模型加以修改——企业多承担一些，实际工资再低一点——费用似乎依然太高，尤其是因为就业发挥的影响也将会降低。学术界和政界为何普遍拒绝工资补贴，肯定还有其他原因：担心补贴将变成长期的配套安排，因为它会降低企业和工人的调整压力；害怕工会到处（包括在西德）坚持认为国家必须在失业时对工资进行补贴；工会则担心补贴可能会给劳资自治带来限制。然而，费用观点分量最重，它使争论平息下来。此外，托管局的政策也可以作为一种补贴方式来解释：如果它通过把售价降至为零或保证援助，以此换取投资者对工作岗位的许诺，那它实际上不仅对投资，而且也对工资提供了补贴。[18]

但如果工资补贴作为降低单位劳动成本的手段不被采纳，剩下的只有寻找限制工资快速向西部水平拉齐的可能性。仅仅呼吁员工和工会多多关注失业者，在西德从未起过什么作用，在东德将更不用说。为了放弃可支配实际收入的高增长率，必须给东德工人提供补偿。因此，不少西德经济学家，尤其是汉斯－维尔讷·辛（Hans－Werner Sinn），主张将工资不变的劳资协议与工人参股托管局进行私有化的东德"国有财产"结合起来。

汉斯－维尔讷和格尔林德·辛（Gerlinde Sinn）构想的"经济增长社会方案"[19]令人印象尤为深刻。1991 年他们建议，从 1991 年 4 月起，未来的四年，在工资方面停止向上赶超。在这段时间里，为了稳定保持西德和东德工资水平之间的相对距离，工资增长率只应与西德类似部门协定一个同样的增长率。当时东德工业平均的月毛工资是西部的 47%。考虑到东德较低的所得税负担和较低的物价，两位作者得出实际净收入比例为 60% 多。为了补偿东德工人放弃工资向上赶超，并考虑其他相关的情况，两位辛建议实施他们设计的参与模型：将托管局剩下的原"国有财产权"，包括地产股权分发给民众，其中三分之一给托管局企业的员工，实际上是把托管局的"旧资本"赠送给"新"联邦州公民。投资者得到"新资本"中的份额，即整顿所必要的资本和实际操作技能。通常来说，在得到至少 51% 的企业份额之前，投资者会一直投资。为了使投资者不被居民剩下的参股权吓退，这些股份不享有决定权，而只是一种静态的参股权。[20]

这是就遏制工资向上赶超而做出的最独特的建议：

－让国民尽可能分享以前的国有财产在私有化中的收益，以履行赔偿他们在货币转换中名义损失的承诺。

－投资者无须为获取本该私有化的企业的支配权而缴纳费用，就像两位作者当时就看到的那样，在许多情况下，投资者反正不会付这笔钱，而是带来整顿资本。

－向员工提供未来的股票利息收入，作为放弃可能迫使他们失业的工资增长的回报。

但是，两位辛建议的或其他任何一种工资不变协议与参股模式组合，在政治上通过的机会等于零。

对此有一系列原因。发放"旧资本"股权的前提是，能够计算出一个企业的价值。如何并且由谁来做这件事？就连西德马克开户资产负债表，都几乎不足以当作基础。其他更重要的疑点也很清楚：在东德工人中，工资不变协议是否会得到一致支持，这似乎是最值得怀疑的。对他们来说，宁可鸽子在手，也不愿麻雀上天，宁有到手的大利，也不愿有无把握的小利：快速增长的实际工资对工人和职员来说有好处；来源于托管局"旧财产"股份的未来利息收入，东德人 1991 年就对其价值不再抱有幻想，也没有什么兴趣，而且反正他们也不习惯将有价证券视为财产投资。潜在投资者的反应也值得怀疑。1992 年，购买价格已经变得相对不太重要，将最高 49% 的份额分配给人民，难道不会吓倒西方投资者？只给持股人"静态"股份的想法将很难得到社民党和工会的同意。但如果"旧资产"的持股人在股东大会和监事会中保有席位和选票，投资者本来就寡淡的兴趣就会被彻底摧毁。投资者必然会想到落入了"虎口"：在监事会的雇员一方，必须面对工会；在资方，则需要面对"旧资本"的股东代表，其中一些人同样也是亲工会的。企业主会以极度怀疑和谨慎的态度去消化参股模型；工会则会流露同样的怀疑和谨慎，因为对他们来说，仅仅由于大力限制劳资协议自治就很难接受工资不变协议。此外，他们在对东德工资不变的协议中看到了未来在西德谈判中危险的先例——最终那边也会有工资导致的就业问题。除了这些，还有时间因素。即便有影响力的势力，或在执政党中，或在反对党中，也有这样的想法，即绝无可能在短时间内作出必要的决议。工会和雇主联合会必须就工资不变协议达成一致——这足够艰难。针对参股模型需要一项联邦法律，立法过程需要时间，因为在资产参股模型方面，细节是魔鬼，而细节的规范特别有争议——共同决策的要求只是一个例子。劳资双方只能在确定法律规范以后，才可最终达成一致。在此期间，托管局应该继续进行迄今为止的私有化吗？在这种情况下，工人们眼下或许已经相信，要用这种模型把他们带到同工同酬的权益上来；因为通过托管局每卖掉一个公司，便意味着"旧资产"的减少。私有化应该暂时中断，直到所有利益群体都对某种模型达成一致吗？这是完全不可接受的。

谁来得太晚……

毫无疑问，起初归还优先阻碍了投资，快速私有化是一项几乎不可能的任务，对数百万人来说，劳资政策所起的作用简直就是禁止就业。然而，采用别的建议，一旦它们真的在政策上得以贯彻，也同样有缺点。回头去看，对几乎所有的人来说，不是早在1990年秋，而是在1992年夏天才制定《投资优先法》，这是一个明显的错误。然而，甚至这一看法也可以用这样的观点进行反驳：这无济于事，因为东德的机关和法院没有能力在1991年就运用如此复杂的规定。甚至两年以后还存在困难。因此，无可争议的只是细节中一再出错，主要是因为一切都必须快速进行，不可能对西德和东德投机者、托管局以及东德机关进行足够的监督。但如果留出10年的私有化时间，这样的损失不会大得多吗？

对于东德的繁荣来说，比所有可能的和真正的错误加在一起都要大的阻力，是西德拒绝面对结构转型的挑战以及对联邦德国的经济和社会制度进行改革。蒂特梅耶仅在这一点上有道理，如果他担心把西德的《劳动法》和《经济法》套用到东德，不只是因为西德的标准对东德经济提出了过高的要求，也是因为这些要求在80年代就已不再符合西德的情况（比较第61页、第62页）。真正的失灵是拒绝必要的改革。西德人确实不应向东德人提供一套经济和社会制度，这套制度的部分领域本身需要改革，即便正好需要改革的这部分似乎对东德人特别有吸引力。要是西德人及时处理好必要的改革，而且在重新统一前几年就处理好，情况会更好一些。但在1988年的繁荣中，西德拥有否决权的群体没有服下这剂苦药。在1990年2~9月统一的动荡阶段，既没有时间，也没有精力投入到西德经济和社会制度的改革中，而且依然没有共识。此后也没有发生什么，因为选民、政党、协会几乎都下定决心，和以往一样继续如此行事。假如他们及时面对世界经济结构转型所带来的挑战，那么今天的东德会更进一步。戈尔巴乔夫说得有道理：谁来的太晚，谁就会受到生活的惩罚……

第二节　选择：放弃统一

对政治学家和历史学家来说，常常难以确定，是谁在何时作出了一项具有历史意义的决定。政府首脑、内阁或议会的各种决议经常只是复杂的意志形成过程和决策过程形式上的结束，这一过程，使最高权力机构的负责人，除了如实完成在政府、各部委、议会和各协会中一系列事先安排和前期决策所决定的事情，没有别的选择。而 1990 年 2 月 6 日执政党主席决定就引进西德马克和市场经济与民主德国进行谈判之际，则是另一种情形。当科尔、魏格尔和拉姆斯多夫会晤时，尽管联邦财政部和总理府事先考虑了所有情况，但一切都还未确定下来。当然，魏格尔此时已坚信"截止日解决方案"，而且科尔此时也认为这是最好的解决方案。然而，只有当拉姆斯多夫在这次会谈中同意他们的观点，他们才能将谈判建议告知公众，以此从政治上加以确定。几乎不用怀疑，民主德国国民的情绪会使这项谈判建议得到接受，并且会在按经济准则来说过早的时刻，就引进货币与经济统一。因此，2 月 6 日，科尔、魏格尔和拉姆斯多夫作出了一项表达精确的决定。直到这一天以前，他们仍然可以自由选择不同的途径。他们可以主张任何一种形式的阶段性方案，可以答应给民主德国有限的财政援助。大多数经济学家将为他们欢呼，大多数西德国民也将跟随他们。选择不是放弃统一，而是将统一推迟到东德似乎没有失业、西德可能也没有高负担那一天，这样一条道路，或许也会轻松些。但是，科尔、魏格尔和拉姆斯多夫对通往货币与经济统一的道路作出了决定。他们知道，如果他们对东德调整问题和整个费用规模作出了错误判断的话，这一决定就是铤而走险的。最终起决定作用的是两个原因：

第一，他们坚信，民主德国在可预见的时间内不可能完成建设有效市场经济这一极其艰难的任务，因为任何一届民主德国政府都无力解决适应性调整问题。因此他们不相信，联邦德国与一个独立自主的民主德国之间的富裕落差将迅速缩小。

第二，他们坚信，正如社会民主党联邦议院议员马特乌斯－迈尔恰当地表述的那样，只有当人们用西德马克发出"留在当地的信号"，那些最有能力、对东德建设来说不可缺少的民主德国国民才会留在自己的家乡。他们看到的可以阻止移民潮的另一种唯一的可能性，就是对东德人实行入境和工作限制，但他们不愿如此，这是因为他们清楚地知道，会以此发出两个德国继续分裂的信号。在任何情况下，他们都不会伤害德国统一的目标。

不过，1990 年 7 月 1 日以后出现了怀疑者预言过的情况：生产暴跌、持续高失业率，尽管工资如此迅速接近西部水平但仍然巨大的转移支出，与之相比对西德农业或煤炭的补贴就像浑浊的小溪。如果按照以上陈述的观点，有可能避免这种"灾难"（珀尔），这也许会发生在经济理论中，但几乎不可能出现在政治实践中。谁要是 1990 年初拒绝了快速的货币与经济统一，他还可以因此在七年后坚持这种观点："我一直说，在民主德国快速引进西德马克的决定是错误的，如果以后不能通过任何一种可操作的政策缓解其危害性的后果，那更是错上加错。"

现在，首先可以用这个理由回答这一观点，"灾难"存在于现实中的可能性，比存在于某些人直觉中的可能性要小，1990 年联邦政府没有采纳这些人的建议。谁要是作为西德人横穿民主德国，就会看到一个经济和生态遭到毁坏的国家。当然，随后工业将在一种"创造性的破灭"过程中，以前所未有的速度崩溃，或者说毁灭占据主导，创造显得薄弱。现有的工业设备已经陈旧，大多数产品卖不出去，还有许多生态上无法接受的生产工艺。它们必须消失，而且越快越好。不过，抱怨新事物不能快速产生，这是有道理的。然而，数十亿西德马克的转移支付和私人投资不会没有看得见的成果。统一后的七年，虽然在这个毁坏的国家里还没有出现到处繁荣的景象，但 1991 年就可以看到，在较大的城市中如何形成了开始走向富裕的小岛。这些小岛开始扩展，变得越来越多。1994 年，崩溃阶段在全东德已经成为过去。现在所发生的事情与社会主义制度的转换再也没有关系，剩下的是在"旧"联邦德国也存在的结构薄弱地区的典型问题。谁若是 1997 年横穿新联邦州，尤其是萨克森、图林根和柏林周边"密集的郊区"，就会有这样的印象，它们与西德的不同之处主要在于，在东部有更多的建筑工地。

新联邦州居民的情绪，也不像基于"灾难"所期待的那样发展。表示他们的经济状况比统一前要好的人的比例不断上升，从 1991 年的 32% 到 1994 年的 58%。1994 年，抱怨与 1989 年相比幸福受损的人的比例只有

15%。1994 年，超过三分之二的新联邦州居民认为，他们的地区在前进。[21]
尽管存在着种种困难，大多数东德人还是坚信统一是有好处的。表示不满
的倒是西德人。1994 年夏季和秋季，他们当中只有 17%～20% 的人在统一
中看到了喜大于忧的理由，显然由于 1992/1993 年西德的萧条，产生的可
以明显感知的统一费用酿成了西德凄凉的悲观主义——与东德的情绪截然
相反，同一时期，东德对统一表示高兴的人的比例达到 68%，从未如此之
高。[22]不过，在东德，对社会市场经济的信任受到打击：1990 年 10 月，尚
有 70% 的东德人看好联邦德国的经济制度，1994 年只有 38%（西德
57%）。这种情绪正好反映了这样的现实：如果说东德人个人有什么改进，
那主要是西德转移支付的结果；人均宏观经济绩效，如前所述，刚刚从
1990 年的崩溃中缓过劲来。

　　谁要是认为 1990 年 2 月 6 日的决定是错误的，就很难被眼前的建设成
就所感动，并且会回答说，如果进展慢一点，或许毁掉的东德就业岗位会
更少，消耗西德的资金也会更少。因此，如果科尔和魏格尔按经济学主流
观点所建议的那样去做，会是什么情况？回答这个问题有更重要的意义。

　　我们假设一下，在莫德罗 2 月 13 日访问波恩时，联邦政府向他提供
50 亿、100 亿或者他要的 150 亿西德马克，作为回报，民主德国答应市场
经济改革。那么，在以后的时间里，是否将东德马克和西德马克之间的汇
率交给市场，或者是否出现将东德马克以某种经济合理的汇率挂靠在西德
马克的"货币联盟"形式，如自民党的"奥地利解决方案"模式。在此，
它们的意义是次要的。无论如何，只有当民主德国的企业至少逐渐有能
力、无须自身较为疲软的货币保护就可经受西方企业的竞争时，才允许货
币与经济统一的到来。对于上述看法，我们不应忘记，1990 年阶段性方案
中的时间计划越来越短，正是因为该方案的执笔者知道，民主德国再也没
有这么多的时间。1 月底，他们大多数人坚信，在两到三年内实现共同货
币是可能的。像下萨克森州银行行长黑塞认为的三到五年，已是例外。只
有真正的悲观主义者如霍夫曼不赞同确定时间计划（比较第 154 页、第
155 页）。

　　真的会有人相信，民主德国的企业将在三年或五年时间内有能力在没
有较低的汇率保护下，经受住国际竞争吗？即便与期望相反，未来民主选
举的民主德国政府有力量快速而且彻底地转向市场经济，上述情况也几乎
不太可能。究竟谁该支付必要的巨大投资？难道以民主德国自己的力量？

这个设想很可笑。西方企业？它们将会直接投资，只要具备有利的框架条件。然而，在不同的货币与经济区域和民主德国继续长期独立存在的情况下，这种直接投资会比在货币与经济联盟和相继到来的国家统一之后更高的想法，同样可笑。西德纳税人？只有在国家统一之后，被迫要考虑东部选民的情况下，才真的可以想象西德人承担明显的负担。

令人惊讶的是，只有少数经济学家以及魏格尔、科尔和他们在联邦财政部和总理府的顾问们，在1990年2月得出这些结论。谁要是从阶段性方案出发，期待在可预见的时间内实现货币、经济和国家统一，他显然是相信，在一个仍然独立自主的民主德国，完全会出现比1948年后西德经济发展更为美妙的奇迹。当时，在最佳的条件下，经济增长持续了十年，直到劳动生产率和实际工资翻番。即便人们错误地高估了民主德国的劳动生产率，认为其已达到西部水平的三分之一，翻番也远远不足以让一个共同的货币与经济区在经济上显得合理。应该如何在两年、三年或五年内完成这些任务？倒是像霍夫曼直截了当地说过的那样，从经济学角度看，统一暂时是根本不可能的，这些人的立场更令人信服。

当然，"截止日解决方案"的拥护者也相信东德会出奇迹。提到路德维希·艾哈德的次数已经够多了。然而，萨拉辛、科勒尔、魏格尔和科尔至少没有被这样的幻觉所困扰，使他们假设民主德国可以主要依靠自身的力量创造奇迹。当然他们也有错觉。科尔自己在回忆中说，他被一种关系彻底弄糊涂了：他相信，在东德40年的社会主义以后，有可能和西德一样，经历了12年的国家社会主义命令式经济和三年战后行政管理经济，重新开始。但在民主德国，与1948年的西德相反，只有很少人从自身经验出发，了解自由选举和市场经济。[23]不过，不仅科尔是这种误解的牺牲品，这种观念也广泛流行于西德。再加上政策当事人和官员们的其他误解，过高估计东德企业的潜力和创新能力，过高估计西德企业在东德投资的意愿，对出口经互会国家抱有幻觉般的希望。然而，即便所有这些错觉都不存在，如果科尔和联邦财政部长宣称，出于经济学的原因，在可预见的时间内不可能实现统一，这是否就是正确的？

在放弃货币与经济统一，进而放弃政治统一的情况下，民主德国的经济会如何发展？当然只有在各种可能的揣测下，才能对此加以描绘。尽管如此，还是应该在1997年的数据基础上进行大胆的尝试。

1991年，西德和外国企业在东德的私人投资总共为320亿西德马克，

1995 年持续上升到 895 亿西德马克（分别为当年价格）。[24] 难道会有人相信，没有货币统一和与之相联系的经济制度的统一，会有这么高的直接投资吗？德梅齐埃政府极不情愿地着手为无限制购买商业用地创造法律条件，从而为西方投资者收购企业提供方便。对西方投资者来说，在浮动汇率或人为控制的 3∶1 至 5∶1 汇率的情况下，民主德国肯定是工资相对较低的投资场所。但民主德国不可能在西方投资者接管民主德国企业时，向其提供接近于托管局支付的同样补贴。民主德国拿不出这笔钱。此外，只要自己最大限度贬值的货币护栏完好无损，就不一定有必要快速和紧急出售。但关键的一点是，民主德国现代化生产设备的装备进展就会缓慢得多。在社会主义崩溃后的三年甚或七年，它的竞争能力还远远不足以让统一的货币在经济上显得合理。

几乎更为荒谬的是，想象仍然独立自主的民主德国会从西德得到哪怕接近于类似数量的公共转移支付。如前所述，自 1991 年起，西德每年承担的公共转移支付远远超过 1000 亿西德马克。那么现在，一半以上用于社会用途产，差不多一半用于经济促进和基础设施扩建。难道会有人相信，没有货币与经济统一和短时间内接踵而来的国家统一，会有哪一届联邦政府能每年无偿向民主德国提供超过 150 亿或 200 亿西德马克？这些钱甚至连整修和扩建基础设施，同时通过降低西方债务而重建民主德国信贷的信誉都不够。仅德国电信从 1990 年下半年到 1996 年就为扩建东德通信网络支出 440 亿西德马克。联邦用于公路建设和其他经济相关的基础设施措施的支出，在这六年半的时间里总共有 790 亿西德马克。

第一次民主选举之后的三年或五年，独立自主的民主德国经济会走多远？也许稍远一些，但不会比波兰或捷克共和国远很多。1990 ~ 1992 年，这两个当年的"兄弟国家"正遭遇调整性萧条，不过没有东德那样严重。低汇率发挥作用、支持出口、进口变贵。1991 年波兰的国内生产总值比 1989 年的水平低大约五分之一，此后几年每年平均提高近 4%，1995 年重新达到 1989 年水平的 95%。捷克共和国的萧条时间比波兰要长。1989 ~ 1993 年，捷克的国内生产总值下降了将近四分之一，1995 年捷克的国内生产总值是 1989 年水平的 84%。由于来自国外的转移支付起不了作用，这两个国家 1995 年的物质生活水平比 1989 年还要低——不考虑自主产品逐渐提高的质量和可支配的昂贵进口产品。波兰的失业率相对较高，处于 1991 年 9% 和 1994 年 16% 之间。在捷克约为 3%，属于低水平。但登记失业者的比例掩盖了事实：在捷克共和国隐藏的失业率远高于波兰，因为企业结构性调整停滞不前，由于相当数量的劳动人口前往德国和奥地利工作而减轻了劳工市场的负担。[25]

在一种"阶段性解决方案"中，由于西德的转移支付和直接投资，民主德国国内生产总值的发展条件很有可能比当时的社会主义邻国更为有利。调整性萧条和波兰相似，但不会像新联邦州那样明显。随后就会启动比波兰或捷克更强有力的增长。但民主德国在第一次民主选举后的三年，有可能逐渐达到学院经济学认为必要的、可为货币与经济统一辩护的经济绩效吗？如前所述，1990 年 2 月，阶段性方案的支持者以两到三年的调整期为出发点。或者我们再大度一点，假定五年时间用于调整。1995 年波兰还没有重新达到 1989 年的生产水平。如果我们假设，民主德国借助西德资本和西德的转移支付，同时在民主德国国民英勇放弃消费的情况下，1995 年人均增加值达到 1989 年的 110%，但这连西德水平的 40% 都不到——按经济学标准，对统一的货币来说，这完全是不够的。每人可支配的实际收入也只可能是西德水平的 40%。不过，更低的实际可支配收入，对于更高的投资或许有利得多。仅仅这些考虑就表明，可能依然存在着去西部的刺激，通过行政手段限制移居或许不可避免。

难以回避的结论是：如果 1990 年 2 月联邦政府死守经济学教科书，选择阶段性方案的话，完全会像萨拉辛在其悲观的阐述中所描绘的方向那样发展：东德人会对西部要他们返回原地而感到失望，西德人会由于东德人在建设具有竞争能力的经济时显而易见的巨大困难而感到失望，对于是否真的还值得去追求统一的怀疑日益增加。阶段性方案最初就具有的面目被揭开：学术构思不切实际。任何一个联邦政府马上就会被迫去做社会民主党总理候选人奥斯卡·拉封丹一开始就认为是对的事情：至少现在放弃统一，等待未来欧洲的解决方案。在科尔和魏格尔负有主要责任的政策之外，拉封丹的方案确实是唯一现实的替代性选择。

拉封丹的选择是更好的解决方案吗？谁在民族国家中看不到自身的价值——哪个德国人可以根据 20 世纪的经验将民族统一放在首要地位——他就将会把国民在东德以及西德实现自我的机会视为决定性的尺度。民主德国很有可能已经变成了一个正常运行的民主法治国家。东德国民或许已经和西德国民一样，具有同样的个人和政治自由权利。相反，民主德国是否会成功地实现民权运动的社会目标，并且达到比西德更高水准的社会保障，这些恰恰是值得怀疑的。仅仅将社会基本权利写进宪法还不够，它们必须得到贯彻。它的贯彻实践可能失败，除非民主德国公民视最高标准的社会保障优先于尽快改善物质供应。如此一来，剩下的重要评判标准就是失业率的高低和个人可支配的实际收入。放弃统一，并不能让东德人避免沉重的调整性萧条，但失业率可能会比较低。对西德人来说，放弃统一，物质上会更有利一些，一方面，他们必然承担较低的税费；但另一方面，不会有来自新联邦州的需求动力，1991～1997年的年平均经济增长率很可能还要低。

在放弃统一的情况下，民主德国国民或许必须对实际收入感到满足，在最有利的情况下，1995年的实际收入会略微超过1989年的水平。对东德人来说，分享西德水平的富裕社会，在可预见的时间内还是没影的事。出于经济、生态或道德的原因，认为西德的富裕社会是有问题的，这也许会被看作是微不足道的事。然而，1989/1989年和以后的年月里，大多数东德公民要的不是别的，而是可以像西德人一样地生活——不仅拥有同等的自由机会，而且拥有同样的机会，可以满足自己的物质愿望。拒绝这一追求，政治上和道义上是合理的吗？如果这么问，被定义为拥有共同历史经验、共同成就、共同过错的群体的民族概念，也会被那种视民族国家已过时的人纳入考量之中。西德人不能为在苏联统治下遭受磨难的所有欧洲国家铺平通往富裕社会的道路。然而，在东德人面前，他们过去和现在都有这项义务。履行这一义务，会给他们当中的许多人带来麻烦，但并不会过高要求他们的能力。此外，人并非只靠富足的生活而活着。对一个国家的评价及其国民的自尊心，可支配的实际收入并非唯一的标准。如果1990年西德人出于物质原因而没有抓住统一的机会，今天他们会如何看待自己的政治体制，如何判断他们应对巨大挑战而寻找客观上和道义上合适答案的能力？

如果追随这些想法，就会把1990年2月6日的决定看作政治上的机会，即便按狭隘的经济学效用考量标准它并不合理。从根本上看，大多数批评它的人，不管是专家学者还是政治家，1990年的时候就都知道这一点。否则，2月6日之后，科尔和魏格尔在关于国家条约谈判过程中，真的会遇到来自反对党以及执政党内部更大的困难。联邦德国的政治体制是建立在共识基础上的。如果共识不够稳定，领导层的决策很容易被堵塞。然而，大多数社民党人也与联邦政府共进退。这种共识不仅建立在随着2月6日的决定而释放出来的、再也无法逆转的自身动力上，也建立在无处不在的自信中，他们所经历的是一个尽管有风险但必须作出深远决定的时代。几乎所有在联邦德国承担责任的人都预感到，如果他们不利用这个有利的时机，他们都将背上失职的骂名。希腊人将这个有利的瞬间称为关键时刻。科尔和魏格尔尤其可以分享利用关键时刻，利用这个空前绝后的机会，实现了国家统一的功劳。但不仅是他们：几乎每一个在联邦德国拥有权力和影响力的人，都紧紧追随他们，或者尽管存在种种疑虑，但没有反对他们，还有选民最终也同意他们选择的道路。

因此，不仅联邦政府，还有西德社会，应民主德国国民的要求找到了一种与主要追求物质保障根本不相符的答案。是否有理由希望，为逐渐融合在一起，但依然由于东、西德人不同的经历和利益而分裂的德国社会，通过应对经济转型带来的挑战，最终找到一个合适的答案并彻底战胜分裂？

附　　录

注　　释

第一章　重新统一前的民主德国经济

1. 特别重要的采访，见：特奥·皮尔科尔、莱纳·莱普休斯、莱纳·维讷尔特、汉斯－赫尔曼·海尔特勒：《作为命令与虚构的计划——民主德国的经济领导：会谈与分析》（Theo Pirker/Rainer M. Lepsius/Rainer Weinert/Hans－Hermann Hertle：Der Plan als Befehl und Fiktion. Wirtschaftsführung in der DDR. Gespräche und Analysen，1995）。在汉斯－赫尔曼·海尔特勒的《城墙倒塌》（Hans－Hermann Hertle：Der Fall der Mauer，1996）一书中，作者对自己关于昂纳克的经济政策的大量细节文献研究进行了入门总结。大量来源于民主德国的资料，见：艾伯哈德·库尔特/贡特·豪尔茨魏斯希/汉斯尤尔克·布克（编著）：《现实社会主义的终结（2）——80年代民主德国的经济与生态状况》［Eberhard Kuhrt/Gunter Holzweißig/Hannsjörg F. Buck（Hrsg.）：Am Ende des realen Sozialismus（2）. Die wirtschaftliche und ökologische Situation der DDR in den 80er Jahren，1996］。

2. BA，DE 1/56 320，S. 232.

3. 见：诺贝特·波德夫：《瓦尔特·乌布利希新传》（Norbert Podew：Walter Ulbricht. Eine neue Biographie，1995，S. 363）。

4. 莱纳·维讷尔特：《政党政治优先下的经济领导》（Rainer Weinert：Wirtschaftsführung unter dem Primat der Parteipolitik），该文见：特奥·皮尔科尔、莱纳·莱普休斯、莱纳·维讷尔特、汉斯－赫尔曼·海尔特勒（编著）：《作为命令与虚构的计划——民主德国的经济领导：会谈与分析》

（Theo Pirker/Rainer M. Lepsius/Rainer Weinert/Hans - Hermann Hertle：Der Plan als Befehl und Fiktion. Wirtschaftsführung in der DDR. Gespräche und Analysen，1995，S. 296）。维讷尔特的文章，显然引用了以下著作：彼得·普鲁茨比斯基：《政治局：案发现场》（Peter Przybyiski：Tatort Politbüro，Bd. 2，1992，S. 281）。

5. 《论德国统一社会党中央委员会第14届党代会瓦尔特·乌布利希的经济政策调整》（Zur Korrektur der Wirtschaftspolitik Walter Ulbrichts auf der 14. Tagung des ZK der SED），比较：维讷尔特的文章，该文见：特奥·皮尔科尔、莱纳·莱普休斯、莱纳·维讷尔特、汉斯 - 赫尔曼·海尔特勒（编著）：《作为命令与虚构的计划——民主德国的经济领导：会谈与分析》（Theo Pirker/Rainer M. Lepsius/Rainer Weinert/Hans - Hermann Hertle：Der Plan als Befehl und Fiktion. Wirtschaftsführung in der DDR. Gespräche und Analysen，1995，S. 294）。

6. 外汇马克（Valutamark，VM）是一种虚拟的外贸结算单位。在两德贸易中，民主德国国家统计管理中心（Staatliche Zentralverwaltung für Statistik der DDR）将外汇马克与西德马克视为等价。苏联国家银行的计算方式则不同，认为1西德马克约值0.3561卢布。而根据黄金的虚拟含量，1个卢布相当于4.40外汇马克。据此计算得出的比例是1外汇马克相当于0.60西德马克［比较：《托管局文献：1990～1994年》（Treuhandanstalt：Dokumentation 1990 - 1994，Bd. 2，S. 61）］。在不同的结算方法下，民主德国的两德贸易比重有不同的结果。在西德马克与外汇马克等值的情况下，两德贸易大约相当于民主德国和捷克斯洛伐克或波兰的贸易；而如果1个外汇马克值0.60西德马克的情况下，联邦德国则是民主德国继苏联之后的最大贸易伙伴。

7. 关于乌布利希的垮台，比较：维讷尔特的文章，该文见：特奥·皮尔科尔、莱纳·莱普休斯、莱纳·维讷尔特、汉斯 - 赫尔曼·海尔特勒（编著）：《作为命令与虚构的计划——民主德国的经济领导：会谈与分析》（Theo Pirker/Rainer M. Lepsius/Rainer Weinert/Hans - Hermann Hertle：Der Plan als Befehl und Fiktion. Wirtschaftsführung in der DDR. Gespräche und Analysen，1995，S. 26 f）。

8. 《德国统一社会党中央委员会给第8届党代会的报告》（Bericht des ZK der SED an den Ⅷ Parteitag），见：1971年6月16日《新德意志报》

（*Neues Deutschland*），第 4 页。

9. 海尔特勒有道理地指出了这一点。比较：汉斯－赫尔曼·海尔特勒:《德国统一社会党最高领导层中关于经济危机的讨论》(Hans – Hermann Hertle: Die Diskussion der ökonomischen Krisen in der Führungsspitze der SED), 该文见：特奥·皮尔科尔、莱纳·莱普休斯、莱纳·维讷尔特、汉斯－赫尔曼·海尔特勒（编著）:《作为命令与虚构的计划——民主德国的经济领导：会谈与分析》(Theo Pirker/Rainer M. Lepsius/Rainer Weinert/ Hans – Hermann Hertle: Der Plan als Befehl und Fiktion. Wirtschaftsführung in der DDR. Gespräche und Analysen, 1995, S. 309)。

10. 引自：1971 年 6 月 16 日《新德意志报》(*Neues Deutschland*)，第 5 页。

11. 另比较："德国联邦议院调查委员会第 27 次会议记录"(Protokoll der 27. Sitzung der Enquete – Kommission), 该会议记录见："清算德国统一社会党专制历史及其给德国带来影响"调查委员会（第 12 选期）[Enquete – Kommission "Aufarbeitung von Geschichte und Folgen der SED – Diktatur in Deutschland" (12. Wahlperiode)] 的材料，（第 12 选期），该材料由德国联邦议院编辑 (hrsg. vom Deutschen Bundestag, 1995, Band II, 1, S. 674)。

12. 比较：赫尔曼·韦伯:《民主德国 1945～1981 年历史概况》(Hermann Weber: DDR: Grundriss der Geschichte 1945 – 1981, 1982, S. 118); 《托管局：1990～1994 年文献》(Treuhandanstalt: Dukomentation 1990 – 1994, Bd. 2, 1994, S. 61)。

13. 君特·米塔格，从 1962 年起开始担任德国统一社会党中央委员会成员，1966 年后为政治局成员，1966 年至 1973 年、从 1976 年起担任德国统一社会党负责经济工作的书记。1989 年秋被开除出政治局并失去中央委员会书记职务，1989 年 11 月 23 日被开除出党。1994 年 3 月 19 日去世。

14. 比较：国家计划委员会主任："1979 年国家任务完成的状况与问题"(Staatliche Plankommission. Der Vorsitzende: Stand und Probleme der Ausarbeitung der staatlichen Aufgaben für das Jahr 1979, 16. 5. 78, BA DC 20/5275, S. 41)。

15. 比较:《汉堡世界经济档案馆－汉堡经济研究所关于商务协调领域的评估》(Gutachten des HWWA – Instituts für Wirtschaftsforschung – Hamburg

zum Bereich Kommerzielle Koordinierung），该文见：德国联邦议院：《第
一调查委员会关于商务协调领域的决议和报告》，第 12 选期，印刷品
12/7600，附件（Deutscher Bundestag: Beschluss und Bericht des
1. Untersuchungsausschusses zum Bereich Kommerzielle Koordinierung, 12.
Wahlperiode, Drucksache 12/7600, Anhang, S. 91）。后文中，德国联邦
议院印刷品均简称为 DBT, DrS 12/7600。

16. 玛利亚·海恩特克－霍普－阿伦特：《对外经济的成功与失败》（Maria
Haendcke － Hoppe － Arndt: Erfolge und Mißerfolge in der Außenwirtschaft），
该文见：全德经济与社会问题研究中心（编著）:《昂纳克时代的经济政
策，第一部分》［Forschungsstelle für gesamtdeutsche wirtschaftliche und
soziale Fragen（Hrsg.）: Die Wirtschaftspolitik der Ära Honecker, Teil 1,
1988］。

17. 正如在 1951 年的《柏林协定》中规定的那样，根据《德意志内部贸易
议定书》，两德贸易的特殊安排得到欧共体的同意。有关两德贸易，
见：玛利亚·海恩特克－霍普－阿伦特:《对外经济与德意志内部贸易》
（Maria Haendcke － Hoppe － Arndt: Außenwirtschaft und innerdeutscher
Handel），该文见：艾伯哈德·库尔特/贡特·豪尔茨魏斯希/汉斯尤尔
克·布克（编著）:《现实社会主义的终结（2）——80 年代民主德国的
经济与生态状况》［Eberhard Kuhrt/Gunter Holzweißig/Hannsjörg F.
Buck（Hrsg.）: Am Ende des realen Sozialismus（2）. Die Wirtschaftliche
und ökologische Situation der DDR in den 80er Jahren, 1996, S. 57 f］。

18. 比较：西格弗里德·温策尔："1988 年 9 月 6 日与德国统一社会党中央
委员会总书记进行商议的工作笔记"［Siegfried Wenzel:
Arbeitsniederschrift über eine Beratung beim Generalsekretär des ZK der
SED（…）, am 6. 9. 1988, BA DE 1/56 318, S 10］。

19. 比较:《汉堡世界经济档案馆－汉堡经济研究所关于商务协调领域的评
估》（Gutachten des HWWA － Instituts für Wirtschaftsforschung － Hamburg
zum Bereich Kommerzielle Koordinierung），该文见：德国联邦议院：《第
一调查委员会关于商务协调领域的决议和报告》，第 12 选期，印刷品
12/7600，附件（DBT, ……S. 124 f）。（DBT, DrS 12/7600, Anhang,
S. 124f.）。

20. 比较:《汉堡世界经济档案馆－汉堡经济研究所关于商务协调领域的评

估》(Gutachten des HWWA – Instituts für Wirtschaftsforschung – Hamburg zum Bereich Kommerzielle Koordinierung)，该文见：德国联邦议院：《第一调查委员会关于商务协调领域的决议和报告》，第 12 选期，印刷品 12/7600，附件（DBT，……S. 92）。（DBT，DrS 12/7600，Anhang，S. 92）。

21. 引自：海尔特勒，该文见：特奥·皮尔科尔、莱纳·莱普休斯、莱纳·维讷尔特、汉斯－赫尔曼·海尔特勒（编著）：《作为命令与虚构的计划——民主德国的经济领导：会谈与分析》(Theo Pirker/Rainer M. Lepsius/Rainer Weinert/Hans – Hermann Hertle：Der Plan als Befehl und Fiktion. Wirtschaftsführung in der DDR. Gespräche und Analysen, 1995, S. 313)；赫尔穆特·考茨欧勒克：《民主德国是一种家庭经济》(Helmut Koziolek：Die DDR war eine Hauswirtschaft)，该文见：同上：S. 265 f.。

22. "关于在德统一社会党中央委员会总书记埃里希·昂纳克同志领导下商议起草 1976 至 1980 '五年计划' 的记录"（Niederschrift über eine Beratung zum Entwurf des Fünfjahrplanes 1976 bis 1980 unter Leitung des Generalsekretärs des ZK der SED, Genossen Erich Honecker, 5. 11. 1976, BA DC 20/5274)。

23. "关于在德国统一社会党中央委员会总书记埃里希·昂纳克同志领导下商议起草的 1976 至 1980 '五年计划' 的记录"（Niederschrift über eine Beratung zum Entwurf des Fünfjahrplanes 1976 bis 1980 unter Leitung des Generalsekretär des ZK der SED, Genossen Erich Honecker, 5. 11. 1976, BA DC 20/5274)。

24. 1977 年 3 月 14 日君特·米塔格、格哈尔德·许雷尔致昂纳克的信件（Günter Mittag, Gerhard Schürer an Honecker, 14. 3. 1977, BA DE 1/56 323)。

25. "会谈纪律"（Protokoll des Gesprächs, BA DE 1/56 323, S. 372、S. 373)；也比较：海尔特勒：《城墙倒塌》(Hans – Hermann Hertle：Der Fall der Mauer, 1996, S. 8)。

26. 关于商务协调部门，主要比较：《德国联邦议院文件集：第一调查委员会决议的提议和报告》(DBT, DrS 12/7600：Beschlussempfehlung und Bericht des 1. Untersuchungsausschusses)。

27. 比较：特奥·皮尔科尔、莱纳·莱普休斯、莱纳·维讷尔特、汉斯－

赫尔曼·海尔特勒（编著）：《作为命令与虚构的计划——民主德国的经济领导：会谈与分析》（Theo Pirker/Rainer M. Lepsius/Rainer Weinert/Hans - Hermann Hertle：Der Plan als Befehl und Fiktion. Wirtschaftsführung in der DDR. Gespräche und Analysen，1995，S. 91）。

28. "关于1979年11月27日统一社会党中央委员会政治局商议1980年计划草案的记录"（BA DE 1/56 296），比较：海尔特勒，该文见：特奥·皮尔科尔、莱纳·莱普休斯、莱纳·维讷尔特、汉斯-赫尔曼·海尔特勒（编著）：《作为命令与虚构的计划——民主德国的经济领导：会谈与分析》（Theo Pirker/Rainer M. Lepsius/Rainer Weinert/Hans - Hermann Hertle：Der Plan als Befehl und Fiktion. Wirtschaftsführung in der DDR. Gespräche und Analysen，1995，S. 316）。

29. 比较：1979年12月14日《新德意志报》（Neues Deutschland）；参照：玛利亚·海恩特克-霍普-阿伦特：《谁知道些什么？民主德国经济衰落》（Wer wußte was? Der ökonomische Niedergang der DDR），该文见：1995年第6期《德国档案》（Deutschland - Archiv，6/1995，S. 592）。

29a. 汉纳斯·阿德梅特：《帝国的过度扩张……》（Hannes Adomeit：Imperial Overstretch…），1998，S. 169。

30. 1989年11月28日《经济形势统计概况》（Statistische Übersichten zur Wirtschaftslage，28. 11. 1989，BMF VII W 1920 AG IB），根据《民主德国统计年鉴》（Statistisches Jahrbuch der DDR）总结。

31. 比较：物价局："关于1983年3月28日价格决定所产生的效果的信息"（Amt für Preise：Information über das Wirksamwerden von ausgewählten Preisentscheidungen vom 28. 3. 1980，BA DC 20/5272，S. 28ff.）。

32. 比较：BA DC 20/5272，S. 243 - 248。

33. 比较：BA DC 20/4935。

34. 许雷尔在1980年6月27日《降低欠非社会主义经济区债务的方案》（Konzeption zum Abbau der Höhe der Verbindlichkeiten gegenüber dem NSW）中如此写道，该文根据国家计委1989年5月5日综合整理的民主德国在"非社会主义经济区"无偿还能力的决议文件（BA DE 1/56 323）。

35. 比较：德国统一社会党中央委员会给第十届党代会提交的报告，该报告见：1981年4月12日《新德意志报》（Neues Deutschland）；也见：赫尔曼·韦伯:《民主德国 1945～1990 年历史概况》(Hermann Weber: DDR – Grundriss der Geschichte 1945 –1990，1991，S. 168)。

36. 1981 年 9 月 4 日昂纳克至勃列日涅夫书信（Schreiben von Honecker an Breschnew，4.9.1981，SAPMO – BArchiv ZPA – SED，J IV 2/2A/2422，S. 2），引自:海尔特勒的文章，该文见：特奥·皮尔科尔、莱纳·莱普休斯、莱纳·维讷尔特、汉斯－赫尔曼·海尔特勒（编著):《作为命令与虚构的计划——民主德国的经济领导：会谈与分析》(Theo Pirker/Rainer M. Lepsius/Rainer Weinert/Hans – Hermann Hertle: Der Plan als Befehl und Fiktion. Wirtschaftsführung in der DDR. Gespräche und Analysen，1995，S. 321)。

37. 比较：“关于许雷尔与拜巴科夫同志商议的记录”(Niederschrift über die Beratung der Genossen Schürer und Baibakow am 15.9.1981，DE 1/56296，S. 240ff.)。

38. “关于 1981 年 10 月 21 日昂纳克与鲁萨科夫会谈的记录”(Niederschrift über das Gespräch Honeckers mit Russakow am 21.10.1981，SAPMO/ZPA – SEDJ IV 2/2A/2431，S. 30)，引自:海尔特勒的文章，该文见：特奥·皮尔科尔、莱纳·莱普休斯、莱纳·维讷尔特、汉斯－赫尔曼·海尔特勒（编著):《作为命令与虚构的计划——民主德国的经济领导：会谈与分析》(Theo Pirker/Rainer M. Lepsius/Rainer Weinert/Hans – Hermann Hertle: Der Plan als Befehl und Fiktion. Wirtschaftsführung in der DDR. Gespräche und Analysen，1995，S. 321)；也比较：弗雷德·奥登堡:《莫斯科－东柏林－波恩 1975～1989 年的三角关系》(Fred Oldenburg: Das Dreieck Moskau – Ost – Berlin – Bonn 1975 –1989. Berichte des BIOst 1994，Nr. 54，S.15)；海尔特勒:《城墙倒塌》(Hans – Hermann Hertle: Der Fall der Mauer，1996，S. 47 f)。

39. 比较：海尔特勒的文章，该文见：特奥·皮尔科尔、莱纳·莱普休斯、莱纳·维讷尔特、汉斯－赫尔曼·海尔特勒（编著):《作为命令与虚构的计划——民主德国的经济领导：会谈与分析》(Theo Pirker/Rainer M. Lepsius/Rainer Weinert/Hans – Hermann Hertle: Der Plan als Befehl und Fiktion. Wirtschaftsführung in der DDR. Gespräche und Analysen，1995，S. 321 f)。

40. 比较:《汉堡世界经济档案馆－汉堡经济研究所关于商务协调领域的评

估》(Gutachten des HWWA – Instituts für Wirtschaftsforschung – Hamburg zum Bereich Kommerzielle Koordinierung)，该文见：德国联邦议院：《第一调查委员会关于商务协调领域的决议和报告》，第 12 选期，印刷品 12/7600，见：DBT 12/7600, Anhang, S. 96。

41. 在《汉堡世界经济档案馆 – 汉堡经济研究所关于商务协调领域的评估》(Gutachten des HWWA – Instituts für Wirtschaftsforschung – Hamburg zum Bereich Kommerzielle Koordinierung) 中如此写道，该文见：《德国联邦议院文件集：第一调查委员会关于商务协调领域的决议和报告》，第 12 选期，印刷品 12/7600，附件 (DBT, ……S. 96)。

42. 比较："1988 年 9 月 6 日与德国统一社会党中央委员会总书记埃里希·昂纳克同志就 1989 年国家任务起草资料商议的工作记录" (Arbeitsniederschrift über eine Beratung beim Generalsekretär des ZK der SED, Genossen Erich Honecker, zu den Materialien des Entwurfs der staatlichen Aufgaben 1989, 6. 9. 1988, BA DE 1/56 318)。

43. "比较：民主德国与苏联商品交换的国民经济计算" (Volkswirtschaftliche Berechnungen zum Warenaustausch DDR/UdSSR, BA DE 1/56 318)。

44. 比较：本书表 16，该表见《德国联邦议院文件集》(DBT, DrS 12/7600, Anhang, S. 142)。

45. 比较：同上，S. 96。

46. 比较：柏林应用经济研究所：《民主德国经济危机的原因——失误的经济政策资产负债表》[Institut……(IWA): Ursachen der Wirtschaftskrise in der DDR. Schlussbilanz einer verfehlten Wirtschaftspolitik, 1990, S. 10]。

47. 比较：《汉堡世界经济档案馆 – 汉堡经济研究所评估》(Gutachten des HWWA – Instituts für Wirtschaftsforschung – Hamburg zum Bereich Kommerzielle Koordinierung)，该文见：《德国联邦议院文件集：第一调查委员会关于商务协调领域的决议和报告》，第 12 选期，印刷品 12/7600，附件 (DBT, DrS 12/7600, Anhang, S. 99)。

48. 沙尔克在以下文章中如此说：特奥·皮尔科尔、莱纳·莱普休斯、莱纳·维讷尔特、汉斯 – 赫尔曼·海尔特勒 (编著)：《作为命令与虚构的计划——民主德国的经济领导：会谈与分析》(Theo Pirker/Rainer M. Lepsius/Rainer Weinert/Hans – Hermann Hertle: Der Plan als Befehl und Fiktion. Wirtschaftsführung in der DDR. Gespräche und Analysen, 1995,

S. 170）。

49. 《汉堡世界经济档案馆 – 汉堡经济研究所评估》（Gutachten des HWWA – Instituts für Wirtschaftsforschung – Hamburg zum Bereich Kommerzielle Koordinierung），该文见：德国联邦议院：《第一调查委员会关于商务协调领域的决议和报告》，第 12 选期，印刷品 12/7600，附件（DBT，……S. 53）。

50. 克劳斯·克拉卡特（Klaus Krakat）提到 AHB 电子技术和日本芯片生产商东芝之间绕开巴黎统筹委员会禁运规定的临时合作，比较：《最后一个"五年计划"时期民主德国工业的问题》（Probleme der DDR – Industrie im letzten Fünfjahrplanzeitraum），该文见：艾伯哈德·库尔特/贡特·豪尔茨魏斯希/汉斯尤尔克·布克（编著）：《现实社会主义的终结（2）——80 年代民主德国的经济与生态状况》［Eberhard Kuhrt/Gunter Holzweißig/Hannsjörg F. Buck（Hrsg.）：Am Ende des realen Sozialismus（2）. Die Wirtschaftliche und ökologische Situation der DDR in den 80er Jahren，1996，S. 161］。

51. 比较：海尔特勒，他的文章见：特奥·皮尔科尔、莱纳·莱普休斯、莱纳·维讷尔特、汉斯–赫尔曼·海尔特勒（编著）：《作为命令与虚构的计划——民主德国的经济领导：会谈与分析》（Theo Pirker/Rainer M. Lepsius/Rainer Weinert/Hans – Hermann Hertle：Der Plan als Befehl und Fiktion. Wirtschaftsführung in der DDR. Gespräche und Analysen，1995，S. 324）。

52. 比较：海因茨·克劳普菲尔："1986 年 1 月 17 日与政治局委员君特·米塔格博士商议的亲笔记录"［Heinz Klopfer：Persönliche Niederschrift über die Beratung beim Mitglied des Politbüros（…）Dr. Günter Mittag，17. 1. 1986，BA DC 20/5310，S. 18ff.］；也比较海尔特勒的文章，该文见：特奥·皮尔科尔、莱纳·莱普休斯、莱纳·维讷尔特、汉斯–赫尔曼·海尔特勒：《作为命令与虚构的计划——民主德国的经济领导：会谈与分析》（Theo Pirker/Rainer M. Lepsius/Rainer Weinert/Hans – Hermann Hertle：Der Plan als Befehl und Fiktion. Wirtschaftsführung in der DDR. Gespräche und Analysen，1995，S. 335）。海尔特勒：《城墙倒塌》（Hans – Hermann Hertle：Der Fall der Mauer，1996，S. 60 ff）。

53. 比较：1986 年 4 月 20 日《新德意志报》（Neues Deutschland），第 3 页。

54. 比较：海尔特勒的文章，该文见：特奥·皮尔科尔、莱纳·莱普休斯、莱纳·维讷尔特、汉斯－赫尔曼·海尔特勒（编著）:《作为命令与虚构的计划——民主德国的经济领导：会谈与分析》（Theo Pirker/Rainer M. Lepsius/Rainer Weinert/Hans – Hermann Hertle: Der Plan als Befehl und Fiktion. Wirtschaftsführung in der DDR. Gespräche und Analysen, 1995, S. 336）;《汉堡世界经济档案馆 – 汉堡经济研究所评估》,（Gutachten des HWWA – Instituts für Wirtschaftsforschung – Hamburg zum Bereich Kommerzielle Koordinierung）, 该文见：德国联邦议院:《第一调查委员会关于商务协调领域的决议和报告》, 第 12 选期, 印刷品 12/7600, 附件（DBT, ……S. 55）。

55. 比较：经济委员会:"关于 1989 年国民经济计划完成情况的内部分析"（Wirtschaftskomitee: Interne Analyse über die Erfüllung des Volkswirtschaftsplans 1989, Berlin, 15. 1. 1990, BA DE 1/56 786）, 1989 年经济委员会成立, 它是国家计委的后续组织。

56. 比较：克劳斯·克拉卡特:《经济角度下民主德国的电子技术》（Klaus Krakat: Mikroelektronik in der DDR unter Wirtschaftlichkeitsaspekten）, 该文见：全德经济与社会问题研究中心（Forschungsstelle für gesamtdeutsche wirtschaftliche und soziale Fragen, FS – Analysen 2/1990）; 克拉卡特以 1988 年 9 月 13 日《新德意志报》（Neues Deutschland） 的资料为基础进行了分析。

57. 比较：同上, S. 55; 1989 年 11 月 15 日马歇尔（Marschall） 在民主德国广播二台（Radio DDR Ⅱ） 如是说。

58. 比较：经济委员会:"关于 1989 年国民经济计划完成情况的内部分析"（Wirtschaftskomitee: Interne Analyse über die Erfüllung des Volkswirtschaftsplans 1989, Berlin, 15. 1. 1990, BA DE 1/56 786, S. 29）。

59. 比较：BA DC 20/5311, 包括针对涨价的大量抗议信; 也见：彼得·普鲁茨比斯基:《政治局：案发现场》（Peter Przybyiski: Tatort Politikbüro, Bd. 2, 1992, S. 192）。

60. 比较：海尔特勒, 他的文章见：特奥·皮尔科尔、莱纳·莱普休斯、莱纳·维讷尔特、汉斯－赫尔曼·海尔特勒（编著）:《作为命令与虚构的计划——民主德国的经济领导：会谈与分析》（Theo Pirker/Rainer

M. Lepsius/Rainer Weinert/Hans – Hermann Hertle：Der Plan als Befehl und Fiktion. Wirtschaftsführung in der DDR. Gespräche und Analysen, 1995，S. 337）。

61. 比较：西格弗里德·温策尔："与德国统一社会党中央委员会总书记埃里希·昂纳克同志就1989年国家任务起草资料进行商议的工作记录"（Siegfried Wenzel：Arbeitsniederschrift über eine Beratung beim Generalsekretär des ZK der SED，Genossen Erich Honecker，zu den Materialien des Entwurfs der staatlichen Aufgaben 1989，BA DE 1/56 318）。

62. 比较：格哈尔德·许雷尔："与苏联国家计委第一副主任安纳托利·劳伊特同志进行商议的信息"（Gerhard Schürer：Informationen über eine Beratung mit dem 1. Stellvertreter des Vorsitzenden des Staatlichen Plankomitees der UdSSR，Genossen Anatoli Reut，16. 8. 1988，BA DC 20/4971）。

63. 比较：Gerhard Schürer，26. 4. 1988，BA DC 20/5311。

64. 比较：Gerhard Schürer，26. 4. 1988，BA DC 20/5311。

65. 比较：彼得·普鲁茨比斯基：《政治局：案发现场》（Peter Przybyiski：Tatort Politikbüro，Bd. 2，1992，S. 207）。彼得·普鲁茨比斯基标注的政治局会议日期是5月18日；根据档案，会议于1988年5月10日举行。

66. 米塔格1992年4月14日给彼得·普鲁茨比斯基的信件，引自：彼得·普鲁茨比斯基：《政治局：案发现场》（Peter Przybyiski：Tatort Politikbüro，Bd. 2，1992，S. 207）。

67. 该文见：特奥·皮尔科尔、莱纳·莱普休斯、莱纳·维讷尔特、汉斯－赫尔曼·海尔特勒（编著）：《作为命令与虚构的计划——民主德国的经济领导：会谈与分析》（Theo Pirker/Rainer M. Lepsius/Rainer Weinert/Hans – Hermann Hertle：Der Plan als Befehl und Fiktion. Wirtschaftsführung in der DDR. Gespräche und Analysen，1995，S. 113）。

68. 许雷尔和西格弗里德·温策尔与皮尔科尔的谈话，该谈话见：特奥·皮尔科尔、莱纳·莱普休斯、莱纳·维讷尔特、汉斯－赫尔曼·海尔特勒（编著）：《作为命令与虚构的计划——民主德国的经济领导：会谈与分析》（Theo Pirker/Rainer M. Lepsius/Rainer Weinert/Hans –

Hermann Hertle：Der Plan als Befehl und Fiktion. Wirtschaftsführung in der DDR. Gespräche und Analysen，1995，S. 112）。

69. 比较：西格弗里特·温策尔："1988 年 9 月 6 日与德国统一社会党中央委员会总书记埃里希·昂纳克同志就 1989 年国家任务起草资料商议的工作记录"（Siegfried Wenzel：Arbeitsniederschrift über eine Beratung beim Generalsekretär des ZK der SED，Genossen Erich Honecker，zu den Materialien des Entwurfs der staatlichen Aufgaben 1989，BA DE 1/56 318）。比较：海尔特勒的文章，该文见：特奥·皮尔科尔、莱纳·莱普休斯、莱纳·维讷尔特、汉斯－赫尔曼·海尔特勒（编著）:《作为命令与虚构的计划——民主德国的经济领导：会谈与分析》（Theo Pirker/Rainer M. Lepsius/Rainer Weinert/Hans － Hermann Hertle：Der Plan als Befehl und Fiktion. Wirtschaftsführung in der DDR. Gespräche und Analysen，1995，S. 342）。

70. 海因茨·克劳普菲尔："1988 年 11 月 17 日与总理商议的亲笔记录"（Heinz Klopfer：Persönliche Notizen über eine Beratung beim Vorsitzenden des Ministerrates am 17. 11. 1988，Berlin，18. 11. 1988，BA DC20/5311，S. 335）。

71. BA DC 20/5312，S. 252ff.

72. 另见阿明·伏尔策:《大讹诈？民主德国的西方债务》（Armin Volze：Ein großer Bluff? Die WestverschuIdung der DDR），该文见：1996 年第 5 期《德国档案》（Deutschland － Archiv，5/1996，S. 701f. ）；玛利亚·海恩特克－霍普－阿伦特:《对外经济与德意志内部贸易》（Außenwirtschaft und innerdeutscher Handel），该文见：艾伯哈德·库尔特/君特·豪尔茨魏斯希/汉斯尤尔克·布克（编著):《现实社会主义的终结（2）——80 年代民主德国的经济与生态状况》[Eberhard Kuhrt/Gunter Holzweißig/Hannsjörg F. Buck（Hrsg.）：Am Ende des realen Sozialismus（2）. Die Wirtschaftliche und ökologische Situation der DDR in den 80er Jahren，1996]。

73. 比较：彼得·普鲁茨比斯基:《政治局：案发现场》（Peter Przybyiski：Tatort Politikbüro，Bd. 2，1992，S. 211）。

74. 比较：DBT，DrS 12/7600，Anhang，S. 143。

75. 海因茨·克劳普菲尔："与德国统一社会党中央委员会总书记商议的亲

笔记录"（Heinz Klopfer：Persönliche Notizen über die Beratung beim Generalsekretär des ZK der SED，16. 5. 1989，BA DE 1/56 317）。也比较：海尔特勒:《城墙倒塌》（Hans - Hermann Hertle：Der Fall der Mauer，1996，S. 73）。

76. 比较：1989 年 10 月 9 日《新德意志报》（*Neues Deutschland*），第 3 页。

77. 也比较：格尔德·鲁迪格尔·施特凡：1988/1989 年德国统一社会党中央委员会最后会议（Gerd Rüdiger Stephan：Die letzten Tagungen des ZK der SED 1988/89），见：1993 年第 3 期《德国档案》（Deutschland - Archiv，3/1996，S. 296 ff）；伊万·库斯明:《推翻昂纳克的阴谋》（Iwan Kusmin：Die Verschwörung gegen Honecker），该文见：1993 年第 3 期《德国档案》（Deutschland - Archiv，3/1993，S. 286 ff）。

78. 格哈尔德·许雷尔、格哈尔德·拜尔、亚力山大·沙尔克、恩斯特·霍夫纳尔、阿尔诺·东达：1989 年 10 月 30 日给德国统一社会党中央委员会政治局草案，"含有结论的民主德国经济形势分析"（Gerhard Schürer，Gerhard Beil，Alexander Schlack，Ernst Höfner，Arno Donda：Vorlage für das Politbüro des ZK der SED，Berlin 30. 10. 1989："Analyse der ökonomischen Lage der DDR mit Schlussfolgerungen"），该草案见：1992 年第 10 期《德国档案》（Deutschland - Archiv，10/1992，S. 1112 ff）。

79. 在国民经济比较中，西部经济学家认为"生产的国民收入"接近国民生产总值减去折旧和服务领域的大部分产值。比较:《宏观经济发展评估"五闲人"专家委员会评估年鉴》（SVR：Jahresgutachten 1990/91，S. 302）。

80. 关于统一社会党对民主德国官方统计的干预，比较：彼得·冯·德·李佩：民主德国经济统计（Peter von der Lippe：Wirtschaftsstatistik der DDR），该文见："清算德国统一社会党专制历史及其给德国带来影响"调查委员会（第 12 选期）［Enquete - Kommission "Aufarbeitung von Geschichte und Folgen der SED - Diktatur in Deutschland"（12. Wahlperiode）］的材料，该会议材料由德国联邦议院编辑（hrsg. vom Deutschen Bundestag，1995，Band. II，3，S. 1973 - 2193）。

81. "关于在德国统一社会党中央委员会总书记埃里希·昂纳克同志领导下商议起草 1976 至 1980 '五年计划' 的记录"（Niederschrift über eine

Beratung zum Entwurf des Fünfjahrplanes 1976 bis 1980 unter Leitung des Generalsekretärs des ZK der SED, Genossen Erich Honecker, 5.11.1976, BA DC 20/5274, S.34）。

82. 也比较：曼弗雷德·魏格纳尔：《破产与重建》（Manfred Wegner： Bankrott und Aufbau, S.42）。

83. 彼得·冯·德·李佩的文章，该文见："清算德国统一社会党专制历史及其给德国带来影响"调查委员会（第 12 选期）[Enquete – Kommission "Aufarbeitung von Geschichte und Folgen der SED – Diktatur in Deutschland" (12. Wahlperiode)]的材料，该会议材料由德国联邦议院编辑（hrsg. vom Deutschen Bundestag, 1995, Bd. II, 3, S.2055）。

84. 比较：曼弗雷德·魏格纳尔：《破产与重建》（Manfred Wegner： Bankrott und Aufbau, S.45）。

85. 比较：1990 年第 14 期《德国经济研究所经济周刊》（DlW – Wochenbericht, 14/1990）：《联邦德国与民主德国生产率比较》（Zum Produktivitätsvergleich Bundesrepublik – DDR, S.172ff.）。

86. 比较：古纳尔·温克勒尔（编著）《90 社会报告——关于民主德国社会形势的数据与要素》[Gunnar Winkler (Hrsg): Sozialreport' 90. Daten und Fakten zur sozialen Lage in der DDR, 1990]；根据民主德国官方统计的资料。也比较:《托管局：1990 ~ 19944 年文献》（Treuhandanstalt: Dokumentation 1990 – 1994, Bd. 2, 1994, S.58 f）。《宏观经济发展评估"五闲人"专家委员会评估年鉴》（SVR：Jahresgutachten 1990/91, S.298）。

87. 比较：格尔诺特·施耐德:《生活标准与供应情况》（Gernot Schneider： Lebensstandard und Versorgungslage），该文见：艾伯哈德·库尔特/贡特·豪尔茨魏斯希/汉斯尤尔克·布克（编著）:《现实社会主义的终结（2）——80 年代民主德国的经济与生态状况》[Eberhard Kuhrt/Gunter Holzweißig/Hannsjörg F. Buck (Hrsg.)：Am Ende des realen Sozialismus (2). Die Wirtschaftliche und ökologische Situation der DDR in den 80er Jahren, 1996, S.121]。

88. 比较：柏林应用经济研究所:《民主德国经济危机的原因——失误的经济政策资产负债表》[Institut……（IWA）: Ursachen der Wirtschaftskrise in der DDR. Schlussbilanz einer verfehlten Wirtschaftspolitik, 1990, S.68]。也

比较：君特·曼茨：《"民主德国"国民的贫困》（Günter Manz：Armut in der "DDR" – Bevölkerung, 1992）。

89. 比较：格尔诺特·施耐德：《生活标准与供应情况》（Gernot Schneider：Lebensstandard und Versorgungslage），该文见：艾伯哈德·库尔特/贡特·豪尔茨魏斯希/汉斯尤尔克·布克（编著）：《现实社会主义的终结（2）——80年代民主德国的经济与生态状况》[Eberhard Kuhrt/Gunter Holzweißig/Hannsjörg F. Buck（Hrsg.）：Am Ende des realen Sozialismus（2）. Die Wirtschaftliche und ökologische Situation der DDR in den 80er Jahren, 1996, S. 119 f]。施耐德的研究以以下材料为基础：SAPMO, BA DY 30。

90. 根据《民主德国统计年鉴》（Statistisches Jahrbuch der DDR）计算得出，根据慕尼黑经济研究所（Ifo-Institut）的计算。

91. 比较：格尔诺特·施耐德：《生活标准与供应情况》（Gernot Schneider：Lebensstandard und Versorgungslage），该文见：艾伯哈德·库尔特/贡特·豪尔茨魏斯希/汉斯尤尔克·布克（编著）：《现实社会主义的终结（2）——80年代民主德国的经济与生态状况》[Eberhard Kuhrt/Gunter Holzweißig/Hannsjörg F. Buck（Hrsg.）：Am Ende des realen Sozialismus（2）. Die Wirtschaftliche und ökologische Situation der DDR in den 80er Jahren, 1996, S. 128]。

92. 比较："对当前民众反应事态的提示（Hinweise zu aktuellen Aspekten der Reaktion unter Bevölkerungskreisen"，BA DC20/5311, S. 124ff.）。详细资料也请比较：施耐德的文章，该文见：库尔特等编著《现实社会主义的终结（2）》，第113页续。

93. 比较：格尔诺特·施耐德：《生活标准与供应情况》（Gernot Schneider：Lebensstandard und Versorgungslage），该文见：艾伯哈德·库尔特/贡特·豪尔茨魏斯希/汉斯尤尔克·布克（编著）：《现实社会主义的终结（2）——80年代民主德国的经济与生态状况》[Eberhard Kuhrt/Gunter Holzweißig/Hannsjörg F. Buck（Hrsg.）：Am Ende des realen Sozialismus（2）. Die Wirtschaftliche und ökologische Situation der DDR in den 80er Jahren, 1996, S. 120]。

94. 比较：阿明·伏尔策：《民主德国的外汇交易》（Armin Volze：Die Devisengeschäfte der DDR），该文见：1991年第11期《德国档案》

（Deutschland – Archiv，11/1991，S. 1145－1159）。

95. 比较：君特·库什/罗尔夫·蒙塔克等著：《民主德国资产负债表——失误的经济与社会政策结果》（Schlussbilanz – DDR，Fazit einer verfehlten Wirtschafts- und Sozialpolitik，1991，S. 22ff. ）。

96. 比较：君特·库什/罗尔夫·蒙塔克等著：《民主德国资产负债表——失误的经济与社会政策结果》（Günter Kusch/Rolf Montag u. a. ：Schlussbilanz – DDR. Fazit einer verfehlten Wirtschafts- und Sozialpolitik，1991，S. 57）；阿斯特丽德·施瓦茨（Astrid Schwarz）：《向民主德国提出马歇尔计划?》（Ein Marshallplan für die DDR?），该文见：1990 年第 7 期《民主德国世界政治经济研究所报告》（IPW – Berichte，7/1990，S. 23）；也比较：《托管局文献》（Treuhandanstalt：Dokumentation，Bd. 3，S. 46）。

97. 也比较：机器制造部长的草案：《对发展轿车生产的建议》（Minister für Maschinenbau，Vorlage：Vorschläge für die Entwicklung der PKW – Produktion，Berlin，2. 2. 1990，BA DC 20/11 378—4）。

98. 比较：格尔诺特·施耐德：《生活标准与供应情况》（Gernot Schneider：Lebensstandard und Versorgungslage），该文见：艾伯哈德·库尔特/贡特·豪尔茨魏斯希/汉斯尤尔克·布克（编著）：《现实社会主义的终结（2）——80 年代民主德国的经济与生态状况》［Eberhard Kuhrt/Gunter Holzweißig/Hannsjörg F. Buck（Hrsg. ）：Am Ende des realen Sozialismus（2）. Die Wirtschaftliche und ökologische Situation der DDR in den 80er Jahren，1996，S. 197 f］。

99. 比较：汉斯尤尔克·布克：《环境政策与环保负担》（Hannsjörg F. Buck：Umweltpolitik und Umweltbelastung），该文见：艾伯哈德·库尔特/贡特·豪尔茨魏斯希/汉斯尤尔克·布克（编著）：《现实社会主义的终结（2）——80 年代民主德国的经济与生态状况》［Eberhard Kuhrt/Gunter Holzweißig/Hannsjörg F. Buck（Hrsg. ）：Am Ende des realen Sozialismus（2）. Die Wirtschaftliche und ökologische Situation der DDR in den 80er Jahren，1996，S. 229］。

100. 卡罗·约旦：《民主德国的环境破坏与环保政策》（Carlo Jordan：Umweltzerstörung und Umweltpolitik in der DDR），该文见："清算德国统一社会党专制历史及其给德国带来影响"调查委员会（第 12 选期）

［Enquete – Kommission "Aufarbeitung von Geschichte und Folgen der SED – Diktatur in Deutschland"（12. Wahlperiode）］的材料，该会议材料由德国联邦议院编辑（hrsg. vom Deutschen Bundestag，1995，S. 1775）。

101. 比较：1990 年第 21 期 1990 年第 21 期《德国经济研究所经济周刊》（DIW – Wochenbericht，14/1990，S. 287 – 289）。

102. 比较：克劳斯·克拉卡特:《最后一个"五年计划"时期民主德国工业的问题》（Klaus Kraker，Problem der DDR – Industrie im letzten Fünfjahrplanzeitraum），该文见：艾伯哈德·库尔特/君特·豪尔茨魏斯希/汉斯尤尔克·布克（编著）:《现实社会主义的终结（2）——80 年代民主德国的经济与生态状况》［Eberhard Kuhrt/Gunter Holzweißig/Hannsjörg F. Buck（Hrsg.）: Am Ende des realen Sozialismus（2）. Die Wirtschaftliche und ökologische Situation der DDR in den 80er Jahren，1996，S. 149］。

103. 民主德国国家银行行长:《所欠可兑换货币与结算货币的外国债务状况》（为部长会议起草的方案）［Staatsbank der Deutschen Demokratischen Republik，Der Präsident，Mai 1990: Stand der Auslandsverschuldung in konvertierbaren Währungen und in Clearingwährung …，（Entwurf einer Vorlage für den Ministerrat）］。其中，卡明斯基指出，净债务为 272 亿外汇马克（1 外汇马克＝1 西德马克）；见：BMF W 1920 Allgemeines，Bd. 3。

104. 1990 年 7 月《德意志银行月报》（Deutsche Bundesbank: Monatsbericht 7/1990，S. 14）；关于民主德国的西方债务，主要比较阿明·伏尔策:《大讹诈？民主德国的西方债务》（Armin Volze: Ein großer Bluff? Die Westverschuldung der DDR），该文见：1996 年第 5 期《德国档案》（Deutschland – Archiv，5/1996，S. 701 ff.）。

105. 安德雷亚斯·海尔普斯特、温弗里德·兰克等著《民主德国如此运作》（Andreas Herbst，Winfried Ranke，u. a.: So funktionierte die DDR，1994，S. 479）。

106. 比较:《托管局：1990 ~ 1994 年文献》（Treuhandanstalt: Dokumentation 1990 – 1994，Bd. 3，1994，S. 41）。

107. 也比较：莱纳·施瓦茨:《关于民主德国经济中的创新潜力与创新阻力》

（ Rainer Schwarz： Über Innovationspotentiale und Innovationshemmnisse in der DDR – Wirtschaft），该文见：1991 年柏林科学中心 （Wissenschaftszentrum Berlin，1991，Nr. FS IV 91 – 26）。

108. 比较：《民主德国统计年鉴》（Statistisches Jahrbuch der DDR），根据联邦政府《农业报告》（Agrarbericht der Bundesregierung 1991，S. 141）。

109. 比较：海因茨·高尼克等著《八十年代末民主德国的农业》（Heinz Gollnick u. a.： Die Landwirtschaft der DDR Ende der 80er Jahre），该文见：《农业经济》1990 年第 126 期特刊（Agrarwirtschaft，Sonderheft 126，1990）。

110. 比较：1990 年第 47 期《德国经济研究所周刊》：根据原民主德国预算组划分得出的收入分配（DIW Wochenbericht 47/1990： Die Einkommensverteilung nach Haushaltsgruppen in der ehemaligen DDR）。

111. 马丁·科里：工作、简历与社会差别（Martin Kohli： Arbeit, Lebenslauf und soziale Differenzierung），该文见：哈特穆特·凯布勒·于尔根·考卡、哈特穆特·茨瓦尔（编著）:《民主德国社会史》［Hartmut Kaelble/Jürgen Kocka/Hartmut Zwahr （Hrsg）: Sozialgeschichte der DDR，1994，S. 39］。

112. 比较：马丁·科里：工作、简历与社会差别（Martin Kohli： Arbeit, Lebenslauf und soziale Differenzierung），该文见：哈特穆特·凯布勒、于尔根·考卡、哈特穆特·茨瓦尔（编著）:《民主德国社会史》［Hartmut Kaelble/Jürgen Kocka/Hartmut Zwahr （Hrsg.）: Sozialgeschichte der DDR，1994，S. 41］。

113. 也比较：马丁·科里：工作、简历与社会差别（Martin Kohli： Arbeit, Lebenslauf und soziale Differenzierung），该文见：哈特穆特·凯布勒、于尔根·考卡、哈特穆特·茨瓦尔（编著）:《民主德国社会史》［Hartmut Kaelble/Jürgen Kocka/Hartmut Zwahr （Hrsg.）: Sozialgeschichte der DDR，1994］。洛塔尔·弗利策:《废墟内景：对民主德国衰亡的思考》（Lothar Fritze： Innenansichten eines Ruins. Gedanken zum Untergang der DDR，S. 99ff.）；洛塔尔·弗利策:《民主德国经济蜡像馆》（Lothar Fritze： Panoptikum DDR – Wirtschaft，1993）。

114. 比较：汉斯尤尔克·布克（Hannsjörg F. Buck： Umweltpolitik und Umweltbelastung），该文见：艾伯哈德·库尔特/贡特·豪尔茨魏斯希/

汉斯尤尔克·布克（编著）:《现实社会主义的终结（2）——80 年代民主德国的经济与生态状况》　[Eberhard Kuhrt/Gunter Holzweißig/Hannsjörg F. Buck（Hrsg.）: Am Ende des realen Sozialismus（2）. Die Wirtschaftliche und ökologische Situation der DDR in den 80er Jahren, 1996, S. 89]。

115. 比较：库什等著《资产负债表》，第 27 页、第 51 页。

116. 比较：君特·曼茨:《"民主德国"国民的贫困》（Günter Manz: Armut in der "DDR" – Bevölkerung, 1992, S. 27）。

117. 比较：汉斯尤尔克·布克（Hannsjörg F. Buck: Umweltpolitik und Umweltbelastung），该文见：艾伯哈德·库尔特/贡特·豪尔茨魏斯希/汉斯尤尔克·布克（编著）:《现实社会主义的终结（2）——80 年代民主德国的经济与生态状况》　[Eberhard Kuhrt/Gunter Holzweißig/Hannsjörg F. Buck（Hrsg.）: Am Ende des realen Sozialismus（2）. Die Wirtschaftliche und ökologische Situation der DDR in den 80er Jahren, 1996, S. 73 f]。

118. 引自洛塔尔·德梅齐埃:《德国统一——批评性的观察》（Lothar de Maizière: Die deutsche Einheit – eine kritische Betrachtung, 1994, S. 10）。

119. 比较：君特·库什/罗尔夫·蒙塔克等著:《民主德国资产负债表——失误的经济与社会政策结果》（Günter Kusch/Rolf Montag u. a.: Schlussbilanz – DDR. Fazit einer verfehlten Wirtschafts- und Sozialpolitik, 1991, S. 54）。

120. 比较：埃尔克·茂科尔、贝阿特·里特尔、比尔吉特·邵尔:《妇女与家庭政策：民主德国如何善待妇女?》（Elke Mocker、Beate Rüther/Birgit Sauer: Frauen- und Familienpolitik: Wie frauenfreundlich war die DDR?），该文见：1990 年第 11 期《德国档案》（Deutschland – Archiv, 11/1990, S. 1702）。

121. 比较：古纳尔·温克勒尔编著《90 社会报告——关于民主德国社会形势的数据与要素》[Gunnar Winkler（Hrsg.）: Sozialreport '90. Daten und Fakten zur sozialen Lage in der DDR, 1990, S. 106]。

122. 比较：古纳尔·温克勒尔编著《90 社会报告——关于民主德国社会形势的数据与要素》[Gunnar Winkler（Hrsg.）: Sozialreport '90. Daten und Fakten zur sozialen Lage in der DDR, 1990, S. 121f, S. 62,

S. 71〕。

123. 与沙尔克的会谈，见：特奥·皮尔科尔、莱纳·莱普休斯、莱纳·维讷尔特、汉斯－赫尔曼·海尔特勒（编著）：《作为命令与虚构的计划——民主德国的经济领导：会谈与分析》（Theo Pirker/Rainer M. Lepsius/Rainer Weinert/Hans－Hermann Hertle：Der Plan als Befehl und Fiktion. Wirtschaftsführung in der DDR. Gespräche und Analysen，1995，S. 166）。

124. 许雷尔 1993 年的文章，引自：特奥·皮尔科尔、莱纳·莱普休斯、莱纳·维讷尔特、汉斯－赫尔曼·海尔特勒（编著）：《作为命令与虚构的计划——民主德国的经济领导：会谈与分析》（Theo Pirker/Rainer M. Lepsius/Rainer Weinert/Hans－Hermann Hertle：Der Plan als Befehl und Fiktion. Wirtschaftsführung in der DDR. Gespräche und Analysen，1995，S. 81）。

125. 米塔格的私人顾问克罗姆克（Krömke）如是说，见：特奥·皮尔科尔、莱纳·莱普休斯、莱纳·维讷尔特、汉斯－赫尔曼·海尔特勒（编著）：《作为命令与虚构的计划——民主德国的经济领导：会谈与分析》（Theo Pirker/Rainer M. Lepsius/Rainer Weinert/Hans－Hermann Hertle：Der Plan als Befehl und Fiktion. Wirtschaftsführung in der DDR. Gespräche und Analysen，1995，S. 50）。

126. 比较："德国联邦议院调查委员会第 27 次会议记录"（Protokoll der 27. Sitzung der Enquete－Kommission），该会议记录见："清算德国统一社会党专制历史及其给德国带来影响"调查委员会（第 12 选期）〔Enquete－Kommission "Aufarbeitung von Geschichte und Folgen der SED－Diktatur in Deutschland"（12. Wahlperiode）〕的材料，该会议材料由德国联邦议院编辑（hrsg. vom Deutschen Bundestag，1995，Bd. II，1，S. 680）。

127. "关于在德国统一社会党中央委员会总书记埃里希·昂纳克同志领导下商议起草 1976 至 1980 '五年计划'的记录"（Niederschrift über eine Beratung zum Entwurf des Fünfjahrplanes 1976 bis 1980 unter Leitung des Generalsekretär des ZK der SED，Genossen Erich Honecker，5. 11. 1976，BA DC 20/5274，S. 6）。

128. 中央委员会党委机关：《为完成 1988 年国民经济计划为奋斗的经验和

一些问题的信息》（Abt. Parteiorgane des ZK：Information über Erfahrungen und einige Probleme im Kampf um die Erfüllung des Volkswirtschaftsplans 1988，BA DC 20／S. 5311）。

129. 雷普廷：《民主德国经济当前与非当前的问题》（G. Leptin：Aktuelle und unaktuelle Probleme der Wirtschaftspolitik in der DDR），该文见：《效率压力和被迫革新下的民主德国经济》［Die Wirtschaft der DDR unter Leistungsdruck und Innovationszwang. 12. Symposion der Forschungsstelle für（…）am 20. ／21. 11. 1986，Teil 1，S. 13］。

130. 比较：君特·库什／罗尔夫·蒙塔克等著：《民主德国资产负债表——失误的经济与社会政策结果》（Günter Kusch／Rolf Montag u. a. ：Schlussbilanz – DDR. Fazit einer verfehlten Wirtschafts- und Sozialpolitik，1991，S. 102）。

131. 引自：西格弗里德·温策尔："1988 年 8 月 15 日与政治局委员君特·米塔格商议的亲笔记录"与"政治局委员君特·米塔格商议的亲笔记录"［Siegfried Wenzel：Persönliche Arbeitsnotizen zur Beratung beim Mitglied des Politbüros（…）Günter Mittag（…）15. 8. 1988，BA DC 20／5311，S. 191］。

132. 比较："德国联邦议院调查委员会第 27 次会议记录"（Protokoll der 27. Sitzung der Enquete – Kommission），该会议记录见："清算德国统一社会党专制历史及其给德国带来影响"调查委员会（第 12 选期）［Enquete – Kommission "Aufarbeitung von Geschichte und Folgen der SED – Diktatur in Deutschland"（12. Wahlperiode）］的材料，该会议材料由德国联邦议院编辑（hrsg. vom Deutschen Bundestag，1995，Bd. II，1，S. 658）。

133. 两个例子都出自哈里·迈尔：《创新或停滞不前——社会主义国家经济改革的条件》（Harry Maier：Innovation oder Stagnation. Bedingungen der Wirtschaftsreform in sozialistischen Ländern，1987，S. 87）。

第二章　曷未战胜挑战但再现辉煌：重新统一前的联邦德国经济

1.《宏观经济发展评估"五闲人"专家委员会评估年鉴》（SVR：Jahresgutachten 1981／82，S. 143）。

2. 比较:《宏观经济发展评估"五闲人"专家委员会评估年鉴》(SVR:Jahresgutachten 1989/90, S. 7 ff)。

3. 《宏观经济发展评估"五闲人"专家委员会评估年鉴》(SVR:Jahresgutachten 1991/92, S. 368。

4. 《宏观经济发展评估"五闲人"专家委员会评估年鉴》(SVR:Jahresgutachten 1984/85, S. 24);《宏观经济发展评估"五闲人"专家委员会评估年鉴》(SVR:Jahresgutachten 1987/88, S. 40);《宏观经济发展评估"五闲人"专家委员会评估年鉴》(SVR:Jahresgutachten 1988/89, S. 27);《宏观经济发展评估"五闲人"专家委员会评估年鉴》(SVR:Jahresgutachten 1990/91, S. 27)。

5. 典型的是柏林的德国经济研究所的分析:《联邦德国国家预算与宏观经济:回顾 80 年代》(Staatshaushalt und Gesamtwirtschaft in der Bundesrepublik Deutschland:Ein Rückblick auf die achtziger Jahre),该分析见:1990 年第 30 期《德国经济研究所周刊》(DIW - Wochenbericht, 30/1990)。

6. 沃尔夫冈·格斯滕贝格尔:《边界消失—市场开放》(Wolfgang Gerstenberger:Grenzen fallen - Märkte öffnen sich. Strukturberichterstattung 1990, S. 253)。

7. 沃尔夫冈·格斯滕贝格尔:《边界消失—市场开放》(Wolfgang Gerstenberg:Grenzen fallen - Märkte öffnen sich. Strukturberichterstattung 1990, S. 254)。

8. 沃尔夫冈·格斯滕贝格尔:《1987 年慕尼黑经济研究所——结构报告:核心报告》(Wolfgang Gerstenberger:Ifo - Strukturberichterstattung 1987, Kernbericht, 1987, S. 195f.)。

9. 另见:海宁·克劳特、莱纳·茂勒尔等著:《德国经济的第三产业化》(Henning Klodt/Rainer Maurer, u. a.:Tertiarisierung in der deutschen Wirtschaft, 1997)。

10. 另见:海宁·克劳特、莱纳·茂勒尔等著:《德国经济的第三产业化》(Henning Klodt/Rainer Maurer, u. a.:Tertiarisierung in der deutschen Wirtschaft, 1997, S. 218)。

11. 根据德国经济研究所的计算,1990 年西德就业人员中甚至有 70% 的人从事服务行业;1996 年第 14 期《德国经济研究所周刊》1990 年第 30

期《德国经济研究所经济周刊》（DIW－Wochenbericht，30/1990）。指出：根据与美国比较的家庭民意调查，德国服务业没有岗位空缺。海宁·克劳特给出 90 年代中期"超过三分之二"的数据，该文见：另见：海宁·克劳特、莱纳·茂勒尔等著：《德国经济的第三产业化》（Henning Klodt/Rainer Maurer，u. a.：Tertiarisierung in der deutschen Wirtschaft，1997，S. 218）。

12. 麦肯锡全球研究所:《就业绩效》(Mc Kinsey Global Institute：Employment Performance，1994）。

13. 另见：海宁·克劳特、莱纳·茂勒尔等著:《德国经济的第三产业化》（Henning Klodt/Rainer Maurer，u. a.：Tertiarisierung in der deutschen Wirtschaft，1997，S. 77）。也比较：迪帕克·拉尔："自由制度政策周期性上下波动"（Deepak K. Lal：Das zyklische Auf und Ab der liberalen Ordnungspolitik），该文见：1997 年 12 月 27/28 日《新苏黎世报》（*Neue Zürcher Zeitung*）。

14. 比较：格奥尔格·布莱查赫/海宁·克劳特:《战略性的贸易与工业政策》（Georg Bletschacher/Henning Klodt：Strategische Handels- und Industriepolitik），该文见：霍斯特·希伯尔特（编著）《基尔研究》[Horst Siebert（hrsg.）：Kieler Studien，Bd. 244，S. 113]。

15. 比较:《宏观经济发展评估"五闲人"专家委员会评估年鉴》（SVR：Jahresgutachten 1988/89，S. 101 ff）。沃尔夫冈·格斯滕贝格尔:《边界消失—市场开放》（Wolfgang Gerstenberg：Grenzen fallen – Märkte öffnen sich. Strukturberichterstattung 1990，S. 185）。

16. 海因茨·拜伦道夫对讨论进行了良好的总结，他的文章见:《德国经济在世界范围结构转型中的国际竞争能力》（Heinz Bellendorf：Die internationale Wettbewerbsfähigkeit der deutschen Wirtshaft im weltweiten Strukturwandel，1994，S. 164）。

17. 比较：沃尔夫冈·格斯滕贝格尔:《边界消失—市场开放》（Wolfgang Gerstenberg：Grenzen fallen – Märkte öffnen sich. Strukturberichterstattung 1990，S. 176）。麦肯锡咨询公司、于尔根·克鲁格、洛塔尔·施泰因等著《放弃消费促进增长》（McKinsey & Co, Inc.，Jürgen Kluge，Lothar Stein u. a.：Wachstum durch Verzicht，1994）。

18. 比较：布鲁斯·努斯鲍姆:《石油背后的世界》（Bruce Nussbaum：The

World after Oil：The Shifting Axis of Power and Wealth，1983）。

19. 比较：麦肯锡全球研究所:《制造业生产率》(Manufacturing Productivity，Washington D. C.，October 1993）。

20. 比较：麦肯锡全球研究所:《资本生产率》(Capital Productivity，Washington D. C.，1996）。

21. 《宏观经济发展评估"五闲人"专家委员会评估年鉴》(SVR：Jahresgutachten 1983/84，S. 137）。也比较：约翰内斯·弗伦奇:《社会政策》(Johannes French：Sozialpolitik，S. 118）。

22. 尤其在1986年前，"五闲人"专家委员会迫切要求进行退休和医疗保险改革;《宏观经济发展评估"五闲人"专家委员会评估年鉴》(SVR：Jahresgutachten 1986/87，S. 154）

23. 1984年4月13日生效的《提前退休法》(*Vorruhestandsgesetz*) 为工人58岁提前退休提供了可能。联邦劳动部为由雇主发放给雇员的提前退休金进行补贴，例如，空出的岗位重新雇佣雇员。

24. 比较:《宏观经济发展评估"五闲人"专家委员会评估年鉴》(SVR：Jahresgutachten 1988/89，S. 179 ff）。

25. 比较：沃尔夫冈·格斯滕贝格尔:《边界消失—市场开放》(Wolfgang Gerstenberg：Grenzen fallen – Märkte öffnen sich. Strukturberichterstattung 1990，S. 65）。同上:《德国经济结构性发展分析》(Analyse der strukturellen Entwicklung der deutschen Wirtschaft），该文见：慕尼黑经济研究所《联邦经济部委托的鉴定》(Ifo – Institut für Wirtschaftsforschung：Gutachten im Auftrag des Bundesminsters für Wirtschaft，1987）。

26. 比较：沃尔夫冈·格斯滕贝格尔:《边界消失—市场开放》(Wolfgang Gerstenberg：Grenzen fallen – Märkte öffnen sich. Strukturberichterstattung 1990，S. 58 ff）。

27. 沃尔夫冈·格斯滕贝格尔:《边界消失—市场开放》(Wolfgang Gerstenberg：Grenzen fallen – Märkte öffnen sich. Strukturberichterstattung 1990，S. 65）。

28. 沃尔夫冈·斯蒂策尔:《社会市场经济中与制度相符的社会政策——1980年在萨尔大学作的报告》(Wolfgang Stützel：Systemkonforme Sozialpolitik in der Sozialen Marktwirtschaft. Vortrag in der Universität des Saarlandes 1980），该文引用了以下内容：克努特·博尔夏特:《今日的社会市场经济构思》

（Knut Borchardt：Die Konzeption einer Sozialen Marktwirtschaft in heutiger Sicht），该文见:《社会市场经济的未来问题——1980 年社会政策协会年会》（Zukunftsprobleme der Sozialen Marktwirtschaft. Verhandlungen auf der Jahrestagung des Vereins für Sozialpolitik 1980，1981，S. 39）。

29. 彼得·普策尔:《稳定与流动》（Peter Pulzer：Stabilität und Immobilität），该文见: 威廉·布里克、汉斯·毛尔（编著):《一个完全正常的国家?》[Wilhelm Bleek/Hanns Maull（Hrsg.）: Ein ganz normaler Staat? 1989，S. 117f.]。

30. 瓦尔特·欧肯:《经济政策原理》（Walter Eucken：Grundsätze der Wirtschaftspolitik，1959，S. 183）。

第三章 风雨飘摇: 1989 年 10 月～1990 年 2 月

1. 乌韦·泰森:《"圆桌会议"或人民在何处?——东德通往民主之路》（Uwe Thaysen：Der Runde Tisch oder wo blieb das Volk? Der Weg der DDR in die Demokratie，1990）。

2. 莱纳·泰茨纳尔:《莱比锡环行大道——一位周一游行者的记录》（Reiner Tetzner：Leipziger Ring. Aufzeichnungen eines Montagsdemonstranten，1990，S. 55），该文引自: 卡尔·鲁道夫·科尔特:《把握机遇——德国统一政策》（Karl - Rudolf Korte《法兰克福汇报》: Die Chance genutzt. Die Politik zur Einheit Deutschlands，1994，S. 82）。

3. 彼得·福尔斯特/君特·罗斯基:《转折与选择中的民主德国，民意研究者对动荡的分析》（Peter Förster/Günter Roski：DDR zwischen Wende und Wahl，Meinungsforscher analysieren den Umbruch，1990，S. 53）; 比较: 卡尔－鲁道夫·科尔特:《把握机遇——德国统一政策》（Karl-Rudolf Korte：Die Chance genutzt. Die Politik zur Einheit Deutschlands，1994，S. 101）Deutschlands，S. 82）; 不过，对于民主德国 1989 年晚秋的民调数据必须慎重评估，许多迹象表明，当时还有一些被访问者所表达的观点有所保留。

4. 详细解释见: 魏登菲尔德的文章，该文见:《德国统一史（第四卷）: 争取德国统一的外交政策》（Weidenfeld：Außenpolitik für die deutsche Einheit，Band 4 dieser "Geschichte der deutschen Einheit"）。

5. 比较: 1989 年 10 月 20 日《法兰克福汇报》（*Frankfurter Allgemeine*

Zeitung）；引自：拉尔夫·格奥尔格·罗伊特、安德烈亚斯·博恩特：《密谋》（Ralf Georg Reuth/Andreas Bönte：Das Komplott，S. 127）。

6. 1989 年 10 月 19 日《新德意志报》（*Neues Deutschland*）。

7. 10 月 3 日"一度"取消民主德国与捷克斯洛伐克之间的落地旅游签证，以阻止民主德国公民通过布拉格的联邦德国大使馆逃亡。

8. 汉斯－赫尔曼·海尔特勒：《城墙倒塌纪实》（Hans－Hermann Hertle：Chronik des Mauerfalls，S. 112）；也比较：格哈尔德·魏蒂希《东德的衰落、危机与崩溃》（Gerhard Wettig Niedergang，Krise und Zusammenbruch der DDR），该文见：艾伯哈德·库尔特/贡特·豪尔茨魏斯希/汉斯尤尔克·布克（编著）：《现实社会主义的终结（1）——德国统一社会党的统治及其崩溃》[Eberhard Kuhrt/Gunter Holzweißig/Hannsjörg F. Buck（Hrsg. ）：Am Ende des realen Sozialismus（1）. Die SED－Herrschaft und ihr Zusammenbruch，1996，S. 418]。

9. 1989 年 11 月 9 日《新德意志报》（*Neues Deutschland*）。

10. 比较：1989 年 11 月 11/12 日《新德意志报》（*Neues Deutschland*）。

11. 1989 年 11 月 9 日《新德意志报》（*Neues Deutschland*）。

12. 持这种观点的主要是海尔特勒，见汉斯－赫尔曼·海尔特勒:《城墙倒塌纪实》（Hans-Hermann Hertle：Chronik des Mauerfalls）和《城墙倒塌》（Hans-Hermann Hertle：Der Fall der Mauer，1996）。

13. 比较：格尔德－鲁迪格尔·施特凡:《1988/1989 年德国统一社会党中央委员会最后会议》（Gerd－Rüdiger Stephan：Die letzten Tagungen der ZK der SED 1988/1989），该文见：1993 年第 3 期《德国档案》（Deutschland-Archiv，3/1993，S. 319 ff）。

14. 同上，S. 320。

15. 比较：卡罗拉·伍德克、伯恩特·莫西欧莱克（编著）:《东德最后一年的政党与政治运动》[Carola Wuttke/Berndt Musiolek（Hrsg. ）：Parteien und politische Bewegungen im letzten Jahr der DDR，1991，S. 56]。

16. 比较：克里丝塔·卢福特:《转折与终结》（Zwischen Wende und Ende，1994，S. 66）。

17. 《人民议院讨论记录》，第 9 选期，《1989 年 11 月 17/18 日第 11 次会议速记报告》（Verhandlungen der Volkskammer，9. Wahlperiode，

Stenogr. Berichte der 11. Tagung am 17. /18. 1989，S. 273ff. ）。

18. 比较：同上，S. 288；1992 年德梅齐埃解释，1989 年 11 月 15 日他在人民议院中的讲话是不真实的，如果他说市场经济制度是必要的，当时会被人要命；德梅齐埃接受凯姆勒尔采访；马克·凯姆勒尔:《托管局的产生》（Marc Kemmler, Entstehung der Treuhandanstalt, 1994, S. 142）。

19. 比较：同上，S. 282。

20. 比较：1989 年 11 月 23 日《新德意志报》（Neues Deutschland）。

21. 比较：（Uwe Thaysen：Der Runde Tisch oder wo blieb das Volk? Der Weg der DDR in die Demokratie，1990）。

22. 引自：1989 年 12 月 11 日《新德意志报》（Neues Deutschland）。

23. 沃尔夫拉姆·克劳泽（Wolfram Krause）生于 1933 年，来自国家计委。他失宠于米塔格，后来成为德国统一社会党柏林地区领导层的部门主任；后在莫德罗政府中作为国务秘书任经济改革工作组领导。1990 年 3 月，成为信托局董事会成员；直到 1992 年在信托局董事会中担任财政部主任；之后接管托管局东欧部领导。

24. 比较：BA DC：20/11 269－2.

25. 比较：克里丝塔·卢福特:《转折与终结》（Christa Luft：Zwischen Wende und Ende，1994，S. 97）。

26. BA DC 20/11269－2。

27. 比较采访，该采访文章见：1989 12 月 14 日《世界报》（Die WELT）；1990 年 1 月 14 日东柏林德德经济会议，见：1990 年 1 月 15 日《南德意志报》（Süddeutsche Zeitung）。

28. 比较：1990 年 2 月 3/4 日《新德意志报》（Neues Deutschland）。

29. 克里丝塔·卢福特：（Christa Luft：Zwischen Wende und Ende，1994，S. 94）。

30. 比较：乌韦·泰森:《"圆桌会议"》（Uwe Thaysen：Der Runde Tisch oder wo blieb das Volk? Der Weg der DDR in die Demokratie，1990，S. 183）。

31. 详细见：耶格尔:《克服分裂》（Jäger：Die Überwindung der Teilung）。

32. 彼得·魏勒曼等著《崛起中的政党》（Peter R. Weilemann u. a.：Parteien im Aufbruch，1990）。

33. 也比较：乌特·施密特:《从结盟党成为人民党——1989 年至 1994 年

动荡中的东德基民盟》（Ute Schmidt：Von der Blockpartei zur Volkspartei. CDU – Ost im Umbruch 1989 – 1994，1997）。

34. 引自与德国西南电台 1 台（SWF 1）的访谈，见:《德国 '90》第 34 卷，（Deutschland' 90，Bd. 34，S. 39）。

35. 阿道夫·尼格迈尔（Adolf Niggemeier）1989 年是基民盟中央理事会成员；关于尼格迈尔的情况，乌特·施密特:《从结盟党成为人民党——1989 年至 1994 年动荡中的东德基民盟》（Ute Schmidt：Von der Blockpartei zur Volkspartei. CDU-Ost im Umbruch 1989 – 1994，1997，S. 42）。

36. 《人民议院会议讨论录》，第 9 选期，《1990 年 1 月 13/14 日第 14 次会议速记报告》（Verhandlungen der Volkskammer，9. Wahlperiode，Stenogr. Berichte der 14. Tagung，13/14. 1990，S. 397）。

37. 比较：1990 年 2 月 5 日《新时代》(Neue Zeit)，第 3 页。

38. 比较：赫尔穆特·海尔勒斯/埃瓦尔德·卢瑟（编著）《从"圆桌会议"到议会》［Helmut Herles/Ewald Rose（Hrsg.）：Vom Runden Tisch zum Parlament，1990，S. 256］。

39. 比较：卡尔·林德施特德:《明确否定第三途径》（Karl Lindstedt：Klare Absage an den Dritten Weg），该文见：1990 年 1 月 30 日《晨报》(Der Morgen)。

40. 比较：卡罗拉·伍德克、伯恩特·莫西欧莱克编著：东德最后一年的政党与政治运动［Carola Wuttke/Berndt Musiolek：（Hrsg.）：Parteien und politische Bewegungen im letzten Jahr der DDR，1991，S. 110 ff］。

41. 比较：彼得·拉普:《统一社会党的"盟党"》（Peter J. Lapp：Die "befreundeten Parteien" der SED，1988，S. 33f.）。

42. 《经济改革——社会主义革新要素》（Wirtschaftsreform – Element der Erneuerung des Sozialismus），见：1989 年 11 月 3 日《新德意志报》(Neues Deutschland)。

43. 比较：1989 年 11 月 7 日《法兰克福汇报》（Frankfurter Allgemeine Zeitung）。

44. 比较：1989 年 11 月 17 日《新德意志报》(Neues Deutschland)。

45. 比较：1989 年 12 月 22 日《新德意志报》(Neues Deutschland)。

46. 1990 年 8 月 1 日《新德意志报》(Neues Deutschland)。

47. 创始会员，1989 年 12 月后担任主席。1990 年 3 月 14 日，由于被查证曾与国家安全部合作而被迫辞职。

48. 埃佩尔曼是 1982 年以来最著名的和平运动发言人之一，1990 年 4 月被德梅齐埃任命为国防部长。

49. 比较：1989 年 11 月 2 日《斯图加特日报》(*Stuttgarter Zeitung*) 的贝贝尔·博勒和乌尔里克·波 (Bärbel Bohley, Ulrike Poppe) 访谈，该访谈见:《德国' 89》第 6 卷 (Deutschland' 89, Bd. 6, S. 111)。

50. 比较：1989 年 10 月 26 日《明星周刊》(*Stern*) 的采访，见:《德国' 89》第 6 卷，(Deutschland' 89, Bd. 6, S. 81 ff)。。

51. 1990 年 4 月 1 日，因被指责与国家安全部合作，伯梅辞去所有党内职务；1992 年被开除出社民党。

52. 比较 1989 年 11 月 2 日《日报》(*Die Tageszeitung*) 对伯梅访谈，见:《德国' 89》第 6 卷，(Deutschland' 89, Bd. 6, S. 107 ff)。

53. 1989 年 11 月 23 日《法兰克福评论报》(*Frankfurt Rundschau*) 对赖歇 (Reiche) 的采访，见:《德国'89》(Deutschland' 89, Bd. 6, S. 183ff)。

53a. 1990 年 1 月 16 日第 76 期《德国联邦议院中的社民党》(Die SPD im Deutschen Bundestag, Nr. 76)。

54. 比较：1989 年 11 月 22 日《新德意志报》(*Neues Deutschland*)。

55. 比较：1989 年 12 月 22 日第 26 期《民主德国法律报》第一部分 (Gesetzblatt der DDR, Teil I, Nr. 26/22. 12. 1989, S. 266ff.)。

56. 比较:《人民议院会议讨论录》，第 9 选期，"1990 年 1 月 11/12 日第 14 次会议速记报告" (Verhandlungen der Volkskammer, 9. Wahlperiode, Stenogr. Berichte der 14. Tagung, 11/12. 1. 1990, S. 361ff.)。

57. 比较：部长会议："一月份经济运行情况" (Ministerrat: Zum Wirtschaftsverlauf im Januar, BA DA 3/15/L)。

58. 部长会议："二月份经济运行的决议" [Ministerrat: Beschluss zum Wirtschaftsverlauf im Monat Februar (…), 15. 3. 1990, BA DC20/I 73/2932]。

59. 比较：德意志民主共和国部长会议："1990 年 1 月 25 日 11/20/90 决议" (Beschluß 11/20/90 vom 25. Januar 1990)。

60. 比较：1990 年 1 月 3 日第 5 次"圆桌会议"决议 (Beschlüsse der 5. Sitzung des Rundtischgesprächs am 3. 1. 1990, BA DA 3/5, S. 2)。

61. 比较：" 1990 年 1 月 22 日经济内阁商议的确定记录"（Festlegungsprotokoll zur Beratung des Wirtschaftskabinetts vom 22. 1. 1990, BA DC 20/11 378 – 1）。

62. 1992 年 2 月 9 日格林海德致卢福特的信件（Schreiben Grünheids an Luft, BA DE 1/56 350）。

63. 比较：1990 年 1 月 30 日第 4 期《民主德国法律报》第一部分（Gesetzblatt der DDR, Teil I, Nr. 4/30. 1. 1990）。

64. 比较：1990 年 1 月 30 日第 4 期《民主德国法律报》第一部分（Gesetzblatt der DDR, Teil I, Nr. 4/30. 1. 1990, S. 16 ff）；也比较：《行为准则》（Durchführungsverordnungen）。

65. 同上，§ 3（2）。

66. 1990 年 4 月 9 日"民主德国财政部通报"（Pressemitteilung des Finanzministeriums der DDR, BMF Außenstelle Berlin）；也比较：1990 年 4 月 28 日《新苏黎世报》(Neue Züricher Zeitung)。

67. 比较：克里丝塔·卢福特：《托管局报告——一个德国机构的成立、壮大与消失》（Treuhandreport. Werden, Wachsen und Vergehen einer deutschen Behörde, 1992, S. 27）。

68. 比较：同上，S. 28。

69. 比较：沃尔夫拉姆·菲舍尔、赫尔伯特·哈克斯、汉斯·卡尔·施耐德（编著）《托管局：敢做不可能的事》［Wolfram Fischer/Herbert Hax/Hans Karl Schneider（Hrsg. ）: Treuhandanstalt: Das Unmögliche wagen, 1993, S. 23］。

70. 比较：同上，S. 26。

71. 比较：同上，S. 19。

72. 克里丝塔·卢福特：《托管局报告——一个德国机构的成立、壮大与消失》（Treuhandreport. Werden, Wachsen und Vergehen einer deutschen Behörde, 1992, S. 30）。

73. 比较：1990 年 3 月 8 日第 14 期《民主德国法律报》第一部分（Gesetzblatt der DDR, Teil I, Nr. 14/8. 3. 1990, S. 107 f）。

74. 比较：1990 年 3 月 15 日《托管局规章》(Statut der Treuhandanstalt vom 15. 3. 1990），该规章见：1990 年 3 月 19 日第 18 期《民主德国法律报》第一部分（Gesetzblatt der DDR, Teil I, Nr. 18/19. 3. 1990, S. 167 ff）。

75. "1990 年 2 月 26 日送交部长会议的草案"（Vorlage an den Ministerrat vom 26. 2. 1990，BA DC 20/I/3/2922，S. 3）。

76. 比较：同上，S. 3；也比较："部长会议针对在关于和外国企业合作与资本挂钩征求意见会谈中保障国有财产的决议"（Beschluss des Ministerrates zur Wahrung von Volkseigentum bei Sondierungsgesprächen über Kooperations- und Kapitalverbindungen mit ausländischen Unternehmen，BA DC 20/2921，S. 220f. ）。

77. 比较：沃尔夫拉姆·菲舍尔、赫尔伯特·哈克斯、汉斯·卡尔·施耐德（编著）《托管局：敢做不可能的事》［Wolfram Fischer/Herbert Hax/Hans Karl Schneider（Hrsg.）：Treuhandanstalt：Das Unmögliche wagen，1993，S. 28］。

78. 比较：同上；卢福特：克里丝塔·卢福特：《托管局报告——一个德国机构的成立、壮大与消失》（Treuhandreport. Werden，Wachsen und Vergehen einer deutschen Behörde，1992，S. 43 Bf，S. 53）。

79. 比较：沃尔夫拉姆·菲舍尔、赫尔伯特·哈克斯、汉斯·卡尔·施耐德（编著）《托管局：敢做不可能的事》［Wolfram Fischer/Herbert Hax/Hans Karl Schneider（Hrsg.）：Treuhandanstalt：Das Unmögliche wagen，1993，S. 29］。

80. 引自：克里丝塔·卢福特：《托管局报告——一个德国机构的成立、壮大与消失》（Treuhandreport. Werden，Wachsen und Vergehen einer deutschen Behörde，1992，S. 45）。

81. 比较：克里丝塔·卢福特：《托管局报告——一个德国机构的成立、壮大与消失》（Treuhandreport. Werden，Wachsen und Vergehen einer deutschen Behörde，1992，S. 52）。

82. 比较：沃尔夫拉姆·菲舍尔、赫尔伯特·哈克斯、汉斯·卡尔·施耐德（编著）《托管局：敢做不可能的事》［Wolfram Fischer/Herbert Hax/Hans Karl Schneider（Hrsg.）：Treuhandanstalt：Das Unmögliche wagen，1993，S. 30］。

83. 比较：1990 年 3 月 12 日第 15 期《民主德国法律报》第一部分（Gesetzblatt der DDR，Teil I，Nr. 15/12. 3. 1990，S. 112 ff）。

84. 比较：1990 年 3 月 12 日第 15 期《民主德国法律报》第一部分（Gesetzblatt der DDR，Teil I，Nr. 15/12. 3. 1990，S. 109 ff）。

85. 1990 年 3 月 15 日《法兰克福汇报》（*Frankfurter Allgemeine Zeitung*），见:《德国 '90》第 35 卷（Deutschland' 90，Bd. 35，S. 869 f）。

86. 比较: 1990 年 3 月 16 日第 17 期《民主德国法律报》第一部分（Gesetzblatt der DDR，Teil I，Nr. 17/16. 3. 1990，S. 138 ff）。

87. 比较:《行为准则》，见: 1990 年 3 月 16 日第 17 期《民主德国法律报》第一部分（Gesetzblatt der DDR，Teil I，Nr. 17/16. 3. 1990，S. 150 f）。

88. 1990 年 3 月 16 日第 17 期《民主德国法律报》第一部分（Gesetzblatt der DDR，Teil I，Nr. 17/16. 3. 1990，S. 157 ff）。

89. 比较: 轻工业部长贡特·哈尔姆（Gunter Halm），见:《人民议院会议讨论记录》，第 9 选期，"1990 年 3 月 6/7 日第 18 次会议速记报告"（Verhandlungen der Volkskammer，9. Wahlperiode，Stenogr. Berichte der 18. Tagung，6/7. 3. 1990，S. 539）。

90. 1990 年 3 月 7 日《国有建筑出售法》（*Gesetz über den Verkauf volkseigener Gebäude vom* 7. März 1990），见: 1990 年《民主德国法律报》（Gesetzblatt der DDR，Teil I，Nr. 17/16. 3. 1990，S. 157 ff）。

91. 不过，这只应针对一部分土改后耕种土地的合作社成员。例如，不符合"迁居农民标准"的成员，就不许继承土改的土地。但民主德国时期，这些限制并没有得到重视。也就是说，在正确使用民主德国法律的过程中，一部分农业合作社成员的"劳动财产"根本不允许转换成国有财产，不过，1990 年显然没有人察觉到这点。第二次《财产权更改法》（*Vermögensrechtsänderungensgesetz*）（1992）设法对此进行更改——后果是，现在东德的州越级收走了曾经是"劳动财产"的农民耕地，他们曾假定，自 1990 年 3 月以来，这全部都是他们的财产；1997 年 12 月 8 日《法兰克福汇报》（*Frankfurter Allgemeine Zeitung*）。

92. 比较: 1990 年 3 月 16 日第 17 期《民主德国法律报》（Gesetzblatt der DDR，Teil I，Nr. 17/16. 3. 1990，S. 136 ff）。

93. 比较: 时任财政部长的西格尔特，见:《人民议院会议讨论记录》，第 9 选期，"1990 年 3 月 6/7 日第 18 次会议速记报告"（Verhandlungen der Volkskammer，9. Wahlperiode，Stenogr. Berichte der 18. Tagung，6/7. 3. 1990，S. 535）。

94. 比较: 1990 年 3 月 12 日第 16 期《民主德国法律报》（Gesetzblatt der DDR，Teil I，Nr. 16/12. 3. 1990，S. 125 ff）。

95. 比较：1990 年 3 月 6 日《南德意志报》(*Süddeutsche Zeitung*)。

96. 引自：汉斯·莫德罗："很多问题没有答案"（Hans Modrow：Viele Fragen ohne Antworten），该文见：1990 年 4 月 27 日《时代周报》(*Die Zeit*)。

97. 比较："1990 年 3 月 15 日部长会议对二月份经济运行的决议"（Ministerrat：Beschluss zum Wirtschaftsverlauf im Monat Februar, 15. 3. 1990, BA DC 20/1/3/2932）。

98. 比较：《人民议院会议讨论记录》，第 9 选期，1990 年 1 月 29 日第 15 次会议速记报告（Verhandlungen der Volkskammer, 9. Wahlperiode, Stenogr. Berichte der 15. Tagung, 29. 1. 1990, S. 423）。

99. 比较：部长会议对经济运行的决议……（Ministerrat：Beschluss zum Wirtschaftsverlauf…, BA DC 20/I/3/2932）；另比较：格林海德：关于国民经济形势及其稳定的报告（Grünheid：Bericht über die Lage der Volkswirtschaft und ihre Stabilisierung），该文见:《人民议院会议讨论记录》，第 9 选期，1990 年 1 月 29 日第 15 次会议速记报告（Verhandlungen der Volkskammer, 9. Wahlperiode, Stenogr. Berichte der 15. Tagung, 29/1. 1990，S. 446）。

100. 比较：格林海德致卢福特，"关于1990年国民经济基本数据预估的信息"（Grünheid an Luft, Kurzinformation über die Voreinschätzung der volkswirtschaftlichen Grunddaten für das Jahr 1990, BA DE 1/5/350）。

101. 莫德罗辞职后在《时代周报》上发表的文章"很多问题没有答案"如此认为，见：1990 年 4 月 27 日《时代周报》。

102. 比较：信息中心：1990 年 2 月 5 ~ 13 日期间各地区估计（Informationszentrum：Einschätzung in den Bezirken für den Zeitraum 5. 2. - 13. 2. 1990，BA DC 20 1/3/2912）。

103. 比较：同上。

104. 比较：彼得·福尔斯特/君特·罗斯基：《转折与选择中的民主德国，民意研究者对动荡的分析》(Peter Förster/Günter Roski：DDR zwischen Wende und Wahl, Meinungsforscher analysieren den Umbruch, 1990, S. 123ff.)。

105. 信息中心：1990 年 2 月 5 ~ 13 日期间各地区估计（Informationszentrum：Einschätzung in den Bezirken für den Zeitraum 5. 2 ~ 13. 2. 1990，BA DC 20

I/3/2912）；直到 1 月，情报中心继续执行由国家安全部完成的报告。

106. 比较：《人民议院会议讨论记录》，第 9 选期，1990 年 1 月 29 日第 15 次会议速记报告（Verhandlungen der Volkskammer, 9. Wahlperiode, Stenogr. Berichte der 15. Tagung, 29/1. 1990, S. 423）。

107. 莫德罗："很多问题没有答案"，见：1990 年 4 月 27 日《时代周报》。

108. 比较：《人民议院会议讨论记录》，第 9 选期，1990 年 1 月 29 日第 15 次会议速记报告（Verhandlungen der Volkskammer, 9. Wahlperiode, Stenogr. Berichte der 15. Tagung, 29/1H1990, S. 445）。

109. 联邦总理的观点在内阁会议上一再如此重申；1996 年 10 月 28 日笔者采访高级官员梅尔特斯。

110. 比较：1989 年 8 月 24 日《图片报》(BILD)，见：《德国'89》第 20 卷（Deutschland' 89, Bd. 20, S. 9）。

111. 比较：1989 年 9 月 17 日《图片报》（BILD），见：《德国'89》第 20 卷（Deutschland' 89, Bd. 20, S. 17）。

112. 1996 年 10 月 28 日笔者采访政府高级官员梅尔特斯。

113. 海尔特勒：《城墙倒塌》（Hans-Hermann Hertle：Der Fall der Mauer, 1996, S. 155）。

114. 比较：赫尔穆特·科尔《我要德国统一》（Helmut Kohl：Ich wollte Deutschlands Einheit, 1996）；凯·迪克曼和拉尔夫·格奥尔格·罗伊特的描述（Kai Diekmann und Ralf Georg Reuth, 1996, S. 116）；海尔特勒：《城墙倒塌》（Hans-Hermann Hertle：Der Fall der Mauer, 1996, S. 159）。

115. 科尔：《我要德国统一》（Helmut Kohl：Ich wollte Deutschlands Einheit, 1996, S. 117）；也比较：联邦政府关于"处于分裂状态的民族形势报告"，联邦总理科尔在德国联邦议院上发言，该报告见：1989 年 11 月 9 日第 123 期《公告》，联邦政府新闻信息局编著（Bulletin, hrsg. vom Presse- und Informationsamt der Bundesregierung, Nr. 123/9. 11. 1989, S. 1059）。

116. 1990 年 3 月 20 日联邦政府作出 1990 年 7 月 1 日终止对移居者的紧急收留程序，比较：沃尔夫冈·朔伊布勒：《条约——我如何谈判德国统一》（Wolfgang Schäuble：Der Vertrag. Wie ich über die deutsche Einheit verhandelte, 1991, S. 74）。

117. 比较：1989 年 11 月 17 日第 1291 期《公告》，联邦政府新闻信息局编著（Bulletin, hrsg. vom Presse- und Informationsamt der Bundesregierung, Nr. 129/17. 11. 1989, S. 1059）。

118. 也比较：特尔切克：《329 天——德国统一的内部视角》(Teltschik: 329 Tage. Innenansichten der Einigung, 1991, S. 36)。

119. 比较：政府发言人克莱因新闻发布会声明，见：1989 年 11 月 16 日《法兰克福汇报》（*Frankfurter Allgemeine Zeitung*），也见:《德国'89》第 23 卷（Deutschland'89, Bd. 23, S. 22）。

120. 比较：德意志民主共和国部长会议 1989 年 11 月 23 日部长会议决议："关于联邦部长塞特斯 11 月 20 日柏林会谈和结论的决议" [Beschluss zum Bericht über das Gespräch mit dem Bundesminister (…) Rudolf Seiters, am 20. Nov. In Berlin und Beschlussfolgerungen, BA DC20/I/3/2873]。

121. 比较：1989 年 11 月 21 日《法兰克福汇报》（*Frankfurter Allgemeine Zeitung*），见：《德国'89》第 23 卷（Deutschland'90, Bd. 23, S. 29）。

122. 比较：1989 年 11 月 21 日《科隆城市报》(*Kölner Stadt - Anzeiger*)，见:《德国'89》第 23 卷（Deutschland'89, Bd. 23, S. 37）。

123. 比较:《南德意志报》（*Süddeutsche Zeitung*）和 1989 年 11 月 23 日《法兰克福汇报》（*Frankfurter Allgemeine Zeitung*），见:《德国'89》第 23 卷（Deutschland'89, Bd. 23, S. 43, S. 46）。

124. 比较:《329 天——德国统一的内部视角》(Teltschik: 329 Tage. Innernansichten der Einigung, 1991, S. 44)。

125. 比较：同上，S. 49。

126. 比较：1989 年 11 月 29 日第 134 期《公告》，1989 年 11 月 17 日第 1291 期《公告》，联邦政府新闻信息局编著（Bulletin, hrsg. vom Presse- und Informationsamt der Bundesregierung, Nr. 134/29. 11. 1989, S. 1146）。

127. 详细比较：耶格尔：德国统一史第三卷《克服分裂》(Jäger: Die Überwindung der Teilung: Geschichte der deutschen Einheit)。

128. 关于外媒对争论的报道，见:《德国'89》第 20 卷（Deutschland'89, Bd. 20, S. 317）。

129. 1989 年 11 月 12 日《德国联邦议院中的社民党》(Die SPD im Deutschen

Bundestag），见:《德国'89》第 20 卷（Deutschland'89，Bd. 20，S. 51）。

130. 比较：1989 年 11 月 15 日第 2664 期《德国联邦议院中的社民党》(Die SPD im Deutschen Bundestag，Nr. 2664）。

131. 比较：1989 年 11 月 25 日《南德意志报》（*Süddeutsche Zeitung*），也参考 西德广播电视台（WDR）1989 年 11 月 27 日《晨间杂志》（*Morgenmagazin*），见:《德国'89》第 2 卷（Deutschland'89，Bd. 2，S. 702）。

132. 比较：德意志电讯社（ddp）："社会民主党强调保留统一的国籍"，1989 年 11 月 27 日（SPD bekräftigt Festhalten an einheitlicher Staatsbürgerschaft），见: 弗里德里希－艾伯特基金会社会民主档案馆媒体文件收藏（Pressesammlung des Archivs der Sozialen Demokratie der Friedrich Ebert－Stiftung，Bonn）。

133. 也比较：汉斯－约亨·福格尔:《宽容》(Hans－Jochen Vogel：Nachsichten，1996，S. 307）。

134. 比较：1989 年第 51 期《明镜周刊》(*Der Spiegel*，51/1989，S. 81）。

135. 比较：1989 年 12 月 16 日《世界报》（*Die WELT*）。

136. 比较:《人民议院会议讨论记录》，第 11 选期，"1989 年 11 月 28 日第 177 次会议速记报告"（Verhandlungen der Volkskammer，11. Wahlperiode，Stenogr. Berichte der 77. Tagung，28. 11. 1989，S. 13510－13514）。

137. 1989 年 12 月 20 日《法兰克福汇报》（*Frankfurter Allgemeine Zeitung*），见:《德国'89》第 24 期（Deutschland'89，Bd. 24，S. 794）。

138. 福格尔：汉斯－约亨·福格尔:《宽容》（Hans-Jochen Vogel：Nachsichten，S. 317）。

139. 引自：伊尔瑟·施比特曼、吉泽拉·海维希（编著）《民主德国事件纪实》［Ilse Spittmann/Gisela Helwig（hrsg.）：Chronik der Ereignisse in der DDR，1990，S. 31］。

140. 塞特斯在波恩对媒体的通报，1989 年 12 月 7 日《法兰克福汇报》（*Frankfurter Allgemeine Zeitung*），见:《德国'89》第 23 卷（Deutschland'89，Bd. 23，S. 62）；在 1989 年 12 月 6 日内阁会议上，塞特斯有类似说法，笔者 1997 年 10 月 28 日采访梅尔特斯。

141. 引自 1989 年 12 月 7 日《汉诺威汇报》(*Hannoversche Allgemeine*)，见:

《德国 '89》第 23 卷（Deutschland' 89，Bd. 23，S. 60）。

142. 比较：爱德华·阿克曼：《仔细聆听》（Eduard Ackermann：Mit feinem Gehör，1994，S. 317f.）；也比较：特尔切克：《329 天——德国统一的内部视角》（Teltschik：329 Tage. Innernansichten der Einigung，1991，S. 87 ff）。

143. 也比较：科尔：《我要德国统一》（Helmut Kohl：Ich wollte Deutschlands Einheit，1996，S. 209 ff）。

144. 比较：特尔切克：《329 天——德国统一的内部视角》（Teltschik：329 Tage. Innernansichten der Einigung，1991，S. 83）。

145. 比较：特尔切克：《329 天——德国统一的内部视角》（Teltschik：329 Tage. Innernansichten der Einigung，1991，S. 215）。

146. 比较：同上，S. 89 f。

147. 比较：1989 年 12 月 20 日《南德意志报》（Süddeutsche Zeitung），见：《德国 '89》第 23 卷（Deutschland' 89，Bd. 23，S. 240）。

148. 比较：1989 年 12 月 21 日《南德意志报》（Süddeutsche Zeitung），见：《德国 '89》第 23 卷（Deutschland' 89，Bd. 23，S. 282）。

149. 比较：特尔切克：《329 天——德国统一的内部视角》（Teltschik：329 Tage. Innernansichten der Einigung，1991，S. 100）。

150. 比较：同上，S. 104。

151. 比较：同上，S. 108。

152. 比较：BA DC 20/ I/ 3/ 2904。

153. 比较：1990 年 2 月 1 日民主德国国家银行行长、财政和物价部部长："提供给经济内阁的方案：东德马克逐步自由兑换的措施"（Staatsbank der DDR，Präsident/Ministerium der Finanzen und Preise，amt. Minister：Vorlage für das Wirtschaftskabinett：Maßnahmen zur schrittweisen Konvertierbarkeit der Mark der DDR，1. 2. 1990，BA DC 20/11378/4）。

154. 比较：1990 年 1 月 25 日东德总理汉斯·莫德罗与联邦特别任务部长兼联邦总理府部长鲁道夫·塞特斯会晤的报告［Bericht über die Begegnung des Vorsitzenden des Ministerrates der DDR，Hans Modorow，mit dem Bundesminister für besondere Aufgaben und Chef des Bundeskanzleramtes，Rudolf Seiters，25. 1. 1990（…）BA DC 20/I/3/ 2904］。

155. 比较：同上。

156. 瓦尔特·聚斯：《走钢丝般的政绩——汉斯·莫德罗的短期任职》
（Walter Süß: Bilanz einer Gratwanderung – Die kurze Amtszeit des Hans
Modrow），见：1991 年第 5 期《德国档案》（Deutschland-Archiv, 5/
1991, S. 605）。

157. 引自：BA DC 20/1/3/2904。

158. 比较：同上。

159. 引自：1990 年 1 月 31 日《南德意志报》（Süddeutsche Zeitung），见：
《德国'90》第 19 卷（Deutschland'89, Bd. 19, S. 11653）。

160. 引自：1990 年 1 月 31 日《南德意志报》（Süddeutsche Zeitung）和
《法兰克福汇报》（Frankfurter Allgemeine Zeitung），见:《德国'90》
第 19 卷（Deutschland'89, Bd. 19, S. 11658）。

161. 1990 年 2 月 1 日德通社（AND），引自:《德国'90》第 191 卷
（Deutschland'89, Bd. 191, S. 11586 ff）。

162. 比较：1990 年 2 月 2 日《社民党新闻服务》（Presseservice der SPD），
见:《德国'90》第 19 卷（Deutschland'89, Bd. 19, S. 11616）。

163. 比较：1990 年 2 月 2 日《新德意志报》（Neues Deutschland），见:《德
国'90》第 19 卷（Deutschland'89, Bd. 19, S. 11627）。

第四章　提供西德马克

1. 1989 年 12 月 15 日正式出台基本未加修改的评估：联邦经济部（编
著）：联邦经济部科学委员会 1987 年 6 月至 1990 年 3 月评估》
［Bundesministerium für Wirtschaft（Hrsg.）：Der Wissenschaftliche Beirat
beim Bundesmmisterium für Wirtschaft, Gutachten vom Juni 1987 bis März
1990, S. 1490］。1989 年 11 月 24 日《商报》（Handelsblatt）报道了 11 月
18 日的预案。

2. 沃尔夫冈·朔伊布勒：《条约——我如何谈判德国统一》（Wolfgang
Schäuble：Der Vertrag. Wie ich über die deutsche Einheit verhandelte,
1991, S. 21）。

3. 沃尔夫冈·朔伊布勒：《条约——我如何谈判德国统一》（Wolfgang
Schäuble：Der Vertrag. Wie ich über die deutsche Einheit verhandelte,
1991, S. 21）。

4. 根据蒂洛·萨拉辛:《德国经济与货币联盟方案的形成与执行》(Thilo Sarrazin：Die Entstehung und Umsetzung des Konzepts der deutschen Wirtschafts- und Währungsunion)，该文见：特奥·魏格尔、曼弗雷德·席尔（编著）《改变德国和世界的日子》[Theo Waigel/Manfred Schell (hrsg.)：Tage, die Deutschland und die Welt veränderten, 1994, S. 181]。

5. 1990 年 1 月 19 日《时代周报》(*Die Zeit*)。

6. 福格尔：长期看社民党共同领导是可行的（Vogel：Langfristig ist eine gemeinsame SPD – Führung möglich）。该文见，1990 年 1 月 20 日《世界报》(*Die WELT*)。

7.《经济与货币联盟优先》(Wirtschafts- und Währungsunion vorrangig)，该文见：1990 年 1 月 24 日《法兰克福汇报》(*Frankfurter Allgemeine Zeitung*)。

8. 1990 年 1 月 21 日德新社：马特乌斯－迈尔:《民主德国应该马上接受西德马克》(dpa：Matthäus – Maier：DDR sollte bald D-Mark übernehmen)。

9. 英格里德·马特乌斯－迈尔（Ingrid Matthäus – Maier）：与民主德国的货币联盟临近（Währungsuion mit der DDR rückt näher），见：1990 年 1 月 25 日《德国联邦议院中的社民党》(Die SPD in Deutschen Bundestag)。

10. 霍斯特·艾姆克:《科尔及其政府显然无力承担德国政策的任务》(Horst Ehmke：Kohl und seine Regierung sind der Größe der deutschlandpolitischen Aufgabe offensichtlich nicht gewachsen)，该文见：1990 年 1 月 30 日《德国联邦议院中的社民党》(Die SPD in Deutschen Bundestag)。

11. 沃尔夫冈·罗特:《西德马克作为德德货币联盟的共同货币》(D-Mark als gemeinsame Währung einer deutsch-deutschen Währungsunion)，该文见：1990 年 2 月 2 日《德国联邦议院中的社民党》(Die SPD in Deutschen Bundestag)，见:《德国'90》第 24 卷（Deutschland'90, Bd. 24, S. 14160)。

12. 与赫尔穆特·施莱辛格的谈话，见：1990 年 1 月 24 日《商报》。

13. 与卡尔－奥托·珀尔谈话，见：1990 年 1 月 26 日《时代周报》。

14. 1990 年 1 月 31 日《南德意志报》(*Süddeutsche Zeitung*)。

15. 另见:《德国'90》第 27 卷中的文献。

16. 《人民议院会议讨论记录》，第 11 选期，"1990 年 1 月 26 日第 192 次会议速记报告"（Verhandlungen des Deutschen Bundestags, 11. Wahlperiode, Stenogr. Berichte der 192. Tagung, 26. 1. 1990, S. 14779ff.）。

17. 拉姆斯多夫和索尔姆斯：1990 年 1 月 18 日第 54 期《自民党日志》（FDP-tagesdienst Nr. 54）中的消息："自民党议会党团"（Die FDP - Bundestagsfraktion informiert）；索尔姆斯：1990 年 2 月 1 日第 136 期《自民党日志》（FDP - tagesdienst, Nr. 136），见：《德国' 90》第 24 卷（Deutschland' 90, Bd. 24, S. 14572, S. 14605）。

18. 1990 年 1 月 26 日基民盟/基社盟德国议院党团《新闻服务》（CDU/CSU - Fraktion im Deutschen Bundestag, Pressdienst）。

19. 1990 年 1 月 25 日德国工业联合会《新闻通稿》（BDI, Pressemitteilungen），见：《德国' 90》第 24 卷（Deutschland' 90, Bd. 24, S. 14587）。

20. 1990 年 1 月 23 日《基民盟/基社盟德国议院党团会议记录》（CDU/CSU - Fraktion im Deutschen Bundestag, Protokoll der CDU/CSU - Fraktionssitzung vom 23. 1. 1990）。

21. 德累斯顿银行首席国民经济分析师恩斯特·莫里茨·利普博士（Dr. Ernst Moritz Lipp）早前就提出了双轨货币模型；比较：1989 年 12 月 15 日《商报》；也比较：1990 年 1 月 4 日恩斯特·莫里茨·利普的文章：《民主德国货币政策选择》（Währungspolitische Optionen für die DDR）。联邦财政部贝格尔案卷（BMF Handakten Berger）。

22. 蒂洛·萨拉辛，社民党成员，1990 年 10 月成为联邦财政部托管局下属部门"法律与专业监事会"（Treuhandanstalt-Rechts- und Fachaussicht）主任，1991 年莱茵 - 普法尔茨州财政部国务秘书。1997 年被任命为托管局国家房地产有限公司（Treuhand Liegenschaftsgesellschaft mbH）董事长。

23. 格尔特·哈勒尔博士，国民经济学家，1993 年成为联邦财政部国务秘书。

24. 霍斯特·科勒尔博士是货币与信贷司司长，哈勒尔的前任；1990 年 1 月晋升为联邦财政部国务秘书，接替调进联邦银行董事会的蒂特梅耶。1993 年，科勒尔成为德国储蓄与转账银行联合会（Deutscher Sparkasse- und Giroverband）总裁。

25. 也比较：科勒尔：《大家一起上》（Alle zogen mit），该文见：特奥·魏格

尔、曼弗雷德·席尔编著《改变德国和世界的日子》 ［Theo Waigel/
Manfred Schell（hrsg.）：Tage，die Deutschland und die Welt veränderten，
1994，S. 118 f］。

26. 联邦财政部贝格尔案卷（BMF，Handakten Berger），1989 年 12 月 21
日；比较：萨拉辛，见：特奥·魏格尔、曼弗雷德·席尔（编著）
《改变德国和世界的日子》［Theo Waigel/Manfred Schell（hrsg.）：
Tage，die Deutschland und die Welt veränderten，1994，S. 169 ff］。

27. 萨拉辛：情形……（Sarrazin，Szenario…），1989 年 12 月 21 日，第 17
页，联邦财政部贝格尔案卷（BMF Handakten Berger）。

28. 布鲁金斯研究所（Brookings - Institut）在 1991 年 2 月所做民意调查基
础上公开发表的研究得出结论，绝大多数被访者还是不愿迁居西德，
即便他们在那里可以挣双倍收入（George Akerlof/Andrew Rose u. a.：
East Gemany in from the Cold：The Economic Aftermath of Currency Union.
Brookings Papers on Economic Activity，Washington 1/1991）。假如没有
出现货币联盟，那么这种调研对东德工人是否愿意迁居西德自然没有
说服力。此外，对于全体工人来说，被访者并无代表性。

29. 1994 年第 51～52 期《德国经济研究所周刊》1990 年第 51～52 期《德
国经济研究所经济周刊》(DIW - Wochenbericht，51 - 52/1990)。

30. 社民党健康和社会部长英格里德·斯塔莫尔："关于联邦总理和政府
成员与柏林市长和议会成员 1989 年 12 月 1 日会谈的记录"（Ingrid
Stahmer：Protokoll über das Gespräch des Bundeskanzlers und Mitgliedern der
Bundesregierung mit dem Regierenden Bürgermeister von Berlin und
Mitgliedern des Senats am 1. 12. 1989，BK BMF W 1746 Bd. 1）。

31. 1990 年 1 月 10 日联邦经济部长：事件按语，事由：1990 年 1 月 4/5 日
民主德国在东柏林就外国参股情况下企业注册和行为条例草案的专家
会谈（Ergebnisvermerk betr.：Expertengespräch über Verordnungsentwurf
der DDR über die Gründung und Tätigkeit von Unternehmen mit
ausländischer Beteiligung am 4. /5. Januar 1990 in Ost - Berlin），联邦财
政部贝格尔案卷（BMF Handakten Berger）。

32. 马蒂亚斯·贝格尔博士，时任政府办公室主任，1990 年 2 月后，接替
萨拉辛任联邦财政部 VII A 1 处处长。

33. 事由：民主德国，此处：民主德国政府计划的促进外国在民主德国投资

的措施（Die von der DDR – Regierung geplanten Massnahmen zur Förderung von Auslandsinvestitionen in der DDR, 10. 1. 1990, BMF VII A 1）。

34. 萨拉辛，见：特奥·魏格尔、曼弗雷德·席尔（编著）《改变德国和世界的日子》〔Theo Waigel/Manfred Schell（hrsg.）: Tage, die Deutschland und die Welt veränderten, 1994, S. 175〕。

35. 萨拉辛博士，1990年1月10日，事由：西德与东德货币联盟的可行性（Dr. Sarrazin, 10. 1. 1990. Betr.: Möglichkeit einer Währungsunion Bundesrepublik/DDR），联邦财政部贝格尔案卷（BMF Handakten Berger）。

36. 在萨拉辛处复印的报告全文，见：特奥·魏格尔、曼弗雷德·席尔（编著）《改变德国和世界的日子》〔Theo Waigel/Manfred Schell（hrsg.）: Tage, die Deutschland und die Welt veränderten, 1994, S. 176 ff〕。

37. 魏格尔在1997年10月23日接受笔者采访时如是说。

38. 这是在德国电视台播放的美国侦探系列的名称。比较：科勒尔：《大家一起上》（Alle zogen mit）该文见：魏格尔、席尔：《改变德国和世界的日子》，第119页，

39. 1990年1月26日联邦财政部处长格尔特·哈勒尔博士致司长格奥尔格·格林（Ministerialdirigent Dr. Gert Haller an Ministerialdirektor Dr. Georg Grimm, Bundeskanzleramt…, 26. 1. 1990, BK 35 400 17696 Wi 008）。

40. 科勒尔，见：魏格尔、席尔：《改变德国和世界的日子》〔Theo Waigel/Manfred Schell（hrsg.）: Tage, die Deutschland und die Welt veränderten, 1994, S. 119〕；萨拉辛，同上，S. 182。

41. 联邦财政部贝格尔案卷（BMF Handakten Berger）：萨拉辛提供的复印件，见：魏格尔、席尔：《改变德国和世界的日子》〔Theo Waigel/Manfred Schell（hrsg.）: Tage, die Deutschland und die Welt veränderten, 1994, S. 182 – 190〕。

42. 见：联邦财政部贝格尔案卷（BMF Handakten Berger）中的文件。

43. 蕾娜特·菲利普－科恩（德国经济研究所）、乌多·卢特维希（民主德国科学院经济科学中央研究所）:《对民主德国经济落差平衡规模》（Renate Filip Köhn/Udo Ludwig: Dimensionen eines Ausgleichs des Wirtschaftsgefälles zur DDR），该文见:《德国经济研究所》第3号讨论稿（DIW – Diskussionspapier Nr. 3）；也参阅：1990年第14期《德国经济研

究所周刊》1990 年第 21 期《德国经济研究所经济周刊》(DIW - Wochenbericht，14/1990)：《联邦德国与民主德国经济效率比较》(Zum Produktivitätsvergleich Bundesrepublik – DDR)。

44. 约翰内斯·路德维希博士，生于 1945 年，商学硕士，1990 年在联邦总理府负责经济政策，1994 年成为联邦经济部国务秘书并负责东部建设，1997 年成为德国铁路董事会主席。

45. 1997 年 1 月 8 日蒂洛·萨拉辛接受笔者采访。

46. 1995 年 3 月 14 日约翰内斯·路德维希接受笔者采访。

47. 布鲁诺·布莱布特罗伊博士，部委司长，在联邦财政部中任欧共体、州和市政财政关系、国际财政关系、国家与宪法法律司司长。

48. 科勒尔如是说，见：魏格尔、席尔：《改变德国和世界的日子》［Theo Waigel/Manfred Schell (hrsg.)：Tage, die Deutschland und die Welt veränderten，1994，S. 120］也比较：施密特－布莱布特罗伊：《法律层面的国家条约》(Schmidt Bleibtreu：Zur rechtlichen Gestaltung des Staatsvertrags) 同上，S. 228。

49. 1997 年 10 月 23 日魏格尔接受笔者采访；也比较：科勒尔，见：魏格尔、席尔：《改变德国和世界的日子》［Theo Waigel/Manfred Schell (hrsg.)：Tage, die Deutschland und die Welt veränderten，1994，S. 120］。

50. 萨拉辛这样认为，见：魏格尔、席尔：《改变德国和世界的日子》［Theo Waigel/Manfred Schell (hrsg.)：Tage, die Deutschland und die Welt veränderten，1994，S. 182］。

51. 1997 年 10 月 23 日魏格尔与笔者的专访。

52. 另见：耶格尔：德国统一史第三卷《克服分裂》(Jäger：Die Überwindung der Teilun："Geschichte der deutschen Einheit")。

53. 特尔切克：《329 天——德国统一的内部视角》(Teltschik：329 Tage. Innernansichten der Einigung，1991，S. 121)。

54. 特尔切克：《329 天——德国统一的内部视角》(Teltschik：329 Tage. Innernansichten der Einigung，1991，S. 121)。

55. 科尔：《我要德国统一》(Helmut Kohl：Ich wollte Deutschlands Einheit，1996，S. 254)。

56. 科尔：《我要德国统一》(Helmut Kohl：Ich wollte Deutschlands Einheit，1996，S. 255 f)。

57. 米夏埃尔·梅尔特斯博士，自 1987 年以来在联邦总理府处长，1993 年担任联络和公关工作部（Kommunikation und öffentlichkeitsarbeit）国内工作组组长，1995 年 1 月后担任司长，并任第五司（社会与政治分析、文化事务）司长。西格哈特·内林博士，国民经济学硕士，1987 年起任职于联邦总理府，1991 年起任经济政策工作组组长，有时也负责东部建设，1992 年任图林根州财政部国务秘书，1995 年任部委司长，总理府第四司（经济与财政政策，东部建设司）司长。克劳斯·戈托博士，时任社会与政治分析组组长，后任国内新闻信息司司长。诺贝特·普利尔博士，1983 年起在联邦总理府主要负责准备总理的讲稿和发布会。

58. 见：联邦总理府司长米夏埃尔·梅尔特斯案卷（BK Handapparat Ministeriaidirektor Michael Mertes）。

59. 《德国'90》第 24 卷（Deutschland'90，Bd. 24，S. 14607）。

60. 1997 年 10 月 27 日笔者采访科尔；关于提供援助贷款，也比较：特尔切克：《329 天》，第 108 页《329 天——德国统一的内部视角》（Teltschik：329 Tage. Innernansichten der Einigung，1991，S. 108）。

61. 1995 年 3 月 14 日笔者采访约翰内斯·路德维希。

62. 纪要：联邦总理与民主德国总理莫德罗会谈［BK 21—301 00（56）—Ge 28（VS）］。

63. 特尔切克：《329 天》《329 天——德国统一的内部视角》（Teltschik：329 Tage. Innernansichten der Einigung，1991，S. 129 ff）。

64. 曼弗雷德·席尔：富有前景的崩溃（Manfred Schell：Zusammenbruch mit Perspektive），见：魏格尔、席尔：《改变德国和世界的日子》［Theo Waigel/Manfred Schell（hrsg.）：Tage，die Deutschland und die Welt veränderten，1994，S. 18］。

65. 1997 年 10 月 23 日笔者专访。

66. 1998 年 1 月 13 日笔者专访。

67. 1990 年 2 月 6 日"基民盟/基社盟议会党团会议记录"（Protokoll der CDU/CSU - Fraktionssitzung vom 6. 2. 1990，S. 5f）。康拉德-阿登纳基金会档案（Archiv der Konrad Adenauer - Stiftung）。

68. 1990 年 2 月 6 日"基民盟/基社盟议会党团会议记录"（Protokoll der CDU/CSU - Fraktionssitzung vom 6. 2. 1990，S. 36）。

69. 1990 年 2 月 6 日 "基民盟/基社盟议会党团会议记录"（Protokoll der CDU/CSU – Fraktionssitung vom 6.2.1990，S.16）。

70. 1990 年 2 月 6 日 "基民盟/基社盟议会党团会议记录"（Protokoll der CDU/CSU – Fraktionssitung vom 6.2.1990，S.24）。

71. 联邦经济部长赫尔穆特·豪斯曼博士：与民主德国建立经济与货币联盟的三阶段计划建议（Dr. Helmut Haussmann：Vorschlag eines 3 – Stufenplans für eine Wirtschafts- und Währungsunion mit der DDR，6.2.1990，DBB B 330/23182）。关于自民党 2 月初的立场，见：《德国'90》第 24 卷（Deutschland'90，Bd.24，S.14605，S.14617，S.14623）。

72. 民主德国方面整理的关于波尔与卢福特会谈的备忘录证实了这一点，见以下档案中的文件：BA DC 20/11 379。

73. 萨拉辛、贝格尔：1990 年 2 月 5 日通过国务秘书科勒尔呈交部长（Sarrazin，Berger，M über St Kö，5.2.1990），事由：1990 年 2 月 5 日您与联邦银行行长的会谈（Ihr Gespräch mit Bundesbankpräsideat Pähl am 5.2.1990），见：联邦财政部贝格尔案卷（BMF Handakten Berger）。

74. 席尔，见：魏格尔、席尔：《改变德国和世界的日子》[Theo Waigel/Manfred Schell（hrsg.）：Tage, die Deutschland und die Welt ver?nderten，1994，S.17]。在 1997 年 10 月 23 日接受笔者采访时，魏格尔也确认，珀尔在 1990 年 2 月 5 日的谈话之后，就想到快速建立货币联盟的可能性。

75. 同上，第 18 页。

76. 每日专题中的采访，见：《德国'90》第 24 卷（Deutschland'90，Bd.24，S.14625）。

77. 1991 年 3 月，珀尔在欧洲议会货币委员会上的讲话富有特点。他对不以全面接近的国民经济为基础而建立欧洲货币联盟提出警告，并指出如果德国要重新快速统一，那么在统一货币过程中，不同的发展水平必须通过资本转移支付得到平衡。德国货币联盟的结果是"灾难性"的；比较：1991 年 3 月 21 日《新苏黎世报》（Neue Zürcher Zeitung）。

78. 特尔切克：《329 天——德国统一的内部视角》（Teltschik：329 Tage. Innernansichten der Einigung，1991，S.121）司长梅尔特斯在 1996 年 10 月 28 日的采访中也提供了类似信息。

79. 1990 年 2 月 7 日内阁会议决议，见：Bk 28 299/Ka 006 34 905 20 251。

80. 波恩，1990 年 2 月 14 日：关于 1990 年 2 月 10 日 16：00 至 18：30 联邦总理与戈尔巴乔夫总书记在莫斯科的会谈按语（草本），联邦总理府第二司 [Vermerk über das Gespräch des Bundeskanzlers mit Generalsekretär Gorbatschow am 10. Februar 1990，16.00 bis 18.30 Uhr in Moskau（Entwurf），BK AL 2 21 – 30 130 S 25 De 2/1/90]。

81. 见：本章注释 80。

82. 莫斯科 1990 年 2 月 11 日记录，事由：联邦总理先生对苏联的工作访问……此处：代表团会谈（1990 年 2 月 10 日……），联邦总理府 212 处 [Vermerk betr.：Arbeitsbesuch des Herrn Bundeskanzlers in der Sowjetunion … hier：Delegationsgespräch（10. Februar 1990 …），BK Referatsleiter 212 21 – 301 00 56 – Ge28]。

83. 1990 年 2 月 5 日《明镜周刊》(Der Spiegel)。

84. 1990 年 2 月 9 日《法兰克福评论报》(Frankfurter Rundschau) 上诺贝特·维乔雷克（Norbert Wieczorek）的访谈，见：《德国’90》第 24 卷（Deutschland’90，Bd. 24，S. 14673）。

85. 比较：1990 年 7 月 2 日《德国联邦议院中的社民党》(Die SPD in Deutschen Bundestag) 中马特乌斯 – 迈尔的看法，见:《德国’90》第 24 卷（Deutschland’90，Bd. 24，S. 14673）；马特乌斯 – 迈尔：1990 年 2 月 13 日《南德意志报》(Süddeutsche Zeitung)。

86. "汉斯 – 约亨·福格尔的党团会议的报告"（Hans – Jochen Vogels politischer Bericht vor der Fraktion），该报告，见：1990 年 2 月 13 日第 346 期《德国联邦议院中的社民党》(Die SPD in Deutschen Bundestag，Nr. 346)。

87. 1990 年 2 月 26 日《明镜周刊》(Der Spiegel，S. 16 f)。

88. 详细阅读：耶格尔：德国统一史第三卷《克服分裂》(Jäger：Die überwindung der Teilung. Geschichte der deutschen Einheit)。

89. 马尔库斯·梅克尔在与凯特勒会谈时这么说。凯特勒：《东德社民党对经济与货币联盟的态度》，慕尼黑大学 1995 年未发表的硕士论文（Ketterle：Die Haltung der ostdeutschen SPD zur Wirtschafts- und Währungsunion，unveröffentlichtes Ms；Magisterarbeit Universität München，1995，S. 32）。

90. 1990 年 2 月 24 日《南德意志报》(*Süddeutsche Zeitung*)、1990 年 2 月 26 日《商报》。

91. 联邦议院绿党新闻处（Die Grünen Im Bundestag, Pressed），1990 年 2 月 9 日，见：《德国' 90》第 24 卷（Deutschland ' 90, Bd. 24, S. 4676)。

92. 自民党议会党团消息通报。1990 年 2 月 7 日第 157 期《自民党每日通报》（FDP – Tagesdienst），该通报见：《德国' 90》第 24 卷（Deutschland' 90, Bd. 24, S. 14635)。

93. 此刻涉及联邦政府对民主德国经济援助的状况，见：《德国联邦议院讨论录》，第 11 选期，1990 年 2 月 7 日第 193 次会议速记报告（Verhandlungen des Deutschen Bundestags, 11. Wahlperiode, Stenogr. Berichte der 193. Sitzung am 7. 2. 1990)，S. 14851 – 14866)。

94. 1997 年 10 月 23 日科尔接受笔者采访。

95. 1990 年 3 月 9 日《法兰克福评论报》，见：《德国 '90》第 27 卷（Deutschland' 90, Bd. 27, S. 16221)。

96. 见：双方在 1990 年 2 月 14 日《商报》上的表态，该文见：《德国' 90》第 27 卷（Deutschland' 90, Bd. 27, S. 16108, S. 109)。

97. 1990 年第 3 期《展望》(Umschau 3/1990, S. 32 ff)：汉斯·于尔根·诺特豪夫：《货币与经济联盟给人民带来的风险——昂贵的历险》(Hans Jürgen Nordhoff: Risiken einer Währungs- und Wirtschaftsunion für die Bevölkerung. Teures Abenteuer)，该文见：《工会会员》(Gewerkschafter) S. 12 f。

98. 见：德国工会联合会联邦新闻处：1990 年 3 月 6/7 日《信息服务》(Bundespressestelle des DGB：Informationsdienst)。

99. 《宏观经济发展评估"五闲人"专家委员会评估年鉴》(SVR：Jahresgutachten 1990/91, S. 306)。

100. 卢茨·霍夫曼：《违背经济学理性》(Lutz Hoffmann：Wider die ökonomische Vernunft)，该文见：1990 年 2 月 10 日《法兰克福汇报》（*Frankfurter Allgemeine Zeitung*)。

101. 1990 年 2 月 14 日访谈，见：《德国' 90》第 24 卷（Deutschland' 90, Bd. 24, S. 14723)。

102. 少数例外的典型代表有：汉斯·于尔根·克虏伯（Hans Jürgen

Krupp），汉堡财政参议员，曾任德国经济研究所所长；比较：1990
年2月9日《商报》，该文见：《德国'90》第24卷（Deutschland'
90，Bd. 24，S. 14678）。

103. 1990年2月23日《商报》，奥托·施莱希特：《在学究们的热炉背后》
（Otto Schlecht：Hinter dem warmen akademischen Ofen），该文见：《德
国'90》第24卷（Deutschland'90，Bd. 24，S. 14765）。

104. 在2月9日联邦新闻发布会上如是说，比较：1990年2月10日《法
兰克福汇报》（Frankfurter Allgemeine Zeitung），该文见：《德国'90》
第27卷（Deutschland'90，Bd. 27，S. 16072）。

105. 1990年2月9日《斯图加特新闻》（*Stuttgarter Nachrichten*）。

106. 1990年2月20日《法兰克福评论报》访谈，见：《德国'90》第24
卷（Deutschland'90，Bd. 24，S. 14759）。

107. 《德国'90》第26卷（Deutschland'90，Bd. 26，S. 15669）。

108. 瓦尔特·西格尔特博士，生于1929年，1980年起任财政部国务秘书。
1990年1~3月任财政部长，1990年4~9月任财政部国务秘书。

109. 瓦尔特·西格尔特、霍斯特·卡明斯基对谈判立场的建议（Walter
Siegert，Horst Kaminsky：Vorschlag für eine Verhandlungsposition
10. 2. 1990），见：联邦财政部柏林办事处（BMF Außenstelle Berlin I，
1 zur WWU），该文见：《德国'90》第27卷（Deutschland'90，
Bd. 27，S. 16074）。

110. 在1990年2月10日《法兰克福汇报》（*Frankfurter Allgemeine Zeitung*）
上，卢福特警告过快引进货币联盟，该文见：《德国'90》第27卷
（Deutschland'90，Bd. 27，S. 16074）。

111. 《德国社民党经济政策方案》（Wirtschaftspolitisches Programm der
Sozialdemokratischen Partei Deutschlands，S. 5），见：社民党新闻处：
第45年度第15期《经济》（Sozialdemokratischer Pressedienst，
Wirtschaft，45 Jahrg.，Nr. 15）。

112. 附件1和附件6涉及"'圆桌会议立场……"，见：赫尔穆特·海尔
勒斯、埃瓦尔德·卢瑟 Helmut Herles/Ewald Rose（Hrsg.）：Vom
Runden Tisch zum Parlament，1990，S. 115）也比较：BA DA 3/12。

113. 这些阐述基于西德备忘录：1990年2月15日波恩：关于1990年2月
13日10：00至11：00联邦总理与民主德国总理汉斯·莫德罗的会谈

按语，联邦总理府第二司（Vermerk über das Gespräch des Bundeskanzlers mit DDR – Ministerpräsident Hans Modrow am 13. Februar 1990），BK Abteilungsleiter 2 21 – 35 400 – De 26/5/90；东德备忘录：1990年2月15日部长会议决议，关于总理…1990年2月13日和14日在波恩访问的报告（Beschluss des Ministerrats der DDR…am 13. und 14. Februar 1990 in Bonn，BA DC 20/1/3/2912）；更多依据西部备忘录；也比较：特尔切克：《329天——德国统一的内部视角》（Teltschik：329 Tage. Innernansichten der Einigung，1991，S. 145）科尔《我要德国统一》（Helmut Kohl：Ich wollte Deutschlands Einheit，1996，S. 295）。

114. 在东德会谈记录中，不叫"谈判"，而称"会谈"。

115. 在东德会谈记录中，只是进行了如下记载：确切地说，到年底民主德国需要30亿西德马克"免费贷款"，以应对其无力偿还的债务。

116. 民主德国会谈记录是这样记录的；1990年2月15日部长会议决议，访问过程中代表团会谈记录汇总（Beschluss des Ministerrats vom 15. 2. 1990，Bericht über den Besuch，zusammenfassung der Sitzung im Kreis der Delegierten，BA DC 20/I/3/2912）。

117. 有关民主德国代表团的言论，比较：《德国'90》第35卷（Deutschland'90，Bd. 35，S. 495 ff）。

118. 在联邦议院关于科尔1990年2月25日政府声明的辩论中，福格尔发表的演讲，见：《德国联邦议院讨论录》，第11选期，1990年1月15日第197次会议速记报告（Verhandlungen des Deutschen Bundestags，11. Wahlperiode，Stenogr. Berichte der 197. Sitzung am 15. 1. 1990，S. 15110f. ）。

119. 民主德国部长会议：部长会议1990年2月14日决议（Ministerrat der Deutschen Demokratischen Republik，Beschluss des Ministerrats vom 15. 2. 1990，Bericht über den Besuch，Zusammenfassung der Sitzung im Kreis der Delegierten，BA DC 20/I/3/2912，S. 7）。

第五章 开局对弈

1. 1998年1月13日格拉夫·拉姆斯多夫接受本书作者采访。

2. 瓦尔特·龙姆贝格博士，数学家，参与和平运动并任职于新教教会联盟神学研究室，1990 年 4 月 12 ～ 20 日任德梅齐埃政府财政部长。

3. 见：1990 年 2 月 19 日德意志内部关系工作小组政府高级官员科努尔博士按语：事由：1990 年 2 月 16 日与联邦总理、联邦经济部、联邦劳动部和联邦银行在联邦财政部的会谈，此处：1990 年 2 月 20 日为东柏林专家委员会首次会晤做准备（Arbeitsgruppe Innerdeutsche Beziehungen，19. 2. 1990，ORR Dr. Knoll：.....Vermerk Betr.：Besprechung mit BK，BMA und Bundesbank im BMF，16. 2. 1990，Vorbereitung des ersten Treffens der Expertenkommission in Berlin – Ost am 20. 2. 1990，BMF W 1746 Bd. 2）；也比较萨拉辛，见：特奥·魏格尔、曼弗雷德·席尔（编著）:《改变德国和世界的日子》[Theo Waigel/Manfred Schell（hrsg.）：Tage，die Deutschland und die Welt veränderten，1994，S. 195 f]。

4. 财政和物价部（Ministerium der Finanzen und Preise），柏林，1990 年 2 月 13 日；联邦财政部柏林办事处（BMF Außenstelle Berlin，Ordner I，1 zur WWU）。

5. 这与西德"建议文件"中提到的立即谈判并不矛盾。

6. 1997 年 4 月 8 日瓦尔特·西格尔特在接受笔者采访时如此认为。

7. 德意志内部关系工作小组按语，事由：2 月 20 日专家委员会在东柏林为准备货币联盟与经济共同体（……）而召开的组建会议 [Arbeitsgruppe Innerdeutsche Beziehungen，Vermerk Betr.：Konstituierende Sitzung der Expertenkommission zur Vorbereitung einer Währungsunion und Wirtschaftsgemeinschaft（…）am 20. Feb. In Ost – Berlin，BMF W 1746 Bd. 2]。

8. 见：BMF W 1746 Bd. 3。

9. 主要基于财政部 2 月 20 日阐述的指示：联邦财政部柏林办事处，I 号文件夹，货币与经济联盟 1 号文件：工作小组工作指示"将民主德国的经济过渡到市场经济的条件中以及尤其与东德经济调整方案相关的问题"（BMF Aussenstelle Berlin，Ordner I，1 zur WWU，20. 2. 1990：Direktive für die Arbeit der Arbeitsgruppe "Umgestaltung der Wirtschaft der DDR auf marktwirtschaftlichen Bedingungen und damit im Zusammenhang stehende Fragen insb. eines Anpassungsprogramms für die Wirtschaft der DDR"）。2 月 26 日，经济委员会通过了该文本的修订版，见：联邦财政部资料（BMF W 1776 Bd. 3）。

10. 部长会议经济委员会，1990 年 2 月 26 日（Arbeitsgruppe Innerdeutsche Beziehungen，12. 3. 1990：Vermerk Betr.：2. Sitzung Expertenkommission zur Vorbereitung einer Währungsunion mit Wirtschaftsgemeinschaft am 5. März 1990 – Gesprächsführungsvorschlag，BMF W 1776 Bd. 3）。

11. 德意志内部关系工作小组，1990 年 3 月 5 日（Arbeitsgruppe Innerdeutsche Beziehungen，12. 3. 1990：Vermerk Betr.：2. Sitzung Expertenkommission zur Vorbereitung einer Währungsunion mit Wirtschaftsgemeinschaft am 5. März 1990 – Gesprächsführungsvorschlag，BMF W 1910 Bd. 1）。

12. 德意志内部关系工作小组，联邦财政部资料（Arbeitsgruppe Innerdeutsche Beziehungen，12. 3. 1990：St. Köhler auf dem Dienstwege m. d. B. um Kenntnisnahme：Betr.：Inoffizielles DDR – Konzept zur Bildung einer Währungsunion mit Wirtschaftsgemeinschaft，BMF W 1910 Bd. 1）。

13. 145 亿西德马克流通现金、1624 亿西德马克转账和储蓄账户存款、141 亿西德马克人寿保险存款；比较：专家委员会工作小组报告（Bericht der Arbeitsgruppen der Expertenkommission，Anlagen，BMF W 1910 Bd. 1）。

14. 1990 年 2 月 20 日，卡明斯基和斯道尔在货币工作小组如是说，德意志内部关系小组按语，事由：专家委员会"货币"工作小组会议［Arbeitsgruppe Innerdeutsche Beziehungen，Vermerk Betr.：Sitzung der Arbeitsgruppe "Währung" der Expertenkommission（…），22. 2. 1990，BMF W 1746 Bd. 2］。

15. 在其按语中如是记载，事由：专家委员会第二次会议［Vermerk：Betr.：2. Sitzung der Expertenkommission（…），BMF W 1910 Bd. 1）］。

16. 专家委员会"货币"工作小组最终报告如是记载，发。见：联邦财政部资料（BMFW 1910 Bd. 1，S. 4）。

17. 这个问题无法在货币工作小组中得到细致处理，因此，联邦银行的科尼希博士和萨拉辛于 1990 年 2 月 23 日访问了东柏林的国家银行。

18. 科尼希博士：1990 年 2 月 26 日就解决技术细节问题采访民主德国国家银行的报告（Dr. König：Bericht über den Besuch bei der Staatsbank der DDR zur Klärung technischer Einzelfragen，BMF W 1746 Bd. 2）。

19. 1990 年 3 月 13 日专家委员会工作小组报告……（Bericht der Arbeitsgruppe der Expertskommission…，BMF W 1910）。

20. 专家委员会工作小组报告（……）［Bericht der Arbeitsgruppe（…），BMF

W 1910 Bd. 1, S. 23]。

21. 专家委员会工作小组报告（……）[Bericht der Arbeitsgruppe (…), BMF W 1910 Bd. 1, S. 28]。

22. 科勒尔的印刷本，见：特奥·魏格尔、曼弗雷德·席尔（编著）:《改变德国和世界的日子》Theo Waigel/Manfred Schell（hrsg.）: Tage, die Deutschland und die Welt veränderten, 1994, S. 130]。

23. 1990 年 3 月 22 日德意志内部关系工作小组：按业务程序通过国务秘书科勒尔呈交部长，事由：货币联盟与经济共同体（……），此处：1990 年 3 月 22 日联邦总理处的谈话 [Arbeitsgruppe Innerdeutsche Beziehungen, 22.3.1990: M über St Kö auf dem Dienstweg. Betr.: Währungsunion und Wirtschaftsgememschaft（…）, hier: Gespräch beim Bundeskanzler am 22.3.1990, BMF W 1910 Bd. 1]。

24. 1990 年 3 月 15 日《法兰克福汇报》（*Frankfurter Allgemeine Zeitung*），见:《德国'90》第 27 卷，第 16 235 页；联邦财政部《新闻通稿》，见：联邦财政部资料（Die Pressemitteilung, BMF W 1910 Bd. 1）。

25. 1990 年 2 月 20 日，莫德罗在人民议院宣读政府声明时说："具有约束性的准则必须有效，作为二战的结果，在《波茨坦协定》和盟军管制委员会法律基础上进行的财产和占有关系的改革是有效的法律，并且仍然有效。土地财产权以及房屋占有权不许背离服务人民的社会需要这一义务。（……）不应对因战争而在民主德国开展的土地改革产生质疑（……）农民的耕地必须仍归农民。"见:《人民议院会议讨论记录》，第 9 选期，"1990 年 2 月 20/21 日第 17 次会议速记报告"（Verhandlungen der Volkskammer, 9. Wahlperiode, Stenogr. Berichte der 17. Tagung am 20./21.2.1990, S. 473）。

26. 德意志内部关系部（编著）《民主德国手册》，词目：赔款 [Bundesministerium für innerdeutsche Beziehungen（Hrsg.）: DDR-Handbuch, 2. Aufg.: Stichwort Reparationen]。

27. 描述涉及：维迪希·弗里克、克劳斯·马尔科尔:《前民主德国被没收的财产》(Weddig Fricke/Klaus Märker: Enteignetes Vermögen in der Ex-DDR)；也参见：理查德·莫齐:《规范未决财产问题指南》(Richard Motsch: Einführung in die Regelung offener Vermögensfragen)，该文见：1991 年第 1 期《未决财产问题杂志》[Zeitschrift für offene

Vermögensfragen（ZOV），1/1991，S. 4ff.]。

28. 此外，德意志内部关系部莫齐教授参加，他后来担任联邦财政部新成立的"规范未决财产问题"处处长。另外还有一些联邦财政部、联邦司法部和联邦经济部的官员参加。

29. 另外还有民主德国财政和物价部以及财产法律保护局（Amt für Rechtsschutz des Vermögens）其他工作人员参加；1990 年 2 月 9 日民主德国部长会议：民主德国与联邦德国之间有关财产法问题首次专家会谈的行动指示的决议（Ministerrat der DDR：Beschluss über die Direktive für die ersten Expertengespräche zwischen der DDR und der BRD über vermögensrechtliche Fragen，9. 2. 1990，BA DC 20/I/3/2914）；奥特曼博士、霍尔茨博士，事由：与民主德国关于特定的未决财产问题的首轮专家谈判 [VII B 5，VI A 5，MR Dr. Oltmann，MR Holtz，Betr.：1. Runde der Expertengespräche（mit）der DDR über bestimmte offene Vermögensfragen，23. 2. 1990，BMF W 1746 Bd. 3]。

30. 被列入清单的还有，西德和东德的财产所有者在存款 – 偿还 – 债券方面应得到一视同仁的对待。这里涉及的是 1948 年贬值的小额存款（3000 帝国马克以下的额度贬值 10 倍），针对这些存款发行了加息的债券。民主德国财产所有者的债券已经得到支付；对住址不在民主德国的债券持有者 1956 年以后就停止了支付。

31. 1990 年 2 月 19 日德意志内部关系工作小组，事由：与民主德国关于特定的未决财产问题的首轮专家谈判（Arbeitsgruppe Innerdeutsche Beziehungen，19. 2. 1990，Betr.：Erstes Expertengespräch mit der DDR über bestimmte offene Vermögensfragen，BMF VH W 1918 Bd. 1）。

32. 1990 年 2 月 9 日民主德国部长会议，事由：民主德国与联邦德国有关财产法问题首轮专家会谈行动指示的决议（Ministerrat der DDR，9. 2. 1990，Betr.：Beschluss über die Direktive für die ersten Expertengespräche zwischen der DDR und der BRD über vermögensrechtliche Fragen，BA DC20/1/3/29140）。

33. 1990 年 2 月 9 日行动指示的决议……（BA DC 20/I/3/2914）。

34. 1990 年 2 月 23 日处长奥特曼博士、高级行政官员霍尔茨，事由：与民主德国关于特定的未决财产问题的首轮专家谈判 [VII B 5/VI A 5，MR Dr. Oltmann，MR Holtz，Betr.：1. Runde der Expertengespräche（mit）

der DDR über bestimmte offene Vermögensfragen，23. 2. 1990 BMF W 1746
Bd. 3]；德意志内部关系工作小组：事由：与民主德国关于特定的未
决财产问题的首轮专家谈判（Arbeitsgruppe Innerdeutsche Beziehungen，
RR Erdwiens Abt. VI 19. 2. 1990：Betr. : Erstes Expertengespräch mit der
DDR über bestimmte offene Vermögensfragen，BMF VII W 1918 Bd. 1）；
民主德国与联邦德国有关财产法问题首轮专家会谈行动指示的详细决
议（Die ausführliche Direktive des Ministerrats der DDR für die ersten
Expertengespräche über vermögensrechtliche Fragen，in：BA DN 1/23
116）。

35. 见以下文件：BA DC 20/4998（1）。

36. 见以下文件：BA DC 20/4998（3）。

37. 见以下文件：BA DC 20/4998（2）。

38. 对莫德罗总理 1990 年 3 月 2 日公函和部长议会 1990 年 3 月 1 日声明的
表态（BK Ka 006 28 299—349 05 20 353）；拉尔斯博士：事由：1990
年 3 月 28 日“德国统一”内阁委员会会议，此处：未决财产问题（VI
A 1，MR Dr. Laars，RR Erdwiens，27. 3. 1990：Betr. : Sitzung des
Kabinettsausschusses “Deutsche Einheit” am 28. März 1990；hier：Offene
Vermögensfragen，BMF VII W 1918 Bd. 1）。

39. 例如，为多罗特·魏姆斯 1990 年 3 月 15 日所做报告准备的发言稿；
见：联邦财政部资料（Sprechzettel für Ministerin Dorothea Wilms für
Referat am 14. März 1990；BMF，W 1910，Bd. 1）。

40. 1990 年 3 月 29 日联邦司法部长：事由：“德国统一”内阁委员会，此
处：未决财产问题（Der Bundesminister der Justiz，AG IB－1083，
29. 3. 1990：Betr. : Kabinettsausschuss Deutsche Einheit。hier：Offene
Vermögensfragen，BMF VII W 1918 Bd. 1）。

41. 以原来方式组合，因为德梅齐埃政府组阁需要时间，莫德罗政府仍在
执政。

42. 1990 年 4 月 3 日德意志内部关系部第 II B 司分管司长：事由：1990
年 3 月 29/30 日在民主德国财政部举行的“澄清未决财产问题”第 2
次专家会议（BMB，Unterabteilungsleiter II B，3. April 1990；Betr. : 2.
Sitzung der Expertengruppe “Klärung offener Vermögensfragen” am 29. /
30. 3. 1990 im Finanzministerium der DDR，Kurzbericht，BMF Ⅶ W 1918

Bd. 1）。

43. 1990 年 4 月 24 日政府高级官员拉尔斯博士和政府高级官员奥特曼博士，事由：未决财产问题（……）［VI A1, VII B 5 MR Dr. Laars und MR Dr. Oltmann, 24. 4. 1990：Betr. : Offene Vermögensfragen（…），VII W 1918 Bd. 1］。

44. 1990 年 3 月 27 日塔斯社，见：1990 年 3 月 23 联邦新闻局翻译版本，该版本见：联邦财政部资料（BMF W 1918 Bd. 1）。

45. 1990 年 3 月 5 日第七司，事由：1990 年 3 月 6 日执政联盟"德国政策问题"会谈，事由：1990 年 3 月 6 日执政联盟会谈"德国政策问题"（AL VII, 5. 3. 1990：Betr. : Koalitionsgespräch am 6. 3. 1990 "Deutschlandpolitische Fragen", BMF W 1910 Bd. 1）。

46. 比较：事由：货币联盟和经济共同体与民主德国，此处：关于货币联盟和经济共同体条约模式草稿（VA5/VI a1, 5. 3. 1990：Betr. : Währungsunion und Wirtschaftsgemeinschaft mit der DDR, hier: Skizze des Modells eines Vertrags über die Währungsunion und Wirtschaftsgemeinschaft, BMF W 1910 Bd. 1）。

47. 萨拉辛如此说，见：特奥·魏格尔、曼弗雷德·席尔（编著）:《改变德国和世界的日子》［Theo Waigel/Manfred Schell（hrsg. ）: Tage, die Deutschland und die Welt veränderten, 1994, S. 199］。

48. 1997 年 1 月 8 日，笔者采访蒂洛·萨拉辛。

49. "初始草案"的标题是："向民主德国建议草纲：建立联邦德国与民主德国货币，经济和社会共同体的条约"（"Erste Skizze für einen Vorschlag an die DDR: Vertrag über die Schaffung einer Währungsunion, Wirtschafts- und Sozialgemeinschaft zwischen der BRD und der DDR", 4. 4. 1990, BMF W 1910 Bd. 3）。

50. 1990 年 4 月 4 日德意志内部关系工作小组处长萨拉辛博士和政府部门主任拉德马赫：经国务秘书科勒尔呈交部长，此处事由：与民主德国的货币、经济和社会共同体，此处：1990 年 4 月 5 日在联邦总理处的会谈（Arbeitsgruppe Innerdeutsche Beziehungen, MR Dr. Sarrazin, RD Radermacher 4. 4. 1990：M über St Kö Betr.: Währungsunion, Wirtschafts- und Sozialgemeinschaft mit der DDR, hier：Gespräch bei BK am 5. April 1990, BMF W 1910 Bd. 3）。

51. 萨拉辛 1997 年 1 月 8 日在接受笔者采访时如是说。

52. 1990 年 3 月 10 日德意志内部关系工作小组政府高级官员萨拉辛博士、政府高级官员拉德马赫和政府参事胡斯博士：国务秘书科勒尔，事由：东德马克转换成西德马克（Arbeitsgruppe Innerdeutsche Beziehungen, MR Dr. Sarrazin, RD Radermacher, ORR Dr. Huß, 10. 3. 1990：St Kö Betr.：Währungsumstellung von Mark der DDR auf DM, BMF W 1910, DBB B 330/23 182）。

53. 德意志内部关系工作小组，1990 年 3 月 10 日萨拉辛等致信国务秘书科勒尔，事由：东德马克转换成西德马克（Arbeitsgruppe Innerdeutsche Beziehungen, Sarrazin u. a., 10. 3. 1990, an St Kö Betr.：Währungsumstellung von Mark der DDR auf DM, BMF W 1910）。

54. 1990 年 3 月 8 日《商报》，见：《德国 ' 90》第 28 卷（Deutschland ' 90, Bd. 28, S. 17332）；1990 年第 10 期《明镜周刊》（Der Spiegel, S. 16 f）报道了联邦银行董事会成员科勒尔教授撰写的文章。其中，他考虑流通量也以 1 : 1 转换。

55. 民主德国建立货币联盟——东德马克与西德马克的转换关系（BMA la 3 - 11 451 - 1 Bonn, 6. 3. 1990：Herstellung der Währungsunion mit der DDR - Umtauschverhältnis von Mark der DDR zu DM, BMF W 1911 Bd. 1）。

56. 比较：1990 年 3 月 14 日《法兰克福汇报》（Frankfurter Allgemeine Zeitung），见：《德国 ' 90》第 28 卷。

57. 比较：1990 年 3 月 14 日《商报》，见：《德国 ' 90》第 28 卷（Deutschland ' 90, Bd. 28）。

58. 比较：1990 年 3 月 15 日《法兰克福汇报》（Frankfurter Allgemeine Zeitung），见：《德国 ' 90》第 28 卷（Deutschland ' 90, Bd. 28, S. 18341）。大量有关货币转换讨论报刊报道文件，见:《德国 ' 90》第 28 卷（Deutschland ' 90, Bd. 28, S. 17327 f）。

59. 1990 年 4 月 4 日德意志内部关系工作小组处长萨拉辛博士和政府部门主任拉德马赫：经国务秘书科勒尔交送部长，此处事由：与民主德国的货币、经济和社会共同体，此处：1990 年 3 月 22 日在联邦总理处的会谈（Arbeitsgruppe Innerdeutsche Beziehungen, Dr. Sarrazin, 22. 3. 1990：M über St Kö, Betr.：Währungsunion und Wirtschaftsgemeinschaft …, hier:

Gespräch bei BK am 22. März 1990, BMF, W 1910, Bd. 1）。

60. 比较：财政部德意志内部关系工作小组：东德马克转换成西德马克的模式考量（BMF, Arbeitsgruppe Innerdeutsche Beziehungen, 28. 3. 1990：Modellüberlegungen für die Umstellung von DDR – Mark auf DM, BMF W 1910, Bd. 3）。

61. 比较：1990 年 3 月 31 日《法兰克福评论报》，见：《德国'90》第 28 卷（Deutschland'90, Bd. 28, S. 17371）。

62. 比较：1990 年 4 月 2 日《南德意志报》（*Süddeutsche Zeitung*）；其他报刊言论，见：《德国'90》第 28 卷（Deutschland'90, Bd. 28, S. 17367 f）。

63. 比较：1990 年 4 月 2 日《法兰克福评论报》，见：《德国'90》第 28 卷（Deutschland'90, Bd. 28, S. 17395）；1990 年 4 月 3 日《商报》；1990 年 4 月 3 日，《法兰克福汇报》（*Frankfurter Allgemeine Zeitung*），见：《德国'90》第 28 卷（Deutschland'90, Bd. 28, S. 17403-17414）。

64. 比较：1990 年 4 月 5 日《商报》，1990 年 4 月 5 日《法兰克福评论报》，见：《德国'90》第 28 卷（Deutschland'90, Bd. 28, S. 17434 f）。

65. 比较：1990 年 4 月 5 日《法兰克福汇报》（*Frankfurter Allgemeine Zeitung*），见：《德国'90》第 28 卷（Deutschland'90, Bd. 28, S. 17436）。

66. 关于有争议问题，见：1990 年 4 月 4 日德意志内部关系工作小组处长萨拉辛博士和高级行政官员拉德马赫博士按工作流程通过国务秘书科勒尔交送部长，事由：与民主德国的货币、经济和社会共同体，此处：1990 年 4 月 5 日在联邦总理处的会谈（Arbeitsgruppe Innerdeutsche Beziehungen, MR Dr. Sarrazin, RD Radermacher, 4. 4. 1990：M über St Kö auf dem Dienstweg, Betr.：Währungsunion, Wirtschafts- und Sozialgemeinschaft mit der DDR, hier: Gespräch bei BK am 5. 4. 1990, BMF W 1910 Bd 3）。

67. 比较：1990 年 4 月 4 日德意志内部关系工作小组按工作流程通过国务秘书科勒尔交送部长，事由：与民主德国的货币、经济和社会共同体，此处：1990 年 4 月 5 日在联邦总理处的会谈（Arbeitsgruppe Innerdeutsche Beziehungen, MR Dr. Sarrazin, RD Radermacher, 4. 4. 1990：M über St Kö auf dem Dienstweg, Betr.：Währungsunion, Wirtschafts- und Sozialgemeinschaft mit der DDR, hier: Gespräch bei BK

am 5. 4. 1990，BMF W 1910 Bd 3）。

68. 魏格尔在 1997 年 10 月 23 日接受笔者采访时如此说。

69. 1990 年 4 月 6 日，蒂特梅耶在与联邦财政部德意志内部关系工作小组和国务秘书迪特尔·伏尔岑（联邦经济部）、雅戈达（联邦劳动和社会秩序部）和金克尔（联邦司法部）进行实质性会谈时是如此认为的，见：德意志内部关系工作小组按语，事由：货币联盟、经济和社会共同体，此处：1990 年 4 月 6 日在联邦总理办公室与蒂特梅耶博士的会谈（Arbeitsgruppe Innerdeutsche Beziehungen, Vermerkung Betr.：Währungsunion, Wirtschafts- und Sozialgemeinschaft, hier：Gespräch mit Dr. Tietmeyer am 6. 4. 1990 im BK, BMF W 1910 Bd. 3）。

70. 1997 年 1 月 8 日在接受笔者采访时，萨拉辛如是表述。

71. 比较：沃尔夫冈·朔伊布勒：《条约——我如何谈判德国统一》（Wolfgang Schäuble：Der Vertrag. Wie ich über die deutsche Einheit verhandelte, 1991, S. 76）。

72. 基于 1990 年 4 月 6 日蒂特梅耶与即将组建的代表团成员以及德意志内部关系工作小组成员的谈话按语，事由：货币联盟、经济和社会共同体，此处：1990 年 4 月 6 日在联邦总理处与蒂特梅耶博士的会谈（Vermerkung Betr.：Währungsunion, Wirtschafts- und Sozialgemeinschaft, hier：Gespräch mit Dr. Tietmeyer am 6. 4. 1990 im BK, BMF W 1910 Bd. 3）Arbeitsgruppe Innerdeutsche Beziehungen；蒂特梅耶：《回忆条约谈判》（Hans Tietmeyer：Erinnerungen an die Vertragsvertragsverhandlungen），该文见：特奥·魏格尔、曼弗雷德·席尔（编著）：《改变德国和世界的日子》[Theo Waigel/Manfred Schell（hrsg.）：Tage, die Deutschland und die Welt veränderten, 1994, S. 64 f]。

73. 德意志内部关系工作小组，事由：货币联盟、经济和社会共同体，此处：1990 年 4 月 6 日在联邦总理处与蒂特梅耶博士的会谈（Arbeitsgruppe Innerdeutsche Beziehungen, 6. 4. 1990：Vermerkung Betr.：Währungsunion, Wirtschafts- und Sozialgemeinschaft, hier：Gespräch mit Dr. Tietmeyer am 6. 4. 1990 im BK, BMF W 1910 Bd. 3）。

74. 给民主德国的建议要素（Elemente für einen Vorschlag an die DDR, Stand 10. 4. 1990, DBB B 330/23 199）。

75. 比较：蒂特梅耶，他的文章见：特奥·魏格尔、曼弗雷德·席尔（编著):《改变德国和世界的日子》［Theo Waigel/Manfred Schell（hrsg.）: Tage，die Deutschland und die Welt veränderten，1994，S. 68 f］。

76. 克劳斯·赖兴巴赫，1945 年生，纺织技术工程师、国有纺织企业厂长。从 1974 年起成为东部基民盟议员，1978 年后基民盟理事会成员，萨克森区基民盟主席；君特·克劳泽博士，1953 年生，工程师和计算机专家，1987 年基民盟巴德多布兰专区（Bad Doberan）主席，1990 年 3 月 18 日入选人民议院，1990 年 3 月起任梅克伦堡－前波莫瑞州基民盟主席，1990 年 10 月起任联邦部长并担任特殊任务部部长，1991 年 1 月任联邦交通部长，1993 年辞职。

77. 比较：蒂特梅耶，他的文章见：特奥·魏格尔、曼弗雷德·席尔（编著):《改变德国和世界的日子》［Theo Waigel/Manfred Schell（hrsg.）: Tage，die Deutschland und die Welt veränderten，1994，S. 70）。

78. 比较：蒂特梅耶，他的文章见：同上，S. 71。

79. 1990 年 4 月 19 日的圆桌方案，其中包括 4 月 19 日部长和国务秘书会议起草的修改，连同以下文件：DBB B 320/24 895；也比较：蒂特梅耶，他的文章见：特奥·魏格尔、曼弗雷德·席尔（编著):《改变德国和世界的日子》［Theo Waigel/Manfred Schell（hrsg.）: Tage，die Deutschland und die Welt veränderten，1994，S. 71］；1990 年 4 月 19 日会议备忘录，见：1990 年 4 月 19 日第五司：国务秘书科勒尔已阅和同意，事由：条约（……），此处：今日联邦总理府部长塞特斯主持下的协商［Abteilungsleiter V，19. 4. 1990: St Kö zur Kenntnisnahme und Billigung. Betr.：Vertrag（…），hier：St. – Besprechung unter Vorsitz von BM Seiters am heutigen Tage，BMF W 1912 Bd. 2］。

80. 比较：德意志内部关系工作小组萨拉辛、海顿：针对未决要点的立场文件［Sarrazin/Heiden，18. 4. 1990: Positionspapier zu den Offene Punkten（…），BMF W 1910 Bd. 4］。

81. 见以下文件：DBB，B 330/24 895。

82. 德意志内部关系工作小组：为 1990 年 4 月 22 日在联邦总理处会谈准备的发言稿（Sprechzettel für das Gespräch beim BK am 22. 4. 1990，BMF W 1910 Sonderordner）。

83. 1990 年 4 月 20 日德意志内部关系工作小组的阐述，见：同上。

84. 1990 年 4 月 20 日德意志内部关系工作小组：为 1990 年 4 月 22 日在联

邦总理处会谈准备的发言稿（Sprechzettel für das Gespräch beim BK am 22.4.1990，BMF W 1910 Sonderordner）。

85. 比较：蒂特梅耶，见他的文章：特奥·魏格尔、曼弗雷德·席尔（编著）：《改变德国和世界的日子》［Theo Waigel/Manfred Schell（hrsgH）：Tage，die Deutschland und die Welt veränderten，1994，S.72］。

86. 比较：蒂特梅耶，他的文章见：同上，S.72。

87. 报刊报道，见：《德国'90》第28卷（Deutschland'90，Bd.28，S.17284 f）。

88. 比较：1990年4月23日《德新社公告》(dpa-bulletin)，见：《德国'90》第28卷（Deutschland'90，Bd.28，S.17286）。

89. 比较：伊丽莎白·诺艾勒－诺伊曼：《民主选战起决定作用》(Elisabeth Noelle - Neumann：Ein demokratischer Wahlkampf gab den Ausschlag)（*Frankfurter Allgemeine Zeitung*），见：1990年3月23日《法兰克福汇报》，见：《德国'90》第39卷（Deutschland'90，Bd.39，S.1381）。

90. 马蒂亚斯·荣格提供的信息：民主德国的政党体系和选举（Matthias Jung：Parteiensystem und Wahlen in der DDR），该文见：1990年第B27期《政治与当代史》(Aus Politik und Zeitgeschichte，B 27/1990)。

91. 根据荣格的看法，见：同上，S.12。

92. 1990年3月20日《法兰克福汇报》（*Frankfurter Allgemeine Zeitung*），见：《德国'90》第39卷（Deutschland'90，Bd.39，S.1514）。

93. 比较：伊丽莎白·诺艾勒－诺伊曼：《民主选战起决定作用》(Elisabeth Noelle-Neumann：Ein demokratischer Wahlkampf gab den Ausschlag)，该文见：1990年3月23日《法兰克福汇报》（*Frankfurter Allgemeine Zeitung*），见：《德国'90》第39卷（Deutschland-90，Bd.39，S.1381）。

94. 比较：伊丽莎白·诺艾勒－诺依曼，该文见：同上。

95. 比较：《德国联邦议院讨论录》，第11选期，1990年3月8日第200次会议速记报告（Verhandlungen des Deutschen Bundestags，11. Wahlperiode，Stenogr. Berichte der 200. Sitzung am 8.3.1990，S.15422）。

96. 总共55%工人作出了选择"德国联盟"的决定。因此，选择基民盟（47%）和基社盟（7%）的工人明显多于社民党（22%）和德国民主社会主义党（12%）；比较：1990年4月6日第56期《选举协会研究小组报告》(Berichte der Forschungsgruppe Wahlen e. V. Nr. 56/6. 4. 1990)。

97. 比较：1990 年 3 月 19 日《明镜周刊》（*Der Spiegel*），见：《德国'90》第 38 卷（Deutschland'90，Bd. 39，S. 1381）。

98. 瓦尔特·龙姆贝格在克里斯蒂安·凯特尔勒的谈话中如是说，凯特尔勒：《社民党的态度》（Ketterle：Die Haltung der ostdeutschen SPD，1995，S. 37），第 37 页。

99. 马尔库斯·梅克尔，生于 1952 年，牧师，参与和平运动，1989 年共创民主德国社会民主党，1990 年 2 月起任社民党副主席，1990 年 4 月 12 日～8 月 20 日任民主德国外交部长，1990 年 10 月起任联邦议院议员。

100. 比较：1990 年 4 月 4 日《波恩评论》（*Bonner Rundschau*），见：《德国'90》第 40 卷（Deutschland'90，Bd. 40，S. 2081）。

101. 梅克尔与克里斯蒂安·凯特尔勒会谈，见：凯特尔勒：《社民党的态度》（Ketterle：Die Haltung der ostdeuschen SPD，1995）。

102. 1990 年 4 月 4 日《法兰克福汇报》（*Frankfurter Allgemeine Zeitung*），见：《德国'90》第 40 卷（Deutschland'90，Bd. 40，S. 2094）。

103. 社民党人民议会党团协调会主席理查德·施罗德（Richard Schröder）谈到了"波恩命令"的危险，1990 年 4 月 4 日《法兰克福汇报》（*Frankfurter Allgemeine Zeitung*），见：《德国'90》第 40 卷（Deutschland'90，Bd. 40，S. 2094）。理查德·施罗德，生于 1943 年，1973～1977 年担任牧师，之后担任教会伦理机构讲师，1989 年 12 月起作为社会民主党（民主德国）成员参与准则、选举大纲和"圆桌会议"宪法的起草工作，1990 年 3～10 月任人民议院议员，1990 年 10 月～1994 年任德国联邦议院议员，1991 年起担任洪堡大学神学教授。

104. 雷吉娜·希尔德布兰德，女，生于 1941 年，生物学硕士，1989 年 9 月活跃于"现在就实行民主"，1989 年 10 月为社民党（民主德国）成员，1990 年 3 月为人民议院议员，1990 年 11 月起任勃兰登堡州劳动和社会部部长。

105. 1997 年 12 月 10 日本作者采访洛塔尔·德梅齐埃。关于理查德·施罗德，比较：本章注释 103。

106. 4 月 3 日德梅齐埃与国务秘书金克尔关于财产问题的会谈：1990 年 5 月 4 日内阁报告会：与民主德国相关的所有制和财产问题（Kabinettsreferat，4. 5. 1990：Eigenturns- und Vermögensfragen im

Verhätnis zur DDR，BK 441 52 602 Ve 45 Bd. 1，B 136/26 459）。

107. 比较：1990 年 4 月 6 日经济委员会：民主德国和联邦德国之间建立货币联盟和经济共同体包括社会联盟的原则和措施（Wirtschaftskomitee：Grundsätze und Maßnahmen zur Schaffung einer Währungsunion und Wirtschaftsgemeinschaft einschließlich eines Sozialverbundes zwischen der DDR und der BRD，BA DE 10/43）。

108. 希尔德布兰德亲自与凯特尔勒会谈，凯尔特勒：《东德社民党对经济与货币联盟的态度》（Ketterle：Die Haltung der ostdeutschen SPD zur Wirtschafts- und Währungsunion，1995）。

109. 沃尔夫冈·蒂尔泽（Wolfgang Thierse）:《发出自己的声音》(Mit eigener Stimme sprechen，1992，S. 39）。

110. 民主德国执政党执政联盟协议，见：德意志内部关系部（编著）：1990 年 4 月 27 日第 8 期《信息》（增刊）［Bundesministerium für innerdeutsche Beziehungen（Hrsg.）：Informationen，27. 4. 90，Nr. 8（Beilage）］。

111. 东德总理政府声明，见:《人民议院会议讨论记录》，第 10 选期，1990 年 4 月 19 日第三次会议速记报告（Verhandlungen der Volkskammer，10. Wahlperiode，Stenogr. Berichte der 3. Sitzung am 19. 4. 1990，S. 44）。

第六章　国家条约

1. 蒂特梅耶，见：特奥·魏格尔、曼弗雷德·席尔（编著）《改变德国和世界的日子》［Theo Waigel/Manfred Schell（hrsg.）：Tage, die Deutschland und die Welt veränderten，1994，S. 76］。

2. 1990 年 4 月 23 日财政部长：关于联邦德国和民主德国之间国家条约的"初始草案"［Minister der Finanzen，23. April 1990：（Zur Rohskizze für den Staatsvertrag zwischen der Bundesrepublik Deutschland und der Deutschen Demokratischen Republik，in：BA DC 20/6008（Archiv Krause）］。

3. 1997 年 10 月 21 日笔者采访约翰内斯·路德维希。

4. 沃尔夫冈·朔伊布勒:《条约——我如何谈判德国统一》（Wolfgang Schäuble：Der Vertrag. Wie ich über die deutsche Einheit verhandelte，1991，S. 100）。

5. 4 月 24 日蒂特梅耶给联邦总理的报告，西德代表团团长的文件（Akten

des westdeutschen Delegationsleiters）。

6. 4 月 24 日蒂特梅耶给联邦总理的报告，西德代表团团长的文件（Akten des westdeutschen Delegationsleiters）。

7. 也比较：蒂特梅耶，他的文章见：特奥·魏格尔、曼弗雷德·席尔（编著）《改变德国和世界的日子》［Theo Waigel/Manfred Schell（hrsg.）：Tage，die Deutschland und die Welt veränderten，1994，S. 74］。

8. 见：西德代表团团长的文件（Akten des westdeutschen Delegationsleiters）；也见：BA DC 20/6005/2。

9. 科尔：《我要德国统一》（Helmut Kohl：Ich wollte Deutschlands Einheit，1996，S. 354）。

10. 阿尔文·齐尔，1990 年 3 月起任人民议院社民党议员、劳动和社会部议会国务秘书。

11. 施特凡－教授是民主德国财产法律保护局局长。

12. 蒂特梅耶，见他的文章：特奥·魏格尔、曼弗雷德·席尔（编著）《改变德国和世界的日子》［Theo Waigel/Manfred Schell（hrsg.）：Tage，die Deutschland und die Welt veränderten，1994，S. 75］。

13. 蒂特梅耶，见他的文章：同上，S. 75。克劳泽在 1997 年 8 月 1 日接受笔者采访时也强调，他在 4 月 25 日才得到"初始草案"。

14. 属于东部社民党人民议会党团协调会和政党理事会成员的"国家条约协调小组"会议纪要，现存放于波恩的弗里德里希－艾伯特基金会社会民主档案馆（Archiv der sozialen Demokratie der Friedrich – Ebert – Stiftung）。

15. 对此还有萨拉辛：《德国经济与货币联盟方案的形成与执行》（Thilo Sarrazin：Die Entstehung Umsetzung des Konzepts der deutschen Wirtschafts- und Währungsunion），该文见：特奥·魏格尔、曼弗雷德·席尔（编著）《改变德国和世界的日子》［Theo Waigel/Manfred Schell（hrsg.）：Tage，die Deutschland und die Welt veränderten，1994，S. 206］。有一份未签字但明显由君特·克劳泽提议的总理办公室负责人民议院事务部门的备注，落款是 1990 年 4 月 26 日，作为下次代表团讨论时考虑的基础。这一备注可以追溯到克劳泽在 4 月 25 日会谈中提出的观点，很大程度上与萨拉辛的报告吻合，已包含了相应的建议，如兑换的固定额度必须按照年龄区分。见：1990 年 4 月

26 日人民议院事务部：民主德国政府对建立联邦德国与民主德国之间的货币、经济和社会共同体的立场（Abt. Angelegenheiten der Volkskammer, 26.4.1990：Standpunkt der DDR – Regierung zur Schaffung einer Währungsunion, Wirtschafts-und Sozialgemeinschaft zwischen der BRD und der DDR，BA DC 20/6007）。

16. 在西德代表团团长的文件中，克劳泽所希望的修改由蒂特梅耶手写标记为"民主德国的修改建议，4 月 27 日递交"（Änderungsvorschläge DDR, vorgelegt 27.4）。

17. 蒂特梅耶，他的文章见:《改变德国和世界的日子》[Theo Waigel/Manfred Schell（hrsg.）：Tage, die Deutschland und die Welt veränderten, 1994, S.91]。

18. 弗里德里希－艾伯特基金会社会民主档案馆：社民党的修改建议，议会党团/会议文件，备忘录，第 11 选期，1990 年 5/6 月（Archiv der Sozialen Demokratie：Änderungsvorschläge der SPD, Franktion/Sitzungsunterlagen, Protokolle, 11. Wahlperiode, Mai/Juni 1990, Box Nr. 8217）。

19. 蒂特梅耶，他的文章见：特奥·魏格尔、曼弗雷德·席尔（编著）《改变德国和世界的日子》[Theo Waigel/Manfred Schell（hrsg.）：Tage, die Deutschland und die Welt veränderten, 1994, S.96]。

20. 1990 年 4 月 17 日联邦经济部、联邦财政部：支持民主德国经济结构性转型的方案，联邦德国财政部资料（BMWi/BMF, 17.4.1990：Programm zur Flankierung der strukturellen Umstellung der DDR – Wirtschaft, BMF VII W 1920 Sonderordner Bd. 2）。

21. 西德代表团团长的文件中克劳泽所希望的修改，由蒂特梅耶手写标记为"民主德国的修改建议，4 月 27 日递交"。1990 年 4 月 27 日，柏林（东）关于国家条约和民主德国建议修改的会谈备忘录和简报，存档于西德代表团团长的文件夹中。有关会谈，也参阅：蒂特梅耶，他的文章见：特奥·魏格尔、曼弗雷德·席尔（编著）《改变德国和世界的日子》[Theo Waigel/Manfred Schell（hrsg.）：Tage, die Deutschland und die Welt veränderten, 1994, S.76 f]。

22. 1997 年 12 月 10 日笔者采访洛塔尔·德梅齐埃。

23. 1997 年 8 月 1 日笔者专访君特·克劳泽。

24. 1997 年 8 月 1 日笔者专访君特·克劳泽。

25. 1997 年 8 月 1 日笔者专访君特·克劳泽。

26. 蒂特梅耶，他的文章见：特奥·魏格尔、曼弗雷德·席尔（编著）《改变德国和世界的日子》［Theo Waigel/Manfred Schell（hrsg.）：Tage, die Deutschland und die Welt veränderten, 1994, S. 85］。

27. 1990 年 5 月 2 日《德新社公告》（dpa-bulletin），见：《德国'90》第 24 卷（Deutschland'90, Bd. 24, S. 15046）。

28. 蒂特梅耶手写改进过的民主德国的建议（DDR – Vorschlag mit handschriftlichen Verbesserungen von Tietmeyer, DBB B 330/24 896）。

29. 蒂特梅耶，他的文章见：特奥·魏格尔、曼弗雷德·席尔（编著）《改变德国和世界的日子》［Theo Waigel/Manfred Schell（hrsg.）：Tage, die Deutschland und die Welt veränderten, 1994, S. 87 f］。

30. 在专家会谈框架中（……），草案内容得到实质性的修改，见：1990 年 5 月 12 日指导原则共同记录［（Wesentliche im Rahmen der Gespräche der Expertendelegationen（...）erreichte Veränderungen im Text des Entwurfs, Gemeinsames......）*Gemeinsames Protokoll über Leitsätze*, 12. Mai 19990（…），BA DC 20/6002］。

31. 在民主德国代表团内部对会谈内容的准备过程中，财政部已建议在这一点上做出让步，民主德国方面可以接受私有制作为主要的财产形式，但同时必须表示除此之外还有其他所有制形式的存在，见：1990 年 4 月 29 日，柏林：保密信息资料供君特·克劳泽博士先生 1990 年 4 月 27 日起草国家条约内容使用（……）（Berlin 29。4. 1990：Vertraulich：Informationsmaterial für BA DC 20/6007）。

32. 1990 年 5 月 8 日德意志内部关系工作小组，5 月 9 日执政联盟会谈纪要，见：联邦财政部资料（Arbeitsgruppe Innerdeutsche Beziehungen, 8. 5. 1990：Vermerk für das Koalitionsgespräch am 9. Mai S. 11, BMF W 1910 Bd 6）。

33. 这种表态并不是东部社民党的"反对草案"，像其对媒体所称的那样；它更多由西部草案中的修改愿望组成，波恩"社会民主档案"。"1990 年 5 月 2 日社民党、民主德国部长修改建议以及社民党议会党团（至 1990 年 5 月 10 日的工作小组）修改建议"，议会党团会议资料、记录，第 11 选期，1990 年 5/6 月，"社会民主档案"（"Änderungsvorschläge der

SPD/der DDR – Minister vom 2. 5. 1990/darüber hinausgehende Vorschläge der SPD – Bundesfraktion（Arbeitskreis bis 10. 5. 1990 ", Fraktion/ Sitzungsunterlagen, Protokolle, 11. Wahlperiode, Mai/Juni 1990, Box Nr. 8217. Archiv der soyialen Demokratien, Bonn）。

34. 注释33中的"社民党的修改建议"（……）以及1990年5月8日报刊文章，见:《德国'90》第25卷（Deutschland'90, Bd. 25, S. 26727 f）。供德梅齐埃政府内部讨论：1990年5月7日德意志民主共和国部长会议、劳动与社会部，柏林：事由：针对国家条约的谈判（希尔德布兰德部长致东德总理的信）〔Ministerrat der Deutschen Demokratischen Republik, Ministerium für Arbeit und Soziales, Berlin 7. 5. 1990：Betr. Verhandlungen zum Staatsvertrag（Brief Ministerium Hildebrandt an den Ministerpräsidenten）, BA DC 20/6007〕。

35. 1990年5月1日供执政联盟会谈用（1. Mai 1990. Für das Koalitionsgespräch, BMF W 1910 Bd. 5）。

36. 1990年5月8日《西德汇报》(*Westdeutsche Allgemeine*)，该文章见:《德国'90》第41卷（Deutschland'90, Bd. 41, S. 237）。

37. 1997年12月10日笔者采访洛塔尔·德梅齐埃。有关结果，参见：1990年5月11日《德意志星期日汇报》(*Deutsche Allgemeines Sonntagsblatt*)，该文见:《德国'90》第41卷（Deutschland'90, Bd. 41, S. 253）。社民党人民议会党团备忘录仅记录：致联邦总理的提问，见："社会民主档案"，1990年4月18日~5月8日社民党人民议会党团会议（Die Protokoll der SPD – Volkskammerfraktion verzeichen lediglich：Fragen an den Ministerpräsidenten. SPD – Volkskammerfraktion, Fraktionssitzung 18. 4. bis 8. 5. 1990, Archiv der sozialen Demokratie）。

38. 1990年5月8日德意志内部关系工作小组：执政联盟会谈的纪要（Arbeitsgruppe Innerdeutsche Beziehungen, 8. Mai 1990：Vermerk zur Vorbereitung des Koalitionsgesprächs, BMF W 1910 Bd. 6）。

39. 根据联邦财政部的资料，蒂特梅耶还有归还将损害投资的顾虑；蒂特梅耶，他的文章见：特奥·魏格尔、曼弗雷德·席尔（编著）《改变德国和世界的日子》〔Theo Waigel/Manfred Schell（hrsg.）：Tage, die Deutschland und die Welt veränderten, 1994, S. 93〕。

40. 根据1990年5月8日德意志内部关系工作小组的信息：执政联盟会谈

纪要；蒂特梅耶、路德维希，事由：执政联盟会谈，此处：未决问题
和时间表 ［Dr. Tietmeyer/Dr. Ludewig, Betr.：Koalitionsgespräch
（…），hier：Offene Fragen und Zeitplan, BMF W 1910 Bd. 6］；蒂特梅
耶，他的文章见：特奥·魏格尔、曼弗雷德·席尔（编著）《改变德国
和世界的日子》 ［Theo Waigel/Manfred Schell（hrsg.）：Tage, die
Deutschland und die Welt veränderten, 1994, S. 93］。

41. 1990 年 5 月 9 日波恩的结构调整工作小组：过渡期间缓解企业对社会
    市场经济条件结构调整的方法与手段（最终版） ［Arbeitsgruppe
    Strukturanpassung, Bonn 9. 5. 1990：Methode und Instrumente, die
    während einer Übergangszeit die strukturelle Anpassung der Unternehmen an
    die Bedingungen der sozialen Marktwirtschaft erleichtern（Endfassung），
    BK 441 35 400 De 16 Bd. 9］；1990 年 5 月 17 日联邦总理府《国家条约
    的最终修改》（Bundeskanzleramt, 17. 5. 1990：Betr.：Abschließende
    Veränderungen im Staatsvertrag, BK 441 35006 De 13 Na 4）。

42. 萨拉辛，他的文章见：特奥·魏格尔、曼弗雷德·席尔（编著）《改变
    德国和世界的日子》， ［Theo Waigel/Manfred Schell（hrsg.）：Tage,
    die Deutschland und die Welt veränderten, 1994, S. 208］。

43. 也比较：蒂特梅耶，他的文章见：特奥·魏格尔、曼弗雷德·席尔（编
    著）《改变德国和世界的日子》［Theo Waigel/Manfred Schell（hrsg.）：
    Tage, die Deutschland und die Welt veränderten, 1994, S. 105］；1990 年 4
    月 15 日瓦尔特·西格尔特博士在柏林的会谈纪要：5 月 11/12 日"波恩
    国家条约最后一轮专家会谈的记录"（Dr. Walter Siegert, Berlin
    14. 5. 1990：Vermerk über die letzte Runde der Expertengespräche zum
    Staatsvertrag am 11. /12. und 13. Mai in Bonn, BA DC 20/6008）。

44. 1990 年 5 月 12 日波恩的农业专家小组：关于农业与食品业对社会市场经济
    调整的方法与手段（Bonn, 12. 5. 1990：Expertengruppe Landwirtschaft：
    Methode und Instrumente zur Anpassung der Argar- und Ernährungswirtschaft an
    die Bedingungen der sozialen Marktwirtschaft , BK 441 35 400 De 16 Bd. 9）。

45. 1990 年 4 月 30 日联邦总理府、联邦财政部、联邦农业部：事由：民主德
    国农业预算需要 （BK/BMF/BML：30. 4. 1990, Betr.：Haushaltsbedarf für
    die DDR – Landwirtschaft, BK 441 35 400 De 16 Bd. 9）。

46. 蒂特梅耶，他的文章见：特奥·魏格尔、曼弗雷德·席尔（编著）《改

变德国和世界的日子》［Theo Waigel/Manfred Schell（hrsg.）：Tage, die Deutschland und die Welt veränderten, 1994, S. 106］。

47. 社民党的各项要求，见：社会民主档案馆："社民党的更改建议（⋯⋯）"［Archiv der sozialen Demokratie："Änderungsvorschläge der SPD（⋯）"］, S. 14 ff。

48. 布吕姆后来说，他无论如何要避免用德国社会保险资金为欧洲的社会国家提供财政支持（Norbert Blüm：ADE, 5. Sitzung, 30. 5. 1990, S. 157）。也比较：于尔根·格罗斯：《没有替代性选择的决定?》(Jürgen Gros：Entscheidung ohne Alternativen? 1994, S. 151）。

49. 1990 年 5 月 13 日蒂特梅耶/路德维希：联邦总理先生：事由：基民盟领导机构会议以及与东德总理德梅齐埃德会谈（⋯⋯）［Tietmeyer/Ludewig：13. 5. 1990：Herrn BK：Betr. : morgige Tagung der CDU − Gremien sowie Ihr Gespräch mit MP de Maizière（⋯）, BK 441 52 602 Vu 48 Bd. 13］。

50. 蒂特梅耶，他的文章见：特奥·魏格尔、曼弗雷德·席尔（编著）《改变德国和世界的日子》［Theo Waigel/Manfred Schell（hrsg.）：Tage, die Deutschland und die Welt veränderten, 1994, S. 109 f］。

51. 1990 年 5 月 14 日瓦尔特·西格尔特博士：5 月 11/12 日 "波恩国家条约最后一轮专家会谈的记录"（Dr. Walter Siegert, Berlin 14. 5. 1990：Vermerk über die letzte Runde der Expertengespräche zum Staatsvertrag am 11. /12. und 13. Mai in Bonn, BA DC 20/6008）。

52. 1990 年 5 月 4 日波恩内阁报告：所有制问题和未决财产问题（Kabinettsreferat, Bonn 4. Mai 1990：Eigentums- und offene Vermögensfragen, BK 441 52 602 Ve 45 Bd. 1/B136 26 459）。

53. 文字内容根据 1990 年 5 月 13 日蒂特梅耶、路德维希致联邦总理先生、联邦总理府部长先生（Tietmeyer/Ludewig, 13. Mai 1990, Herrn Bundeskanzler, Herrn Chef des Bundeskanzleramtes, BK 421 60000 Wi 3 Nal Bd. 1），经过微小改动后放入国家条约附件 9 中。

54. 蒂特梅耶，他的文章见：特奥·魏格尔、曼弗雷德·席尔（编著）《改变德国和世界的日子》［Theo Waigel/Manfred Schell（hrsg.）：Tage, die Deutschland und die Welt veränderten, 1994, S. 92］。

55. 两个社民党议会党团确定的路线是：尽可能把联邦德国财政转移支付

的某种程序规定写进国家条约；社民党的财政部长绝不会对民主德国财政转移支付的具体额度表态，这应该留给东德总理去做。"社民党人民议院和联邦议院议会党团领导层 1990 年 3 月 15 日的周日会晤记录"，见：波恩社会民主档案馆社民党人民议会党团第 132 号材料夹"立法"（Niederschrift zum Treffen der Fraktionsführungen der SPD in Volkskammer und Bundestag am Sonntag, dem 13. 5. 1990. In：SPD-Volkskammerfraktion, Mappe 132, Gesetzgebung, Archiv der sozialen Demokratie, Bonn）。

56. 论述基于 1990 年 5 月 15 日，德意志内部关系工作小组纪要，事由：1990 年 5 月 14 日部长与民主德国财政部长龙姆贝格在东柏林会晤（作者，萨拉辛），联邦德国财政部资料［Arbeitsgruppe Innerdeutsche Beziehungen, 15. Mai, 1990, Vermerk Betr.：Treffen zwischen M und DDR – Finanzminister Romberg am 14. Mai 1990 in Ost – Berlin（Verfasser. Sarrazin）, BMF VII W 1920 Sonderordner Band 3］；也见：萨拉辛，他的文章见：特奥·魏格尔、曼弗雷德·席尔（编著）《改变德国和世界的日子》［Theo Waigel/Manfred Schell（hrsg.）：Tage, die Deutschland und die Welt veränderten, 1994, S. 212］；以及蒂特梅耶，他的文章见：同上，S. 111。此外，见："民主德国记录"：1990 年 5 月 15 日财政部部长办公室："1990 年 5 月 14 日民主德国财政部与联邦德国财政部柏林谈判记录"，联邦财政部柏林办事处［Protokoll der DDR：Ministerium der Finanzen, Büro des Ministers, 15. 5. 1990：Protokoll der Beratung der Finanzminister der BRD und der DDR（…）am 14. 5. 1990 in Berlin］。

57. 关于德国统一融资，比较：本书第 302～314 页。

58. 柏林，5 月 16 日：给民主德国财政部长下达的针对决定性谈判的指示（……）［Berlin, 16. Mai：Direktive für die abschließenden Verhandlungen des Ministers der Finanzen der DDR（…）, BA DC 20/61 82］。

59. 1997 年 12 月 10 日笔者采访洛塔尔·德梅齐埃。

60. 论述基于：1990 年 5 月 17 日联邦总理府，事由：国家条约中的决定性修改（Bundeskanzleramt, 17. Mai 1990, Betr.：Abschließende Veränderungen im Staatsvertrag, BK 441 35 006 De 13 Na 14）；萨拉辛，他的文章见：特奥·魏格尔、曼弗雷德·席尔（编著）《改变德国和世界的日子》［Theo

Waigel/Manfred Schell（hrsg.）：Tage, die Deutschland und die Welt veränderten, 1994, S. 213］；蒂特梅耶，他的文章见：同上，S. 112。也比较："民主德国记录"，不过其中没有提及如何从信托机构财产中为企业提供结构调整的资金以及债务分配。见："民主德国记录"：1990 年 5 月 15 日财政部部长办公室："1990 年 5 月 14 日民主德国财政部与联邦德国财政部柏林谈判记录"，联邦财政部柏林办事处（Ministerium der Finanzen der DDR und dem Bundesministerium für Finanzen der BRD am 17. Mai 1990 in Bonn. BMF Außenstelle Berlin）。

61. 1997 年 8 月 1 日笔者专访君特·克劳泽。

62. 1990 年 5 月 16 日鲁道夫·塞特斯在"德国统一"联邦委员会上的汇报（Stenogr. Bericht, 3. Sitzung, S. 30）。

63. 科尔：《我要德国统一》（Helmut Kohl：Ich wollte Deutschlands Einheit, 1996, S. 376）。

64. 联邦总理和东德总理声明，见：1990 年 5 月 18 日《德新社公告》（dpa - bulletin），见：《德国'90》第 26 卷（Deutschland'90, Bd. 26, S. 15910f）。

65. 1997 年 3 月 3~5 日，德累斯顿。瓦尔特·龙姆贝格在德国议院"德国统一过程中战胜统一社会党专制统治后果"调查委员会，以及"民主德国经济资产负债表——东部建设中期资产负债表"公开听证会的发言。

66. 1990 年 5 月 22 日 122 处致总理办公室主任：联邦政府……通报各州（Referat 122 an Ch BK, 22. Mai 1990：Unterrichtung der Länder durch die Bundesregierung：BK 312 D1 De 012/028 35 400）。

67. 1990 年 5 月 3 日一司司长（Abteilungsleiter 1, 3. 5. 1990, BK 29 154 Sta 001 35 400）。

68. 路德维希在 5 月 15 日给塞特斯的报告中这样写道，见：西德代表团团长文件（Akten des westdeutschen Delegationsleiters）。

69. 引自：1990 年 5 月 18 日 22 点德国电视二台（ZDF）《今日杂志》（Heute-Journal）节目录音记录，见：《德国'90》第 26 卷（Deutschland'90, Bd. 26, S. 15765）。

70. 关于基民盟/基社盟，主要见："1990 年 4 月 24 日、5 月 15 日和 5 月 18 日议会党团会议记录"。

71. 比较：1990 年第 24 期《明镜周刊》（Der Spiegel, S. 27）。

72. 汉斯－约亨·福格尔:《宽容》(Hans － Jochen Vogel: Nachsichten, S. 331 f)。

73. 尤其是下萨克森州州议会选举，拉封丹的立场观点似乎得到证实。施罗德把货币、经济和社会联盟的社会后果当作主要议题，据他估计是因此而获胜的，比较: 1990 年第 21 期《明镜周刊》(*Der Spiegel*, S. 29)。

74. 1990 年第 21 期《明镜周刊》(*Der Spiegel*, S. 29)。

75. 福格尔: 汉斯－约亨·福格尔:《宽容》(Hans － Jochen Vogel: Nachsichten, S. 332)。

76. 见: 同上, S. 333。

77. 见: 同上, S. 333。

78. 《社民党中面临一场反叛……》(In der SPD droht ein Aufstand···), 见: 1990 年 5 月 22 日《柏林晨报》(*Berliner Morgenpost*)。

79. 1990 年 5 月 21 日第 205 期《社民党新闻服务》(Presseservice der SPD), 见: "社会民主档案"。

80. 德国联邦议院（编著):《通往统一之路: 德国联邦议院就向人民议院提出德国政策建议的辩论》第三卷 (Auf dem Weg zur Einheit: Deutschlandpolitische Debatten im Deutschen Bundestag mit Beratungen der Volkskammer, Bd. 3, 1990, S. 29)。

81. 见: 同上, S. 30。

82. 见: 同上, S. 33。

83. 见: 同上, S. 34。

84. 见: 同上, S. 34 － 37; 也比较:《法兰克福评论报》, 见:《德国'90》第 29 卷 (Deutschland'90, Bd. 29, S. 17824)。

85. 见: 同上, S. 148。

86. 见: 同上, S. 49。

87. 德国联邦议院（编著):《通往统一之路: 德国联邦议院就向人民议院提出德国政策建议的辩论》第三卷 (Auf dem Weg zur Einheit: Deutschlandpolitische Debatten im Deutschen Bundestag mit Beratungen der Volkskammer, Bd. 3, 1990, S. 129)。

88. 见: 同上, S. 105。

89. 马特乌斯·迈尔, 见: 同上, S. 108。

90. 见：同上，S. 108。

91. 见：同上，S. 125。

92. 见：同上，S. 126。

93. 1990 年 5 月 26 日《新苏黎世报》（*Neue Zürcher Zeitung*），见：《德国 ' 90》第 29 卷（Deutschland ' 90，Bd. 29，S. 17844）；也比较：汉斯－约亨·福格尔：《宽容》（Hans－Jochen Vogel：Nachsichten，S. 333）。

94. 1990 年第 22 期《明镜周刊》（*Der Spiegel*，22/1990，S. 27）。

95. 1990 年第 22 期《明镜周刊》（*Der Spiegel*，22/1990，S. 27）。

96. 1990 年 5 月 29 日《科隆城市报》采访，见：《德国 ' 90》第 26 卷（Deutschland ' 90，Bd. 26，S. 15798）。

97. 《德国社民党中的争端》（ddp：Zwist in der SPD，Nr. 192，28. 5. 1990）。

98. 《统一：良心问题》（Einheit：Frage des Gewissens），该文见：1990 年 5 月 29 日《快讯》（*Express*）。

99. 见：1990 年 5 月 29 日《南德意志报》（*Süddeutsche Zeitung*）：《科尔要向社会民主党让步……》（Kohl will den Sozialdemokraten entgegenkommen…）。

100. 引自：第 1151 期《联邦议院中的社民党》（Die SPD in Deutschen Bundestag，Nr. 1151），见："社会民主档案"。

101. 1990 年 6 月 5 日联邦财政部、联邦经济部：企业免债（BMF/BMWi，5. 6. 1990：Entschuldung der Betriebe，BK 422 – 35 400 2 Na 3）。

102. 另见：1990 年 6 月 6 日第 42 组组长路德维希，事由：联邦部长魏格尔博士、联邦部长朔伊布勒博士今日与社民党就民主德国国家条约议题的会谈 ［Gruppenleiter 42（Ludwig），6. Juni 1990：Betr.：Heutiges Gespräch BM Dr. Waigel/BM Dr. Schäuble mit der SPD zum Thma Staatsvertrag mit der DDR，BK 422 35 400 2Na 3 ］；1990 年 6 月 9 日第七司按语：1990 年 6 月 8 日与民主德国在东柏林关于"滥用货币转换"议题的会谈（AL VII，9. 6. 1990：Vermerk：Gespräch mit der DDR zum Thema Mißbrauch bei der Währungsumstellung in Ost – Berlin am 8. 6. 90，BK 422 –35006 – De 13 Na 7）。

103. 联邦参议院的表态，引自：联邦议院，1990 年 6 月 7 日第 11/7351 期印刷品，包括联邦政府的反驳意见（Deutscher Bundestag，Drucksache 11/7351，7. 6. 90，einschließlich Gegenäußerungen der Bundesregierung）。

104. 比较：福格尔的新闻声明，见：1990 年第 248 期《社民党新闻服务》

（Presseservice der SPD，Nr. 248/1990），见："社会民主档案媒体资料选"（Pressesammlung des Archiv der sozialen Demokratie）。

105. 引自：1990 年第 252 期《社民党新闻服务》（Presseservice der SPD，Nr. 252/1990），见："社会民主档案媒体资料选"。

106. 德国联邦议院（编著）：《通往统一之路：德国联邦议院就向人民议院提出德国政策建议的辩论》第三卷（Auf dem Weg zur Einheit：Deutschlandpolitische Debatten im Deutschen Bundestag mit Beratungen der Volkskammer，Bd. 3，1990，S. 310）。

107. 见：同上，S. 354 – 365。

108. 见：同上，S. 471 – 472。

109. 见：同上，S. 380 – 386。

110. 1990 年 6 月 23 日《法兰克福汇报》（Frankfurter Allgemeine Zeitung），见：《德国'90》第 25 卷（Deutschland'90，Bd. 25，S. 17897）。

111. 1990 年 6 月 24 日《新苏黎世报》（Neue Zürcher Zeitung），见：《德国'90》第 29 卷（Deutschland'90，Bd. 29，S. 17910）。

112. 1990 年 6 月 23 日《法兰克福汇报》（Frankfurter Allgemeine Zeitung），见：《德国'90》第 29 卷（Deutschland'90，Bd. 29，S. 17897）。

113. 1990 年 6 月 25 日《法兰克福评论报》，见：《德国'90》第 29 卷（Deutschland'90，Bd. 29，S. 17914）。

114. 1990 年 6 月 22 日《法兰克福汇报》（Frankfurter Allgemeine Zeitung），见：《德国'90》第 29 卷（Deutschland'90，Bd. 29，S. 17876）；1990 年 6 月 22 日《法兰克福新媒体》（Frankfurter Neue Presse），见：《德国'90》第 31 卷（Deutschland'90，Bd. 31，S. 17877）。

115. 1990 年 6 月 23 日《法兰克福汇报》（Frankfurter Allgemeine Zeitung），见：《德国'90》第 29 卷（Deutschland'90，Bd. 29，S. 17897）。

116. 1990 年第 22 期《明镜周刊》（Der Spiegel，22/1990，S. 112）。

117. 沃尔夫冈·朔伊布勒：《条约——我如何谈判德国统一》（Wolfgang Schäuble：Der Vertrag. Wie ich über die deutsche Einheit verhandelte，1991，S. 141）。

118. 1997 年 8 月 1 日君特·克劳泽与笔者会谈；另见：《人民议院会议讨论记录》，第 10 选期，1990 年 6 月 17 日第 15 届大会（特别会议）的速记报告 [Verhandlungen der Volkskammer，10. Wahlperiode，Stenogr.

Berichte der 15, Tagung (Sondertagung) am 17. 6. 1990, S. 533f.]。

119. 沃尔夫冈·朔伊布勒:《条约——我如何谈判德国统一》（Wolfgang Schäuble: Der Vertrag. Wie ich über die deutsche Einheit verhandelte, 1991, S. 141）。

120. 见: 同上, S. 141。

121. 详见: 耶格尔: 德国统一史第三卷《克服分裂》（Jäger: Die Überwindung der Teilung. Geschichte der deutschen Einheit）。

122. 朔伊布勒对过程进行了精辟的分析, 见: 沃尔夫冈·朔伊布勒:《条约——我如何谈判德国统一》（Wolfgang Schäuble: Der Vertrag. Wie ich über die deutsche Einheit verhandelte, 1991, S. 158 ff）。

第七章　紧急方案

1. 也比较: 赫尔曼-约瑟夫·罗登巴赫:《新联邦州的再私有化: 未决财产问题》（Hermann - Josef Rodenbach: Die Reprivatisierung in den neuen Bundesländern: Offene Vermögensfrage）, 该文见: 格奥尔格·布龙讷（编著）:《通过法律克服东欧和德国共产主义的不公》［Georg Brunner（hrsg.）: Juristische Bewältigung des kommunistischen Unrechts in Osteuropa und Deutschland, S. 284f. ］。

2. 菲舍尔、哈克斯和施耐德编著的托管局全集的书名是这样的。

3. 1990 年 5 月 4 日波恩的内阁报告会: 与民主德国相比之下的所有制问题和未决财产问题（Kabinettsreferat, Bonn, 4. 1990: Eigentums- und Offene Vermögensfragen im Verhältnis zur DDR, BK 441 52 602 Ve 45 Bd. 1, B 136/26 459）。在同一会谈中, 德梅齐埃认为在城市的边缘地段和整顿区向西德投资商提供保留区域是可行的。在这一提示的基础上, 蒂特梅耶和克劳泽可以在 5 月 13 日的最后一轮国家条约咨询中阐述民主德国政府关于购买地皮和土地财产的立场。比较: 本书第 243～245 页。

4. 当时在德意志内部关系部, 后来在联邦财政部负责相关事务的处长理查德·莫齐教授在 1998 年 1 月 28 日接受笔者采访时如是说。

5. 1997 年 12 月 10 日笔者采访德梅齐埃。

6. 东部方面: 德意志民主共和国与德意志联邦共和国为规范财产问题的信息及必要措施, 柏林, 1990 年 5 月（Offene Vermögensfragen zwischen der deutschen Demokratischen Republik und der Bundesrepublik Deutschland und

erforderliche Maßnahmen，Berlin 25. Mai 1990，BA DC 20/6003）。此外，同一档案号下关于"未决财产问题"议题的会谈方案。西部方面，1990年6月12日金克尔给拉姆斯多夫、塞特斯、朔伊布勒、蒂特梅耶和路德维希的报告（Gesprächskonzeption zum Thema ，»Offene Vermögensfragen«，Für die Westseite der Bericht Kinkels an Lambsdorff，Seiters，Schäuble，Tietmeyer und Ludewig vom 12. Juni 1990，BK 441 52 602 Ve 45 Bd. 1，B 136/26 459）。

7. 1990年11月12日，拉姆斯多夫在自民党关于财产权问题文件的新闻发布会：自由民主党信件往来，1990年11月12日自民党新闻处（freie Demokratische korrespondenz，Pressedienst der FDP），见:《德国'90》第88卷（Deutschland'90，Bd. 88，S. 3654）。

8. 1990年5月25日最高行政官员拉尔斯通过国务秘书科勒尔呈交给部长，事由：未决财产问题。附件："共同宣言（……）草稿"，落款5月24日，联邦财政部资料［VI AI－O 1319 BMB 138/90 MR Dr. Laars，25. 5. 1990：M über St K Betr.：Offene Vermögensfragen. Anlage：Entwurf einer Gemeinsamen Erklärung（…），Stand 24. Mai，BMF VII W 1918 Bd. 1］；此外，1990年6月11日441处通过44组组长和42组组长呈交，事由：未决财产问题声明草案，此处：1990年6月11日联邦司法部专家会议（RL 441 über Herrn Gruppenleiter 44，Herrn Gruppenleiter 42，Betr.：Entwurf gemeinsamer Erklärung zu Offene Vermögensfragen；BK 441 52 602 Ve 45 Bd. 1，B 136/26 459）；另见：1990年6月28日联邦司法部"关于共同宣言（……）的评论"（Anmerkung zur gemeinsamen Erkl BK 422 Ve 45 Bd. 1/2，B 136/26 459）。

9. 根据联邦总理府资料（BK 441 52 602 Ve 45 Bd. 1，B 136/26 459）和金克尔博士1990年6月14日的描述，事由：未决财产问题，此处：昨日与克劳泽在东柏林的会谈（……）［Dr. Klaus Kinkel，14. 6. 1990，Betr.：Offene Vermögensfragen；hier：Gestriges Gespräch mit Herrn Pst Dr. Krause in Ost－Berlin（……），BMF VII W 1918 Bd. 1］。

10. 沃尔夫冈·朔伊布勒:《条约——我如何谈判德国统一》（Wolfgang Schäuble：Der Vertrag. Wie ich über die deutsche Einheit verhandelte，1991，S. 256 f）；另见：克劳泽博士办公室："共同声明"的起草（……）［Büro Dr. Krause：Entwurf einer gemeinsamen Erklärung（…），

BK 441 52 602 Ve 45 Bd 1，B 136/26 459］和金克尔 1990 年 6 月 14 日致拉姆斯多夫、塞特斯、朔伊布勒、路德维希：事由：未决财产问题，此处：昨日与克劳泽的会谈，（Kinkels an Lambsdorff, Seiters, Schäuble und Ludewig vom 14. Juni 1990, Betr.：Offene Vermögensfragen, hier：gestriges Gespräch mit Krause, BK 411 52 602 Ve 45 Bd. 1，B 136/26 459）。

11. 民主德国 1990 年 7 月 18 日的第 1 登记条例用于落实以 13 d 点为基础而产生的义务（Gbl I Nr. 44，S. 718）。

12. 1990 年 6 月 13 日常设代表处发给联邦总理办公厅主任的电报（Fernschreiben der Ständigen Vertretung an ch bk, 13. Juni 1990, BMF II B i 34 016/89）。随后，在新联邦州的压力下，截止日规定有所放宽。例如，根据第二次财产权修改法（1992），只要在基准日之前购买并已经登记在册的财产，归还索求权便无效。同样，购买者在 1989 年 10 月 19 日之前采取了明显提高价值和质量的措施，基准日规定也无效。也比较：赫尔曼－约瑟夫·罗登巴赫：《新联邦州的再私有化：未决财产问题》（Hermann－Josef Rodenbach：赫 Die Reprivatisierung in den neuen Bundesländern：Offene Vermögensfrage），该文见：格奥尔格·布龙讷（编著）:《通过法律克服东欧和德国共产主义的不公》。

13. 罗登巴赫关于财产法的论述：赫尔曼－约瑟夫·罗登巴赫:《新联邦州的再私有化：未决财产问题》（Hermann－Josef Rodenbach：Die Reprivatisierung in den neuen Bundesländern：Offene Vermögensfrage，S. 284 ff）。

14. 《民主德国特别投资法》（Gesetz über besondere Investitionen in der DDR，§§ 1-3）。

15. 公共机关归还索求权在《统一条约》第 21 条第 1 款和 22 条第 3 款中得到确定。

16. 1991 年 3 月 21 日《消除企业再私有化阻力与促进投资法》（Gesetz zur Beseitigung von Hemmnissen bei der Privatisierung von Unternehmen und zur Förderung von Investitionen）。

17. 辛、辛:《冷启动》（Sinn/Sinn：Kaltstart），1993，S. 120。

18. 维迪希·弗里克、克劳斯·马尔科尔:《前民主德国被没收的财产》（Weddig Fricke/Klaus Märker：Enteignetes Vermögen in der Ex－DDR，

S. 216）。

19. 柏林住房与建设局投资证明发放处（Geschäftsstelle für die Erteilung von Investitionsbescheinigungen beim Senator für das Bau- und Wohnungswesen Berlin）主任尼克尔（Nickel）如是说，1995 年 2 月 1 日尼克尔接受海克·格林博士（Dr. Heike Grimm）的访谈时如此表示。

20. 联邦规范未决财产问题局 1997 年 8 月 1 日《新闻通报》：对 1997 年 6 月 30 日财产法律要求的处理情况（Pressemitteilung：Stand der Bearbeitung Vermögensrechtlicher Ansprüche per 30. Juni 1997）。

21. 另见：耶格尔：德国统一史第三卷《克服分裂》（Jäger：Die Überwindung der Teilung. Geschichte der deutschen Einheit）；沃尔夫冈·朔伊布勒：《条约——我如何谈判德国统一》（Wolfgang Schäuble：Der Vertrag. Wie ich über die deutsche Einheit verhandelte，1991，S. 259 f）。

22. "联邦政府新闻信息局关于"土地改革"的文件记录"，1994 年 9 月 2 日《新闻通报》（Dokumentation zur》Bodenreform》des Presse- und Informationsamts der Bundesregierung，Pressemitteilung 2.9.1994）。有关苏联立场的详情，见：克维钦斯基的表态，他与外交部的卡斯特鲁普参加了"2 + 4 条约"的谈判，尤里·克维钦斯基：《1945 ~ 1949 年占领措施的不可逆转性》（J. Kwizinskij：Die Besatzungsmaßnahmen 1945 – 1949 sind unnumkehrbar），该文见：1990 年 4 月 12 日《法兰克福汇报》（*Frankfurter Allgemeine Zeitung*），其中克维钦斯基证实，苏联坚持 1945 ~ 1949 年所实施措施的不可逆转性。

23. 戈尔巴乔夫的"大条约"指的是"总条约"，比较：本书第 347 ~ 348 页。

24. 见：1994 年 8 月 27 日和 1994 年 9 月 6 日《法兰克福汇报》（*Frankfurter Allgemeine Zeitung*），又见：1995 年 12 月 5 日《法兰克福汇报》（*Frankfurter Allgemeine Zeitung*），1994 年 9 月 5 日第 36 期《明镜周刊》（*Der Spiegel*，36/1994）。也比较：《联邦宪法法院解说》（Ausführungen des Bundesverfassungsgerichts，BVerGE 18. 4. 1996，E 94，12 I，S. 16）。1998 年 3 月 1 日，戈尔巴乔夫在柏林举办的活动上表示，在莫斯科同意德国统一和让联邦德国接受 1945 ~ 1949 年实施的财产没收这两者之间没有关联，但警告不要再重提此问题，因为那样会加大"东德融入"的困难。1998 年 3 月 3 日《新苏黎世报》（*Neue*

Zürcher Zeitung）。

25. 莫齐、罗登巴赫等著《赔偿与平衡支付法，第 16 条解说和指南》（ Motsch, Rodenbach. : EALG, Kommentar, Einführung Rdnr. 16, 1995）；齐默尔曼、海勒尔:《新赔偿与平衡支付法》（ Zimmermann/ Heller: Das neue Entschädigungs- und Ausgleichsleistungsgesetz, 1995）；另比较：维迪希·弗里克、克劳斯·马尔科尔:《前民主德国被没收的财产》（ Weddig Fricke/Klaus Märker: Enteignetes Vermögen in der Ex - DDR，S. 302）。

26. 《人民议院会议讨论记录》，第 10 选期，1990 年 5 月 10 日第六次会议速记（ Verhandlungen der Volkskammer, 10. Wahlperiode, Stenogr. Berichte der 6. Tagung am 10. 5. 1990，S. 145）。

27. 马克·凯姆勒尔:《托管局的产生》（ Marc Kemmler: Entstehung der Treuhandanstalt, 199S. 154）。

28. 《德国联邦议院讨论记录》，第 10 选期，《1990 年 5 月 23 日第 212 次会议速记》（ Verhandlungen des Deutschen Bundestags, 11. Stenogr. Berichte der 212. Sitzung am 23. 5. 1990, S. 16665f. ）。

29. 马克·凯姆勒尔:《托管局的产生》（ Marc Kemmler: Entstehung der Treuhandanstalt, 199S. 120）。

30. 格尔德·冯·古辛斯基（编著）:《联合企业变成了何样》［ Gerd von Gusinski（ Hrsg. ）: Kombinate. Was aus ihnen geworden ist, 1993, S. 15ff. ］；马克·凯姆勒尔:《托管局的产生》（ Marc Kemmler: Entstehung der Treuhandanstalt, 199S. 121 f）。

31. 马克·凯姆勒尔:《托管局的产生》（ Marc Kemmler: Entstehung der Treuhandanstalt, 199S. 127 f）。

32. 见：同上，S. 137。

33. 其中有来自民主德国经济部的国务秘书哈尔姆、托管局董事会成员克劳泽，此外彭尼西和苏普拉诺维茨教授，还有两位西德顾问：康拉德·阿登纳大厦中任西德基民盟经济与社会部主任的弗里茨·赫尔兹瓦特和东德总理的堂弟托马斯·德梅齐埃。

34. 沃尔夫拉姆·菲舍尔、赫尔伯特·哈克斯、汉斯·卡尔·施耐德（编著）《托管局：敢做不可能的事》［ Wolfram Fischer/Herbert Hax/Hans Karl Schneider（ Hrsg. ）: Treuhandanstalt: Das Unmögliche wagen, 1993,

S. 34]。

35. 5 月 5 日托管局董事会文件"对托管局任务和组织结构新秩序的建议"（Vorschlag für Neuordnung der Aufgaben und Struktur der Treuhandanstalt），见：联邦总理府资料（BK 421 60 000 Wi 3 Na 1 Bd. 1。在此基础上产生了克劳泽 5 月 19 日提交给蒂特梅耶的草案：民主德国部长会议，部长主席的国务秘书兼人民议院基民盟/"民主觉醒"议会党团克劳泽博士，柏林 1990 年 5 月 16 日（Ministerrat der DDR, Parlamentarischer Staatssekretär beim Ministerpräsidenten und Vorsitzender der CDU/DA - Volkskammerfraktion Dr. G. Krause, Berlin, BK 60 000 Wi3 2F3 Na 2. ）。5 月 16 日的版本引自：马克·凯姆勒尔：《托管局的产生》（Marc Kemmler：Entstehung der Treuhandanstalt, 199S. 400）。

36. 联邦银行的最高行政官员内林博士和联邦经济部的部委行政官员欧立希。

37. 在凯姆勒尔处复制书籍：马克·凯姆勒尔：《托管局的产生》（Marc Kemmler：Entstehung der Treuhandanstalt, 199S. 405）。

38. 彼得·霍梅霍夫、瓦尔特·科雷普斯（编著）:《托管局与托管法》[Peter Hommelhoff/Walter Krebs（Hrsg. ）：Treuhandanstalt und Treuhandgesetz, 1990]。也比较：马克·凯姆勒尔：《托管局的产生》（Marc Kemmler：Entstehung der Treuhandanstalt, 199S. 159）。

39. 马克·凯姆勒尔:《托管局的产生》（Marc Kemmler：Entstehung der Treuhandanstalt, 199S. 160），其中认为，5 月 21 日的会晤导致两种方案要素的结合。就会晤而言这是对的，但根据文件记载，波恩各部委没有达成统一的观点：联邦经济部倾向于"欧立希/内林方案"（Ollig/Nehring - Konzept），主张国家与托管局分开，财政部看好"比勒菲尔德方案"（Bielefelder Konzept）。1990 年 6 月 5 日联邦经济部：部长先生（……），事由：民主德国托管局 [Leiter Unterabt. IB（Geberth）im BMWi, 5. 6. 1990, Herrn Minister（…）, Betr. : DDR - Treuhand - Anstalt, BK 421 60 000 Wi 3 Bel 2 Na 2]。

40. 1990 年 5 月 25 日：民主德国 5 月 25 日草案及我们的手稿建议（联邦财政部、联邦经济部、联邦总理府）[DDR - Entwurf vom 25. 5 mit handschriftlichen Vorschlägen von uns（BMF, BMWi, BK）, BK 441 59 400 Tr 3 Bd. 1.]；1990 年 5 月 27 日联邦财政部/联邦经济部：记录事

由：托管局的设立/民主德国的国有资产。事由：1990 年 5 月 23 日国务秘书谈话（Aufzeichnung Betr.：Treuhandeinrichtung/Volkseigenes Vermögen DDR. Bezug Besprechung der Staatssekretäre am 23. 05. 1990，BK 421 60 000 Wi 3 2F 3 Na 2）；1990 年 5 月 30 日部长会议中心资料：国有资产私有化和重组的法律起草（Info Zentrum DDR Ministerrat 30. 5. 90：Entwurf Gesetz zur Privatisierung und Reorganisation des volkseigenen Vermögens，BK 421 60 000 Wi 3 2F 3 Na 2）。也比较：为龙姆贝格和西格尔特写的分析按语，该按语见：1990 年 5 月 28 日布赖滕施泰因博士。事由：托管局。此处：1990 年 5 月 30 日部长会议中事先安排的商议（Vermerk für Romberg und Siegert：Dr. P. Breitenstein，28. 5. 1990：Betr.：Treuhandanstalt：Vorgesehene Beratung im Ministerrat am 30. 5. 90，BMF，Aussenstelle Berlin）。

41. 1990 年 6 月 5 日联邦经济部 IB 下属部门主任（BMWi，Leiter Unterabteilung IB，15. Juni 1990，BK 421 60 000 Wi 3 Bd 2 Na 2）。

42. 联盟 90/绿党的君特·努克警告"不要以前所未有的规模没收国民财产"，霍斯特·舒尔茨（Horst Schulz）（基民盟/"民主觉醒"）反驳道："40 年的统一社会党专制早已导致破产，这届政府没有财产可以分配，而只有债务需要偿还"，见:《人民议院会议讨论记录》，第 10 选期，1990 年 6 月 7 日第 11 次会议速记报告（Volkskammer，10. Wahlperiode，Stenogr. Berichte der 11. Tagung vom 7. 6. 90，S. 354f.）。

43. 马克·凯姆勒尔：《托管局的产生》(Marc Kemmler：Entstehung der Treuhandanstalt，199S. 169）。

44. 也比较：米夏埃尔·克劳普菲尔:《公法规定》［Michael Kloepfer：Öffentlichrechtllche Vorgaben（…）］，见：沃尔夫拉姆·菲舍尔、赫尔伯特·哈克斯、汉斯·卡尔·施耐德（编著）《托管局：敢做不可能的事》［Wolfram Fischer/Herbert Hax/Hans Karl Schneider（Hrsg.）：Treuhandanstalt：Das Unmögliche wagen，1993，S. 51］。

45. 克里丝塔·卢福特:《托管局报告——一个德国机构的成立、壮大与消失》（Treuhandreport. Werden，Wachsen und Vergehen einer deutschen Behörde，1992，S. 9）。

46. 1990 年 5 月 10 日，君特·克劳泽在人民议院表示，"在这种事实情况下，显然出售国有财产，也就是说通过托管局对人民或国家财产进行私有化是抵消损失的主要来源"，见：《人民议院会议讨论记录》，第 10 选期，1990 年 5 月 10 日第六次会议速记报告（Verhandlungen der Volkskammer, 10. Wahlperiode, Stenogr. Berichte der 6. Tagung am 10. 5. 1990, S. 181）。在这个方面，他遇到的阻力很小，比较：马克·凯姆勒：《托管局的产生》（Marc Kemmler：Entstehung der Treuhandanstalt，199S. 150）。

47. 1997 年 10 月 23 日笔者采访约翰内斯·路德维希。

48. 1997 年 10 月 23 日约翰内斯·路德维希在接受笔者采访时如是说。

49. 沃尔夫拉姆·菲舍尔、赫尔伯特·哈克斯、汉斯·卡尔·施耐德（编著）《托管局：敢做不可能的事》［Wolfram Fischer/Herbert Hax/Hans Karl Schneider（Hrsg.）：Treuhandanstalt：Das Unmögliche wagen，1993，S. 121］。

50. 《人民议院会议讨论记录》，第 10 选期，1990 年 9 月 13 日第三十五次会议速记（Verhandlungen der Volkskammer, 10. Wahlperiode, Stenogr. Berichte der 35. Tagung am 13. 9. 1990，S. 1679）。

51. 1990 年 10 月柏林托管局：托管局运营政策准则（Treuhandanstalt, Berlin, Oktober 1990：Leitlinien der Geschäftspolitik der THA），该文见：《托管局：1990 ~ 1994 年文献》（Treuhandanstalt：Dokumentation 1990 – 1994，Bd. 2，1994，S. 313 ff）。

52. 施密特（K. D. Schmidt），他的文章见：沃尔夫拉姆·菲舍尔、赫尔伯特·哈克斯、汉斯·卡尔·施耐德（编著）《托管局：敢做不可能的事》［Wolfram Fischer/Herbert Hax/Hans Karl Schneider（Hrsg.）：Treuhandanstalt：Das Unmögliche wagen，1993，S. 234］；穆勒（J. Müller），他的文章见：同上，S. 385。

53. 1992 年第 51 期《明镜周刊》（Der Spiegel，51/1992，S. 18）。

54. 《托管局：1990 ~ 1994 年文献》（Treuhandanstalt：Dokumentation 1990 – 1994，Bd. 11，1994，S. 587）。关于团结一揽子计划，也见：卡尔·菲尔登古特：《谁得利——谁付出？团结一揽子计划的较量》（Karl Feldengut：Wer nimmt- wer gibt？Kraftproben um den Solidarpakt），该文见：1993 年 3 月《工会月刊》（Gewerkschaftliche Monatshefte，3/1993，S. 178ff.）。

55. 卡尔·里希特布劳：《工业核心与新增长理论》（Karl Lichtblau：lndustrielle

Kerne und neue Wachstumstheorie），该文见：卡尔－海因里希·欧鹏兰德（编著）：《重新统一六年后：转换过程中的成就、差距和未来前景》［Karl－Heinrich Oppenländer（Hrsg.）：Wiedervereinigung nach sechs Jahren：Erfolg，Defizite，Zukunftsperspektiven im Transformationsprozeß，S. 357－380］。

56. 根据：卡尔·里希特布劳：《工业核心与新增长理论》（Karl Lichtblau：Industrielle Kerne und Wachstumstheorie），该文见：卡尔－海因里希·欧鹏兰德（编著）：《重新统一六年后：转换过程中的成就、差距和未来前景》（Karl－Heinrich Oppenländer（Hrsg.）：Wiedervereinigung nach sechs Jahren：Erfolg，Defizite，Zukunftsperspektiven im Transformationsprozeß，1997，S. 361）。萨克森 ATLAS 项目是托管局、州政府、工会、工商联合会在困难案例整顿和再私有化过程中合作的典范；另见：英格波尔克·卡伦·施罗德：《转折后萨克森的工业政策》（Ingeborg Karen Schroeder：Industriepolitik in Sachsen nach der Wende，1996）。

57. 克尔斯汀·施温：《国有企业的私有化》（Kerstin Schwenn：Privatisierung der volkseigenen Betriebe），该文见：卡尔－海因里希·欧鹏兰德（编著）：《重新统一六年后：转换过程中的成就、差距和未来前景》（Karl－Heinrich Oppenländer（Hrsg.）：Wiedervereinigung nach sechs Jahren：Erfolg，Defizite，Zukunftsperspektiven im Transformationsprozeß，1997，S. 354）。

58. 米夏埃尔·尤尔克斯：《托管者——英雄和无赖们如何出卖民主德国》（Michael Jürgs：Die Treuhändler. Wie Helden und Halunken die DDR verkauften，1997）；马尔库斯·绷克：《公开批判托管局通过经济手段贯彻政治目的》［Markus Bunk：Die öffentliche Kritik an der ökonomischen Umsetzung politischer Ziele durch die Treuhandanstalt（THA），1996］；罗伯特·麦伊尔：《托管局的私有化政策》（Robert Mayr：Die Privatisierungspolitik der Treuhandanstalt，1995）；克里斯多弗·伏里瑟：《托管局的私有化行为；制度转换中的私有化战略和方法》（Christopher Freese：Die Privatisierungstätigkeit der Treuhandanstalt；Strategien und Verfahren der Privatisierung in der Systemtransformation）；克丽丝蒂安娜·韦伯：《托管局－快播中形成的组织文化》（Christiana Weber：Treuhandanstalt－Eine Organisationskultur entsteht im Zeitraffer）；马尔库

斯·劳斯纳博尔：《托管局整顿战略》（Markus Rauschnabel：Sanierungsstrategien der Treuhandanstalt，1996）。

59. 1990 年 8 月 2 日德意志内部关系工作小组：《未来几个月民主德国的大问题》（Die großen DDR - Probleme der nächsten Monate），该文见：BMF W 1910 Bd. 13。关于民主德国财政计划，见 1990 年 5 月 15 日财政部：1990 年下半年和 1991 年国家财政预算计划的大致方案，联邦财政部柏林办事处（Ministerium der Finanzen 15. 5. 1990：Grobprojekt des Haushaltsplanes des Staatshaushalts für die 2. Hälfte 1990 und für 1991，BMF，Aussenstelle Berlin）。

60. 1997 年 8 月 7 日萨拉辛接受笔者采访。

61. 先不增税，但"开一扇小门"的建议魏格尔是从卡尔·席勒那里得到的，1997 年 10 月 23 日魏格尔接受笔者采访。

62. 霍斯特·西伯尔特教授：《政策必须落实到市场中去》（……）［Prof. Dr. Horst Siebert：Die Politik muß auf den Markt setzen（…）］，该文见：1990 年 6 月 13 日《商报》，引自：世界经济研究所：《经济档案》（Institut für Weltwirtschaft：Wirtschaftsarchiv）；《新联邦州的经济改革和金融联盟》（Wirtschaftsreform und Währungsunion In den neuen Bundesländern，2. Aufl. 1990）。

63. 1990 年第 20 期《德国经济研究所经济周刊》（DIW - Wochenbericht，20/1990），1990 年 5 月 17 日。

64. 1990 年 5 月 18 日《时代周报》（*Die Zeit*），见：《德国'90》第 30 卷（Deutschland'90，Bd. 30，S. 18642）。

65. 1990 年 5 月 8 日 I A 3/I A 4：把与民主德国的统一纳入中期财政政策战略（I A 3/I A 4，8. Mai 1990：Einbettung der Vereinigung mit der DDR in die mittelfristige finanzpolitische Strategie，BMF VII W 1920，Sonderordner Bd. 2）。

66. 事由：实现统一过程中的联邦国家财政平衡问题（V A 3 - FV 3010 - 17/90，14，3. 90 St. K，St Kö.，Fragen des bundesstaatlichen Finanzausgleichs bei der Verwirklichung der deutschen Einheit，BMF W 1910 Bd. 8）。

67. 1990 年 4 月 21 日联邦德国联邦、州和市镇参与分担民主德国财政负担（Beteiligung von Bund，Ländern und Gemeinden der Bundesrepublik

Deutschland an den DDR – Finanzlasten，BMF W 1912 Bd. 2）。

68. 莱茵－普法尔茨州财政部长凯勒（Keller）（基民盟）如此认为，见：1990 年 4 月 30 日《时代周报》（*Die Zeit*），见：《德国'90》第 25 卷（Deutschland'90，Bd. 25，S. 17980 f）；斯图加特市市长罗梅尔（Rommel）（基民盟））也有类似的想法见：1990 年 6 月 22 日《时代周报》（*Die Zeit*），见：《德国'90》第 30 卷（Deutschland'90，Bd. 30，S. 18027）；其他例子，见：《德国'90》第 30 卷（Deutschland'90，Bd. 88，S. 18577 f）。

69. 数据出自：1990 年 5 月 17 日：两德发展的预算问题（II A 1，7. Mai 1990：Haushaltsfragen der deutsch-deutschen Entwicklung，BK 422 – 35 006 De 13 Na 136/26 428）。

70.《靠贷款的统一》(Einheit auf Pump)，该文见：1990 年 5 月 18 日《时代周报》（*Die Zeit*），见：《德国'90》第 30 卷（Deutschland'90，Bd. 30，S. 18641）。

71.《资本——中间呐喊：民主德国整顿不依靠贷款》(Capital – Zwischenruf：DDR – Sanierung nicht auf Pump)；英格里德·马特乌斯－迈尔关于魏格尔财政机会的看法；1990 年 6 月 15 日《经济周刊》:《举债行不通》《……》［Wirtschaftswoche：Schulden macchen gilt nicht (…)］，见：《德国'90》第 30 卷（Deutschland'90，Bd. 30，S. 18009，S. 18020）。

72. 1990 年 6 月 12 日《莱茵邮报》(*Rheinische Post*)，见：《德国'90》第 30 卷（Deutschland'90，Bd. 30，S. 18653）。

73. 1990 年 8 月 2 日德意志内部关系工作小组（M/AIBl/14.2. – 14.6/，BMF W 1910 Bd. 13）。

74. 彼得·戈特弗里德/沃尔夫冈·维根特:《统一后的财政平衡：旧联邦州是赢家》(Peter Gottfried/Wolfgang Wiegand：Finanzausgleich nach der Vereinigung：Gewinner sind die alten Länder)，该文见：1991 年第 9 期《经济服务》月刊（Wirtschaftsdienst，1991/IX），S. 461。

75. 1990 年 7 月 20 日：联邦的立场（Standpunkt des Bundes，BMF W 1910 Bd. 13）。

76. 1990 年 9 月 3 日德意志内部关系工作小组，事由：现有民主德国地区州和市镇的财政配置，联邦财政部资料（Finanzausstattung der Länder

und Gemeinden auf dem heutigen Gebiet der DDR，BMF W 1912 Bd. 5）。

77. 另见：联邦的立场，见：联邦财政部资料（Standpunkt des Bundes，BMF W 1910 Bd 13）；沃尔夫冈·朔伊布勒：《条约——我如何谈判德国统一》（Wolfgang Schäuble：Der Vertrag. Wie ich über die deutsche Einheit verhandelte，1991，S. 179 ff）；1990 年 8 月 11 日和 1990 年 8 月 21 日《法兰克福汇报》（*Frankfurter Allgemeine Zeitung*），见：《德国'90》第 31 卷（Deutschland'90，Bd. 31，S. 18817，S. 18835），见：《德国'90》第 31 卷（Deutschland'90，Bd. 31）中的大量其他新闻报道。

78. 沃尔夫冈·朔伊布勒：《条约——我如何谈判德国统一》（Wolfgang Schäuble：Der Vertrag. Wie ich über die deutsche Einheit verhandelte，1991，S. 181）。

79. 1997 年 12 月 10 日瓦尔特·西格尔特接受笔者采访。也比较：于尔根·格鲁斯：《别无选择的决定》（Jürgen Gros：Entscheidung ohne Alternative），S. 159。

80. 沃尔夫冈·朔伊布勒：《条约——我如何谈判德国统一》（Wolfgang Schäuble：Der Vertrag. Wie ich über die deutsche Einheit verhandelte，1991，S. 135）。

81. 1990 年 4 月 29 日《时代周报》（*Die Zeit*），见：《德国'90》，第 8 卷（Deutschland'90，Bd. 8，S. 4883）。

82. 1997 年 12 月 10 本作者采访洛塔尔·德梅齐埃。

83. 沃尔夫冈·朔伊布勒：《条约——我如何谈判德国统一》（Wolfgang Schäuble：Der Vertrag. Wie ich über die deutsche Einheit verhandelte，1991，S. 183）。

84. 1990 年 9 月 3 日《商报》，见：《德国'90》第 10 卷（Deutschland'90，Bd. 10，S. 6418）。

85. 1990 年 9 月 3 日德意志内部关系工作小组：事由：民主德国现有地区的州和市政的财政配置（给部长的按语）［Arbeitsgruppe Innerdeutsche Beziehungen，3. 9. 1990：Betr.：Finanzausstattung der Länder und Gemeinden auf dem heutigen Gebiet der DDR（Vermerk für den Minister），BMF W 1912 Bd. 5］。

86. 加入修改条款的想法出自瓦尔特·西格尔特；1997 年 12 月 10 日瓦尔特·西格尔特接受笔者采访。

87. 用于比较：联邦议院表决：442 票同意，47 票反对，3 票弃权。

88. 1990 年 9 月 3 日德意志内部关系工作小组：事由：民主德国现有地区州和市政的财政配置（给部长的按语）。

89. 1990 年 8 月 2 日德意志内部关系工作小组：民主德国加入后，因联邦须在民主德国履行国家职责，故 1991 年财政需求高于预算。初步估算 BMF W 1910 Bd 13；也比较：1990 年 9 月 7 日《时代周报》（*Die Zeit*），见：《德国'90》第 31 卷（Deutschland'90，Bd. 31，S. 18874）。

90. 1990 年 9 月 7 日《时代周报》（*Die Zeit*），见:《德国'90》第 31 卷（Deutschland'90，Bd. 31，S. 18874 f）；其他例子。

91. 1990 年 9 月 7 日《时代周报》（*Die Zeit*），见:《德国'90》第 31 卷（Deutschland'90，Bd. 31，S. 18876）。

92. 1990 年 9 月 12 日《法兰克福汇报》，见:《德国'90》第 31 卷（Deutschland'90，Bd. 31，S. 18888）。

93. 1990 年 9 月 13 日《法兰克福汇报》（*Frankfurter Allgemeine Zeitung*），见:《德国'90》第 31 卷（Deutschland'90，Bd. 31，S. 18890）。

94. 《宏观经济发展评估"五闲人"专家委员会评估年鉴》（SVR：Jahresgutachten 1990/91，S. 184 ff）。

95. 1997 年 10 月 21 日笔者采访科尔。

96. 海因里希·麦丁："德国统一过程中的联邦财政关系——经验与展望"（Heinrich Mäding：Die föderativen Finanzbeziehungen im Prozeß der deutschen Vereinigung – Erfahrungen und Perspektiven），该文见：汉斯 – 赫尔曼·哈尔特维奇/高特里克·韦伏尔（编著):《在第四联邦共和国中执政》［Hans – Hermann Hartwich/Gottrik Wever（Hrsg.）：Regieren in der Bundesrepublik IV，1992，S. 193f.］。

97. 乌韦·安德森：《统一的融资》（Uwe Andersen：Finanzierung der Einheit），该文见：维尔讷·魏登菲尔德/卡尔 – 鲁道夫·科尔特:《德国统一手册》（Werner Weidenfeld/Karl – Rudolf Korte：Handbuch der Deutschen Einheit，1996，S. 298）。

98. 详情另见：奥利弗·施温:《德国统一的融资》（Oliver Schwinn：Die Finanzierung der deutschen Einheit，1996）。

第八章　国际顾虑

1. 比较：科尔:《我要德国统一》（Helmut Kohl：Ich wollte Deutschlands

Einheit，1996，S. 195）。

2. 见：1990 年第 1 期《欧洲档案》（Europa – Archiv，1/1990，S. D 14），第 D14 页。

3. 比较：《329 天——德国统一的内部视角》（Teltschik：329 Tage. Innernansichten der Einigung，1991，S. 96）。

4. 比较：《329 天——德国统一的内部视角》（Teltschik：329 Tage. Innernansichten der Einigung，1991，S. 98 ff）。

5. 雅克·阿塔利（Jacques Attali：Verbatim III，1995，S. 416），笔者本人的翻译。

6. BK 211 – 35400 EG 29 Bd. 1。

7. 211 处 41 组比特里希/蒂勒：事由：欧共体与民主德国的关系，联邦总理府，莫德罗，主要过程（Ref. 211/Gruppe 41，Bitterlich/Thiele：Betr.：Beziehungen EG – DDR，24. 1. 1990BK 212 10 105 De 57 Modrow，Hauptvorgang）；也比较：卡斯滕·梅耶：《民主德国纳入欧共体》（Carsten Meyer Die Eingliederung der DDR in die EG，1993，S. 30）。

8. 常设代表处：事由：德国统一进程与共同体，此处：1990 年 2 月 8 日和 2 月 9 日班格曼小组会议（Ständige Vertretung：Betr.：Deutscher Einigungsprozeß und die Gemeinschaft，hier：Sitzung der Bangemann – Gruppe vom 8. 2. 1990，9. 2. 1990，BK 422 – 52 602 – Bu 48 Bd. 5，B 136/26 447）。

9. 41 组：致联邦总理府部长先生，事由：1990 年 2 月 21 日"德国统一"内阁委员会，此处：欧共体/民主德国与 1990 年 3 月 18 日前可能草签贸易与合作协定（Gruppe 41：Herrn Chef BK，Betr.：Kabinettsausschuß Deutsche Einheit am 21. 2. 1990，Mögliche Paraphierung des Handels- und Kooperationsabkommens EG/DDR vor dem 18. März 1990，21. 2. 1990，BK 41 68 018 De2 Bd. 7，B 136/23744）。

10. 比较：贝阿特·科乐尔－考赫：《欧共体东扩》（Beate Kohler – Koch：Die Osterweiterung der EG，1991，S. 12）；卡斯滕·梅耶：《民主德国纳入欧共体》（Carsten Meyer：Die Eingliederung der DDR，1994，S. 43）。

11. 比较：卡斯滕·梅耶：《民主德国纳入欧共体》（Carsten Meyer：Die Eingliederung der DDR，1994，S. 36）。

12. 21 小组组长：通过二司司长先生/总理府部长呈交联邦总理先生，事由：1990 年 2 月 12 日星期五路德维希博士/哈特曼博士与欧共体委员会主席德洛尔在巴黎会谈（GL 21：Über Herrn AL 2/Herrn Chef BK Herrn Bundeskanzler, Betr.：Gespräch Dr. Ludewig/Dr. Hartmann mit EGK – Präsident Delors am Freitag, 16. 2. 1990, in Paris, BK 211 35400 EG 29）。

13. 根据 1990 年 2 月 22 日联邦德国常设代表处在委员会的报告，见：《德国联邦银行媒体档案》（Pressearchiv der DBB）。

14. 1990 年 2 月 12 日荷兰财政部长考克（Kok）在欧共体财长会议（ECOFIN）上已经抱怨由于提供西德马克所带来的利率上升，而且在写给荷兰议会的信中重复了该抱怨：1990 年 2 月 22 日考克部长致荷兰议会请求信的初译稿，见：BMF W 1910 Bd. 2。

15. 比较：联邦总理府相关负责部门的纪要：211 处副处长 1 主任比特里希：事由：德国统一进程纳入欧洲议程，此处：准备 1990 年 4 月 28 日都柏林欧州参议院特别会议（Ref. 211, VRL 1 Bitterlich：Betr.：Europäische Einbettung des deutschen Einigungsprozesses, hier：Vorbereitung der Sondertagung des Europäischen Rates am 28. April 1990 in Dublin, 28. 2. 1990, BK 211 35 400 EG 29 Bd. 1）。

16. 约阿希姆·比特里希来自外交部门，1987 年以来在联邦总理府担任（欧洲）处长，1993 年 6 月作为司级官员担任联邦总理府二司（外交、安全和发展政策）司长。

17. 卡斯滕·梅耶：《民主德国纳入欧共体》（Carsten Meyer：Die Eingliederung der DDR, 1994, S. 32）。

18. 外交部：1990 年 2 月 15 日，与建立德国国家统一相关的欧共体条约修改需要的问题（AA：Zur Frage der Änderungsbedürftigkeit der EG – Verträge im Zusammenhang mit der Herstellung der staatlichen Einheit Deutschlands, 15. 2. 1990, BK 211 35 400 EG 29 Bd. 1）。

19. 211 处比特里希：事由："德国统一"内阁委员会，此处：在联邦部长根舍主持下的 1990 年 2 月 19 日"外交和安全政策关系"工作小组会议，首要的"欧共体问题"（Ref. 211, Bitterlich：Betr.：Kabinettsausschuss Deutsche Einheit. Hier：Sitzung der "Arbeitsgruppe Außen- und sicherheitspolitische Zusammenhänge" am 19. Februrar 1990 unter Vorsitz von BM Genscher, TOP "EG – Fragen", 19. 2. 1990, BK 28

775 35 400 EG 029）。

20. 211 处比特里希……，（Ref. 211 Bitterlich···，BK 28 775 35 400 EG 029）。

21. 1990 年 3 月 28 日常设代表处致电联邦总理府、联邦财政部、联邦经济部（Fernschreiben der Ständigen Vertretung an Chef BK，BMF，BMWi，28. 3. 1990，BMF VII W 196 Bd. 1）。

22. 1990 年 3 月 31 日/4 月 1 日财政部长会议发言稿（Sprechzettel zum Finanzministertreffen am 31. 3. /1. 4. 1990，28. 3. 1990，BMF VII W 1960 Bd. 1EG）。

23. 1990 年 3 月 23 日德意志内部关系工作小组：事由：引进与民主德国货币联盟和经济共同体后仍然过渡式保留德国内部海关边界的必要性问题（Arbeitsgruppe Innerdeutscher Beziehungen：Betr.：Frage der Notwendigkeit, eine innerdeutsche Zollgrenze auch nach Einführung einer Währungsunion und Wirtschaftsgemeinschaft mit der DDR übergangsweise beizuhalten, 23. 3. 1990，BMF VII W 1960 Bd. l EG）。

24. 另见：政策处比特里希，1990 年 3 月 13 日布鲁塞尔，德国统一进程对欧共体的影响（RL Pol.，Bitterlich：Auswirkungen des deutschen Einigungsprozesses auf die EG，Brüssel，19. 3. 1990，BK 28 775 EG 029 35 400）。

25. 联邦经济部欧洲六司：在民主德国作为联邦德国的一部分纳入欧共体的过程中欧共体法律的调整（BMWi EA 6：Anpassung des EG – Rechts bei Einbeziehung der DDR in die EG als Teil der Bundesrepublik Deutschland，21. 03. 1990，BK 211 35 400 EG 29 Bd. 2 – BMWi EA6 29 00 00）。

26. "联邦总理会晤委员会记录"，常设代表处整理，见：BK 41 68018 De2 Bd. 9 und 10，B 136/23 745。

27. "法兰西共和国总统弗朗索瓦·密特朗和德意志联邦共和国总理使节致现任欧洲议会轮值主席、爱尔兰总理"，该信内容见：1990 年第 11 期《欧洲档案》(Europa – Archiv，11/1990）。

28. 《共同体与德国统一》，为 1990 年 4 月 28 日都柏林特别峰会准备的委员会文件（Die Gemeinschaft und die deutsche Vereinigung. Kommissionspapier für den Sondergipfel in Dublin am 28. April 1990，BK 441 68 000 EU 79

Konferenzmappe Dublin，AA，Bonn 20. 4. 1990）。

29. 比较：蒂特梅耶，见：特奥·魏格尔、曼弗雷德·席尔（编著）《改变德国和世界的日子》［Theo Waigel/Manfred Schell（hrsg.）：Tage，die Deutschland und die Welt veränderten，1994，S. 67］。

30. 关于部委立场的实情按语，外交部、联邦财政部、联邦经济部，事由：德国统一与欧共体，此处：共同体参与和接纳民主德国政府参加不同商议的问题（Zur Position der Ressorts ein Sachstandsvermerk：Betr.：Deutsche Einheit und EG，hier：Fragen der Beteiligung der Gemeinschaft und der Einbeziehung der DDR – Regierung in die verschiedenen Konsultationen，19. 4. 1990，BK41 68018 De2 Bd. 9 und 10，B 136/23 745）。

31. 外交部：事由："共同体与德国统一"委员会文件（BK 441 68 000 EU 79 Konferenzmappe Dublin）。

32. 蒂勒博士、比特里希、弗里德、斯塔尔克博士（总理办公室主任）：欧共体与德国统———给联邦总理举行相应会谈的建议［Dr. Thiele，Bitterlich，Fried，Dr. Stark（Chef BK：EG und Deutsche Einheit），Vorschlag für eine entsprechende Gesprächsführung des Bundeskanzlers，BK 211 68 000 Gi 48 Hauptvorgang Bd. 2］。

33. 科尔：《我要德国统一》（Helmut Kohl：Ich wollte Deutschlands Einheit，1996，S. 359 f）。

34. 1990 年 4 月 28 日都柏林国家和政府首脑欧洲参议院特别会议（Sondertagung des Europäischen Rates der Staats- und Regierungschefs am 28. April 1990 in Dublin），比较：1990 年第 11 期《欧洲档案》（Europa-Archiv，11/1990）。

35. 1990 年 3 月 23 日《商报》。

36. 欧共体委员会：共同体与德国统———国家条约的作用［Kommission der Europäischen Gemeinschaften（SEK 890）1138 endg.：Die Gemeinschaft und die Deutsche Einigung. Auswirkungen des Staatsvertrages，Brüssel，14. 6. 1990］。

37. 备忘录，货币联盟、经济和社会共同体简报（Aide-mémoire，Arbeitspapier Währungsunion，Wirtschafts- und Sozialgemeinschaft，2. 5. 1990，BK 441 35 400 Del4 Bd. 3，B 136/26 436）。

38. 另见41：事由：欧共体关税联盟——保留民主德国在德国内部边界的商品检查（GL 41：Zollunion EG/DDR – Fortbestehen der Warenkontrollen an der innerdeutschen Grenze, 3. 5. 1990, BK 41 68 018 De2 Bd 9 u. 10, B 136/23 745）。

39. 比较：卡斯滕·梅耶：《民主德国纳入欧共体》（Carsten Meyer: Die Eingliederung der DDR, 1994, S. 51）。

40. 欧洲问题国务秘书委员会秘书处为准备外交部1990年5月15日会议……的初稿（Sekretariat des Staatssekretärausschusses für Europafragen: Vorentwurf für die Sitzung … am 15. Mai 1990 im Auswärtigen Amt, 15. 5. 1990BK 41 68 0118 De2 Bd. 9 und 10, B 136/23745）。

41. 1990年5月21日德意志民主共和国总理：雅克·德洛尔……联邦总理府资料（Deutsche Demokratische Republik, Der Ministerpräsident, 21. 5. 1990：M. Jacques Delors…, BK 29 751 Am 001 35400）。

42. 比较：卡斯滕·梅耶：《民主德国纳入欧共体》（Carsten Meyer: Die Eingliederung der DDR, 1994, S. 57）。

43. 比特里希、蒂勒博士按语，无日期（Vermerkung VLR 11 Bitterlich, Mdg Dr. Thiele: ohne Datum, Ende Juni BK 411 68 000 HU 80 Konferenzmappe）。

44. 比较：卡斯滕·梅耶：《民主德国纳入欧共体》（Carsten Meyer: Die Eingliederung der DDR, 1994, S. 52）。

45. 441司（Abt 441）高级行政官员蒂勒博士：通过总理办公室主任呈交联邦总理先生，事由：1990年8月20日您与德洛尔主席的会谈（Abt. 441, Mdg Dr. Thiele: Über Herrn Chef des BK Herrn Bundeskanzler: Betr.: Ihr Gespräch mit Präsident Delors am 20. 8. 90, 16. 8. 90, BK 41 680 18 De2 Bd – 1 Na7, B 136/23 757）。

46. 欧共体委员会（Kom（90）400 endg., Vol. 1, Brüssel, 21. 8. 1990）。

47. 欧共体委员会（Kom（90）400 endg., Vol. 1, S. 34a）。

48. 梅耶这样精辟地比喻，见：《民主德国纳入欧共体》，第53页。

49. 欧共体委员会（Kom（90）400 endg. Vol. 1, S. 31）。

50. 欧共体委员会农业部副主任约阿希姆·海涅博士（Dr. Joachim Heine）在1997年5月2日于布鲁塞尔接受约翰内斯·瓦尔贝克（Johannes Warbeck）的采访时，如此表示。

51. 欧共体委员会（Kom（90）400 endg., Vol. l, S. 69）。

52. 欧共体委员会（Kom（90）400 endg.，Vol. 1，S. 70）。

53. 21 组组长纪要：事由：1990 年 8 月 20 日联邦总理先生与委员会主席德洛尔之间的电话会谈（GL 21：Vermerk Betr.：Telefongespräch zwischen dem Hern Bundeskanzler und Kommissionspräsident Delors am 20. August 1990，20. 8. 90，BK 41 68018 De2 Bd. 1 Na 17，B 136/23 757）。

54. 在总理办公室以凯瑟博士为代表的 41 组的纪要中，对科尔的行为做如此描述并于 1990 年 7 月 24 日递交"德国统一"内阁委员会（Vermerk der Gruppe 41（i. V. Dr. Kaiser）im BK；für den Kabinettauschuβ' Deutsche Einheit am 24. Juli 1990，BK 211 35 400 EG 29 Bd. 3）。

55. 另见二司（比特里希）：通过总理府部长呈交联邦总理先生，事由：欧共体与德国统一〔Abt 2（Bitterlich）：Über Chef BK Herrn Bundeskanzler，Betr.：EG und deutsche Einigung（Übergangsregelungen），19. 7.，BK 432 50 000 Fi 46 Bd. 1〕。

56. 德意志联邦共和国。联邦总理，1990 年 7 月 20 日致联邦食品、农业和林业部长……，致豪斯曼部长和布吕姆部长同样内容的信件（Bundesrepublik Deutschland. Der Bundeskanzler，20. Juli 1990：An den Bundesminister für Ernährung，Landwirtschaft und Forsten... gleichlautende Briefe an die Minister Haussmann und Blüm，BK 211 35 400 EG 29 Bd. 3）。

57. 德意志联邦共和国。联邦总理，1990 年 7 月 20 日致欧共体委员会主席（Bundesrepublik Deutschland. Der Bundeskanzler，An deb Präsidenten der Kommission der Europäischen Gemeinschaften... 20. 7. 1990，BK 211 35 400 EG 29 Bd. 3）。

58. 1990 年 8 月 1 日欧共体委员会主席致联邦总理信件（Kommission der Europäischen Gemeinschaften，Der Präsidenten，Schreiben an den Bundeskanzler，1. 8. 1990，BK 211 35 400 EG 29 Bd. 4）。

59. 外交部、联邦财政部、联邦经济部、联邦农业部、联邦劳动部："序言记录"，1990 年 7 月 20 日联邦总理致欧共体委员会主席信件（AA，BMF，BMWi，BML，BMA：Einleitende Aufzeichnung，Brief des Bundeskanzlers an den Präsidenten der EG – Kommission vom 20. 7. 1990，6. 8. 1990，BK 211 35 400 EG29 Bd. 4）。

60. 21 组组长按语：事由：1990 年 8 月 20 日联邦总理先生与委员会主席德洛尔之间的电话会谈（GL 21：Vermerk Betr.：Telefongespräch zwischen dem Herrn Bundeskanzler und Kommissionspräsident Delors am 20. August 1990，BK 41 68018 De2 Bd. 1 Na 17，B 136/23 757）。

61. 21 组组长按语：事由：1990 年 8 月 20 日联邦总理先生与委员会主席德洛尔之间的电话会谈（GL 21：Vermerk Betr.：Telefongespräch zwischen dem Herrn Bundeskanzler und Kommissionspräsident Delors am 20. August 1990，BK 41 68018 De2 Bd. 1 Na 17，B 136/23 757）。

62. 比较：特尔切克：《329 天——德国统一的内部视角》（Teltschik：329 Tage. Innernansichten der Einigung，1991，S. 180）。

63. 卡尔·格林海德（Karl Grünheid，Moskau，27. 3. 90，BA DE 1/56 350）。

64. 1991 年 12 期《德国经济研究所周刊》（DIW – Wochenbericht，12/1991）的估计，引自：于尔根·格鲁斯：《别无选择的决定？》（Jürgen Gros：Entscheidung ohne Alternative? S. 37）。

65. 联邦经济部书信：事由：民主德国的对外经济义务（Schreiben des BMWI，VC：Außenwirtschaftliche Verpflichtungen der DDR，4. 3. 1990，BMF VII W 1960）。

66. 报告事由：民主德国与苏联的经济关系（Vermerk Betr.：Wirtschaftsbeziehungen DDR – Sowjetunion，20. 4. 1990，BK 213 35000 De 39 Na 2 Bd. 3）；拉德马赫、国务秘书科勒尔：民主德国、苏联特殊关系中的财政政策问题，联邦财政部资料（RD Radermacher，St. Kö：Finanzpolitische Probleme aus dem besonderen Verhältnis DDR/UdSSR，31. 5. 1990，BMF VII W 1960 Bd. 2）。

67. 联邦经济部、联邦财政部：按语——与经互会国家的外贸问题（BMWi/BMF：Vermerk – Probleme des Außenhandels mit den RGW – Staaten，1. 5. 1990，BK 441 35 400 De 16 Bd. 9）。

68. 联邦经济部、联邦财政部：按语：外贸问题……（BMWi/BMF：Vermerk – Probleme des Außenhandels… 2. 5. 1990，BK 441 35 400 De 16 Bd. 9）。

69. 特尔切克关于 1990 年 3 月 10 日联邦总理对苏联进行工作访问的按语（Vermerk Teltschik Über den Arbeitsbesuch des Bundeskanzlers in der

Sowjetunion am 10. Februar 1990, BK 213 30 130 S 25 Au 27 Bd. 5）。

70. 德梅齐埃对特尔切克如此说，比较：特尔切克：《329 天》，第 198 页。

71. 外交部：事由：德国统一的外部因素，此处：苏联 1990 年 4 月 18 日
非文件（Auswärtiges Amt, Betr.：Äußere Aspekte der Deutschen Einheit,
hier：Sowjetisches Non – Paper vom 18. 4. 1990, 24. 4. 1990, BK 441 35
400 De 16 Bd. 9）。

72. 联邦总理府高级行政官员哈特曼博士：事由：苏联 1990 年 4 月 19 日
的非文件（Bundeskanzleramt, Mdg Dr. Hartmann：Betr.：Sowjetisches
Non – Paper, 19. 4. 1990, BK 213 35 000 D 39 N < a 2 Bd. 3）。

73. 特尔切克：1990 年 4 月 20 日联邦总理与克维钦斯基的会谈报告
（Teltschik：Vermerk für das Gespräch des Bundeskanzlers mit Botschafter
Kwizinskij, 20. 4. 1990, BK 213 35 000 D 39 Na 2 Bd. 3）。

74. 比较：特尔切克：《329 天——德国统一的内部视角》（Teltschik：329
Tage. Innernansichten der Einigung, 1991, S.205）；尤里·克维钦斯基：
《暴风雨来临前——一位外交官的回忆》（Julij A. Kwizinskij：Vor dem
Sturm, Erinnerungen eines Diplomaten, 1993, S. 19）。

75. 德国驻莫斯科大使电报：关于与民主德国经济、货币和社会联盟的苏
联备忘录（Fernschreiben des deutschen Botschafters in Moskau：Betr.：
Sowjetisches Aide-mémoire zur Wirtschafts-, Währungs- und Sozialunion mit
der DDR, 28. 4. 1990, BMF W 1912 Bd. 5）。

76. 联邦财政部：事由：德国统一中的经济问题（BMF：Betr.：
Wirtschaftliche Fragen aus deutscher Vereinigung, 10. 5. 1990, BMF VII W
I960 Bd. 2, Sonderordner 411 – 423 – D）。

77. 另见拉斐尔·比尔曼：《动荡中的权力关系》（Rafael Biermann：
Machtgefüge im Umbruch），该文见：埃尔克·布鲁克/彼得·瓦格纳
（Elke Bruck/Peter M. Wagner）:《通往 2 +4 条约之路》（Wege zum 2 +4 –
Vertrag, 1996, S.98f.）；法林的观点，重要的是记录于其书中的文字：
《克里姆林宫中的冲突》（Falin：Konflikte im Kreml）。

78. 1990 年 4 月 9 日斯塔扬对豪斯曼表示坚持三边会谈，路德维希博士纪
要，事由：民主德国与苏联的经济关系（Dr. Ludewig：Vermerk Betr.：
Wirtschaftsbeziehungen DDR – Sowjetunion, 20. 4. 1990, BK 213 35 000
De 39 Na 2 Bd. 3）。

79. 与苏联副总理斯塔扬和希拉耶夫会谈的信息（29.4.1990，BA DC 20/I/3/2949）。

80. 212 处：事由：联邦总理先生与苏联外长谢瓦尔德纳泽会谈（Ref. 212.：Gespräch des Herrn Bundeskanzlers mit dem Außenminister der UdSSR Schewardnadse，4.5.1990，BK 213 30 105 S 25 So 16）。

81. 212 处：事由：联邦总理先生与苏联外长谢瓦尔德纳泽会谈（Ref. 212.：Gespräch des Herrn Bundeskanzlers mit dem Außenminister der UdSSR Schewardnadse，4.5.1990，BK 213 30 105 S 25 So 16）。

82. 特尔切克：《329 天——德国统一的内部视角》（Teltschik：329 Tage. Innernansichten der Einigung，1991，S. 231）；尤里·克维钦斯基：《暴风雨来临前》，第 26 页。

83. 比较：特尔切克：《329 天——德国统一的内部视角》（Teltschik：329 Tage. Innernansichten der Einigung，1991，S. 235）。

84. 国家条约第 13 条。

85. 外交部：关于 1990 年 5 月 28 日第二轮咨询会议的报告……，联邦财政部（AA：Vermerk zur 2. Konsultationsrunde... 28.5.1990，BMF VII W 1960 Sonderordner Bd. 1）。

86. 第二司第 1 处处长卡斯特讷博士：通过总理办公室主任呈交联邦总理先生，事由：苏军驻民主德国西部军团的财政问题；此处：波恩第三次磋商回合……（Abteilungsleiter 2；VLR I Dr. Kaestner：Über Chef BK Herrn Bundeskanzler，Betr.：Finanzierungsfragen der Westgruppe der sowjetischen Streitkräfte in der DDR. Hier：3. Konsultationsrunde …，19.6.1990，BK 421 – 65 109 – Wi 9 Bd. 55）。

87. 联邦德国常驻代办：事由：民主德国经济部波尔与苏联副总理斯塔扬的会谈（Ständige Vertretung der Bundesrepublik Deutschland Betr.：Gespräche zwischen dem DDR – Wirtschaftminister Pohl und dem sowjetischen stellvertrenden Moinisterpräsidenten Sitarjan，20.6.1990，BK 421 – 65 109 Wi 9 Bd 55）。

88. 联邦德国外交部国务秘书劳滕施拉格尔：1990 年 6 月 25 日我在莫斯科与苏联副外长阿布明斯基以及与副总理斯塔扬关于 1990 年 7 月 1 日前民主德国货币转换相关财政问题的谈判（AA，Sts. Lautenschlager：Betr.：Meine Verhandlungen am 25. Juni 1990 in Moskau mit dem

stellvertretenden sowjetischen Außenminister Obminskij und zeitweise dem stellvertretenden Ministerpräsidenten Sitarjan Über finanzielle Fragen im Zusammenhang mit der Währungsumstellung in der DDR zum 1. Juli 1990，26. 6. 1990，BK 421 65 109 Wi 9 Bd. 55）。

89. 联邦德国常设代表处：事由：1990 年下半年苏联军队西部军团给养融资，1990 年 7 月 2 日，还包括 1990 年 6 月 26 日总理府国务秘书君特·克劳泽博士与苏联副总理（原文为副外长，有误——译者注）"斯塔扬会谈记录"（Ständige Vertretung der Bundesrepublik Deutschland Betr.：Finanzierung des Unterhalts der Westgruppe der sowjetischen Streitkräfte im 2. Halbjahr 1990，2. 7. 1990，darin Niederschrift des Gespräches zwischen dem Staatsekretär im Amt des Ministerpräsidenten Dr. Günther Krause und dem sowjetischen stellvertretenden Auβenminister Sitarjan am 26. Juni 1990，BK 213 30 130 S25 Ub 5 Bd. 1）。

90. 比较：特尔切克:《329 天——德国统一的内部视角》（Teltschik：329 Tage. Innernansichten der Einigung，1991，S. 275）。

91. 比较：特尔切克:《329 天——德国统一的内部视角》（Teltschik：329 Tage. Innernansichten der Einigung，1991，S. 313 f）。

92. 比较：特尔切克:《329 天——德国统一的内部视角》（Teltschik：329 Tage. Innernansichten der Einigung，1991，S. 323 f）。

93. 德国记录：诺伊尔，事由：1990 年 7 月 16 日周一……联邦总理先生与戈尔巴乔夫总统在斯塔夫罗波尔边疆区阿尔希斯举行更大范围的会谈（Neuer：Betr.：Gespräch des Herrn Bundeskanzlers mit Präsident Gorbatschow im erweiterten Kreis am Montag，den 16. Juli 1990…in Archys，Bezirk Stavropol，18. 7. 1990，BK213 30 104 – S25 So 17 UdSSR HV Bd. 2）。

94. 德国记录：诺伊尔，事由：1990 年 7 月 16 日周一……联邦总理先生与戈尔巴乔夫总统在斯塔夫罗波尔边疆区阿尔希斯举行更大范围的会谈（Neuer：Betr.：Gespräch des Herrn Bundeskanzlers mit Präsident Gorbatschow im erweiterten Kreis am Montag，den 16. Juli 1990…in Archys，Bezirk Stavropol，18. 7. 1990，BK213 30 104 – S25 So 17 UdSSR HV Bd. 2）；关于谈判进程也见：特奥·魏格尔、曼弗雷德·席尔（编著）《改变德国和世界的日子》[Theo Waigel/Manfred Schell（hrsg.）：

Tage，die Deutschland und die Welt veränderten，1994，S. 35 f]。

95. 德国记录：诺伊尔，事由：1990 年 7 月 16 日周一……联邦总理先生与戈尔巴乔夫总统在斯塔夫罗波尔边疆区阿尔希斯举行更大范围的会谈（Neuer：Betr.：Gespräch des Herrn Bundeskanzlers mit Präsident Gorbatschow im erweiterten Kreis am Montag，den 16. Juli 1990… in Archys，Bezirk Stavropol，18. 7. 1990，BK213 30 104 – S25 So 17 UdSSR HV Bd. 2 S. 2）。

96. 第 21 司司长：通过总理办公室主任呈交联邦总理先生，事由：与苏联的过渡条约……（Abteilungsleiter 21. V.：Über Chef BK Herrn Bundeskanzler，Betr.：Überleitungsvertrag mit der Sowjetunion … 16. 8. 1990），其中有雷日科夫 7 月 18 日写给联邦总理的信件和雷日科夫同一日期给东德总理德梅齐埃的信件（BK 213 30 313 S 25 Ob 5 Bd. 1）。

97. 联邦德国外交部第二司司长通过总理办公室主任呈交联邦总理先生，事由：针对将民主德国纳入我们与苏联在阿尔希斯双边谈判约定中的决策需要，附总理的批注（Abteilungsleiter 2 LV：Über Herrn Chef BK Herrn Bundeskanzler，Betr.：Entscheidungsbedarf in Hinblick auf die Einbeziehung der DDR in unsere bilateralen Verhandlungen der in Archys verabredeten Vereinbarungen mit der SU，mit Randbemerkung des Bundeskanzlers，7. 8. 1990，BK 213 30 130 S 25 Ub 5 Bd. 1）。

98. 科尔在其著作《我要德国统一》最后一章中这样写道见：Helmut Kohl：Ich wollte Deutschlands Einheit，1996。

99. 魏格尔，他的文章见：特奥·魏格尔、曼弗雷德·席尔（编著）《改变德国和世界的日子》 ［Theo Waigel/Manfred Schell（hrsg.）：Tage，die Deutschland und die Welt veränderten，1994，S. 46，S. 52 f］联邦财政部按语：事由：9 月 3 日和 4 日在波恩关于"过渡协定"的谈判结果……（BMF VU C4：Vermerk：Betr.：Ergbnis der Verhandlungen Über ein Überleitungsabkommen… am 3. und 4. Spe. 1990 in Bonn，4. 9. 1990，BK 421 84010 Wo 107 Bd. 2，B 136/26 869；RL 441 Betr.：Überleitungsabkommen mit der UdSSR，6. 9. 1990，BK 421 84010 Wo 107Bd. 2，B 136/26 869）。

100. 比较：科尔：《我要德国统一》（Helmut Kohl：Ich wollte Deutschlands

Einheit，1996，S. 465）。

101. 比较：特尔切克《329 天——德国统一的内部视角》（Teltschik：329 Tage. Innernansichten der Einigung，1991，S. 353）。

102. 212 处处长：事由：1990 年 9 月 7 日 10：02 ~ 10：40 联邦总理先生与戈尔巴乔夫总统通话（RL 212，Betr.：Telefongespräch des Herrn Bundeskanzlers mit Präsident Gorbatschow，7. 9. 1990. 10：02 - 10：40，BK 213 30 313 S 25 üb 5 Bd. 2）；也比较：特尔切克：《329 天——德国统一的内部视角》（Teltschik：329 Tage. Innernansichten der Einigung，1991，S. 360）。

103. 联邦财政部：过渡条约的论证（BMF：Argumentation für Überleitungsvertrag，9. 9. 1990，BK 213 30 130 S 25 üb 5 Bd. 3）。

104. 比较：特尔切克：《329 天——德国统一的内部视角》（Teltschik：329 Tage. Innernansichten der Einigung，1991，S. 362）。

105. 当时联邦政府估算这笔贷款的利息成本为 10 亿西德马克。

106. 联邦财政部给政府发言人的发言稿（BMF M VII C4 170 EL：Sprechzettel für den Regierungssprecher，BK 424 84010 - Wo 1071 Bd. 2）。

107. 针对谈判：事由：关于经济领域合作的德苏协议（Zu den Verhandlung，Betr.：Deutsch-sowjetisches Abkommen Über Zusammenarbeit auf dem Gebiet der Wirtschaft···，28. 8. 1990，BK 424 84 010 - Wo 1071 Bd. 1）；条约内容，见：《德国＇90》第 20 卷（Deutschland＇90，Bd. 20，S. 12651）。关于国家财产比较：魏格尔，他的文章见：特奥·魏格尔、曼弗雷德·席尔（编著）《改变德国和世界的日子》［Theo Waigel/Manfred Schell（hrsg.）：Tage，die Deutschland und die Welt veränderten，1994，S. 46］。

108. 德国支持措施······［Theo Waigel/Manfred Schell（hrsg.）：Tage，die Deutschland und die Welt veränderten，1994，S. 46，S. 52 f］（12. 4. 1991，BK 423 - 65 109 - W19 Bd. 67，B136/26 705）。

第九章　创造性的破坏

1. 汉堡州央行行长威廉·诺林（Wilhelm Nolling）如此认为，见：1990 年 2 月 10 日《商报》，见：《德国＇90》第 25 卷（Deutschland＇90，Bd. 25，S. 15650）。

2. 熊彼特：《资本主义，社会主义与民主》(J. A. Schumpeter：Kapitalismus, Sozialismus und Demokratie 4. Aufl, 1975, S. 138)（英语版原著 1942 年，德文版 1950 年）。

3. 对民主德国银行系统（包括外国债权和债务）综合资产负债表所有资产项（或负债项）结算的总转换汇率为 1. 81：1；比较：埃里克·贾维尔：《德德货币联盟》(Erik Gawel：Die deutsch-deutsche Währungsunion, 1994, S. 228)。

4. 德国联邦银行：1990 年 10 月《月报》(*Monatsberichte*, S. 7)，第 7 页。

5. 1990 年 5 月《新德意志报》(*Neues Deutschland*) 刊登了"从沉船跳入冷水"的措辞，引自：1990 年 6 月 1 日《法兰克福汇报》（*Frankfurter Allgemeine Zeitung*），见：《德国'90》(Deutschland'90, Bd. 25, S. 15356)。

6. 西部联邦州央行负责管理其民主德国分支机构的想法，主要来自不莱梅中央银行行长库尔特·内米茨博士（Dr. Kurt Nemitz）以及巴伐利亚州中央银行行长洛塔尔·穆勒（Lothar Müller）。

7. 比较：德国联邦银行：1990 年 10 月《月报》(Monatsberichte, S. 28)。

8. 见：同上。

9. 德国联邦银行：1990 年 7 月《月报》(Monatsberichte, S. 19)。

10. 见：同上。

11. 1990 年 8 月后东德金融机构才有执行最低储备金的义务。

12. 比较：德国联邦银行：1990 年 10 月《月报》(Monatsberichte, S. 29)。

13. 在 1990 年 7 月 3～6 日内开具的支票，原则上只能在开票银行承兑。比较：德国联邦银行：1990 年 6 月《月报》(Monatsberichte, S. 44)。

14. 比较：德国联邦银行：1990 年 10 月《月报》(Monatsberichte, S. 30)。

15. 比较：同上，S. 29 f。

16. 具体细节比较：德国联邦银行：1990 年 10 月《月报》(Monatsberichte, S. 31)。

17. 1990 年第 28 期《明镜周刊》(Der Spiegel, 28/1990)，见：《德国'90》第 86 卷（Deutschland'90, Bd. 86, S. 2405f）；1990 年 7 月 9 日《法兰克福汇报》（*Frankfurter Allgemeine Zeitung*），见：《德国'90》第 86 卷（Deutschland'90, Bd. 86, S. 2399）。

18. 克劳泽博士办公室，1990 年 6 月 29 日，柏林，事由：取消进口税。联

邦财政部柏林办事处。关于联邦政府经济部/财政部的立场，1990 年 6
月 5 日：特别进口税（Büro Dr. Krause, Berlin 29. 6. 1990, Betr.：
Betr.：Aufhebung der Importsteuer. BMF, Außenstelle Berlin, WWU,
S – Z. Zur Position der Bundesregierung BMWi/BMF, 5. Juni 1990：
Sondersteuer auf Import. BMF, W 1910 Bd. 9）。

19. 1990 年 7 月 26 日东德总理德梅齐埃致联邦总理的信件
（Ministerpräsident de Maisière an den Bundeskanzler, 26. 7. 90, BA DC
20/6070）。

20. 1990 年 7 月 25 日《新德意志报》（Neues Deutschland）。

21. 民主德国国家银行：西德马克在东德四个月（Staatsbank der DDR：
Vier Monate DM in Ostdeutschland, 31. 10. 1990, S. 17, BA DC 20/
6009）。

22. 民主德国国家银行：西德马克在东德四个月（Staatsbank der DDR：
Vier Monate DM in Ostdeutschland, 31. 10. 1990, S. 17, BA DC 20/
6009）。

23. 《论统一德国中的收入与消费发展》（Zur Entwicklung von Einkommen
und Verbrauch im vereinigten Deutschland），该文见：1990 年第 11 期
《经济周期月刊》（Wirtschaftskonjunktur 11/1990, S. R4），根据联邦机
动车辆局（Kraftfahrt – Bundesamt）。

24. 民主德国国家银行：西德马克在东德四个月（Staatsbank der DDR：
Vier Monate DM in Ostdeutschland, 31. 10. 1990, S. 17, BA DC 20/
6009）。

25. 见：同上，S. 15。

26. 1991 年第 12 期《德国经济研究所周刊》（DIW – Wochenbericht, 12/
1991, S. 131）。

27. 民主德国经济部国务秘书马丁·杜贝（Martin Dube），见：1990 年第
39 期《明镜周刊》（Der Spiegel, 39/1990），见：《德国'90》第 85 卷
（Deutschland'90, Bd. 85, S. 1161）。

28. 1991 年第 12 期《德国经济研究所周刊》（DIW – Wochenbericht, 12/
1997, S. 127）。

29. 《库斯道夫的日常精神分裂》（Die alltägliche Schizophrenie von
Kuhstorf），该文见：1990 年 9 月 13 日《南德意志报》（Süddeutsche

Zeitung），见：《德国'90》第 25 卷（Deutschland'90，Bd. 25，S. 2441）。

30. 托管局国民经济部主任格尔德·冯·古辛斯基（Gerd von Gusinski）的报告，该报告见：《托管局：1990～1994 年文献》（Treuhandanstalt：Dokumentation 1990 – 1994，Bd. 3，1994，S. 26 ff）。

31. 1990 年第 11 期《经济周期月刊》（Wirtschaftskonjunktur，S. R 5）。

32. 《宏观经济发展评估"五闲人"专家委员会评估年鉴》（SVR：Jahresgutachten 1990/91，S. 172，S. 175）。

33. 罗兰·贝格尔国际咨询公司：《民主德国与其企业》（Roland Berger & Partner：Die DDR und ihre Betriebe. Presseninformation Ⅱ München 27. 8. 1990）。同样，科隆德国经济研究所 9 月出具的大量评估也倾向于类似结果：短期的高失业率，然而存在巨大的增长机会；2000 年东德国民生产总值人均可以达到西德水平的 80%，见：德国经济研究所：德国统一的经济与社会展望，1990 年 9 月科隆（Institut der deutschen Wirtschaft：Wirtschaftliche und soziale Perspektiven der deutschen Einheit. Köln，Sep. 1990）。其他研究所，例如德国经济研究所和基尔世界经济研究所则比较谨慎，不过它们也预测，1991 年生产暴跌达到低谷，然后将会启动强劲的增长。

34. 托管局注册处主任如此表示，见：沃尔夫拉姆·菲舍尔、赫尔伯特·哈克斯、汉斯·卡尔·施耐德（编著）《托管局：敢做不可能的事》［Wolfram Fischer/Herbert Hax/Hans Karl Schneider（Hrsg.）：Treuhandanstalt：Das Unmögliche wagen，1993，S. 125］

35. 格尔德·冯·古辛斯基：《私有化后的企业——经济更新的中坚力量》（Gerd von Gusinski：Privatisierte Unternehmen – Träger der wirtschaftlichen Erneuerung），该文见：《托管局：1990～1994 年文献》（Treuhandanstalt：Dokumentation 1990 – 1994，Bd. 3，1994，S. 287）。

36. 波恩 1990 年 8 月 8 日联邦经济部：联邦经济部长、国务秘书施莱辛特博士：民主德国的经济形势（BMWi – 1 D 5 – 02 11 29，Der Bundesminister für Wirtschaft Staatssekretär Dr. Schlecht：Zur wirtschaftlichen Situation in der DDR，BK 422 – 144 65 Ka71）。

37. "圆桌会议"定期于周二举行，直到 1995 年路德维希成为联邦经济部国务秘书并作为联邦政府的代表，负责协调对新联邦州的援助措施；

1997 年 10 月 21 日笔者采访约翰内斯·路德维希。

38. 1990 年 4 月 28 日《经济周刊》；1990 年 5 月 8 日《波恩快讯》(*Bonn Express*)，见:《德国'90》第 25 卷 (Deutschland'90, Bd. 25, S. 1059, S. 1076)。

39. 比较：对原民主德国地区的促进援助 (Förderungshilfen für das Gebiet der ehemaligen DDR)，《宏观经济发展评估"五闲人"专家委员会评估年鉴》(SVR: Jahresgutachten 1990/91, S. 241)。关于促进方案的发展，见:于尔根·里德尔、格哈尔德·威斯讷尔:《东部经济复苏:促进方案的兴起》(Zur Entwicklung der Förderprogramme, Jürgen Riedel/Gerhard Wiesner: Aufschwung Ost: Konjunktur für Wirtschaftsförderprogramme)，该文见:卡尔-海因里希·欧鹏兰德（编著):《重新统一六年后:转换过程中的成就、差距和未来前景》 [Karl - Heinrich Oppenländer (Hrsg.): Wiedervereinigung nach sechs Jahren: Erfolg, Defizite, Zukunftsperspektiven im Transformationsprozeβ, 1997, S. 163 ff]。

40. 1990 年 9 月 14 日《法兰克福汇报》(*Frankfurter Allgemeine Zeitung*):蕾娜特·科谢尔、阿伦斯巴赫:《日益增长的不安——不惑的坚持》(Renate Köcher, Allensbach: Wachsende Beunruhigung – unbeirrtes Festhalten)，见:《德国'90》第 25 卷 (Deutschland'90, Bd. 25, S. 1147)。关于情绪状况的详情，见:蕾娜特·科谢尔:《巨大的力量》(Renate Köcher: Ein ungeheurer Kraftakt)，见:吕迪格尔·波尔（编著):《东德挑战》[Rüdiger Pohl (Hrsg.): Herausforderung Ostdeutschland, 1995]。

41. 例如，格尔林德·辛:《新联邦州的工资发展和工资政策》(Gerlinde Sinn: Lohnentwicklung und Lohnpolitik in den neuen Bundesländern)，该文见:卡尔-海因里希·欧鹏兰德（编著):《重新统一六年后:转换过程中的成就、差距和未来前景》[Karl - Heinrich Oppenländer (Hrsg.): Wiedervereinigung nach sechs Jahren: Erfolg, Defizite, Zukunftsperspektiven im Transformationsprozeβ, 1997]，或见:哈勒经济研究所（编著):《体制惊吓中的经济——东德转型中的困难现实》[Institut für Wirtschaftsforschung Halle (Hrsg.): Wirtschaft im Systemschock. Die schwierige Realität der ostdeutschen Transformation, 1994]；其中主要比较:路德维希（U. Ludwig）和斯考普（R. Skopp）的文章。

42. 另见：克劳斯·维尔讷：《民主德国经济在经互会中的融入与东部市场的崩溃》（Klaus Werner：Die Integration der DDR - Wirtschaft im RGW und der Zusammenbruch der Ostmärkte），该文见：波尔：《东德挑战》（Pohl：Herausforderung Ostdeutschland，1995，S. 60）。

43. 延斯·豪尔巴赫/约阿希姆·拉科尼茨：《增长与萎缩：部门结构转型》（Jens Horbach/Joachim Ragnitz：Wachstum und Schrumpfung：Sektoraler Strukturwandel），该文见：波尔：《东德挑战》（Pohl：Herausforderung Ostdeutschland，1995，S. 239）。

44. 霍斯特·西伯尔特：《统一的冒险之举——一种经济政策疗法》（Horst Siebert：Das Wagnis der Einheit：Eine wirtschaftspolitische Therapie，1992，S. 73）。

45. 关于1948年后西德和1990年后东德发展之间的区别，比较：哈拉尔特·哈格曼：《德国统一的宏观经济后果》（Harald Hagemann：Makroökonomische Konsequenzen der deutschen Einigung），该文见：哈拉尔特·哈格曼（编著）：《统一的问题》［H. Hagemann（Hrsg.）：Probleme der Einheit，1991］。

46. 另见：延斯·豪尔巴赫/约阿希姆·拉科尼茨：《增长与萎缩：部门结构转型》（Jens Horbach/Joachim Ragnitz：Wachstum und Schrumpfung：Sektoraler Strukturwandel），该文见：波尔：《东德挑战》（Pohl：Herausforderung Ostdeutschland，1995，S. 248）。

47. 吕迪格尔·麦姆贝克：《农业》（Rüdiger Meimberg Landwirtschaft），该文见：欧鹏兰德：卡尔－海因里希·欧鹏兰德（编著）：《重新统一六年后：转换过程中的成就、差距和未来前景》［Karl-Heinrich Oppenländer（Hrsg.）：Wiedervereinigung nach sechs Jahren：Erfolg，Defizite，Zukunftsperspektiven im Transformationsprozeβ，1997，S. 389 ff］。

48. 比较：专家委员会：1996/1997年《年评报告》，第75页。

49. 比较：《东德宏观经济和企业适应性进展》，第14次报告（Gesamtwirtschaftliche und unternehmerische Anpassungsfortschritte in Ostdeutschland，14. Bericht），《德国经济研究所周刊》（DIW - Wochenbericht，14/1996，S. 440）。

50. 霍斯特·西伯尔特：《统一的冒险之举》霍斯特·西伯尔特：《统一的冒险之举——一种经济政策疗法》（Horst Siebert：Das Wagnis der Einheit：

Eine wirtschaftpolitische Therapie, 1992, S. 49）。

51. 比较：萨克森州经济和劳动部（编著）:《萨克森经济与就业》[Staatsministerium für Wirtschaft und Arbeit im Freistaat Sachsen（Hrsg.）: Wirtschaft und Arbeit in Sachsen, 1997, S. 17ff.]；也比较：沃尔夫冈·格斯滕贝格尔等著《投资：推动东德建设前进》（Wolfgang Gerstenberger: Investitionen: Aufbau Ostdeutschlands vorangetrieben），该文见：卡尔-海因里希·欧鹏兰德（编著）:《重新统一六年后：转换过程中的成就、差距和未来前景》[Karl-Heinrich Oppenländer（Hrsg.）: Wiedervereinigung nach sechs Jahren: Erfolg, Defizite, Zukunftsperspektiven im TransformationsprozeB, 1997, S. 81] 西格弗里德·贝尔等著:《公共与私有设备资产》的更新《公共与私有设备资产的更新》（Siegfried Beer, u. a.: Die Erneuerung des öffentlichen und privaten Kapitalstocks），该文见：波尔:《东德挑战》（Pohl: Herausforderung Ostdeutschland, 1995, S. 110）。

52. 比较：贝尔等编著：波尔:《东德挑战》（Rüdiger Pohl（Hrsg.）: Herausforderung Ostdeutschland, 1995, S. 117）。

53. 比较：乌尔里希·海勒曼、赫尔曼·拉佩:《德国统一七年——财政回顾与展望》（Ullrich Heilemann/Hermann Rappe: Sieben Jahre deutsche Einheit: Rückblick und Perspektiven in fiskalischer Sicht），该文见：1997年第 B B 40~41 期《政治与当代史》（Aus Politik und Zeitgeschichte, B 40 – 41/1997, S. 39）。

54. 格斯滕贝格尔、诺依曼（Gerstenberger/Neumann），他们的文章见：卡尔－海因里希·欧鹏兰德（编著）:《重新统一六年后：转换过程中的成就、差距和未来前景》[Karl – Heinrich Oppenländer（Hrsg.）: Wiedervereinigung nach sechs Jahren: Erfolg, Defizite, Zukunftsperspektiven im TransformationsprozeB, 1997, S. 81]。

55. 比较：乌尔里希·海勒曼、赫尔曼·拉佩:《德国统一七年》《德国统一七年——财政回顾与展望》（Ullrich Heilemann/Hermann Rappe: Sieben Jahre deutsche Einheit: Rückblick und Perspektiven in fiskalischer Sicht, S. 40）。

56. 取代普遍50%补贴的方案是：1997 年后用于出租的旧房屋整顿40%，用于出租的新建25%，办公室20%；比较：1997 年 4 月联邦财政部:

新联邦中的税务援助（BMF：Steurliche Hilfen in den neuen Bundesländern, Bonn, April. 1997, S. 33f.）。

57. 继续促进新联邦州经济的法律信息（BMF – Finanznachrichten, 19/1997, S. 3f.）。

58. 《宏观经济发展评估"五闲人"专家委员会评估年鉴》（SVR：Jahresgutachten 1992/93, S. 193）；《宏观经济发展评估"五闲人"专家委员会评估年鉴》（SVR：Jahresgutachten 1993/94, S. 205）。

59. 出自专家委员会关于劳动生产率发展的数据:《宏观经济发展评估"五闲人"专家委员会评估年鉴》（SVR：Jahresgutachten 1996/97, S. 77）。

60. 主要见：汉斯 – 维尔讷·辛:《新联邦州工资政策与投资要求》（Hans-Werner Sinn：Lohnpolitik und Investionsforderung in den neuen Bundesländern），该文见：格尔诺特·古特曼（编著）:《东德经济的竞争力》[Gernot Gutmann（Hrsg.）: Die Wettbewerbsfähigkeit der ostdeutschen Wirtschaft, S. 37]。

61. 比较：于尔根·波叶、席尔马·施耐德:《东德劳工市场的崩溃》（Jürgen Boje/Hilmar Schneider：Der Umbruch am ostdeutschen Arbeitsmarkt），该文见：波尔:《东德挑战》（Pohl：Herausforderung Ostdeutschland, 1995, S. 133 f）。

62. 芭芭拉·沙登、格哈尔德·威斯纳尔:《目前发展概要：乐观主义 – 失望 – 未决问题》（Barbara Schaden/Gerhard Wiesner：Synopse der bisherigen Entwicklung：Optimismus – Ernüchterung – offene Fragen），该文见：卡尔 – 海因里希·欧鹏兰德（编著）:《重新统一六年后：转换过程中的成就、差距和未来前景》[Karl-Heinrich Oppenländer（Hrsg.）: Wiedervereinigung nach sechs Jahren：Erfolg, Defizite, Zukunftsperspektiven im Transformationsprozeβ, 1997, S. 33]。此处将单位工资成本定义为非自谋职业者的毛收入（包括工资附加成本）加上自谋职业者和帮衬的家庭成员核算工资，相当于按当时价格计算的国民生产总值中非独立职工平均毛收入（"剔除价格因素的单位工资成本"）。

63. 也比较：1996 年第 27 期《德国经济研究所周刊》（DIW – Wochenbericht, 27/1996, S. 443）。

64. 1996 年第 27 期《德国经济研究所周刊》（DIW – Wochenbericht, 27/

1996，S. 445）。

65. 联邦统计局：1997 年第 3 期《新联邦州经济与社会情况统计报表汇集》（Statistisches Bundesamt：Tabellensammlung zur wirtschaftlichen und sozialen Lage in den neuen Bundesländern，3/1997，S. 13f.）。

66. 另见：1994 年第 51 ~ 52 期《德国经济研究所周刊》（DIW - Wochenbericht，51 - 52/1994，S. 862）。

67. 比较：于尔根·波叶、席尔玛·施耐德：《东德劳工市场的崩溃》（Jürgen Boje/Hilmar Schneider：Der Umbruch am ostdeutschen Arbeitsmarkt），见：波尔：《东德挑战》（Pohl：Herausforderung Ostdeutschland，1995，S. 122 f）。

68. 比较：托尼·哈恩、格哈尔德·施罗德：《东德长期失业的特点》（Toni Hahn/Gerhard Schröder：Besonderheiten ostdeutscher Langzeitarbeitslosigkeit），该文见：汉斯 - 于尔根·安德雷斯（编著）：《五年后——论统一后的德国劳动市场和社会结构发展》[Hans - Jürgen Andreß（Hrsg.）：Fünf Jahre danach. Zur Entwicklung von Arbeitsmarkt und Sozialstruktur im vereinten Deutschland，1995，S. 103]；类似论述，见：阿里桑德拉·瓦格纳：《转换进程中的东德劳动市场》（Alexandra Wagner：Der ostdeutsche Arbeitsmarkt im Transformationsprozeß），该文见：迪尔克·努尔特/拉尔夫·希特等（编著）：《经济与社会统一》[Dirk Nolte/Ralf Sitte u. a.（Hrsg.）：Wirtschaftliche und soziale Einheit Deutschlands，1995，S. 264]。

69. 比较：托尼·哈恩、格哈尔德·施罗德：《东德长期失业的特点》（Toni Hahn/Gerhard Schröder：Besonderheiten ostdeutscher Langzeitarbeitslosigkeit），该文见：汉斯 - 于尔根·安德雷斯（编著）：《五年后——论统一后的德国劳动市场和社会结构发展》[Hans - Jürgen Andreß（Hrsg.）：Fünf Jahre danach. Zur Entwicklung von Arbeitsmarkt und Sozialstruktur im vereinten Deutschland，1995，S. 104]。

70. 比较：托尼·哈恩、格哈尔德·施罗德：《东德长期失业的特点》（Toni Hahn/Gerhard Schröder：Besonderheiten ostdeutscher Langzeitarbeitslosigkeit），该文见：汉斯 - 于尔根·安德雷斯（编著）：《五年后——论统一后的德国劳动市场和社会结构发展》[Hans - Jürgen Andreß（Hrsg.）：Fünf Jahre danach. Zur Entwicklung von Arbeitsmarkt und Sozialstruktur im vereinten Deutschland，1995，S. 110]。

71. 比较：托尼·哈恩、格哈尔德·施罗德：《东德长期失业的特点》（Toni Hahn/Gerhard Schröder：Besonderheiten ostdeutscher Langzeitarbeitslosigkeit），该文见：汉斯－于尔根·安德雷斯（编著）：《五年后——论统一后的德国劳动市场和社会结构发展》［Hans－Jürgen Andreß（Hrsg.）：Fünf Jahre danach. Zur Entwicklung von Arbeitsmarkt und Sozialstruktur im vereinten Deutschland，1995，S. 111］。

72. 联邦统计局：1997 年第 3 期《新联邦州经济与社会情况统计报表汇集》（Statistisches Bundesamt：Tabellensammlung zur wirtschaftlichen und sozialen Lage in den neuen Bundesländern，3/1997，S. 14f. ）。

73. 许夫讷等著：《新联邦州的中产阶级和中产阶级政策：成立公司，中产阶级研究文稿》（P. Hüfner u. a. ：Mittelstand und Mittelstandspolitik in den neuen Bundesländern：Unternehmensgründungen，Schriften zur Mittelstandsforschung，Nr. 45 NF，1992），该文见：西格弗里德·贝尔：《私有企业的形成》（Siegfried Beer：Entstehung privater Unternehmen），该文见：波尔：《东德挑战》（Pohl：Herausforderung Ostdeutschland，1995，S. 163）。

74. 比较：沃尔夫冈·尼尔豪斯：家庭：购买力全面提升（Wolfgang Nierhaus：Private Haushalte：Kaufkraftplus auf breiter Front），该文见：卡尔－海因里希·欧鹏兰德（编著）：《重新统一六年后：转换过程中的成就、差距和未来前景》［Karl－Heinrich Oppenl？ nder（Hrsg.）：Wiedervereinigung nach sechs Jahren：Erfolg，Defizite，Zukunftsperspektiven im Transformationsprozeβ，1997，S. 63］。

75. 比较：多丽丝·格拉蒂施等著：家庭的经济状况（Doris Gladisch u. a. ：Die wirtschaftliche Lage der privaten Haushalte），该文见：波尔：《东德挑战》（Pohl：Herausforderung Ostdeutschland，1995，S. 141）。

76. 比较：弗兰克·阿特勒、阿尔布雷西特·克莱齐马尔：《东德转型过程中的纵向流动》（Frank Adler/Albrecht Kretschmar：Vertikale Mobilität im ostdeutschen Transformationsprozeβ），该文见：汉斯－于尔根·安德雷斯（编著）：《五年后——论统一后的德国劳动市场和社会结构发展》［Hans－Jürgen Andreß（Hrsg.）：Fünf Jahre danach. Zur Entwicklung von Arbeitsmarkt und Sozialstruktur im vereinten Deutschland，1995，S. 15］。

77. 针对民主德国当年权贵阶层的生存战略，汉内洛蕾·霍恩有精准的描述：《德国革命——转换的特例》（Hannelore Horn：Die deutsche

Revolution – ein Sonderfall der Transformation），该文见：奥古斯特·普拉德托（编著）：《再现中、东欧〈东欧革命〉》 ［August Pradetto（Hrsg.）：Die Rekonstruktion Ostmitteleuropas, 1994, S. 215f.］。

78. 比较：英格里德·哈施克、乌多·卢特维希：生产与需求（Ingrid Haschke/Udo Ludwig：Produktion und Nachfrage），该文见：波尔：《东德挑战》（Pohl：Herausforderung Ostdeutschland, 1995, S. 104）。

79. 海勒曼、拉佩给出了托管局及其后续组织支出的总费用概况，见：《德国统一七年——财政回顾与展望》（Ullrich Heilemann/Hermann Rappe：Sieben Jahre deutsche Einheit：Rückblick und Perspektiven in fiskalischer Sicht）。

80. 比较：芭芭拉·沙登、卡斯滕·施莱伯尔：《公共转移支付：无止境的怪圈?》（Barbara Schaden/Carsten Schreiber：Öffentliche Finanztransfers：Spirale ohne Ende?），该文见：卡尔－海因里希·欧鹏兰德（编著）：《重新统一六年后：转换过程中的成就、差距和未来前景》 ［Karl－Heinrich Oppenländer（Hrsg.）：Wiedervereinigung nach sechs Jahren：Erfolg, Defizite, Zukunftsperspektiven im Transformationsprozeβ, 1997, S. 156 f］。

81. 哈施克/卢特维希如是说，见：波尔：《东德挑战》（Pohl：Herausforderung Ostdeutschland, 1995, S. 104）。

82. 联邦财政部，根据：沙登、施莱伯尔，该文见：卡尔－海因里希·欧鹏兰德（编著）：《重新统一六年后：转换过程中的成就、差距和未来前景》 ［Karl-Heinrich Oppenländer（Hrsg.）：Wiedervereinigung nach sechs Jahren：Erfolg, Defizite, Zukunftsperspektiven im Transformationsprozeβ, 1997, S. 153］。

83. 比较：1996 年第 8 期《德国经济研究所周刊》（DIW-Wochenbericht, 8/1996, S. 139）。

84. 另见：1997 年第 1 ~ 2 期《德国经济研究所周刊》（DIW-Wochenbericht, 1 - 2/1997, S. 27）。

第十章　是非功过

1. 联邦经济部科学委员会 Wissenschaftlicher Beirat beim BMWi 联邦经济部科学委员会后：新联邦州中的私有化问题（Wissenschaftlicher Beirat

beim BMWi: Probleme der Privatisierung in den neuen Bundesländern），1991 年 2 月 15/16 日评估。

2. 汉斯·维戈劳特：重新启用原财产主（Hans Willgerodt: Wiedereinsetzung der Alteigentümer），该文见：沃尔夫拉姆·菲舍尔、赫尔伯特·哈克斯、汉斯·卡尔·施耐德（编著）《托管局：敢做不可能的事》［Wolfram Fischer/Herbert Hax/Hans Karl Schneider（Hrsg.）: Treuhandanstalt: Das Unmögliche wagen, 1993, S. 246 ff]。

3. 米夏埃尔·皮亚佐罗：新联邦州中未澄清的财产问题是主要投资阻力（Michael Piazolo: Ungeklärte Eigentumsfragen als Hauptinvestitionshindernis in den neuen Bundesländern），该文见：1992 年第 5 期《德国档案》（Deutschland-Archiv, 5/1992, S. 485）。此外他还指出《基本法》第 3 条的基本原则受到损害：1991 年春季，许多归还工作就已完成。

4. 未决财产问题联邦处理局，1997 年 11 月 8 日《媒体通报》（Bundesamt zur Regelung offener Vermöensfragen: Pressemitteilung）。根据 1997 年 6 月 30 日修订财产法要求的状况（Stand der Bearbeitung vermögensrechtlicher Ansprüche per 30. Juni 1997, Berlin）。

5. 柏林应用经济研究所：《新联邦州中的私有化战略和进程》（IAW: Strategie und Verlauf der Privatisierung in den neuen Bundesländern），该文见：《托管局：1990 ~ 1994 年文献》（Treuhandanstalt: Dokumentation 1990 – 1994, Bd. 7, 1994, S. 43）。

6. 比较：本书第388页表14。也比较：西格弗里德·贝尔等著《公共与私有设备资产的更新》（Siegfried Beer: Die Erneuerung des öffentlichen und privaten Kapitalstocks），该文见：波尔：《东德挑战》（Pohl: Herausforderung Ostdeutschland, 1995, S. 110）。

7. 海克·格林：《新联邦州中创业性注册公司》（Heike M. Grimm: Existenzgründungen in den neuen Bundesländern, 1997, S. 194）。

8. 1996 年第 15 期《德国经济研究所周刊》（DIW – Wochenbericht, 15/1996, S. 239 ff）。

9. 1995 年 1 月 10 日，法兰克福（奥德）工商会（Industrie- und Handelskammer Frankfurt/Oder）外设机构主任、内部贸易经济学家布里吉特·布策（Brigitte Butze）接受海克·格林的采访。

10. 德累斯顿 1997 年 3 月 3 日瓦尔特·龙姆贝格博士在调查委员会第 29 次

会议上的陈述："民主德国经济资产结算表——东部建设中期结算"（Dr. Walter Romberg："Bilanz der DDR – Wirtschaft – Zwischenbilanz Aufbau Ost"）。

11. 扬·普利伏、鲁道夫·西科尔"五闲人"专家委员会 1991 年 4 月 13 日特别评估，该特别评估见:《宏观经济发展评估"五闲人"专家委员会评估年鉴》（SVR：Jahresgutachten 1991/92，S. 252 ff）。《统一的代价》（Jan Priewe/Rudolf Hickel：Der Preis der Einheit，1992，S. 186）。

12. 持这一立场的典型代表是:《宏观经济发展评估"五闲人"专家委员会评估年鉴》（SVR：Jahresgutachten 1991/92，S. 167 f）。

13. "五闲人"专家委员会 1991 年 4 月 13 日特别评估，该特别评估见:《宏观经济发展评估"五闲人"专家委员会评估年鉴》（SVR：Jahresgutachten 1991/92，S. 252 ff）。

14. 另见：卡尔·里希特布劳:《工业化核心和新增长理论》（Karl Lichtblau，Industrielle Kerne und neue Wachstumstheorie），该文见：卡尔－海因里希·欧鹏兰德（编著):《重新统一六年后：转换过程中的成就、差距和未来前景》［Karl-Heinrich Oppenländer（Hrsg.）：Wiedervereinigung nach sechs Jahren：Erfolg，Defizite，Zukunftsperspektiven im Transformationsprozeβ，1997，S. 357 ff］。

15. 见：同上，S. 373 ff。

16. 乔治·阿克洛夫、安德鲁·卢瑟、珍妮特·耶伦、赫尔加·海森纽斯：冷战后的东德：货币联盟的后果，布鲁金斯经济行为论文集（George Akerlof，Andrew Rose，Janet Yellen und Helga Hessenius：East Germany in from the Cold：The Economic Aftermath of the Currency Union，Brookings Papers on Economic Activity，1/1991，S. 70f. ）。

17. 1991 年第 36 期《德国经济研究所周刊》（DIW – Wochenbericht，36/1991，S. 513）。

18. 关于工资补贴的讨论，比较：辛、辛:《冷启动》（Sinn/Sinn：Kaltstart，1993，S. 216）。

19. 见：同上，S. 249 ff。

20. 见：同上，S. 161。

21. 蕾娜特·科谢尔:《巨大的力量》（Renate Köcher：Ein ungeheuer Kraft），该文见：（Pohl：Herausforderung Ostdeutschland，1995，S. 203）。

22. 见：同上，S. 204。

23. 1997 年 10 月 21 日科尔接受笔者采访。

24. 西格弗里德·贝尔等著《公共与私有设备资产的更新》(Siegfried Beer：Die Erneuerung des öffentlichen und privaten Kapitalstocks)：该文见：波尔:《东德挑战》S. 116。

25. 经合组织:《经济报告》(OECD：Wirtschaftsberichte – Polen 1997)：1997 年波兰、1996 年巴黎、1996 年捷克共和国、1996 年巴黎；也比较：胡贝特·加布利施:《东德与中东欧》(Hubert Gabrisch：Ostdeutschland und Mittel- und Osteuropa)，该文见：波尔:《东德挑战》(Pohl：Herausforderung Ostdeutschland，1995，S. 185 ff)。

资料来源

档案

Bundeskanzleramt（BK）：联邦总理府

始终标有联邦总理府的内部编号。只要文件曾经保存于汉格拉尔联邦临时档案馆（Zwischenarchiv Hangelar），那么也会有联邦档案馆编号（B136）。

Bundesministerium der Finanzen（BMF）：联邦财政部

标明了联邦财政部内部编号；民主德国财政部的档案存放于联邦德国财政部柏林办事处（Außenstelle Berlin），尚未编号，因此只标明联邦财政部和柏林办事处。马蒂亚斯·贝格尔博士（Dr. Mattias Berger）的手稿属于联邦财政部文件资料。

Deutsche Bundesbank（DBB）：德国联邦银行

对于联邦银行的材料而言，如果它们涉及联邦总理府或联邦财政部的纪要或文件，则作出提示。

Bundesarchiv, Abteilungen Potsdam, jetzt Berlin（BA）：联邦档案馆，波茨坦各分馆，现为柏林。

部长会议、东德总理、人民议院、"圆桌会议"、克劳泽办公室、卢福特办公室、经济委员会、国家计委、财政部、国家银行。

Archiv für Christlich - Demokratische Politik der Konrad - Adenauer Stiftung：康拉德－阿登纳基金会基督教民主政治档案馆

"圣·奥古斯丁基民盟/基社盟联邦议院议会党团会议记录"

Archiv der sozialen Demokratie der Friedrich - Ebert - Stiftung：弗里德里希－艾伯特基金会社会民主档案馆

"社会民主党联邦议院议会党团会议记录"

"社会民主党人民议院议会党团会议记录"

Akten aus persönlichen Beständen：个人文件

汉斯·蒂特梅耶教授（Prof. Dr. Hans Tietmeyer）：西德代表团团长文档

米夏埃尔·梅尔特斯司长（Michael Mertes）手稿

文献资料

文献节选

Ackermann, Eduard: Mit feinem Gehör, Bergisch Gladbach 1994.

Adomeit, Hannes: Imperial Overstretch: Germany in Soviet Policy from Stalin to Gorbachev, Baden-Baden 1998.

Akerlof, George/Rose Andrew/Yellen, Janet/Hessenius, Helga: East Germany in from the Cold: The Economic Aftermath of Currency Union. Brookings Papers on Economic Activity, Washington D.C. 1/1991.

Albrecht, Ulrich: Die Abwicklung der DDR. Die »2+4«-Verhandlungen. Ein Insider-Bericht, Opladen 1992.

Andersen, Uwe/Bierling, Stephan G. u.a. (Hrsg.): Politik und Wirtschaft am Ende des 20. Jahrhunderts, Opladen 1995.

Andersen, Uwe: Einführung in die Vermögenspolitik, München 1976.

Andert, Reinhold/Herzberg, Wolfgang: Der Sturz, Berlin 1991.

Andreß, Hans-Jürgen: Fünf Jahre danach: Zur Entwicklung von Arbeitsmarkt und Sozialstruktur im vereinten Deutschland, Berlin u.a. 1995.

Attali, Jacques: Verbatim III, Paris 1995.

Ausschuß Deutsche Einheit, Stenographische Berichte, Bonn 1990.

Barth, Bernd-Rainer/Links, Christoph u.a. (Hrsg.): Wer war wer in der DDR, Frankfurt/M. 1995.

Bellendorf, Heinz: Die internationale Wettbewerbsfähigkeit der deutschen Wirtschaft im weltweiten Strukturwandel, Frankfurt 1994.

Berg, Hermann von (Mitverf.): Marktwirtschaft im Sozialismus. Symposium der Ludwig-Erhard-Stiftung am 16. März 1989, Stuttgart 1990.

Berg, Hermann von/Loesen, Franz u.a.: Die DDR auf dem Wege in das Jahr 2000, Köln 1987.

Bletschacher, Georg/ Klodt, Henning: Strategische Handels- und Industriepolitik, Tübingen 1992.

Breuel, Birgit (Hrsg.): Treuhand intern. Tagebuch, Frankfurt 1993.

Brücker, Herbert: Privatisierung in Ostdeutschland, Frankfurt 1995.

Bundesgesetzblatt, verschiedene Jahrgänge.

Bundesministerium der Finanzen: Steuerliche Hilfen in den neuen Bundesländern, Bonn, April 1997.

Bundesministerium für innerdeutsche Beziehungen (Hrsg.): DDR-Handbuch, 3. Aufl., Köln 1985.

Bundesministerium für Wirtschaft (Hrsg.): Der Wissenschaftliche Beirat beim Bundesministerium für Wirtschaft, Gutachten vom Juni 1987 bis März 1990.

Bundesministerium für Wirtschaft: Bilanz der Wirtschaftsförderung des Bundes in Ostdeutschland bis Ende 1996, Bonn 1997.

Bunk, Markus: Die öffentliche Kritik an der ökonomischen Umsetzung politischer Ziele durch die Treuhandanstalt (THA), München 1996.

Christ, Peter/Neubauer, Ralf: Kolonie im eigenen Land, Berlin 1991.

Deutscher Bundestag (Hrsg.): Auf dem Weg zur deutschen Einheit: Deutschlandpolitische Debatten im Deutschen Bundestag, in 3 Bänden, Bonn 1990.

Deutscher Bundestag: Beschlußempfehlung und Bericht des 1. Untersuchungsausschusses zum Bereich Kommerzielle Koordinierung, 12. Wahlperiode, Drucksache 12/7600.

Deutscher Bundestag: Drucksache 11/7351.

Die deutsch-deutsche Integration: Ergebnisse, Aussichten und wirtschaftspolitische Herausforderungen, Bericht über den wissenschaftlichen Teil der 54. Mitgliederversammlung der Arbeitsgruppe der deutschen Wirtschaftswissenschaftlichen Forschungsinstitute, Berlin 1992.

Dohnany, Klaus von: Das deutsche Wagnis. Über die wirtschaftlichen und sozialen Folgen der Einheit, München 1990.

Dümcke, Wolfgang/Vilmar, Fritz (Hrsg.): Kolonialisierung der DDR, Münster 1996.

Ebbing, Frank: Die Verkaufspraxis der Treuhandanstalt. Köln 1995.

Eppelmann, Rainer/Möller, Horst u.a. (Hrsg.): Lexikon des DDR-Sozialismus. Das Staats- und Gesellschaftssystem der Deutschen Demokratischen Republik. Paderborn/München 1996.

Eschenfelder, Jörg: »Wir sind ein Hühnerhaufen«. Willensbildungs- und Entscheidungsprozesse in der SPD zur Frage der deutschen Vereinigung 1989/90. Unveröffentliches Ms., Magisterarbeit, Geschwister-Scholl-Institut der Universität München, 1995.

Eucken, Walter: Grundsätze der Wirtschaftspolitik, München 1959.

Falin, Valentin: Konflikte im Kreml, München 1997.

Falkner, Thomas: Absturz in die Marktwirtschaft. Der schwere Gang durch die ostdeutsche Wirtschaftskrise, München 1994.

Fischbach, Günter (Hrsg.): DDR-Almanach '90. Daten, Informationen, Zahlen. Stuttgart 1990.

Fischer Welt Almanach: Sonderband DDR, Frankfurt 1990.

Fischer, Alexander (Hrsg.): Studien zur Geschichte der SBZ/DDR, Berlin 1993.

Fischer, Wolfram/Hax, Herbert/Schneider, Hans-Karl (Hrsg.): Treuhandanstalt: Das Unmögliche wagen, Berlin 1993.

Forschungsgruppe Wahlen e.V.: Wahl in der DDR: Einen Dokumentation der Volkskammerwahlen vom 18.3. 1990. Berichte Nr. 56/6.4. 1990.

Förster, Peter/Roski, Günter: DDR zwischen Wende und Wahl. Meinungsforscher analysieren den Umbruch, Berlin 1990.

Freese, Christopher: Die Privatisierungstätigkeit der Treuhandanstalt, Frankfurt/New York 1995.

Frerich, Johannes/Frey, Martin: Handbuch der Geschichte der Sozialpolitik in Deutschland, Bd.3: Sozialpolitik in der Bundesrepublik Deutschland bis zur Herstellung der Deutschen Einheit, 2.Aufl., München/Wien 1996.

Frerich, Johannes: Sozialpolitik, München/Wien 1987.

Fricke, Weddig/Märker, Klaus: Enteignetes Vermögen in der Ex-DDR, München 1996.

Fricke, Werner: Jahrbuch Arbeit und Technik 1997, Bonn 1997.

Fritze, Lothar: Innenansichten eines Ruins. Gedanken zum Untergang der DDR, München 1993.

Fritze, Lothar: Panoptikum DDR-Wirtschaft: Machtverhältnisse-Organisationsstrukturen-Funktionsmechanismen, München 1993.

Garton Ash, Timothy: Im Namen Europas. Deutschland und der geteilte Kontinent, München 1993.

Gawel, Erik: Die deutsch-deutsche Währungsunion, Baden-Baden 1994.

Gerstenberger, Wolfgang: Analyse der strukturellen Entwicklung der deutschen Wirtschaft. Gutachten im Auftrag des Bundesministers für Wirtschaft, Ifo-Institut für Wirtschaftsforschung, München 1987.

Gerstenberger, Wolfgang: Grenzen fallen – Märkte öffnen sich. Die Chancen der deutschen Wirtschaft am Beginn einer neuen Ära, Berlin 1990.

Gerstenberger, Wolfgang: Ifo-Strukturberichterstattung 1987, Kernbericht, München 1987.

Gesetzblatt der DDR, Jahrgang 1990.

Giersch, Herbert/Paqué, Karl-Heinz, u.a.: The Fading Miracle. Four Decades of Market Economy in Germany, New York 1992.

Golombek, Dieter/Ratzke, Dietrich: Dagewesen und aufgeschrieben: Reportagen über eine deutsche Revolution, Frankfurt/M. 1990.

Gorbatschow, Michail: Erinnerungen, Berlin 1995.

Grimm, Heike M.: Existenzgründungen in den neuen Bundesländern. Frankfurt/M. 1997.

Gros, Jürgen: Entscheidung ohne Alternativen? Die Wirtschafts-, Finanz- und Sozialpolitik im deutschen Vereinigungsprozeß 1989/90, Mainz 1994.

Grosser, Dieter/Bierling, Stephan u.a.: Die sieben Mythen der Wiedervereinigung, München 1991.

Grosser, Dieter/Lange, Thomas u.a.: Soziale Marktwirtschaft, Stuttgart 1990.

Gutmann, Gernot (Hrsg.): Die Wettbewerbsfähigkeit der ostdeutschen Wirtschaft. Berlin 1995.

Hagemann, Harald (Hrsg.): Probleme der Einheit, Marburg 1991.

Hamel, Hannelore (Hrsg.): Bundesrepublik Deutschland-DDR: Die Wirtschaftssysteme, München 1983.

Hankel, Wilhelm: Die sieben Todsünden der Vereinigung, Berlin 1993.

Hansmeyer, Karl-Heinrich (Hrsg.): Finanzierungsprobleme der deutschen Einheit, Teil 1 u. 2, Berlin 1993.

Härtel, Hans-Hagen/Krüger, Reinald u.a.: Die Entwicklung des Wettbewerbs in den neuen Bundesländern, Baden-Baden 1995.

Heidenreich, Martin (Hrsg.): Krisen, Kader, Kombinate: Kontinuität und Wandel in ostdeutschen Betrieben, Berlin 1992.

Heitger, Bernhard/Waverman, Leonard (Hrsg.): German Unification and the International Economy. London 1993.

Herbst, Andreas/Ranke, Winfried u.a.: So funktionierte die DDR, Band I u. II, Hamburg 1994.

Herles, Helmut/Rose, Ewald (Hrsg.): Vom Runden Tisch zum Parlament, Bonn 1990.

Hertle, Hans-Hermann: Chronik des Mauerfalls. Die dramatischen Ereignisse um den 9. November 1989, Berlin 1996.

Hertle, Hans-Hermann: Der Fall der Mauer. Die unbeabsichtigte Selbstauflösung des SED-Staates, Opladen 1996.

Hickel, Rudolf/Huster, Ernst Ulrich u.a. (Hrsg.): Umverteilen. Schritte zur sozialen und wirtschaftlichen Einheit Deutschlands, Köln 1993.

Hoffmann, Lutz: Warten auf den Aufschwung, Regensburg 1993.

Hommelhoff, Peter/Krebs, Walter (Hrsg.): Treuhandanstalt und Treuhandgesetz, Köln 1990.

Höwer, Jörg W.: Die Entwicklung eines Marktes, Frankfurt/M. 1997.

Hüfner, P. u.a.: Mittelstand und Mittelstandspolitik in den neuen Bundesländern: Unternehmensgründungen, Schriften zur Mittelstandsforschung, Nr.45 NF, 1992.

HWWA-Institut für Wirtschaftsforschung-Hamburg: Gutachten zum Bereich Kommerzielle Koordinierung, in: Deutscher Bundestag, 12. Wahlperiode, Drucksache 12/7600, Anhang.

Institut der deutschen Wirtschaft: Wirtschaftliche und soziale Perspektiven der deutschen Einheit. Köln September 1990.

Institut für Angewandte Wirtschaftsforschung Berlin (IAW): Ursachen der Wirtschaftskrise in der DDR. Schlußbilanz einer verfehlten Wirtschaftspolitik, Berlin 1990.

Institut für Wirtschaftsforschung Halle (Hrsg.): Wirtschaft im Systemschock. Die schwierige Realität der ostdeutschen Transformation, Berlin 1994.

Jäckel, Hartmut (Hrsg.): Die neue Bundesrepublik, Baden-Baden 1994.

Jäger, Wolfgang: Entscheidung im Kanzleramt. Helmut Kohl und die deutsche Wiedervereinigung, Stuttgart 1996.

Jefferey, Charlie/Sturm, Roland (Hrsg.): Federalism, Unification and European Integration, London 1992.

Jesse, Eckhard/Mitter, Armin (Hrsg.): Die Gestaltung der deutschen Einheit, Bonn/Berlin 1992.

Jürgs, Michael: Die Treuhändler. Wie Helden und Halunken die DDR verkauften, München 1997.

Kaelble, Hartmut/Kocka, Jürgen u.a.: Sozialgeschichte der DDR, Stuttgart 1994.

Kaiser, Monika: Machtwechsel von Ulbricht zu Honecker. Funktionsmechanismen der SED-Diktatur in Konfliktsituationen 1962 bis 1971. Berlin 1997.

Kemmler, Marc: Die Entstehung der Treuhandanstalt, Frankfurt/New York 1994.

Ketterle, Christian: Die Haltung der ostdeutschen SPD zur Wirtschafts- und Währungsunion, unveröffentlichtes Manuskript, Magisterarbeit, Geschwister-Scholl-Institut der Universität München, 1995.

Kiessler, Richard/Elbe,Frank: Ein runder Tisch mit scharfen Ecken, Baden-Baden 1993

Klodt, Henning/Maurer, Rainer u.a.: Tertiarisierung in der deutschen Wirtschaft, Tübingen 1997.

Köddermann, Ralf: Investitionen in Ostdeutschland: Struktur und steuerliche Förderung: Gutachten im Auftrag des Bundesministeriums der Finanzen, München 1996.

Koerner, Hans: Offene Vermögensfragen in den neuen Bundesländern, München 1991.

Kohl, Helmut: Ich wollte Deutschlands Einheit. Dargestellt von Kai Diekmann und Ralf Georg Reuth, Berlin 1996.

Köhler, Otto: Die große Enteignung. Wie die Treuhand eine Volkswirtschaft liquidierte, München 1994.

Kohler-Koch, Beate: Die Osterweiterung der EG: Die Einbeziehung der ehemaligen DDR in die Gemeinschaft, Baden-Baden 1991.

Korte, Karl-Rudolf: Die Chance genutzt? Die Politik zur Einheit Deutschlands, Frankfurt M./New York 1994.

Kuhrt, Eberhard/Holzweißig, Gunter/Buck, Hannsjörg F. (Hrsg.): Am Ende des realen Sozialismus (1). Die SED-Herrschaft und ihr Zusammenbruch, Opladen 1996.

Kuhrt, Eberhard/Holzweißig, Gunter/Buck, Hannsjörg F. (Hrsg.): Am Ende des realen Sozialismus (2). Die wirtschaftliche und ökologische Situation der DDR in den achtziger Jahren, Opladen 1996.

Kusch, Günter/Montag, Rolf/Specht, Günter, u.a.: Schlußbilanz – DDR. Fazit einer verfehlten Wirtschafts- und Sozialpolitik, Berlin 1991.

Kwizinskij, Julij A.: Vor dem Sturm. Erinnerungen eines Diplomaten, Berlin 1993.

Lampert, Heinz: Sozialpolitische Probleme bei der Umgestaltung in der DDR, Königswinter 1990.

Landeszentrale für politische Bildung Baden-Württemberg (Hrsg.): (Wieder-)vereinigungsprozeß in Deutschland, Stuttgart 1990.

Lapp, Peter J.: Die »befreundeten Parteien« der SED, Köln 1988.

Leipold, Helmut (Hrsg.): Sozialistische Marktwirtschaften, München 1975.

Lichtblau, Karl: Privatisierungs- und Sanierungsarbeit der Treuhandanstalt, Köln 1993.

Lichtblau, Karl: Von der Transfer- in die Marktwirtschaft, Köln 1995.

Luft, Christa: Die Lust am Eigentum. Auf den Spuren der deutschen Treuhand, Zürich 1996.

Luft, Christa: Die nächste Wende kommt bestimmt, Berlin 1994.

Luft, Christa: Treuhandreport. Werden, Wachsen und Vergehen einer deutschen Behörde, Berlin/Weimar 1992.

Luft, Christa: Zwischen Wende und Ende, Berlin 1991.

Maier, Harry/Maier, Siegrid: Vom innerdeutschen Handel zur deutsch-deutschen Wirtschafts- und Währungsgemeinschaft, Köln 1990.

Maier, Harry: Innovation oder Stagnation. Bedingungen der Wirtschaftsreform in sozialistischen Ländern, Köln 1987.

Maizière, Lothar de: Die deutsche Einheit – eine kritische Betrachtung, Fürstenfeldbruck 1994

Maizière, Lothar de: Lothar de Maizière – Anwalt der Einheit, im Gespräch mit Christine de Maizières, Berlin 1996.

Manz, Günter: Armut in der »DDR«-Bevölkerung: Lebensstandard und Konsumtionsniveau vor und nach der Wende, Augsburg 1992.

Marissal, Matthias J.: Der politische Handlungsrahmen der Treuhand, Frankfurt/M. 1993.

Marsh, David: The Bundesbank, London 1992.

Martin, Hans-Peter/Schumann, Harald: Die Globalisierungsfalle, Hamburg 1996.

Materialien der Enquete Kommission »Aufarbeitung von Geschichte und Folgen der SED-Diktatur in Deutschland« (12.Wahlperiode), hrsg. vom Deutschen Bundestag, Baden-Baden 1995.

Mayr, Robert: Die Privatisierungspolitik der Treuhandanstalt, Stuttgart 1995.

McKinsey & Co, Inc., Jürgen Kluge, Lothar Stein u.a.: Wachstum durch Verzicht, Stuttgart 1994.

McKinsey Global Institute: Capital Productivity, Washington D.C. 1996.

McKinsey Global Institute: Employment Performance, Washington D.C. November 1994.

McKinsey Global Institute: Manufacturing Productivity, Washington D.C. October 1993.

Merkel, Wilma/Wahl, Stefanie: Das geplünderte Deutschland. Die wirtschaftliche Entwicklung im östlichen Teil Deutschlands von 1949 bis 1989, Bonn/Bad Godesberg 1991.

Meyer, Carsten: Die Eingliederung der DDR in die EG, Köln 1993.

Modrow, Hans: Aufbruch und Ende, Hamburg 1991.

Motsch, Richard/Rodenbach,Hermann Josef: EALG, Kommentar, Berlin 1995

Nakath, Detlef/Stephan, Gerd-Rüdiger: Countdown zur deutschen Einheit: Eine dokumentierte Geschichte der deutsch-deutschen Beziehungen 1987–1990, Berlin 1996.

Naumann, Gerhard/Trümpler, Eckhard: Von Ulbricht zu Honecker. 1970 – ein Krisenjahr der DDR, Berlin 1990.

Nolte, Dirk/Sitte, Ralf u.a. (Hrsg.): Wirtschaftliche und soziale Einheit Deutschlands, Köln 1995.

Nunnenkamp, Peter/Gundlach, Erich/Agarwal, Jamuna P.: Globalisation of Production and Markets, Tübingen 1994.

Nussbaum, Bruce: The World after Oil: The Shifting Axis of Power and Wealth, New York 1983.

Obst, Werner: DDR-Wirtschaft, Hamburg 1973.

OECD: Wirtschaftsberichte-Polen 1997, Paris 1997.

OECD: Wirtschaftsberichte-Tschechien 1996, Paris 1996.

OECD: Wirtschaftsberichte-Ungarn 1995, Paris 1995.

Opp, Karl-Dieter/Voß, Peter: Die volkseigene Revolution, Stuttgart 1993.

Oppenländer, Karl Heinrich (Hrsg.): Wiedervereinigung nach sechs Jahren: Erfolge, Defizite, Zukunftsperspektiven im Transformationsprozeß, Berlin u.a. 1997.

Piehl, Ernst (Hrsg.). Europa in Ostdeutschland, Bonn 1996.

Pilz, Frank/ Ortwein, Heike: Das vereinte Deutschland, Jena 1992.

Pirker, Theo/Lepsius, Rainer M./Weinert, Rainer/Hertle, Hans-Hermann: Der Plan als Befehl und Fiktion. Wirtschaftsführung in der DDR. Gespräche und Analysen, Opladen 1995.

Plötz, Peter/Bolz, Klaus: Westhandel der DDR, Hamburg 1987.

Podewin, Norbert: Walter Ulbricht. Eine neue Biographie, Berlin 1995.

Pohl, Rüdiger (Hrsg.): Herausforderung Ostdeutschland, Berlin 1995.

Pond, Elizabeth: Beyond the wall: Germany's road to unification, Washington D.C. 1993.

Potthoff, Heinrich: Die »Koalition der Vernunft«, München 1995.

Pradetto, August (Hrsg.): Die Rekonstruktion Ostmitteleuropas, Opladen 1994.

Presse- und Informationsamt der Bundesregierung (Hrsg.): Bulletin, Jahrgänge 1989, 1990.

Presse- und Informationsamt der Bundesregierung (Hrsg.): Dokumentation zur »Bodenreform«, 2.9.1994.

Priewe, Jan/Hickel, Rudolf: Der Preis der Einheit. Bilanz und Perspektiven der deutschen Vereinigung, Frankfurt/M. 1992.

Projektgruppe »Das Sozio-ökonomische Panel«: Lebenslagen im Wandel. Basisdaten und -analysen zur Entwicklung in den Neuen Bundesländern, Frankfurt/M. 1991.

Przybylski, Peter: Tatort Politbüro. Bd. 2: Honecker, Mittag und Schalck-Golodkowski, Berlin 1992.

Rabe, Brigitta: Lohnsubventionen in den neuen Bundesländern, Berlin 1993.

Rausch, Heinz (Hrsg.): DDR. Das politische, wirtschaftliche und soziale System, 7. Aufl., München 1988.

Rauschnabel, Markus: Sanierungsstrategien der Treuhandanstalt, Göttingen 1996.

Rebe, Bernd/Lang, Franz Peter (Hrsg.): Die unvollendete Einheit, Hildesheim 1996.

Reuth, Ralf Georg/Bönte, Andreas: Das Komplott, München 1993.

Richter, Michael/Rißmann, Martin (Hrsg.): Die Ost-CDU. Entstehung und Entwicklung, Köln 1995.

Ridinger, Rudolf: Transformation im Wandel: die Wirtschaftsstrukturen in den neuen Bundesländern, Bonn 1995.

Ritter, Gerhard A./ Niehuss, Merith: Wahlen in Deutschland 1945–1991, München 1991.

Roland Berger & Partner: Die DDR und ihre Betriebe. Presseinformation II, München 27.9.1990.

Sachverständigenrat zur Begutachtung der gesamtwirtschaftlichen Entwicklung (SVR): Jahresgutachten; Jahrgänge 1981–1997.

Scharping, Rudolf: Was jetzt zu tun ist, München 1994.

Schäuble, Wolfgang: Der Vertrag. Wie ich über die deutsche Einheit verhandelte, Stuttgart 1991.

Schmidt, Kurt (Hrsg.): Finanzierungsprobleme der sozialen Sicherung I, Berlin 1990.

Schmidt, Rudi/Lutz, Burkart (Hrsg.): Chancen und Risiken der industriellen Restrukturierung in Ostdeutschland, Berlin 1995.

Schmidt, Ute: Von der Blockpartei zur Volkspartei. CDU-Ost im Umbruch 1989–1994, Opladen 1997.

Schroeder, Ingeborg K.: Industriepolitik in Sachsen nach der Wende, München 1996.

Schroeder, Klaus (Hrsg.): Geschichte und Transformation des SED-Staates, Berlin 1994.

Schuh, Petra/ von der Weiden, Bianca M.: Die deutsche Sozialdemokratie 1989/90, München 1997.

Schumpeter, Joseph A. : Kapitalismus, Sozialismus und Demokratie, (engl. Original 1942, deutsch 1950) München 1975.

Schürer, Gerhard: Gewagt und verloren. Eine deutsche Biographie, Frankfurt/Oder 1996.

Schwarz, Rainer: Über Innovationspotentiale und Innovationshemmnisse in der DDR-Wirtschaft, Wissenschaftszentrum Berlin, 1991, Nr. FS IV 91–26.

Schwinn, Oliver: Die Finanzierung der Einheit, Opladen 1996.

Seiffert, Wolfgang: Das ganze Deutschland. Perspektiven der Wiedervereinigung, München 1986.

Siebert, Horst: Das Wagnis der Einheit. Eine wirtschaftspolitische Therapie, Stuttgart 1992.

Siebert, Horst: Die zweifache Integration: Deutschland und Europa, Tübingen 1993.

Siebke, Jürgen: Die deutsch-deutsche Vereinigung. Historischer Prozeß und ausgewählte Probleme aus ökonomischer Sicht, Heidelberg 1990.

Sinn, Hans-Werner/Sinn, Gerlinde: Kaltstart. Volkswirtschaftliche Aspekte der deutschen Vereinigung, Tübingen 1993.

Sinn, Hans-Werner: Volkswirtschaftliche Probleme der deutschen Vereinigung, Nordrhein-Westfälische Akademie der Wissenschaften, Vorträge Nr. 421.

Spittman, Ilse/Helwig, Gisela (Hrsg.): Chronik der Ereignisse in der DDR, Köln 1990.

Staatsministerium für Wirtschaft und Arbeit Sachsen (Hrsg.): Wirtschaft und Arbeit in Sachsen 1997, Dresden 1997.

Staatsvertrag zur Währungs-, Wirtschafts- und Sozialunion mit Vertragsgesetz, Begründung und Materialien, München 1990.

Statistisches Amt der DDR: Statistisches Jahrbuch für die DDR, Berlin/Ost, verschiedene Jahrgänge.

Statistisches Bundesamt (Hrsg.): Tabellensammlung zur wirtschaftlichen und sozialen Lage in den neuen Bundesländern, 3/1997.

Statistisches Bundesamt: DDR 1990. Zahlen und Fakten, Wiesbaden.

Statistisches Bundesamt: Statistisches Jahrbuch für die Bundesrepublik Deutschland, Wiesbaden, verschiedene Jahrgänge.

Strothe, Alfred: Treuhandanstalt: Besser als ihr Ruf? Pinneberg 1994.

Teltschik, Horst: 329 Tage. Innenansichten der Einigung, Berlin 1991.

Tetzner, Reiner: Leipziger Ring. Aufzeichnungen eines Montagsdemonstranten, Frankfurt/Main 1990.

Thaysen, Uwe: Der Runde Tisch oder wo blieb das Volk? Der Weg der DDR in die Demokratie, Opladen 1990.

Thierse, Wolfgang: Mit eigener Stimme sprechen, München 1992.

Treuhandanstalt: Dokumentation 1990–1994, 15 Bände, Berlin 1994.

Verhandlungen der Volkskammer, Stenogr. Berichte, 9. und 10. Wahlperiode.

Verhandlungen des Deutschen Bundestags, Stenogr. Berichte, 11. Wahlperiode.

Verträge zur Einheit Deutschlands, München 1990.

Vogel, Hans-Jochen: Nachsichten. Meine Bonner und Berliner Jahre, München/Zürich 1996.

Waigel, Theo/Schell, Manfred (Hrsg.): Tage, die Deutschland und die Welt veränderten. Vom Mauerfall zum Kaukasus. Die deutsche Währungsunion, München 1994.

Walker, Rachel: Six years that shook the world, New York 1993.

Weber, Christiana: Treuhandanstalt-Eine Organisationskultur entsteht im Zeitraffer, Wiesbaden 1996.

Weber, Hermann: DDR. Grundriß der Geschichte 1945–1981, Hannover 1982.

Weber, Hermann: Die DDR 1945–1990, München 1993.

Weber, Hermann: Die DDR. Grundriß der Geschichte 1945–1990, Hannover 1991.

Weber, Jürgen (Hrsg.): Der SED-Staat, München 1994.

Wegner, Manfred (Hrsg.): Die neuen Bundesländer in der EG, Baden-Baden 1993.

Wegner, Manfred: Bankrott und Aufbau. Ostdeutsche Erfahrungen, Baden-Baden 1995.

Weidenfeld, Werner/Korte, Karl-Rudolf (Hrsg.): Handbuch zur deutschen Einheit, akt. Neuausgabe, Frankfurt/New York 1996.

Weidenfeld, Werner: Der deutsche Weg, Berlin 1990.

Weilemann, Peter R., u.a.: Parteien im Aufbruch, Melle 1990.

Welfens, Paul J.J. (Hrsg.): Economic Aspects of German Unification, Berlin/Heidelberg 1992.

Westphal, Andreas/Herr, Hansjörg, u.a. (Hrsg.): Wirtschaftspolitische Konsequenzen der deutschen Vereinigung, Frankfurt/New York 1991.

Wettig, Gerhard: Changes in Soviet Policy Towards the West, London 1991.

Winkler, Gunnar (Hrsg.): Sozialreport ›90. Daten und Fakten zur sozialen Lage in der DDR, Berlin 1990.

Wissenschaftlicher Beirat beim BMWi: Probleme der Privatisierung in den neuen Bundesländern, Gutachten vom 15./16. Februar 1991.

Wochenzeitung Die Wirtschaft (Hrsg.): Kombinate: Was aus ihnen geworden ist, Berlin/München 1993.

Wochenzeitung Die Wirtschaft (Hrsg.): Privatisierte Unternehmen: Was aus ihnen wird. Reportagen aus den neuen Ländern, Berlin/München 1994.

Wuttke, Carola/Musiolek, Berndt (Hrsg.): Parteien und politische Bewegungen im letzten Jahr der DDR, Berlin 1991.

Zelikow, Philip/Rice, Condoleezza: Germany Unified and Europe Transformed. A Study in Statecraft, Cambridge u.a. 1995.

Zimmermann, Peter/Heller, Robert: Das neue Entschädigungs- und Ausgleichsleistungsgesetz (EALG), München 1995.

杂志与全集文章选

Andersen, Uwe: Finanzierung der Einheit, in: Werner Weidenfeld/Karl-Rudolf Korte (Hrsg.): Handbuch der Deutschen Einheit, Frankfurt/New York 1996, S. 294–307.

Biermann, Rafael: Machtgefüge im Umbruch. in: Elke Bruck/ Peter M. Wagner: Wege zum »2+4«-Vertrag, München 1996, S. 92–105.

Borchardt, Knut: Die Konzeption der Sozialen Marktwirtschaft in heutiger Sicht, in: Zukunftsprobleme der Sozialen Marktwirtschaft. Verhandlungen auf der Jahrestagung des Vereins für Socialpolitik 1980, Berlin 1981, S. 33–53.

Buck, Hannsjörg F. : Wohnungsversorgung, Stadtgestaltung und Stadtverfall, in: Eberhard Kuhrt, u.a.: Am Ende des realen Sozialismus (2).Die wirtschaftliche und ökologische Situation der DDR in den achtziger Jahren, Opladen 1996, S. 67–110.

DGB: Entschließung zur deutschen Einheit, 7.3. 1990, in: Bundespressestelle des DGB, Informationsdienst, 6./7.3. 1990.

Feldengut, Karl: Wer nimmt – wer gibt? Kraftproben um den Solidarpakt, in: Gewerkschaftliche Monatshefte, 3/1993.

Filip-Köhn, Renate/ Ludwig, Udo: Dimensionen eines Ausgleichs des Wirtschaftsgefälles zur DDR, DIW-Diskussionspapier, 3.März 1990.

Gollnick, Heinz u.a.: Die Landwirtschaft der DDR Ende der 80er Jahre. in: Agrarwirtschaft, Sonderheft 126, Frankfurt/M. 1990.

Gottfried, Peter/Wiegand, Wolfgang: Finanzausgleich nach der Vereinigung: Gewinner sind die alten Länder, in: Wirtschaftsdienst, 1991/IX, S. 453–461.

Gusinski, Gerd von: Vom Plan zum Markt: Erfolge, die schmerzen, in: Wochenzeitung Die Wirtschaft (Hrsg.): Kombinate: Was aus ihnen geworden ist, Berlin 1993, S. 15–38.

Haendcke-Hoppe-Arndt, Maria: Wer wußte was? Der ökonomische Niedergang der DDR, in: Deutschland-Archiv, 6/1995, S. 558–602.

Haendcke-Hoppe, Maria: Erfolge und Mißerfolge in der Außenwirtschaft, in: Forschungsstelle für gesamtdeutsche wirtschaftliche und soziale Fragen (Hrsg.): Die Wirtschaftspolitik der Ära Honecker (…), Teil 1, Bonn 1988.

Haendcke-Hoppe-Arndt, Maria: Außenwirtschaft und innerdeutscher Handel, in: Eberhard Kuhrt u.a.: Die wirtschaftliche und ökologische Situation der DDR in den achtziger Jahren, Opladen 1996, S. 55–66.

Heilemann, Ullrich/Rappe, Hermann: Sieben Jahre deutsche Einheit: Rückblick und Perspektiven in fiskalischer Sicht, in: Aus Politik und Zeitgeschichte, B 40–41/1997.

Hemmer, Edmund: Personalzusatzkosten in der deutschen Wirtschaft, in: iw-trends, 1/1996, S. 1–11.

Hertle, Hans-Hermann: Die Diskussion der ökonomischen Krisen in der Führungsspitze der SED, in: Theo Pirker/M. Rainer Lepsius, u.a.: Der Plan als Befehl und Fiktion, Opladen 1995, S. 309–345.

Horn, Hannelore: Die deutsche Revolution – ein Sonderfall der Transformation. In : August Pradetto (Hrsg.): Die Rekonstruktion Ostmitteleuropas, Opladen 1994.

Informationen über das Gesetz zur Fortsetzung der wirtschaftlichen Förderung in den neuen Ländern, in: BMF-Finanznachrichten, 19/1997.

Jordan, Carlo: Umweltzerstörung und Umweltpolitik in der DDR, in: Materialien der Enquete-Kommission »Aufarbeitung von Geschichte und Folgen der SED-Diktatur in Deutschland« (12. Wahlperiode), hrsg. vom Deutschen Bundestag, Baden-Baden 1995, Bd.II,3, S. 1770–1790.

Jung, Matthias: Parteiensystem und Wahlen in der DDR, in: Aus Politik und Zeitgeschichte, B 27/1990, S. 3–15.

Kloepfer, Michael: Öffentlich-rechtliche Vorgaben (…), in: Wolfram Fischer/Herbert Hax/Hans-Karl Schneider (Hrsg.): Treuhandanstalt. Das Unmögliche wagen, Berlin 1993. S. 51 ff.

Koalitionsvereinbarung der DDR-Regierungsparteien, in: Bundesministerium für innerdeutsche Beziehungen (Hrsg.), Informationen, 27. 4. 90, Nr. 8 (Beilage).

Köhler, Horst: Alle zogen mit, in: Theo Waigel/Manfred Schell (Hrsg.): Tage, die Deutschland und die Welt veränderten, München 1994, S. 118–134.

Kohli, Martin: Arbeit, Lebenslauf und soziale Differenzierung, in: Hartmut Kaelble/ Jürgen Kocka, u.a. (Hrsg.): Sozialgeschichte der DDR, Stuttgart 1994, S. 39 ff.

Koziolek, Helmut: Die DDR war eine Hauswirtschaft, in: Theo Pirker/M. Rainer Lepsius, u.a.: Der Plan als Befehl und Fiktion, Opladen 1995, S. 255–281.

Krakat, Klaus: Mikroelektronik in der DDR unter Wirtschaftlichkeitsaspekten, in: Forschungsstelle für gesamtdeutsche wirtschaftliche und soziale Fragen, FS-Analysen 2/1990.

Krömke, Claus: Innovationen – nur gegen den Plan, in: Theo Pirker/M. Rainer Lepsius, u.a.: Der Plan als Befehl und Fiktion, Opladen 1995, S. 33–66.

Kusmin, Iwan: Die Verschwörung gegen Honecker, in: Deutschland-Archiv, 3 /1993, S. 286–290.

Leptin, Gerd: Aktuelle und unaktuelle Probleme der Wirtschaftspolitik in der DDR, in: Die Wirtschaft der DDR unter Leistungsdruck und Innovationszwang. 12. Symposion der Forschungsstelle für (…) am 20./21. 11. 1986, Teil 1.

Lichtblau, Karl: Industrielle Kerne und neue Wachstumstheorie, in: Oppenländer, Karl Heinrich: Wiedervereinigung nach sechs Jahren, Berlin 1997, S. 357–382.

Lippe, Peter von der: Wirtschaftsstatistik der DDR, in: Materialien der Enquete-Kommission »Aufarbeitung von Geschichte und Folgen der SED-Diktatur in Deutschland« (12. Wahlperiode), hrsg. vom Deutschen Bundestag, Baden-Baden 1995, Band II,3, S. 1971–2193.

Mäding, Heinrich: Die föderativen Finanzbeziehungen im Prozeß der deutschen Vereinigung -Erfahrungen und Perspektiven, in: Hans-Hermann Hartwich/Göttrick Wever (Hrsg.): Regieren in der Bundesrepublik 4, Opladen 1992, S. 183–213.

Maier, Harry: Die Innovationsträgheit der Planwirtschaft in der DDR, in: Deutschland-Archiv, 7/1993. S. 806–818.

Mocker, Elke/Rüther, Beate/Sauer, Birgit: Frauen- und Familienpolitik: Wie frauenfreundlich war die DDR? in: Deutschland-Archiv, 11/1990, S. 1700–1705.

Motsch, Richard: Einführung in die Regelung offener Vermögensfragen, in: Zeitschrift für offene Vermögensfragen (ZOV) 1/1991.

Nordhoff, Hans Jürgen: Risiken einer Währungs- und Wirtschaftsunion für die Bevölkerung. Teures Abenteuer, in: Gewerkschafter, 1990.

Oldenburg, Fred: Das Dreieck Moskau-Ost-Berlin-Bonn 1975–1989. Berichte des BIOst 54/1994.

Piazolo, Michael: Ungeklärte Eigentumsfragen als Hauptinvestitionshindernis in den neuen Bundesländern, in: Deutschland-Archiv 5/1992, S. 484–491.

Protokoll der 27.Sitzung der Enquete-Kommission, in: Materialien der Enquete-Kommission »Aufarbeitung von Geschichte und Folgen der SED-Diktatur in Deutschland« (12. Wahlperiode), hrsg. vom Deutschen Bundestag, Baden-Baden 1995, Bd.II,1.

Pulzer; Peter: Stabilität und Immobilität, in: Wilhelm Bleek/Hanns Maull (Hrsg): Ein ganz normaler Staat? München 1989, S.117–127.

Richter, Michael: Zur Entwicklung der Ost-CDU im Herbst 1989, in: Historisch-politische Mitteilungen, Archiv für christlich-demokratische Politik, Köln 1994.

Rodenbach, Hermann-Josef: Die Reprivatisierung in den neuen Bundesländern: Offene Vermögensfragen, in: Georg Brunner (Hrsg.): Juristische Bewältigung des kommunistischen Unrechts in Osteuropa und Deutschland, Berlin 1995, S. 284–320.

Romberg, Walter vor der Enquete-Kommission des Deutschen Bundestages »Überwindung der Folgen der SED-Diktatur im Prozeß der deutschen Einheit«, Öffentliche Anhörung »Bilanz der DDR-Wirtschaft – Zwischenbilanz Aufbau Ost«, 3.–5. März 1997 in Dresden.

Sarrazin, Thilo: Die Entstehung und Umsetzung des Konzepts der deutschen Wirtschafts- und Währungsunion, in: Theo Waigel/Manfred Schell (Hrsg.): Tage, die Deutschland und die Welt veränderten, München 1994, S. 160–225.

Schell, Manfred: Zusammenbruch mit Perspektive, in: Theo Waigel/Manfred Schell (Hrsg.): Tage, die die Welt veränderten, München 1994, S. 12–25.

Schmidt-Bleibtreu, Bruno: Zur rechtlichen Gestaltung des Staatsvertrags vom 18. Mai 1990, in: Theo Waigel/Manfred Schell (Hrsg.): Tage, die die Welt veränderten, München 1994, S.226–242.

Schneider, Gernot: Lebensstandard und Versorgungslage, in: Eberhard Kuhrt , u.a.: Die wirtschaftliche und ökologische Situation der DDR in den achtziger Jahren, Opladen 1996, S. 111–136.

Schneider, Rosemarie: Das Verkehrswesen unter besonderer Berücksichtigung der Eisenbahn, in: Eberhard Kuhrt, u.a.: Die wirtschaftliche und ökologische Situation der DDR in den achtziger Jahren, Opladen 1996, S, 177–222.

Schröder, Christoph: Industrielle Arbeitskosten im internationalen Vergleich 1970–1995, in: iw-trends, 2/1996, S. 44–56.

Schürer, Gerhard/Beil, Gerhard/Schalck, Alexander, u.a.: Vorlage für das Politbüro des ZK der SED, Betreff: Analyse der ökonomischen Lage der DDR mit Schlußfolgerungen, Berlin, 30.10.1989, in: Deutschland Archiv 10/1992, S. 1112–1120.

Schulz, Dieter: Die Krisenspuren werden deutlicher, in: Deutschland-Archiv, 1/1983, S. 1–5.

Schwarz, Astrid: Ein Marshallplan für die DDR? In: IPW-Berichte, 7/1990

Schwarz, Rainer: Über Innovationspotentiale und Innovationshemmnisse in der DDR-Wirtschaft, Wissenschaftszentrum Berlin, 1991, Nr. FS IV 91–26.

Stark, Isolde: Wirtschaftspolitische Vorstellungen der DDR-Opposition 1989, in: Deutschland-Archiv, 11/1995, S. 1183–1193.

Stephan, Gerd-Rüdiger: Die letzten Tagungen des Zentralkomitees der SED 1988/89, in: Deutschland-Archiv, 3/1993, S. 296–325.

Süß, Walter: Bilanz einer Gratwanderung. Die kurze Amtszeit des Hans Modrow, in: Deutschland Archiv, 5/1991, S. 596–608.

Tietmeyer, Hans: Erinnerungen an die Vertragsverhandlungen, in: Theo Waigel/Manfred Schell (Hrsg.): Tage, die die Welt veränderten, München 1994, S. 57–117.

Volze, Armin: Die Devisengeschäfte der DDR, in: Deutschland-Archiv, 11/1991, S. 1145–1159.

Volze, Armin: Ein großer Bluff? Die Westverschuldung der DDR. in: Deutschland-Archiv 5/1996, S. 701–713.

Wegner, Manfred: Die deutsche Vereinigung oder das Ausbleiben des Wunders, in: Aus Politik und Zeitgeschichte, B 40/1996. S. 13–23.

Weinert, Rainer: Wirtschaftsführung unter dem Primat der Parteipolitik, in: Theo Pirker/ M. Rainer Lepsius, u.a.: Der Plan als Befehl und Fiktion, Opladen 1995, S. 285–308.

Wettig, Gerhard: Niedergang, Krise und Zusammenbruch der DDR, in: Eberhard Kuhrt/ Gunter Holzweißig, u.a. (Hrsg.): Am Ende des realen Sozialismus (1). Die SED-Herrschaft und ihr Zusammenbruch, Opladen 1996, S. 379 ff.

Willgerodt, Hans: Konkurrenz von politischer und ökonomischer Rationalität im Transformationsprozeß, in: Hartmut Jäckel (Hrsg.): Die neue Bundesrepublik, Baden-Baden 1994, S. 33–52.

Wirtschaftspolitisches Programm der Sozialdemokratischen Partei Deutschlands, in: Sozialdemokratischer Pressedienst, Wirtschaft, 45. Jahrgang, Nr.15.

系列报告

Deutsche Bundesbank: Monatsberichte, Frankfurt/M., Jahrgang 1990.

DIW-Wochenberichte, hrsg. vom Deutschen Institut für Wirtschaftsforschung, Berlin, verschiedene Jahrgänge.

IDW-Informationsdienst, hrsg. vom Institut der Deutschen Wirtschaft, Köln, verschiedene Jahrgänge.

Ifo-Schnelldienst, hrsg. vom Ifo-Institut, München, verschiedene Jahrgänge.

IW-Trends, hrsg. vom Institut der Deutschen Wirtschaft, Köln, verschiedene Jahrgänge.

Wirtschaftskonjunktur, Monatsbericht des Ifo-Instituts, München, verschiedene Jahrgänge.

媒体文献

Deutschland '89, hrsg. vom Presse- und Informationsamt der Bundesregierung.

Deutschland '90, hrsg. vom Presse- und Informationsamt der Bundesregierung.

Institut für Weltwirtschaft, Wirtschaftsarchiv: Wirtschaftsreform und Währungsunion in den neuen Bundesländern, 2. Aufl. Kiel Dezember 1990.

Pressearchiv der Deutschen Bundesbank, Frankfurt/M.

Pressesammlung des Archivs für soziale Demokratie der Friedrich Ebert Stiftung, Bonn.

访　　谈

接受笔者采访的人士有：赫尔穆特·科尔、君特·克劳泽、奥托·格拉夫·拉姆斯多夫、约翰内斯·路德维希、洛塔尔·德梅齐埃、米夏埃尔·梅尔特斯、理查德·莫齐、赫尔曼·约瑟夫·罗登巴赫、蒂洛·萨拉辛、瓦尔特·西格尔特、汉斯·蒂特梅耶、特奥多尔·魏格尔。此外，也采用了海克·格林博士对柏林住房与建设局投资证明发放处主任尼克尔和法兰克福（奥德）工商会布里吉特·布策女士的采访。

各类名称缩写一览表
（以外文首写字母为序）

AA	Auswärtiges Amt（联邦德国）外交部
ABM	Arbeitsbeschaffungsmaßnahme 创造就业措施
AFG	Arbeitsförderungsgesetz《劳动促进法》
AG	Aktiengesellschaft 股份公司
AVL	Aktionsbündnis Vereinigte Linke，Die Nelken 行动联盟"联合左翼"、丁香党
BFD	Bund Freier Demokraten – Liberale 民主自由者联盟 – 自由党人
BIP	Bruttoinlandsprodukt 国内生产总值
BM	Bundesminster 联邦部长
BMA	Bundesministerium für Arbeit und Sozialordnung 联邦劳动和社会秩序部
BMJB	Bundesministerium für Innerdeutsche Beziehungen 德意志内部关系部
BMF	Bundesministerium der Finanzen 联邦财政部
BMj	Bundesministerium der Justiz 联邦司法部
BML	Bundesministerium für Ernährung，Landwirtschaft und Forsten 联邦食品、农业和林业部
BMWi	Bundesministerium für Wirtschaft 联邦经济部
BRD	Bundesrepublik Deutschland 德意志联邦共和国
BSP	Bruttosozialprodukt 国民生产总值
BVerfGE	Bundesverfassungsgerichtsentscheidung 联邦宪法法院判决

CDU	Christlich – Demokratische Union 基督教民主联盟
CSSR	Tschechoslowakische Sozialistische Republik 捷克斯洛伐克社会主义共和国
CSU	Christlich – Soziale Union 基督教社会联盟
DA	Demokratischer Aufbruch "民主觉醒"（民主德国）
DBD	Demokratische Bauernpartei Deutschlands 德国民主农民党（民主德国）
DDR	Deutsche Demokratische Republik 德意志民主共和国
DFD	Demokratischer Frauenbund Deutschlands 德国民主妇女联盟
DGB	Deutscher Gewerkschaftsbund 德国工会联合会
DIW	Deutsches Institut für Wirtschaftsforschung 德国经济研究所
DM	Deutsche Mark 德国马克、西德马克、马克
DSU	Deutsche Soziale Union 德国社会联盟
EALG	Entschädigungs- und Ausgleichsleistungsgesetz 《赔偿和补偿支付法》
EFTA	Europäische Freihandelszone 欧洲自由贸易区
EG	Europäische Gemeinschaft 欧洲共同体
EKD	Evangelische Kirche in Deutschland 德国新教教会
EP	Europäisches Parlament 欧洲议会
ERP	European Recovery Program 欧洲复兴计划
Evertr	Einigungsvertrag 《统一条约》
EWG	Europäische Wirtschaftsgemeinschaft 欧洲经济共同体
EWGV	Vertrag Über die Europäische Wirtschaftsgemeinschaft 《欧洲经济共同体条约》
EWS	Europäisches Währungssystem 欧洲货币体系
FDGB	Freier Deutscher Gewerkschaftsbund 德国自由工会联合会
FDP	Freie Demokratische Partei 自由民主党
GG	Grundgesetz 《基本法》
HO	Handelsorganisation 贸易组织
IAW	Institut für angewandte Wirtschaftsforschung Berlin 柏林应用经济研究所
IG	Industriegewerkschaft 工业工会

Koko   Bereich Kommerzielle Koordinierung（Schalck – Golodkowski）商业协调部门（沙尔克 – 哥罗德科夫斯基）

KPdSU   Kommunistische Partei der Sowjetunion 苏联共产党

LDP   Liberal – Demokratische Partei 自由民主党

LDPD   Liberal – Demokratische Partei Deutschlands 德国自由民主党（民主德国）

LPG   Landwirtschaftliche Produktionsgenossenschaft 农业生产合作社

LZB   Landeszentralbank 州央行

M   Mark der DDR 东德马克

MdB   Mitglied des Bundestages 联邦议院议员

MdEP   Mitglied des Europäischen Parlaments 欧洲议会议员

MdL   Mitglied des Landtags 州议会议员

MP   Ministerpräsident 州长、东德总理

NATO   North Atlantic Treaty Organization 北大西洋公约组织（北约）

NDPD   Nationaldemokratische Partei Deutschlands 德国国家民主党（民主德国）

NSW   Nichtsozialistischer Wirtschaftsraum 非社会主义经济区

OECD   Organisation für wirtschaftliche Zusammenarbeit und Entwicklung 经济合作与发展组织（经合组织）

OPEC   Organisation der Erdöl exportierenden Länder 石油输出国组织（欧佩克）

PDS   Partei des Demokratischen Sozialismus 民主社会主义党

Rbl.   Rubel 卢布

RGW   Rat für gegenseitige Wirtschaftshilfe 经济互助委员会（经互会）

SBZ   Sowjetische Besatzungszone 苏联占领区

SED   Sozialistische Einheitspartei Deutschlands 德国统一社会党

SMAD   Sowjetische Militäradministration in Deutschland 苏联德国占领区军事管制委员会

SDP   Sozialdemokratische Partei der DDR 社会民主党（民主德国）

SPD   Sozialdemokratische Partei Deutschlands 德国社会民主党

SPK   Staatliche Plankommission 国家计划委员会

Stasi   Staatssicherheitsdienst 国家安全部（斯塔西）

SVR	Sachverständigenrat zur Begutachtung der gesamtwirtschaftlichen Entwicklung 宏观经济发展评估"五贤人"专家委员会
TASS	Nachrichtenagentur der Sowjetunion 苏联塔斯社
THA	Treuhandanstalt 信托局
TH – Gesetz	Treuhandgesetz《信托管理法》
TR	Transferrubel 转账卢布
UdSSR	Union der Sozialistischen Sowjetrepubliken 苏维埃社会主义共和国联盟
VE	Verrechnungseinheit 结算单位
VEB	Volkseigener Betrieb 国有企业
VEG	Volkseigenes Gut 国营农场
VermG	Gesetz zur Regelung offener Vermögensfragen（Vermögensgesetz）《未决财产问题规范法》（财产法）
VM	Valutamark 外汇马克
ZK	Zentralkomitee 中央委员会

大事年表

1989 年

9 月 10/11 日 匈牙利为民主德国难民打开通往奥地利的边界

10 月 18 日 昂纳克辞职，克伦茨担任德国统一社会党总书记

11 月 9 日 柏林墙倒塌

11 月 13 日 汉斯·莫德罗成为民主德国总理

11 月 28 日 联邦总理科尔提出克服德国与欧洲分裂的《十点纲领》

12 月 19 日 科尔在德累斯顿

1990 年

1 月 15 日 联邦财政部"十点分阶段纲领"

1 月 19 日 《时代周报》发表英格里德·马特乌斯－迈尔的文章："留在当地的信号"

1 月 28 日 东柏林"民族责任政府"

1 月 29 日 联邦财政部关于民主德国毫不迟疑地引进西德马克的原则文件（"基准日解决方案"）

1 月 30 日 莫德罗在莫斯科

1 月 30 日 联邦财政部长指示财政部继续研究拓展"基准日解决方案"

2 月 3 日 科尔在达沃斯会见莫德罗

2 月 5 日 "德国联盟"成立

2 月 6 日 联合执政党主席作出决定，民主德国建议立即展开关于"伴随经济共同体的货币联盟谈判"

2 月 10 日 科尔和根舍在莫斯科

2 月 13/14 日　莫德罗领导的民主德国代表团在波恩

2 月 20 日　准备货币联盟的第一次专家会谈

2 月 21 日　关于未决财产问题的第一轮专家会谈

3 月 1 日　民主德国部长会议决定成立信托机构管理国家财产

3 月 13 日　专家委员会关于准备货币联盟的中期报告

3 月 18 日　人民议院选举

3 月 26/27 日　卡尔·格林海德领导的民主德国代表团在莫斯科，开始经济关系的会谈

3 月 29/30 日　关于未决财产问题下几轮专家会谈

4 月 4 日　与民主德国关于"伴随经济共同体的货币联盟"的条约草案（"初始草案"）

4 月 9 日　苏联副总理斯塔扬在波恩与经济部长豪斯曼会谈

4 月 12 日　东柏林大联合政府，人民议院选举洛塔尔·德梅齐埃为总理

4 月 18/19 日　关于未决财产问题的第三轮专家会谈

4 月 19 日　针对国家条约的苏联照会

4 月 25 日　开始关于货币、经济和社会联盟的代表团会谈

4 月 27 日　关于货币、经济和社会联盟的第二轮会谈

4 月 28 日　欧共体都柏林峰会

4 月 28 日　苏联对国家条约草案正式表态

4 月 29 日　苏联与民主德国举行关于未来经济关系的双边谈判

4 月 20 日/5 月 1 日　关于货币、经济和社会联盟的第三轮会谈

5 月 2 日　关于货币转换的"十二点声明"

5 月 3/4 日　关于货币、经济和社会联盟的第四轮会谈

5 月 4 日　谢瓦尔德纳泽外长在波恩

5 月 5 日　"2 + 4"会谈开始

5 月 6 日　民主德国地区议会选举

5 月 7/8 日　联邦政府与苏联政府的双边会谈开始

5 月 11 ~ 13 日　关于货币、经济和社会联盟最后一轮代表团会谈

5 月 14 日　魏格尔与龙姆贝格商谈有关国家条约中的财政规范；

5 月 14 日　特尔切克与德国大银行代表拜访雷日科夫；准备 50 亿西德马克贷款

5 月 16 日 联邦总理与各州州长就"德国统一基金"达成共识

5 月 16 日 东德总理德梅齐埃会见欧共体委员会主席德洛尔

5 月 17 日 魏格尔与龙姆贝格就财政规范达成一致

5 月 18 日 签署国家条约

5 月 21/22 日 联邦政府与苏联政府继续举行双边会谈

5 月 21 ~ 23 日 国家条约在人民议院、联邦参议院和联邦议院一读

6 月 15 日 联邦政府与民主德国政府关于规范未决财产问题的"共同声明"

6 月 17 日 人民议院表决通过《信托法》

6 月 19 日 联邦政府与苏联政府再次举行双边会谈

6 月 21 日 人民议院和联邦议院批准通过国家条约

6 月 22 日 联邦参议院批准国家条约

6 月 25 日 联邦政府与苏联政府结束双边会谈

6 月 29 日 苏联与民主德国就苏军存款转换规定和 1990 年下半年驻军费用签订政府公约

7 月 1 日 货币、经济和社会联盟生效

7 月 6 日 启动关于《统一条约》的谈判

7 月 14/15 日 科尔与根舍在莫斯科和高加索

8 月 13 日 欧共体委员会建议将民主德国纳入欧共体

8 月 23 日 人民议院表决通过 1990 年 10 月 3 日根据《基本法》第 23 条加入联邦德国

8 月 23/24 日 关于《过渡措施》协定的第一轮谈判

8 月 30/31 日 关于《过渡措施》协定的第二轮谈判

9 月 3 ~ 5 日 关于《过渡措施》协定的第三轮谈判

9 月 12 日 在莫斯科签署《最后解决德国问题的条约》（*Vertrag Über die abschließende Regelung in Bezug auf Deutschland*）

10 月 3 日 民主德国加入《基本法》的适用范围

货币、经济和社会联盟准备过程中的德方参与者（挑选）

诺贝特·布吕姆（Norbert Blüm），生于1935年，哲学博士。1977～1987年基民盟雇员协会（Bundesvorsitzender der Sozialausschüsse der Christlich – Demokratischen Arbeitnehmerschaft，CDA）社会委员会联邦主席，1971～1981年、1983年起任联邦议院议员，1981～1982年担任负责联邦事务的参议员和柏林州在联邦的全权代表，1982年起任联邦劳动和社会秩序部部长。

汉斯－迪特里希·根舍（Hans – Dietrich Genscher），生于1927年。1965年起任联邦议院议员，1965～1969年任自民党议会党团干事长，1969～1974年担任联邦内政部长，1974～1992年担任联邦外交部部长。1968～1974年担任自民党副主席，1974～1985年任自民党主席。

赫尔穆特·豪斯曼（Helmut Haussmann），生于1943年，商学硕士，政治学博士。1976年起任联邦议院议员，1984～1988年任自民党秘书长，1988～1991年任联邦经济部长。

雷吉娜·希尔德布兰德（Regine Hildebrandt），生于1941年，生物学硕士，自然科学博士。1989年9月活跃于"现在就实行民主"，1989年10月后加入社民党，1990年3月后任人民议院议员，1990年4～8月任民主德国劳动和社会部部长，1990年10月后任勃兰登堡州联邦议院议员，1990年11月后任勃兰登堡州劳动和社会部部长。

克劳斯·金克尔（Klaus Kinkel），生于1936年，法学博士。1974年起在联邦外交部工作，1979年任联邦情报局局长，1982～1991年任联邦司法部国务秘书，1991～1992年任联邦司法部长，1993～1995年任自民党主席，1992 年后任联邦外交部部长，1994 年起任联邦议院议员。

彼得·克莱姆（Peter, Klemm），生于 1928 年，法学博士。自 1964 年在联邦财政部担任联邦普通预算和财政计划司（Allgemeines Haushaltswesen und Finanzplanung des Bundes）司长，1986 年任中央司（Zentralabteilung）司长，1989~1993 年任联邦财政部国务秘书。

赫尔穆特·科尔（Helmut Kohl），生于 1930 年，哲学博士。1955 年为莱茵-普法尔茨州基民盟理事会成员，1966~1973 年任莱茵-普法尔茨州基民盟主席，1966 年为基民盟联邦理事会成员，1969 年起任基民盟联邦副主席，1973 起任基民盟联邦主席，1963~1969 年任莱茵-普法尔茨州基民盟议会党团主席，1969~1976 年任莱茵-普法尔茨州州长，1976 年起任联邦议院议员，1976~1982 年任基民盟/基社盟议会党团主席，1982 年起担任联邦总理。

霍斯特·科勒尔（Horst Köhler），生于 1943 年，国民经济学硕士，政治学博士。1976~1980 年在联邦经济部原则司（Grundsatzabteilung）任职，1981~1982 年在石勒苏益格-荷尔斯泰因州州长办公厅任职，1982 年起任联邦财政部部长办公室主任，财政政策原则问题司司长，后任货币与信贷司司长，1990 年 1 月~1993 年 7 月任联邦财政部国务秘书，1993 年 8 月起任德国储蓄与转账银行联合会（Deutscher Sparkassen- und Giroverband）主席。

君特·克劳泽（Günther Krause），生于 1953 年，工程博士，通过教授资格考试。1987 年任基民盟巴德多布兰专区主席，1990 年 3 月起任梅克伦堡-前波莫瑞州基民盟分会主席，1990 年 3~10 月为人民议院议员，基民盟议会党团主席，1990 年 4~10 月任民主德国总理府办公厅的议会国务秘书，1990 年 10 月起任联邦议院议员（至 1994 年），至 1991 年 1 月任联邦特殊任务部部长，之后至 1993 年 5 月任联邦交通部部长。

奥斯卡·拉封丹（Oskar Lafontaine），生于 1943 年，物理学家。1970~1975 年任萨尔州议会议员，1974~1976 年任市长，1976~1985 年任萨尔布吕肯市市长，1985 年起任萨尔州州长，1987 年起任社民党联邦副主席，1995 年起任社民党联邦主席，1990 年为社民党总理候选人。

奥托·格拉夫·拉姆斯多夫（Otto Graf Lambsdorff），1926 年生，律师。1972 年起任联邦议院议员，1978 年任北莱茵-威斯特法伦州自民党副主席，1972 年为自民党联邦理事会成员，1982 年为自民党政党主席团成员，1977~

1984 年任联邦经济部长，1988～1993 年任自民党联邦主席，1994 年起任自民党名誉主席。

约翰内斯·路德维希（Johannes Ludewig），生于 1945 年，商学硕士，政治学博士。1975～1983 年在联邦经济部能源和经济政策/经济繁荣政策部门工作。1983 年起在联邦总理府工作，1990 年在总理府负责经济政策。1991 年起作为部委司长担任联邦总理府经济与财政政策、新联邦州协调司司长。1995 年起任联邦经济部国务秘书，联邦政府中负责新联邦州的专员。1997 年起担任德国铁路股份公司（Deutsche Bahn AG）董事长。

洛塔尔·德梅齐埃（Lothar de Maizière），生于 1940 年，音乐家和律师。1956 年起为基民盟（东部）成员，1989 年 11 月 10 日起任基民盟（东部）主席。1989 年 11 月任人民议院议员，1990 年 4 月起担任民主德国总理。1990 年 10 月～1991 年 9 月任联邦议院议员，基民盟副主席，1990 年 10～12 月任联邦特别任务部部长，1991 年后从事律师工作。

英格里德·马特乌斯－迈尔（Ingrid Matthäus－Maier），生于 1945 年，法官。1969 年加入自民党，1972 年任青年民主（Jungdemokraten）主席，1982 年退出自民党，加入社民党，1976 年起任联邦议院议员，1979～1982 年担任财政委员会主席，1988 年起任社民党议会党团副主席兼财政政策发言人。

卡尔－奥托·珀尔（Karl－Otto Pöhl），生于 1929 年，国民经济学家。1961～1968 年为经济记者，1971～1972 年任联邦总理府司长，1972～1977 年任联邦财政部国务秘书，1977～1979 年担任德国联邦银行副行长，1980～1991 年担任行长。

瓦尔特·龙姆贝格（Walter Romberg），生于 1928 年，数学博士。参与和平运动和新教教会联盟神学研究室工作，1989 年 12 月起为社民党成员，2 月起任莫德罗政府无所任部长，1990 年 4 月 12 日～8 月 2 日任德梅齐埃政府财政部长，在 1990 年 2～3 月货币联盟兼经济共同体的预备会谈时，任民主德国专家代表团团长，1990～1994 年任欧洲议会议员。

蒂洛·萨拉辛（Thilo Sarrazin），生于 1945 年，国民经济学家。1975～1978 年任职联邦财政部，1978～1981 年任职联邦劳动和社会秩序部，1981～1991 年重回联邦财政部，先担任部长办公室主任，后担任交通、联邦铁路、联邦邮电等财政问题处处长。1989 年接管"民族货币问题"处，1990 年作为联邦财政部跨部门的德意志内部关系工作小组组长，准备两德货币联盟。1990 年 10 月 ~1991 年 5 月担任财政部信托局下属部门法律与专业监事长，1991 年 5 月起任莱茵 - 普法尔茨州财政部国务秘书，1997 年起任职托管局国家房地产有限公司。

沃尔夫冈·朔伊布勒（Wolfgang Schäuble），生于 1942 年，法学博士。1972 起年任联邦议院议员，1981 ~ 1984 年任基民盟/基社盟 - 议会党团干事长，1984 ~ 1989 年任总理府部长，1989 ~ 1991 年任联邦内政部长，1989 年起为基民盟联邦理事会成员，1991 年起担任基民盟/基社盟议会党团主席。

赫尔穆特·施莱辛格（Helmut Schlessiger），生于 1924 年，国民经济学硕士，公共经济学博士。1952 年起任职于德国联邦银行，1972 年起在联邦银行理事会工作，1980 ~ 1991 年任副行长，1991 ~ 1993 年担任联邦银行行长。

布鲁诺·施密特 - 布莱布特罗伊（Bruno Schmidt - Bleibtreu），生于 1926 年，法学博士。1959 年起就职于联邦财政部，1971 年起任联邦财政部法律事务、战争清算司司长，从 1982 年 5 月直至 1991 年 9 月离休，担任联邦财政部对欧共体、州和乡镇财政关系与国际财政关系、国家法与宪法法律司司长。

理查德·施罗德（Richard Schröder），生于 1943 年，神学博士。1973 ~ 1977 年担任牧师，之后任教会伦理机构讲师，1989 年 12 月起为社民党成员，参与准则、选举大纲和"圆桌会议"宪法起草工作，1990 年 3 ~ 10 月为人民议院议员，1990 年 4 ~ 8 月任社民党议会党团主席，1990 年 10 月 ~ 1994 年任联邦议院议员，1991 年起任洪堡大学神学教授，1993 年起任勃兰登堡州宪法法院法官。

鲁道夫·塞特斯（Rudolf Seiters），生于 1937 年，1968 年起任联邦议院议员，1984 ~ 1989 年任基民盟/基社盟议会党团干事长，1989 年 4 月 ~ 1991 年 11 月任总理府部长，1991 年 11 月 ~ 1993 年 7 月任联邦内政部长。

瓦尔特·西格尔特（Walter Siegert），生于 1929 年，博士，经济与财政科学家。1961 年起任民主德国财政部工作人员，1968 ~ 1980 年任民主德国国家财政审计局领导，1980 ~ 1989 年任财政部国务秘书，1990 年 1 ~ 3 月任莫德罗政府财政部部长，1990 年 4 ~ 9 月任德梅齐埃政府财政部部长。

汉斯·蒂特梅耶（Hans Tietmeyer），生于 1931 年，国民经济学硕士、博士。1962 年就职联邦经济部，1969～1970 年参与制订关于引进欧洲货币的维尔讷计划，1973 年任经济政策司司长，1982 年任联邦财政部国务秘书，1990 年 1 月 1 日进入联邦银行董事会。在 1990 年 4～5 月关于经济、货币和社会联盟的谈判中，作为联邦总理的私人特派员任西德代表团团长，1993 年起任联邦银行行长。

汉斯－约亨·福格尔（Hans – Jochen Vogel），生于 1926 年，法学博士。1960～1972 年任慕尼黑市市长，1972～1977 年任巴伐利亚州社民党主席。1972～1981 年和 1983～1994 年任联邦议院议员，1972～1974 年任联邦区域秩序、建筑和城市建设部部长，1974～1981 年任联邦司法部长，1981 年 1～6 月担任柏林市长，1983 年社民党总理候选人，1983～1991 年任社民党议会党团主席。

特奥多尔·魏格尔（Theodor Waigel），生于 1939 年，法学博士。1969～1972 年任巴伐利亚州财政部国务秘书私人顾问。1972 年起任联邦议院议员，1980～1982 年任基民盟/基社盟议会党团经济政策发言人，1982～1989 年任联邦议院基社盟州小组主席和基民盟/基社盟议会党团第一副主席。1998 年后任基社盟主席，1989 年 4 月起任联邦财政部长。

迪特尔·冯·伏尔岑（Dieter von Würzen），生于 1930 年，法学家。1959 年起在联邦经济部工作，1974 年起任商业经济与柏林经济促进司司长，1979～1995 年任联邦经济部国务秘书。

阿尔文·齐尔（Alwin Ziel），生于 1941，教师和法学家。1989 年 12 月起为社民党成员，1990 年 3 月起任人民议院议员，1990 年 4～8 月任劳动与社会部国务秘书，1990 年 10 月起任勃兰登堡州州议员，1990 年 11 月起担任勃兰登堡州内政部长和副州长。

人名索引
（以外文姓氏首写字母为序）

A

B

C

D

E

F

G

H

L

M

N

O

P

R

S

T

U

V

W

Z

内容索引
（以外文首写字母为序）

A

B

C

D

F

G

H

I

J

K

L

M

N

O

T

Ü

V

W

Z

作者简介

迪特尔·格鲁瑟尔〔Dieter Grosser〕　　生于 1929 年，政治学博士。1967 年在柏林自由大学、1970 年在明斯特大学，1975 年在慕尼黑大学担任政治学教授。研究重点是政治与经济的内在联系。1995 年离休。

译者简介

邓文子　杭州大学（现浙江大学）外语系毕业，曾任职于辽宁财经学院（现东北财经大学），曾就读于德国基尔大学经济系。

审校者简介

胡　琨　德国波恩大学理学博士，现为中国社会科学院欧洲研究所副研究员，研究方向为经济体制、金融与货币政策、地区与产业结构政策等。